La Divina Commedia Di Dante Alighieri Con Comento Analitico Di Gabriele Rossetti ; in Sei Volumi - Primary Source Edition

Dante Alighieri, Gabriele Rossetti

Nabu Public Domain Reprints:

You are holding a reproduction of an original work published before 1923 that is in the public domain in the United States of America, and possibly other countries. You may freely copy and distribute this work as no entity (individual or corporate) has a copyright on the body of the work. This book may contain prior copyright references, and library stamps (as most of these works were scanned from library copies). These have been scanned and retained as part of the historical artifact.

This book may have occasional imperfections such as missing or blurred pages, poor pictures, errant marks, etc. that were either part of the original artifact, or were introduced by the scanning process. We believe this work is culturally important, and despite the imperfections, have elected to bring it back into print as part of our continuing commitment to the preservation of printed works worldwide. We appreciate your understanding of the imperfections in the preservation process, and hope you enjoy this valuable book.

Warburton Pike
Highgate

LA
DIVINA COMMEDIA
DI
DANTE ALIGHIERI

CON

COMENTO ANALITICO

DI

GABRIELE ROSSETTI.

IN

SEI VOLUMI.

VOL. I.

LONDRA:
JOHN MURRAY, ALBEMARLE STREET.
MDCCCXXVI.

LONDRA:
DAI TORCHI DI C. ROWORTH, BELL YARD,
TEMPLE BAR.

AL

MOLTO ONOREVOLE SIGNORE

IL SIGNOR JOHN HOOKHAM FRERE,

CONSIGLIERE PRIVATO DI S. M. BRITANNICA.

SIGNORE,

Se grande è il titolo che dalla vostra bontà mi deriva perchè possa io presentarvi un' opera mia, maggiore è quello che dal vostro ingegno mi proviene perchè io debba offrirvi il poema di Dante.

Che quel libro sapientissimo il quale, abbellito da quasi tutte le arti e le scienze, abbraccia, per così dire, l' estensione dell' universo; che quel moralissimo volume il quale, collegando la filosofia con la religione, tende a migliorar l' uomo e come cittadino e come cristiano, sia un omaggio proprio di Voi, sarà scorto da chiunque vi conosce.

E v' è di più: Un' opera che dal grido de' secoli è predicata la più difficile nel vasto impero poetico, e nella quale la critica esaminatrice scopre ognor più mirabili cose, ora che sotto novello aspetto vien riprodotta ha d' uopo d' un giudice qual Voi siete. Se il sommo critico che seppe svelar sì bene i segreti della Comica d' Aristofane giudicasse ch' io mal non sia riuscito nello scoprir gli arcani della Commedia di Dante, mi sarebbe dato nel suo voto presentir l'altrui, e prender nuova lena all'ardua impresa.

Fin dai primi momenti che la Fortuna fra i miei disastri mi arrise nell'aprirmi in Malta, quasi spontanea, un adito sino a Voi, io sentii nascere in me que' sentimenti che solete destare in chiunque a Voi si accosta. E così essi andavan multiplicando di giorno in giorno ch'io concepii la brama di attestarli al mondo; e trovava questo desiderio sempre più vivo nel mio cuore, ogni volta che da Voi mi partiva. Eccolo finalmente appagato: ma potrò io manifestare i motivi che il fecero così crescer coi giorni? Se conceduto mi fosse, non avrei a far altro che andarli raccogliendo da mille labbra. Ma io non voglio espormi al pericolo di sembrarvi qual non sono, quantunque fossi sicuro che nol parrei se non a Voi solo. Quel ch'io taccio è sì noto e ripetuto che per vostra modestia, o per mio silenzio, nulla sen perde.

Questa mia letteraria fatica mi compensa largamente delle cure che vi ho spese, se non riesce indegna del nome che le pongo in fronte; e se per essa io trovo il mezzo di onorarmi agli occhi del mondo con fargli sapere ch'io ho la sorte di essere

Vostro servo obbligatiss. ed amico rispettoso,

GABRIELE ROSSETTI.

Londra, al 1 di Gennajo del 1826.

PREFAZIONE.

—◆—

LA *Divina Commedia non è stata finor ben capita:* Questa è la voce che da qualche tempo si va ripetendo da' quei dotti, i quali della Divina Commedia fecero lor sommo studio e lor delizia maggiore.

Monsignor Dionisi, che consumò anni ed anni nell' esaminare un lungo seguito di codici Danteschi, ed a farvi intorno postille, *Aggiunte critiche* e *Blandimenti funebri*, dopo aver ponderato tutto ciò che dagli antichi e moderni espositori se n'era detto, per ultimo frutto delle tante sue ricerche, fin dal passato secolo scrivea così: *L' interno, il mistico e 'l più prezioso della grand' opera di Dante Alighieri rimane in più luoghi, quasi tesoro nascosto, a scoprire: sicchè in ordine a queste segrete cose, le quali non sono nè poche, nè lievi, ella par che sia,*

> Come pintura in tenebrosa parte,
> Che non si può mostrare,
> Nè dar diletto di color, nè d' arte.   *Dante.*[*]

[*] Prefaz. alla ediz. Bodoniana della Div. Com.

D'allora quel grido si fè udire sempre più forte: ma tacendo di ogni altro ci limiteremo ad alcuni più gravi giudizj, che in questi ultimi anni ne furono pronunziati in Italia ed altrove.

Al pubblicarsi di un nuovo comento impresso a Parigi nel 1818, il quale promettea di dirci qualche cosa di meglio che ogni altro precedente, Ugo Foscolo, cui Dante fu decenne cura, non dubitò di chiamare *arte incognita* quella di lui, e soggiungea, che malgrado i tanti pellegrini che han battuto le tracce dell'Alighieri a traverso le regioni ch'ei calcò, *spaventevoli per tenebre e laberinti, la strada è restata pur sempre la stessa: che la più gran parte di questa immensa foresta rimane, dopo le fatiche di cinque secoli, involta nella prima oscurità;* che *i lettori, massime forestieri, i quali credono sulla fede degli espositori di averne veduto il tutto, somigliano a coloro che si danno ad intendere di conoscere un paese, dietro la descrizione di certuni, che con una guida ed un dizionario alla mano lo trascorsero, e tornano poi alla lor patria per pubblicare un viaggio.* Ed esaminati tutt' i comenti sinor più pregiati, conchiude, che *un comento sopra Dante, da riuscir veramente utile, resta ancora a farsi.*[*]

Il chiarissimo signor Cary, autore della più applaudita traduzione Inglese del gran poema, dopo aver con costanza ed intelligenza meditato per varj lustri il suo originale, così scrivea nel 1819: *Quella linea di letture, che il poeta sembra aver se-*

[*] The Edinburgh Review, 1818, 1819. Art. Dante.

*guita (e ve ne sono varie vestigia nelle opere sue, dalle quali possiamo essere ajutati a rinvenirla) dovrebbe essere diligentemente investigata; e son quasi sicuro, che siffatta ricerca ci menerebbe a tai sorgenti di scoverte, da riuscir tanto vantaggiose quanto inaspettate.**

Ma da quel tempo in poi è comparso alcuno che giungesse ad appagare un tal desiderio? Non più in là che l'anno scorso, il più accreditato de' nostri giornali letterarj, il quale avea anche prima pronunziata sentenza, che *pur troppo dee dirsi per onor del vero, che il massimo fra i poeti Italiani non ha finora avuto uno spositore che si mostri sempre degno di servirlo da interprete,* così si esprime: *Il far conoscere quest' Allegoria della Divina Commedia è impresa di somma importanza e di somma difficoltà. Le allusioni e le allegorie erano di moda nel secolo dell' Alighieri: egli seguitò in questa parte la corrente, e non potè evitare del tutto le confusioni e le dubbiezze, che tengono dietro a questa maniera di componimenti; e che debbono di necessità aumentarsi, quanto più divengono vecchie.†*

Ma chi sa se fra coloro, i quali più svolsero questo arcano volume, alcun ve ne abbia, che giunto a discifrarne i mal noti geroglifici, altrimenti non giudichi? Non vi sarà chi voglia negare distinto luogo fra l'onorevole schiera a Giulio Perticari e Vincenzo Monti: l'uno passionato cultore, e glorioso apologista di Dante; e l'altro,

---

* Vita di Dante premessa alla traduz.
† Biblioteca Italiana, no. 100, pag. 47, anno 1824.

primo ammiratore, anzi dirò meglio, il più felice imitatore e seguace di lui; ambi ricercatori assidui, ed acuti interpreti de' più riposti sensi di quanto quella mente altissima lasciò scritto. Or ecco ciò che pochi mesi indietro il Monti fa dire al Perticari, dolce suo figlio e desiderio, sulle cui ceneri ancor calde scendono lagrime e benedizioni di tutt' i buoni suoi concittadini. Egli introduce l' ombra del nostro Poeta e quella del suo Apologista a tener dialogo fra loro in questa guisa:

Dante—I chiosatori hanno essi schiariti gli alti concetti del mio poema? Il mistico bujo, in che talvolta gli ascosi, è stato ben dissipato?

Perticari—Se odi i tuoi chiosatori, a ciascun pare che sì; se interroghi i tuoi amatori, pare che no: ed io sono di questo numero.

E con ciò il Monti non solo ci svela come sentiva il Perticari, ma ci manifesta come pensa ei medesimo: e grida quel *no*, dopo che, *abbandonate tutte le altre scuole poetiche, e posto il piede in quella di Dante* (parole sue), gloriosamente vi s'invecchiò.

In faccia a queste non equivoche dichiarazioni de' più profondi conoscitori del Poema, e come tali dal consenso del mondo letterario generalmente salutati, non farà più maraviglia, che ogni lettore di minor polso, ma di criterio retto, rimanga alle comuni spiegazioni con un certo mal definibile senso di poca acquiescenza; talchè gli

* Proposta di alcune correz. ed aggiunte al voc. della Crusca, vol. ult. pag. lxiv.

paja aggirarsi fra cangevoli larve di esseri e non esseri, le quali gli sfuggano di mano ad ogni tratto: onde tornando da un' attenta lettura di varj espositori si resta così soddisfatto, come chi ardendo di sete creda di bere in sogno.

Dunque se vogliam prestar fede ai dotti Italiani e stranieri, i quali con lunghe vigilie cercarono rischiarare le tenebre della Divina Commedia, e se non vogliam negarla alle proprie nostre sensazioni, fia d' uopo conchiudere che, malgrado ogni sforzo fatto, la Divina Commedia non è stata ancor ben capita: ed io leggea le sentenze di que' sapienti in un punto che già potea provare ch' essi eransi ben apposti nel giudicare così.

Or se dopo tante e tante fatiche di un popolo di valentuomini; se dopo le speculazioni e le ricerche di cinquecento e più anni; se dopo altre promesse riuscite bugiarde, alcuno si facesse innanzi al pubblico, e dicesse: ecco ch' io vengo a mostrarvi come questo poema debba intendersi; io non so qual sentimento potrebbe eccitare una tal proposizione, fatta al cospetto di quegli stessi acuti intelletti i quali ingenuamente confessarono di non aver potuto giungere a tanto. Ma sia pur qual si voglia un tal sentimento; tanta è la sicurezza che mi deriva dall' interna coscienza, ch' io son quel desso che oso dire così: e chi vuol conoscere da che mi derivi siffatta sicurezza, legga quello che ho scritto.

Prima però ch' ei vada oltre, stimo necessario

fargli alcun avvertimento circa al metodo che dovrà egli tenere; e su ciò che ho fatt' io per illustrare il mio difficilissimo classico.

La riflessione e la esperienza mi hanno mostrato esser quasi impossibile il poter ben comprendere questo poema, senza conoscer precedentemente la vita del poeta. Poichè questo singolar lavoro, che sembra esser sorto per rimaner unico nel regno delle Muse, è ben diverso da tutti quegli altri in cui l'autore sparisce e resta l'opera, non avendovi egli altra parte che quella di averla scritta; come l'Iliade, l'Eneide, la Gerusalemme, o altra simile. Qui il poeta stesso è quasi l'Eroe del poema: egli dal primo verso all' ultimo è sempre in iscena; e fa sì continue e sì segrete allusioni alle sue vicende ed a quelle de' suoi contemporanei, che ardisco dire: colui più comprenderà l'opera di Dante, che più conoscerà la vita di Dante e la storia de' tempi suoi.

Alla lettura della Divina Commedia bisogna andar preparato. Il non aver riconosciuta una tal verità ha prodotto mancanza di metodo; e questa ha quasi raddoppiato la oscurità del poema. Ravvisato il male, ho cercato il rimedio; e l'ho ottenuto per due mezzi.

I. Ho premessa all' opera una breve Vita dell' Autore, da me compilata in gran parte più dalle storie contemporanee, o di quel torno, che dai suoi moderni biografi. In essa non ho detto più di quello ch'è necessario all' intelligenza del principale scopo dell'opera stessa; tutto l'altro che mi è sembrato a tal mira estraneo l'ho quasi interamente omesso su questo primo vestibolo: e l'ho fatto, perchè il lettore, non sapendo quel che gli giovi ritenere per lo scopo indicato, e quel che no, si troverebbe altrimenti indeciso fra l'utile e l'inutile; e verrebbe a gravarsi la memoria di un peso, di cui riconoscendo finalmente la superfluità me ne saprebbe mal grado, e finirebbe con accusarmi d'intemperante e d'improvvido. Spesso la memoria è una usurpatrice, poichè si arricchisce a danno dell'intelletto; e molte sue conquiste sono più imbarazzi che opulenze. Nel corso però delle note ad ogni canto e delle critiche riflessioni apposte a ciascun volume, si troveranno tante particolarità intorno all'autore ed all'opera sua, e quando l'uopo lo esigerà rammentate, che al termine della lettura si conoscerà pienamente la vita civile, politica, morale e quasi la storia intellettuale dell'uno; e della genesi, del progresso e del perfezionamento dell'altra: anzi gran parte della storia pubblica e privata di que' tempi, in vario aspetto riguardata.

II. Ho soggiunto alla vita dell'autore un *Discorso preliminare*, in cui ho reso conto de' principali agenti allegorici che riguardano, o tutto il poema, o gran parte di esso. Basta la sola lettura di un tal Discorso a far sentire l'utilità delle notizie che gli ho premesse, poichè immediati ne appariranno i frutti: e giungo a confidare che l'attenta ponderazione di ciò che in esso espongo farà pregustare la novità del mio disegno, e darà non picciola idea delle mie scoverte.

Ma se utile è la conoscenza della Vita di Dante per intendere quel che nel Discorso io dico, indispensabile è lo studio del Discorso per comprendere quel che nel Comento espongo: poichè esso è come un lemma preparatorio a cento dimostrazioni consecutive; sino al punto che mi sento nel dovere di protestarmi, che colui il quale volesse trasandarne l'attenta considerazione non intenderebbe quasi nulla del Comento, e farebbe assai meglio di rinunziare al disegno di andar oltre: giacchè fin dalle prime linee delle mie interpretazioni, suppongo la pienissima cognizione di quanto ho lor premesso, per modo che gran parte delle mie note ad esso principalmente si appoggia.

Chi pei due indicati limitari al poema s'introduce non troverà nessuno più di que' molti intoppi e di que' dubbj frequenti, che han ritardato, o reso incerto il passo degli studiosi, non esclusi neppure i più provetti. Questi ultimi saran nel caso di veder più chiaramente la verità di quel ch'io dico.

Io non prometto cosa che non possa mai verificarsi, o che debba assai tardi smentirsi. Poche ore di lettura basteranno a farmi forse perdonare un linguaggio, che, prima del fatto, potrebbe sembrar figlio di arrogante millanteria: nè io, in mercè del buon volere, reclamo indulgenza, se mi sono ingannato.

Ho annotato ogni canto terzina per terzina, e talvolta verso per verso, con la maggior brevità che mi è stata possibile; senza però sacrificare alla brevità la chiarezza. Anzi in questo primo volume mi è stato necessario l'estendermi non poco: ma quando si sarà osservato che in esso ho dovuto prepararmi la base di tutte le spiegazioni posteriori, mi si perdonerà forse un poco di lunghezza, che troverà largo compenso nella susseguente brevità.

In vece di costringere il lettore a ricorrere a piè di pagina ad ogni tratto (il che so per esperienza quanto è incomodo, perchè fa torcer gli occhi tenendoli in continuo moto), ho posto sotto ciascun passaggio quanto è d'uopo per renderlo chiaro. Alcune coserelle però meramente grammaticali e da altri in parte già dette, ma pur utili a rammentarsi, si troveranno di quando in quando in fondo alla pagina. Coloro cui Dante è familiare potranno trasandarle senza riceverne noja; e coloro cui quelle posson esser giovevoli le avranno sempre disposte a lor grado, sol che vi dirigan lo sguardo.

Ma numerose a tal segno son oggimai le note grammaticali fatte intorno a questo poema, che possono chiamarsi peso da camelli: ho stimato perciò dover esser parco circa questo punto. Allorchè però ho dovuto dire una qualche cosa, o nuova o importante su tal materia, non ho mancato di fare opportune osservazioni.

Mi è sembrato convenevole di mettere sotto il testo le sole note che ho credute di utilità primaria; quelle che mi parvero di secondario lume le ho collocate tutte al termine di ciascun canto, acciocchè non arrestassero di soverchio chi legge con lunghe e frequenti interruzioni. Tante e sì gravi son le cose che ho dovuto esporre, e sì complicate e sì varie, che non mi è valuta industria ad evitare una qualche ripetizione. La natura di un poetare sì arcano, come quello di Dante, farà forse la scusa di questa colpa.

A rischiarare i passaggi più difficili, o per sensi troppo compressi, o per ellissi poco comuni, o per sintassi contorta, o per modi antiquati, mi son valuto di semplici sostituzioni in lingua viva, le quali si accostassero al testo per quanto mi fosse possibile. Ma quantunque io mi sia in esse sforzato di tenermi stretto all'espressioni dell'autore con una specie di scrupolo religioso, pure mi è convenuto qua e là estendere alquanto la frase, ora per isviluppare le transizioni soppresse, senza di che il concetto sarebbe rimasto quasi chiuso, ed ora per risparmiare note storiche, allegoriche e grammaticali, che avrebbero fatto crescere al sommo il volume. Se coloro cui Dante è tutto sacro, e cui non va a genio il vederlo alquanto parafrasato, vorran riflettere che il solo desiderio di addimesticarlo con ogni sorta di lettori, specialmente stranieri, mi ha potuto indurre ad opra che a me stesso pesa, mi sapran forse condonare una profittevole libertà, che può contribuire a propagare sempre più il culto di lui e delle nostre lettere.

Ciascun canto così annotato è seguito da *Riflessioni critiche* di varia natura; a queste tengon dietro le *Note aggiunte;* e il tutto è chiuso da una *Esposizione* in prosa del canto intero. Per suo mezzo si abbraccerà di seguito, e senza interruzione alcuna, il tutto insieme del canto medesimo. Nè solo essa schiererà con distinzione ed ordine quello che il poeta dice ne' suoi versi, ma presenterà anche un epilogo del più essenziale di quanto dico io stesso nelle mie note.

Fra le varie lezioni di un passo medesimo, provenienti da diversi codici, mi sono attenuto a quella che mi sembrò la più retta; parendomi assai probabile che ciò ch'è erroneo in uno nol sia nell'altro, quantunque quell'uno sia forse più corretto dell'altro in generale. Finchè la fortuna non faccia apparire il sospirato autografo, ogni vecchio codice merita qualche riguardo, e massime in quelle parti in cui evidentemente migliora il testo, o per senso, o per dignità, o per armonia, o per correzione di lingua.

Ho rinunziato spessissime volte alla mira di confutare le precedenti interpretazioni che mi parvero erronee. Così mi son sottratto al pericoloso impegno di dissentir dichiaratamente da coloro che hanno un dritto al mio rispetto, perchè io li considero come miei cooperatori; ed ho nel punto stesso scemata fatica a me nello scrivere e ad altrui nel leggere. Nè parmi aver con ciò minimamente mancato al mio scopo: poichè se le mie interpretazioni verranno riconosciute come le buone, e non le altrui, le mie saranno la confutazione di tutte le altre.

Qualora ho poi sentita la necessità di confutar le opinioni sinora emesse o ricevute, l'ho fatto quasi sempre in generale, senza nominare alcuno. Ho abbracciata volentieri questa risoluzione, perchè il fatto mi ha insegnato, che lo zelo che si ha per un classico favorito, e l'amore che si nutre per le proprie opinioni, ci rendono talvolta intolleranti ed ingiusti con chi non pensa come noi.

Ma pur talvolta l'ufficio di annotatore mi ha imposto di mostrare l'abbaglio preso da qualche autorevole scrittore circa alcun passo controverso: ed io allora non ho tradito un tal dovere: ma nell'adempirlo non ho mai perduto di vista i riguardi che dovea a coloro, che altre volte mi aveano coi loro lumi assistito, e che fin coi loro errori mi hanno offerta l'occasione di mettere in chiaro la verità. Ed ho persuaso me stesso che nell'essermi da lor discostato io con essi mi son ricongiunto; poichè la lor mira era appunto quella di scoprire la verità. Onde nel compiere quel ch'essi intendevano di fare sentiva di non acquistare il dritto di malmenarli, ma bensì di contrarre l'obbligo di ringraziarli, per aver percorse le linee torte, e lasciata a me la retta che alla meta conduce.

Tutto ciò ch'io dir potrei per giustificar la lunghezza e la multiplicità delle mie note apparirà manifesto alla lettura di esse. Se con animo sicuro, e senza industria di concertate frasi io dicessi, che non un semplice comento è quello che ho fatto, ma molto di più; se io dicessi che al termine di esso si troverà che non solo il poema, ma la più gran parte delle opere Dantesche, e massime le più difficili, saranno state da me illustrate, e sempre in relazione col poema medesimo; e se altro ancora io dicessi, a che mi varrebbe per chi attende ai fatti e non alle parole?

Una sola cosa però delle molte che taccio, e forse la minima, mi piace qui accennare.

Quasi tutti coloro che hanno annotata la Divina Commedia han fatto uso di una lingua sì ricercata e sì preziosa (detta da essi pura), che spiegarono sovente, come suol dirsi, *ignotum per ignotius*. Or qual consiglio fu quello di voler render chiaro ciò ch'è oscuro per quel mezzo stesso per cui quello è oscuro? Vi vuol lingua viva per dissipar le tenebre che nascono dalla lingua morta: e ad essa appunto ho cercato attenermi. Nè mi premunirò di scusa per aver fatto ciò che far dovea. Ed a chi mi si scagliasse addosso per questo volontario delitto; a chi gridasse che la mia lingua non è dell' aureo conio del tanto sazievolmente cantato secolo degl' infallibili, risponderò: Ti chiedo a mani giunte perdono di avermi voluto fare da tutti capire: ma sappi che, se questa è colpa, io son peccatore ostinato. E son sicuro, che se Dante tornasse al mondo, e vedesse che mi sono industriato a farlo ben comprendere da tutti, qualora vi fossi riuscito, sclamerebbe: *O felix culpa!*

VITA DI DANTE.

Durante Alighieri, detto per vezzo ed abbreviatura *Dante*, nacque in Firenze nel 1265, e fu di nobile stirpe. Il suo tritavo fu il Cavalier Cacciaguida, il quale militò sotto l'Imperador Currado, e morì combattendo nelle guerre di Terra Santa. Dante si gloria di tale origine, e si mostra alquanto vano della sua nobiltà, com' egli medesimo ingenuamente confessa.

Ancor fanciullo perdè suo padre Aldighieri (nome ch' era divenuto ereditario nella famiglia, e venne poi trasformato in cognome, a cagione di un' Aldighiera nobile Ferrarese, che fu moglie di Cacciaguida): ciò non ostante per le amorose sollecitudini di Bella sua madre ebbe accurata educazione: onde e nelle lettere e nelle scienze venne assai per tempo istituito. Al che gli giovarono e il conforto e l'opera di Brunetto Latini, famigerato filosofo e poeta, che di lui assai bene pronosticò, e ch'egli poi qual precettore affettuoso sempre mai riguardò.

Altissimo ingegno ed indefessa applicazione fecero tosto di lui un uomo distinto. Imparò varie lingue sì antiche che moderne, e ne fan fede le opere sue. Si compiacque de' poeti e massimamente di Virgilio, che divenne *il suo maestro e il suo autore:* ed ei confessa di averne ricercato le bellezze con *lungo studio e grande amore.* Si volse alla Filosofia Aristotelica che allor prevaleva nelle scuole, ed ottenne per essa un nome fra *color che sanno;* studiò la Teologia scolastica, ch'era in gran voga, e *per essa uscì dalla volgare schiera:* e sì nell'una che nell'altra facoltà sostenne più volte pubbliche tesi in varie università, dove venne generalmente ammirato. Fu valentissimo nella Politica e nella Giurisprudenza; conobbe assai bene l'Astronomia e la Geografia; non ignorò la Medicina e la Geometria; fu ben fondato nella Mitologia e nella Storia sì sacra che profana; e di tutto ciò frequenti prove avremo nel suo gran poema.

Nè trascurò le arti leggiadre, talchè e della musica e della pittura fè sue delizie: trattò instrumenti e pennelli, ed ebbe in frequenza Casella e Giotto; l'uno, famoso cantante che pose in musica alcune sue canzoni; e l'altro celebrato dipintore che trasmise all'età futura il suo ritratto: ei mostra per Casella soavissima affezione; e pone Giotto innanzi a Cimabue, che secondo molta probabilità fu lor comune maestro. Ma più che altra sommamente cara gli fu l'amicizia di Guido Cavalcanti, buon poeta e miglior filosofo, cui egli attribuisce *la gloria della lingua* su tutti coloro che lo avean preceduto: e i legami di una tale amistà furono in lui saldissimi, perchè formati fin dalla fanciullezza, e rassodati sempre più da uniformità di studj e da simpatia di carattere: ambi discepoli di Brunetto, sebbene dispari di età; ambi del loro secolo corrotto mal sofferenti riprensori, ambi condusser le Muse a passeggiar nel Peripato.

Fornito di animo assai gentile fu sommamente inclinato all'amore, a cui dobbiamo i più gran poeti. Il suo primo affetto fu la fanciulla Beatrice Portinari, di cui s'invaghì *prima che ancor di puerizia uscisse;* ma la morte gliela rapì, ed ei la pianse amaramente. Procurando di consolarsi della perdita irreparabile menò a moglie la gentildonna Gemma de' Donati, che gli diè sei figliuoli. Rimase da lei però lungamente diviso a cagione del suo doloroso esiglio.

Ma quantunque rivolto avesse la sua mente alle lettere, alle scienze, alle arti ed alle domestiche cure, pure non gli fu ciò d'impedimento a corer la strada gloriosa della milizia e del governo, come or ora vedremo.

Il tempo in cui ei nacque e visse presenta una delle più procellose epoche che la storia rammenti. Incendio di civil guerra, suscitato continuamente dalle gelose gare degl' Imperadori e de' Pontefici, ardea nella misera Italia. I partigiani del Sacerdozio si diceano Guelfi, e quei dell' Impero, Ghibellini: e giova far passeggiero cenno dell' origine di tai nomi.

Nell' anno 1120, Enrico V. Imperator d' Alemagna e Re d' Italia, morì senza eredi: onde sursero due rivali a disputarsi il suo trono, Currado della casa Gueibelinga, e Lotario della casa Guelfa, o *Wolf:* e quindi i loro fautori vennero designati coi nomi de' rispettivi lor capi. Lungo sarebbe il ridire come poi queste contrastate pretensioni, fomento di tante discordie, furono abbracciate dagl' Imperadori per un lato, e dai Papi per l'altro. Diremo solo ch' essendo le due parti contendenti or vincitrici or vinte, funesti rovesci di fortuna affliggeano a vicenda or l'una or l'altra; onde la famiglia degli Alighieri ch' era Guelfa venne scacciata due volte dalla sua patria, e due volte vi ritornò.

Dante medesimo ancor giovane prese le armi in una spedizione che i Guelfi di Firenze fecero contro i Ghibellini di Arezzo, e si distinse nelle prime file della cavalleria alla battaglia di Campaldino, nella quale dopo una resistenza ostinata gli Aretini furono vinti. L'anno seguente ei tornò sotto i patrj stendardi, e fè parte di quell' spedizione Fiorentina che tolse alla rivale Pisa il castel di Caprona: talchè fu presente all'egresso de' pochi fanti che uscirono patteggiati da quel forte. Ma se fu felice guerriero fu sventuratissimo magistrato; essendo ciò stata la cagione del suo bando doloroso e di tutt' i disastri che ne furono la conseguenza. Ecco in breve come ciò accadde.

Prevaleva il partito de' Guelfi in Firenze, ed egli, come a quello appartenente, e come distinto per natali e talenti, fu eletto per uno de' Priori di quella Repubblica: con questo nome si distinguevano i principali magistrati che la regolavano. Or avvenne che lo stesso partito de' Guelfi, per inaugurati accidenti, si suddivise in due ferocissime fazioni dette de' Bianchi e de' Neri: capo de' primi era *Viero de' Cerchi*, e de' secondi *Corso Donati:* dietro i quali tutt' i cittadini parteggiando si divisero. Dante cadde in sospetto de' Neri di pendere a favor de' Bianchi, cui il suo genio realmente inclinava, perchè li giudicava migliori: e quindi l'odio veramente *nero* che quelli concepirono contro di lui. Attendevano i maligni il momento opportuno per soddisfarlo, e pur troppo quel momento giunse.

Spirato il periodo della sua magistratura, ei fu spedito in mission diplomatica presso il Papa Bonifacio VIII, perchè si adoperasse a calmare le intestine discordie che laceravano quel misero stato. Il Papa però avea pei Neri un manifesto pendio, ed un' avversione segreta pei Bianchi; poichè era fama che fra questi andasse serpeggiando spirito Ghibellino, mentre quelli erano dichiaratissimi Guelfi; onde cercava il mezzo di elevar gli uni e deprimer gli altri: il che gli riuscì ben tosto, come or si dirà.

Dante ritrovavasi ancora in Roma quando per opera di Bonifacio entrò in Firenze alla testa di molte forze Carlo di Valois, fratello di Filippo il Bello, Re di Francia. Carlo era stato colà inviato dal Papa medesimo col pretesto di comporre sì perniciosi dissidj: ma sotto il falso carattere di conciliatore ei nascondeva il disegno di favorire i Neri a discapito de' Bianchi: segreto mandato che dal Pontefice stesso gli derivava. Avvenne perciò che mentre il nostro poeta, animato dal più sincero zelo cittadino, si affaticava al comun bene, quel Principe Francese assecondò i Neri di modo, che questi, sostenuti dalle forze straniere, insolentirono ferocemente contro i Bianchi: e questo fu il punto ch' essi scelsero per disfogare il loro odio per due anni covato. Spinti dalle furie che gli agitavano corsero alla casa di Dante, e la misero a sacco e fuoco. Nè di ciò paghi diedero il guasto a tutte le sue sostanze; e neppur qui si arrestarono. Costrinsero insolenti il Podestà a citar Dante per render ragione del passato; e qualora non comparisse ben tosto, l' obbligarono a condannarlo, a bandirlo ed a privarlo de' beni. Alla nuova infausta Dante corse precipitoso da Roma verso Firenze, come quello che sentivasi innocente; ma nel giungere a Siena udì che l' ingiusta sentenza era già pronunziata. Condannavalo questa alla multa di ottomila lire; ma essendo egli inabile a pagare, gli furono confiscati tutt' i beni, ed ei venne espulso con perpetuo bando.

I Bianchi con lui scacciati fecero non molto dopo un tentativo disperato per rientrare. Riuniti ad altri loro fautori delle convicine città, nel numero di novemila pedoni e di mille e seicento cavalieri, si presentarono in faccia a Firenze e vi gettarono lo scompiglio. Duce il Conte di Romena, assaltarono le porte, e penetrarono fin dentro la città; ma assai mal regolati nelle loro operazioni, e quasi da panico timore ammaliati, ben tosto si confuser di modo che, perduto ogni ordine, vennero dalle furie avverse sovercchiati e respinti. Il mal esito di questa impresa produsse ciò che doveva attendersene: un nuovo decreto anche più crudele del primo minacciava Dante e i principali autori di quella spedizione di esser bruciati vivi, qualor fossero presi.

Così il furor di un partito ch' era pure il suo medesimo, perchè suddivisione della parte Guelfa, per cui e nelle armi e nella toga aveva ei tanto sudato, volle trovarlo ad ogni modo delinquente; e sopra semplici sospetti, e senza neppure udirlo, condannò l' uomo esimio alla più atroce delle pene; e irreconciliabile nell' ira malnata non gli aprì mai più la strada al ritorno. E se assai tardi glien fè concepir la speranza, gl' impose condizioni sì umilianti, che quella potè chiamarsi più commutazion di pena che vera grazia: talchè il nobil animo di lui ne concepì disdegno e non gioja. Privo così della sposa e de' beni fu costretto a peregrinar mendico di città in città, e direi quasi di porta in porta, *provando come sa di sale il pane altrui, e com' è duro calle lo scendere e 'l salir per l' altrui scale.* Niuno storico, niuno autore imparziale l' ha mai creduto colpevole di concussioni che si vollero da lui commesse nell' esercizio della sua carica; pretesto su cui si fondò la sentenza della sua proscrizione.

Il seguito di tante perfidie e tante ingiustizie lo illuminò sul carattere de' Guelfi, e di coloro che n' erano i capi, Bonifazio Ottavo e Filippo il Bello; talchè ne concepì il più fiero disdegno che lo accompagnò per tutto il resto della sua travagliata vita. Ei conobbe chiaramente, che mentre Bonifacio lo ratteneva in Roma presso di lui, gli stava tessendo sì nera trama in Firenze; e se si vuol giudicare sul carattere ben conosciuto di questo Papa non è difficile che anche altri il creda. Si sa che per non dissimile fraude ei si serviva poi dello stesso Carlo per eseguire i suoi disegni, mentre preparava contro del Re suo fratello delle cabale sorde, seguite poi da quelle scandalose querele che finirono con la cattura dell' ambizioso Pontefice in Anagni, e con la sua quasi violenta morte.

Rischiarato così sui non più dubbj disegni di que' tristi coi quali si era inavvedutamente confuso; stanco di essere il giuoco della loro malizia di cui divenne finalmente la vittima; d'animo naturalmente irritabile e desideroso di correre miglior via, nell'agitazione del suo spirito risolvè Dante di prender la contraria, che in quel momento gli dovè sembrare più retta, e certamente lo era. Di un tal cangiamento però dovea già essere il germe nel suo animo; germe che in Roma anche più si sviluppò fra le molte opposizioni che nella corte papale rinvenne, così ai Neri propensa ed ai Bianchi restia. E se vogliamo di ciò convincerci basterà rammentare ch'egli ai Cerchi aderiva, capi de' Bianchi, contro cui i Donati, antesignani de' Neri, erano andati spargendo velenose dicerie che aveano mal disposto il sospettoso Pontefice. Ce ne faccia testimonianza il contemporaneo cronicista Dino Compagni: " I Donati diceano, che i Cerchi avean fatto lega coi Ghibellini di Toscana: e tanto gl'infamarono che venne a orecchi del Papa. Sedea in quel tempo nella sedia di S. Pietro Bonifazio VIII, il quale fu di grande ardire, e guidava la Chiesa a suo modo, e abbassava chi non gli consentia." Diedero quindi gli ultimi impulsi al predisposto animo di Dante tanto le gravi ingiustizie di Firenze invasa dalle armi Francesi e sostenuta dalla potenza Papale; quanto le vive sollecitazioni a lui fatte in un momento di tanta perturbazione dall'illustre Boson da Gubbio con cui si avvenne, e che gli rese poi importantissimi servigj. Abbracciò perciò Dante risolutamente il partito di lui, ch'era stato due anni prima esiliato anch'esso da Firenze con tutt'i Ghibellini suoi compagni.

Il poeta aveva allora anni 38, ma nel suo poema dice che ne avesse soli 35, e vedremo perchè ciò facesse. Ei credeva che l'età di 35 anni fosse giusto la metà della vita umana, secondo un calcolo allor creduto esatto. E si noti bene questo punto più che mai importante, nel quale ei risolvè di prendere una carriera politica diametralmente opposta a quella che avea sin allor tenuta; si noti, ripeto, questo punto che divise quasi la sua vita in due, di cui la seconda metà fu più retta, ma più infelice, poichè continui ostacoli oppose al suo nuovo cammino la incalzante persecuzione dell' avaro Bonifacio, dell' ambizioso Filippo e della ingrata Firenze, incostante in tutto fuorchè nell' odio contro di lui. Città sventurata che rimasta in preda ai suoi interni furori non ebbe mai più posa, talchè cangiava di governo quasi col cangiar delle stagioni: per cui i suoi cronocisti ne lasciarono scritto: " Così sta la città nostra tribolata, così stanno i nostri cittadini ostinati a mal fare; e quel che si fa l' uno dì si biasima l' altro."—Dino Compagni, socio di esilio del poeta. " Nota che in sì picciolo tempo la città nostra ebbe tante novità, e varie rivoluzioni:"—Gio: Villani contemporaneo: e ad amendue fa eco il Boccaccio: " La città di Firenze più che altra è piena di mutamenti:" onde il poeta cantò:

> E come il volger del Ciel della Luna
> Copre e discopre i lidi senza posa,
> Così fa di Fiorenza la fortuna.

Risolvette ei dunque di detestar per sempre i Guelfi di cui aveva sì gran ragion di dolersi, e perchè causa de' suoi disastri, e perchè sorgente de' mali che affligevano la sventurata Italia: ma non fu però sì cieco che non condannasse talvolta anche i Ghibellini, che disonoravano la loro causa con le loro male arti. A far meglio conoscere la purità delle sue intenzioni, ed a liberarlo dalla taccia di volubile e capriccioso, non dispiaccia ch' io qui mi arresti alquanto.

Quantunque i Ghibellini sembrino in apparenza meno Italiani de' Guelfi (poichè questi erano per un principe nazionale, qual era il Papa, e quelli per uno straniero, qual era l' Imperatore), pure la cosa era in sostanza assolutamente il contrario. Poichè prevalendo i Guelfi l'Italia sarebbe sempre rimasta divisa in piccioli brani, e quindi sempre meschina (come fatalmente avvenne); ma trionfando i Ghibellini, l'Italia si sarebbe finalmente riunita sotto una sola dominazione col glorioso titolo di Romano Impero. E che cosa essi bramassero si ritrae in gran parte dal libro *de Monarchiá* di Dante medesimo. Non intendevano già di accordare all'Imperadore un assoluto ed illimitato potere, ma volevano ch'ei fosse come capo e protettore di tanti governi confederati che si reggessero da sè (e ciò per la libertà parziale); ma dipendenti nel punto stesso da quello, come capo unico, e quasi anima vivificante di molte membra destinate a formare un corpo solo (e ciò per l'unione e la forza generale). Udiamolo da Dante medesimo: " Bisogna far avvertenza, che quando si dice poter l'uman genere esser retto da un Principe supremo (ecco ciò ch'egli imprende a dimostrare), questo non debbe intendersi di modo che possano da quello, unico e solo, emanare i municipj e le leggi municipali (cioè gli stati federativi e i loro statuti particolari); poichè le nazioni, i regni e le città hanno fra loro delle proprietà, le quali è d'uopo regolare con leggi diverse:" *Animadvertendum sanè quod cum dicitur humanum genus potest regi per unum supremum Principem, non sic intelligendum est, ut ab illo uno prodire possint municipia et leges municipales. Habent namque nationes, regna et civitates inter se proprietates, quas legibus differentibus regulari oportet.* Comprendiamo dunque che vuol dire *Dante Ghibellino*; ed a comprenderlo meglio replicheremo quelle sue parole memorande, in cui fa vedere che desiderava un tal capo non per quello, ma pei popoli; dappoichè non è il popolo creato pel Re, ma il Re pel popolo, *Non enim gens propter Regem, sed e converso Rex propter gentem:* onde conchiude, che se le leggi non son dirette all' utile universale de' governati, esse non han di leggi che il nome: *Si ad utilitatem eorum qui sub lege, leges directæ non sunt, leges nomine solo sunt.* E quindi ei bramava che le varie nazioni, i diversi regni e i differenti municipj (intendendo per questi ultimi le repubbliche, come dalla opposizione delle tirannie, delle oligarchie e delle democrazie apparisce) avesser ciascuno persè un proprio codice regolatore, rimanendo per comune utilità sotto un Principe massimo, che mantenesse egualmente ne' varj parziali stati l'ordine e l'unione. Onde in una sua lettera volgare, diretta a tutt'i popoli d'Italia, per invitarli a riconoscere nell'Imperatore l'unico loro regolatore, esclama: *Abitatori d'Italia, non solamente serbate a lui ubbidienza, ma come liberi il reggimento:* e poi nella dolce lusinga che ciò fosse prossimo ad accadere, dice alla sventurata patria comune: *Asciuga, o bellissima, le tue lagrime;* e per preparare la fraterna riconciliazione, e far cessare le tante intestine ire sempre rinascenti, pateticamente soggiunge: *Perdonate, perdonate oggimai, carissimi, che con meco avete ingiuria sofferta.* Riconciliazione ch'è da lui sospirata con impeto di cuore ardentissimo in quel noto luogo del Purgatorio:

> Ahi serva Italia di dolore ostello,
> Nave senza nocchiero in gran tempesta.

" Egli volle persuaderne che la voglia di mantenere ciascun paese la sua libertà, senza la dipendenza d'una podestà superiore a tutti, commettea discordia fra le città, e le urtava in perpetua guerra; la quale gl'Italiani colle stesse loro forze consumava.... e che per mezzo della universale autorità e forza sua, tanto militare quanto civile, poteva l'Italia e dalla invasione straniera e dalla divisione interna esser sicura" (Gravina, Ragion poetica). E quanto ei bramasse questa riunione delle tanto divise membra del suo paese, non da uno, ma da cento luoghi di quel libro chiaramente si ritrae: eccone alcuni. Egli parla di Costantino, ed esclama: *O felicem populum, o Ausoniam te gloriosam, si nunquam infirmator ille Imperii tui natus fuisset!......... Omne regnum in se divisum desolabitur...... omne quod bonum est, per hoc est bonum, quod in uno consistit. Et cum concordia in quantum hujusmodi sit quoddam bonum, manifestum est eam consistere in aliquo uno, tanquam in propria radice. Omnis concordia dependet ab unitate...... Et hanc rationem videbat Philosophus cum dicebat: entia nolunt male disponi: malum autem pluralitas principatuum; unus ergo Princeps.........Oh quam bonum et quam jucundum est habitare fratres in unum!*

Ei stabiliva nell' Imperadore questo capo supremo, come quello ch' era generalmente stimato il legittimo erede del diadema de' Cesari; e pare ch' ei lo bramasse (sebbene con assai maggior autorità e potere) qual è ora il Presidente degli Stati Uniti: quasi che vagheggiasse in ispirito la forma di quel governo, che poi si vide sorgere in quell' emisfero, dov' ei nel suo poema stabiliva il Paradiso terrestre.

Espulso da una patria ingrata ch' egli amò sempre, Dante ricorse alle sante Muse per avere un conforto al suo animo esacerbato. E fu allora ch' ei diè opera a quel poema immortale che comparve qual face portentosa a diffondere per l' Europa ottenebrata la luce della sapienza e del gusto: talchè ei può chiamarsi il padre della moderna letteratura. Lo principiò prima in Latino, lingua usata dai dotti, ma con miglior consiglio lo ricominciò poscia nel sermon volgare. Ben ei sentì la difficoltà dell' opera, ed ebbe ragion di dire, che non era *impresa da pigliare a gabbo* il far tanto con una lingua che poteva dirsi ancor bambina; ma se quella lingua avea sin allora balbettato, quind' innanzi cominciò per lui a tonare.

Gioverà dare uno sguardo allo stato dell'animo suo nel punto che vi germogliò il concetto altissimo del suo poema: e ciò varrà di epilogo a quanto sinora abbiam detto.

Nato in un secolo pravo per ignoranza, il quale diveniva sempre più selvaggio per ire di fazioni opposte, Guelfo per famiglia e non per elezione, Dante, in un tempo in cui la sua ragione quasi dormiva, si era immerso ancor egli ne' vizj inerenti alla sua parte. Rischiarato in età più matura dalle cognizioni acquistate, ei volle migliorare il suo spirito; ma continuo impedimento gli offrivano ad eseguire sì nobil disegno le turbulenze della instabile sua patria ch'era in preda a tutt'i furori de' Bianchi e de' Neri. I Bianchi lo favorivano e reggevano lo stato, ond' egli avea cagione a bene sperare; ma nel più bello delle sue speranze per opera della potenza Francese, e per cabala della corte Romana ei venne esiliato. Per aver una difesa contro il partito Guelfo, già fatto suo persecutore, ei cercò rifugio nel partito opposto: ma illuminato com' era, non poteva mai essere un Ghibellino fanatico, sì bene un Filosofo Ghibellino; e quindi desideroso di continuare il suo miglioramento a dispetto della sorte, ed in cerca di una qualche consolazione al suo spirito oppresso, dovè porsi naturalmente a riflettere, qual nuovo Boezio, su gli effetti maligni di una età corrotta, sul modo di rettificarla, e sulle beate conseguenze di una ben regolata società, rapporto all' ultimo fine dell'uomo: onde indignato contro un secolo che lasciava i delitti impuniti o trionfanti, e le virtù dimenticate o depresse (e ben ne avea in sè stesso una prova), ei concepì l'ardita idea di dare un castigo a quelli, ed un premio a queste. Ma siccome la religione c' insegna che solo dopo la morte ciò pienamente accade, così si decise di andare con la sua immaginazione a visitare il regno de' morti. Ivi quasi citando il suo secolo in faccia al tribunale di Dio, e rendendo la sua penna quasi spada della

Giustizia, al cospetto di tutte le genti punì gli empj e ricompensò i giusti.

In questo viaggio misterioso avea bisogno d'una guida: Virgilio era il suo autor prediletto, Beatrice fu l'adorata sua donna: e quindi chiamò l'uno e l'altra ad accompagnarlo. Col primo osservò le pene, e con la seconda i premj; e mise in bocca di entrambi le più alte dottrine. Tutte le scienze, tutte le arti, tutte le lingue ch'erano a sua cognizione (e vedemmo qual vasto tesoro avesse raccolto in sua mente) tutte furono da lui poste a profitto, tutte con industria sparse qua e là ne' suoi versi.

L' Allegoria era il gusto dominante del suo secolo, gusto introdotto dai poeti che lo precedettero: famoso era infatti un poema allegorico di Alfonso X, Re di Castiglia, intitolato il *Tesoro;* e famoso del pari un poema anche allegorico del suo maestro Latini, chiamato il *Tesoretto:* e quindi approfittandosi della disposizione degli animi, all' allegoria si attenne.

L' allegoria sembra in fatti essere la tendenza di que' tempi, in cui l'umana società si va elevando dalla barbarie alla civiltà. Questa tendenza produsse tutto il complesso della Mitologia, la quale altro non è in sostanza che un allegoria continuata: e la Mitologia nacque appunto allora che la Grecia stava facendo i primi passi in quella carriera gloriosa, che la rese la maestra delle genti. La ragione si è che i primitivi dirozzatori de' popoli solendo essere per lo più i poeti, questi sentendo il pericolo e la difficoltà di presentare alle menti ancor grossolane la verità tutta nuda, la rivestono quasi di forma, perchè altri cominci ad avvezzarvi lo sguardo; e così pascendo la fantasia sviluppano a poco a poco l'intelletto. Quando poi l'umana società è già tanto adulta, che il suo sguardo può fissarsi con più fermezza nella luce di quella figlia di Dio, ella viene spogliata di quelle ombre in cui l'industria de' saggi l'avea ravvolta; ed il regno della Poesia quasi cessa, è quello della Filosofia incomincia. Se ci rammentiamo qual era l'epoca in cui Dante scriveva, non ci farà più maraviglia perchè dell'allegoria cotanto uso ei facesse. E ci verrà fatto di osservare, che il suo poema è anche più allegorico di quello che fu sinora creduto; e ch'egli dell'allegoria si valse per presentarci come un epilogo di tutto lo scibile, di tutte le opinioni, di tutte le credenze, e direi quasi della storia de' tempi suoi.

Il sistema scientifico gli servì come di base per appoggiarvi ed innalzarvi un sistema politico-morale: e chiamando, per così dire, in soccorso del suo disegno il Cielo e la Terra, il visibile e l'invisibile, gli angeli e i demonj, Lucifero e Dio, rapportò tutto all'Uomo. Così la sua mente, vasta quanto l'estensione che abbracciò, ebbe campo di spaziare gradatamente dal centro alla periferia dell'Universo. Discese dal vizio al castigo, e dalla virtù ascese al premio; e imparziale fin con gli amici viziosi, e coi virtuosi nemici, situò gli uni nell'Inferno e gli altri nel Paradiso. Filosofo de' poeti e poeta de' filosofi, come altri ben lo definì, ei volle darci una prova di più di quell'antica verità, che *non si può essere un buon poeta, senza essere prima un buon uomo.**

Talchè mentre quasi tutte le menti erano offuscate dalle tenebre dell'errore ei fissava lo sguardo alla luce del primo vero, ed avvezzava il suo secolo a guardarla con lui: e quando dall'esito delle cose erano presso che pervertite le idee di vizio e di virtù, ei solo illuminato, imperturbabile ei solo volgendosi ai malvagi incoraggiti, ed ai giusti sgomentati, apostolo delle verità contemplate gridava altamente: venite meco e vi mostrerò che vi è pure chi premia la virtù e punisce il vizio; e per fare che i

---

* Strabone, lib. i.

buoni imparassero a sperare e i tristi a temere, presentava loro un libro, ogni pagina del quale ha impressa in fronte questa sentenza,

Discite justitiam moniti, et non temnere Divos.

Nell'eseguire sì ardito disegno si determinò a parlar liberamente de' suoi contemporanei, e massime de' potenti, cagione delle comuni calamità; e ne assegna per ragione quella stessa per cui la tragedia si versa sempre sulle vicissitudini di uomini illustri, da che vien detta *tragedia reale;* vale a dire, perchè gli esempj tratti da gente ignota sono meno istruttivi di quelli che si desumono da cognitissimi personaggi: onde *non timido amico del vero, e rimossa da sè ogni menzogna, fè come il vento, che le più alte cime più percuote.*

Molti de' suoi contemporanei e conoscenti, di soverchio timidi e circospetti, lo tacciavano d'imprudente, e lo consigliavano a raffrenarsi; ma ei gl'incolpava di pigri e di vili, e fè dirsi dalla Filosofia:

Segui il tuo corso e lascia dir le genti,
Sta come torre ferma che non crolla.
Giammai la cima per soffiar di venti.

E in tutto il suo misterioso corso non dimenticò mai quel precetto di Polibio che gli dicea: *nè dal riprendere l'amico, nè dal lodare l'avversario ti resterai, quando verità te lo imponga.*

Compose la sua opera nel doloroso esiglio, ma spesso cessò di essere poeta per essere diplomatico. Tale si mostrò principalmente, quando, morto l'Imperadore Alberto, fu eletto Arrigo di Lussemburgo per succedergli: elezione che ravvivò le speranze de' Ghibellini, o più che altre quelle di lui, che si lusingava per mezzo del nuovo Cesare rientrare nella sua patria, malgrado l'ostinata resistenza de' suoi nemici. Ei scrisse allora la citata opera *de Monarchiâ* per sostenere i diritti dell'Impero contro le pretensioni del Sacerdozio; scrisse ai Re ed ai Principi d'Italia, scrisse al Senato di Roma per invitarli a ben ricevere Arrigo che veniva a prender la corona; scrisse ad Arrigo medesimo, sollecitandolo ad affrettarsi per liberar l'Italia da tante discordie. Il fervore da cui si mostrò animato accrebbe agli occhi di Firenze le sue colpe, ond' egli nel cercar di evitar il suo fato gli andò più incontro.

Un altro punto di gran rilievo si è questo nella vita di Dante; e come tale merita che vi dirigiamo particolar attenzione.

Tutto faceva credere all'innocente espulso vicinissimo e sicuro il suo ritorno alla patria. Era morto per un colpo di lancia nella gola il suo più acerbo nemico, quel Corso Donati ch'era il capo del partito avverso, e il quale, custode vigilissimo, serbava sempre vivo nel cuor de' Neri l'odio pei Bianchi. Venuto Arrigo in Italia, quasi messo del Cielo, parea che gli odj animosi da per tutto innanzi a lui si tacessero: e Firenze medesima era sulle prime tutta disposta a riceverlo e riconoscerlo. Ma poi alcuni più turbolenti fra i Neri, prevedendo ch'egli avrebbe fatto rientrare gli esuli, tra i quali il misero Dante, tenuto seco loro consiglio risolvettero di chiudergli le porte. Tutte le male pratiche misero essi in moto per ritardarne il corso: e per opera loro si ribellarono Cremona e Brescia; ma il nuovo eletto, atterratene le mura e le porte, che rimasero per lungo tempo disfatte, seguì vincitore il suo cammino. Non pervenne però a Firenze che dopo aver fatta grande aggirata per varie città d'Italia: talchè l'impazienza e il timor del poeta crescevano ad ogni istante: sino al punto che osò sgridar Arrigo del suo ritardo, in una lettera che gl'inviò. Giunse pur finalmente l'aspettato eroe; e Dante si unì con lui non lungi da Firenze. I suoi concittadini ribelli avean già serrate le porte e fortificate le mura, e lo stesso Vescovo col clero avea preso le armi. Un castello oltre Arno, chiamato l'Ancisa, fornito di scolte ed armati dovea far loro contrasto: ma il nuovo Cesare con forza ed industria passò, e giunse innanzi alla spaurata città. Se egli si fosse consigliato di dare l'assalto, e non di porre l'assedio, certo che se ne sarebbe impadronito, come avvisano gli storici: ma languendo in lunga posa quasi alle soglie di Firenze, sentì svilupparsi in lui una lenta malattia che avea contratta ne' paludosi luoghi: laonde costretto a rivarcar l'Arno non ottenne di entrar nella città ribelle. Oltremodo contro i Fiorentini sdegnato ei fè un decreto, col quale privando Firenze d'ogni franchigia, la condannava a cento mila fiorini di multa, e le toglieva il privilegio di batter moneta. Ma l'infermità si avanzava a gran passi, ond'egli rinunziando alle cose della terra, e intento solo a quelle del cielo, poco dopo trapassò. Dante, che nell'ebbrezza di quasi certo trionfo avea co' suoi scritti minacciato ed irritato i Fiorentini, Dante ch'era stato con Arrigo all'assedio di Firenze, nel mancar del suo unico sostegno, dovè rinunziare ad ogni speranza: per cui si vide costretto a rivolgersi di nuovo alla sua vita errante, ed al suo sacro poema, solo conforto e dolce compenso a tanti mali.

Fuggendo l'ire della iniqua fortuna, che da per tutto lo incalzava, andò lavorando quasi a riprese, ora in un luogo ed ora in un altro: talchè, se molte città di Grecia si disputarono la gloria di aver data la culla al Poeta Greco, molte città e provincie d'Italia si contrastarono anche il vanto di aver veduta in sè nascere una qualche parte del Poema Italiano. La di lui gratitudine cercò di onorarne molte con varj cenni che vi si trovano sparsi. Lungo sarebbe il ridir di tutte, ma pur alcune ne rammenteremo.

Fu in Verona con quei della Scala, e presagì le glorie di Can Grande ch'ei compiaceasi riguardare come sostegno del suo nuovo partito, e vindice de' dritti dell'Impero; fu in Padova coi Papafavi, e descrisse l' irrigua Brenta che ne feconda le campagne amenissime: fu in Gubbio coi Bosoni, e lodò Oderisi, onor dell' arte pittorica, ch' ivi era nato; fu nella Lunigiana coi Malaspini, ed encomiò Currado, avo illustre de' suoi ospiti generosi; fu coi Salvatici nel Casentino, e rammentò la battaglia che insanguinò l' Arno natio che vi serpeggia; fu con quei della Faggiuola ne' monti Urbinati, e cantò l' origine di quel Francesco ch' era salutato fra i primi campioni della Chiesa; fu coi Polentani in Ravenna, e rese quasi amabile il giovanil trascorso della tenera Francesca; ed in Ravenna finì la travagliata sua vita.

Pare che il Cielo lo volesse lontano dalle pubbliche cure: poichè la magistratura in Firenze era stata l' origine delle sue sventure; una diplomatica incombenza in Roma fu l' epoca fatale del suo esiglio; ed un altra onorifica missione in Venezia fu cagione della sua morte: e si direbbe, che la Fortuna dichiarasse a lui le sue persecuzioni sempre con un sorriso. Abilissimo nel trattare affari, era stato spedito fin da giovane ad importanti ambascerie, fin oltre i mari e i monti, in Sicilia ed in Francia. Il credito che aveva in ciò acquistato indusse il suo amico e protettore Guido Novello, nella cui corte trovò onorato ed ultimo rifugio, a mandarlo con gravissimo incarico presso il Veneto Senato.

Indicibile fu lo zelo ch' ei pose nel disimpegno del suo dovere; ma malgrado ogni sforzo nulla ottenne. Tanta fu la sua afflizione che ne infermò; e poco dopo fral compianto di quella corte spirò: il che fu nel 1321, nell' età sua d' anni 56.

Magnifiche ne furono l' esequie, in cui la sua esanime spoglia apparve sul letto di morte decorata di poetici emblemi: e l' addolorato suo protettore, fautor delle lettere e coltivator di esse, recitò innanzi a numerosa adunanza una orazione funebre nel suo proprio palazzo, nella quale rammentò i pregi e le sventure dell' esule illustre, amico suo e non della sua fortuna.

Dante è autore di varie altre opere che spesso citeremo nel corso di questo Comento. Giovinetto ancora cantò rime d'amore; e i suoi versi son tali che, quand'anche non avesse composto altro, sarebbe sempre il primo lirico del suo tempo: fece una specie di romanzo sparso di prosa e di poesia, che intitolò *la Vita Nuova*, cioè il suo innamoramento che diè quasi un nuovo corso alla sua vita; distese pur nell' esilio un comento a tre sue canzoni, e lo chiamò *il Convito*, cioè pascolo dell'anima per preservarla dall'ignoranza; scrisse in Latino *De Monarchia*, libro che gli accrebbe l'odio de' Guelfi, perchè cercò ivi di rivendicar all'Impero que' dritti ch'ei credeva usurpati dal Sacerdozio; dettò anche in Latino *De Vulgari Eloquentiâ*, in cui tratta di quella dolce favella per mezzo di cui si rese immortale; tradusse in questa istessa i sette Salmi Penitenziali, ed il Simbolo degli Apostoli in terza rima. Pochissime lettere di lui rimangono, ma pur preziose.

Lo stile delle sue prose non è sempre conciso; ma concisissimo è quello de' suoi versi, e sovente oltre il dovere: talchè il *brevis esse laboro obscurus fio* gli si può rimproverare spesissimo, e massime nella *Divina Commedia*. Ma senza ciò, altro ancora concorre a rendere questo poema difficilissimo. Oltre le misteriose allegorie che vi s'incontrano ad ogni passo; oltre tanta materia scientifica e letteraria che suppone nel leggitore amplissima sfera di cognizioni in ogni genere, vi sono di più tanti sensi nascosti, tanti segreti rapporti che lo rendono spesso inintelligibile anche alle più acute menti: al che si aggiunge non picciola dose di lingua antiquata e di modi vernacoli. Sembra ch'egli abbia voluto essere più indovinato che compreso. Fa un cenno, e vuol sovente esprimere un discorso; e ciò è poco. Presuppone in chi legge la precedente conoscenza, anzi lo studio profondo di tutte le altre opere sue, e una perfetta notizia della storia antica, e di quella de' suoi tempi; e ciò è poco ancora. Fin dai primi canti del poema vi sono impercettibili allusioni al corso ed al termine di esso, le quali non si possono assolutamente ravvisare da chi non lo ha prima esaminato tutto, e più volte; e ciò pur non basta: perchè se fosse bastato, i tanti che lo hanno volto e rivolto da capo a fondo, e quasi per anni squadernato nel comentarlo, lo avrebbero ben esposto; cosicchè il primo e il decimo non avrebbero fatto sentire al centesimo la necessità di far lo stesso. Ed ecco che anche noi sentendo una tale necessità entriamo in campo: campo sì ricercato, e non ben anco dissodato; campo che offrì delle difficoltà nello stesso suo nome di *Divina Commedia.**

---

* Dante la chiamò soltanto *Commedia*, e l'ammirazione de' secoli vi aggiunse l'epiteto di *Divina*. Che cosa volesse egli significare con un tal nome si scorge dalla sua dedica a Can Grande della Scala, suo protettore, e da un passaggio della Volgare Eloquenza. Nella prima ei dice che si chiama Commedia un poema di stile umile, che ha mesto principio e lieto fine; e che Tragedia si denomina all'incontro un poema di alto stile, che ha piacevole cominciamento e termine doloroso. Nella seconda distingue tre stili, quello della *Tragedia*, quello della *Commedia*, e quello dell' *Elegia*; i quali, secondo ciò ch'egli intende, corrispondono presso a poco alla triplice divisione che fa degli stili Dionigi d'Alicarnasso in *florido, mezzano* ed *austero*; ed all'altra di Cicerone e Quintiliano in *grave* o *veemente*; *medio* o *temperato*; *tenue* o *sottile*: che altri dissero stile *alto*, stile *mediocre* e stile *basso*; e con altre parole ancora.

Ecco i due luoghi di Dante qui sopra rammentati. Ei parla del suo poema e dice:

I. *Differt ergo a Tragædiá in materiá per hoc, quod Tragædia in principio est admirabilis et quieta, in fine sive exitu, fœtida et horribilis. Comœdia vero inchoat asperitatem alicujus rei, sed ejus materia prosperè terminatur. Similiter differunt in modo loquendi; elatè et sublimè Tragœdia; Comœdia vero remissè et humiliter, sicut vult Horatius in suá Poeticá: et per hoc patet quod Comœdia dicitur præsens opus. Nam si ad materiam adspiciamus, a principio horribilis et fœtida est, quia Infernus; in fine prospera, desiderabilis et grata, quia Paradisus. Si ad modum loquendi, remissus est modus et humilis, quia locutio vulgaris, in quá et mulierculæ communicant. Et sic patet quare Comœdia dicitur.*

II. *Per Tragædium superiorem stilum induimus; per Comœdiam inferiorem; per Elegiam stilum intelligimus miserorum.*

Pare che questa distinzion degli stili fosse quella che correa nelle scuole de' suoi tempi: nè essa è senza appoggio di qualche autorità. *Cothurnatus* fu nominato l'epico Virgilio da Marziale; *sermo cothurnatus* è deffinito lo stile sublime da Macrobio; e *cothurnus facundiæ* per sublimità di eloquenza si ha presso Sidonio. Di più, si legge nel Teeteto di Platone, ch' *Epicarmo nella Commedia, ed Omero nella Tragedia sono sommi poeti;* ed è chiaro che Omero non può esser detto sommo nella Tragedia, se non nel senso in cui è preso da Dante. Omero stesso è chiamato dal Nazianzeno *grande scrittore di Commedie e Tragedie;* e ben giudica il Fontanini ch' è così appellato, riguardo allo stile elevato o umile di cui fè uso: nel primo scrisse l'Iliade, e nel secondo il Margite, poema perduto, che Aristotile stesso definisce di *natura comica.* Che se vorrà opporsi esser lo stile di Dante per lo più altissimo, allora ho due risposte a fare.

Dirò in primo luogo, che tale non dovea sembrar ne' suoi tempi, in cui le cose di gran momento si scrivevano in latino, lingua che viene onorata col titolo di dotta, e tenuta assai più nobile dell' altra, che parlata dal volgo fu quasi per disprezzo appellata *volgare:* Ond' egli, che volle farsi da tutti comprendere per essere a tutti utile, si protestò che il suo poema *ad modum loquendi, remissus est modus et humilis, quia locutio vulgaris, in quâ et mulierculæ communicant;* per cui nel poema disse ch' ei si valea della *lingua che chiama mamma e babbo.*

In secondo luogo, Orazio risponderà per me: *Interdum tamen et vocem Comœdia tollit.* In fatti, altissimi sono molti e molti tratti de' Comici antichi, e della più pura morale conditi, sino al punto che i più severi padri della Chiesa non dubitarono di citarli fin ne' loro sermoni. Perchè ce ne persuadiamo, eccone due che mi si offrono alla memoria, di Filemone e Menandro: il primo contiene quasi l'argomento della Divina Commedia, e il secondo n'è quasi l'utile frutto.

I. *An putas mortuos, o Nicerate,*
Qui omnis deliciarum generis participes fuerunt in vitâ,
Fugisse Numen, quasi ignoratos?
Est justitiæ oculus qui omnia videt.
Etenim in Inferis duos calles esse putamus,
Unum justorum, alterum impiorum viam.
Si enim justus et impius unum exitum habebunt,
Et ambos terra occultabit omni tempore,
Ito, rape, furere, defraudato, misce omnia,
Nihil erraveris. Est enim etiam in Inferis judicium,
Quod instituet Deus omnium dominus,
Cujus nomen tremendum. FILEMONE.

II. *Si quis sacrificium offerens, o Pamphile,*
Taurorumque magnum numerum, aut hædorum, aut per Jovem
Aliorum idgenus; aut apparatum
Aureæ faciens chlamydis, vel purpureæ,
Aut ebure, vel smaragdo ornatorum sigillorum,
Putat se Deum benevolum sibi conciliaturum,
Errat ille, et animam levem habet:
Oportet enim virum beneficum esse,
Non vitiantem virgines, non mœchantem,
Non furantem et occidentem, pecuniæ causâ.
Ne acûs quidem filum concupiscas, Pamphile,
Deus enim videt, te prope adstans. MENANDRO.
Traduzione di Ugo Grozio.

E cento sono i tratti simili, che ne' prischi scrittori di commedie s'incontrano: onde può il nostro poema, malgrado il suo titolo, avere stile altissimo.

A quanto abbiam detto si aggiunge, che la Commedia altro non è che una satira ai costumi corrotti; e tal era massimamente la Commedia antica, la quale era una satira il più delle volte personale. Or qual maggiore e qual più santa satira insieme contro i vizj e i viziosi che la Divina Commedia, la quale fu espressamente composta *ad corrigendos mores*, come Orazio della Commedia scrisse; e che ottiene il suo fine *delectando pariterque monendo?* E se a ciò aggiungesi ancora un dialogo continuato che le dà un carattere drammatico; e la divisione in tre parti, quasi in atti; e la ripartizione di ciascuna parte, quasi in scene; a cui va innanzi quasi un prologo generale, qual è il primo canto: voi avrete tanti altri appoggi a conchiudere: *sic patet quare Comœdia dicitur.*

Non senza disegno il poeta preferì un tal titolo ad ogni altro. Con questo nome ei si lasciò aperto l'adito ad una mirabil varietà di stili: poichè cominciando dal più elevato, di che offrono esempj Menandro e Filemone; e declinando al mediocre, di cui son modelli Epicarmo e Terenzio; e terminando al popolare, di che si fan norma non di rado Aristofane e Plauto, ei tutte per tal mezzo toccar potea le varie corde del sentire e dell'esprimere, e tutte in fatti le toccò. Qual differenza fra la scena del Conte Ugolino e quella del Maestro Adamo? Qual distanza fra la sublime idea della Fortuna nel canto VII, e la ridevole marcia de' Diavoli nel canto XXI? E come bene fra questi due estremi si rimangono la gradevole pittura del Limbo nel canto IV, e la urbana conversazione fral rispettoso Dante, e 'l suo precettore Brunetto nel canto XV, con molte altre di simil tempera!

Le stesse tre parti del poema furono da lui tessute su questa triplice norma; e con ciò ha voluto forse esprimere, fin con lo stile, l'elevarsi dello spirito di grado in grado a maggior meta, sì che dallo stato del vizio passasse poi alla purgazione di essi, e di là alla perfezione della virtù. Ond'è che qualche volta è scurrile e basso nell'Inferno, benchè spesso terribile; sempre equabile nel Purgatorio, ove non mai molto discende, e non mai troppo si eleva; e spessissimo sublime anzi trascendentale nel Paradiso, sebbene talvolta assai dommatico e dottrinale. E perciò chiede aiuto al suo ingegno dalle Muse regolato nella prima parte; invita Calliope a *surgere alquanto* nella seconda; e nella terza invoca Apollo stesso, affinchè faccia in lui gli ultimi sforzi di cui è capace.

Qualunque altro titolo avesse ei posto al suo poema si sarebbe sempre chiuso fra certi limiti; mettendogli quello di *Commedia*, al suo modo intesa, entrò in un campo senza circonferenza, ove a suo grado per ogni lato spaziò.

DISCORSO PRELIMINARE.

Il primo canto della Divina Commedia è una semplice introduzione: ma cose in essa si contengono che riguardano il poema intiero: gioverà perciò sottoporlo a diligente esame. Eccone l' argomento.

Dante si trova smarrito per una selva oscura la quale è in una valle. Vede di là un colle illuminato dal Sol nascente, e risolve di salirvi: ma tre fiere gli fanno successivo ostacolo, e sì forte che lo respingono alla valle. Mentre ei vi torna fassegli incontro l' ombra di Virgilio che gli si offre a guida, onde condurlo per più lunga, ma più sicura via a traverso dell' Inferno. Dante accetta l' invito, e lo siegue.

Di quanto in questa introduzione si contiene, il solo Virgilio è quello che rimane con Dante per gran parte del viaggio. È d' uopo perciò arrestarci principalmente su lui; e poi passeremo a considerare le Fiere, la Selva, e l' Inferno: il che darà materia ai quattro capitoli di questo discorso.

CAP. I.

DI VIRGILIO.

Tutt' i comentatori sì antichi che moderni han detto che Virgilio sia figura della Filosofia. Senza farci da lor preoccupare, noi ritrarremo dalle sue parole ciò ch' egli è realmente. Ci piaccia udir da Dante, quel che Virgilio rispose quando ei gli chiese aita, sia che fosse ombra di estinto, o uomo vivente:

> Risposemi: non uomo, uomo già fui,
>   E li parenti miei furon Lombardi,
>   E Mantovani per patria amendui.
> Nacqui *sub Julio*, ancor che fosse tardi,
>   E vissi in Roma sotto il buon Augusto,
>   Al tempo degli Dei falsi e bugiardi.
> Poeta fui, e cantai di quel giusto
>   Figliuol di Anchise, che venne da Troja,
>   Poichè il superbo Ilion fu combusto.

Egli è certo che Dante non ha posto in bocca a Virgilio tutto questo discorso senza un motivo; poichè se quanto Virgilio qui dice non fosse allusivo, sarebbe (vaglia il vero) frivola diceria senza oggetto, e poco o nulla naturale: non essendo affatto verisimile che chi è richiesto di sollecito ajuto da un misero incalzato, e proprio nel momento del periglio, piuttosto che pensare a soccorrerlo gli dica sì alla distesa: Io non son uomo, ma son ombra, e i miei genitori furon Lombardi, e tutti e due Mantovani per patria; io son nato in tal tempo, e vissuto in tal altro, e in tal religione; fui poeta, e cantai di un tal eroe che venne da tal luogo, dopo un tal disastro. Tali particolarità son visibilmente introdotte con artificio, e han da avere sicuramente nascoste significazioni. E si noti che il modo di cui Dante si serve per invocar Virgilio in sua aita, è introdotto espressamente per far rispondere tutto ciò: non essendo neppure in natura, che chi è vicino ad essere assaltato da una fiera crudelissima, nel rivolgersi altrui per difesa, gli dica: abbi pietà di me, o che tu sii ombra, o che tu sii uomo. Se dunque la risposta di Virgilio è stata dal poeta preparata con industria, essa dee contenere l'esposizione di tutto ciò che può farci ravvisar Virgilio; e se Dante ha voluto farne figura della Filosofia, da un tal discorso dobbiam ritrarlo.

Supponiamo per poco che sia vero: perchè dice ch' ei *nacque sub Julio, e visse in Roma sotto Augusto?* Prima di Giulio e di Augusto non vi era dunque Filosofia in Roma! Chi oserebbe ciò dire? E come va ch' ei nacque *sub Julio?* Si usò una tal formola quando Cesare era dittatore perpetuo; ma Virgilio nacque prima di tal tempo. E perchè dice ch' ei nacque allora, *ancor che fosse tardi?* Arrestiamoci a quest' espressioni per ora; le altre l' esamineremo dopo.

Virgilio era certo un gran poeta, e cima di poeti; ma non era poi quel filosofo da meritare che Dante dovesse prescieglierlo per figurar la Filosofia istessa, a fronte di tanti famigerati sapienti ch' ebbero in quella un nome tale ch' eccheggiò di secolo in secolo sino ai tempi suoi: e che dovesse in ciò preferirlo a quell' Aristotile che signoreggiava allora tutte le scuole, e ch' ei chiama *il gran maestro di color che sanno* (Inf. iv), e *il duca della vita e della umana ragione;* e *il sommo filosofo,* e *il maestro de' filosofi;* e *quello glorioso filosofo, al quale la Natura più aperse li suoi segreti* (Convito); ciò sembra non corrispondere al solito suo discernimento. Al che si aggiunge, ch' egli in tutte le sue prose chiama lo Stagirita *il Filosofo* per antonomasia, mentre il Mantovano è da lui costantemente detto *il Poeta nostro:* perchè dunque far questo e non quello figura della Filosofia? Sciogliam questo nodo.

Dante dimostra a lungo nel libro *de Monarchiâ*, che importantissimo uffizio della filosofia sia lo stabilire un supremo regolatore dell' umana società per prevenirne i disordini: e che "possiamo giungere alla felicità di questa vita per mezzo di filosofici precetti, operando secondo le morali e le intellettuali virtù." *Ad beatitudinem hujus vitæ per philosophica documenta venimus, secundum virtutes morales et intellectuales operando.* E subito dopo soggiunge, che " all'uomo per ottener ciò fu duopo d'un Imperadore, il quale secondo que' filosofici precetti dirigesse il genere umano alla felicità temporale." *Propter quod opus fuit homini Imperatore, qui secundum philosophica documenta genus humanum ad temporalem felicitatem dirigeret* (Lib. iii). Ma Giulio avea gittato le prime fondamenta dell'Impero, su cui Augusto innalzò poi il più solido edifizio: dunque una tal Filosofia (secondo i principj suoi) *nacque sub Julio, e visse in Roma sotto Augusto:* E dice *ancor che fosse tardi*, perchè dovea nascer prima ad impedire le tante turbolenze intestine, come quelle de' Gracchi, di Mario e Silla, ecc. che agitarono quello stato. Perchè poi soggiunga, ch'ei *visse in Roma al tempo degli Dei falsi e bugiardi*, appare manifesto da quel che nell'opera stessa a lungo dimostra, cioè che l'Impero fu stabilito, prima che G. C. nascesse, e come tale non era dai papi dipendente (Lib. iii. § 13). Che se vogliamo maggiormente convincerci ch'ei riguardava la Filosofia come fondamento di un saggio Impero, lo ritrarremo da quest'altre parole del Convito, in cui spiega un detto di Salomone. " *Amate il lume della sapienza, voi tutti che siete innanzi ai popoli:* cioè a dire, congiungasi la filosofica autorità colla imperiale a bene e perfettamente reggere. Oh miseri che al presente reggete, ed oh miseri che retti siete! Chè nulla filosofica autorità si congiunge colli vostri reggimenti, nè per proprio studio, nè per consiglio altrui."

Mi pare che niun dubbio rimanga intorno al sicuro senso di questa terzina. Nè mi fa ombra che Virgilio dica *nacqui sub Julio;* poichè, sebbene sia vero che non si usò questa formola se non quando Giulio fu dittatore perpetuo, pure non è men vero che Virgilio venne alla luce mentre

Giulio già vi era. E Dante, che considerava in lui (come or proverò) il prescelto dalla Provvidenza a fondare un Impero universale, che, secondo lui, dovea sorgere anche prima, disse *sub Julio* per significare che Giulio era nato al comando, anche prima che lo assumesse; e come tale era Imperadore di dritto, se non di fatto.

Ecco alcune parole del Libro II. *de Monarchiâ,* in cui chiaramente il vedremo. *Manifestum est quod Romanus populus cunctis athletizantibus pro Imperio mundi prævaluit, ergo de divino judicio prævaluit.....Recte illud scriptum est, Romanorum Imperium de fonte nascitur pietatis.......Romanum Imperium ad sui perfectionem miraculorum suffragio est adjutum, ergo a Deo volitum, et per consequens de jure fit et est.* Or posto ciò, Cesare, il quale venne a stabilir quell' Impero, esser dovea per Dante un messo di Dio, ed un Imperador preeletto? " Egli è scritto: nascerà il Trojano Cesare della bella schiatta, il quale terminerà lo imperio col mar Oceano e la fama colle stelle" scriveva il poeta ad Arrigo di Lussemburgo. E se ciò neppur bastasse, io allora ricorrerò al Convito, dov' ei dice, che Roma fu sotto ai sette Re come sotto a' suoi *tutori in educazione della sua puerizia;* e poi fu nella Repubblica *nella sua maggior adolescenza, finchè dalla reale tutoria fu emancipata da Bruto primo consolo, in fino a Cesare primo principe sommo:* e ne conchiude, che *ciò non poteva e non doveva essere, se non per ispeziale fine da Dio inteso in tanta celestiale infusione.* Cesare infatti è da lui riguardato come giusto, e di null' altra colpa macchiato che di quella sola di non aver avuto battesimo: onde lo pose nel Limbo fra i virtuosi non battezzati, e da tutti questi contraddistinto; come nel quarto canto vedremo. Nè l' aversi quello il supremo potere di sua patria arrogato è da lui riguardato come un delitto, poichè a chiare note scrive nel Paradiso, che " Cesare per voler di Roma il tenne." E questo dritto si disse in lui ereditario poichè la famiglia *Julia* si pretendea discesa da Iulo figliuolo di Enea, che regnò nel Lazio: *Julius a magno demissum nomen Iülo*, Virg. Onde Giulio venne considerato come chiamato al trono per dritto avito; e il poeta disse *sub Julio*, e non *sub Cæsare*, per significarne forse la discendenza, onde dichiararlo Imperadore nato, già preeletto in Cielo, e poi confermato in Terra. E così può spiegarsi perchè mettesse nel più basso fondo dell' Inferno Bruto e Cassio, uccisori di lui. Ei li riguardò come ribelli a legittima potestà, anzi come ingrati al comun benefattore dell' umanità.

E quand' anche volessimo qui ravvisare una piccola inesattezza cronologica di alcuni anni, chi oserà negare tal facoltà ai poeti? Chi ardirà rimproverare tal parvità di materia a colui che riconoscea per suo *maestro ed autore* quel Virgilio, che fece Enea amante di Didone più secoli avanti che Didone nascesse?

Dopo quanto abbiamo riflettuto non è difficile il vedere, perchè Virgilio venga rammentato come *cantore di quel giusto figliuol d' Anchise, che venne da Troja*; il quale *fu dell' alma Roma e del suo Impero nell' Empireo ciel per padre eletto* (Inf. ii); di quel figliuol d' Anchise, che avea portato dalla Frigia in Italia l' Aquila, che poi divenne lo stemma de' Cesari, e passò di mano in mano sino agli ultimi di tal nome; come vedremo là dove il poeta s' industria provare i dritti dell' Imperadore d' Austria, detto *Imperator Romanorum* (Parad. vi).

Virgilio dunque non è figura della Filosofia in generale, ma della Filosofia politica, fondatrice ed ordinatrice dell' Impero: di quella Filosofia che, presa in ampio senso, forma la mente e il cuore degli uomini con le intellettuali e le morali discipline, pel miglioramento della umana società; di quella Filosofia che regola lo stato col civil reggimento di un solo, maggior di tutti e sol minor delle leggi: è in somma la Filosofia di un saggio Ghibellino, la Filosofia di chi scrisse il libro *de Monarchiâ*.

Nè mi si opponga che Virgilio, essendo tale, eccede le sue facoltà con condurre Dante nell' Inferno, e con favellargli delle cose dell' altra vita; poichè un tale uffizio non disconviene a quella Filosofia che regola gli stati quaggiù, *secundum virtutes morales et intellectuales operando*; e per altra ragione potentissima la quale a siffatta questione darà piena risposta, quando il luogo ne giungerà. Oltrechè, se questa opposizione valesse, ella rimarebbe sempre salda, anche nella supposizione che Virgilio sia figura della Filosofia in generale: ma tal non è: e con cento altre prove che dal poema derivano mostrerò sino all' evidenza, ch' esso è il tipo della Filosofia Ghibellina.

Una Filosofia tale, già lungamente muta in Dante, dovè sulle prime parlare a lui fiocamente, poichè era egli *nato e cresciuto* Guelfo sino oltre la metà di sua vita: e quando poi se ne fè seguace, volle figurarla in Virgilio, sì perchè quel vate Latino era stato cantore di colui che preparò l' Impero (Enea), e di colui che lo fondò (Cesare); e sì anche perchè era nato, vivente colui che lo fondò, e vissuto sotto colui che lo stabilì (Augusto). Ond' ei sen vale come fonte di gravissima autorità per provare i dritti dell' Impero medesimo nel cit. lib. *de Monarchiâ*, dove lo chiama costantemente *poeta noster*, quasi dica il poeta di noi Ghibellini.

Ci resta ora a vedere perchè Virgilio dica, che i *genitori suoi furon Lombardi, e Mantovani per patria*.

Non può negarsi che impropriamente si dà il nome di *Lombardi* a coloro ch' eran vissuti molti secoli innanzi ai *Longobardi*, i quali abitarono quella parte d' Italia, e da cui quel nome nacque. Vediamo se un' altra allusione segreta qui si nasconda.

Dante chiama il Signor di Verona *il gran Lombardo che porta sulla scala il santo uccello* (Parad. xvii); vale a dire, che il Signor della Scala, capo allora e sostegno del partito imperiale, elevava l'Aquila, come stemma di sua famiglia, e stemma dell'Impero insieme. Era allora la Lombardia piena di Ghibellini: onde il poeta nella venuta di Arrigo esortando i suoi alla riconciliazione con la parte avversa scrivea: "Sangue de' Longobardi, pon giuso la sostenuta crudelezza....perdonate, perdonate oggimai, carissimi, che con meco avete ingiuria sofferta."* E dall'esser quella region d'Italia tutta di Ghibellini ripiena derivò poi che rimanesse all'Impero, mentre le altre regioni in cui prevalevano i Guelfi si sottrassero a quel dominio. Molte e molte fiate verranno nel poema designati Italiani col nome di Lombardi; e per lo più in significazione di Ghibellini; e Virgilio stesso sarà introdotto a parlar Lombardo, anche con questo disegno: le quali cose a lor luogo diverranno perspicue e sicurissime. Mantova veniva in quel tempo annoverata fra le città di Lombardia, di cui era la principal fortezza:† e quindi sì quella provincia che quella rocca dovean esser da lui considerate come il fondamento e la cuna di quell'Impero che bramava veder rivivere; e di là per esso potea l'Impero risorgere e non altronde. Or non ci vuol molto per iscorgere qual relazione possa aver tutto ciò con la nascita di quel Virgilio ch'è la figura della Filosofia produttrice e fondatrice dell'Impero. L'allusione è per vero alquanto recondita, ma pur vi è; e il genio del nostro poeta di tai segreti rapporti non di raro si compiacea, come avremo frequente occasione di osservare.

A significare poi che il ragionato amore della imperial potestà, dalla pubblica forza sostenuto, ed un tempo sì vivo

---

* Lettera di Dante ai Popoli d'Italia.
† Vedi il Biondo, l'Alberti, il Baudran ed altri.

e maschio in Italia, era allora quasi da per tutto spento, fuorchè nella Lombardia, ei fè dire a Virgilio *non sono uomo ora, ma fui uomo un tempo*; che corrisponderebbe a quel ripetuto Virgiliano detto *fuimus Troes:* e ben sogliam dire, quando la fortuna ci ha volti in giù, *fummo uomini, ed or siam ombre*. Ogni sillaba di Virgilio ben ponderata scopre, o per istretta relazione, o per recondito rapporto, una qualche allusione che ci fa a dritto conchiudere, ch' esso è figura di quella nuova Filosofia politica di cui Dante si era fatto seguace.

Ma il molto che ho detto non è pur tutto; altro potrò aggiungere, che non è di minor peso, per assodare un punto di tanta importanza, da cui l'intelligenza di quasi tutto il poema dipende.

Dante si scelse due guide pel suo viaggio, Virgilio e Beatrice: e queste due guide son tali che si riverberano scambievole lume. Venga dunque Beatrice a spargere i suoi raggi su Virgilio, di modo che sia quasi impossibile il non riconoscerlo.

Quantunque mi occorrerà favellar di lei ben a lungo altrove, pure convien che alcuna cosa io qui ne accenni, ma tanto solo, quanto basti a renderci col suo confronto più sicuro il carattere di lui. Dirò dunque che l'uno è quello che produce un buon governo rettificando i costumi; l'altra è quella che dopo una virtuosa vita guida l'uomo purificato al suo fattore: l'uno fa con la società quel che dee fare un buon regolatore della vita temporale; l'altra fa quello che ha da fare un' ottima direttrice della vita spirituale: in poche parole, l'uno è la Politica secondo la Monarchia, l'altra è la Religione secondo il Cristianesimo; l'uno è l'ufficio d'un saggio Imperatore, l'altra è quello di un santo Pontefice: per cui tendono, come Dante dice, a due beatitudini; quella della *vita attiva* di questo mondo, rappresentata nel Paradiso terrestre; e quella della *vita contemplativa* dell' altro, figurata nel celeste: onde l' uomo fosse quaggiù felice, per quanto ad uom retto è dato, e felicissimo lassù, secondo che ad uom giusto è promesso. E da ciò deriva ch' essendo divisi di uffizio, Dante concepì l' idea che Virgilio dovesse accompagnarlo sino al terrestre Paradiso; e lasciarlo poi dovesse quando Beatrice ne assume la direzione per condurlo al celeste.

E perchè nulla manchi a quanto diciamo, ecco l' autorità lucidissima di Dante medesimo, che prendiamo parte dal trattato del Convito, e parte dal libro *de Monarchiâ*. *Duo igitur fines Providentia illa inenarrabilis homini proposuit intendendos:* BEATITUDINEM *scilicet* HUJUS VITÆ, *quæ in operatione propriæ virtutis consistit, et per terrestrem Paradisum figuratur; et* BEATITUDINEM VITÆ ÆTERNÆ, *quæ consistit in fruitione divini aspectus, ad quem virtus propria accedere non potest, nisi lumine divino adjuta, quæ per Paradisum coelestem intelligi datur. Ad has quidem beatitudines, velut ad diversas conclusiones, per diversa media venire oportet. Nam ad primam per philosophica documenta venimus, dummodo illa sequamur, secundum virtutes morales et intellectuales operando: ad secundam vero, secundum documenta spiritualia, quæ humanam rationem transcendunt, dummodo illa sequamur, secundum virtutes theologicas operando. Propter quod opus fuit homini duplici directivo, secundum duplicem finem: scilicet summo Pontifice, qui secundum revelata humanum genus produceret ad vitam æternam; et Imperatore, qui secundum philosophica documenta genus humanum ad temporalem felicitatem dirigeret.* De Monarchiâ, lib. iii. "L' umana natura non pure una beatitudine ha, ma due, siccome quella *della vita civile*, e quella della *contemplativa*..........E conciosiacosachè quella che ha la beatitudine di governare non possa l'altra avere......noi potemo in questa vita avere due felicità, secondo due diversi cammini buoni e ottimi che a ciò menano: l' una è *la vita attiva*, l' altra è *la contemplativa;* la quale (avvegnachè per l' attiva si pervenga a buona felicità) ne mena a ottima felicità e beatitudine......Queste due operazioni sono vie spedite e direttissime a menare alla somma beatitudine." Convito, in varj luoghi. La quale beatitudine è da lui espressa in *Beatrice*, di cui scrive nella Vita Nuova: *apparuit jam beatitudo nostra;* onde quest' allegorica sua amante vien ivi da lui detta *distruggitrice di tutt' i vizj*, il che riguarda l' Inferno; e *reina della virtù*, il che riguarda il Paradiso: per cui Virgilio, vita attiva temporale, è da lei spedito (come vedremo) a ritrarre Dante dalla malvagia via, per indirizzarlo alla vita contemplativa e spirituale. La sana religione fa sano il governo, e questo prepara la via per andare al cielo: *Mortalis ista felicitas ad immortalem felicitatem ordinatur:* De Monarchiâ. Ond' è che Virgilio, da Beatrice mandato, spessissimo di lei favella, e come termine del suo viaggio l' addita.

Le poche parole che abbiam qui sopra citato presentano in complesso tutto il sistema politico-morale di Dante; e dirò quasi l' essenza e lo spirito del suo poema. Ei più d' una volta chiama quelle due sue guide *Soli*, perchè scortano l' uomo per due strade, la temporale e l' eterna: *Sole che sani ogni vista turbata*, dice a Virgilio; e *Sole degli occhi suoi, Sole che gli scaldò il petto d' amore*, canta di Beatrice: ed egualmente nel Purgatorio, rammentando i primi tempi della pura Cristianità, scrive:

> Soleva Roma che il buon tempo feo
>   Due Soli aver, che l' una e l' altra strada
>   Facean vedere e del Mondo e di Deo:
> L' un l' altro ha spento; ed è giunta la spada
>   Col pastorale; e l' uno e l' altro insieme
>   Per viva forza mal convien che vada.

> Perocchè giunti, l' un l' altro non teme:
> Se non mi credi pon mente alla spiga,
> Che ogni erba si conosce per lo seme......
> Di' oggimai che la Chiesa di Roma,
> Per confondere in sè due reggimenti,
> Cade nel fango, e sè brutta e la soma.—Pur. xvi.

Or se io non erro, nulla mi par che manchi a render sicura, e in tutt' i lati pienissima, la idea che dobbiam farci dell' allegorica ombra del Mantovano cantor dell' Impero.

Un' altra ragione aggiungerò per ora, ed è potentissima. Il personaggio di Virgilio, così inteso, non solo ci fa comprendere in ogni minima parte il precedente suo discorso, ma spiana di più moltissimi passaggi del poema, che senza ciò non furono mai capiti o spiegati. Per non implorar l' altrui cieca fede scenderò a qualche esempio; e dei cento che nel corso del poema incontreremo, due soli ne produrrò.

Per comprendere quanto son per dire è d'uopo rammentarsi che, al narrar di Lucano (lib. vi), Erittone, maga Tessala, per dar risposta a Sesto Pompeo, figlio del Magno, intorno al fine di quella guerra famosa che ardea fra 'l di lui padre e Cesare, richiamò dall' Inferno lo spirito d' un soldato Pompejano, il quale era rimasto morto nel campo; e che quello predisse dolorando la disfatta di Pompeo, onde poi nacque l' Impero Romano. Or Dante finge che quella maliarda avesse co' suoi potenti scongiuri costretto l' anima di Virgilio a varcare il muro della città infernale, e discendere al più basso fondo dell' Abisso, dove son puniti i traditori (detto però Cerchio di Giuda), per prendere quello spirito; acciochè rientrato nel corpo esanime rispondesse a lei su ciò che bramava sapere. Udiamo le pàrole di Virgilio che il narra:

> Vero è ch' altra fiata quaggiù fui
> Congiurato da quella Eritton cruda
> Che richiamava l' ombre ai corpi sui.

> Di poco era di me la carne ignuda,
> Ch' ella mi fece entrar dentro a quel muro,
> Per trarne un spirto dal cerchio di Giuda.—Inf. ix.

Da ciò nascono due questioni, cui risponderò partitamente.

1ª Questione. Perchè Erittone si servì di Virgilio per questa operazione, e non di altro?

Risposta. Che cosa figura Virgilio? La Filosofia produttrice dell' Impero. Che cosa fa capire lo spirito di quel soldato ad Erittone, presso Lucano? Che Cesare avrebbe trionfato. Dunque pel Ghibellino Alighieri, Virgilio e non altro dovea essere impiegato per far predire una vittoria che dovea produrre l' Impero Romano, già da Enea preparato, e da Cesare vicino a mandarsi ad effetto: ed ecco perchè lo prescelse a questo uffizio.

2ª Questione. Perchè lo spirito di quel soldato Pompejano era nel cerchio di Giuda, dove sono i traditori?

Risposta. Per la stessa ragione per cui nel cerchio di Giuda son Bruto e Cassio; vale a dire, perchè quel soldato era nemico di Cesare, ch' era stato mandato da Dio (secondo Dante) a stabilire l' Impero universale sulla terra, per bene degli uomini. Cassio, Bruto e quel Pompejano erano nella mente del nostro Ghibellino tanti ingrati e traditori al comun benefattore dell' universa umanità; e quindi erano tutti piombati a quel cerchio medesimo, dove sono i traditori e gl' ingrati, e dove poi rovinò lo spirito di Giuda che al cerchio diede il nome.*

Passiamo ora dal IX Canto al X. Dante incontra colà

---

* Una terza questione potrebbe pur farsi: "Se Virgilio al tempo della guerra Farsalica non era ancor estinto, come va che la sua anima discese al cerchio de' traditori a prendere lo spirito di quel soldato?" A siffatta domanda, che formò la disperazione di tutti gli annotatori, daremo a suo luogo risposta; e tale che ci riuscirà assolver Dante da contradizione ed anacronismo, da cui mal fu sinora difeso.

l' ombra di Cavalcante Cavalcanti, padre di Guido suo amico, la quale lo interroga, perchè suo figlio non fosse con lui in quel viaggio; e Dante risponde:

> ...... Da me stesso non vegno;
> Colui che attende là per qua mi mena,
> Forse cui Guido vostro ebbe a disdegno.

E quel tale che Guido ebbe a disdegno è Virgilio.

Un passo si è questo che ha fatto stracciar la logica senza pietà a quanti vi poser le mani: nè doveva esser altrimenti. Come poteano essi afferrare il senso di una sentenza sì apparentemente contradittoria? come sapere perchè Guido ebbe a disdegno Virgilio, se non conoscevano chi Virgilio si fosse? anzi se credeano di certo, che fosse uno invece di un altro; e tale che Guido non potea assolutamente e per qualunque lato averlo a disdegno? Guido era gran filosofo, e tutti ne convengono; Guido era egregio poeta, e non ne possono disconvenire coloro che han letto i suoi versi, ed hanno inteso dirsi da Dante nel Purgatorio, che *Guido Cavalcanti avea tolto l' onore della lingua a Guido Guinicelli,* il quale era creduto il più gentil cantore de' tempi suoi, e lo era certo. Or sentivano dirsi, che *Guido avea a disdegno Virgilio;* come spiegar ciò? Che volete che sia Virgilio; il poeta Latino cantor dell' Eneide, o la figura della Filosofia in generale? Se l' uno, il buon poeta Guido non potea avere a disdegno l' ottimo poeta Virgilio; se l' altra, il Filosofo Guido non potea e non dovea avere a disdegno Virgilio, che figura la Filosofia in persona. Ecco Edipo che con la storia alla mano ci grida: il Guelfo Guido, figlio di quel Cavalcante che Guelfo nacque, più Guelfo visse, e Guelfissimo morì, disdegnava seguir Virgilio, Filosofia Ghibellina: il che mostra che Dante invitò il suo amico a far ciò, e quello negò di accondiscendere, per timor di sembrar uomo di variabil carattere. E se di ciò si vuol pruova, eccola chiara e parlante.

Nel sesto canto si dirà che in Firenze, *Giusti son duo, ma non vi sono intesi*. Molti annotatori credettero che in questi due vengano significati Dante stesso, e Guido suo amico: or ciò non è. Il poeta esiliato, nella licenza di una Canzone ch'ei manda a Firenze, saluta prima que' due, e poi manifestamente parla di Guido, ch'ei cercava rimuovere dal partito Guelfo; e che non sapea a ciò risolversi, *per tema di vergogna:* eccone i versi che non possono parlar più chiaro:

> Canzone, ai tre men rei di nostra terra
> Te n' andrai, anzi che tu vadi altrove:
> Li duo saluta; e l' altro fa che prove
> Di trarlo fuor di mala setta in pria:
> Digli che il buon col buon non prende guerra,
> Digli che è folle chi non si rimuove,
> *Per tema di vergogna*, da follia.

E ch' ei cercasse far proseliti al suo nuovo partito, lo ritragghiamo dai seguenti versi di quella stessa licenza:

> Se cavalier t' invita o ti ritiene,
> Spia se far lo puoi della tua setta,
> E se non puoti, tosto lo abbandona:
> Co' rei non star, nè ad ingegno nè ad arte,
> Chè non fu mai saver tener lor parte.*

Or se dopo aver esaminato il poema interroghiamo la storia, e questa ci dice che Dante perseguitato dai Guelfi si fè Ghibellino, di che altro abbisognerà la critica per conchiudere, che Virgilio è la Filosofia del suo nuovo partito? E per altra legittima conseguenza inferirà, che quelle Fiere che lo perseguitano, e dalle quali Virgilio lo sottrae, sono figure di Guelfi. Vediamolo meglio.

* Vedi la canz: *Io sento sì d' Amor la gran possanza.*

CAP. II.

DELLE FIERE.

Tre sono le fiere che respingono Dante alla valle; una Lonza, un Leone ed una Lupa: ma Virgilio lo libera dalla sola Lupa, e di questa ei favella, e non delle altre due. Noi parleremo prima di tutte e tre in complesso e partitamente, e poi diremo perchè Virgilio della Lupa sola ragioni, e delle altre si taccia.

Ecco i caratteri che Dante dà a tutte e tre:

I. *Una Lonza leggiera e presta molto, che di pel maculato era coperta, la quale non gli si togliea mai dinanzi al volto; anzi impediva tanto il suo cammino, ch' ei fu volto indietro più volte per tornare alla valle;* e non per tanto *la gajetta pelle di quella fiera gli era cagione a bene sperare.*

II. *Un Leone, che parea venir contro lui con la testa alta, e con rabbiosa fame, sì che parea che l' aria stessa ne temesse.*

III. *Una Lupa che nella sua magrezza sembrava carica di tutte brame;* talchè *mai non empie la bramosa voglia, ma dopo il pasto ha più fame che pria. Ella si ammoglia con molti animali, finchè un Veltro verrà che la farà morir di doglia:* Questa principalmente diè tanta paura al poeta che gli tolse ogni speranza di giungere all' altezza del colle, e da questa Virgilio lo viene a sottrarre.

Questi tre animali furono visibilmente dal poeta imitati da un passo di Geremia, di cui ecco la traduzione verbale. " Un Leone uscito dalla selva gli assaltò; un Lupo nella sera gli spogliò; un Leopardo sta vigilante sulle loro città; e chiunque uscirà da quelle sarà da lui afferrato." *Percussit eos Leo de silvâ; Lupus ad vesperam vastavit eos; Pardus vigilans super civitates eorum; omnis qui egressus fuerit ex eis capietur.* (Cap. v. ver. 6). E la Lonza, ossia la Pantera, poco differisce dal Leopardo, essendo due famiglie della stessa specie. Molti sacri interpreti convengono che quelle tre fiere del profeta sien figure di tre nazioni, o di tre principi conduttori di esse, di cui Nabuccodonosor è il Leone. Or non è egli chiaro che per que' tre animali, che impedivano a Dante di salire sul colle, il quale è simbolo della virtù, come tutti giustamente spiegano, debbano intendersi la irrequieta Repubblica di Firenze, l'ambiziosa Corte di Francia, e l'avara Curia di Roma?

Io prima mostrerò quai relazioni abbia il poeta trovato fra queste tre fiere, e quelle tre potenze; e poi farò vedere che i caratteri che alle une attribuisce son que' medesimi che alle altre appropria: e tai caratteri li ritrarremo dallo stesso poema.

Pruove del primo genere.

I. *Lonza.*

Dante si attacca non di rado alle parole per trarne le sue allegorie, ed avremo occasione di osservarlo più volte. Ciò posto, ecco l'oracolo che spiegherà tutto il mistero di questa Lonza: oracolo che avea dovuto colpire l'orecchio e l'occhio di Dante stesso, perchè deriva dal suo maestro Brunetto Latini: LA PANTERA È UNA BESTIA TACCATA DI PICCOLE TACCHE BIANCHE E NERE. (Tesoro, lib. v. cap. 60): Onde Ovidio cantò: *Pictarum jacent fera corpora panterarum.* Firenze era allora divisa in *Bianchi* e *Neri*, e quindi Dante la figurò nella Pantera ch'ei chiamò Lonza: e non preferì questo nome a caso; ma a suo luogo potrò forse dire, perchè Lonza e non Pantera piacque a lui denominarla. E si noti che il poeta non parla nè del pelo del Leone, nè di quello della Lupa, poichè non poteva trarne significazione alcuna; ma bensì di quello della Lonza che gli offriva un'allegoria.

Allusioni di tal fatta eran secondo il genio di quella età:

onde Dante da Majano, amico di Dante Alighieri, chiama la sua Nina, *nobil pantera*, a cagione forse della bianchezza delle carni e della negrezza delle chiome.* E se il Ginguené avesse penetrata la vera significazione della Lonza non avrebbe scritto " è impossibile vedere qual analogia vi abbia fra una *pantera* ed una bella donna."

Dopo ciò non sarà difficile spiegare perchè *la gajetta pelle della Lonza era a Dante cagione a bene sperare.* Si dice color *gajo* il color *chiaro*, siccome il bruno è creduto color tristo e di lutto. Or la Parte *Bianca* era quella che favoriva Dante, la *Nera* era quella che l'odiava; e quindi dice che *la gajetta pelle della Lonza*, o sia la Parte Bianca di Firenze, che allor prevaleva, gli era cagione a *bene sperare*: e si serve forse del vezzeggiativo *gajetta* per esprimere un partito che gli era amico. Che se ci piacesse udir da lui medesimo, ch' egli per un de' Bianchi contavasi, e che *buoni* ei stimavali, onde in essi sperava, ecco ch' io lo chiamerò a farne solenne confessione.

Perchè sia questa appien compresa, è da premettere ch' ei considerava i figli della sua ingrata Flora come tanti *fiori Bianchi* e *Persi*, o sia Neri; colori che significò nel pelo maculato della volubile Lonza: il che nuovo appoggio darà alla presente interpretazione:

> L' esilio che m' è dato a onor mi tegno;
> Chè se giudizio, o forza di destino
> Vuol pur che il mondo versi *(converta)*
> I *Bianchi* fiori in *Persi*,
> Cader co' *buoni* è pur di lode degno.†

---

* Vedi il Sonetto che incomincia:
   Cera amorosa di nobilitate.

† Stanza v. della canzone che principia:
   Tre donne intorno al cuor mi son venute.
Al che aggiungasi che Vanni Fucci nell' annunziargli le sventure de' Bianchi dispettosamente gli grida:
   E detto l' ho perchè doler ten debbia. (Inf. xxiv.)

II. *Leone.*

Questo superbo animale è nello stemma della casa di Francia; e i principi di quella casa furono talvolta ad esso rassomigliati. Carlo d'Angiò, che fece decapitar Corradino, fè porre sulla tomba di lui il seguente distico, il quale si legge sull'urna di porfido di quell'augusto sventurato, nella chiesa del Purgatorio al mercato di Napoli:

Asturis ungue Leo pullum rapiens aquilinum
Hic deplumavit, acephalonque dedit.

" Il Leone di Asturia ghermendo con gli artigli l'acquilotto, qui lo spennacchiò, e lo gittò senza testa." E Dante istesso chiama *Leone* quel Carlo di Valois che invadendo Firenze era stato cagione del di lui esilio: e fa una perfetta antitesi al distico di Carlo d'Angiò, dicendo, che l'Aquila coi suoi artigli avrebbe tratta la pelle al Leone:

E non l'abbatta (*l' aquila*) esto Carlo novello
Coi Guelfi suoi, ma tema degli artigli
Che a più alto *leon* trasser lo vello.—Parad. vi.

Cioè *tema degli artigli dell' Aquila, che trassero il vello ad un Leone più alto di quello ch' egli è*: il che vuol dire ch'egli pure è *alto leone*: e ciò ha segreta relazione col leone che venia *con la testa alta;* ed a Carlo che lungamente terrà *alte le fronti* de' Neri (Inf. vi): e lo chiama Carlo novello rispetto all'antico.

III. *Lupa.*

Quest' avida fiera è stata sempre l'arme di Roma; e non occorre provarlo: che se ciò fosse giudicato non sufficiente a far che Dante vi appoggiasse la sua allegoria, altro dirò in appresso che metterà in pieno lume, perchè nella Lupa ha egli figurato la Curia Romana, centro del partito Guelfo.

Pruove del secondo genere.

1. *La Lonza è leggiera e presta molto.*

Lasciando da parte i cento e cento luoghi storici, in cui vien rammentata la instabilità e irrequietezza della Repubblica di Firenze nel suo continuo cangiar di governo e di forme, per cui *rinnovava legge e modi* (Inf. xxiv), udiamo che ne dice Dante medesimo:

> Fiorenza mia,......fai così sottili
> Provvedimenti, che a mezzo novembre
> Non giunge quel che tu d'ottobre fili.
> Quante volte del tempo che rimembre,
> Legge e moneta ed uffizio e costume
> Hai tu mutato, e rinnovato membre?
> E se ben ti ricorda, e vedi lume;
> Vedrai te somigliante a quella inferma,
> Che non può trovar posa in su le piume,
> Ma con dar volta suo dolore scherma.—Purg. vi.

E si noti ch'ei considera i cittadini come *membra* di Firenze; onde gli ha significati nella pelle della Lonza a due colori; la quale ci ricorda la veste variata che gl'Iconologi danno alla Discordia: e Dante, come più volte osserveremo, con l'esterne qualità suol adombrare le interne.

2. *Il Leone ha testa alta e rabbiosa fame.*

E che non grida il poeta contro l'ambizione della Corte di Francia, la quale con *forza* e *menzogna*, o sia con violenza e fraude, rapiva gli stati altrui? Introduce Ugo Ciapetta, ceppo di quella famiglia, a dire:

> Mentre che la gran dote Provenzale
> Al sangue mio non tolse la vergogna,
> Poco valea, ma pur non facea male.

> Lì cominciò con forza e con menzogna
> Le sue rapine; e poscia per ammenda
> Ponti e Normandia prese, e Guascogna.—Purg. xx.

E ricorda la invasione della Fiandre fatta da Filippo il Bello, con la presa di Guanto, Doaggio, Lilla e Bruggia; e poi rimembra la invasione del regno di Napoli fatta da Carlo d'Angiò; e poi rammenta ancora l'invasione di Firenze fatta da Carlo di Valois. E nel Paradiso vien detto che quella Corte si appropriava i dritti dell' Impero, e che all' Aquila, *pubblico segno*, opponeva i *gigli gialli;* e che quel Carlo novello voleva abbattere quel pubblico segno.

3. *La Lupa carica di tutte brame, mai non empie la bramosa voglia, e dopo il pasto ha più fame che pria.*

Non la finirei mai più se tutti volessi citare i passaggi che sono sparsi lungo il poema contro l' avarizia sacerdotale di que' tempi. Mi limiterò al solo Inferno, perchè se volessi oltrepassar questi limiti, mi converebbe qui trascrivere buona parte della Commedia.

Il poeta riconosce nel cerchio degli Avari *e Papi e Cardinali in cui usa avarizia il suo soperchio.* I Papi son nella bolgia de' simoniaci, cioè di que' sacerdoti fraudolenti, che *rapaci per oro e per argento adulterarono le cose di Dio.* Quivi il Pontefice Niccolò degli Orsini confessa *di aver posto cupido in borsa l' avere;* e Dante gli dice: *dimmi quanto tesoro nostro Signore volle da S. Pietro, per mettere le chiavi in sua balia? Nè Pietro nè gli altri apostoli chiesero a Mattia oro ed argento,* per ammetterlo nel loro collegio. *La vostra avarizia attrista il mondo, calcando i buoni, e sollevando i pravi.* Finalmente dirò che come chiama *Leone* Carlo, così chiama *Lupo* Bonifacio, sclamando, che il denaro *avea fatto Lupo del Pastore* (Parad. ix).

Or noterò che la comparsa successiva di queste tre avverse belve è perfettamente storica. Dante ricevè le prime traversie da Firenze; e quindi la Lonza è la prima ad opporsi al suo cammino, e *non gli si partia mai dinanzi al volto*, e più volte lo fè rivolgere alla valle: poichè rimanendo il poeta sempre colà *dove nacque e crebbe* (Inf. xxiii), sino *al colmo di sua vita* (Convito), continui doveano essere gli ostacoli alla sua vita morale, e frequenti le occasioni che lo immergevano nelle ire de' partiti. Fu egli poi esiliato per opera della potenza Francese, che usò ogni arte per abbattere i Bianchi, cui egli apparteneva; e quindi il Leone è il secondo a comparire, *e parea che contro lui venisse*: ricevè finalmente perpetua persecuzione dalla Guelfa Roma; e quindi la Lupa è la terza, e più fiera ad incalzarlo, che lo rese *senza pace*, e non lo lasciò mai più *andar per la sua via*.

Ma poco mi parrebbe aver fatto nel mostrare come debba intendersi l'allegoria di queste tre fiere, se non sapessi dire ancora com' essa nacque nella mente del poeta: e ciò non solo aggiungerà nuova evidenza a quanto di essa ho detto, ma ci farà anche abbracciare con occhiata sicura il sistema morale di Dante circa i peccati, dal quale dipende il disegno di tutto il suo Inferno.

Ei divide i peccati in tre classi generali, che progrediscono secondo l'enormità; *Incontinenza, Malizia* e *Bestialità*, siccome nel Canto XI verrà esposto. Per *incontinenza* intende ciò che tutti intendiamo, vale a dire il non sapersi *contenere* e raffrenare dalle inclinazioni della mal disposta natura. Per *malizia* intende la volontà determinata al male; e per *bestialità* lo stato abituale della malizia, il quale renda l'uomo quasi una bestia perniciosa, intento per sistema all' altrui danno, come la tigre, l' avoltojo, ecc. Questa divisione gli derivava dal suo Aristotile, il quale così nell' Etica lasciò scritto: *Dicendum est rerum circa mores fugiendarum tres species esse, incontinentiam, vitium et feritatem;* al *vitium* corrisponde la malizia, ed al *feritatem* la bestialità: poichè stato di *fiera*, o stato di *bestia* son sinonimi: il che con men forte vocabolo può anche dirsi *inumanità*, cioè essere non umano. L' uomo nella totale depravazione perde quasi ciò che lo costituisce *uomo*, e diviene perciò come una *bestia;* onde il poeta darà l' aggiunto di *matta* alla bestialità, dichiarandola così priva di ragione. Per cui, parlando di chi a tal punto si degrada scrisse nel libro ' de Monarchiâ' *homines, tanquam equi, sua bestialitate vagantes;* e ne offre il tipo in una canzone dicendo:

Uomo non già, ma bestia ch' uom somiglia:

Conformandosi al motto di quell' acre cinico che, per dichiarar bestie tutt' i corrotti uomini coi quali vivea, disse fra una folla di essi: *Quæro hominem et non invenio:* e diciam tutto giorno di un uomo snaturato: egli è un bruto, una belva, una fiera.

Ottimamente annotò il Landino: " chi è infetto a tal punto dai vizj, benchè ritenga la effigie umana, nientedimeno ne' costumi è divenuto fiera crudelissima." E meglio il Boccaccio: " Perduta la ragione diveniamo simili ad animali bruti: e spesse volte nel mostrano le poetiche finzioni, quando ne dicono, alcun uomo essersi trasformato in lupo, in leone, o in altra forma bestiale." E meglio di entrambi Boezio ch' era il consolatore del nostro vate, com' ei stesso nel Convito ci svela: " In questo mondo tutto quello che manca del bene manca ancora dell' essere: del che avviene che i rei lascian d' essere quello ch' erano; ma il loro essere stati uomini mostra la forma del corpo umano che ancora ritengono. Laonde essendosi in malizia convertiti hanno ancora la natura umana perduto. Ma conciosiacosachè la sola bontà possa fare gli uomini più che uomini, di necessità è che la malvagità faccia meno che uomini tutti coloro, ch' ella dalla umana condizione ha tolti ed avvallati. Avviene dunque che cui tu vedi trasformato dai vizj non possi uomo riputarlo. Uno che toglie per forza l' altrui ricchezze, tutto caldo d' avarizia, si può dire che sia simile a un Lupo. Chi non possendo raffrenar l' ira rugge e fremisce per la stizza, si creda aver animo di Lione......così avviene che chi abbandona la virtù lascia d' esser uomo, e si trasmuta in bestia." (Della Consolazione della Filosofia, lib. iv. prosa iii. traduzione del Varchi).

Poetica filosofia chiamerò questa di Boezio, la quale gli fluì da antichissima scaturigine: poichè la Bibbia che ci rammenta la trasfigurazione dell' ambizioso Nabucco; e la Mitologia che ci ricorda quella dell' avaro Licaone, e di cento altri perversi che diedero gran materia al poema delle Metamorfosi, ci dicono qual è l' origine di tal concetto.

Or dopo tutto ciò, chi è sì cieco da non vedere quali furono i motivi impellenti che spinsero Dante a cangiare i suoi nemici costantissimi nel nuocergli in tre fiere? E se indotto dal suono della parola, e dalla continuazione dell' allegoria, cambiò anche (come or ora vedremo) un eroe del suo poema in veltro, ei si vide costretto a distinguerlo con qualità tali che gli rendessero ciò che l' animalità gli togliea; per cui disse che quel veltro si sarebbe nutrito di sapienza, amore e virtù, e sarebbe stato salute del Lazio.

Ci rimane a dire perchè Virgilio sottrae Dante dalla sola Lupa, e di quella parla, e non delle altre due fiere: il che sarà nuova dimostrazione a quanto dicemmo di Virgilio, e della Lupa; poichè mostrerà che l' uno è il virtuoso Ghibellinismo che allontana Dante dal vizioso Guelfismo.

Essendo la Lupa figura della Curia Romana, centro allora e vita di tutto il partito Guelfo, le altre due belve, vale a dire la Guelfa Repubblica Fiorentina, e la Guelfa Corte Francese, n' erano una semplice conseguenza; e da lei riceverono impulso e moto: e quindi Virgilio, allontanando Dante dalla Lupa, o sia dal Guelfismo, lo avrebbe parimente dalla Lonza e dal Leone sottratto, o sia dalle altre due Guelfe potenze: onde per significare ch' esse erano alla Lupa associate soggiunge, che *molti son gli animali a cui ella si ammoglia.*

Da ciò prese occasione il Poeta di rassomigliare quella corrotta Curia alla donna dell' Apocalisse, la quale *puttaneggiava coi Regi* (Inf. xix); e ciò allor faceva Bonifacio con Filippo suo vecchio consorte, e il faceva a danno de' Ghibellini, e de' Bianchi: il che viene mirabilmente illustrato da questo passo di Dino Compagni, socio di esilio del nostro autore: " I Ghibellini e i Bianchi ch' erano rifuggiti in Siena non si fidavano starvi per una profezia che dicea *la Lupa puttaneggia; e* perciò deliberarono non istarvi" (Cronica, lib. ii). E Siena era allora tutta a Bonifacio devota. E sebbene il Compagni chiami altrove *Lupa* Siena medesima, vedremo più sotto che ciò, lungi dal nuocere al nostro argomento, lo avvalora.

Virgilio siegue a dire: *quella Lupa a molti altri animali si ammoglierà, finchè verrà il Veltro che la farà morir di doglia, dandole caccia.* Quasi tutti gli annotatori hanno ravvisato in questo Veltro *Can della Scala,* Signor di Verona, Ghibellino acerrimo, e capo della lega Lombarda contro il partito Guelfo o Papale; e con ciò divien chiaro perchè quel Veltro darà la caccia alla Lupa, il che non potrà mai plausibilmente spiegarsi se altro in quella Lupa vuol cercarsi; come più tardi mostrerò.

Or chi crederebbe che questi due animali antagonisti, il *Veltro* e la *Lupa,* si generarono nella mente di Dante da due egualissimi semi, cioè da due nudi vocaboli? Basta solo ricordare che *Lotario Wolf* fu il germe funesto onde si sviluppò il Guelfismo, per veder chiaro, come un sol d' Italia, perchè Dante di quella Curia, ch' era la fucina di tutte le rabbie Guelfe, abbia fatto una Lupa: *Wolf*, che latinizzato diè *Guelfus*, nel vecchio Sassone, nel moderno Tedesco e nel vivente Inglese vuol dire *Lupo:* è superfluo l' aggiunger altro.

E sol dirò che Dante per tutto il corso del poema aderì costantemente a questa prima concezione, sino al punto che tutte le volte in cui accenna Ghibellini o Guelfi sotto la figura di animali, i primi son sempre *Cani* e i secondi son *Lupi:* giusto perchè i cani e i lupi son fra loro nemici. Per esempio: vorrà esprimere che il Conte Ugolino e i suoi figli, Guelfi tutti, furono perseguitati dall' Arcivescovo Ruggieri, istigator di famiglie Ghibelline? E dirà in vece, che il *Lupo* e i *Lupicini* erano inseguiti in caccia da quell' Arcivescovo con delle *cagne*. E da *cagne* rassomigliate ai *veltri* farà sbranare nel bosco infernale *Lano* e il compagno; perchè essi furono fatti a pezzi dai Ghibellini di Arezzo in una imboscata (Canto xiii. vedi Gio: Villani, lib. vii. cap. 19). Dirà nel Paradiso, che *il fiore di cui Fiorenza è la pianta*, cioè i fiorini, *ha fatto Lupo del Pastore;* e chi ha letto in Gio: Villani, che Papa Bonifacio, nato di famiglia Ghibellina, *fatto Papa, molto divenne Guelfo, e pecunioso fu molto, per aggrandire i suoi parenti, non facendo coscienza di guadagno* (Lib. viii. cap. 6), capirà subito che la frase Dantesca indica che quel Papa si fè Guelfo per avarizia. E per dir *Guelfi* i Papi tutti, dirà, *In veste di pastor lupi rapaci*. Il poeta si famaliarizzò tanto con questa idea che *Avaro, Guelfo* e *Lupo* divennero per lui lo stesso: onde Pluto, demonio delle ricchezze, ch' è con Papi e Cardinali, sarà da lui chiamato *maledetto Lupo, e gran nemico* (Inf. vi e vii), quasi Guelfismo, grande avversario del Ghibellinismo. Così anche là dove ei dice di aver *dormito nel suo ovile, agnello, nemico ai Lupi* *che gli danno guerra* (Parad. xxv) quei Lupi sono i Guelfi Fiorentini, e forse chiamò sè stesso *agnello* perchè era *Bianco*.*

Ma meglio questo suo artificio apparisce là, dove descrivendo il corso dell'Arno, dice che quel fiume incontra prima de' *Botoli*, specie di cani, e poi *la sventurata fossa de' Lupi* (Purg. xiv). Ognuno ha ravvisato che que' *Botoli* son gli Aretini, e que' *Lupi* i Fiorentini; ma nessuno ha mai veduto perchè son indicati così: il che ora è chiarissimo a chiunque si rammenta che Arezzo era Ghibellina, e Firenze era Guelfa.

Ed è questo il luogo dove potrò determinare con pre-

---

* Anche in quella canzone che comincia:

    Patria degna di trionfal fama,

chiama Firenze, *Lupa rapace*. La qual canzone sembra scritta nella venuta di Arrigo, per mille indizj; per cui insinuando alla sua patria di non ostinarsi nell' esser Guelfa, le sclama:

    Eleggi omai, se la fraterna pace
    Fa più per te, o 'l star Lupa rapace.

Il primo amico del poeta, Guido Cavalcanti, quantunque disdegnasse professarsi Ghibellino *per tema di vergogna*, pure teneva lo stesso linguaggio di lui, e sembra essere stato a parte di quel gergo allegorico che avea Dante adottato. Ecco alcun tratto di una sua frottola misteriosa, che pare scritta dopo l'entrata di Carlo di Valois in Firenze, e dopo che i Neri stessi s'erano di lui disgustati a cagione di gravi imposte.

    Vien per partir guadagni la *leonina*;
    E sempre di rapina
    È nata ogni rovina ed ogni lutto.
    . . . .
    O tu, che il tutto mordi,
    Ai *lupi* essere ingordi è già nociuto.
    . . . .
    A molti indarno *belo*;
    Ma mi muove buon zelo, e pura fede.
    E sai tu chi mi crede?
    Chi per pruova s'avvede ch'egli è vero:
    Abito *bianco* e *nero*
    Non farà Fra Rimero esser perfetto.

Questo vero o finto Fra Rimero, detto forse così perchè cattivo accozzator di rime, sembra essere stato un tale che se la tenea con le due fazioni, la Bianca e la Nera. E pare che Guido per dichiararsi agnello, o sia Bianco, come fè Dante di sè, dica *belo*, in vece di sclamo: e si noti che l'idea di agnello non solo è antitesi a *lupo*, ma esprime bontà.

cisione, che cosa debba intendersi per quella *selva selvaggia* dove il poeta dice essersi trovato smarrito: il che molto importa per l'intelligenza di varj luoghi del poema.

CAP. III.

DELLA SELVA.

Egli immagina una tal selva in una valle, il che è significato da quel verso, *Mentre ch' io rovinava in basso loco*; e più chiaramente da quell' altro, *Là dove terminava quella valle*. Chi dice selva suppone alberi, e in siffatta selva egli ha posto delle fiere. Or io dico che per *selva* egli intende il suo secolo inculto, reso quasi selvaggio dal vizioso Guelfismo; per *alberi* intende gli uomini ignoranti, che quasi solo vegetavano, e per *fiere* gli uomini crudeli, che per malignità nocevano: ed esporrò da che mi deriva questa opinione.

Ei dirà a Ser Brunetto incontrandolo: *Là su di sopra mi smarrii in una valle, avanti che l'età mia fosse piena* (Inf. xv); e chiama tutto il Casentino *misera valle*, dove pone *porci, volpi, botoli*, e *lupi* come abitatori di essa (Purg. xiv); onde Cacciaguida gli dirà, ch' ei sarebbe *caduto in questa valle in compagnia malvagia ed empia* (Parad. xvii). Egualmente chiama una parte d'Italia *terra piena di mali sterpi, che tardi verrebber meno per coltivare* (Purg. ivi): e *Italica selva* appella l'Italia nel suo Vulgare Eloquio; e *la selva erronea di questa vita*, scrive nel Convito. Dunque non la sola Italia, ma qualunque luogo dove la vita è erronea dessi intendere per *selva*, e per *valle*: e perciò chiama Firenze *maledetta e sventurata fossa di Lupi* (Purg. ivi), perchè è parte della terra ove la vita è erronea: e piena di *maligne radici* l'appella ancora in una sua canzone.

Or la storia ci dice che Fulcieri de' Calboli nel suo mal governo fè morire molti Fiorentini, fra i quali e felloni ed imbecilli: e Dante ci dice egualmente che quel crudele diventa *cacciator di que' lupi, e gli uccide come antica belva; e poi sanguinoso esce dalla trista selva, lasciandolo tale che di qua a mille anni, nello stato primajo non si rinselva* (ivi); cioè sanguinoso per la uccisione de' Lupi (figli perversi della Lonza con la Lupa maritata), troncò tanti alberi di quella selva (uomini imbecilli), ch' ella non riprodurrà que' suoi alberi, neppure di qua a mille anni. Dunque mi sembra che per quella *belva*, e per quegli *alberi* sieno indicati i feroci sanguinarj, e gl' inerti vegetanti Fiorentini: idea che gli fu suggerita da Brunetto, il quale dietro le tracce di Aristotile gli avea così detto nel suo Tesoro: " Sono uomini crudeli nei loro costumi, e sono di natura di fiera.... I malvagi sono uomini non per opera, ma per nome soltanto. Qual differenza ha egli dunque, se alcuno si muta in fiera salvatica, o egli ha sembianza d' uomo e crudeltà di bestia?" (Lib. vi. cap. 37, e 44). Ed altrove avea scritto che la vita può considerarsi come " potenza vegetabile, la quale partecipa l' uomo con gli alberi e con le piante; perocchè tutte le piante hanno anima vegetabile come l' uomo" (Ivi, cap. 4). Per cui Dante introducendo il suo maestro già morto a ripetergli ciò che vivo gli avea detto, fa ch' ei chiami i loro concittadini *lazzi sorbi* prima, e *bestie fiesolane* dopo, che corrispondono agli *alberi* ed ai *lupi* di quella *trista selva:* e va dubitando se in mezzo a quegli alberi, che producono aspri frutti, surga ancora nel letame di quelle bestie qualche buona pianta: onde dice:

> Faccian le bestie fiesolane strame
> Di lor medesme, e non tocchin la pianta,
> Se alcuna surge ancora in lor letame,

In cui riviva la sementa santa
   Di que' Roman che vi rimaser, quando
   Fu fatto il nidio di malizia tanta.—Inf. xv.

Per render chiaro un tal passo, e per persuaderci anche più della leggierezza e prestezza molta della Lonza, gioverà udir Gio: Villani. "Nota perchè i Fiorentini son sempre in iscisma e parti e divisioni fra loro. I Fiorentini son oggi stratti di due popoli così diversi di costumi e natura, e sempre stati nemici per antico, siccome era il popolo Romano, e quello de' Fiesolani: e ciò potemo vedere per esperienza vera, per le diverse mutazioni e partigioni e sette, che sono addivenute in Firenze di tempi in tempi, come più estesamente faremo menzione" (Lib. iv. cap. 6). E torna a dir lo stesso anche altrove: "La città di Firenze è sempre in grande mutazione; e sono i cittadini di quella solleciti..... Nostra opinione è che le discordie e mutazioni de' Fiorentini siano come dicemmo. La nostra città fu popolata di due diversi popoli di costume e d'animo, cioè Romani e Fiesolani: per la qual cosa non è maraviglia, se la nostra città è sempre in guerra e in dissensione" (Lib. iii. cap. 2).

È dunque sicuro che le *bestie fiesolane* e i *lazzi sorbi* sieno i cattivi Fiorentini, o scellerati o inerti, e la *pianta di sementa santa* è qualche rarissimo buono. Dante infatti chiama sè stesso *dolce fico che tra que' lazzi sorbi non dee fruttificare*. E considerando sempre gli uomini di benigna indole, come gentili piante, denomina un virtuoso di bassa origine, *Verga gentil di piccola gramigna* (Purg. ivi). Ch' ei riguardasse poi le persone quasi alberi di una selva, lo vedremo nel quarto canto, dove parlando di una folla di anime dice, *Noi passavam la selva tuttavia, La selva dico di spiriti spessi:* e questi son alberi buoni, perchè spiriti non maligni, onde non dà alcun epiteto a questa selva:

ma in alberi di *rami nodosi e involti* ed in *sterpi aspri e selvaggi*, anzi in orrida selva cangierà una classe di peccatori nel Canto XIII.

Parmi oramai poter conchiudere, che per questa *selva selvaggia* debba intendersi il suo secolo inculto; per le *fiere* di essa, gli uomini sanguinarj e malefici; per *alberi di cattiva natura*, i frequenti viziosi; per *piante benigne*, i rarissimi virtuosi: ma di tali alberi, o buoni o rei, nel primo canto non si fa motto alcuno.

Se mi fu dato scoprire come nello spirito dell'Alighieri si generarono le fiere, non mi sarà forse impossibile l'indagare, come vi nacquero la *valle* e la *selva*; e perchè questa fu per lui *oscura*, e perchè cangiò gli uomini in *alberi* di essa.

Non è d'uopo ch'io con vano lusso di erudizioni e di autorità ripeta una cosa vecchissima che va pei trivj; cioè che la virtù la quale è difficile a conseguirsi, ma che acquistata sublima lo spirito, sia stata assimilata ad un erto monte: il che con l'esempio di poeti, oratori e filosofi, e fin coi profeti e coi padri potrei comprovare, se nol credessi soverchio. Ciò posto, Dante, che volea dipingere ciò che alla virtù era opposto, e che abbassa l'uomo e lo degrada, cioè la viziosa età in cui vivea, avendo per la ricevuta metafora descritta la virtù come un *monte*, dovea per antitesi disegnar il vizio come una *valle*: ciò è chiaro.

Aristotile con le sue teorie, Boezio con le sue elucubrazioni, e Brunetto coi suoi precetti gli avevano insegnato a considerare gli uomini cattivissimi come tante fiere: ma *fiera* e *selva* sono idee associate, perchè le *fiere* sogliono essere nella *selva*; e quindi in quella valle dove sono le fiere (cioè nella sua corrotta età dov'erano i viziosi) egli immaginò una selva.

La ragione che ci guida nel cammin della vita fu sempre figurata nel Sole che ci mostra le vie: e Dante si valse di tal metafora. Per l' opposto, l' errore, che ci devia dal buon sentiero, fu paragonato alle tenebre, fra le quali l' uomo va sovente smarrito: ma i vizj nascono per lo più da falsi giudizj e da ignoranza che producono errori; e quindi quella in cui si trovò nel cammin della vita, dovea esser per lui *una selva oscura:* ed in fatti nel Convito la chiamò *selva erronea di questa vita.*

Non è difficile il comprendere che nel suo secolo inculto gli uomini non dovevano essere tutti viziosi allo stesso grado. Coi perversi, resi famosi per delitti, altri sicuramente vi erano che, malgrado la lor cattiva indole, non erano per istrepitose scelleratezze segnalati; e qualcuno di buona pasta doveva esservi ancora. Or essendo per lui divenuto quel secolo ignorante una *selva oscura*, e *crudeli fiere* i felloni, degli altri che rimaneano dovea pur fare una cosa che con l' allegoria della selva ben si accordasse: e quindi agevole è scorgere perchè dietro la norma di Brunetto li considerasse come alberi, o di maligna natura, o di non cattiva qualità.

Virgilio mette innanzi all' Inferno una selva, e dà la Sibilla per guida ad Enea in quell' orrenda discesa: e descrive sì bene il Tartaro, che sembra esservi stato. Dante quindi fè precedere la selva all' Inferno, e si scelse per Duca lui medesimo, sì perchè gli piacque imitarlo, sì perchè lo vide informatissimo della region de' morti, e sì finalmente perchè gli offriva le allusioni ch' esponemmo.

Ecco tutto il segreto di Dante: allegorie fondate sulle metafore comunemente ricevute; altre dedotte da quelle per antitesi; altre nate da teorie scientifiche; altre suggerite dalla storia; altre appoggiate al semplice suono delle parole: e tutte ben guidate da classiche imitazioni. Sostituite alle figure i figurati; abbiate conoscenza esatta di quegli autori de' quali si nutrì, e voi gli leggerete nell' anima i minimi pensieri, e gli accompagnerete gradatamente dalla genesi allo sviluppo; e la Divina Commedia non sarà più un enigma.

Mi correrebbe l'obbligo di confutare le antiche opinioni riguardo a *Virgilio* ed alle *Fiere*; ma quasi innumerevoli sono i luoghi in cui sì il poema che le mie note mostreranno l'assurdità di ciò che si è finora creduto circa all'allegoria di *Virgilio;* non così delle *Fiere* che non torneranno mai più in iscena: intorno a queste dunque qualche cosa dirò, onde si ravvisi l'insussistenza di quel che se n'era detto.

Quasi tutti gli annotatori opinarono che queste tre fiere figurino i tre vizj che travagliano l'uomo in tre età successive; cioè la *Lascivia* nella gioventù, l'*Ambizione* nella virilità, e l'*Avarizia* nella vecchiaja. Alcuni di essi pretesero che questi vizj fosser di Dante stesso, i quali gl'impedivano di divenir virtuoso: come se Dante volesse calunniarsi al punto da farsi credere *lascivo, ambizioso* ed *avaro;* e quel ch'è peggio nel medesimo istante, alla metà della vita, mentre que' vizj, anche al dir loro, son di tre successive età. Alcuni altri asseriscono esser questi i vizj dell'uomo in generale; e trovano in Dante la figura archetipa dell'uomo astratto; come se questi soli, e non molti altri fossero i vizj che contrastano all'uomo l'acquisto della virtù; e come se tutti insieme e non con successivo e diviso assalto gli facessero guerra. Ed alcuni altri con perpetua metamorfosi considerano Dante, or come Dante, or come l'uomo in generale, secondo che lor torna più in acconcio ne' passi che cercano spiegare. Noi avremo luogo di osservare che dal primo sino all'ultimo verso del poema, Dante altro non è, se non l'irremovibile Ghibellino Dante Alighieri, sdegnato contro Firenze, e nemico di Bonifacio Ottavo e di Filippo il Bello, che lo perseguitavano; e non mai l'uomo in generale.

Rifletto in primo luogo, che grandissima è la distanza posta da Dante fra i peccati d'*intemperanza* e quei di *malizia*, come a suo luogo vedremo; ed anche maggiore è quella ch'ei mette fra la *malizia* e la *bestialità*, come dal primo all' ultimo passo nella carriera della depravazione: e che per conseguenza la distanza ch'ei stabilisce fra l'*incontinenza* e la *bestialità* è quasi infinita: e quindi chiaro apparisce che in brutta incongruenza sarebbe ei caduto, se avesse simboleggiato con delle bestie falli di semplice incontinenza, quali sono la *lascivia* e l' *avarizia*. Il voler cercare in quelle fiere peccati d' intemperanza e non peccatori di efferità, è un voler confondere il primo e l' ultimo anello della lunghissima catena delle umane colpe; o sia è un confessare apertamente che non si è compreso affatto il sistema morale di Dante; o almeno è un volere dichiarare Dante stesso inconseguente ne' suoi principj; e tanto più inconseguente, quanto che questo modo di concepire gli uomini cattivissimi in forma di bestie, è analogo al gran sistema della sua Commedia, come da ciò che pocanzi dicemmo può ritrarsi, e come nel poema vedremo costantemente verificato. Or può supporsi ch' ei se ne sia allontanato una sola volta, a discapito del suo disegno, e a costo di cadere in tutti quegl' inconvenienti che or noterò?

Rifletto in secondo luogo, che nessun naturalista ha mai appropriato alla Lonza una tal caratteristica lascivia che la distingua da altri animali, siccome molti han fatto del Capro, dello Scimione, del Gallo, della Colomba, del Passero, e di qualche altro; ed in vero a nessun de' tanti commentatori eruditissimi, che han seminato di citazioni le lor carte, è bastato l' animo di rapportare un' antica o moderna autorità intorno a questa pretesa lascivia della Lonza; e l' avrebbero sicuramente fatto ove l' avesser potuto.

Rifletto in terzo luogo, che le qualità da Dante in quella fiera espresse di tutt' altro che di libidine ci destano idea. *Leggiera e presta molto* a chiunque ha sano discernimento dipinge *instabilità;* e il *pelo maculato,* cioè pelo di vario colore a macchie distribuito, mette quasi in vista la cagione, onde quella instabilità deriva. Se il poeta per sua particolare opinione avesse voluto attribuire alla Lonza questo vizio distintivo, l'avrebbe almeno significato di modo da farcelo ravvisare con convenevoli aggiunti, come ha fatto del Leone e della Lupa, in cui a chiare note si leggono l'ambizione e l'avarizia di que' due suoi persecutori.

Rifletterò in quarto luogo, che nè dalla Storia, nè dal Poema possiamo affatto ritrarre che Dante fosse *ambizioso* ed *avaro:* anzi, se vogliamo a lui credere, egli era perfettamente il contrario. Eccone alcune sue non dubbie testimonianze. " Tutti li mali e tutti l'inconvenienti miei dall'infausti comizj del mio Priorato ebbero origine e principio: del quale Priorato, benchè per prudenza io non fossi degno, niente di meno per fede e per età non n'era indegno." Frammento d'una sua lettera: "A tutt'i popoli d'Italia *l' umile* Italiano Dante Alighieri di Firenze, confinato non meritevolmente, prega pace." Titolo d'un'altra sua lettera, scritta nella venuta d'Arrigo. Ed oltre quello che in cento luoghi del Poema scrive, ei riprende nel Convito acremente gli avari, e li chiama *avari maledetti,* e *maledette* chiama *le ricchezze;* e in molte e molte pagine con rincalzanti argomenti prova che *le ricchezze sono vilissime.* Ne è da dire ch'ei facesse, come Seneca, l'elogio della povertà al lume de' candelabri d'oro, poichè l'infelice esule mancava spesso di pane: *Urget me rei familiaris angustia,* ei scrivea di sè stesso. È tanto riconosciuto che Dante non era avaro, che anche un di coloro i quali spiegano altrimenti domanda a sè stesso: *Ma se in Dante non ebbe mai luogo avarizia, come potè torgli la Lupa il passo del bel monte?* e non sapendo poi come rispondere, ricorse a quel dato uomo generale che dicemmo. Lascivetto anzi che no ben Dante lo era, ma quella Lonza è tutt' altro che la lascivia, e noi vedemmo che sia.

Rifletterò in quinto luogo, che la Lonza, la quale è la prima ad opporsi al suo cammino, non gli si partia mai dinanzi al volto, anzi impediva tanto la sua salita al colle, ch' ei fu volto indietro alla valle più volte; e che solo dopo un qualche tratto, mentre ei più sperava nella gajetta pelle di quella fiera, comparvero contro lui il Leone e la Lupa ad un tempo. Or se queste tre bestie fossero figure di vizj e non di viziosi, ciò verrebbe a significare, che dopo essere stato travagliato dalla lascivia, ad un tratto poi verso la metà della vita, quasi di unanime concerto, lo assaltassero l' ambizione e l' avarizia; il che ognun vede quanto è assurdo. Ma se spiegherete che dopo aver avuta continuata opposizione dalla turbolenta Firenze, nel punto ch' egli sperava nella parte Bianca e nell' ajuto del Cielo di proseguire la riforma di sua vita, ei si vide perseguitato da Filippo e Bonifacio insiem collegati, voi vedrete che la Ragione e 'l Poema andran di consenso, e che la Storia metterà cento suggelli a quel che la Ragione e il Poema ne dicono.

Refletterò in sesto luogo, che Virgilio lo allontana dalla sola Lupa, e non parla delle altre due fiere: or se questa fosse figura dell' Avarizia, e quello della Filosofia, ciò a dir verrebbe, che Dante *lascivo, ambizioso* ed *avaro* nello stesso tempo, e non conoscitore della Filosofia sino alla metà della vita (poichè non prima di tal tempo incontrò Virgilio), fu finalmente per opera di quella liberato dalla sola avarizia, e non dagli altri due vizj. Io non so quanti potran mai contentarsi di questa spiegazione. Ma se interpreterete che il saggio Ghibellinismo alla metà della di lui vita lo allontanò dal vizioso Guelfismo suo persecutore, del quale era centro e tipo la Romana Curia, e per tal modo lo sottrasse ai Guelfi tutti, voi con ciò ridurrete ogni cosa a bella evidenza, e comprenderete che significa quel che Virgilio dice a Dante: *Dinanzi a quella fiera ti levai Che del bel monte il corto andar ti tolse.*

Rifletterò in settimo luogo, che il Poeta Mantovano annunzia al suo nuovo seguace, che verrà un *Veltro*, osia Can Grande, come tutti spiegano, *il quale sarà salute di quell' umile Italia per cui morirono Turno, Camilla, Eurialo e Niso, e il quale farà morir di doglia la Lupa cacciandola per ogni villa.* Or sia la Lupa tipo dell' avarizia dell' uomo; mi si dica di grazia che significa questo concetto: *Can Grande, Signor di Verona, farà morir di doglia l' avarizia dell' uomo.* E sia quella Lupa il simbolo dell' avarizia di Dante, mi si spieghi quest' altro: *Can Grande farà morir di doglia l' avarizia di Dante*: e come la farà morir di doglia, negandogli soccorsi, o dandoglieli? Se il primo caso, invece di far morir di doglia l' avarizia di lui, avrebbe fatto morir di fame lui stesso: se il secondo caso, peggio; poichè dandogli larghi soccorsi avrebbe alimentata e non uccisa la di lui supposta avarizia, sapendosi bene ch' essa *dopo il pasto ha più fame che pria.* Ma sia ora quella Lupa figura del Guelfismo papale, e dite: *Can Grande, capo della Lega Ghibellina, sarà salute di quella parte d' Italia per cui morirono quegli eroi Virgiliani;* o sia *sarà salute del Lazio con ritoglierlo al Papa e renderlo all' Imperatore; e farà morir di doglia l' avaro Guelfismo scacciandolo da ogni città di esso Lazio che all' Impero è dovuto*: dite ciò, e voi direte cosa da senno: e Gaspare Gozzi, ed Eraclito stesso non più rideranno alla stravagante idea, che *avesse a nascere un principe potentissimo, e profeticamente disegnato, che colle armi dovesse cacciare di città in città e mettere in Inferno l' avarizia di Dante.* Io non so come abbia potuto essere ammirato il nostro poeta, supposto autore di siffatte puerilità, per non dire scempiatissime goffaggini.

Virgilio per sottrarre Dante alle persecuzioni della Lupa

gli propone di menarlo per più lunga, ma sicurissima strada; ed in tal viaggio gli promette di fargli vedere l'Inferno. Per non ismarrirci in sì disastroso pellegrinaggio, che coi due poeti faremo, giovevole sarà d'accennare qualche cosa sulla forma e sul sito di quel baratro orrendo.

CAP. IV.

DELL' INFERNO.

L'ingegnoso poeta si ha immaginato l'Inferno come una gran voragine di forma conica, che spalanca la immensa sua bocca alla superficie del nostro globo; e va a restringersi con la punta al centro della terra, dove termina. Mi spiegherò meglio, e mi si condoni l'immagine triviale.

Prendi un imbuto, e tienilo con la punta volta in giù, come se dovessi versarvi un qualche fluido. Copri poi la bocca dell'imbuto con la coppa rovescia d'una bilancia, cosicchè la superficie convessa ne rimanga sopra. Or figurati che quest'imbuto sia così sterminato che metta la punta al centro della terra; e che quella coppa sia una parte del nostro emisfero terraqueo, la quale ne formi la volta; talmentechè quella voragine da noi non possa vedersi. Ecco la immagine in grosso dell'Inferno Dantesco.

Figurati di più che questa voragine abbia internamente nove ripiani circolari e concentrici, i quali da chi va al basso s'incontrino un dopo l'altro, di maniera che vadano di grado in grado restringendosi, in guisa, che per discendere dal primo ripiano al secondo, e da questo al terzo, e così di seguito sino al nono, vi abbia bisogno di gradini: ecco i cerchi dove stanno i dannati.

Figurati finalmente che giusto alla sommità del gran coverchio infernale, vale a dire nel centro di quella parte circolare del nostro globo che forma la volta dell' Abisso, vi sia Gerusalemme.

Tutto ciò premesso, due questioni faremo.

Questione prima.

Perchè Dante ha situato l' Inferno in grembo alla terra, e non altrove, come han fatto *Milton* ed altri?

Parrebbe essere una risposta sufficiente quella, che proponendosi egli di visitar vivente questo baratro di dolori, bisognava che lo immaginasse in un luogo ov' ei potesse andare. Ma pure questa risposta poco vale: perchè, siccome ha egli col suo ingegno trovato il mezzo di visitar anche vivente il Paradiso, cui non vi è modo di giungere per chi non è morto, così avrebbe potuto escogitare anche la maniera di pervenir vivo all' Inferno, in qualunque altra parte quello si fosse.

Un' altra risposta più soddisfacente sarebbe quella; che avea l' esempio di Omero e di Virgilio: ed autorità di tanto peso doveano bastare per determinarlo a far lo stesso. Quantunque questa risposta sia assai valevole, pure, a mio credere, n' ebbe egli un' altra assai più forte: e per farla ben comprendere premetterò una cosa, ed un' altra ne ricorderò.

I^a. Regnava allora nelle scuole il sistema astronomico di Tolomeo, il quale stabilisce la Terra come punto medio dell' Universo.

II^a. Insegna la nostra religione, che Gesù Cristo dopo la sua morte discese all' Inferno, per trarne fuori le anime de' patriarchi.

Poste queste due cose, l' Inferno non poteva esser per Dante che nel grembo di questo nostro globo; giacchè a qualunque altro luogo si fosse Cristo diretto, sarebbe non gia *disceso*, ma salito; poichè avrebbe sempre presa la via de' Cieli che circondano per ogni dove la Terra, il che significa *salire* e non *discendere*, secondo quello che Dante stesso dirà. Egli stabilisce che tutto ciò che dal centro della Terra si dirige verso la superficie, e verso i Cieli, *salisce* e non *discende*: e per conseguenza, che tutto ciò che dalla superficie di questo globo medesimo si dirige verso il centro, *discende* e non *salisce*. Ma Cristo *descendit ad Inferos*, dunque Cristo dalla superficie della Terra era andato verso il centro, e quindi l'Inferno per Dante non poteva essere che nel grembo della Terra.

Da ciò è chiaro, ch' egli avesse adottata l' opinione che gli angeli cattivi si fossero ribellati dopo la creazione della Terra, e poco prima della formazione dell' uomo. Poichè essendo quelli nell' Inferno, com' è di fede, se si fossero ribellati avanti, non potevano essere stati posti in grembo a quella Terra che non era ancor fatta. Dunque gli angeli si ribellarono, secondo lui, dopo la creazion della Terra, e prima del peccato dell' uomo, poichè un demonio sedusse Eva.

Questione Seconda.

Perchè Dante ha immaginato l' Inferno di quella forma, e non altrimenti?

Per ridurne la risposta quasi all' evidenza, mi è d' uopo anche ricordare una cosa, ed un' altra premetterne.

Iª. Dante considerava la Terra viziosa come una selva: e quindi la selva per lui era quel luogo qualunque dov' egli si trovava, quando gli furono dichiarate le persecuzioni che lo fecero divenir Ghibellino: o sia lo indussero a seguir Virgilio per visitar l' Inferno. Questo luogo fu probabilmente Roma, in cui era come ambasciatore presso Bonifacio; poichè ivi dovè cominciare ad operarsi nel suo spirito quella specie di rivoluzione che gli fè mutar cammino politico.

IIª. Era vecchia opinione popolare che il punto medio

della Terra fosse in Gerusalemme: e questa volgare credenza doveva essere a cognizione di Dante in un tempo in cui i pellegrinaggi a Terra Santa erano sì frequenti, e le guerre de' Crociati sì recenti. Questa opinione dura in quella città fino ai nostri giorni; e 'l Deshayes cel dice nella *Descrizione del S. Sepolcro*: " La seconda nazione (Cristiana ch' è dentro il tempio) è quella de' Greci, che hanno in guardia il coro della chiesa, dove officiano; nel mezzo del quale vi ha un piccolo cerchio di marmo, il cui centro si dice essere il punto medio della Terra (Chateaubriant, Itinéraire de Paris à Gérusalem, ecc. tom. ii. pag. 8). Questa credenza nacque probabilmente da quel passo di Ezechiele: *Hæc dicit Dominus Deus: Ista est Hierusalem: in medio gentium posui eam, et in circuitu ejus terras* (ver. v; e vedi anche Isaia ver. vi).

Or ciò posto, Dante avea tre punti fissi che gli davan tutta la forma della gran voragine infernale; uno gli derivava dal topografico sito in cui fu colto dal suo maggior disastro; un altro da popolare opinione, e dalla Sacra Scrittura; ed un altro finalmente dalla religione e dalla scienza; e son precisamente i tre punti che abbisognano per formare un cono.

I°. Roma, centro della nuova religione, e punto del nuovo corso di sua vita politica.

II°. Gerusalemme, centro della religione antica, e punto medio della superficie della Terra.

III°. Il centro della Terra stessa, punto medio dell' Universo, secondo il Tolomaico sistema.

E quindi, fatto centro Gerusalemme ed intervallo Roma, ebbe la periferia della base del cono; e tirando da ogni punto di questa periferia de' raggi al centro del globo, ebbe il gran vano della voragine infernale, il quale per tale operazione nasceva necessariamente conico. E non poteva fare a meno di abbassare tai raggi dalla periferia al centro, per tre ragioni: 1. Ei credea, come mostrammo, che l'Inferno fosse nell' interno del nostro globo, il quale ei sapea essere sferico; 2. Una frase comune gli dicea che i peccati son di varia gravità, e come tali doveano per conseguenza tendere più o meno a quel *punto, al qual si traggon d'ogni parte i pesi* (Inf. xxxiv); 3. Un tal punto non postea essere che il centro della Terra; e glielo avea insegnato Ser Brunetto dietro le dottrine di Tolomeo. " È necessaria cosa che la Terra sia ritonda: chè se la fosse d'altra forma, ella sarebbe più presso al Cielo da un luogo che da un altro: e ciò non può essere....Se fosse una cosa possibile che l'uomo potesse cavar la Terra, e fare un pozzo che andasse dall' un lato all' altro, e per questo pozzo gittasse poi una grandissima pietra, o altra cosa grave, io dico che quella pietra non andrebbe più oltre, anzi si terrebbe nel mezzo, cioè nel punto del compasso della Terra, sì che non andrebbe nè innanzi nè indietro. Tutte le cose si traggono e vanno via al più basso; e la più bassa cosa e più profonda che sia nel mondo si è il punto della Terra, cioè il mezzo interno ch' è appellato Abisso: quanto la cosa è più pesante tanto si trae più verso l'Abisso" (Tesoro, lib. ii. cap. 35). Dietro ciò i peccatori doveano andare più o men giù, secondo la maggiore o minor gravità di lor colpe (*Diversa colpa giù gli aggrava al fondo*, Inf. vi); e perciò il massimo de' peccati, e il più enorme, quello di Lucifero, dovea giungere ed arrestarsi al centro della Terra; e perciò l'Inferno dovea terminare a quel centro: e quindi i raggi che dalla base del cono eran tirati giù per formarne l'interna parete dovean pur giungere e terminare a quel punto.

Ecco secondo me la genesi intellettuale dell' Inferno di Dante, ed ecco in grande la forma di quel baratro immenso, che andremo osservando di man in mano per tutto il corso del suo primo viaggio; ed ai luoghi opportuni andrò additando le ragioni che lo indussero a dividere questo tutto in parti, secondo egli ha fatto.

Epiloghiamo. Prendete una carta geografica: centro Gerusalemme ed intervallo Roma, si tiri il cerchio: Tutta quella parte del nostro emisfero che resterà incluso in esso sarà il gran coverchio della voragine infernale di Dante, ed al sommo di questo immenso coverchio convesso starà Gerusalemme, che pende a piombo sul gran cono inverso, il quale termina col suo vertice al centro della Terra.

La mente del poeta portata all' Allegoria tirò poi da ciò cento ingegnose allusioni e relazioni, di cui andremo in seguito favellando.

PRIMA CANTICA.

INFERNO.

CANTO I.

ANT-INFERNO.

Selva oscura.

Dante da una valle ov' è smarrito vuol salire ad un colle; ma tre fiere gli si oppongono: l' ombra di Virgilio viene a sottrarlo alla loro persecuzione, per condurlo alle regioni de' morti; e Dante lo siegue.

1. NEL mezzo del cammin di nostra vita
    Mi ritrovai per una selva oscura,
    Chè la diritta via era smarrita.

Nella metà del cammino di nostra vita mi ritrovai per la oscura selva de' vizj: e ciò non per mia colpa, ma perchè la via della rettitudine era smarrita.

Abbiam veduto nel Discorso Preliminare, che *selva oscura* vuol dire secolo vizioso per ignoranza, e perciò il poeta soggiunge, *chè la diritta via era smarrita*, cioè, da tutti comunemente smarrita; perchè l' ignoranza, nella oscurità simboleggiata, era generale.
I giorni di nostra vita si estendono a settanta anni, dice la Bibbia. Su questo passo si fondava forse l' opinione di Dante, che la vita umana giungesse per lo più ad anni 70, come ei chiaramente afferma nel Convito.
Il punto più disastroso per lui fu quello del suo esilio (1303). Egli allora aveva 38 anni; ma siccome voleva introdurre col carattere di vaticinio nel suo poema quello ch' era accaduto dal 1300 sino al punto in cui scriveva, così finge d' averne avuti 35, che aveva appunto nel 1300.

2. E quanto a dir qual era è cosa dura
   Questa selva selvaggia ed aspra e forte,
   Che nel pensier rinnuova la paura;
3. Tanto è amara che poco è più morte.

E quanto a dir qual era questa selva selvaggia ed aspra e forte, che al solo pensarvi rinnova in me la paura, è cosa assai dolorosa: è tanto amara cosa, che la morte stessa è poco più amara.

Questa paura che in lui si rinnova è quella stessa ch' ei provò nella selva de' vizj; vale a dire, la paura di esser per essi infelice in vita, e più infelice dopo. Essendo questa selva la terra viziosa, ei la dice *selvaggia*, perchè inculta ed ignorante; *aspra*, perchè cagione di affanni; *forte*, perchè tenace nelle sue male abitudini.

Selva selvaggia rassomiglia al *silvosa nemora* di Apulejo, al *nemurosis silvis* di Ovidio, e ricorda il tanto ammirato *cavæ cavernæ* di Virgilio, il quale pure è men bello del modo Dantesco, poichè ogni *caverna* è *cava*, ma non ogni *selva* è *selvaggia*. Or se è tanto doloroso ed amaro il ridir qual era, perche parlarne?

Ma per trattar del ben ch' ivi trovai,
Dirò dell' altre cose ch' io v' ho scorte.

Un tal bene, che in mezzo a tanto male ei trovò, debbe senza dubbio intendersi per Virgilio, o sia la Sapienza politica dell' Impero, che Dante riguardava come il massimo de' beni: onde dirà altrove, *Virgilio a cui per mia salute dièmi.*

4. Io non so ben ridir com' io vi entrai,
   Tanto era pien di sonno in su quel punto
   Che la verace via abbandonai.

Qui il Poeta vuol dire, che quando ei lasciò la verace via della innocenza nella sua prima età, la sua ragione non era abbastanza sviluppata, e quasi dormiva; e quindi tratto dal cattivo esempio, s' immerse anch' egli ne' vizj; giacchè la diritta via era da tutti smarrita. La via della virtù è la sola che sia verace, tutte le altre son false.

5. Ma poi ch'io fui a piè d'un colle giunto,
   Là dove terminava quella valle
   Che mi avea di paura il cor compunto,
6. Guardai in alto; e vidi le sue spalle
   Vestite già de' raggi del pianeta
   Che mena dritto altrui per ogni calle.

Ma poichè fui giunto a piè del colle della virtù, là dove terminava quella valle de' vizj, che mi avea compunto il cuore di paura; guardai in alto, e vidi la sua sublimità al favore del lume della ragione, che guida l'uomo drittamente per ogni strada che là conduce.

Il Sole è detto *pianeta*, perchè nel sistema astronomico di que' tempi, credendosi che girasse intorno alla terra, era stimato tale. La valle termina ove comincia il colle, perchè il vizio confina con la virtù. Il lume del Sole riveste la cima del colle, perchè la ragione, col mostrarci la sublimità della virtù, c'invita ad aspirarvi; e *mena dritto altrui per ogni calle*, perchè varie sono le vie per cui alla virtù ci guida, secondo i varj stati umani; altra è quella d'un magistrato, altra è quella d'un militare; ma tutte là tendono, come tante linee rette che vanno a terminare in un centro comune.

Non ho saputo sostituire alcun altro modo equivalente a quel *cuore compunto di paura*; poichè parmi che quel *compunto* esprima vivamente quel battere e ribattere che, con le sue scosse successive, quasi punge e ripunge il cuore.

7. Allor fu la paura un poco queta
   Che nel lago del cuor m'era durata,
   La notte ch'io passai con tanta pieta.

Distingui *pieta* da *pietà*: quella è affanno, e questa è compassione. *La notte* è il tempo de' suoi errori, cagion de' suoi affanni, quando non rischiarato dal Sole della ragione era nella selva oscura de' vizj.

Nella paura il cuore diviene quasi un lago di sangue; poichè il sangue, fuggendo dall'esterne parti del corpo, si raccoglie nel cuore; e da ciò deriva che l'uomo pauroso impallidisce e palpita: giacchè essendo il color vermiglio delle sue membra effetto del sangue, al rifuggir di questo verso il cuore quel colore cessa, ed il cuore, naturalmente elastico, mal potendo contenere tutto l'umor ristagnato, comincia a ripellerlo perchè ritorni all' usato suo corso; e quindi batte. *Lago del cuore* è perciò giustissima espressione, e si direbbe quasi che Dante sia stato il precursore di Arvejo: questi infatti chiama il cuore *cisterna sanguinis:* e il Redi, dottissimo medico, trovò sì propria la frase che la ripetè nel suo famoso Ditirambo:

    Le procelle sì fosche e rubelle
    Che nel lago del cor l'alme inquietano.

Dopo ciò divien chiaro che per *lago del cuore* dessi intendere il sangue tutto, nel cuore per paura raccolto: onde il poeta scrisse in una canzone, d'un infocato dardo che gli aveva il cor colpito:

    Una saetta che m'asciuga un lago
    Dal cor, pria che sia spenta.

Ed altrove:

    Il sangue, ch'è per le vene disperso,
    Fuggendo corre verso
    Lo cor che il chiama, ond'io rimango bianco.

Per cui nel parlarsi d'un uom pauroso suol dirsi: *se lo salassi non gli esce sangue.*

8. E come quei che con lena affannata,
   Uscito fuor del pelago alla riva,
   Si volge all'acqua perigliosa, e guata;

9. Così l'animo mio, che ancor fuggiva,
   Si volse indietro a rimirar lo passo
   Che non lasciò giammai persona viva.

    Come colui che andando per lo bosco
    Da spino punto a quel si volge e guarda.
               (Trad. de' sal. penit.)

L'animo fuggiva, *refugit animus*, Cic.; *aufugit animus*, Cat.; ora diciamo *l'animo rifugge—Il passo che non lasciò giammai persona viva* è la stessa selva selvaggia, ossia il secolo pieno di vizj; poichè il vizio è cagione della morte eterna.

10. Poi ch'ebbi riposato il corpo lasso,
    Ripresi via per la piaggia diserta,*
    Sì che il piè fermo sempre era 'l più basso.

    * *Piaggia*, salita di monte.

CANTO I.

Quella *piaggia diserta* giustifica pienamente la spiegazione che ho data al terzo verso della prima terzina: *La diritta via era* da tutti *smarrita*, e quindi *deserta*.

Or veniamo al terzo verso di questa terzina su cui tanto si è detto. Posto che il vizio sia da Dante significato con l'allegoria della valle, e la virtù con quella del colle, ne nasce per conseguenza che *scendere alla valle* significa immergersi ne' vizj, far viziose azioni; e *salire al colle*, elevarsi alla virtù, far azioni virtuose; talchè ogni azione verrebbe ad essere quasi un passo, o pendente alla valle, o tendente al colle. Or essendo il *piè basso* quello che per ragion di situazione più alla valle si accosta, e il *piè alto* quello che più si approssima alla cima del colle; ed allegorici essendo sì l'uno che l'altro (poichè non può certo salirsi ad allegorico colle, o scendersi ad allegorica valle coi piedi veri e reali), *il piè basso* sarà perciò l'inclinazione al vizio, e *il piè alto* la tendenza alla virtù, o sia quell' amore o buono o reo, che alle cose nobili, o alle cose vili ci mena; poichè *l'anima non va con altro piede alle cose, che con quello dell' amore*, dirà il poeta nel Purgatorio; e *non altro piede*, è perciò questo suo *piè basso* che quello dell' amore alle basse cose. Or se rammenteremo ch' egli fin dall' età primiera, quando la sua ragione quasi dormiva, era divenuto vizioso, bisognerà conchiuderne, che il vizio, e non la virtù, era in lui un' abitudine confermata; e che perciò ei dovea essere più *fermo* nel vizio in cui era già vecchio, che nella virtù in cui era nuovo. Il dire dunque che riprendendo via per dirigersi alla piaggia diserta, *il suo piè fermo era sempre il più basso*, significa chiaramente che delle sue azioni, o virtuose per risoluzione, o viziose per costume, le più *ferme*, cioè quelle in cui era più tenace, *erano le più basse*, cioè le viziose. " L'abito di virtude sì morale che intellettuale subitamente aver non si può, ma conviene che per usanza si acquisti." Convito. Il poeta conoscea assai bene il cuore umano, e con questo solo verso, al suo modo concisissimo, esprime la sua tenacità ai cattivi usi contratti, a dispetto di ogni sforzo di elevarsi a più nobile intento: onde saliva sì, ma lentamente, perchè dovea superare la resistenza che gli offriva *il piè basso*, cioè il mal abito che in lui era *più fermo*. Ciò posto, tutto il senso della terzina equivale a questo:

Poichè fui riconfortato alquanto dal lume della ragione, mi risolvei di correre la strada della virtù, da tutti abbandonata; ma, malgrado ogni mio buon proponimento, i miei passi erano più inclinanti al vizio, da cui per abitudine contratta non sapea rimovermi, che alla virtù cui mi dirigea per sola riflessione; onde mi avanzava a virtù lentamente.

11. Ed ecco, quasi al cominciar dell'erta,
   Una Lonza leggiera e presta molto,
   Che di pel maculato era coperta:

Ed ecco, quasi al cominciar del nuovo mio corso all'erta via della virtù, ecco farmisi incontro una Lonza leggiera e presta molto ch'era coperta di pel maculato.

Abbiam veduto che la Lonza è immagine della instabile repubblica di Firenze, onde è *leggiera* e *presta molto:* una tal fiera ha pelo distinto di macchie bianche e nere, onde ha *pelo maculato;* e Firenze era divisa in Bianchi e Neri. *Lonza* è una abbreviatura di *Leonza,* come ritraggo da un capitolo di Bosone, amico di Dante: *Leonza* la chiama anche il Boccaccio nel suo comento, e *Lionza* legge il codice Angelico. *Leone, Leopardo* e *Leonza* sono tre famiglie della stessa specie, di cui il Leone è quasi il ceppo primitivo e nobilissimo: e forse il poeta preferì *Leonza* a Pantera per far sentir più strettamente la di lei lega col Leone.

12. E non mi si partia dinanzi al volto,
    Anzi impediva tanto il mio cammino
    Ch'io fui per ritornar più volte volto.

Il poeta passò la prima metà di sua vita *sino al colmo* nella turbolenta sua patria, onde la instabile Lonza, nella quale la figurò, non gli si partia mai dinanzi al volto, e più volte gli dovè fare impedimento a proseguire il suo cammino verso quel simbolico colle, perchè si rimmergesse nell'allegorica valle.

13. Tempo era dal principio del mattino,
    E il sol montava in su, con quelle stelle
    Ch'eran con lui quando l'Amor Divino
14. Mosse da prima quelle cose belle:

Il tempo era quello del principio del mattino; ed il sole montava in su l'orizzonte con quelle stelle che formano il segno dell'Ariete, con cui era congiunto quando l'Amor Divino diede la prima mossa a quelle cose belle.

Cioè, al sole ed alle stelle.

CANTO I.

  Sì che a bene sperar m'eran cagione
  Di quella fiera la gajetta pelle
15. L'ora del tempo, e la dolce stagione;

L' ora del tempo era l'aurora, corrispondente a quel che ha detto sopra, *tempo era dal principio del mattino; la dolce stagione* era la primavera, e si riferisce anche a quello che innanzi ha espresso, *il sol montava in su con quelle stelle*, ec. e gli *eran cagione a bene sperare*, perchè *l' ora* era l'ora prima, punto della creazione, rinnovamento del giorno, e *principio del mattino*, in cui il sole, simbolo della ragione, lo aveva illuminato; il *tempo* era quello del Venerdì santo (come dirà altrove), tempo di redenzione e di grazia; tempo del giubbileo, epoca di accettazione e di perdono; *la dolce stagione* era la primavera del 1300, quasi rinnovamento dell'anno, e principio del secolo; e quindi *bene sperava* di rinnovare anch' egli la vita, e principiarne un miglior corso con redimersi dal vizio: al che si aggiungeva che la gajetta pelle della Lonza, cioè la *Parte Bianca di Firenze*, cui egli apparteneva, gli era nuova cagione a sperar bene, come quella che, men viziosa della Parte Nera, prevaleva allora nel governo.

  Ma non sì che paura non mi desse
  La vista che mi apparve di un Leone.
16. Questi parea che contra me venesse
  Con la testa alta, e con rabbiosa fame,
  Sì che parea che l'aer ne temesse;
17. Ed una Lupa che di tutte brame
  Sembrava carca con la sua magrezza,
  E molte genti fè già viver grame.

Dante, da molti buoni augurj indotto a *bene sperare*, soggiunge:

Ma non sperava sì che non mi desse paura la vista d'un Leone che mi apparve: questo parea che venisse contro me con la testa alta, e con rabbiosa fame, sì che l'aria stessa parea che ne temesse; ed una Lupa che, a cagione della sua magrezza, sembrava piena di tutte le possibili brame di divorare, la quale fè vivere infelici molte genti.

Leo rugiet, quis non timebit? La Bib.; e Dante fè che temesse fin l' aria. La comparsa simultanea del Leone e della Lupa vale ad indicare la lega di Filippo con Bonifacio, fomento di quel Guelfismo che fè viver grame molte genti, e gramissimo Dante.

Dice *questi* del Leone, perchè è figura di un uomo; lo stesso farà del Veltro più abbasso.

18. Questa mi porse tanto di gravezza,
    Con la paura che uscia di sua vista,
    Ch' io perdei la speranza dell' altezza.
19. E qual è quei che volentieri acquista,
    E giugne il tempo che perder lo face,
    Che in tutt' i suoi pensier piange e s' attrista;
20. Tal mi fece la bestia, senza pace:
    Chè venendomi incontro, a poco a poco
    Mi ripingeva là dove il Sol tace.

Questa Lupa mi rese così gravi e tremanti le membra per mezzo della paura ch' era in me trasmessa dalla sua vista, ch' io perdei la speranza di salire all' altezza di quel colle. E qual è colui che con grande avidità acquista un oggetto; e che, giunto poi il momento che glie lo fa perdere, tutto se ne attrista e se ne lagna, qualunque sia la cosa cui cerchi rivolger i suoi pensieri: tale quella bestia nel farmi perdere ogni acquisto fatto nell' avanzarmi al colle, mi rese senza pace; perchè venendomi incontro mi respingeva a poco a poco nella valle ove il Sole non risplende.

Cioè, fra i vizj, ove la ragione tace.

Dice *qual è quei che acquista*, e non dice che; ma lo sottintende, perchè ad esso si riferisce quel *lo* di *perder lo face*, e non già che *fa perder lui*, come alcuni spiegano. *Egli si attrista in tutti i suoi pensieri*, dipinge vivamente che chi perde una cosa cara, ed a stento acquistata, se ne attrista di modo che, a qualunque altro oggetto cerchi dirigere i pensieri, questi sempre là tornano. Quel *senza pace* si riferisce al poeta, poichè è ben vero che riferendosi a quella bestia che lo perseguita, ne indica il carattere irreconciliabile, ma applicato a lui calza più con la somiglianza di quello che *si attrista e piange in tutti i suoi pensieri;* e di più adombra la vita vagabonda e *senza pace* del povero Dante che peregrinò di città in città, dopo la persecuzione che quella Lupa gli dichiarò. *Venendomi incontro,* incalzandomi sempre di fronte. *Il Sol tace* fa vedere che dov'è ombra tutto è silenzio e quasi quiete di morte; e dov'è luce suol esser moto e vita. I Latini, con non dissimile modo, dicevano, *Luna silet, luna silente,* per dire che la Luna non era sull'orizzonte.

21. Mentre ch'io rovinava in basso loco,
    Dinanzi agli occhi mi si fu offerto
    Chi per lungo silenzio parea fioco.

Mentre ch'io tornava rovinosamente alla valle de' vizj, mi si fu offerto dinanzi agli occhi un tale, che parea fioco per lungo silenzio.

Una ben regolata ginnastica produce vigore, siccome la mancanza di essa genera debolezza. Dello stesso modo il convenevole esercizio della loquela fa la voce sonora, come si osserva ne' declamatori; e un diuturno e totale silenzio può produrre la fiocaggine, e massime ne' primi momenti in cui si rincomincia a parlare: effetto di qualche viscidume che nella inattività si è nel meato della voce raccolto. Questa immagine fisica esprime un concetto morale; vale a dire, che la Filosofia politica dell'Impero, già lungamente muta in Dante pel precedente Guelfismo, quando poi cominciò a farsi in lui sentire non parlò che assai debolmente. Tali rivoluzioni nello spirito umano non possono farsi che per gradi.

22. Quando io vidi costui nel gran diserto,
    Miserere di me, gridai a lui,
    Qual che tu sii, od ombra od uomo certo.

Quando io vidi costui in quella via della virtù da tutti abbandonata, gridai a lui, O chiunque tu sii, ombra di uomo estinto, o uomo vero e reale, abbi pietà di me.

Gran deserto, per via retta da tutti smarrita, vale a mostrare meno la vastità che la solitudine totale, o forse anche la nobiltà di quella via: così diciam talora *grand uomo* a tale ch'è pur di piccola statura: *Magnus Alexander corpore parvus erat.*

23. Risposemi: non uomo, uomo già fui,
   E li parenti miei furon Lombardi,
   E Mantovani per patria amendui.

Uomo già fui ricorda quel detto scolastico: **anima rationalis et caro unus est homo,** dunque la sola anima non è uomo; perciò Virgilio dice *uomo già fui,* intendendo l'altro, ora son ombra. Quale allusione un tal modo racchiuda, e tutto il resto che qui Virgilio dice o dirà di sè stesso, lo vedemmo nel Discorso Prelim.

24. Nacqui *sub Julio*, ancor che fosse tardi,
   E vissi a Roma sotto il buon Augusto,
   Al tempo degli Dei falsi e bugiardi.
25. Poeta fui, e cantai di quel giusto
   Figliuol di Anchise che venne da Troja,
   Poichè il superbo Ilion fu combusto.

Superbo Ilion è di Virgilio stesso: **Cecidit superbum Ilium.** Quel *giusto figliuol d'Anchise* è pur di Virgilio: **Æneas quo justior alter non fuit.**

26. Ma tu, perchè ritorni a tanta noja,
   Perchè non sali il dilettoso monte
   Ch'è principio e cagion di tutta gioja?

Noja, nella vecchia lingua ha maggior forza che nella moderna, e vale talvolta affanno, angoscia; e gran peso qui le aggiunge quel *tanta.*
La virtù è il principio e la cagione, onde deriva in Cielo quel premio ch'è gioja intera, a cui nulla manca per esser perfetta.

27. Or sei tu quel Virgilio e quella fonte
   Che spande di parlar sì largo fiume?
   Risposi lui con vergognosa fronte.

Vergognosa, perchè era stato Guelfo, e perchè Virgilio lo avea incontrato nell'atto ch'ei ritornava alla valle.

CANTO I.

28. O degli altri poeti onore e lume,
    Vagliami il lungo studio e 'l grande amore,
    Che m' han fatto cercar lo tuo volume.

Onore, perchè nobilitò la loro professione; *lume*, perchè gl' instruisce con le sue opere. *Vagliami* ecc. mi valga di merito a farmi ottenere la tua assistenza in sì duro passo *il lungo studio e il grande amore che mi han fatto cercare il tuo volume*, cioè *nocturnâ versare manu, versare diurnâ*: tanto vuol dire quel semplice *cercare*, che suona *andarne cercando le minime bellezze*, con isvolgerlo da capo a fondo. Lo *studio* riguarda la mente, l'*amore* riguarda il cuore; onde ricercò quel volume con intelligenza ed affetto.

29. Tu sei lo mio maestro e 'l mio autore,
    Tu sei solo colui da cui io tolsi
    Lo bello stile che m' ha fatto onore.

O allude ai versi latini da lui scritti, in cui cercò imitare lo stile di Virgilio; o allude ai suoi versi in lingua nostra, ne' quali s' industriò arricchirsi de' modi Virgiliani.

30. Vedi la bestia per cui io mi volsi:
    Ajutami da lei, famoso saggio,
    Ch' ella mi fa tremar le vene e i polsi.

Nel primo verso è la risposta alla domanda che Virgilio gli fè sopra: " Ma tu, perchè ritorni a tanta noja?" Cioè, perchè torni ad immergerti ne' vizj del tuo secolo? e Dante gliene mostra la cagione con additargli chi pertinace travagliandolo impediva il suo progresso alla virtù; soggiungendo: ajutami e difendimi dal Guelfismo persecutore, o *saggio* Ghibellinismo (aggettivo che siede assai bene alla Filosofia politica); perchè ella mi fa tremare, mi fa scuoter di un brivido il sangue tutto: " ogni volta che abbiam paura i polsi tremano, cioè battono più spesso." Landino: onde deriva quel palpito, ch' è agitazione delle arterie e delle vene intorno al cuore, che si fa lago di sangue.

Si noti, che Dante a mostrare il suo disprezzo chiama la Lupa *bestia*, e fa che Virgilio così pur la chiami qui sotto, *quella bestia*.

31. A te convien tenere altro viaggio,
   Rispose, poi che lagrimar mi vide,
   Se vuoi campar d' esto luogo selvaggio.

Cioè: non potrai scampare da questa valle selvosa e salire al colle per breve via; perchè non si giunge alla virtù tutto ad un tratto; ma dei prima passare per l' Inferno, pel Purgatorio e pel Paradiso (come dirà più sotto); dei prima osservare le pene inflitte ai malvagi, e i premj compartiti ai giusti; dei meditare le massime eterne: questa è la sola strada che ti rimane per giungere là sopra.

32. Chè quella bestia, per la qual tu gride,
   Non lascia altrui passar per la sua via,
   Ma tanto lo impedisce che l' uccide.
33. Ed ha natura sì malvagia e ria
   Che mai non empie la bramosa voglia,
   E dopo il pasto ha più fame che pria.

Che quella bestia per la quale tu gridi *miserere*, chiedendo ajuto, non lascia altrui passar per la sua via, ma tanto impedimento gli fa per questo colle della virtù, finchè disperato ricada nella valle de' vizj; e così, producendo la sua morte eterna, moralmente l' uccide.

L' ultima terzina dipinge mirabilmente l' avidità della Lupa, e fu imitata dal Frezzi nel Quadriregio così:
   La Voglia sempre ha fame, e mai non s' empie,
   Ed al più pasto più riman digiuna;
e coincide con quel verso di Giovenale *Crescit amor nummi quantum ipsa pecunia crescit;* e coll' altro di Orazio, che parlando dell' avaro dice—*Crescit indulgens sibi dirus hydrops;* e finalmente con quello di Boezio: *Largis cum potius muneribus fluens sitis ardescit habendi:* "Dice Tullio, abbominando le ricchezze: in nullo tempo si compie, nè si sazia la sete della cupidità." Convito.

CANTO I.

34. Molti son gli animali a cui si ammoglia,
E più saranno ancora, in fin che il Veltro
Verrà che la farà morir di doglia.

Col primo verso si accenna l'allegorico maritaggio della Lupa con altri animali, cioè della Corte Romana con altre corti, le cui armi sogliono essere per lo più alcuni animali, come l'aquila, il cavallo, il leone; e col Leone era allora ammogliata la Lupa.

E con la prima metà del secondo si accennano le pratiche segrete di Bonifacio per collegarsi poi con altri potenti contro Filippo medesimo.

Vedemmo che il Veltro era Can Grande della Scala poi signor di Verona, Ghibellino dichiarato; nemico perciò della Corte Romana, centro del partito Guelfo: onde vien qui presentato sotto la figura d'un Veltro, che farà morir di doglia la Lupa: bei sogni della speranza di Dante. Ma questa non era per lui senza fondamento: si ripeteva allora una profezia di quel Michele Scotto, il quale era tenuto il più famoso indovino di que' tempi, e che, secondo Dante stesso, *seppe veramente il gioco delle magiche frodi* (Inf.); la quale profezia prometteva al fanciullo Cane la futura signoria della Marca Trivigiana, e di tutto l'agro Padovano; il che da Gio: Villani è a chiare note attestato: "Fu adempiuta la profezia di Mastro Michele Scotto, che disse; che il Cane di Verona sarebbe signore di Padova e di tutta la Marca di Trevisi." E forse da questa fatidica promessa derivò poi che i superstiziosi Ghibellini eleggessero Cane, già salutato col titolo di *Grande*, a capitano della lor lega; e ch'egli si adoperasse ad acquistare quel che per vaticinio credeva a lui dovuto.

35. Questi non ciberà terra nè peltro,*
Ma sapienza, e amore, e virtute;
E sua nazion sarà tra Feltro e Feltro.

Questi non cercherà di acquistare terra (come fa l'ambizioso Leone) nè oro (come l'avara Lupa); ma bensì la sapienza per ben governare, l'amore de' popoli governati, e la virtù che gli frutterà quell'amore; e la sua nazione sarà tra Feltro e Feltro.

* *Cibare*, far suo cibo di .... o soddisfar le sue brame con ...

L'ultimo verso contiene appunto la profezia dello Scotto; poichè Feltre è città della Marca Trivigiana, e Feltro è monte nella Legazion di Urbino, spazio che include vastissimo territorio.

Il Poeta cerca esaltare il suo eroe sopra Bonifacio e Filippo; e s'industria di dare all'uno tante virtù, quanti vizj opposti ha dato agli altri, onde dal contrasto risulti maggiormente il di lui merito: quasi dica col Tasso " Non cupidigia è in lui d' oro o d' impero." *Peltro*, specie di metallo composto di argento vivo e stagno; e qui vale per ogni metallo prezioso: così gli Ebrei dicevano anche *stagno*, e i Latini *œs*; così gl' Italiani dicono *oro*, e i Francesi *argent*; così gl' Inglesi dicono *pelf*, che rassomiglia assai a *peltro*, in senso di ricchezza, ma in modo dispregiativo: e il poeta scrisse *terra e peltro* per indicare con un certo disprezzo ciò cui si dirigea l' avidità di quelle due simboliche fiere a lui nemiche; ed oppone a sì vili cose le piu nobili e desiderabili, di che il Veltro avrebbe soddisfatto le sue brame. *Terra e peltro* significano perciò territorj e denari.

Dives agris, dives nummis.—Oraz.

Che se vi fà superbi oro e terreno.—*Petr.*

36. Di quell' umile Italia fia salute
Per cui morìo la vergine Camilla,
Eurialo, e Turno, e Niso di ferute.

Si divide l' Italia in *alta* e *bassa*: comincia la bassa dal Lazio o poco più su, e termina tirando giù all' ultima punta di Calabria. *Umile Italia* e bassa Italia son sinonimi, ed è imitato dall' *humilem Italiam* di Virgilio, perchè Dante da lui togliea *il bello stile*. Or il dire che questo suo Veltro sarebbe stato *salute di quella umile Italia per cui morì la vergine Camilla, Eurialo e Turno e Niso di ferite* è lo stesso che dire, che Can Grande Ghibellino avrebbe ritolto a Bonifacio Guelfo quella parte della bassa Italia, per cui tutti quegli eroi Virgiliani cadder pugnando: cioè, che gli avrebbe ritolto il Lazio per salute del Lazio stesso, il quale, secondo Dante, era la prima dote dell' Impero, preparato da Enea, effettuato da Cesare, e perfezionato da Augusto. Ecco perchè il Veltro avrebbe fatto morir di doglia e crepacuore la Lupa. E dice che quegli eroi *morirono di ferite* per determinare ch' erano morti combattendo pel Lazio; due per conquistarlo, e due per opporsi: cioè, *Camilla*, figlia di Metabo re de' Volsci, unita a *Turno* re dei Rutuli, di qua; ed *Eurialo* e *Niso* Trojani sotto Enea, di là.

Il vaticinio ha perciò due parti: una riguarda il dominio che avrebbe acquistato Can Grande tra Feltro e Feltro; e l' altra esprime che rivendicato avrebbe il Lazio all' Impero.

CANTO I. 15

37. Questi la caccierà per ogni villa,
 Finchè l' avrà rimessa nell' Inferno,
 Là onde invidia prima dipartilla.

Questo Veltro caccerà la Lupa per ogni città, finchè l' avrà rimessa nell' Inferno, là onde l'invidia di Lucifero l'ha prima dipartita, per mandarla alla Terra, e renderla viziosa.

Questa Lupa (il mostrammo) è il Guelfismo che Dante riguardava come una furia infernale, e principal cagione della corruzion del suo secolo.

38. Ond' io per lo tuo me' penso e discerno
 Che tu mi segui, ed io sarò tua guida,
 E trarrotti di qui per luogo eterno:

Ond' io per lo tuo meglio penso e discerno che tu mi segua; ed io sarò tua guida, e trarrotti da questa selva, facendoti passare per un luogo di eterna durata.

Si noti la successione delle operazioni intellettuali di *penso* e *discerno*: non si può discernere se prima non si pensa.

39. Ove udirai le disperate strida;
 Vedrai gli antichi spiriti, dolenti,
 Che la seconda morte ciascun grida.

Ove udirai le strida fatte per disperazione, ove vedrai gli spiriti dannati fin da antico tempo, dolenti sì che ciascuno di essi grida invocando la morte dell' anima, dopo aver avuta quella del corpo.

Desiderabunt mori, et fugiet mors ab eis. Apocal.

40. E poi vedrai color che son contenti
   Nel fuoco, perchè speran di venire,
   Quando che sia, alle beate genti.

E poi vedrai coloro che son contenti di esser nel fuoco, perchè per tal mezzo di purgazione sperano di andare nel Cielo fra le beate genti, quando sia che il tempo ne arrivi.

Promette fargli vedere il Purgatorio dopo l'Inferno, per esprimere, che conosciuto l'effetto del peccato, dee l'uomo spogliarsene affatto, onde meritare di salire nel Paradiso.

41. Alle qua' poi se tu vorrai salire,
   Anima fia a ciò di me più degna:
   Con lei ti lascerò nel mio partire.

Alle quali beate genti, se tu vorrai poi salire, un'anima più degna di me sarà eletta a ciò: ed io ti lascerò con lei nel mio partire.

Quell'anima più degna è Beatrice, la quale è in Cielo. Virgilio ch'era un pagano non è degno di entrare nel Paradiso per accompagnare Dante; e perciò *lo lascerà con lei nel suo partire.*

42. Chè quell' Imperador che lassù regna,
   Per ch' io fui ribellante alla sua legge,
   Non vuol che in sua città per me si vegna.

Virgilio veramente non fu ribelle alla legge di quell' Imperador che lassù regna, perchè non la conobbe: Dante quindi tempererà la proposizione quasi per iscusarlo. Farò vedere a suo luogo che tutto ciò ha una significazione sommamente arcana, e che Iddio non è chiamato Imperadore così a caso.

Città di Dio per Paradiso è dell'Apocalisse e di S. Agostino, che scrisse un'opera con questo nome.

43. In tutte parti impera, e quivi regge;
   Quivi è la sua cittade e l' alto seggio:
   Oh felice colui cui ivi elegge!

La *città* ed il *seggio* sono la capitale ed il trono del vasto reame dell' universo; la *città* è il Paradiso; e il *seggio* è l' Empireo che n' è la più sublime parte: *Dominus in cœlo sedes ejus*.

La differenza fra *imperare*, e *reggere*, è significata dalle stesse parole: s' impera comandando ai governatori ch' eseguono gli ordini dell' imperante; e si *regge* per immediato potere, esercitato in persona e direttamente. Iddio impera nell' universo col ministero degli angioli, ma regge ne' cieli, e nell' Empireo in persona.

44. Ed io a lui: poeta, io ti richieggio
    Per quello Iddio che tu non conoscesti,
    Acciò ch' io fugga questo male e peggio,
45. Che tu mi meni là dove or dicesti,
    Sì ch' io vegga la porta di San Pietro,
    E color che tu fai cotanto mesti.
    Allor si mosse, ed io li tenni dietro.

Ed io risposi a lui: poeta, in nome di quel Dio che tu non conoscesti, e a cui per conseguenza non hai potuto esser ribelle; io ti richieggio (acciò ch' io fugga questo male de' vizj, e 'l peggio della pena) che tu mi meni là dove or dicesti; sì ch' io vegga la porta di San Pietro; e coloro che tu hai detto esser cotanto mesti. Allora ei si mosse, ed io gli tenni dietro.

Pretendono alcuni fra i più giudiziosi annotatori, che per questa porta di S. Pietro debba intendersi quella del Paradiso e non quella del Purgatorio, che ha lo stesso nome; poichè Dante non potea sapere di questa seconda, pria di andarvi; ma sapea benissimo che S. Pietro ha le chiavi del Paradiso (*tibi dabo claves regni cœlorum*), perchè tutti lo sappiamo. Pretendono ancora ch' ei nomini prima il Paradiso e poi l' Inferno, perchè " l' anima del poeta, piena attualmente dell' idea di quell' *anima più degna* con cui Virgilio il lascerà nel suo partire, questo gli chiede, tacendo le cose medie, per cui dovrà necessariamente passare, e volando su le fervide penne del disio dall' una estremità all' altra, a cui la volontà sentivasi maggiormente tirata." Così il Biagioli col Rosa Morando, col Daniello ed altri: e parlando secondo la lettera hanno essi ragione; ma secondo l' arcana intenzion del poeta no; poichè a suo luogo potrò mostrare che non è nessuna delle due porte, ma un' altra assai diversa: e renderò allora ragione del perchè abbia egli messo prima una tal porta, e poi color che son *cotanto mesti*. Ma avanti di giungere a ciò, oh quai segreti mi fia d' uopo svelare!

RIFLESSIONI SUL CANTO I.

GIUSTIZIA vuole ch' io dichiari a chi l' ignorasse, che il primo a portare lo sguardo per entro le tenebre dell' allegoria delle tre fiere fu il Veronese Monsignor Dionisi, sedulo ricercatore delle pagine Dantesche; il quale chiaramente scrisse che l' Alighieri intese per la Lonza la Repubblica di Firenze, per lo Leone il Regno di Francia, e per la Lupa la Curia Romana; ma non si curò di dimostrarlo. Lo ripetè poscia il Conte Marchetti in un breve suo cenno sull' allegoria del poema; ed in ultimo l' anonimo Inglese in un lungo comento senza testo sopra i primi otto canti;[*] ma di non bastevoli appoggi avvalorata per loro apparve una tale opinione. Firenze fu per l'ultimo lasciva e non incostante; ed alcun di loro non seppe ben dirci che indicasse mai la *gajetta pelle* della Lonza, e il suo *pelo maculato:* e perchè il Leone e la Lupa fossero figura del Regno di Francia e della Curia Romana.

Posso ben dire, perchè potrò provarlo, esser questa la sola cosa di qualche importanza in cui altri mi prevenne: e nel fare la storia delle mie scoverte non mi ratterrò dal ripetere (comechè mal sicuro di esser creduto) che tutto vidi da me solo senz' altrui sussidio, e non mi accorsi che altri prima di me avesse impresso un tal vestigio su questo vergine terreno, se non quando io lo avea già tutto trascorso.

Non so però comprendere come il Dionisi e chi lo seguì, riconosciuta ch' ebbero la Lupa, poterono poi non ravvisar Virgilio che da quella allontana Dante. L' antitesi di questi due agenti allegorici è così spiccata com' è quella dell' ombra e della luce; e se vi è chi mi dica che dall' ombra fu tolto, io subito intendo che fu posto alla luce. Onde se Dante mi dice che Virgilio lo allontanò dalla Lupa, penetrato che avrò esser questa il Guelfismo, immediatamente comprenderò che quello è il Ghibellinismo: e tanto più, se il poema in cento luoghi, e la storia di que' tempi in ogni sua pagina, canteranno in consonanza.

L' agnizion di Virgilio avrebbe con sè portata la scoperta di tutt' i segreti del poema, il quale è interamente allegorico. Le minime parole, i cenni più passeggieri contengono fine allusioni: e bene scrivea un critico moderno, che "Tutti gli altri gran poemi del mondo presi insieme non hanno forse tante allusioni quante ne ha il solo poema di Dante; poichè esse sono rapide, varie, moltiplicate, e si succedono l' una all' altra come i lampi che non lasciano se non picciolissimi intervalli di tenebre fra loro." Per esempio, in questa terzina,

    Mentre ch' io rovinava in basso loco
    Dinanzi agli occhi mi si fu offerto
    Chi per lungo silenzio parea fioco,

[*] A Comment on the Divine Comedy. London. 1821.

ognun comprende che quel *rovinava* e quel *basso loco* sono allegorici; e mostrammo che significa Virgilio *fioco per lungo silenzio*: ma chi crederebbe che il suo offrirsi *dinanzi agli occhi* di Dante ha pure la sua arcana significazione? Non ho potuto però esporre ora che vuol dire, perchè mi mancano gli elementi che avrò dopo: e così di altre cose simili: tal è quella:

Ond' io per lo tuo me' penso e discerno
Che tu mi segui;

dove la sintassi richiederebbe che si dicesse *che tu mi segua*, cioè che tu mi *debba seguire*: ma pure ei disse *segui* e non *segua*, per un gran perchè, che a tempo e luogo significherò.

Il gusto de' tempi interamente cangiato ha contribuito più che altro a lasciar il poema all' oscuro. Nel secolo dell' Alighieri il genio dell' allegoria era predominante; in appresso questo si è andato a poco a poco attenuando, fin che si è quasi interamente perduto: e quindi ora passa il pericolo di sentirsi chiamare strano chi vuole interpretare il poema con lo spirito di allora: e vuolsi ir cauto per non parer tale. Nè dissimulo a me stesso che il lettore de' nostri giorni sarebbe tentato spessissimo di darmi questa taccia, se mi contentassi di semplici asserzioni: per cui dee perdonarmisi se in tanta novità di cose io mi estendo talvolta in soprabbondanti dimostrazioni che possono liberarmi dal titolo di visionario.

Gli espositori ch' erano più vicini al tempo dell' Autore, pieni anch' essi del gusto del secol loro, si volsero a ricercare le allegorie: ma siccome mal ne presero la traccia così andarono per lo più errando di sogno in sogno, e caddero in discredito. Ciò ha indotto chi venne dopo a considerare il poema quasi come puramente letterale, e si è così gettata volontariamente quella sola chiave che potea aprirci l' adito agl' intrigati andirivieni di questo laberinto: e non si è riflettuto che tolta l' allegoria alla Divina Commedia viene a torsene il carattere distintivo, ed a farne ben misera cosa. Le immagini più significanti secondo la figura divengono spesso puerili o assurde secondo la lettera. Tutta quella lunga filattera che Virgilio risponde a Dante nel momento che questi gli chiede aita dalle fiere incalzanti resta così ridicolo cicaleccio; e per veder meglio una tal verità, io domanderò: Perchè le tre fiere al comparir di Virgilio cessano d' inseguir Dante? Non poteano forse venirgli addosso anche alla barba del Mantovano? Chi ha potuto mai arrestar quella Lonza che *non gli si partia dinanzi al volto?* quel Leone *che parea venir contro lui con testa alta e rabbiosa fame?* Quella Lupa *carica di tutte brame che gli tolse la speranza dell' altezza?* Avean forse paura dell' ombra di un morto? Ma rispondete che un poema allegorico va inteso allegoricamente, e voi direte quel che va detto. Conosciuto chi sono quelle tre fiere, tosto comprendiamo che avendo il virtuoso Ghibellinismo allontanato Dante dal vizioso Guelfismo non poteano quelle tre figure di Guelfi più immergerlo negli errori del loro partito, figurati nella valle oscura.

Stabilito che si è una volta per sempre che il poema è allegorico, si trova il modo di spiegare ciò che altrimenti mal si potrebbe: tale è quel verso " Sì che il piè fermo sempre era il più basso," in cui tutti vollero cercare solo atto fisico e non intenzione morale. Ma come, se il cielo ci serbi il bene dell' intelletto, come figurarsi che si possa salire o scendere coi piedi fatti d' ossa e di polpe in un allegorico colle, o in un' allegorica valle? Se alcuno ci dice che Socrate si sublimò al monte della virtù, vorremo noi intendere ch' ei vi fosse salito coi piedi? Ma se si fosse presa la via giusta, si sarebbe veduto che in quel verso è chiuso un profondo concetto. Siccome è detto comune che *nemo repente fit pessimus*, così è pur vera la sua antitesi, che *nemo repente fit optimus*. *Habitus fit ex frequentatis actibus* ci dice l'esperienza degli Etici; e l'esperienza stessa avea dettato al gran maestro di Dante quella sentenza: *Difficile est resistere consuetudini; quia assimilatur naturæ......consuetudo est altera natura*. Aristotile. *Ab ea confirmantur vitia*, aggiunge Cicerone. Onde il poeta nel suo passaggio dal vizio alla virtù non potea e non dovea esprimere un salto che non è in natura, poichè è pur detto comune, che *nihil fit per saltum in Natura*. Smarrito il gusto dell'allegoria, un moderno volle spiegar quel verso con un certo strisciar di piedi, che ti fa ridere; mentre il Landino, che scrivea nel secolo che di allegorie si pascea, lo spiegò così: " Il piè basso significa l'amore delle cose inferiori; e questo era fermo, perchè poteva in lui più che il piè alto, cioè l'amore delle cose celesti, perchè non era ancor purgato dai vizj."

Dopo ciò non ci sarà interdetto il conchiudere che passaggi tali vi son nel poema che vanno interpretati solo allegoricamente; poichè nel senso letterale non reggono allo scrutinio della critica: e sono (dicasi senza riguardo) tante irregolarità di stile. Per esempio: dopo che il poeta ha presentato Can Grande sotto la figura di un Veltro, ei sentiva che non dovea trattarlo puramente da Veltro; poichè un Eroe può aver anche fame morale, o sia desiderio: ei volle appropriare una tal fame al Veltro, il quale ha solo fame fisica, e con ciò confuse la metafora con la realità, e lo stile n' ebbe una macchia. Può dirsi di un Eroe ch' ei non cerchi appagarsi di dominio, o di ricchezze, ma di nudrir il suo spirito di sapienza, amore e virtute; può dirsi di un Veltro ch' esso ami cibarsi più di carne che di pane: ma se quel cibo dell'anima dell'Eroe vuol cangiarsi in quello del corpo del Veltro, ecco che divien falsa la frase, onde *un Veltro che non brami di cibarsi di terra o di peltro, ma di sapienza, amore e virtute* sarà modo, vaglia il vero, da non lodarsi. Si è tanto da alcuni ammirata, ed anche imitata, la metafora del *Sol che tace*, e pure questa ha la stessa viziosa origine. La ragione in noi forma un discorso interno, e c'illumina: questa è metafora, quella è realtà. Egli dalla metafora fu indotto a cangiar la ragione in Sole, e continuò assai bene per lungo tratto; ma poi, quasi obbliando la metafora, ha detto che *il Sol tace*, il che può dirsi del figurato, ch' è la ragione, ma non della figura ch' è il Sole; ed a ciò la critica non farà plauso sicuramente. Io non mi arresterò mai più nelle mie note ad osservazioni di tal fatta, poichè intendo parlarne estesamente in un discorso a parte, dove tratterò dei pregi e dei diffetti dello stile di Dante.

NOTE AGGIUNTE AL CANTO I.

Varj sono i fini di queste note aggiunte.
I. L' esporre qualche cosa d' importanza che possa contribuire a far abbracciare di un' occhiata il sistema della Divina Commedia, o di alcuna sua parte essenziale;
II. Il rischiarar maggiormente col raziocinio e con l' autorità quel che nelle note al testo ho talvolta non pienamente dimostrato, per timor di riuscir lungo;
III. Il dichiarare se qualche interpretazione, che potrebbe credersi mia, perchè poco comune, sia di alcun altro comentatore antico o moderno;
IV. Il confutare alcune erronee opinioni già troppo radicate, o da lungo tempo spacciate, o di recente sostenute, perchè non faccian ombra allo spirito del lettore;
V. Il fare utili osservazioni intorno alla lingua, e giustificare qualche novità grammaticale da me introdotta nella interpretazione: il che sarebbe riuscito di peso e deviamento sotto il testo;
VI. Il dar notizia di fatti storici che possano fare pienamente conoscere ciò che nel Poema e nel Comento è sol di passaggio accennato;
VII. Il mettere in veduta qualche erudizione opportuna che abbia una stretta connessione col poema; il che sarebbe sembrato esuberante nel corso del canto;
VIII. Ed altro ed altro ancora, che possa contribuire a sparger lume su quel che precede, o quel che siegue.

Da ciò è chiaro che la lettura di queste note riuscirà (o ch' io spero) di utilità e diletto.

Terz. 11. *Una Lonza leggiera e presta molto.*

Per veder più chiaramente se a Firenze di que' tempi stieno bene questi due aggettivi dovremmo appellarci agli Storici. Ma qual volume è valevole a contenere tutto ciò che può rapportarsi intorno alle rabbie intestine, ed ai sempre rinascenti dissidj di quella tempestosa Repubblica? Nel rinunziare a tal disegno ci limiteremo al solo anno che seguì l' esilio del poeta: tempo in cui egli scriveva probabilmente questo primo canto: e chiameremo in testimonianza un solo storico contemporaneo, perchè spettatore di quasi tutto ciò che racconta.

" Nel detto anno (1303) del mese di febbrajo i Fiorentini fra loro ebbono grande discordia.... Messer Corso Donati (Corifeo de' Neri) preso sdegno, o per superbia, o per invidia, o per voler esser signore, si fece di nuovo una setta accostandosi coi Cavalcanti che i più erano Bianchi: dicendo, che volea che si rivedessero le ragioni del comune da coloro che aveano avuto a ministrar la moneta e gli uffizj del comune: e fecero capo di loro Messer Lottieri, vescovo di Firenze, con certi Grandi, contro a' Priori e popolo: e combattessi la città in più parti, più dì; e armarsi più torri e fortezze della città al modo antico, per gettarsi e saettarsi insieme. E in su la torre del vescovado si rizzò una manganella gittando ai suoi contradi vicini. I Priori s'afforzarono di genti e d'armi di città e di contado; e difesono francamente il palagio: chè più assalti e battaglie furono lor date. Col popolo tenne la casa de' Gherardini con gran seguito de' loro amici di contado; e la casa de' Pazzi, e quella delli Spini, e Messer Tegghia Frescobaldi col suo lato; e furono un gran soccorso al popolo ed a' Priori: e morinne Messer Lotteringo de' Gherardini d'un quadrello a una battaglia, ch'era in Porta Santa Maria. Altra casa de' grandi non tenne col popolo; ma chi era col Vescovo e chi con Mr. Corso, e chi non li amava si stava di mezzo. Per la quale dissensione e battaglia molti mali si commisono in città e in castella d'omicidj, d'arsioni e ruberie, siccome in città rotta e sciolta, e senz' ordine di signoria; se non, chi più potea far male l'uno all'altro. Era la città tutta piena di sbanditi e forestieri e contadini: ciascuna casa con la sua brigata e raunata; ed era la terra per guastarsi al tutto, se non fossono i Lucchesi che vennero a Firenze a richiesta del comune, con gran gente di popolo e cavalieri; e vollono in mano la quistione e guardia della città; e così fu loro data per necessità balia generale; sì che sedici dì signoreggiarono liberamente la terra, mandando il bando da loro parte del comune di Lucca. A molti Fiorentini ne parve male, e grande oltraggio e soperchio; onde uno Panciardo de' Ponti diede d'una spada al banditore di Lucca nel volto, quando bandiva..... Quest'avversità e pericolo della nostra città non fu senza giudicio di Dio, per molti peccati commessi per la *superbia, invidia* ed *avarizia* de' nostri cittadini, che allora guidavan la terra; e così di ribelli de' quella come di coloro che la governavano, che assai erano peccatori: e non ebbe fine questo qui, come innanzi diremo.

" Per la detta discordia Papa Benedetto[*] con buona intenzione mandò in Firenze il Cardinal da Prato per legato, per pacificare i Fiorentini tra loro; e venne in Firenze addì 10 di maggio 1303. Come fu in Firenze in pubblico sermone nella piazza di S. Giovanni mostrò i privilegi della sua legazione. I buoni uomini che reggeano la terra parendo loro di star male per le novità e rumori e battaglie che aveano in que' tempi mosse e fatte i grandi contro al popolo, per abbatterlo e disfarlo, sì s'accostavano col Cardinale a voler pace; e per riformagione delli opportuni consigli li dierono piena e libera balia di far pace tra i cittadini dentro, e co' lor usciti di fuori, e di fare Priori e Gonfalonieri e signorie della terra, a sua volontà. E ciò fatto intese a procedere a fare far pace fra i cittadini, e rinnovò l'ordine de' 19 Gonfalonieri delle compagnie ecc. Per la quale nuova riformagione il popolo si riscaldò e rafforzò molto, e i grandi abbassaro; e mai non finiro di cercar novitadi, e d'opporsi al Cardinale per isturbar la pace, perchè i Bianchi e Ghibellini non avessono stato nè podere di ritornare in Firenze, per godere i beni loro, messi in comune per rubelli, in città e in contado. Per tutto questo il Cardinale non lasciò di procedere alla pace. In questo trattato, a possenti Guelfi e Neri pareva che il Cardinale sostenesse troppo la parte de' Bianchi e de' Ghibellini: ordinaro sottilmente per iscompigliare il trattato di mandare una lettera contraffatta col suggello del Cardinale a Bologna e in Romagna alli amici suoi Ghibellini e Bianchi; che rimossa ogni cagione d'indugio dovessero venire in Firenze con gente di arme, a piè e a cavallo in suo ajuto. Quella gente venne sino a Trespiano in Mugello, per la qual cosa in Firenze n'ebbe

---

[*] Successore di Bonifacio VIII, il quale era morto quell'anno medesimo.

grande scomboglio e gelosia, e il legato ne fu molto infamato. Color che guidavano la terra consigliarono il Cardinale per levar sospetto, che se n'andasse a Prato, e acconciasse i Pratesi insieme, e simile i Pistoiesi: e intanto si piglierebbe modo in Firenze della general pace degli usciti. Il legato non possendo altro così fece, e richiese i Pratesi che si rimettessono in lui che li volea pacificare. I caporali di Parte Nera e Guelfa di Firenze veggendo le vestigie del Cardinale ordinaro coi Guazzagliotti di Prato, possente casa di parte Nera e molto Guelfi, di far cominciare in Prato scisma e riotta contro al Cardinale, e levare rumore nella terra: onde il Cardinale veggendo i Pratesi sì mal disposti, e temendo di sua persona sì si partio da Prato, e scomunicolli, e interdisse la terra, e vennesene in Firenze, e fece bandire oste sopra i Pratesi: e molti cittadini s'apparecchiarono per andarvi a cavallo e a piede. In quest'ordine dell'oste, gente assai si ragunò in Firenze di contadini e forestieri, onde cominciò a crescere il sospetto e gelosia a' Guelfi: onde molti che alla prima avean tenuto col Cardinale si furon rivolti; e la città fu tutta scompigliata; e per combattersi insieme si guerniro d'arme e di gente. Il legato veggendo che non potea fornire suo intendimento di fare oste a Prato, e la città di Firenze disposta a battaglia cittadina, e di quelli ch'avean tenuti con lui fattisi contraj, prese sospetto e paura, e subitamente si partì di Firenze addì 4 di Giugno 1304, dicendo a' Fiorentini: Dappoichè volete essere in guerra e in maledizione, nè avere riposo nè pace tra voi, rimanete con la maledizione di Dio, e con quella di Santa Chiesa; scomunicando i cittadini e lasciando interdetta la cittade. Onde si tenne che per quella maledizione ne fosse sentenza, a gran pericolo della nostra città, per l'avversità e pericoli che l'avvennero poco appresso, come innanzi faremo menzione.

"Partito il Cardinale di Firenze, la città rimase in male stato e in grande scompiglio: chè la setta che tenea col Cardinale ond'eran caporali Cavalcanti, Gherardini, Pulci, e Cerchi Bianchi del Garbo, si unì con seguito di più case del popolo, per tema che i Grandi non rompessono il popolo, se avessono signoria; e ciò furono delle migliori case e famiglie de' popolani di Firenze, com'erano Magalotti, Mancini, Peruzi, Antellesi, Baroncelli, Acciajuoli, Alberti, Strozzi, Ricci, Tolosini e Albizi e più altri; ed erano molto guerniti di fanti e gente d'arme. I contradj Neri erano i principali Mr. Rosso della Tosa col suo lato de' Neri, Mr. Pazzino de' Pazzi con tutt'i suoi, la parte degli Adimari, Mr. Geri Spini co' suoi consorti; Mr. Betto Brunelleschi; ma Mr. Corso Donati si stava di mezzo, perchè era infermo di gotta. E cominciossi la battaglia tra Cerchi Bianchi e Giugni alle lor case del Garbo, e combattevasi di dì e di notte. Alla fine si difesono i Cerchi con l'ajuto de' Cavalcanti e Antellesi; e crebbe tanto la forza de' Cavalcanti e de' Gherardini, che co' loro seguaci corsono la terra in fino in Mercato Vecchio, e da orto S. Michele in fino alla piazza di S. Giovanni, senza contrasto, o riparo niuno: perocchè a loro crescea forza di città e di contado, perchè la più gente di popolo gli seguiva, e i Ghibellini s'accostavano a loro; e veniano in loro soccorso quei da Volognano e loro amici con più di mille fanti, e già erano in Bisarno. E di certo in quel giorno ellino avrebbero vinta la terra, e cacciatine i sopradetti Guelfi e Neri, i quali aveano per loro nemici. Perocchè si disse che avean fatta togliar la testa a Messer Betto de' Gherardini, e a Masino de' Cavalcanti, ed agli altri come dicemmo addietro. E com'erano in sul fiorire, e vincere in più parti della terra ove si combatteano coi loro nemici, avvenne, come piacque a Dio per punire i peccati de' Fiorentini, che uno

AL CANTO I.

Ser Neri Abati, Cherico e Priore di S. Pietro Scheraggio, uomo mondano, dissoluto, rubello e nemico de' suoi consorti, mise fuoco in casa de' suoi consorti in orto S. Michele, e poi in Calimala Fiorentina in casa Caponsacchi, presso alla bocca di Mercato Vecchio. E fu sì impetuoso e furioso il maladetto fuoco, che in quel giorno arse le case degli Abati e de' Macci e tutta la loggia d' orto S. Michele, e casa li Amieri e Toschi e Cipiani, Lamberti, Bianchini e Bujamonti, e tutta Calimala, e le case de' Cavalcanti, e tutto intorno a Mercato nuovo, e S. Cecilia, e tutta la ruga di Porte S. Marie, infino al ponte vecchio, e Vacchereccia, e S. Pietro Scheraggio, e casa Gherardini, Pulci, e Amidei, e Lucardesi, e tutte le vicinanze de' luoghi nominati quasi infino ad Arno. E furono in quantità tra palagi e torri e case più di mille e settecento. Il danno d' arnesi, tesoro e mercatanzia fu infinito; perocchè in que' luoghi era quasi tutta la mercatanzia e le care cose di Firenze: e quella che non ardea era rubata dai malandrini; combattendosi tuttora la città in più parti. Onde molte compagnie, schiatte e famiglie furono deserte e vennero in povertade. Per questa ragione i Cavalcanti, i quali erano delle più possenti case di gente, di possessione e di avere di Firenze, e i Gherardini grandissimi in contado, i quali erano i caporali di quella setta, essendo le loro case e de' loro vicini e seguaci arse, perdero il vigore e lo stato, e furono cacciati di Firenze, come rubelli; e i loro nemici racquistarono lo stato, e furono signori della cittade. E allora si credette bene che i grandi rompessono gli ordini della giustizia; e l' avrebbero fatto, se non che per loro sette erano partiti e in discordia insieme. E ancora ne cresce materia dell' avverse fortune della nostra città di Firenze.

"Nel detto anno addì 5 di Agosto, essendo preso nel palazzo del comune di Firenze Talano di Mr. Boccaccio de' Cavicciuli per malefizio commesso, onde dovea esser condennato, i suoi consorti tornando la Podestà da casa i Priori, l' assalirono con armi e fedirono malamente, e di sua famiglia furono morti e fediti assai. E i detti Cavicciuli entraron nel palagio, e per forza ne trassono il detto Talano senza contrasto veruno. E di questo maleficio non fu justizia nè punizione niuna; in sì corrotto stato era allora la cittade; e la Podestà per isdegno si partì con la detta vergogna, e la città rimase senza rettore. Ma per necessità i Fiorentini in luogo di Podestà fecero dodici cittadini, due per sesto, un grande e un popolano, i quali si chiamavano le dodici podestà."—*Gio. Villani*, lib. viii. capp. 68. 69. 71. 73.

Questo era lo stato miserando di Firenze nel corso di quell' anno: nè tutto dicemmo, per non esser soverchi; perchè lasciammo le molte turbolenze e paure destate dai Fiorentini Bianchi e Ghibellini, che nell' anno medesimo assalirono la città nel numero di mille e seicento cavalli e di novemila pedoni. Intestine lacerazioni che dovean di necessità produrre tutti que' cambiamenti successivi che indusser Dante a figurar la sua patria nella *Lonza leggiera e presta molto*. Chi segue d' anno in anno quella storia vedrà meglio le ragioni di questi aggettivi.

T. 12. *Tempo era dal principio del mattino.*

Dal per *del* ec. e *da* per *di* sono talvolta usati dai nostri antichi; e (s' io non erro) nel caso in cui voglia indicarsi un punto da cui debba procedersi avanti. Così qui si dice *dal* e non *del*, perchè il giorno, che ha per misura il corso del sole, prende la mossa *dal principio* per andare innanzi. Altrove a significare che da alcuni sassi, i quali formano l'orlo superiore della Infernal voragine scendendosi nell'interno di quella s'incontrano tre cerchi minori, il poeta dice: *Dentro da cotesti sassi son tre cerchietti;* cioè *da cotesti sassi* procedendosi *dentro*. E in generale la formola *dentro da* vale ad indicare che chi parla è nella parte esterna di ciò che prende a riguardare; dalla quale il suo pensiero muove a considerar la interna, " Dentro dal monte sta dritto un gran veglio," e varj altri esempj simili troveremo, che debbono farci desiderare che questo modo energico sia richiamato in vita.

    T. 13. *Il Sol montava in su con quelle stelle,*
          Ch' eran con lui quando l'Amor Divino
          Mosse da prima quelle cose belle.

Da ciò si scorge essere opinione di Dante, che il Mondo sia stato creato di primavera, quando il Sole era in Ariete: e che Iddio, disposte ch'ebbe tutte le parti di questa portentosa macchina, le avesse con un urto di sua mano onnipotente dato quel moto di perpetua rotazione che conserva tuttora: immagine sommamente poetica. E dice che l'Amor Divino mosse i Cieli, il Sole e le Stelle, cose per se bellissime; perchè c'insegna la Teologia, e ci dice la ragione, che il solo amor verso le creature mosse Iddio alla creazione.

Che il mondo avesse incominciato il suo corso in primavera, è opinione pur di colui che Dante chiama suo *maestro* e suo *autore*.

    Non alios primâ crescentis origine Mundi
    Illuxisse dies, aliumve habuisse tenorem
    Crediderim: ver illud erat, ver magnus agebat
    Orbis, et hibernis parcebant flatibus Euri,
    Cum primam lucem pecudes hausere: virûmque
    Terrea progenies duris caput extulit arvis,
    Immissaeque ferae silvis et sidera coelo.—*Virg.*

    Com. pag. 7. v. 11. *Venerdì santo.*

Questo dì memorando è indicato dai due più grandi nostri poeti antichi, come il principio di un total cangiamento di lor vita, nel punto stesso che si rammentava il cangiamento della umana sorte, per la grand'opera della redenzione. Ma Dante se ne valse con maggior giudizio del Petrarca, perchè egli rinnovò realmente la sua vita col passare dal vizio alla virtù, nel punto che l'uomo usciva di servitù; mentre l'altro s'implicò ne' lacci di un fatale amore *che gli dovea tor pace*. Sarà forse curioso il rammentare che il Boccaccio s'innamorò di Fiammetta nel Sabato santo, com' ei ne insegna: e quest'avventura che diè pur nuovo corso alla sua vita non fu certo per riformarla. Essendo il viaggio di Dante immaginario, il dì in cui egli ne stabilisce l'incominciamento fu scelto dalla sua industria: ma l'amore degli altri due fu reale. Or sarebbero essi caduti nella rete giusto nel Venerdì e nel Sabato santo per mera opra del caso? . . . S'egli è così, il caso fu ben bizzarro.

    T. 23. *E li parenti miei furon Lombardi.*

La parola *Lombardi* sembra (come notammo) impropria, perchè abbreviatura di *Longobardi*, popoli che dominarono in quella parte d'Italia assai dopo la morte di Virgilio; ma pure Dante la mise con molto accorgimento in bocca di lui, non solo per l' allegorica significazione ch' esponemmo, ma anche per determinare con precisione e chiarezza di qual parte d' Italia fossero i genitori di Virgilio: il che mal avrebbe distinto se avesse fatto dirgli furono *Italiani*, perchè troppo generale; o *Insubri*, perchè poco comune. E quantunque un tal modo non sia proprio del tempo di Augusto, propriissimo ei si è del tempo di Dante: e Virgilio a Dante parlava, e non ad un suo contemporaneo: onde cercava accomodar la parola alla intelligenza di lui, o, per meglio dire, a quella de' lettori di un rozzo tempo.

T. 29. *Tu sei lo mio maestro e 'l mio autore,*
Tu sei solo colui da cui io tolsi
Lo bello stile che m' ha fatto onore.

Da gran maestro nell' arte è ciò che il Ch. Monti dice nel paragone che istituisce fra lo stil di Dante e quello di Virgilio, con che gli sembra sciogliere *il nodo gordiano*, che vien offerto da questi versi: ma tutta la sua bella critica è appoggiata, se lice dirlo, ad un cavillo. Ei pretende che i due stili rassomiglino *nell' arte di vestire poeticamente i concetti*: e che " gli artificj di Virgilio nell' adornare di mirabile poesia un soggetto tenue ed umile, siccome i precetti riguardanti i lavori della campagna, sono i medesimi che il poeta Fiorentino apprese dal Mantovano ad abbellire e fiorire il soggetto della Divina Commedia, mille volte più arido, perchè tutto ingombro di spine teologiche, mille volte più ispide che le campestri." E dopo ciò mette in confronto molti tratti delle Georgiche con quelli della Commedia: qui appunto si cova il finissimo cavillo. Avrebbe potuto mai dire Dante d'aver *tolto* da Virgilio *il bello stile che gli avea fatto onore*, riguardo ad un' opera che dovea scrivere ancora? E come gli fè onore lo stile di un' opera che non era ancora fatta? Al Monti non piace la interpretazione del Lombardi, il quale scrisse che Dante avea *atteso esiandio a comporre versi Latini, pei quali potè aver riscosso degli applausi*; e frena a stento il riso per una tal chiosa *sì povera di giudizio*, perchè *la latinità di Dante è barbara*. Or io domando al Monti quale di queste due proposizioni meriti applauso o riso: I*. Lo stile della Divina Commedia ha fatto onore a Dante, prima che scrivesse la Divina Commedia. II*. Dante credea Virgiliano il suo stile Latino, e nol tenea per barbaro, altrimenti non l' avrebbe usato. Per mettere in vista il motivo per cui appropriasse a sè il vanto dello stile Virgiliano, ricorderemo ai lettori (non al Monti, perchè lo sa), che quando ei scrivea così era già conosciuto autore di *egloghe latine*, le quali si leggevano ancora al tempo di Leonardo Aretino (Vita di Dante); e il Landino, sommo conoscitor di Virgilio ch' era stato da lui comentato, ci assicura che quelle egloghe da lui lette *tanto sanno dell' antichità, quanto in que' tempi rozzi più non si debba*. Virgilio è l' unico poeta che avea composte egloghe latine nella classica antichità, e quindi Dante lui e non altro dovea prendere a modello di bello stile nello scrivere egloghe latine; e nulla di più naturale che fosse per ciò da que' suoi coevi ammirato. Leggiamo ne' contemporanei del Bernini che lo stile di quello scultore è *prassitelesco*; ed udiamo dai contemporanei del Canova che quello stile è *manierato*. Ma se convivendo coi secondi sappiamo trasportarci col pensiero fra i primi, vedremo subito che i secondi han ragione e i primi non avean torto. Colui che più si distingue in un' arte, quantunque sia ben lungi dalla perfezione, è sempre salutato come ottimo da

coloro che ne' lor tempi nulla conoscon di meglio; e finisce ei stesso
col persuadersi del proprio merito. A misura poi che quell' arte si raffina il giudizio del mondo si cangia, e quindi Dante e 'l secol suo credeano *Virgiliano* il suo stile latino; e Monti e il suo secolo lo giudican *barbaro*. Come ciò accada lo spiega Dante medesimo:

> Credette Cimabue nella pintura
>   Tener lo campo; ed ora ha Giotto il grido,
>   Sì che la fama di colui si oscura.
> E così tolse l'uno all' altro Guido
>   La gloria della lingua.

Ripetete con le stesse sue frasi: Credette Dante nello stile latino Virgiliano tener lo campo; ed ora hanno il grido in quello il Fraccastoro per la Sifilide, il Sannazzaro pel Parto della Vergine, il Vida per la Scaccheide e la Cristeide, e cento altri che all' Alighieri successero. Così il Petrarca, il Poliziano, il Bembo, il Flamminio, il Cotta, il Navagero, il Castiglione, con lunghissima schiera che venne dopo, e tale che può riempir molte pagine, gli han tolta la gloria della lingua latina; sicchè la fama sua per quel lato è interamente oscurata. Io così l'intendo: e se il Monti non vuol intenderla così, perchè la latinità di Dante è barbara, allora ho tre risposte a fargli. Gli ripeterò in primo luogo che un dotto qual egli è del secolo decimonono, che qual ape ingegnosa si è nutrito de' più bei fiori de' Lazj campi, dopo che il sudore versato per cinquecento e più anni da mille altri dotti gli ha ravvivati, e ne ha propagato il gusto, trova ora cattivo quel che nel secolo decimoterzo veniva stimato ottimo. Gli dirò in secondo luogo che quelle egloghe or son perdute, e quindi non possiam fare nessun paragone fra esse e le Virgiliane; forse che la loro comparsa un giorno potrebbe farci comprendere la ragione di quel vanto che Dante si dà, e delle lodi che il Landino ne fa. Gli dirò in terzo luogo che vi è bisognata tutta la sua industria per trovare alcuni punti di contatto fra lo stile latino di Virgilio, e l'italiano di Dante; il che mostra più la sua finezza che la realtà della somiglianza: poichè per sua confessione medesima nessuno prima di lui avea saputo conoscere in che consistesse la relazione fra quei due stili. *Il Gravina che più profondamente di ogni altro ha sviluppato il sistema della Divina Commedia, scendendo a parlar dello stile ci dice bensì che la foggia del suo fraseggiare distinguesi dalla comune di tutti gli altri poeti, ma delle sue rassomiglianze collo stile di Virgilio niente accenna che tocchi la fibra della quistione. Il Gozzi nella sua bella Difesa di Dante ben mostra che l' idea dell' Inferno Dantesco è tolta in più luoghi dal Virgiliano; ma ciò non riguarda che l'invenzione e niente lo stile. Il Rosa Morando quantunque discorra del carattere dello stile Dantesco, nulla si arrischia di dire de' suoi contatti col Virgiliano. Lo stesso acuto Perticari non sa ben intendere la ragione di quella protesta che Dante si fa: in somma, nessuno degl' interpreti della Commedia sa renderla, poichè in tutto quel poema (a quel che pare) appena due o tre luoghi s' incontrano ne' quali l'imitazione di Virgilio apparisca.* E dopo che il Monti ci dice tutto ciò, vuol egli che Dante rinferisca quel vanto alla sua Divina Commedia, e non alle sue egloghe latine? Rida pure egli quanto sa e vuole del Lombardi che seguì il Landino, perchè io con quelli starò e non con lui. E finchè egli non mi mostri come possa fare onore uno stile che non si era anche usato, in un' opera che dovea per anche nascere, io non mi sottoscriverò alla sua interpretazione; ma ammirerò la sua dottrina e il suo ingegno; e dirò che anche ne' cavilli gli uomini dotti appalesano il loro sapere: poichè nulla di più industriosamente cercato, e con maggiore erudizion sostenuto del paragone ch' egli instituisce fra i due stili, il latino di Virgilio, e l' italiano di Dante. (V. ult. vol. della Proposta, pag. lxvi. e segg.)

T. 30. *Ella mi fa tremar le vene e i polsi.*

Questa distinzione che il Poeta fa tra vene ed arterie, dette *polsi* perchè pulsano, mi dà nuovo motivo a chiamarlo precursore di Arvejo; e m' induce anche a dubitare, che gli antichi fossero meno ignoranti di quello che crediamo, cosicchè la circolazione del sangue fosse ad essi non ignota. E non ne dubiterò più, ma lo saprò sicuro, al leggere nel Tesoro di Ser Brunetto queste parole, " *Le acque che di mare escono, vanno e vengono per la Terra, e surgono dentro e di fuori, secondo che le vene le menano di qua e di là: così come il sangue dell' uomo si sparge per le vene, sì che cerca tutto il corpo da capo a fondo.*"—Lib. ii. cap. 36. E si badi che una tal teoria era sì cognita e ricevuta, che Brunetto sen vale come esempio per illustrarne un' altra allor poco nota.

T. 34. . . . . *il Veltro verrà, ecc.*

Can Grande nel 1300 non avea che nove anni; e quando Dante fu esiliato ne avea dodici. I Ghibellini tutti speravano allora nella splendida Corte Veronese; onde il poeta dicendo ciò a guisa di vaticinio, procurava nel pronosticare le future imprese di Can Grande di tener vivo in Alberto, padre di lui, l' ardor del partito. Ei cercava un sostegno, e non potendolo trovare col fatto negli uomini, lo andava a vagheggiar con la speranza in un garzoncello.

T. 35. *E sua nazion sarà tra Feltro e Feltro.*

I comentatori ci hanno detto sinora che per quella nazione del Veltro dovea intendersi Verona; ma convengono che per tal modo à assai male indicata quella città; essendo que' due termini assai imprecisi, e molto da quella remoti: e regalarono così a Dante la stoltezza più madornale; poichè l' indicar Verona di quel modo è presso a poco lo stesso che indicarla con quest' altro: *quella città ch' è tra l' oriente e l' occidente.* Ma oltre le determinazioni indicate che parlano senza equivoco, non ne vedevano due altre che favellano non men chiaro? e sono: *nazione* e *sarà.* Potea mai Dante chiamar nazione il picciolo stato di Verona? Ma quel *sarà* grida poi ad alta voce, *capitemi.* Come mai Dante, che pur avea qualche dito di cervello, avrebbe fatto dire *sarà* da Virgilio, che ne aveva anch' egli la parte sua, come, ripeto, avrebbe potuto fargli dire *la nazione del Veltro sarà tra Feltro e Feltro,* mentre quel Veltro di cui parlava era in quel momento vivo vivissimo, ed appartenea allo stato di Verona? Dunque quel *sarà* indica conquista da farsi, e non già stato che si possiede; e il Villani solve ogni dubbio.

T. 39. *Vedrai gli antichi spiriti, dolenti,*
   Che la seconda morte ciascun grida.

Tra *spiriti* e *dolenti* ho messo una virgola, il che fa un bel senso col sottintendersi *sì* dopo; cioè *dolenti sì che ciascuno grida*: così l' invocare *la seconda morte* è conseguenza dell' esser dolenti: altrimenti quel *che* del terzo verso sarebbe in luogo di *di cui;* e ciò è più irregolare, e ne nasce un senso men energico e men seguito.

T. 40. . . . . *contenti nel fuoco, perchè speran.* . . .

È in corrispondenza dell'altra frase *dolenti sì che gridano;* onde quella virgola mi par ben messa.

T. 42. *Chè quello Imperador che lassù regna*
T. 43. *In tutte parti impera e quivi regge.*

La differenza che v'è fra l'Imperadore che *impera* e l'Imperadore che *regge* presenta la idea di quella Monarchia universale sottoposta ad un solo dominatore nelle varie sue parti, nelle quali, o per rappresentanti o di persona, ei solo esercitasse il suo potere: su di che si versa tutto il citato libro *de Monarchia,* che contiene la vera profession di fede politica del nostro filosofo Ghibellino.

T. 45. *Sì ch'io vegga la porta di San Pietro,*
E color che tu fai cotanto mesti.

Il poeta qui parla del termine e del principio del suo viaggio, e tace del mezzo, qual è il Purgatorio. Così farà pure nel canto seguente, in cui sarà rammentato *Enea* che scese all'Inferno, e *S. Paolo* che salì nel Paradiso; e *Virgilio* che nell'uno è, e *Beatrice* ch'è nell'altro. Non parlò forse del Purgatorio, perchè non è *luogo eterno,* ma un sito medio *ad tempus,* e quasi vestibolo dell'alta meta del suo viaggio.

ESPOSIZIONE DEL CANTO I.

Nella metà del cammino di nostra vita (anni 35, metà di 70) Dante si ritrovò per una selva oscura (secolo vizioso per ignoranza), e ciò non per sua colpa, ma perchè la diritta via era da tutti smarrita. Vorrebbe dir qual era, ma sente che il parlare di questa selva selvaggia ed aspra e forte (secolo inculto, cagion di affanni e tenace nelle sue cattive abitudini), la quale gli rinnuova la paura nel rammentarsene, gli è cosa assai dolorosa e dura: Tanto amara cosa è, che la morte stessa è poco più amara. Ma poi riflettendo che il parlarne potrebbe esser sorgente di utili lezioni, si risolve, malgrado ogni ribrezzo, di narrare il male che ivi incontrò, per trattar del bene che ivi pure trovò. Egli non sa ridire com'ei vi entrasse, perchè vi fu tratto dal cattivo esempio in una età, in cui la sua ragione non abbastanza sviluppata quasi in lui dormiva. Ma poichè in età più matura fu giunto a piè d'un colle (quello della virtù) dove terminava quella valle (de' vizj) che gli aveva cagionata la paura di perdervisi, guardò in alto, e vide la sublimità di quel colle esser tutta illuminata dai raggi del sole (simbolo della ragione), che guida l'uomo per ogni via, che là conduce. Allora la sua paura cominciò a sedarsi alquanto, quella paura che gli avea fatto ristagnare tutto il sangue al cuore, nel tempo della sua ignoranza, cagion de' suoi affanni. E come colui che con lena affannata, uscito fuori dal pelago tempestoso alla riva, si volge all'acqua perigliosa, e guata, così l'animo suo, che ancor da quella valle rifuggiva, si volse indietro a rimirar il passo che produsse sempre all'uomo la sua perdizione, e la sua morte (eterna). Poichè fu riconfortato alquanto riprese via per quella piaggia deserta, sì che lentamente saliva. Ed ecco che quasi al cominciar di quell'erta, una Lonza leggiera e presta molto, ch'era coperta di pelo maculato (figura della irrequieta Firenze divisa in Bianchi e Neri) gli si fè incontro; nè gli si levava mai dinanzi al volto: anzi impediva tanto il suo cammino ch'ei più volte fu da quella rivolto indietro alla valle. Il tempo in cui ciò avveniva era il principio del mattino (Venerdì santo del 1300); e il sole saliva sull'orizzonte con la costellazione dell'Ariete con la quale era congiunto, quando l'Amor Divino diede la prima mossa alla gran macchina de' Cieli, talchè cominciarono a rotare il sole e le stelle e quanto mai di bello ne' cieli è contenuto. Varie cose allora eran cagione a Dante a bene sperare di rinnovar la sua vita con miglior principio e miglior corso; e queste cose erano l'ora prima del giorno (rinnovamento di esso e tempo della creazione), il giorno medesimo (Venerdì santo, tempo della redenzione) la dolce stagione di primavera (del 1300, epoca del giubileo; quasi rinnovamento dell'anno, principio del nuovo secolo, tempo di accettazione e d'indulgenza); e fin la parte gaja della pelle di quella volubile fiera (il partito de' Bianchi che lo favoriva); ma non isperava così che non gli desse poi paura la vista di un Leone che gli apparve. Questo parea che venisse contro lui con testa alta e con rabbiosa fame, e in sì minaccioso atto, che parea che l'aria stessa ne temesse (figura dell'ambizione della Corte di Francia); e vide anche una Lupa che a cagione della sua magrezza sembrava piena di tutte le possibili brame di divorare, onde fè vivere infelici molte genti (figura dell'avara Curia Papale di que' tempi, centro del partito Guelfo): quest'ultima specialmente con la paura che in lui trasfondea col suo minaccevole aspetto rese così gravi e tremanti le di lui membra ch'ei perdè la speranza di giungere all'altezza di quel colle. E come colui che acquista con grande avidità un oggetto, e che poi quando giunge il tempo che glielo fa perdere, tutto si attrista e se ne lagna, qualunque sia il nuovo oggetto cui si sforzi rivolgere i suoi pensieri; così quella bestia nel fargli perdere ogni acquisto fatto nell'avanzarsi al colle lo rese senza pace: perchè venendogli incontro lo respingeva a poco a poco nella valle, ove il sol non risplende (fra i vizj in cui la ragion tace). Mentre ch'ei rovinosamente ritornava in quel basso loco gli si fu offerto innanzi agli occhi un tale che parea fioco per lungo silenzio. (Era questi Virgilio, figura della Filosofia ordinatrice dell'Impero, che in lui, nato Guelfo, era stato lungamente muta). Quando Dante vide costui in quella via da tutti abbandonata gridò a lui: Qualunque tu sii, o ombra di estinto, o uomo vivente, abbi pietà di me. E quei gli rispose. Non son ora uomo vivente, ma il fui; e i genitori miei furono di quella parte d'Italia che ora si chiama Lombardia; ed amendue Mantovani per patria. Fui poeta e cantai l'origine dell'Impero che derivò da quel giusto figliuol di Anchise che venne da Troja, e si stabilì nel Lazio, poichè il superbo Ilione fu incendiato. Nacqui *sub Julio*, ancorchè fosse tardi (perchè dovea nascer prima, onde prevenire le tante guerre intestine che agitarono quella repubblica) e vissi in Roma sotto il buon Augusto, al tempo degli Dei falsi e bugiardi. (Una tal Filosofia in fatti nacque sotto Cesare e visse sotto Augusto, prima che il nuovo culto e 'l papato fossero stabiliti). Ma tu perchè ritorni a quella valle (di vizj) cagion di tanta angoscia? Perche non sali il dilettoso monte (della virtù) ch'è principio e cagione di quella gioja, cui nulla manca per esser perfetta? Dante, vergognoso di essere stato Guelfo, e sorpreso nel momento che ricadea nella valle, rispose con umil fronte: Or sei tu quel Virgilio e quella fonte, che spande sì largo fiume di eloquenza! O onore e lume degli altri poeti, deh! mi valga di merito presso te il lungo studio e 'l grande amore che mi han fatto tutto svolgere da capo a fondo il tuo volume, e ricercarne il bello. Tu vuoi sapere perchè io ritorni a quella valle? Vedi quella bestia per cui mi volsi indietro. Ajutami e difendimi da lei, famoso saggio, ch'ella fa tremarmi e scuoter d'un brivido il sangue tutto. Virgilio poichè lo vide lagrimare gli rispose: A te conviene tenere altro viaggio, se vuoi scampare da questo selvaggio loco. Chè quella bestia per la quale tu gridi pietà non lascia passare altrui per questa via (della virtù); ma tanto impedimento gli fa, finchè ricada nella valle (de' vizj), e così gli è cagione di morte (eterna): ed ha natura sì malvagia e ria che mai non soddisfa pienamente la bramosa sua voglia, e dopo il pasto ha più fame che pria. Or è ammogliata con quel Leone; ma molti son gli animali a cui si ammoglia; e più saranno ancora infin che verrà il Veltro che la farà morir di doglia e di rancore (figura di Can Grande della Scala, Ghibellino, nemico di partito Guelfo). Questo Veltro misterioso non cercherà di appagare le sue brame nè con acquistar terre (come quel Leone) nè con acquistar ricchezze (come quella Lupa); ma bensì con acquistare la sapienza (per ben governare), l' amore (de' popoli governati) e la virtù (che gli attirerà quell' amore). E la sua nazione si estenderà da Feltro a Feltro (vaticinio dello Scotto intorno allo Scaligero). Esso sarà salute di quella parte della bassa Italia per cui morirono combattendo Camilla e Turno da un lato, Eurialo e Niso dall' altro. Questo Veltro caccerà quella Lupa per ogni città del Lazio, finchè l' avrà rimessa nell' Inferno, da cui l' invidia di Lucifero l' ha prima spedita per corromper la Terra, acciocchè gli uomini si perdessero al par di lui. Onde io pel tuo meglio penso e discerno, che tu mi segua; ed io sarò tua guida, e trarrotti di qua, e ti farò passare per un luogo che durerà in eterno: Ove udirai le strida de' disperati, e vedrai quegli spiriti che si perderono da tempo antico, dolenti sì che ciascuno di essi grida invocando la seconda morte; quella, cioè, dell' anima che li libererebbe da tante pene. E poi vedrai coloro che son contenti di esser nel fuoco, perchè per questo mezzo di purgazione sperano di andare, quando che sia, alle beate genti; alle quali se tu vorrai poi salire, un' anima più degna di me sarà eletta a ciò; ed io ti lascerò con lei nel mio partire. Poichè quell' Imperadore che regna lassù non vuole che da me si vada alla sua città, perchè io fui ribelle alla sua legge. Egli impera da per tutto, ma colà regge: ivi è la sua città capitale, ivi è il suo alto seggio. Oh felice colui cui elegge per esser ivi! E Dante a Virgilio: Poeta, in nome di quel Dio cui tu non fosti già ribelle, ma solo non conoscesti, io ti richieggio (acciocchè io fugga questo male del vizio e 'l peggio della pena) che tu mi meni là dove or dicesti, sì ch' io vegga la porta di S. Pietro; e coloro che tu hai descritto esserc cotanto mesti. Allora Virgilio si mosse, e Dante gli tenne dietro.

VOL. I. D

CANTO II.

ANT-INFERNO.

Selva oscura.

Dante agitato da dubbj non vuol più seguir Virgilio; ma questi glieli dissipa: onde si avviano entrambi all' Inferno.

1. Lo giorno se n' andava, e l' aer bruno
   Toglieva gli animai che sono in terra
   Dalle fatiche loro; ed io sol uno
2. M' apparecchiava a sostener la guerra,
   Sì del cammino e sì della pietate,
   Che ritrarrà la mente che non erra.

Il giorno se ne andava; e l' aer bruno toglieva dalle loro fatiche gli animali che sono in terra: ed io unico e solo mi apparecchiava a sostenere le difficoltà dell' aspro cammino e gli assalti della pietà che avrei provato alla vista de' dannati: le quali cose andrà dipingendo la mia mente che non è soggetta ad errare.

Perchè non è soggetta ad errare sarà ben tosto significato. Son passate 12 ore dall' apertura del poema sino a questo punto: poichè, essendo il primo equinozio, da quell' ora che *il Sol montava* all' altra che *il giorno se ne andava*, è appunto un corso di 12 ore.

Essendo il Sole simbolo della ragione, chi sa che, al partir di lui, la ragion di Dante non voglia ricader negli errori? Egli si è fatto seguace della Filosofia Ghibellina; ma chi sa che non se ne penta, e non torni Guelfo?

3. O Muse, o alto ingegno, or m' ajutate;
   O mente che scrivesti ciò ch' io vidi,
   Qui si parrà la tua nobilitate.

Cioè, qui si appaleserà, qui si vedrà a pruova la tua nobiltà.

La mente che non erra è l' intelletto; *la mente che ha nobiltà, e che scrisse quel che vide*, è la memoria; e l' *alto ingegno* è la fantasia poetica, che perciò viene accoppiata alle Muse. Se si uniscono insieme queste tre cose, Dante ci apparirà (come alcuni han giudicato) un superbo ed un vano, bello e buono. E pure non è così: il suo intelletto *non erra*, la sua memoria ha *nobiltà*, la sua fantasia è *alta*, ed egli così dicendo non è nè vano nè superbo: Ed ecco perchè.

Ei finge scrivere questo suo misterioso viaggio, pel triplice regno de' morti, appena disceso dal Paradiso, dove il suo tritavo gli avea detto: ora che torni in Terra *manifesta tutta la tua visione*, per istruzione degli uomini; e quindi egli scrisse il poema. Or dunque ei lo scrisse dopo aver veduto Iddio istesso, fonte della verità, alla cui vista ineffabile *la sua anima fatta dritta e sana* era stata *sciolta da ogni nube di mortalità*, talchè egli era divenuto *figliuol di grazia; e il suo vedere era maggiore che ogni umano discorso*. Tutto ciò ei dice nel Paradiso, ed altro ancora; e quindi il suo intelletto *non erra*, la sua memoria ha *nobiltà*, la sua fantasia è *alta*, altissima, ed ei sì dicendo non è nè vano nè superbo. Sarebbe superbo o vano un Beato che ciò dicesse? Così lo è Dante: ciò è lode di Dio, e non sua.

Ma come mai entrare nella sua intenzione, onde comprendere sul principio quello ch' ei spiega nel termine? Questa è un altra questione. Ecco il suo modo di poetare, ed io avrò occasione di mostrarlo non una volta.

4. Io cominciai: poeta che mi guidi,
   Guarda la mia virtù s' ella è possente,
   Prima che all' alto passo* tu mi fidi.

Io cominciai a dire; poeta che mi guidi, misura la forza dell' animo mio, e, prima che tu mi fidi al difficile passo, guarda s' ella è capace di tanto.

Principiamo a vedere in questa diffidenza gli effetti della mancanza del Sole. E si badi che dobbiamo trasportarci col pensiero al tempo che l' anima di Dante errava, perchè non ancora era stato nel Paradiso. Egli racconta ora tutto ciò che gli avvenne prima di andarvi.

Io cominciai, ecc. Mostrerò in appresso che il verbo *cominciare* è impiegato da Dante là dov' ei vuole esprimere o mente confusa, o cuore agitato, o animo commosso.

---

* L' altezza rende difficile l' accesso, quindi *alto* è qui in luogo di *difficile*.

CANTO II.

5. Tu dici che di Silvio lo parente,
   Corruttibile ancora, ad immortale
   Secolo andò, e fu sensibilmente.

Tu racconti nel tuo poema ch' Enea, padre di Silvio, con corpo ancor corruttibile, andò al regno dell' Eternità, e ciò fu sensibilmente.

Cioè, visibilmente, talchè poteva essere veduto andarvi; e non già come le anime che non son vedute da alcuno.

6. Però se l' avversario d'ogni male
   Cortese fu, pensando l' alto effetto
   Che uscir dovea da lui, e 'l chi e 'l quale,
7. Non pare indegno ad uomo d' intelletto;
   Ch' ei fu dell' alma Roma, e di suo Impero,
   Nell' empireo ciel, per padre eletto:
8. La quale e il quale, a voler dir lo vero,
   Fur stabiliti per lo loco santo
   U' siede il successor del maggior Piero.

Però se Iddio, avversario di ogni male, fu cortese ad Enea di tanto, nel pensare all' alto effetto che dovea uscir da lui, e qual popolo, e qual impero; ad uomo di sano intelletto Enea non sembra indegno di tal grazia; perchè egli fu eletto nel Cielo Empireo per padre ed origine dell' alma Roma e del suo Impero. La qual Roma e 'l quale Impero, a voler considerare e dir le cose nella loro veracità, non furono stabiliti per sè, come termine dell' opera, ma per preparare il loco santo, dove siede il successor di Pietro, maggior di chiunque nella sua dignità.

Empireo, ultimo e più alto cielo, sede di Dio, detto qui *avversario d' ogni male,* perchè per mezzo di Enea preparava l' Impero, che ai disordini della società dovea porre un riparo.

9. Per quest' andata, onde li dài tu vanto,
　　Intese cose che furon cagione
　　Di sua vittoria, e del papale ammanto.

Per quest' andata, onde tu gli dài vanto di pio, egli dall' ombra di suo padre intese cose intorno al futuro, che furon cagion di sua vittoria, e della papal dignità, che da quella vittoria dovea poi, per predisposto ordine di cose, derivare.

Papale ammanto per papale dignità, metonimia. *Intese* vuol dire *pienamente comprese*, come in seguito mostrerò.

10. Andovvi poi lo Vas d' elezione,
　　Per recarne conforto a quella fede
　　Ch' è principio alla via di salvazione.

Il Vaso di elezione è S. Paolo, chiamato da G. C., *Vas electionis*, che nel testo greco è *vaso eletto*; e par che Dante voglia dire che un tal vaso fu prescelto a contenere e recar conforto alla fede.

S. Paolo, vaso di elezione, andò poi anch' egli al regno dell' eternità, per riportarne in terra un conforto a quella fede ch' è principio alla via di salvazione.

" Dice principio, perchè nessuno si può salvare senza la fede; ma questa non è tutto; imperocchè la fede senza l' opere è morta." Il Landino. Con la sola frase di *secolo immortale* include l' eternità de' dannati prima, e quella de' beati dopo; onde vi andò Enea, e vi andò Paolo, uno sotto e l' altro sopra.

11. Ma io perchè venirvi, o chi 'l concede?
　　Io non Enea, io non Paolo sono:
　　Me degno a ciò!...nè io, nè altri il crede.
12. Perchè, se del venire io m' abbandono,
　　Temo che la venuta non sia folle:
　　Sei savio, e intendi me' ch' io non ragiono.

CANTO II.

13. E qual è quei che disvuol ciò ch' ei volle,
    E per nuovi pensier cangia proposta,
    Sì che del cominciar tutto si tolle,
14. Tal mi fec' io in quella oscura costa;
    Perchè pensando consumai la impresa,
    Che fu nel cominciar cotanto tosta.

Ma io perchè venirvi? O chi tanto mi concede? Io non sono Enea, prescelto da Dio a fondare un Impero; io non son Paolo, eletto a meglio stabilir la Religione: creder me degno a ciò fare! nè il credo io, nè altri il crede. Per cui, se mi abbandono all' invito di venire e ti seguo, temo che la mia venuta sia folle impresa; tu sei savio, e intendi meglio di quel ch' io possa ragionare. E quale è colui che disvuole ciò che pria volle, e per nuovi pensieri cangia proponimento, sì che fin dal cominciamento si ritrae del tutto indietro, tal mi feci io, mancato il lume del Sole in quella costa, che perciò divenne oscura. Perchè a forza di pensare distrussi in me il progetto della nuova impresa, la quale, quando la ragion mi rischiarava, fu così tosto e volentieri da me cominciata.

Germe di molto sviluppo si contiene in quella *oscura costa*. Il dire ch' ei si fece come colui *che disvuole ciò che volle;* cioè, che disvuole il bene che già voleva quando il Sole lo illuminava, e che lo *disvuole in quella oscura costa,* non è diverso dal dire ch' ei disvuole quel bene pel nuovo adombramento di sua ragione, che in quella oscurità comincia quasi a dormire. Ed ecco più chiaramente spiegato, perchè quando entrò nella selva de' vizj egli era pien di sonno. L' ombra e il sonno sono idee associate; perchè la notte è il tempo in cui si dorme. L' entrar ne' vizj non può esser cagionato se non da un falso giudizio della ragion non vigile; e quindi *il disvolere il bene nella oscura costa; e l' entrar nella selva oscura quando era pien di sonno,* si equivalgono; non essendo diverso il disvolere il bene dal volere il male: e se nol credete udite che dice. Enea fu eletto nel Cielo per esser padre dell' alma Roma e del suo Impero; ma quella Roma e quell' Impero non furono, *a voler dir lo vero* (a voler considerare le cose come sono, e non come si pretendono) stabilite per altro che *pel loco santo ove siede il successor del maggior Piero;* cioè, maggior di ogni altra potestà, e quindi anche della imperiale. E per farsi meglio intendere, distingue *la quale* Roma, e *il quale* Impero; formola scolastica, che a primo aspetto pare ineleganza, ed è usata qui con finissimo artifizio, per significare che sì l'una che l'altro non erano fini, come pretendeano i Ghibellini; ma mezzi, come voleano i Guelfi, onde produrre il successor di Pietro a tutti superiore. E chiama Enea perciò *padre di Silvio,* e non già di *Giulo,* per non dare a *Giulio* e a chi n' ereditò il trono un dritto di successione e di compimento di tanta preparazione. E segue a dire, che *le cose ch' Enea intese negli Elisi furono cagione di sua vittoria, e del papale ammanto;* non già della porpora imperiale, no, ma del papale ammanto. Ecco il vero linguaggio de' Guelfi di quel tempo, i quali pretendevano che tutto il potere della precedente Roma e del suo Impero altro non fosse se non una preparazione per produrre il Papa con piena potestà temporale e spirituale, a cui tutt' i Re dovessero esser soggetti. Così Dante, al mancar di sua ragione, tiene un linguaggio da Guelfo, e nega di più seguir Virgilio.

Se prima con quel *piè fermo ch' era sempre il più basso* egli ha voluto indicare la forza dell' abitudine dell' uomo che dal vizio passa alla virtù; con questo discorso, dopo di che non vuole più seguir Virgilio *in quella oscura costa,* vuol significare l' ondeggiare di sua ragione vacillante nel passare da un partito all' altro. Tali passaggi non possono farsi per salti: l' essere stato lungamente vizioso lo facea ricader nel vizio; e l' esser vissuto da Guelfo per tanti anni lo strascinava di nuovo al Guelfismo: e tanto più che temea attirarsi l' odio del partito che abbandonava. Ciò risulterà anche più chiaro per quel che verrà in appresso.

Si noti però che dallo stesso parlare da Guelfo traspare lo spirito Ghibellino del Poeta: e perchè manifesto appaja, metterò in pieno giorno un nascostissimo suo concetto. Il suo sistema politico-morale è questo: L' Imperadore dee regolare le cose che riguardano la Terra, il Papa quelle che mirano al Cielo: onde Iddio volle dare agli uomini una duplice direzione, perchè risultassero due ordini, il temporale e lo spirituale. Enea fu prescelto a produrre il primo, Paolo a meglio assodare il secondo: Onde fu concesso ad ambo l' andare *a secolo immortale;* l' uno, perchè fu eletto nell' empireo Cielo per essere il padre dell' alma Roma e del suo Impero; l' altro, per recarne conforto a quella fede ch' è principio alla via di salvazione. E mette Enea precedente a Paolo, non solo perchè l' ordine cronologico lo richiede, ma per significare che la potestà Imperiale era nata prima della Pontificia; e che quindi non era da quella dipendente: su che si fonda gran parte del suo libro *de Monarchiâ.* Dante non sapea cessar di esser Ghibellino anche nella finzione di parlar da Guelfo.

CANTO II.   41

15. Se io ho ben la tua parola intesa,
    Rispose del magnanimo quell' ombra,
    L' anima tua è da viltate offesa :

Cioè, se ho ben compreso questo tuo Guelfesco linguaggio, tu non vuoi seguirmi più per paura che hai del partito opposto; e si noti l' antitesi di *magnanimo*, ed *anima offesa da viltà*.

16. La qual molte fiate l' uomo ingombra
    Sì che d' onrata impresa lo rivolve,
    Come falso veder bestia, quand' ombra.

La qual viltà molte fiate ingombra l' uomo di modo che lo rivolge indietro da impresa onorata, come il falso vedere rivolge indietro una bestia, quando s' adombra.

Con quel *falso vedere* indica chiaramente il falso giudizio che nasce dall' assenza della ragione; e con la somiglianza della bestia vuol dire, che l' uomo, perduto ciò che dagli altri animali lo distingue, diviene quasi una bestia.

Il cavallo ombroso è il cavallo che non vuol avanzarsi per falso vedere, onde la somiglianza è giustissima; tanto più, che *quando ombra* ha una fina relazione con la *oscura costa*; e vuol forse significare *quando fa ombra*.

17. Da questa tema acciocchè tu ti solve,*
    Dirotti perch' io venni, e quel che intesi
    Nel primo punto che di te mi dolve.†

Acciochè tu ti sciolga e liberi da questa tema, sì che più non t' impedisca seguirmi, ti dirò perchè io venni, e quel che intesi nel primo momento che di te mi dolse.

* Solver da tema, *solvere metu*: questa frase è analoga all' altra in cui espresse che *la paura gli avea dato gravezza*; perchè nella paura le membra divengono talvolta pesanti, e quasi legate.
† *Dolve*, forse da *doluit*, per dolse.

Virgilio, volendo persuader Dante che il suo cambiar di partito era stato stabilito nel Cielo, gli dice quanto segue.

18. Io era tra color che son sospesi,
E donna mi chiamò beata e bella,
Tal che di comandare io la richiesi.
19. Lucevan gli occhi suoi più che la stella;
E cominciommi a dir soave e piana,
Con angelica voce, in sua favella:

Io era nel Limbo fra quegli spiriti che son sospesi fra 'l piacere e 'l dolore, quando una donna bella, che riconobbi essere una beata, mi chiamò; talchè io subito la pregai di comandarmi. Gli occhi suoi lucevano più che il sole, ed ella cominciommi a dire soavemente e pianamente con angelica voce in sua chiara favella.

Quella *stella* in singolare è senza dubbio il sole, detto innanzi *pianeta*: *La bella stella che il tempo misura* Dante lo chiama in una canzone; e l'assimila a Beatrice " Pel *lume che nel viso le dimora,*" cioè, pel lume degli occhi, tanto valendo *riso*, come cento volte vedremo. E che una tale *stella*, più di cui *lucevan gli occhi di Beatrice*, sia quel luminoso simbolo della ragione, ci sarà con piena e ripetuta pruova mostrato da gran parte del Paradiso, dove i misteriosi occhi di questa celeste guida colpiranno più e più volte quelli di Dante: ed ei ne dice nel Convito che *gli occhi di questa donna son le sue dimostrazioni;* e in una canzone così si esprime:

E pria riguardo dentro gli occhi begli
Che passan per gli miei dentro dal core,
Con tanto vivo e lucente splendore
Che propriamente par che dal Sol esca.

Cominciommi a dir soave e piana. Questi due aggettivi, che han qui forza di avverbj, riguardano il *cuore* e l'*intelletto*, e vogliono dire in maniera persuasiva (soave) e chiara (piana). *Con angelica voce, in sua favella* è una estensione dello stesso concetto; cioè con *soave* voce angelica, e in sua *piana* favella, da non lasciar dubbio alcuno intorno alle sue vere intenzioni. E dice ciò Virgilio per allontanare sempre più da Dante i dubbj.

20. O anima cortese Mantovana,
   Di cui la fama ancor nel mondo dura,
   E durerà quanto il mondo lontana;

Cioè, *durerà in estensione quanto il mondo stesso.* Quel *lontana*, applicato a fama, non può aver altro valore. *Lontan digiuno*, in senso di digiuno sofferto per lungo tempo, ei dirà altrove.

21. L'amico mio, e non della ventura,
   Nella diserta piaggia è impedito
   Sì nel cammin che volto è per paura.

Colui ch'è amato da me, e non dalla fortuna, nella salita del diserto colle della virtù è impedito nel cammino talmente che è volto indietro alla valle de' vizj, per paura che ha delle fiere che lo perseguono.

Ecco che Virgilio dice chiaramente a Dante: tu temi de' Guelfi: e gliel dice per bocca di Beatrice, la quale gli avea narrato che *il suo amico per paura era volto* alle valle, o sia ai vizj dell'età sua dal Guelfismo corrotta. Ed ora apertamente si vede che quelle fiere non venivano per divorar Dante, ma per impedire che dalla valle montasse al colle.

L'amico mio e non della ventura è come se dicesse *il mio caro e sventurato amico:* e tale era Dante, amato dalla sapienza e non dalla fortuna: *Dov'è molta virtù ivi è poca fortuna,* avea scritto il suo Aristotile. Ma potrebbe anche significare *l'amico mio e non della mia fortuna,* il che si conforma a quel di Nipote, *se non fortunae sed hominibus solere esse amicum;* e vuol dire che avendo amato lei, e non la fortuna di lei, è troppo giusto che nel periglio ella venga a soccorrerlo. *Ne' bisogni si conoscono gli amici,* diciamo noi; *A friend in need is a friend indeed,* dicono gl' Inglesi. Preferisco però il primo senso, perchè più reclamato dal contesto e più immediato.

22. E temo che non sia già sì smarrito
   Ch'io mi sia tardi al soccorso levata,
   Per quel ch'io ho di lui nel Cielo udito.

E per quello che ho udito di lui nel Cielo, temo ch'ei sia già sì smarrito ch'io mi sia levata troppo tardi per accorrere al suo ajuto.

Dice *levata* perchè sedeva, come dirà dopo.

23. Or muovi, e con la tua parola ornata,
E con ciò che ha mestieri al suo campare,
L'ajuta sì ch'io ne sia consolata.

Or muoviti, e con la tua nobile eloquenza, e con tutt'altro che è necessario al suo scampo, l'ajuta di modo ch'io ne sia consolata.

Aggiunge a *parola ornata ciò che ha mestieri al suo campare*, perchè dovea persuader lui a seguirlo, e dovea di più difenderlo dalle fiere.

24. Io son Beatrice che ti faccio andare:
Vegno di loco ove tornar disio:
Amor mi mosse che mi fa parlare.

Io son Beatrice che ti fo andare; vengo da un loco tale ove desidero di ritornare: amor mi mosse di là, quell'amore che or mi fa parlare a te.

Delicatissimo modo è quello, *Vegno di loco ove tornar disio;* poichè Virgilio era nell'Inferno (tale essendo il Limbo); e sarebbe stato un affliggerlo il nominargli il Paradiso, ov'egli non poteva andare: innanzi ai poveri non si dee far pompa di ricchezze. Ricordiamoci di questo bel modo, perchè anche Virgilio se ne servirà più sotto.
Chi sia Beatrice lo vedemmo nella vita di Dante: ora aggiungeremo ch'ella era di nobile stirpe, come quella che vantava in sua famiglia un ammiraglio dell'ordine Gerosolimitano. Dopo la perdita amara, Dante ne conservò sempre dolcissima rimembranza, ed avea disegnato *di dir di lei quello che mai non fu detto di alcuna* (Vita Nuova). E dichiarò che poichè ella era morta, e vivea con gli angeli nel Cielo e con la sua anima in Terra, ei quind'innanzi *la riguardava come la Sapienza felicissima e suprema* (Convito). E dirò cosa tanto vera quanto nuova: per ora mi contento solo di asserirla, ma altrove la mostrerò all'evidenza. Dante, nel calor della sua passione che dava la tinta alla sua immaginazione, concepì l'esagerata idea che Beatrice fosse da principio in Cielo la stessa *Sapienza Divina;* e che poi, presa umana carne, rimanesse in Terra per qualche tempo, finchè fu richiamata da Dio alle sue altissime funzioni. Onde la donna ch'egli adorò

CANTO II. 45

e la *Divina Sapienza* vengono ad esser per lui una sola e stessissima persona. Non è dunque, come finor si è creduto, che questa sua Beatrice debba intendersi talvolta in un senso, e talvolta in un altro, con perpetua trasfigurazione; poichè questi due sensi coincidono, e si confondono nel solo unicissimo ente allegorico di Beatrice; la quale segue a dire così:

25. Quando sarò dinanzi al Signor mio,
    Di te mi loderò sovente a lui.

Lodarsi di uno ad un altro, vuol dire farne l'elogio, e mostrarsene soddisfatto per servigi ricevuti. Ma che giova a Virgilio, il quale è fra i perduti, che Beatrice se ne lodi con Dio? Potrà forse con ciò meritargli ch'esca dal Limbo e vada nel Cielo? Mai no: che significa dunque ciò? Un mistero che non è ancor tempo di svelare.

    Tacquesi allora, e poi cominciai io:
26. O donna di virtù,* sola per cui
    L' umana spezie eccede ogni contento
    Da quel Ciel che ha minor li cerchi sui,
27. Tanto mi aggrada il tuo comandamento
    Che l' ubbidir, se già fosse, m' è tardi;
    Più non t' è uopo aprirmi il tuo talento.

Contento è *contentum* lat. cioè, cosa contenuta: *il Cielo che ha minori i cerchi suoi* è il Ciel della Luna, ch'è il più picciolo, e il primo che circondi la Terra, secondo il sistema di Tolomeo: e dice *cerchi* plur. perchè ogni sfera ha quanti cerchi si vogliono.

Allora ella si tacque, e poi incominciai io a dir così: O donna fornita di tutte le virtù, per cui la sola umana specie avanza ogni cosa contenuta da quel cielo che ha minori i suoi cerchi (cioè ogni cosa sublunare, ogni cosa ch' è sulla Terra, la quale è contenuta dal Cielo della Luna); il tuo

---

* *Donna di virtù*, donna virtuosa, come *donna di cortesia* (Conv.), donna cortese; cioè piena di virtù, e di cortesia. Così diciamo *donna d'onore, donna di garbo, donna di talento*, ecc.

comando mi è sì gradevole che, se io fossi nell' azion di ubbidire e di eseguir quel che brami, pur mi parrebbe di averlo fatto tardi; non ti è d' uopo di manifestarmi ulteriormente il tuo desiderio.

Dice che per la Sapienza Divina l' uomo avanza ogni cosa sublunare, perchè l' uomo si eleva su tutte le cose terrestri nella contemplazione della Sapienza Divina; o pure, perchè questa ha fatto l' uomo superiore a quanto in terra vive.

28. Ma dimmi la cagion che non ti guardi
    Dello scender quaggiuso, in questo centro,
    Dall' ampio loco ove tornar tu ardi.

Ma dimmi la cagione per cui non ti guardi dallo scender quaggiù, in questo centro dell' universo, dall' ampio loco ove tu desideri ardentemente di ritornare:

Dice *in questo centro*, non perchè il Limbo fosse il centro dell' Inferno, ma perchè la Terra era creduta il centro di tutto il sistema mondiale; onde soggiunge *dall' ampio loco ove tornar tu ardi*, ossia dalla gran periferia di quel centro; e si serve della stessa frase di Beatrice che avea detto, *Vegno di loco ove tornar disio*.

Dante previde una difficoltà che gli si potea fare, ed è: perchè facesse scendere una Beata nell' Inferno, a discapito della sua beatitudine: per dissiparla fa far da Virgilio questa domanda. Ma oltre quello che Beatrice risponderà, si sappia, essere stata opinione di alcuni Teologi, che gli angeli e i santi facessero frequenti visite al Limbo. (Vedi il Sarpi Stor. del Con. Trid. cap. ii. pag. 165.)

29. Da che tu vuoi saper cotanto addentro,
    Dirotti brevemente, mi rispose,
    Perch' io non temo di venir qua entro.
30. Temer si dee di sole quelle cose
    Ch' hanno potenza di fare altrui male;
    Dell' altre no, chè non son paurose.*

* *Pauroso* qui significa che fa paura, come *orroroso* che produce orrore; ma ora è comunemente ricevuto nel significato di *senziente paura*.

CANTO II.

31. Io son fatta da Dio, sua mercè, tale
    Che la vostra miseria non mi tange,
    E fiamma d' esto incendio non m' assale.

Essa allor mi rispose: Da che tu vuoi saper cotanto a dentro, ti dirò brevemente perchè io non temo di venir qua entro. Si dee temere di quelle sole cose che hanno potere di farci male; dell' altre no, perchè non sono spaventevoli. Or sappi che io, come ogni altro beato, son fatta tale da Dio, per sua mercè, che la vostra miseria non mi tocca, e la fiamma di questo incendio infernale non è capace di assalirmi.

La ragione per cui i Beati non sentono pietà de' dannati sarà estesamente esposta nel Paradiso: ed in breve è, che i Beati non possono voler altro se non quello che Dio vuole, il che forma parte della loro beatitudine; ma Iddio per effetto di sua giustizia vuole le pene de' dannati, dunque anche i Beati le vogliono; e quindi Beatrice non ne sente pietà. Il fuoco infernale poi è di tal natura che non ha forza se non sul solo vizio; ma Beatrice è *donna di virtù*, dunque quel fuoco non può assalirla: *Cum ambulaveris in igne non combureris, et flamma non ardebit in te:* disse Isaia del giusto. *Si ambulavero in medio umbrae mortis non timebo mala, quoniam tu mecum es,* cantò Davide di sè stesso.

Dirotti brevemente, quest' avverbio è posto per significar la premura che Beatrice avea di sbrigar Virgilio, onde accorresse in aita di Dante tostamente.

32. Donna è gentil* nel Ciel che si compiange
    Di quest' impedimento ov' io ti mando,
    Sì che duro giudicio lassù frange.

Or ti dirò perchè son venuta quaggiù. Nel Cielo è una donna generosa, la quale è vivamente afflitta di questo impedimento del mio amico, ove io ti mando; di modo che piega per lui il severo rigore della Giustizia.

---

* *Gentile* in senso di *generoso* è usato da' nostri antichi, e deriva da *gens, gentis,* da che *gentil uomo, gentil donna,* uomo o donna di gente nobile.

Questa donna gentile è la Pietà di Dio, che quasi frange la spada alla Giustizia di lui, e si adopera a richiamar l'uomo dall'errore; *duro giudicio* è il *judicium durissimum* della Scrittura, in senso di severissima giustizia.

33. Questa chiese Lucia in suo dimando,
 E disse; or abbisogna il tuo fedele
 Di te; ed io a te lo raccomando.

Questa donna generosa in una sua preghiera fè richiesta a Lucia, e disse: ora il tuo fedele abbisogna di te; ed io a te lo raccomando.

Questa Lucia è la Grazia, detta per metafora *luce dell'anima*, perchè la illumina; e quindi è personificata col nome di *Lucia*: allegoria appoggiata al suono della parola, come quella di Veltro e di Lupa. *Aglae*, prima fra le Grazie, significa *splendida*, che molto si accosta a *Lucia*.

Dante è fedele a *Lucia* perchè ne avea seguite le inspirazioni, quand'ella con la *luce* del Sole gli mostrò il cammino del Colle: e pare che il Sole montasse sull'orizzonte, per illuminar Dante, giusto nel punto che accadeva in Cielo tutta l'azione che vien qui descritta.

La Donna gentile pregò Lucia perchè la Pietà di Dio è il motivo impellente alla Grazia per illuminar l'uomo.

34. Lucia, nemica di ciascun crudele,
 Si mosse, e venne al loco dov'io era,
 Che mi sedea con l'antica Rachele.

Rachele è figura della vita contemplativa, secondo i sacri espositori; siccome la sua sorella *Lia* è figura dell'attiva: ciò essendo, la Sapienza non può esser tale se non per mezzo della meditazione; e quindi Beatrice siede con Rachele, la quale è detta *antica* per significare diuturna meditazione.

Lucia è *nemica di ciascun crudele* perchè la Grazia abborisce que' barbari che vogliono impedire all'uomo di seguire le sue ispirazioni; e quindi dovea essere nemica di que' tre infesti animali crudelissimi ch'erano d'impedimento a Dante a salir sul Colle, ch'ella per mezzo del Sole gli mostrava.

35. Disse: Beatrice, loda di Dio vera,
   Chè non soccorri quei che t' amò tanto*
   Che uscio per te della volgare schiera?

La Sapienza Divina è la vera lode dell' Eterno. Dante era uscito dalla volgare schiera per Beatrice; perchè per esser degno di lei avea cercato di acquistar virtù e fama.
   Perocchè s' io procaccio di valore
      Il fo perchè sua cosa in pregio monti:
aveva egli liricamente cantato: e così pure il Petrarca, di Laura:
   Questa sola dal volgo m' allontana.
Si noti con quanta proprietà di nomi e di aggiunti son caratterizzate queste tre celesti donne: La Clemenza è detta *generosa*, perchè accorre spontaneamente in soccorso dell' uomo; la Grazia è detta *Lucia*, perchè lo illumina: la Sapienza è detta *Beatrice*, perchè lo rende felice: ma nè l' una nè l' altra di quest' ultime è *generosa*, perchè il loro ajuto non è spontaneo, ma richiesto.

36. Non odi tu la pieta del suo pianto?
   Non vedi tu la morte che il combatte
   Sulla fiumana ove il mar non ha vanto?

La fiumana ove il mar non ha vanto è Acheronte, fiume infernale, il quale, secondo i Mitologi qui seguiti da Dante, non isbocca nel mare, come tutti gli altri fiumi, ma si sprofonda sotterra verso il centro; e perciò il mare non ha vanto, non ha dritto in quello che non gli dà tributo di onde. Non ho bisogno di mostrar più oltre questa palpabile verità, perchè dovremo viaggiare lungo il corso di questo fiume, e vedremo qual sia. Al *combattere* poi io darei il senso di assalir per istrascinare chi si difende contrastando, e nega di cedere; onde spiego:

Non odi tu l' affanno espresso dal suo lamento? Non vedi tu il vizio, vera morte dell' anima, che gli fa assalto e guerra per istrascinarlo con violenza sul fiume infernale?

Potrebbe anche significare che il vizio gli facea assalto poco lungi dal fiume infernale, poichè *sulla fiumana* suona anche alcune miglia lungi da essa: così si dirà che Ravenna *siede sulla marina*, mentre è tre miglia lungi da quella.

* *Quei* sing. nella lingua moderna è sempre caso retto; nell' antica è qualche volta obbliquo, come qui.

VOL. I.   E

37. Al mondo non fur mai persone ratte
   A far lor pro ed a fuggir lor danno
   Com' io, dopo cotai parole fatte,
38. Venni quaggiù dal mio beato scanno;
   Fidandomi nel tuo parlare onesto
   Che onora te e quei che udito l' hanno.
39. Poscia che m' ebbe ragionato questo,
   Gli occhi lucenti lagrimando volse,
   Perchè mi fece del venir più presto.

Non vi furon mai al mondo persone così pronte a fare il loro pro, ed a fuggire il loro danno, come io, dopo che mi furono fatte tali parole, venni pronta quaggiù dal mio seggio di beatitudine; fidandomi nel tuo parlare eloquente che onora te, ed onora insieme quei che l' hanno udito, poichè li rende migliori. Poscia che mi ebbe tenuto questo ragionamento, volse lagrimando gli occhi lucenti, per cui mi fece più rapido circa alla mia venuta.

Gli occhi lucenti, perchè " lucevan come la stella." *Mi fece più presto del venire*, circa all' atto del venire. Bellissimo è il decoro di Beatrice che, per nascondere a Virgilio le sue lagrime, volge da banda *gli occhi lucenti:* ed a chi dicesse che con poca proprietà si fa qui piangere una beata risponderò che, posto che i beati vogliono quello che Dio vuole, Beatrice di necessità dee piangere. Poichè siccome essi non sentono pietà de' reprobi, perchè la giustizia di Dio non ne sente, così *lagrimano* sul gli errori degli uomini, poichè la clemenza di Dio *se ne compiange*. Ed è superfluo il dire che giustizia di Dio, clemenza di Dio, e Dio son tutt' uno: *Quidquid est in Deo est ipse Deus.*

40. E venni a te così com' ella volse;
   Dinanzi a quella Fiera ti levai
   Che del bel monte il corto andar ti tolse.

E venni a te così pronto com' ella volle; e ti levai dinanzi a quella Fiera che ti tolse il poter giungere per breve via al bel monte.

Qui Virgilio tace delle altre due fiere, e parla solo della Lupa, per le ragioni che dicemmo.

CANTO II.

41. Dunque che è? perchè, perchè ristai,
    Perchè tanta viltà nel cuore allette?*
    Perchè ardire e franchezza non hai,
42. Poscia che tai tre donne benedette
    Curan di te nella Corte del Cielo,
    E 'l mio parlar tanto ben t' impromette?

Dunque che è? perchè, perchè ti arresti ancora? Perchè annidi nel cuore tanta viltà? Perchè non hai franchezza ed ardire, poscia che tali tre benedette donne prendon cura di te nella Corte del Cielo, e poscia che il mio parlare ti promette tanto bene?

Si noti quel *perchè* che rincalza per quattro volte, e quella *Corte del Cielo* per Corte dell' Imperador che lassù regna.
Tre erano le Donne che prendevano cura di Dante, la Clemenza, la Grazia, e la Sapienza. Rachele, ch' è la Meditazione, era presso Beatrice, ma non prese parte all' opera: la meditazione è ben diversa dall' azione. Si noti il concetto significato con la successiva operazione di questi personaggi allegorici, sì in Cielo che in Terra. La Clemenza è causa impellente alla Grazia, e questa alla Sapienza Divina, perchè per mezzo della Scienza Politica corra in soccorso dell' uomo smarrito.. La Scienza Politica gli fa contemplare quali sono gli effetti de' vizj che derivano da una società mal regolata; e glieli mostra nell' Inferno; la Sapienza Divina poi gli fa osservare quali sono gli effetti della virtù che derivano da una società ben ordinata; e glieli mostra nel Paradiso; per mezzo di ciò l' uomo si corregge, e si salva; e quindi la Sapienza Divina fa un' opra che torna a gloria del Cielo: ed ecco perchè Beatrice, ch' era *mossa dall' amore*, disse *Vengo di loco ove tornar disio*: cioè la mia operazione dal Ciel deriva e torna al Cielo. Il che vuol dire in breve che Dio misericordioso illumina l' uomo ch' è in errore, perchè divenga saggio e beato, e che l' uomo ottiene ciò per due vie, l' una di preparazione e l' altra di compimento, Virgilio e Beatrice.

43. Quale i fioretti dal notturno gelo
    Chinati e chiusi, poi che il sol gl' imbianca,
    Si drizzan tutti aperti in loro stelo,

---
* *Allettare* vien da *letto*, ed è qui *porre nel letto*, come *annidare*, porre nel nido.

44. Tal mi fec' io di mia virtute stanca;
E tanto buon ardire al cor mi corse,
Ch' io cominciai come persona franca:

Quale i fioretti chinati e chiusi dal notturno gelo, poichè il Sole gl' irraggia, si drizzan tutti aperti sul loro stelo, tale mi feci io riguardo alla indebolita forza dell' animo mio; e tanto buon ardire mi corse al cuore, ch' io cominciai a sclamare come persona franca.

Ammirabile è questa similitudine, e impiegata con un giudizio più che umano. Mi si conceda di svilupparla.
Il Sole è assente, per cui Dante era prostrato di animo e inviluppato di mente: ecco Virgilio che ne viene a far le veci, e con proprietà, poichè la Filosofia è la ragione stessa perfezionata. Or essendo Dante paragonato ad un fioretto *chinato e chiuso dal notturno gelo*; cioè prostrato di animo (chinato) inviluppato di mente (chiuso) dall' errore che produceva paura (notturno gelo); Virgilio, paragonato al Sole, gli solleva l' animo, e gli sviluppa la mente *(imbianca il fioretto e lo rialza aperto su lo stelo)*: e vien detto *imbianca* in luogo d' *irraggia*, perchè la luce è chiara, e produce i due effetti d' *illuminare* e di *riscaldare*, onde illumina l' annebbiato spirito di Dante (notturno) e riscalda il suo sgomentato cuore (gelo), e con ciò lo affranca dall' errore riguardo allo spirito annebbiato, e gli dà ardire riguardo al cuore sgomentato; onde *tanto buon ardire al cuor gli corse ch' egli cominciò come persona franca*; in corrispondenza a quel che Virgilio gli disse sopra; *Perchè ardire e franchezza non hai?* E noterò che quel *buon ardire* indica il coraggio che fa risolver l' uomo al *bene*; che *persona franca* mostra l' esser uscito dai lacci del partito opposto; che l' *imbiancare* dice purificazione dalle precedenti macchie, e che i *fioretti* in plur. vale a significare sì la mente offuscata che il cuore indebolito, per cui tai fioretti son *chiusi* e son *chinati*, due qualità che son in complesso accolte in quella frase *virtute stanca*; e che finalmente il *cominciai* esprime la sua commozione. Il Poeta accenna la stessa idea in una Canzone, ove fingendo di parlare all' Amore parla al Ghibellinismo, quasi volesse dirlo *amore della umanità e dell' ordine:* onde un tal amore ch' egli origina dal Cielo è un vero sinonimo di Virgilio, messo in moto da Beatrice.

Amor che muovi tua virtù dal Cielo,
Come il Sol lo splendore,
E com' ei fuga oscuritate e gelo
Così, alto Signore,
Tu scacci la viltate d' ogni core, ecc.

CANTO II.

45. Oh pietosa colei che mi soccorse!
    E tu cortese ch' ubbidisti tosto
    Alle vere parole che ti porse!

Cioè, alle parole piene di veracità che ti esprimevano il mio vero stato. *Porger la parola*, dirigerla.

46. Tu m' hai con desiderio il cuor disposto
    Sì al venir con le parole tue
    Ch' io son tornato nel primo proposto.

Tu con le tue parole mi hai disposto il cuore con sì vivo desiderio a venire, ch' io son tornato nel primo mio proposito di seguirti.

47. Or va, chè un sol volere è d' amendue:
    Tu duca, tu signore, e tu maestro.
    Così li dissi; e poichè mosso fue
    Entrai per lo cammino alto e silvestro.*

Eccolo di nuovo, e per sempre, e del tutto Ghibellino; egli è tornato al primo proposito di seguir Virgilio; un solo è il voler di amendue; Virgilio è la sua guida; Virgilio è il suo capo; Virgilio è il suo precettore. E tale si fu Dante sino al termine di sua vita; ogni suo passo, ogni suo ufficio, ogni suo detto furono tutti di Ghibellino deciso: e il suo poema e tutte le altre opere sue ne fanno testimonianza.

Queste tre qualità che Dante dà a Virgilio saranno da lui spessissimo impiegate nel corso del poema, ma con un' arte sopraffina; e non metterà mai a caso una delle tre, ma sempre a ragion veduta: sino al punto che il ben esaminare i differenti luoghi e le varie azioni in cui le adopera ci sarà non rara guida a belle scoverte. E si noti che, prima di dichiararlo suo duca, suo signore, e suo maestro, lo ha precedentemente appellato col semplice nome di poeta; *poeta, io ti richieggio.... poeta che mi guidi*. Noi andremo osservando questo impercettibile magistero per tutto il primo volume; e poi lo abbandoneremo all' esame dell' accorto lettore.

---

* *Fue* per fu: *cammino alto*, o sia profondo, perchè declinando mena alla valle Infernale; e lo chiama *silvestro*, perchè discendono per quella valle traversando *la selva selvaggia*.

RIFLESSIONI SUL CANTO II.

Il vero spirito di questo canto risulterà chiaro a chiunque avrà letto con ponderazione il libro *de Monarchiâ*. Il poeta colà confessa che nel suo vecchio errore credea il Romano Impero nato dalle armi; ma che poi meglio riflettendo vide che quello era stata opera di Dio, prodotto pel bene temporale della umanità: onde riprendendo sè stesso di stolto pei falsi ragionamenti precedenti, che altri tuttora facevano, e cangiata l'ammirazione in disprezzo pel partito opposto che all' Impero facea guerra, si propose, quasi per emenda, d' illuminar gli altri, con esortarli a scuotere da sè il giogo della parte Guelfa, ed a spezzare i lacci che a quella gli attaccava. " Sed postquam medullitus oculos mentis infixi, et per efficacissima signa divinam providentiam hoc effecisse cognovi, admiratione cedente, derisiva quædam supervenit despectio; cum gentes noverim contra Romani populi *præeminentiam* fremuisse; cum videam populos vana meditantes, *ut ipse solebam* . . . . . . Naturalis amor ut Sol æstivus qui, disjectis nebulis matutinis, oriens luculenter irradiat, derisione omissa, lucem correctionis effundere mavult . . . . . . Cum propheta sanctissimo meme subsequentem hortabor: *Disrumpamus vincula eorum, et projiciamus a nobis jugum ipsorum.*"—lib. ii. § 1. Ecco che ha voluto significare con quel suo Guelfesco linguaggio, ecco l'immagine di quel suo risolversi a seguir Virgilio dichiarandolo suo Duca, suo Signore, e suo Maestro.

Ei quindi si fa a combattere i cavilli di tutti coloro che seguivano a delirare, com' egli aveva delirato, e che troppo parziali pel successor del maggior Piero la discorreano così: *Petrus potuit solvere omnia et ligare; successor Petri potest quidquid Petrus potuit, ergo successor Petri potest omnia solvere et ligare, et per consequens potest auctoritatem et decreta Imperii solvere et ligare.* E dimostra poi che questi tali non ragionavano; ma, pria di mostrarlo, chiaro in lui si legge il timor che ha de' Guelfi, e si fa molte replicate proteste. " Quid timeam, cum Spiritus Patri et Filio coæternus dicat per os David: in memoria æterna erit justus, et ab auditione mala non timebit? . . . . . Quæstio igitur præsens inter duo luminaria magna versatur, Romanum scilicet Pontificem et Romanorum Principem . . . . . Illa reverentia fretus quam pius filius debet patri, quam pius filius matri, pius in Christum, pius in Ecclesiam, pius in Pastorem, pius in omnes Christianam religionem profitentes, pro salute veritatis in hoc libro certamen incipio." E conchiude quell' opera dimostrando che due guide bisognano all' uomo per ottenere due felicità, in questo mondo e nell' altro; cioè una guida temporale ed una spirituale, ch' egli figura in Virgilio e Beatrice; sì che questa è d' impulso a quella, onde l' uomo sia giusto quaggiù per esser beato lassù. E perchè meglio si vegga, come il poema a quest' idea corrisponde, seguirò anche a riflettere.

O pietosa colei sclama di Beatrice; e *tu cortese* dice a Virgilio. Or questi due aggettivi, oltre i sensi apparenti, ne hanno due altri nascosti, ch' esprimono quasi l' essenza di Beatrice e di Virgilio. Il *pietosa* qualifica l' una come presidente alle cose della religione, onde fu detta *vera lode di Dio*, dove quel *vera* esprime la religione retta e non la corrotta, com' è la superstizione che Dante combatteva; e il *cortese* caratterizza l' altro come chiamato a reggere gli umani stati, onde *anima cortese Mantovana* lo disse anche prima, e *maestro cortese* lo dirà nel canto seguente. Riguardo al primo aggiunto diremo che *Pietosi Trojani, Pietoso Enea; Pietosi indovini e poeti, Pietose e buone opere, Pietosa credenza del popolo Cristiano, impresa santa e Pietosa,* e fin *armi Pietose* si trova nello stesso senso presso antichi Toscani; onde il Tasso cantò *l' armi pietose.** E, riguardo al secondo, Dante medesimo scrive nel suo Convito: *Si tolse questo vocabolo dalle Corti, e fu tanto dir Cortesia quanto uso di Corte.* Talchè Virgilio che accompagna Dante all' Inferno, e Beatrice che lo scorta nel Cielo sono quasi una ripetizione di Enea che all' Inferno scese perchè da lui dovea nascer l' Impero; e di Paolo che al Cielo salì per meglio stabilire la Religione: e rifletterò che in Lia, la quale è nel Paradiso terrestre ad operare, e in Rachele, ch' è nel Paradiso celeste a contemplare, la stessa idea è quasi triplicata; e quadruplicata la mostrerò nel quarto canto, ov' è il Limbo. Dante non cessava di battere su questo chiodo ch' è quasi il perno su cui si appoggia tutta la macchina del suo poema.

Questo richiamo d' idee allo stesso oggetto, ed una corrispondenza di parti tendente all' armonia del tutto, e fin una correlazione di frasi e di modi formano un de' caratteri distintivi del suo poetare e del suo stile. Il volerli notare un per uno sarebbe il non volerla finir mai. Oltre quelle che osservammo, altre ve ne sono che abbiam tralasciate per brevità. Per esempio: Virgilio dice a Dante sul principio di questo canto: *L' anima tua è da viltade offesa*: ed al termine gli replica: *Perchè tanta viltà nel cuore allette?* Dante, diffidando delle proprie forze, dice a Virgilio: *Guarda la mia virtù s' ella è possente, Prima che all'* ALTO *passo tu mi fidi*: e poi, preso coraggio, si paragone ad un fioretto ravvivato, ed esclama, *Tal mi fec' io di mia virtude stanca*; ed *entrò nell'* ALTO *cammino*. E così di altre impercettibili correlazioni, che per non cader nel minuto abbandoniamo all' altrui sagacia.

* Si vegga la Proposta del chiariss. Monti alla voce *Pietoso*, dov' ei, da quel valoroso campione ch' è, vendica Torquato *dai morsi dell' invidia*, e *dai ringhi della pedanteria* dell' Infarinato e dell' Inferigno, che avean, o per *ignoranza*, o per *malizia*, deciso che *Pietoso in sentimento di Pio non è Toscano*. Alle molte autorità, che quel critico dottissimo adduce, aggiungasi anche questa di Dante, ch' ei forse si accorderà meco a chiamare la più grave e la più decisiva di quante ei ne arreca.

NOTE AGGIUNTE AL CANTO II.

Terz. 3. *O Muse, o alto ingegno, or m' ajutate.*

L' *alto ingegno*, che qui alle *Muse* si accoppia, è quella facoltà inventrice ch' è propria de' grandi vati: e la parola che l' esprime (*ingenium*) deriva dal verbo *gigno*, creare. I Francesi l' hanno tradotto in loro lingua col vocabolo *génie*; e noi, che abbiamo il nostro, il quale sente più la sua nobile origine, quello che Dante usava nell' accingersi alla più mirabile creazione; noi, mal conoscendone il valore, l' abbiamo cambiato pel *génie* de' Francesi, che tradotto in lingua nostra ha tutt' altro significato. Impariamo da Dante che ne avea uno ben *alto*, e che egli a proposito invocava nell' essere regolato dalle Muse, impariamo, ripeto, che di proprio vocabolo noi non manchiamo ad esprimere una facoltà che contraddistinse sempre lo spirito Italiano: ed attendiamo solo a far buon uso e della facoltà e del vocabolo.

T. 4. *Io cominciai, poeta che mi guidi,*
Guarda la mia virtù s' ella è possente,
Prima che all' alto passo tu mi fidi.

L' esame di molti e molti passaggi mi ha pienamente convinto, che il verbo *cominciare*, usato assolutamente, in luogo di *cominciare a dire*, è impiegato quasi sempre da Dante a dinotare una specie di commozione d' animo nel farsi incontro a cosa che la produca: ed oserò avventurare qualche congettura sulla proprietà di tal verbo, in questo senso adoperato.

In latino si disse talvolta *in-ire in aliquam rem*, quasi *introire in eam*, cioè in essa introdursi, e perciò cominciarla; bella metafora desunta dal moto: e da *inire* si fè *initium*, cominciamento. All' *in-ire* latino assai somiglia il *coman* Sassone, e il *come in* Inglese che hanno un significato assai analogo; e da *coman* o *come in* credo derivato *cominciare*, cioè quasi aggredire la cosa e spingervisi incontro. Perciò Dante nell' esprimere una specie di spirituale moto, si valse sempre di un tal verbo in cui si contiene commozione di animo. Circa all' etimologia potrò forse ingannarmi, ma non circa al senso in cui verrà da lui usato costantissimamente, quando l' impiega così assoluto, e senza verbo dopo.

T. 5. *Tu dici che di Silvio lo parente,*
Corruttibile ancora, ad immortale
Secolo andò, e fu sensibilmente.

Il vero significato di *sensibilmente* è qui *visibilmente* e non già quello che sinora si è sognato, cioè *fornito di sensi*, il che è già compreso nel *corruttibile* di sopra. Se alcuno dicesse, *tu vai sensibilmente alla tua perdizione*: ed uno spiegasse, tu vai alla tua rovina fornito di tutti i sensi; ed un altro, tu vi vai visibilmente: qual vi parrebbe migliore? Ciò basta; senza entrare a considerare la vera natura dell'avverbio di maniera (ch'è sempre modificazion dell'azione, e non mai aggiunto alla sostanza) perchè appaja più sensibilmente una tal verità.

T. 11. *Me degno a ciò! nè io, nè altri il crede.*

Il modo con cui ho punteggiato questo verso, non solo lo rende leggiadramente drammatico e naturale, ma fa sparire di più quella irregolarità di sintassi che risultava dalla maniera in cui fu scritta sinora: *Me degno a ciò, nè io, nè altri il crede.*

T. 12. *Sei savio, e intendi me' ch'io non ragiono.*

Dante in una canzone, oltremodo misteriosa, si dirige al suo Ghibellinismo ch'ei chiama *Amore*; e, chiedendogli aita contro al Guelfismo avverso, così si esprime:

> Onor ti sarà grande, se m'ajuti,
>   Ed a me ricco dono,
> Tanto, quanto conosco ben ch'io sono
> Là ov'io non posso difender mia vita:
> Chè gli spiriti miei son combattuti
>   Da tal ch'io non ragiono.

Vale a dire che gli chiede aita perchè, trovandosi colà ove il poter papale era sommo, conoscea di non poter difender la sua vita: per cui gli spiriti suoi eran combattuti da un tale che lo costringeva a non ragionare: quasi dicesse: *io non ragiono, perchè ho paura; e temendo il Capo de' Guelfi, in poter di cui sono, non osando dir quel che penso, mi veggo costretto a mascherare il mio vero sentimento.*

Ciò posto, io credo che il citato verso, con cui conchiude quel suo Guelfesco ragionamento in questo canto, contenga un finissimo equivoco, e voglia dire: *Sei savio e intendi me* (parola intera e non tronca, accusativo di *io*, e non accorciamento di *meglio*), *perchè sì dicendo io non ragiono*. In fatti, che gli risponde Virgilio? *Se io ho ben la tua parola intesa, L'anima tua è da viltade offesa*: Vale a dire, se ho compresa bene quella tua parola di doppio senso (*me*), tu parli in tal guisa non già perchè così senti, ma perchè hai paura, cioè, parli contro coscienza per evitar pericoli. E soggiunge: *Da questa tema acciocchè tu ti solve, Dirotti perch'io venni*: e racconta che Beatrice gli avea detto che *il suo amico era volto indietro per paura*: e perchè più visibilmente una tal paura risultasse, Virgilio è detto *magnanimo*, e Dante, *anima offesa da viltà*. Se il Mantovano avesse voluto riprendere il suo seguace di falso ragionamento avrebbe dovuto dirgli: Se ho ben compreso da che derivi questo tuo linguaggio, veggo che la tua mente è confusa: e non già, *se ho ben intesa la tua parola, la tua anima è offesa da viltà*.

Converremo che questa è la maniera retta d'interpretar que' due versi, quando arriveremo a persuaderci delle tre seguenti verità, di cui a lungo andare potrò convincere fin S. Tommaso:

I. Che Dante fa grand' uso di equivoci finissimi con cui ha saputo nasconder il suo vero disegno fino ai dì nostri.

II. Che grandissima è la forza ch' ei dà al verbo *intendere*, e a tutte le voci di questo verbo, di che avremo belle pruove: onde i due versi che abbiam sott' occhio, *Sei savio e intendi me, ch' io non ragiono*, e, *Se io ho ben la tua parola intesa*, valgono: 1. Tu sei savio e come tale comprendi bene me; perchè vedi, ch' io con tal linguaggio non ragiono (e con ciò dichiara *savj* i Ghibellini e *stolti* i Guelfi): 2. Se ho ben col pensier penetrata quella tua parola anfibologica, veggo che tu favelli così perchè temi, e non già perchè così pensi (e con ciò ci svela che quella tanta arte da lui impiegata nel celar la sua mente è derivata dal suo timore; il che proverò altrove sino all' evidenza).

III. Che fra tutti gli scritti suoi vi è una strettissima connessione, ed una relazione tale che spesso un passaggio di un' altra sua opera ci può esser di guida ad interpretarne uno difficile e nascosto della Commedia. Molte delle sue rime apparentemente amatorie sono realmente politico-morali: e tutta la sua Vita Nuova è un mistero continuato, che chiude la vera chiave della Commedia: e da ciò nasce quel linguaggio mistico che da per tutto vi è sparso, e quell' apparente Platonismo che si eleva al di sopra del comun sentire; sino al punto che mi fo ardito a dire ch' esse non furono sinora mai comprese. Se la sorte mi concederà agio, io disegno far di esse quel che or fo del poema.

Di ciò persuasi (nè può essere a meno che nel seguito nol siamo) converremo che il senso di questi due passi è quello che ho qui esposto, e non quello che ho dato nel canto. Non l' ho introdotto colà, per uniformarmi alla intenzion di Dante. Egli ha voluto usar l' equivoco, ed io l' ho lasciato; ha voluto nascondere un senso segreto, ed io lo svelo.

T. 14. *Perchè pensando consumai l' impresa*
Che fu nel cominciar cotanto tosta.

Io spiegherei questi due versi così: *Perchè misurando col pensiero l' impresa sino alla sua consumazione, ne previdi tutte le conseguenze; la quale impresa nel cominciare fu cotanto tosta*, cioè dura, onde *disvolli quel che volea*. *Faccia tosta* dicesi per faccia dura, significato che l' aggettivo *tosto* ritiene ancora in tutto il regno delle due Sicilie, onde *star tosto, pane tosto, uova toste*, ecc. E se ben si bada quel *tosta* per *sollecita* mal si appropria ad impresa, e benissimo per *dura*. *Sollecito* poteva esser Dante nell' intraprendere l' azione, e non già che l' azione stessa potesse esser *sollecita*; ma *dura*, e non *sollecita* dovè essere per lui quell' impresa che nel fargli seguir Virgilio, o sia nel farlo divenir Ghibellino, lo esponeva a tutto l' odio de' Guelfi, e ad una catena di avversità ch' ei troppo preveder dovea. Dirò francamente che preferisco questa mia interpretazione all' altrui. Non l' ho esposta a suo luogo, perchè il primo senso dell' equivoco di sopra lo esclude.

T. 18. *Io era tra color che son sospesi.*

L' Anonimo Inglese crede che Dante conoscesse il Corano, poichè, al dir suo, i dottori Maomettani chiamano il Limbo *al Araf*, dal verbo *Arafa*, che vuol dire *separare ed innalzare*; cosicchè *al Araf* significa luogo separato e sospeso fral Paradiso e l'Inferno. E quindi il Limbo può dirsi sospeso in tre sensi, sì perchè è uno stato neutrale, sospeso quasi in bilancia fral piacere e 'l dolore; sì perchè i patriarchi vi erano in istato di sospensione, prima di andare in Paradiso; e sì perchè pende al di sopra dell'Inferno, come a suo luogo vedremo. Sia pur vero quel ch'ei dice: non mi par probabile però che il poeta Cristiano desumesse le sue teorie dai dottori Maomettani.

T. 24. *Io son Beatrice*, ecc.

Dante riguardò Beatrice, quand'era viva, con una specie di religioso rispetto, e direi quasi di *latria spirituale*: si consideri da ciò qual dovesse essere ella agli occhi suoi poichè fu morta. Questo amore trasmesso dalla Cavalleria era il genio e il carattere de' tempi suoi, e fu quello stesso che poi produsse tutte l'estasi platoniche del Petrarca. E perchè si vegga quale specie di culto le rendesse in vita, e perchè si abbia insieme un saggio del suo modo di poetar lirico, ci piace trascrivere il seguente sonetto; a confronto di cui non so quale fra i moltissimi del delicato cantor di Laura possa reggere senza sgomento.

>Tanto gentile e tanto onesta pare
>>La donna mia, quand'ella altrui saluta,
>>Ch'ogni lingua divien tremando muta,
>>E gli occhi non l'ardiscon di guardare.
>Ella sen va sentendosi laudare
>>Umilemente d'onestà vestuta;
>>E par che sia una cosa venuta
>>Dal Cielo in Terra, a miracol mostrare.
>Mostrasi sì piacente a chi la mira,
>>Che dà per gli occhi una dolcezza al core,
>>Che intender non la può chi non la prova.
>E par che dalle sue labbra si muova
>>Uno spirto soave pien d'amore,
>>Che va dicendo all'anima, sospira.

T. 25. *Tacquesi allora, e poi cominciai io.*

Così nel codice di cui si valse il Boccaccio pel suo comento; e mi piace leggere col gran Certaldese *tacquesi*, piuttosto che *tacette* con l'Accademia della Crusca, la quale preferì questo a quello, forse perchè più Fiorentino che Italiano. Non ignoro che Dante scrisse *tacetti* altrove, ma il fè per rima; così scrisse anche *aia* per abbia, ed altre simili licenze. Siccome però non ha detto mai *aia* fuori di rima, così è probabile che non abbia neppur detto *tacette* a principio di verso.

Non credo necessario indicare i fonti da cui ho tratte tutte le altre lezioni che diversificano da quelle che si leggono nella edizione dell'Accademia; poichè sono oramai notissimi, dopo che il codice Bartoliniano già stampato, e le varianti rapportate dalla edizione Romana del 1820, e quelle citate dal Volpi, dal Poggiali, dal Biagioli, e da altri, tratte da accreditatissimi manoscritti, van per le mani di tutti. Follia sarebbe accumular note su note per simili inezie.

T. 28. *Ma dimmi la cagion che non ti guardi*
Dello scender quaggiuso, in questro centro,
Dall' ampio loco ove tornar tu ardi.
29. *Da che tu vuoi saper cotanto addentro,*
Dirotti brevemente, mi rispose,
Perch' io non temo di venir qua entro, ec.

La questione di Virgilio e la risposta di Beatrice son introdotte dal poeta, s'io non m'inganno, per qualche profonda allusione, ch'io non ho saputo scoprire: ed è chiaramente indicato da quel verso, *Da che tu vuoi saper cotanto addentro*. Son quindi poco soddisfatto della interpretazione che ho data all' altro verso, *E fiamma d'esto incendio non m'assale;* poichè non pare che qui si parli d' *incendio infernale* da Beatrice ch'era nel Limbo, dove non è incendio alcuno, come là vedremo. Tanto più vado dubitando che un' allusione sia stata con arte in questo passaggio nascosta, quanto che osservo che Virgilio si trattiene a dir tutto ciò con poca naturalezza, giacchè perde tempo nel fare tal questione, mentre Dante era in imminente pericolo a cui dovrebbe egli volando accorrere, dopo aver detto: *Tanto m' aggrada il tuo comandamento Che l' ubbidir, se già fosse, m' è tardi; Più non t' è uopo aprirmi il tuo talento*. Tali incongruenze mi fan sempre supporre in Dante gran motivi per farle, siccome da varj casi simili ho potuto ritrarre. E se si bada, la risposta di Beatrice alla domanda di Virgilio è innestata con poco buon garbo nel dialogo, poichè ella, che parea aver detto tutto intorno a Dante, ripiglia poi la sua narrazione intorno a ciò ch' era accaduto nel Cielo e la fè scendere in Terra: e perde così tempo ancor ella, dopo aver detto: *E temo che non sia già sì smarrito Ch' io mi sia tardi al soccorso levata*. Non oserei fare tali irriverenti osservazioni, se non fosse che il metterle in vista può indurre un più felice investigatore a scoprire ciò ch' io non so vedere.

T. 24. *Io son Beatrice che ti faccio andare,*
T. 34. *Che mi sedea con l' antica Rachele.*

Essendo Beatrice figura della Scienza della Divinità, il poeta l' ha posta a sedere con l' *antica* Rachele non solo per significare diuturna meditazione, come sponemmo, ma per indicare ancora che la Dottrina delle cose divine ha per prima base l' *Antico* Testamento; e che nella contemplazione di quelle prische carte si alimenta, come primo e genuino fonte della rivelazione.

Beatrice che siede con Rachele fu vagamente imitato dal Milton nel suo Como con queste parole: *Wisdom's self with her best nurse Contemplation*: " La Sapienza stessa con la sua miglior nutrice la Contemplazione." L' Anglico Omero molto del nostro Italiano si compiacea, sino al punto che ne prese in più luoghi pensieri ed espressioni. Tale è quella che derivò dalle due frasi *il Sol tace*, e *luogo muto di luce*:

The Sun to me is dark
And silent, as the Moon
When she deserts the night.

Scuro e muto m' è il Sol, come la Luna
Quand' ella lascia vedova la notte.

AL CANTO II.

E bene un sacro cantore potrebbe dire all' altro:
>Tu sei lo mio maestro e 'l mio autore;

e dirglielo con quel suo verso medesimo:
>Thou art my father, thou my author, thou.

Onde cantò di lui in un sonetto:
>Dante shall give Fame leave to set thee higher
>Than his Casella, whom he woo'd to sing,
>Met in the milder shades of Purgatory.

Per non render più lunghe le nostre note, dobbiam rinunziare al disegno di andarne rammentando le belle imitazioni; tanto più che questo è stato maestrevolmente eseguito dall' illustre Cary nella sua applaudita traduzione Inglese della Divina Commedia.

ESPOSIZIONE DEL CANTO II.

Il giorno se ne andava, e l'aer bruno toglieva dalle loro fatiche gli animali che sono in terra; e Dante unico e solo si apparecchiava a sostenere le difficoltà dell'aspro cammino, e gli assalti della pietà che dovea provare alla vista de' dannati; le quali cose andrà dipingendo la sua mente che non è più soggetta ad errare (essendo stata sgombrata di ogni nebbia mortale nel Paradiso, da cui discese quando prese a scrivere il poema.)

Nell'accingersi a far tanto egli invoca le Muse e il suo ingegno divenuto alto (alla vista di Dio); e si raccomanda alla sua memoria nobilitata, la quale minutamente scrisse in sè ciò ch'ei vide. Racconta dunque ch'essendo tramontato il Sole (simbolo della ragione) la sua mente cominciò di nuovo ad offuscarsi, e il suo spirito a sgomentarsi; ond'ei disse a Virgilio: O Poeta che mi guidi, misura la forza del mio animo; e prima che tu mi fidi al difficile passo guarda s'ella è capace di tanto. Tu racconti nel tuo poema, ch'Enea padre di Silvio andò nel regno dell'Eternità (Inferno), e che ciò fu con corpo ancor corruttibile, talchè poteva esser visibile la sua andata. Or se Iddio, avversario di ogni male, gli fu cortese di tanta grazia, ciò fu perchè pensava all'alto effetto che dovea uscire da lui nel popolo e nell'Impero di Roma. E quindi ad uomo di sano intelletto Enea non sembra indegno di tanto privilegio; perchè egli era stato eletto nel Cielo empireo per esser padre ed origine dell'alma Roma, e del suo Impero. La qual Roma, e 'l quale Impero, a voler considerare le cose nella loro veracità, e non come da taluni si pretendono, non furono già stabiliti per sè, ma per preparare il luogo santo dove or siede il successor di Pietro, maggior di ogni altra potestà sulla terra. Per questa andata, onde tu gli dài vanto di pio, egli dall'ombra di suo padre intese cose che furono cagione di sua vittoria, e della papal dignità, principal termine e meta della grand'opera, che da quella vittoria stessa, per predisposto ordine di cose, dovea poi derivare. Anche San Paolo, vaso di elezione, andò poi al regno dell'eternità (Cielo) per riportarne in Terra un conforto a quella fede, ch'è il primo ingresso alla via di salvazione. Ma io perchè deggio venirvi, o chi tanto mi concede? Io non sono Enea, eletto da Dio a fondare un grande Impero; io non son Paolo, prescelto a meglio stabilire la Religione: creder me degno a ciò fare!.... nè il credo io, nè altri il crede. Per cui se mi abbandono da cieco all'invito di venire, temo che la mia venuta sia folle impresa. Tu sei savio, e intendi me' ch'io non ragiono. Così Dante dicea in quella oscura costa: e come quell'uomo dubbioso che disvuole quel che pria volle, e per nuovi pensieri cangia proposito, tal che si ritrae tutto indietro fin dal cominciare, così egli fra quell'ombre si fece: perchè misurando col pensiero l'impresa sino alla sua consumazione ne previde tutte le conseguenze; la quale impresa nel cominciare fu per lui tanto dura. Ma l' ombra del magnanimo Virgilio, accortasi onde derivasse quel discorso, gli rispose: Se io ho ben compresa quella tua parola, l' anima tua è sopraffatta da viltà: la quale molte volte ingombra l' uomo di modo che lo rivolge indietro da impresa onorata, come il falso vedere rivolge indietro una bestia, quando s'adombra. Acciocchè tu ti sciolga da questa tema, sì che più non t' impedisca seguirmi, dirotti perchè io venni, e quel che intesi nel primo momento ch'ebbi pietà di te. Sappi dunque, ch' io era nel Limbo fra quegli spiriti che son sospesi fra 'l piacere e 'l dolore, quando una donna mi chiamò; allo splendore di sua bellezza riconobbi essere una beata, talchè subito la pregai di comandarmi. Gli occhi suoi lucevano come il Sole, ed ella incominciommi a dir soavemente, e chiaramente con persuasiva voce angelica e in sua piana favella, da non lasciarmi dubbio alcuno intorno alle sue intenzioni. O cortese anima Mantovana, la di cui fama ancor dura nel mondo, e durerà in estensione quanto il mondo stesso; sappi che colui ch' è amato da me, ma non dalla fortuna, il mio caro e sventurato amico, nel deserto colle della virtù, è talmente impedito nel suo cammino, ch' è volto indietro alla valle de' vizj per paura di tre fiere che lo perseguono. E per quello che di lui ho udito nel Cielo, temo ch' ei sia già sì smarrito ch' io sia accorsa troppo tardi per ajutarlo. Or corri, e con la tua nobile eloquenza, e con tutt' altro ch' è necessario al suo scampo, l' ajuta di modo ch' io ne sia consolata. Io son Beatrice che ti fo andare (figura della Sapienza Divina), e vengo da un loco tale ove desidero di ritornare. Amore mi mosse di là, amore or mi fa parlare a te. Se tu mi secondi in ciò, quando sarò dinanzi al mio Signore mi loderò sovente di te con lui. Ella si tacque, ed io cominciai così: o Donna di virtù, per cui la sola umana specie avanza ogni cosa contenuta da quel Cielo che ha minori i suoi cerchi (l' uomo per opera della sapienza divina si eleva sopra ogni cosa ch' è nella Terra la quale è contenuta dal Cielo della Luna), il tuo comando m' è sì gradevole, che s' io fossi già nell' azion di ubbidirti e di eseguir quanto brami, pur mi parrebbe di averlo fatto tardi: non ti è uopo manifestarmi ulteriormente il tuo desiderio. Ma prima ch' io parta sgombra un mio dubbio; e dimmi la cagione per cui non ti guardi dallo scender quaggiù in questo centro dell' universo dall' ampio loco ove, come dicesti, desideri ardentemente di ritornare. Ed ella allor mi rispose: Da che tu vuoi sapere cotanto addentro, ti dirò perchè non temo di venir quà entro: e sarò breve per non trattenerti di più. Si dee temere di quelle sole cose che hanno potere di farci male; dell' altre no, perchè non sono spaventevoli. Or sappi che io, come ogni altro beato, son fatta tale da Dio, per sua mercè, che la vostra miseria non mi tocca, perchè mi uniformo al volere di sua giustizia: e la fiamma di questo incendio infernale non può assalirmi, poichè non ha potere che sul vizio. Io son qua venuta perchè nel Cielo è una donna generosa la quale è vivamente afflitta di questo impedimento del mio amico cui or ti mando; di modo che piega per lui il severo rigore della Giustizia. Questa generosa in una sua preghiera fè richiesta a Lucia (Grazia illuminante) dicendo: ora quel tuo fedele, che si arrese alle tue inspirazioni, abbisogna di te, ed io a te lo raccomando; Lucia, nemica di ciascun crudele (e quindi nemica dei crudeli persecutori di Dante), si mosse e venne al loco dove io era, che mi sedea con l' antica Rachele (la Meditazione compagna della Sapienza); e mi disse: o Beatrice, vera lode di Dio (la sapienza è lode e vanto dell'Eterno); perchè non soccori colui che t'amò tanto, il quale pel desio di piacerti uscì per te dalla volgare schiera? Non odi tu l'affanno espresso dal suo lamento? Non vedi tu il vizio, vera morte dell'anima, che, facendogli assalto e guerra, cerca strascinarlo su la fiumana infernale? Non vi furono mai al Mondo persone così pronte a fare il loro pro, ed a fuggire il loro danno, com'io, dopo che mi furon fatte tai parole, venni pronta quaggiù dal mio seggio di beatitudine, fidandomi nel tuo parlare eloquente che onora te, e quei che l'hanno udito, perchè li rende migliori. Poichè Beatrice m'ebbe tenuto questo ragionamento volse lagrimando gli occhi lucenti, per cui mi fè più rapido circa alla mia venuta; e venni a te così pronto com'ella volle; e ti levai dinanzi a quella fiera che ti tolse il poter giungere al bel monte per breve via. Dunque che è? Perchè, perchè ristai ancora? Perchè annidi nell'animo tanta viltà? E poscia che tali tre benedette Donne prendon cura di te nella corte del Cielo, poscia che il mio parlare ti promette tanto bene, perchè non hai ardire e franchezza? Qui tace Virgilio, e quantunque il Sole fosse assente pure il suo ragionamento ne fè le veci in Dante. Come un fioretto chinato e chiuso dal notturno gelo, poichè il Sole lo irraggia, e versà su di esso la sua luce e il suo calore, si drizza tutto aperto in su lo stelo; così Dante si fece riguardo all'attenuata forza del suo animo, ed all'offuscamento di sua ragione; quel discorso lo illuminò e lo invigorì; e tanto buon ardire gli corse al cuore, ch'ei cominciò a sclamare come persona franca: Oh pietosa colei che mi soccorse! E tu cortese che tosto ubbidisti alle parole di lei, che ti dipinsero il vero mio stato! Tu mi hai con le tue parole disposto ed infiammato il cuore con sì vivo desiderio a venire ch'io son tornato nel mio primo proposito. Or va, chè un sol volere è di amendue; Tu sei mio Duca, tu mio Signore, e tu mio Maestro. Così Dante gli disse; e poichè Virgilio fu mosso, ei dietro di lui entrò nella profonda valle che menava all'Inferno, e seguendo il suo cammino traversava la orribile selva.

CANTO III.

INFERNO.

Porta, Vestibolo, e Fiume.

Virgilio e Dante varcano la porta; anime di poltroni che corrono pel vestibolo; anime prave che passano il fiume sulla barca di Caronte.

1. PER me si va nella Città dolente,
   Per me si va nell' eterno dolore,
   Per me si va tra la perduta gente:
2. Giustizia mosse il mio alto Fattore;
   Fecemi la divina Potestate,
   La somma Sapienza, e 'l primo Amore.
3. Dinanzi a me non fur cose create
   Se non eterne; ed io eterno duro:
   Lasciate ogni speranza, voi ch' entrate.

In questa inscrizione che Dante legge sulla porta dell' Inferno, la quale per prosopopea è introdotta a parlare, noteremo varie cose:

I. L' accorta distinzione de' primi tre versi: Per me si va alla città del dolore; il dolore di questa città è eterno; e questo eterno dolore forma la pena della gente perduta. Quel triplicato *per me si va* spira un non so che di solennità tremenda.

II. " L' ordine della Giustizia divina riluce più nell' Abisso che nell' Empireo; poichè nessuno è nell' Inferno che pienamente nol meriti, e nessuno è nel Paradiso che lo meriti intieramente" (S. Agostino): e quindi nella seconda terzina la porta parla in nome di tutto l' Inferno, e dice: La Giustizia mosse il mio alto Fattore a formarmi; e tutte e tre le persone divine si unirono a soddisfar la Giustizia. La Potestà del Padre s' impiegò a crear le varie pene; la Sapienza del Figlio a proporzionarle ai peccati; e l' Amore dello Spirito Santo diè il primo impulso al Padre e al Figlio, per formare un freno a chi violar volesse la legge suprema della carità universale.

III. Prima dell' Inferno non vi furon cose create che non fossero eterne, poichè prima di esso furono creati i soli angeli, dalla ribellione de' quali Iddio fu mosso a formare questo luogo per rinserrarveli; e il luogo medesimo è eterno, per corrispondere alla durata degli spiriti che vi son puniti.

IV. L' ultimo verso della inscrizione, *Uscite di speranza, voi ch' entrate*, dovea esser terribile per Dante.

4. Queste parole di colore oscuro
   Vid' io scritte al sommo d' una porta:
   Perch' io: Maestro, il senso lor m' è duro.

Senso duro è senso spaventevole, siccome *cosa dura* era il parlare della *selva selvaggia*.

5. Ed egli a me, come persona accorta:
   Qui si convien lasciare ogni sospetto;
   Ogni viltà convien che qui sia morta.

Ed egli, come persona che si era accorta da che derivasse il mio spavento, rispose a me: qui si convien lasciare ogni sospetto e dubbio; ogni viltà convien che qui sia in te spenta.

Nunc animis opus, Ænea, nunc pectore firmo, disse la Sibilla al Trojano, al di lui entrar nell' Inferno. Virgilio vuol dire a Dante: non ti ho rimproverata poc' anzi la tua viltà? Come dunque rinasce in te? Non ti ho io detto che, dopo aver veduto l' Inferno, saresti passato a vedere il Purgatorio e 'l Paradiso? Onde dunque deriva il tuo sospetto di non uscir più di qua? Quel verso non è per te; poichè tu hai ottenuto d' entrare nel regno dell' Eternità, com' Enea e Paolo.

6. Noi sem venuti al luogo ov' io t' ho detto
   Che tu vedrai le genti dolorose
   Ch' hanno perduto il ben dell' intelletto.

Noi siam venuti al luogo ch' io ti ho detto, ove tu vedrai le genti dolorose che hanno perduto Iddio, sommo bene dell' intelletto.

Perchè è il fonte della verità che dell' intelletto è lo scopo.

Con quell' *io ti ho detto* vuol Virgilio esprimere che come gli avea detto ciò, gli avea detto pure che avrebbe veduto il Purgatorio e 'l Paradiso; e che come era stato verace in una cosa, così lo sarebbe stato anche nell' altra: onde che si fidasse di lui: tutto ciò chiude quel semplice *io ti ho detto*.

Bonum intellectus est ultima beatitudo, così Aristotile chiama la verità di cui Iddio è il fonte: *Dio è quel vero, fuor del quale nessun vero si spazia; quel vero in cui l' intelletto nostro si posa*. Purg. Il semplice concetto di questo terzo verso diverrà bellissima teoria nel Paradiso, e lucida e mirabile come il Paradiso istesso.

7. E poichè la sua mano alla mia pose
   Con lieto volto, ond' io mi confortai,
   Mi mise dentro alle segrete cose.

Segrete cose, perchè non note e palesi per vista agli uomini: tali son quelle dell' Inferno, *che occhio non vide ed orecchio non udì*, direbbe l' Apostolo. *Segreto* vale anche *interno*, poichè ciò ch' è dentro non si vede, e quindi è nascosto e segreto: onde *segrete cose* suona anche *interne cose*.

8. Quivi sospiri, pianti, ed alti guai*
   Risonavan per l' aer senza stelle,
   Perch' io al cominciar ne lagrimai.

Qui principia al cuor di Dante *la guerra della pietà*. *Sospiri, pianti, ed alti lamenti*, climax crescente: *Con pianti, stridi, ed infiniti lai*: Trad. de' Sal. penit. *Aer senza stelle* desta l' idea della oscurità e della eternità, poichè il corso delle stelle è la misura del tempo. Ne lagrimò *al cominciare* (verbo che indica perturbazione) ma poi cessò di lagrimarne, e vedremo perchè.

9. Diverse lingue, orribili favelle,
   Parole di dolore, accenti d' ira,
   Voci alte e fioche, e suon di man con elle,†

10. Facevano un tumulto il qual si aggira
    Sempre in quell' aria senza tempo tinta,
    Come l' arena quando il turbo spira.

* *Guaio* è la voce lamentosa del cane percosso; e qui vale *doloroso lamento*.
† *Ella* ed *elle* si usano talvolta in caso obliquo per rima.

Diverse lingue, perchè i dannati son di tutte le nazioni; e la parte più *orribile d' ogni favella*, come *parole di dolore, accenti d' ira;* e si noti la differenza tra *parole* ed *accenti;* il dolore emette allungate e flebili parole, ma l' ira vibra tronchi ed inarticolati accenti, " Siccome stridi d' animal che rugge" direbbe il Tasso. Ed a compire l' infernale armonia vi si mescono *voci alte e fioche, e suon di mani con esse:* il *fioche* è conseguenza dell' *alte;* e non è difficile il capire che questo suon di mani non è quello degli applausi. Il dire che quell' orrendo *tumulto si aggira sempre in quell' aria, come l' arena quando spira il turbine,* esprime il perenne moto vorticoso intorno al ripiano circolare che cinge superiormente la conica voragine.

L' incessante alternar del dì e della notte, e il periodico variar delle stagioni, due cose che nascono dal corso de' Cieli, producono il *tempo;* e il cangiarsi dell' atmosfera genera l' intemperie, detta anche *tempo,* come tempo piovoso, tempo sereno, ecc. Or sì nell' uno che nell' altro senso non vi è tempo nell' Inferno, regno di eternità, inalterabile nelle sue leggi: onde *aria tinta senza tempo* vuol dire aria oscura senza variazion alcuna, cioè sempre oscura. E che così debba intendersi questa frase ce l' insegna Dante medesimo: " Il tempo, secondo che dice Aristotile nel quarto della Fisica, è numero di movimento, secondo prima e poi: è numero di movimento celestiale, il quale dispone le cose di quaggiù diversamente."—*Conv.*

11. Ed io, ch' avea d' error la testa cinta,
    Dissi: Maestro, che è quel ch' io odo?
    E che gent' è che par nel duol sì vinta?

Ed io che non sapea chi fosser quelli che sì gridavano, e che nel mio errore li credea degni di pietà, rivolto a Virgilio per esserne informato, gli dissi: Maestro, che è quello strepito ch' io odo? e che gente è quella che par sì sopraffatta dal dolore?

La testa cinta di errore dipinge quasi le tenebre dell' errore che accerchian la testa di Dante, nel credere degni di pietà quelli che gridavano, e pei quali avea lagrimato *al cominciare:* ma sarà ben ei lungi di più lagrimarne, quando fra breve saprà chi sono. *Gente vinta nel duolo* esprime il contrasto che l' uomo fa nel dolore per resistere; ma se questo eccede le sue forze, ei si dà per vinto, e grida.

Son già due volte che Virgilio vien chiamato *maestro* in questo canto: e tutte e due esprimono il desiderio che Dante ha di essere instruito: e così sempre in seguito.

12. Ed egli a me: Questo misero modo
    Tengon l' anime triste di coloro
    Che visser senza infamia e senza lodo.*
13. Mischiate sono a quel cattivo coro†
    Degli angeli che non furon ribelli
    Nè pur fedeli a Dio, ma per sè foro.‡

Il Maestro gli ha pur detto chi son costoro: essi son que' dispregevolissimi poltroni, cittadini di niun paese, di cui l' Italia ai tempi di Dante era sì turpemente piena, e di cui ai tempi nostri è, grazie al Cielo, sì gloriosamente sgombra! Non isperino mai più questi vigliacchi ottenere una sola lagrima dal nostro poeta, che già si pente d' averne versata alcuna *al cominciare*, quando *avea la testa cinta di errore*. Ora può vedersi perchè *il maestro accorto* gli disse *ogni viltà conviene che qui sia morta*; con ciò esprimergli volle: ora che osserverai la pena data a que' *vili* che a niuna parte aderirono, sarà forza che in te muoja ogni *viltà*, talchè non ricusi di seguir me Filosofia Ghibellina. Pare che Dante abbia a bella posta presentata la scena di questi scioperati all' apertura dell' Inferno, per giustificarsi del non esser rimasto neutrale: quasi dir volesse: abbandonata da me la cattiva causa, non mi rimanea altra via che attaccarmi alla buona; poichè il restarsi indifferente è peggiore che aderire ai pessimi: siccome più sotto esprimerà. *Anime triste* ha due sensi; *perniciose* in vita, e *infelici* dopo; esse *vissero senza infamia* che risulta dall' attenersi al partito cattivo, e *senza lode* che deriva dall' abbracciare il buon partito, perchè non seguirono nè l' uno nè l' altro.

Per entrar bene nella mente del poeta trasportiamoci col pensiero all' epoca disastrosa in cui egli viveva, nel ferocissimo perenne contrasto delle due fazioni, Papale ed Imperiale: nè sarà difficile il concepire che fra le due parti in conflitto vi fosse una quantità di pusillanimi ed indolenti, amanti più di sè stessi che della patria loro, i quali per troppo di timore e di cautela non erano nè per l' una nè per l' altra parte; pronti sempre a piegare il collo a quella che prima trionfasse. Dante come per disprezzo gli ha situati in questo vestibolo, mescolati a quegli angeli cattivi i quali non furono nè ribelli nè fedeli a Dio, ma furono per sè stessi: e gli ha posti nel vestibolo, luogo medio fra 'l Cielo e 'l profondo Inferno, perchè dirà che la Misericordia e la Giustizia sdegnano egualmente questi Angeli neutrali; pei quali due attributi di Dio è chiaro che intende Dio medesimo. Onde per voler di lui i Cieli

---

* *Lodo* per lode.   † *Coro* per moltitudine.   ‡ *Foro* per furono.

scacciarono questi angeli ignavi, e 'l profondo Inferno non li riceve; giacchè Iddio, quantunque misericordioso, negò loro il Paradiso essendo vili, e Iddio stesso, perchè giusto, non gli sprofondò nell' Abisso, essendo men rei degli angeli ribelli.

14. Cacciarli i Ciel per non esser men belli,
    Nè lo profondo Inferno li riceve,
    Chè alcuna gloria i rei avrebber d' elli.

Una tal *gloria* dee prendersi per quell' interno gloriarsi e compiacersi de' più colpevoli nel vedersi confusi coi men rei, e nel veder soffrir questi al par di loro. Niuno meglio del Boccaccio ha inteso ed esposto questo passaggio: ecco le sue parole. L' autore " mostra la cagione perchè gli angeli *vili* dal profondo Inferno ricevuti non sono, dicendo che alcuna gloria, cioè piacere, gli angeli *rei*, i quali manifestamente furon ribelli, avrebber d' elli, vedendoli nel medesimo supplicio. E così appare non esser opera de' ministri infernali che questi angeli non sieno nel profondo Inferno, ma della Giustizia di Dio." Onde espongo così:

I Cieli, per non esser men belli, discacciarono questi angeli vili, che gli avrebbero deturpati. Nè il profondo Inferno (in senso di Giustizia che ivi presiede) li riceve, perchè gli angeli rei avrebbero una qualche ombra di gloria dalla lor compagnia, e di segreta soddisfazione, nel vedere che i men colpevoli soffrissero al par di loro.

15. Ed io: Maestro, che è tanto greve
    A lor che lamentar li fa sì forte?
    Rispose: Dicerolti molto breve.
16. Questi non hanno speranza di morte,
    E la lor cieca vita è tanto bassa
    Che invidiosi son d' ogni altra sorte.
17. Fama di loro il mondo esser non lassa;
    Misericordia e Giustizia gli sdegna...
    Non ragioniam di lor, ma guarda e passa.

CANTO III. 71

Ed io domandai: Maestro, se costoro non sono nel profondo Inferno, che cosa è tanto greve a loro che li fa lamentare sì fortemente? Ed ei rispose: Te lo dirò molto brevemente: giacchè poco vi è a dire di quest'inetti. Questi non hanno speranza di aver morte; e lo stato loro è intanto sì oscuro e basso che sono invidiosi di ogni altra sorte; e fin di quella de' peggiori dannati, ch' hanno al mondo una fama; ma il mondo non lascia che di loro ve ne sia alcuna. La Misericordia gli sdegna e gli scaccia dal Cielo, la Giustizia gli espelle dal basso Inferno... Ma non ragioniam più di questi vili: guardali e passa.

Sembra che Dante credesse altissima sventura il non aver meritata una fama, ch' egli considerava come un prolungamento della vita. Quasi tutt' i suoi dannati ne sono avidissimi, e vogliono esser rammentati dagli uomini; come spessissimo vedremo.

18. Ed io che riguardai vidi un' insegna,
    Che girando correva tanto ratta
    Che d' ogni posa mi pareva indegna.

Ed io, che riguardai, vidi una bandiera; che girando in sè stessa e intorno, correva con tanta rapidità che, considerata qual giusta pena ai pigri ch' eran costretti a seguirla, mi pareva indegna di qualunque posa.

Cominciamo ad osservare la convenienza delle pene adattate alle colpe: Chi evitò la fatica non merita riposo; chi per inerzia non volle abbracciare la buona causa, e per amor dell' ozio tradì i suoi doveri, or corre sempre; e Dante lungi di lagrimar più per essi, come fece *al cominciare*, poichè ha saputo chi sono, crede indegna di posa la bandiera che sono costretti a seguire: il che è lo stesso che credere indegni di riposo essi medesimi.
Notate la segreta allusione della bandiera a questi uomini senza fermo carattere, che si volgono sempre secondo il vento spira; e che perciò vengon detti *bandiere d' ogni vento*.

19. E dietro le venia sì lunga tratta
   Di gente* ch' io non avrei mai creduto
   Che morte tanta ne avesse disfatta.

Qui vi è segreto concetto, ed è questo: spesso fral contrasto de' partiti i neutrali muojono più de' contendenti, perchè son soggetti ai colpi di qua e di là; ed han quasi due parti nemiche, mentre ogni una di quelle ne ha una sola. È detto triviale *gli asini si urtano e i barili si fracassano;* e nulla di più neutrale che un barile. Così, quelli che per paura della morte si erano rimasti indifferenti, fral contrasto delle parti incontrano la morte nell'averla voluta evitare; e l'incontrano più ancora degli stessi aggressori fra loro antagonisti. Ciò non di raro accade; e spessissimo dovea avvenire nel tempo di Dante, sì dalle fazioni travagliato. Una città che contiene in sè due parti in arme con molti indifferenti, dovea avere un flusso e riflusso di vittorie e di perdite: oggi trionfavano i Guelfi e trucidavano i Ghibellini; domani vincevano i Ghibellini, e facevan man bassa sui Guelfi; ma in ambi i casi, per quel perverso precetto, *Purchè il reo non si salvi il giusto pera,* morivano anche molti indifferenti; ed aveano così due occasioni di perire. Voltaire ha maestrevolmente espresso un non dissimil senso in questi due bei versi:

   Le lâche fuit en vain, la mort vole à sa suite,
   C'est en la défiant que le brave l'évite.

20. Poscia ch' io v' ebbi alcun riconosciuto
   Guardai, e vidi l' ombra di colui
   Che fece per viltate il gran rifiuto.

Ha detto sopra che *Fama di loro il mondo esser non lassa;* e quindi egli non nomina alcuno di coloro che non aveano fama: e solo, dopo aver riconosciuto alcuno, dice che vide l' ombra di un tale che fece per viltà il gran rifiuto, senza dir chi sia, per non dargli fama egli stesso. Quasi tutt' i comentatori però convengono esser questo il Pontefice Celestino, che a suoi tempi avea rinunziato al papato; il che diè occasione alla elezion di Bonifacio.

21. Incontanente intesi, e certo fui,
   Che quest' era la setta de' cattivi,
   A Dio spiacenti ed a' nemici sui.

* Moltitudine, turma, seguito di gente.

CANTO III. 73

Gran senso si chiude in questi versi. Dante vuol dire, che proprio al punto stesso (tanto vale quell' *incontanente*) in cui ebbe riconosciuto colui che fece il gran rifiuto per viltà, al punto istesso proprio *intese*, cioè, capì per le parole di Virgilio (di cui in quel momento tutta la forza ei *comprese*) *e certo fu*, perchè ne riconobbe alcuno ei medesimo, *che questa era* (notate il disprezzo, ora che sa chi sono) *la setta di que' cattivi*, cioè di quegli uomini servi, *che spiacciono egualmente a Dio ed ai diavoli suoi nemici*: mala razza, nata a portar la soma, e ad ogni partito esosa.

Della forza di quell' *intesi* parlammo nel canto precedente, ed altri più luminosi esempj ne troveremo ne' seguenti.

Ho spiegato *cattivi* per uomini servi, giacchè *captivus* in latino vuol dire *schiavo*; tali essendo i prigionieri di allora, e tali questi vili in ogni tempo. E si noti con quanta proprietà di linguaggio vengon chiamati *setta* coloro che quasi dividendosi dal resto de' cittadini, ne formano una *sezione* separata, vivendo a sè stessi e non alla patria, cui sembrano rinunziare.

22. Questi sciaurati che mai non fur vivi
    Erano ignudi, e stimolati molto
    Da mosconi e da vespe ch' eran ivi.

Si noti il nuovo spregio ora che gli ha riconosciuti.

La vita è nell' azione: onde questi sciaurati per la loro pigrizia son da lui considerati come non aver mai vissuto: *Horum vita morsque par est, quoniam de utrâque siletur.*—Sallustio. Son nudi acciocchè i mosconi e le vespe abbian più campo di pungerli, e stimolarli a correre; e i mosconi e le vespe *eran ivi*, e non in altro luogo dell' Inferno; poichè in altri luoghi vi son peccatori puniti per aver fatto, ma non indolenti che non fecer mai nulla; gli altri meritano la pena di chi fu vivo, e non già quella de' mosconi che vanno alle carogne inanimate, o delle vespe infingarde che sogliono divorarsi il frutto raccolto dalle api laboriose: concetto che mirabilmente adombra il mal uso di questi neghittosi i quali, senza voler dividere gli affanni che possono produrre il bene, vogliono poi goderselo quando è prodotto.

23. Elle rigavan lor di sangue il volto,
    Che mischiato di lagrime, a' lor piedi,
    Da fastidiosi vermi era ricolto.

Quel *fastidiosi* non vuol dir solo che *dan nausea*; ma altresì *che dan fastidio*, divorandoli come tanti putridi cadaveri, e succhiandone il marcio sangue; e contribuiscono forse coi lor morsi a metterli in fuga, non permettendo che ben posino i piedi a terra.

24. E poi ch' a riguardare oltre mi diedi
   Vidi gente alla riva d' un gran fiume:

Questo è il fiume Acheronte che scorre circolarmente intorno all' orlo della gran voragine.

   Perch' io dissi: Maestro, or mi concedi
25. Ch' io sappia quali sono, e qual costume
   Le fa parer di trapassar sì pronte,
   Com' io discerno per lo fioco lume.

Per la qual cosa io dissi: Maestro, or mi concedi ch' io sappia quali sono quelle genti; e qual legge le fa parer sì pronte a trapassar quel fiume, come io discerno per questo debil lume.

Dante vuol dire: Queste anime non van certo ad una festa: perchè dunque sembrano passare sì volentierose? E si avverta che quel *fa parerle* indica che non poteano esser volentierose in realtà, ma tali erano in apparenza: *fa parerle*, e non *fa esserle*. Seguita a chiamare Virgilio *maestro* perchè vuol essere informato; dice *costume* in senso di legge, perchè la lunga consuetudine prende forza di legge; dice che vedeva le anime pel *fioco lume*, tanto per giustificare di aver veduto sinora, malgrado che fosse in aer senza stelle, quanto per render ragione del suo veder dopo.

26. Ed egli a me: le cose ti fien conte,
   Quando noi fermeremo i nostri passi
   Sulla trista riviera d' Acheronte.

Ed egli a me: queste cose ti saranno cognite, quando noi fermeremo i nostri passi su quella trista riviera il cui nome è Acheronte.

Dà l' aggiunto di *trista* alla riviera d' Acheronte, perchè questo suona in Greco *senza allegrezza*.

CANTO III.

27. Allor con gli occhi vergognosi e bassi,
    Temendo che il mio dir gli fusse grave,
    In fino al fiume di parlar mi trassi.

Trarsi di parlare, trarsi dall' atto di parlare.
Mortificato Dante che il suo maestro non avesse subito appagata la sua curiosità, come innanzi avea fatto, e timoroso di aver fatta importuna interrogazione, dice:

Allor con gli occhi vergognosi e bassi, temendo che il mio domandare gli fosse di noja, mi astenni di parlare sin che giungemmo a quel fiume.

28. Ed ecco verso noi venir per nave
    Un vecchio, bianco per antico pelo,
    Gridando: Guai a voi, anime prave!
29. Non isperate mai veder lo cielo:
    Io vegno per menarvi all' altra riva
    Nelle tenebre eterne, in caldo e in gelo.

Bianco per antico pelo è bel modo per significare chioma e barba canuta. *In caldo e in gelo;* perchè nell' Inferno di Dante s' incontra prima l' uno, e poi l' altro.

30. E tu che sei costì anima viva,
    Partiti da cotesti che son morti:
    Ma poi ch' ei vide ch' io non mi partiva
31. Disse: Per altre vie, per altri porti
    Verrai a piaggia, non qui, per passare;
    Più lieve legno convien che ti porti.

Perchè possi, o lettore, comprender benissimo queste parole del barcajuolo, è d' uopo che io ti dica ora ciò che vedrai tu medesimo in appresso. Le anime perdute di questo Inferno conoscono il futuro, e non il presente: ciò essendo, questo demonio avea dovuto prevedere che per disposizione divina arriverebbe un vivo per passare nel regno de' morti: e quindi vedendo Dante fra le ombre, e non sapendo il presente, lo crede da principio un uomo smarrito, e gli comanda di andarsene; ma scorgendo ch' ei non va via, pensa esser questo appunto colui che per grazia concessa dovea fare quel viaggio; e cambiando favella gli dice che, *per passare* fra gli estinti, dovea *andare a piaggia per altre vie, per altri porti,* e non in quel luogo; e per mezzo di un *legno più lieve,* e non per quel suo. Ciò diverrà chiarissimo nel Purgatorio, e nel Paradiso: nel primo vedrai che le anime degli eletti vanno a piaggia per altre vie, per altro porto, e per mezzo di un legno *snelletto* e *leggiero*; e nel secondo conoscerai, che Dante era *figliuol di Grazia,* e dovea andare in Paradiso; e perciò Caronte, che conosce l'avvenire, gli annunzia che quando morrà non dovrà passare su questo suo legno, per andar fra i perduti, ma su quell' altro *snelletto* e *leggiero,* onde ire fra i predestinati. Nel linguaggio di Caronte vi è di più un certo mistero che non è ora tempo di manifestare.

32. E 'l duca a lui: Caron, non ti crucciare:
    Vuolsi così colà dove si puote
    Ciò che si vuole; e più non dimandare.

Ecco Virgilio che viene a confermare la credenza di Caronte riguardo a Dante; onde placido gli dice di non crucciarsi, e di non domandar più oltre intorno a quel vivo, perchè è voler di Dio che passi fra i morti. Nota che Virgilio ora guida Dante e non lo istruisce, e non gli comanda: poichè è ufficio della guida il rimuover gl' intoppi dal guidato; e quindi è *duca,* e non maestro o signore.

33. Quinci fur quete le lanose gote
    Al nocchier della livida palude,
    Che intorno agli occhi avea di fiamme ruote.

Caronte, a cui già scintillavano gli occhi per furore, si calma e più non parla. Quelle *lanose gote* che divengon *quete* dipingono per immagine negativa l'agitarsi delle stesse guance, grinze per vecchiaja, quando ei parlò prima risentito: e quel *lanose* dipinge a maraviglia la canizie della barba. *Ruote di fiamma intorno agli occhi* è di Virgilio che parlando del nocchiero infernale dice: *stant lumina flammae;* e *livida palude,* per palude di acqua bruna, è il *vada livida* pur di Virgilio.

CANTO III.

34. Ma quell' anime ch' eran lasse e nude
    Cangiar colore e dibattero i denti,
    Ratto che inteser le parole crude.

Ma quell' anime ch' eran afflitte, lasse, e nude di difesa, subito che intesero le crude parole di Caronte, che annunziavan loro le pene eterne, divenner per paura anche più pallide, e dibatterono i denti.

Il sangue, cagione del colore e del calore delle nostre membra, rifugendo dalle vene e dalle arterie del pauroso ristagna nel *lago del cuore*; e ne deriva per conseguenza ch' egli impalidisca (*cangia colore*), e senta tutti gli effetti del freddo (*dibatte i denti*).
Come si formi quello che nelle anime sembra corpo con tutti gli organi suoi, sarà con lunga teoria esposto nel Purgatorio.

35. Bestemmiavano Iddio, e i lor parenti,
    L' umana spezie, il luogo, il tempo, e 'l seme
    Di lor semenza e di lor nascimenti.
36. Poi si ritrasser tutte quante insieme,
    Forte piangendo, alla riva malvagia
    Ch' attende ciascun uom che Dio non teme.

Bestemmiavano Iddio che li fece, i genitori che li procrearono, l' umana specie cui appartennero, e il luogo, e il tempo, e il seme della loro stirpe e della lor nascita: poi, come per evitar d' imbarcarsi, si ritrasser piangendo fortemente tutte quante insieme, alla riva malvagia che attende ciascun uomo che non teme Dio.

Dice *riva malvagia* a questa dove s' imbarcano i perduti, per distinguerla da quel porto dove gli eletti entrano nel legno *snelletto* e *leggiero*.

37. Caron dimonio con occhi di bragia
    Loro accennando tutte le raccoglie;
    Batte col remo qualunque s' adagia.

38. Come d' autunno si levan le foglie
　　L' una appresso dell' altra, in fin che il ramo
　　Rende alla terra tutte le sue spoglie,
39. Similemente il mal seme d' Adamo
　　Gittansi da quel lito ad una ad una,
　　Per cenni, come augel per suo richiamo.

Ma il demonio Caronte con occhi accesi d' ira, come due carboni, facendo lor cenno li costringe ad entrar nella barca, dove tutte le raccoglie; e batte col remo qualunque va adagio o si arresta. Come in tempo di autunno, le foglie degli alberi si distaccano una appresso dell' altra, in fin che il ramo ov' erano rende alla terra tutte le sue spoglie, similmente i mali figli di Adamo, dietro i cenni di Caronte, si gittano da quel lido nella barca ad uno ad uno, come un augel dopo l' altro entra nella rete pel richiamo che gli è fatto dal cacciatore.

Il mal seme si accorda con *gittansi* perchè è nome collettivo; e dice *mal seme* ai dannati per distinguerli dagli eletti che sono *il buon seme*. Si noti che quell' *augel* singolare è posto in corrispondenza delle foglie che *si levano una appresso dell' altra*; il che vuol dire un augel dopo l' altro; e fa vedere che vanno nella rete ad uno ad uno, come le anime nella barca. Il richiamo si fa o col fischio, o altrimenti: cosa nota.

40. Così sen vanno su per l' onda bruna,
　　Ed avanti che sien di là discese
　　Anche di qua nuova schiera si aduna.

Così quelle anime sen vanno su per l' onda bruna di Acheronte; ed avanti che sien discese alla riva di là, una nuova schiera di altre anime sopraggiunte si aduna anche alla riva di qua.

CANTO III. 79

41. Figliuol mio, disse il maestro cortese,
    Quelli che muojon nell' ira di Dio
    Tutti convegnon qui d' ogni paese:
42. E pronti sonó al trapassar del rio,
    Chè la divina Giustina gli sprona
    Sì che la tema si volge in disio.

Ecco le due risposte che Virgilio avea promesso di fare alle due anzi espresse questioni di Dante. 1ª. Chi son quelle anime che si affollano a quel fiume? 2ª. E qual legge le fa parere sì volentierose a passare, mentre che sanno di andare alla pena? Per gustare pienamente queste risposte ricorderemo che Dante era restato tutto vergognoso e timido, perchè temea di aver annojato Virgilio, per cui si astenne di chieder altro sino alla riva di Acheronte. Or Virgilio, che si era di ciò accorto, per rassicurarlo lo chiama amorosamente *figliuol mio*; e Dante in quel momento riconobbe che il suo maestro non era inurbano, ma *cortese*, perchè ora gli risponde spontaneamente a ciò che avea prima dimandato; e vide che se non lo avea appagato all' istante ciò fu solo perchè lo volea testimonio oculare di tutta la scena che dovea seguire, per fargli comprendere meglio quanto dirgli dovea.

Il mio maestro cortese allor mi disse: Figliuol mio, sappi, che quelli che muojono in disgrazia di Dio convengono tutti qui da ogni paese del mondo, per cui udisti diverse lingue *(prima risposta)*; e sono così pronti al trapassar del fiume, perchè la Giustizia divina gli sprona, e gl' incalza a tergo invisibilmente, sì che la tema di andare alle pene si converte in essi quasi in desio di andarvi *(seconda risposta)*.

43. Quinci non passa mai anima buona;
    E però, se Caron di te si lagna,
    Ben puoi saper omai che il suo dir suona.

Nessun' anima buona passa mai di qua: e però se Caronte si lagna di te, che ti confondi con quell' anime, quel suo non era rimbrotto, ma avvertimento; ed omai puoi ben comprendere che volle significar quel suo dire.

Anche Virgilio accenna qui alla lontana che Dante era *anima buona* e predestinata, poichè ei pur conoscea l'avvenire.

44. Finito questo, la buja campagna
    Tremò sì forte che dello spavento
    La mente di sudore ancor mi bagna.

Finito ch'ebbe Virgilio di dir questo, la buja campagna tremò sì forte che la memoria dello spavento allora avuto mi fa tutto bagnar di sudore, anche ora che vi penso.

Ecco un altro effetto della paura, il sudore; il quale, ritirato ch'è il sangue verso il cuore, esce dai pori rilasciati per la mancanza del calore; onde nasce che il sudore è freddo, e l'uomo ha brivido, arricciamento di peli e di chiome, e tremito di denti che sbattono.
Questo *tremare della buja campagna* sembra essere un tremuoto. Ma che vuol significare ciò? Qui sotto ne dirò qualche cosa.

45. La terra lagrimosa diede vento
    Che balenò una luce vermiglia,
    La qual mi vinse ciascun sentimento,
    E caddi come l'uom cui sonno piglìa.

Quella terra bagnata di lagrime diede vento, che sparse intorno balenando una luce vermiglia; la quale, come vapor sonnifero, mi vinse ciascun sentimento; e caddi come uomo ch'è preso dal sonno.

Dice *terra lagrimosa*, perchè tanto le anime de' poltroni, quanto di quelli che passano Acheronte la bagnano di lagrime. De' primi ha detto che *il sangue* loro *mischiato di lagrime* scende a terra; e de' secondi ha espresso che si ritrasser, forte *piangendo*, alla riva. Era opinione de' filosofi Stoici che i venti nascessero dall' esalazioni della terra: *Placet Stoicis eos anhelitus terrae qui frigidi sint, cum fluere coeperint, ventos esse*, Cic. Or Dante dice che la buja compagna tremò sì forte ch' ei ne fu pien di spavento; che la terra bagnata di lagrime diè vento; e che da quel vento si sparse un baleno di luce vermiglia, la quale produsse in lui tale smarrimento di sensi ch' egli addormito cadde. Per tutto ciò sembra voler indicare che, nello sprigionarsi che fecero dalla terra l' esalazioni di quelle lagrime de' peccatori, la terra stessa tutta si scosse, e che quell' esalazioni infette sparsero intorno quasi un vapor sonnifero, il quale colpì talmente i suoi sensi ch' egli, sopraffatto da una specie di letargo, cadde ed ebbe una visione. Ma s' è visione la sua, come va che in cento luoghi del poema dice a chiare note ch' egli era nell' Inferno come viaggiatore, con tutto il suo corpo; e così nel Purgatorio, e così nel Paradiso: e da mille indizj si scorge ch' ei fosse in tal modo? Ma pur egli *Visione* chiama questo suo triplice misterioso viaggio, talchè Cacciaguida, suo tritavo, gli dirà: *Tutta tua Vision fa manifesta*. E nella *Vita Nuova*, dove il poeta tratta de' suoi amori con Beatrice, dopo aver parlato della morte di lei, finisce col dire ch' ebbe *una Visione*, il che sembra collegare quell' opera col poema: quasi che questo sia un seguito di quella. Di tutto ciò mi riuscirà forse di dire qualche cosa di più plausibile altrove.

RIFLESSIONI SUL CANTO III.

Questo canto si divide in due parti: la prima presenta le anime de' vigliacchi che rimangono al vestibolo infernale; la seconda le anime prave che si affollano al fiume per discender nell' Inferno. Di quella è chiara l' origine anche ai meno iniziati nelle mitologiche carte; e chiarissima a chi ha letto il VI. libro dell' Eneide: e facilmente possono ravvisarsi le imitazioni che da quel libro provennero a questo canto. Oltre le varie che notammo eccone alcune altre. Qui si pone la porta infernale sempre aperta; e là si dice, *Noctes atque dies patet atri janua Ditis.* Qui Dante domanda a Virgilio delle anime che si affollano al fiume; e là Enea chiede alla Sibilla, *Quid vult concursus ad amnem?* Qui Caronte è vecchio bianco per antico pelo, ed ha lanose gote; e là *Jam senior sed cruda Deo viridisque senectus Terribili squallore Charon, cui plurima mento Canities inculta jacet.* Qui il barcajuolo comanda a Dante di allontanarsi, e andar via; e là dice ad Enea: *Quisquis es qui ad nostra flumina tendis, Fare age, quid venias? jam isthic comprime gressus.* Qui grida a Dante: Anima viva, partiti da cotesti che son morti; e fa sapergli che più lieve legno dovea trasportarlo, e non il suo; e là fa sentire ad Enea, che *Corpora viva nefas Stigiá vectare carinâ.* Di costui è scritto che raccoglie le anime nella barca; e di quello egualmente: *Navita sed tristis nunc hos nunc accipit illos.* Qui si dice che niuna anima buona passa mai di là; e colà è scritto che *Nulli fas casto sceleratum insistere limen.* E fin la similitudine delle foglie che in tempo d' Autunno cadono ad una ad una; e fin quella degli uccelli han per corrispondenti quest' altre:

    Quam multum in silvis Autumni frigore primo
    Lapsa cadunt folia, aut ad terram gurgite ab alto
    Quam multæ glomerantur aves, etc.

E così di altro che per brevità tralasciamo.

Ma non del pari visibile è la fonte onde fu attinta la scena delle anime vigliacche: del che pure qualche cosa potrò dire.

Il poeta adottò da teologi antichi, e specialmente da Clemente Allessandrino, l' idea degli angeli neutrali, che non si dichiararono nè per l' Arcangelo ingrato, nè pel loro Creatore; ma vollero veder l' esito del gran cimento, per far poi omaggio al vincitore. Discacciati dal cielo, alcuni ne furono, secondo Origene, rilegati al vestibolo infernale, ed alcuni altri nell' aria nebulosa. Uno di questi secondi lo incontreremo nel Purgatorio. Quest' angeli non furono dunque *creati da Dante di sua propria autorità*, come piacque di credere al Ginguené; e non furono qui situati da lui per sua fantasia, come parve al Poggiali di asserire. E si badi che questa opinione non venne condannata da verun Concilio, come accadde a molte altre di Origene.

Spontaneo dovè nascere il concetto di unire a questi angeli ignavi que' ciechi *egoisti* che tanto a lor somigliano, i quali non sapendo guardare nel gran futuro si limitano al solo meschinissimo presente; de' quali scrive Aristotile nell' Etica: *Si pusilli cognoscerent se ipsos, appeterent bona quibus digniores sunt:* onde il poeta li chiamò con ambigua frase *genti che hanno perduto il ben dell' intelletto:* esseri amfibj che sogliam dire a modo di spregio *nè caldi nè freddi:* poichè temendo di porre a repentaglio la loro comodità fra gli eventi di nobil tentativo bramano talvolta, ma non osano, onde nulla intraprendono: e quindi come tepidi vengon rigettati e *vomitati* (giusta la frase scritturale) da Dio, e come misericordioso e come giusto. Dante li pose dentro la porta infernale la quale è sempre aperta, giusto forse per significare che avrian potuto in vita evadere dal loro Inferno temporale, ma per la loro irresoluzione restarono a soffrire. Ad alludere alla lor cecità fa che *la lor cieca vita* bassissima passi *in aria tinta* e *senza stelle;* e li pose *nudi,* perchè da nessun partito difesi; per la qual cosa accade che per timore di perdere una parte di que' beni che vili li rendono, perdono sovente il tutto, e nudi rimangono. Per castigare la lor pigrizia non permette che mai si seggano, anzi li condanna a correr sempre; il che adombra ancora la fuga de' vili.

Or questa concezione, s' io non m' inganno, provenne al poeta dal cap. III. dell' Apocalisse, ove parlasi del pastore di Filadelfia e di quello di Laodicea il quale viene appunto di tal *carattere senza carattere* dipinto: eccone le parole: " All' Angelo (cioè al capo) della chiesa di Filadelfia scrivi: Così dice il santo e il verace che ha la chiave di David, che apre e nissuno chiude, che chiude e nissuno apre. Mi sono note le opere tue. Ecco che ti ho messa avanti una porta aperta la quale nissuno può chiudere.... Ed all' Angelo della chiesa di Laodicea scrivi: Mi sono note le opere tue, come non sei nè freddo nè caldo: di grazia fossi tu o freddo o caldo. Ma perchè sei tiepido, e nè freddo nè caldo, comincerò a vomitarti dalla mia bocca. Imperocchè vai dicendo: son ricco e dovizioso, e non mi manca niente; e non sai che tu sei meschino, e miserabile, e povero, e cieco, e ignudo. Ti consiglio a vestirti delle vesti bianche, affinchè non comparisca la vergogna della tua nudità; ed ungi gli occhi tuoi con unguento per vederci....Chi sarà vincitore darogli da sedere con me nel mio trono."—Traduz. di Mons. Martini.

Senza limiti è il disprezzo che il poeta per questi sciaurati quasi a pompa ostenta, e la pena cui li condanna lo fa vedere anche più: schifosi mosconi ed infingarde vespe li mordono d' ogn' intorno, e li fan piangere, come que' vigliacchi che sono: e vermi fastidiosi ne bevono ai piedi le lagrime miste del lor sangue. Ei li fè da tali insetti così tormentare per rammentarci forse le punture, i frizzi, i motteggi di cui furono il perpetuo bersaglio.

Noterò ora tre particolarità del nostro autore; la prima riguardo all' invenzione, la seconda circa la condotta, e la terza intorno allo stile.

Iª. Spesso nel disegno di passare da un luogo ad un altro ei fa nascere un concorso d' incidenti tali ch' ei debba o addormentarsi o svenire; e poi nel tornare ai sensi si trova in quel sito che aveva in mira; il che è fatto sempre con qualche allegorica significazione. E ciò che parrebbe dover produrre monotonia e dar indizio di povertà d' invenzione, è da lui riprodotto con bella varietà di casi e di modi. Così ora: vuol trovarsi sull' altra riva di Acheronte, senza traversare l' acqua sulla barca del nocchiero infernale, e che fa? Si addormenta di qua, e nello svegliarsi si trova di là. Così nel quinto canto: cade in deliquio per la pietà de' tormentati lascivi, rinviene, e si vede fra i golosi. E due altri simili casi vedremo nel Purgatorio. Ma delle allegorie corrispondenti, le quali esigono posteriori lumi, nulla per ora dirò.

II^a. L' analisi che ci ha finora mostrato (e lo mostrerà meglio in appresso) che in questo poema nulla si fa e dice senza ragion veduta, cerchi ora svelarci perchè Virgilio non rispose tosto alle due domande di Dante, e perchè questi temè che il suo *dire* fosse a lui *grave*. Che figura Virgilio?—La filosofia politica, il cui uffizio è regolare gli umani stati secondo la Monarchia. Di quali cose lo interroga qui il suo discepolo?—Di cose che appartengono agli spiriti, le quali eccedono le facoltà d' una tal filosofia. Dunque parmi che quel procrastinar del maestro, e quel temer del discepolo, sien introdotti a significar tal concetto. Ed osservate con qual formula Dante fa la interrogazione: *Maestro, or mi concedi ch' io sappia*: quasi dicesse: so che questo è fuor di tuo ufficio, ma concedilo a me qual favore. E vedendo che quegli nol soddisfa, *temendo che il suo dir gli fosse grave*, poichè conoscea di chiedere più di quello ch' era in Virgilio di accordare, bassò gli occhi e non parlò più. E quando poi Virgilio lo appaga vien chiamato maestro *cortese* (aggettivo che deriva da *Corte*, per opinione del poeta stesso), a dinotare ch' ei non cangia di carattere, malgrado che di spiriti favelli. Ed in vero, se può farsi la difficoltà (cui altrove darò piena risposta) che Virgilio nel guidar Dante all' altro mondo vada fuori del suo campo, può farsi anche la risposta ch' ei non penetri là se non per valersi delle idee dell' altra vita a ben reggere questa. Non vi è regolator di stati che ciò non faccia: la Politica si vale della Religione per migliorare la Morale, ch' è la base di ogni civil società. Ma la scena dell' altra vita è per Virgilio un mezzo, ond' ei lascia Dante alla metà del viaggio; mentre per Beatrice è un fine, ond' ella lo accompagna sino al termine. Nè è questo il solo luogo in cui tal pensiero dell' autore traspare: altri ne incontreremo che ce ne faran più certa fede. Mai più Dante non userà tanto riguardo nelle cose che può pretendere da Virgilio, ma chiederà franco; e non mai Virgilio niega di rispondere a Dante immediatamente su materie di sua pertinenza; e quando sono veramente tali, glie ne parla sovente da sè, ed alla distesa. Ma nel ragionare di cose che trascendono le sue facoltà, o non risponde subito, o risponde sollecitato, o ne parla poco, o in altro modo significa ch' ei favella di cosa non sua. Nel sesto canto, dove il discepolo vuol sapere alcun che intorno alle anime, il maestro lo soddisfa con l' autorità di Aristotile, toccando *un poco* la vita futura. Nel decimo, dove si tratta degli eretici, sebbene Dante sia stimolato da viva curiosità, si guarda pur di esporla, perchè Virgilio l' avea disposto al silenzio altre volte. Questa guida politica ricorda sempre profane istorie, e cita autori profani; e quando si vale della Bibbia lo fa per discorrere di cose che concernono l' uom socievole come vedremo nel canto undecimo, dove, parlando degli usurai, dice che la Genesi comanda che la natura e l' arte debbano far avanzar l' uomo, e non l' usura. Una volta però ad instante inchiesta tratterà di cosa assolutamente spirituale, e per significare ch' egli è fuor di seminato conchiude: non arrestarti ai detti miei, ed attendi a quel che te ne dirà Beatrice, ch' è lume fra Dio e l' intelletto: quasi esprimer volesse: non io son l' oracolo proprio a ciò, ma bensì quella scienza che mette in relazione l' uomo con Dio. E chiaramente altrove gli dice:

......Quanto ragion qui vede
Dirti poss' io: da indi in là t' aspetta
Pure a Beatrice ch' è opra di fede.

SUL CANTO III.

In generale Virgilio parla sempre di vizj e viziosi, di virtù e virtuosi che riguardano l'uomo cittadino: vale a dire di ciò che corrompe o rettifica l'umana società, e la predispone al castigo o al premio avvenire: come ne' seguenti canti vedremo.

III*. Gli altri poeti rassomigliano per lo più gli uomini ad altri animali, come il leone, la tigre, il cavallo, il toro, il cane, la volpe, il lupo, l'agnello, l'aquila, la colomba, il serpente, il dragone, ecc. o ai grandi agenti della natura, come il sole, la luna, il mare in tempesta, il fiume gonfio di umori, ecc. e a semplici esseri inanimati, come un albero, un fiore, una rupe, una colonna, ecc. o ad uomini distinti per professioni, come un guerriero, un nocchiero, un fabbro, un pastore, ecc. e Dante, senza rinunziare a queste ricche miniere di bello poetico, ve ne aggiunge un'altra, quella cioè di equiparare un uomo ad un altr'uomo in generale, e senza nessuna determinazione di stato particolare. Così nel primo canto: " E come quei che con lena affannata." " E qual è quei che volentieri acquista." Così nel secondo: " E qual è quei che disvuol ciò ch' ei volle." E così anche nel terzo: " E caddi come l'uom cui sonno piglia." E così pure nel quarto: " Come persona che per forza è desta," ecc. Si avverta ora per sempre questo suo particolar magistero di cui incontreremo frequentissimi esempj, e ch' io lascio intieramente all' accortezza del leggitore.

Abbiam chiamato Ant-Inferno tutto ciò che precede questo canto, perchè, come si è veduto, è nella selva: l'Inferno durerà sino al centro della Terra; e quel ch'è dopo, il quale è ben poco, lo chiameremo Post-Inferno: e ciò per maggior distinzione e corrispondenza delle parti del Poema. Vedremo in fatti divisa la Seconda Cantica in Anti-Purgatorio, in Purgatorio, ed in Post-Purgatorio. Dante pose gran cura in tal corrispondenza, come in più d'un luogo sarà manifesto.

NOTE AGGIUNTE AL CANTO III.

Terz. 2. *Fecemi la divina Potestate,*
La somma Sapienza, e 'l primo Amore.

PER vedere perchè il Primo Amore, o sia lo Spirito Santo, concorresse alla formazion dell'Inferno, bisognerà riflettere che un giudice, nel punto che castiga i colpevoli, mostra la sua benevolenza al genere umano nell' allontanare o prevenire i mali che l' affliggono, e nel confermare i giusti ad esser buoni, e nell'indurre i non giusti a divenirlo. Il peccato non è che un male, o sia una violazione del precetto altissimo dell' amor generale: e il punire coloro che offendono quel precetto è uno stabilire maggiormente il precetto istesso. Il codice delle pene emana direttamente dal desiderio di serbare per quanto si può più saldo e fermo il legame che unisce la società; ed altro non è, dirò così, che la pietosa mannaja pronta ad accorrere per troncar le mani audaci che recidono un qualche filo di quel legame. Dello stesso modo, l' Inferno nacque dal principio di benevolenza di Dio a tutta la specie umana; e quindi lo Spirito Santo, da cui la universal carità si diffonde, dovea avere la principal parte nella formazion dell'Inferno, ch' esser dovea un freno contro la violazione di una tal carità. Oltre a ciò: la Trinità è indivisibile nella sua misteriosa unità; e non è immaginabile che una cosa voluta dalle due prime divine persone non sia voluta dalla terza. Lo Spirito Santo, *qui ex Patre Filioque procedit*, è il concorde amore tra 'l Padre e 'l Figlio, e non può da lor disgiungersi senza che quell' amore cessi, il che non sarebbe diverso dal dire che Dio cessasse di essere, il che è impossibile. Chi dice che le due prime divine persone concorsero ad un' opera, nella stessa parola *concorsero* include pur la terza, ch' esprime la loro unione: e siccome concorse alla formazion del Paradiso per premiare i giusti, così dovè pur concorrere alla creazione dell' Inferno, onde ogni uomo, nel riffugire da quello, al Paradiso tendesse. Mi sono alquanto prolungato in ciò per rispondere al Signor Ginguené, che scrivea di vedere con ripugnanza il Primo Amore prender parte alla formazion dell' Inferno, e giudicò falso il concetto. Niente di più vero e di più profondo insieme; e la stessa voce *Primo Amore* fa vedere ch' esso fu il primo motivo impellente agli altri due, tanto è lungi che non dovesse avervi parte.

T. 3. *Prima di me non fur cose create*
Se non eterne......

Da ciò apparisce, come innanzi riflettemmo, essere stata opinione di Dante che l' Universo, e quindi il nostro globo che nel suo sistema n' è il centro, fosse stato formato poco avanti la ribellione degli angeli, il che sarà da lui chiaramente espresso nel Paradiso; e questa opinione gli derivava da Origene, il quale insegnava che le intelligenze angeliche fossero state create poco prima dell'uomo (περὶ Ἀρχῶν, lib. i. cap. viii). Ed è chiaro che Dante dovesse adottare questa dottrina: poichè, se avesse creduto che gli angeli si fossero ribellati prima del Mondo, come potrebbe poi spiegarsi che fosser confinati nell'Inferno se la Terra, ove l'Inferno è, non era ancor formata?

T. 5. *Ed egli a me, come persona accorta:*
Qui si convien lasciare ogni sospetto,
Ogni viltà convien che qui sia morta.

Qui mi è uopo fare una importantissima osservazione, da cui dipenderà l'intelligenza di molti passi difficili. Sembra che Dante abbia avuta renitenza a dire che a suo riguardo si sospendessero nell'Inferno le leggi eterne della giustizia; e per evitar di dirlo udite che ha fatto. Ogni volta che gli era necessario esprimerlo ha soppresso la sentenza; e fattone quasi un impercettibile cenno è passato innanzi, cosicchè tutti que' luoghi, in cui è simil lacuna, son rimasti oscurissimi. Qui è men oscuro che altrove, ma pur giova cominciare ad avvertirlo. Ei si rivolge al *maestro*, dicendo che *il senso* dell'ultimo verso che ha letto sulla porta *gli è duro*. Virgilio, *come persona accorta*, gli risponde, *qui si convien lasciare ogni sospetto*: il discorso non pare interamente connesso; ma sviluppa i germi delle sentenze accennate, e tutto sarà chiaro. Virgilio è *maestro*, perchè gli dee spiegare a suo riguardo il senso di quel verso, "Lasciate ogni speranza, voi ch'entrate;" gli risponde *come persona accorta*, perchè ha capito da che nasce lo *spaventevole* di quel senso. Dante dee *lasciare ogni sospetto*, per quel che Virgilio gli avea promesso nel primo canto, quasi dicesse: non temere, poichè le leggi infernali son per te sospese. Lo ripeto, e teniamolo bene a mente: Dante, quando non vuole esprimere un senso che gli pare troppo ardito, lo accenna appena misteriosamente: toccherà dunque a noi svilupparlo.

T. 6. *Noi sem venuti al loco ov' io t' ho detto*
Che tu vedrai le genti dolorose.

Molto imbrogliata è la sintassi di questi due versi, poichè come giace esprime che Virgilio avea detto in quel loco a Dante che avrebbe vedute le genti dolorose; mentre dee dire che Virgilio avea promesso a Dante che in quel loco avrebbe vedute tai genti: il che mira a quei due versi del primo canto:
Vedrai gli antichi spiriti, dolenti,
Che la seconda morte ciascun grida.
Per cui in questo canto consonantemente si ripete:
Questi non hanno speranza di morte;
che corrisponde a quella frase, *mors sine morte*, di S. Agostino.

T. 14. *Cacciarli i Ciel per non esser men belli,*
Nè lo profondo Inferno li riceve,
Chè alcuna gloria i rei avrebber d' elli.

Questa è una delle volte in cui ragion mi comanda di rompere quel mio voto per cui risolvei di non confutar nominatamente alcuno: poichè mi conviene dissentire dalla interpretazione che il chiarissimo Vincenzo

Monti dà a quell' *alcuna gloria*, spiegandola per *nessuna gloria*: e il fo, perchè il suo autorevole credito non induca altri in ciò che io giudico errore.

Non ho bisogno di far le mie scuse con quell' acuto intelletto nel non accordarmi con lui, perchè egli stesso le ha fatte per me quando, avvertendo altri di abbagli presi, ha dichiarato che il facea per dar loro un pegno della sua stima nel crederli degni di udire la verità. Io perciò intendo dare a lui un pegno della mia nel presentargli quella verità di cui egli fu cento volte ineluttabil campione contro le altrui offese. E dichiaro che nel difenderla da lui stesso, il quale credendo di sostenerla l'ha questa volta lesa, io intendo di mostrarmi suo amico: quelli che professano lo stesso culto soglion chiamarsi fratelli.

Niuna rapporterò di quelle molte ingegnose riflessioni che sotto la sua magica penna prendono quasi aspetto di ragioni: ma mi arresterò a considerare i due passi della Divina Commedia, su cui egli si fonda per sostener il suo assunto. Il primo è nel C. XII dell' Inferno, e il secondo è questo appunto del C. III. Considererò prima quello, e poi verrò a questo.

Il poeta parla colà di una rupe caduta: ed ecco le sue parole:

> Qual è quella ruina che nel fianco
>   Di qua da Trento l' Adice percosse,
>   O per tremuoto, o per sostegno manco,
> Che da cima del monte onde si mosse
>   Al piano, è sì la roccia discoscesa
>   Che alcuna via darebbe a chi su fosse;
> Cotal di quel burrato era la scesa.

Qui il Monti spiega col Lombardi *nessuna via*, il che è contraddetto dal raziocinio e dal fatto.

Il raziocinio ci dice che un' erta rupe, quando non è caduta, non dà a chi vi è sopra veruna via per discendere al basso; poichè essendo dritta dritta, chi vi è sopra e vuol andar giù, bisogna che si getti a piombo, e dica addio o alle sue gambe o alla sua nuca: ma quando caduta dalla sua quasi perpendicolare ertezza si distende verso il piano sottoposto, e divien *discoscesa*, dà allora *alcuna via*, cioè una qualche possibile via di scendere pei massi rovinati, che fanno una specie di mucchio a piano inclinato; il che a chiare note vien espresso da quell' aggiunto *discoscesa*. Non diciam certo *discosceso* ad un muro dritto, ma ad un muro rovinato lo diciamo. Or siate in cima ad un muro non caduto, come scendere senza scala, o senza menarvi giù? Scender non può *chi va senz' ala*, direbbe Dante; ma siate in cima a quel muro stesso già crollato *o per tremuoto o per sostegno manco*, voi scenderete per lo sgominio delle pietre disciolte. Cautela vi bisognerà, ma scenderete finalmente.

Il fatto ci dice (e ciò è più assai) che Dante e Virgilio discesero in effetto pel burrato di quella scesa, a cui la rovina della rupe dell' Adice è rassomigliata: udiamo le parole del poeta:

> Così prendemmo via su per lo scarco
>   Di quelle pietre, che spesso moviensi
>   Sotto i miei piedi, per lo nuovo incarco.

Or come non dava quella rupe *nessuna via*, se Virgilio e Dante vi *presero via su per lo scarco di quelle pietre, che spesso si moveano sotto i piedi*

AL CANTO III.

di Dante pel nuovo incarco di un uom vivente? E i demonj ch' eran giù li videro in fatti calare, " Vedendoci calar ciascun ristette;" ed uno di essi, all' osservar da lungi, che le pietre si moveano sotto i piè di Dante, il quale seguiva Virgilio, argomenta quindi ch' ei fosse vivo, e dice ai compagni, *siete voi accorti, Che quel di dietro muove ciò che tocca? Così non soglion fare i piè de' morti.* Ma che più, se l' ultimo verso del citato passo lo dice a lettere cubitali : " Cotal di quel burrato era la scesa;" ed ognun sa che *burrato* vuol dire *luogo scosceso*, a cui aggiunge l' ultima evidenza quel *Cotal era la scesa;* e scesero in vero. Or dunque *alcuna via*, in quel verso, sì per *raziocinio* che per *fatto*, significa *alcuna via* e non già *nessuna via*. Veniamo ora al presente passo.

Son offerte con tanta industria le riflessioni del Monti che, spinto dalla loro apparente forza, tentai spiegare *alcuna gloria* per *nessuna gloria;* ma un momento dopo mi trovai irretito in tante difficoltà e contraddizioni, che non vedea modo di più uscirne, senza rinunziare a quella *nessuna gloria*: onde ritornato alle prime mosse vidi che la via vecchia era la buona.

L' Achille degli argomenti del Monti è in que' due versi :

Nè lo profondo Inferno li riceve,
Chè alcuna gloria i rei avrebber d' elli.

Dove per *rei* ei vuol intendere *il congregamento de' demonj e de' peccatori, nemici tutti di Dio, ai quali i poltroni sono spiacenti;* e quindi li discacciano dal profondo Inferno. Ecco il primo sbaglio del Monti, da cui nasce tutto il cavillo posteriore. La parola *rei* è chiaramente aggettivo di *angeli*, e così lo ha inteso il Boccaccio, nè può intendersi altrimenti. Agli *Angeli vili che non furon ribelli* il poeta ha messi in opposizione gli *Angeli rei che furon ribelli;* per cui l' *alcuna gloria* a questi soli si riferisce, e non agli uomini dannati ancora. Leggiamo il testo con attenzione, e lo vedremo.

Ed egli a me: questo misero modo
Tengon l' anime triste di coloro
Che visser senza infamia e senza lodo :
Mischiate sono a quel cattivo coro
Degli *angeli che non furon ribelli*,
Nè fur fedeli a Dio, ma per sè foro.
Cacciar*li* i Ciel per non esser men belli,
Nè lo profondo Inferno *li* riceve,
Chè alcuna gloria *i rei* avrebber d' *elli.*

Cioè, il profondo Inferno non *li* riceve (gli angeli vili) perchè gli angeli *rei* avrebbero alcuna gloria d' *elli*, vale a dire da quegli angeli vili. *Cacciarli, elli* e *li riceve* non possono assolutamente riferirsi ad *anime triste*, ma ad *angeli*. Nè si dica che si applichino all' obbliquo *coloro*, poichè (ammessa anche questa irregolarissima costruzione), dicendosi subito dopo *mischiate*, relativo ad *anime*, non potea dirsi anche *cacciarli, elli* e *li riceve*, relativi pure ad *anime*, con uno sgraziato ondeggiamento di maschili e feminili riferiti allo stesso oggetto. E poi è chiaro che i Cieli cacciarono gli angeli neutrali i quali vi erano, e non già gli uomini ignavi che non eran certo colà, non essendo quello il luogo loro, e non essendo allora che *in mente Dei*. Ed è più chiaro ancora che, poichè gli angeli sciaurati e i rei insieme piombarono di là, questi soli ultimi potevano essere nel profondo Inferno, e non già le *anime triste* degli uomini poltroni che non erano ancor create. Onde il profondo Inferno che non ricevette allora e non riceve neppur ora tali angeli vili, perchè i rei ne avrebbero alcuna gloria, esprime il congregamento de' soli demonj, e non già *de' demonj e de' peccatori* insieme. L' *alcuna gloria* perciò non può aver di mira i peccatori ancora, ma i soli angeli rei.

L' interpretazione del Monti è tutta dunque fondata sopra una base falsa: ma io, per nulla ciò contando, voglio intendere per *rei* quel ch' egli ha voluto intendere, cioè *il congregamento de' demonj e de' peccatori ai quali i poltroni sono spiacenti,* e vediamo se l' *alcuna gloria* debba interpretarsi com' ei pretende. Ei segue a dire: " Or per tutti gli Dei s' è egli udito giammai ch' altri possa gloriarsi e compiacerci alla compagnia di persona abborrita? E un uomo che mi serrasse in petto le porte della sua casa, e dicessemi: *non ti ricevo perchè mi onori,* non sarebbe egli un logico da legarsi con quattro catene? E pure si è questo il bel ragionare che tutti gli espositori mettono in bocca al povero Dante." Or mettiamo in bocca a Dante il ragionar del Monti, e vedremo le conseguenze che ne derivano: tali esse sono, che sarà forza conchiudere, che se Dante avesse fatto un sì bel ragionare sarebbe egli appunto quel logico da legarsi con quattro catene. *Il congregamento de' demonj e de' peccatori, ai quali i poltroni sono spiacenti, non potendo avere nessuna gloria dalla compagnia de' vigliacchi, li discaccia dal profondo Inferno.* 1ª Conseguenza: Dunque sta ai demonj ed ai peccatori il ricevere o non ricevere chi loro pare e piace nel profondo Inferno; dunque son essi che nell' Inferno dettan la legge. No, risponde il povero Dante: anzi ho dichiarato che *Giustizia li sdegna,* la quale è sicuramente la Giustizia di Dio, perchè i demonj e i peccatori non han Giustizia: dunque la Giustizia di Dio, e non i demonj e i peccatori, è quella che sdegna i poltroni, e non li riceve nel profondo Inferno. Tiriamo innanzi: *La Giustizia di Dio non riceve i poltroni nel profondo Inferno, perchè i rei di gravissimi delitti non avrebbero nessuna gloria dalla compagnia di questi vili.* 2ª Conseguenza: Dunque la Giustizia di Dio è intenta colà a glorificare i rei; e solo perchè conosce che questi non possono avere dalla compagnia de' vigliacchi alcuna gloria, discaccia i vigliacchi dalla compagnia de' rei. Per tutti gli Dei e tutt' i Diavoli ancora, che nella mente del povero Dante, grave Filosofo e gravissimo Teologo, ciò non poteva entrare, e non entrò giammai. Dunque *alcuno* in senso di *nessuno* (che sarebbe unico esempio nella Divina Commedia) è un bel sogno; perchè *alcuna gloria* qui significa *alcuna gloria,* e non altro.

Non voglio entrare a discutere gli altri esempj che il Monti arreca, perchè non appartenendo essi alla Divina Commedia andrei fuori del mio seminato.

Dopo questi argomenti, tratti dai fonti intrinseci (come dicono i Logici), due altri ne farò fluire dai fonti estrinseci.

Iº. Il Monti dice che *alcuno* sia qui alla maniera Francese, che significa *nessuno:* or io rispondo che non è vero che *aucun* in Francese significhi *nessuno* in questo nostro caso; e lo provo. *Aucun* in Francese ha forza negativa per ellissi: ma il discorso di Dante è qui intero e non ellittico. Traduciamo il passo in Francese e lo vedremo; e mettiamo pure *aucune gloire* invece di *quelque gloire* che la buona frase richiederebbe. *Le profond Abime ne reçoit pas les poltrons, parce que les grands criminels n' auroient aucune gloire de leur société.* Qui la frase diventa negativa per quel *ne*, e non per *aucune*: e corrisponde alla nostra maniera *non avrebbero alcuna gloria*: togliamo ora quel segno di negazione: *Le profond Abîme ne reçoit pas les poltrons, parce que les grands criminels auroient aucune gloire de leur société*: E ciò dice il contrario di quel che sostiene il Monti; cioè dice quello che Dante ha voluto dire. Se esaminiamo tutte le formole francesi, in cui entra *aucun* per negare, vedremo che il discorso è sempre ellittico, il che non è del caso nostro. Così s'io dirò: *Avez-vous des nouvelles?* e voi mi rispondete *aucune*, voi vi servite di una ellissi. Levate questa figura grammaticale, e lo vedrete chiaro. Domanda: *Avez-vous des nouvelles?* Risposta: *Je n'en ai aucune*; e meglio ancora: *Non, je n'en ai aucune*. Dunque non è vero che *alcuna* alla maniera francese significa *nessuna* in questo caso; e così va per aria anche la supposizione, che Dante abbia forse imitato dai Francesi quel modo di dire. Or se nella lingua sua e nell'altrui non avea appoggio a fare quella stranezza, da che potè esservi stato indotto? forse dal ritmo? vediamo.

II°. Dante qualche volta ha alterate le parole onde acquistare spazio per comodo del metro: così ha scritto *d'esto* dissillabo, per evitare il trisillabo *di questo* che non favoriva il suo verso: ma non troverete mai che abbia detto *per esto* in luogo di *per questo*, poichè, essendo trisillabi l'uno e l'altro, ha preferito sempre *per questo* all'altro, ch'è licenza: così pure ha scritto *onrato*, per onorato, *fi* per figlio, *com* per come, ecc. sempre per iscemare una sillaba. Or non può neppur dirsi che per lo stesso motivo abbia scritto *alcuna* per *niuna*, perchè ne' due citati luoghi i versi camminano bene, tanto con l'uno quanto con l'altro: onde non avea minima ragione di dir con inusitata maniera stranissima,

>   Che alcuna gloria i rei avrebber d'elli,
>   Che alcuna via darebbe a chi su fosse,

quando avrebbe potuto dire con modo usato e regolare, e con due versi egualmente buoni,

>   Che niuna gloria i rei avrebber d'elli,
>   Che niuna via darebbe a chi su fosse.

Dunque non avea nè esempio nè ragione per far ciò.

Convengo che il senso che vuol darvi il Monti è più fiero e Ghibellinesco, poichè mostrerebbe un maggior disprezzo per que' vili, *che per manco di zelo alla cosa pubblica, non si dando a veruna parte, rimangono vituperosamente in fra due, per quegli inetti, che nelle mortali discordie della lor patria non erano per veruno, ma per sè stessi*. Ma Dante dipingeva gli effetti della Giustizia di Dio; e la Giustizia di Dio non era nè Ghibellina nè Guelfa. Quindi nel dire che la Divina Giustizia *non riceveva i poltroni nel profondo Inferno, perchè alcuna gloria i rei avrebber da quelli ricevuta*, ei si mise al luogo della Giustizia istessa, e si scordò di essere Ghibellino: ed agli occhi di quella equanima un inetto, un vigliacco è sicuramente meno colpevole di Giuda e di Lucifero. Ma qual sarebbe la gloria che i grandi scellerati riceverebbero dalla compagnia de' poltroni? Dopo il già detto è chiaro: quella di esser in unione di chi visse senza infamia, benchè pur senza lode: quella stessa che riceverebbe un ladro, un assassino, un parricida dalla compagnia d'un di que' miserabili, chiuso con loro in una stessa carcere: coloro vissero per imbrattarsi le mani di sangue, e per farsi l'anima sozza di cento iniquità, e gli altri *non furon mai vivi;* questi son zero, e quelli son quantità negativa: or chi non sa che il non aver niente, e niente dover dare, è assai meglio che non posseder nulla ed avere debiti? Basterebbe, per vederlo chiaramente, mettere al fianco di colui ch'è figurato nella vorace lupa, il timido agnello di quell'altro *che fece il gran rifiuto*: e vedremo di qua a poco qual differenza passi fra loro. Chi mi offende è ben diverso da chi non mi ajuta. E poi *gloria*, nel senso in cui l'usa qui Dante, è quell'interno gloriarsi e compiacersi del perverso nel vedere che altri meno colpevoli soffron egualmente che lui: "Non li riceve il profondo Inferno perchè i rei che molto maggiormente peccaro si glorierebbero d'esser messi ad una medesima pena con questi che hanno peccato meno."—Il Vellutello. "Potrebbero gloriarsi i gran peccatori che avendo peccato più gravemente di costoro nientedimeno non fossino in maggior supplicio."—Il Landino: e per *piacere* spiega una tal *gloria* il Boccaccio; la cui autorità in fatto di lingua val certo qualche cosa.

Spero che il ch. Monti non voglia recarmi a colpa l'aver cercato d'imitarlo con essermi appigliato a quella critica di cui ei suol far sì buon uso, e da cui questa volta si è per un momento scostato. Giungo anzi a lusingarmi che l'averlo io avvertito d'un involontario oltraggio da lui fatto all'altissimo suo modello, onde il ripari, mi sia d'un bel titolo alla sua benevolenza.*

T. 20. . . . . *Colui*
Che fece per viltate il gran rifiuto.

Celestino, che il Boccaccio chiama *uomo idioto*, era un romito di pura vita e di semplicissimi costumi: egli appellavasi prima Fra Pietro Morrone, ed avea il suo eremo presso Sulmona in Abbruzzo. Eletto al papato per fama di santità, con sorpresa ed applauso dell'Italia intiera, egli fuggì quasi spaventato alla vista de' Cardinali che andarono per salutarlo pontefice, e condurlo a Roma: ed acconsentì quasi riluttante ad abbandonare il suo pacifico ricetto. Grandi furono le pompe del suo ingresso, immenso il concorso, e non minore l'aspettativa che il mondo cristiano avea di lui. Vane speranze e stolte! Mancante di energia di spirito e di ogni istruzione, vissuto sino alla vecchiaja in muto eremo, Celestino non cessò di esser romito, essendo papa. Ma come attendersi l'uomo di stato dal vecchio della solitudine? qual

---

* Mi sarei meno esteso nel combattere questo errore se non ne avessi veduto i maligni effetti. La seduttrice eloquenza del Monti ha illuso moltissimi, sino al punto che non solo alcuni espositori han ripetuto alla cieca la sua opinione, dandole, perchè sua, bel peso di ragione, ma quel ch'è più, il Signor Patronj non ha dubitato d'introdurre *alcuno* per *nessuno* nel suo ben accolto Dizionario Italiano, Inglese, Francese, il quale è fra i più pregevoli che in tal genere abbia vista la luce; sì per la maggior copia delle voci, raccolte dai migliori lessicografi moderni; sì per la tecnologia di scienze ed arti della quale è arricchito; sì pei distinti accenti, onde la prosodia e l'ortoepia ricevono un bell'ajuto. Il dotto autore, dalle mie ragioni persuaso, ha tolto quello sbaglio nella seconda edizione di quell'opera, la quale sarà anche preferibile alla prima per maggior correzione.

AL CANTO III.

consiglio di fidar il timone di un tanto naviglio a mani sì inesperte, e in tempi sì procellosi! L' uomo di Dio e non del mondo volea fare il bene e non sapea farlo; anzi produsse senza volerlo gravissimi mali: e la colpa non fu certo sua, ma di chi lo espose al gran cimento. E quel ch' è peggiore, in luogo di pietosi consiglieri che supplissero al suo difetto, ebbe al fianco chi non lasciò via intentata per farlo maggiormente smarrire: poichè venne raggirato giorno e notte da Bonifacio, allor Cardinale Gaetani, detto dall' Imolese *magnanimus peccator*, il quale lo circuì per mille modi, onde espellerlo dalla Cattedra Apostolica, ed intrudervisi esso. Conoscendone la credulità e la quasi battesimale innocenza cercò persuaderlo, per cento mezzi, che se non abdicava si sarebbe dannato. Lo assaltò più tardi con fantasmi, sino a fargli sentire un suono di trombe, e delle voci che venivano dall' alto gridando: *Rinunzia, Celestino, rinunzia*: e tanti furono i raggiri che mise in opera per trarlo da quel seggio ov' egli mirava, che lo stesso Celestino alfine se ne accorse; ma quando non era più tempo di ritirarsi indietro. E si narra che proferisse quella ingegnosa sentenza, che forse gli fu attribuita: *Intrasti ut vulpes, regnabis ut leo, morieris ut canis*: e tal morì infatti Bonifacio, catturato poi in Anagni per opera di Filippo il Bello, suo vecchio complice. Così per debolezza di animo da sua parte, e per maligna fraude dall' altrui, il malaccorto Celestino depose il papale ammanto: ma indarno ricercò quella perduta pace che avea sospirato. Il sospettoso Bonifacio, temendo ch' ei si pentisse dell' abdicazione, o che rivelasse il modo onde gli fu estorta, lo rinchiuse quasi in un carcere, da cui il povero vecchio fuggì due volte; e per non essere più rinvenuto menò vita quasi selvaggia, cibandosi di erbe e radici sopra una deserta montagna: ma pur ivi il raggiunse la potente mano di Bonifacio, che si valeva contro lui della forza che da lui gli derivava. Il venerando ex-pontefice, che trovava fautori in quanti lo compiangevano, fuggì di nuovo e s' imbarcò per passar l' Adriatico; ma Iddio, che volea provare il suo santo con ogni sorta di tribolazioni, lo fè rigettare da una tempesta a piè del Gargano: di là fu tratto in un castello della Campania sotto la responsibilità di 36 guardie, che non permettevano a vivente di accostarsi a lui: ed ivi sopraffatto dagli stenti, e avvelenato, o da un segreto tosco, come si disse, o dall' aria maligna, com' è probabile, esalò lo spirito innocente, che si diresse certo alla porta del Cielo, e non al vestibolo dell' Inferno. Nè Bonifacio perdonò al di lui cadavere; poichè "il fece in una piccola chiesicciuola senza alcuno onore funebre seppellire, in una fossa profondissima, acciocchè alcuno non curasse di trarnelo giammai."—*Boccaccio*.

Or supposto e non concesso che tutti e due fossero andati giù, chi non vede quanta gloria Bonifacio avrebbe ritratta dalla compagnia di Celestino? E non dovea dunque dirsi che *alcuna gloria i rei avrebber d' elli?* Dante fu troppo severo, e dirò anche ingiusto. Non avrebbe mai dovuto confondere la semplicità con la vigliaccheria: avrebbe dovuto compatire lo spirito povero d' inesperto anacoreta pel *gran rifiuto che fece*: ma siccome la rinunzia di lui era stato motivo dell' elezion di Bonifacio, così ei non seppe vedervi che la cagion di sua ruina, e de' mali della patria sua. A scusarlo però di aver posto all' Inferno chi ora è santo, diremo ch' ei ne tace il nome; e che Celestino fu canonizzato dopo che Dante avea già scritto. Ma ognun vede, che fu tanto giusto il fare un santo di quel pio Romito, quanto fu ingiusto il farne un dannato.

T. 35. *Bestemmiavano Iddio, e i lor parenti,*
L' umana specie, il luogo, il tempo, il seme
Di lor semenza, e di lor nascimenti.

Vi è chi spiega *il seme di lor semenza* il nonno e la nonna, *e il seme di lor nascimenti* il padre e la madre, ma ciò mi par troppo lambiccato: tanto più che la madre e 'l padre son già espressi nel *parenti* ch' è sopra.

T. 37. *Caron dimonio con occhi di bragia*
Loro accennando tutte le raccoglie;
Batte col remo qualunque s' adagia.

Qui cade in acconcio una riflessione che riguarda il poema intiero, e che assolverà il nostro autore da stolto rimprovero, che alcuni poco riflessivi e molto superficiali gli han fatto.

Dante, il quale sentiva tutto il vantaggio che gli sarebbe venuto dall' introdurre nella sua macchina alcuni esseri mitologici già consecrati dalla poesia classica, i quali presentano alla fantasia vivissime pitture variate, sentiva nel punto stesso l' inconvenienza d' introdurli in un poema cristiano, potendo attirarsi così la taccia di aver confuso il sacro col profano. Che fè egli allora? Li cangiò in tanti demonj. Così Caronte è un demonio, un demonio Minosse, un demonio Pluto, le Furie son demonj, ecc. E ciò è analogo alla dottrina bibblica che passò in gran parte all' evangelica, avendoci quella insegnato che *omnes Dii gentium demonia*. Dell' istesso modo, il tricipite Cerbero, il mostruoso Gerione, il Minotauro, i Centauri, le Arpie son tutti egualmente demonj, destinati a diversi uficj nel suo Inferno, e secondo la loro diversa natura e il vario lor carattere con mirabile giudizio modificati ed impiegati. Così gli riuscì d' innestare la pagana mitologia alla religion cristiana senza la minima disconvenienza, anzi aderendo agl' insegnamenti del nostro dogma: e seppe costringer la prima a servir la seconda per aver il complesso della bellezza di quella e della gravità di questa. E pure un tal artificio, che quasi salta agli occhi, fu mal ravvisato da coloro che per pizzicar di Aristarchi nel far la satira al criterio del nostro poeta la fecero al loro medesimo. Direbbe Milton a questi tali:

Fur gli spiriti rei dal Ciel piovuti
   Che trasser con menzogne e con inganni
   D' Adamo i figli a volgere le terga
   Al lor Fattore, alla sua gloria eterna.
Ed essi fur che indussero gl' illusi
   A figurarli in cento forme e cento,
   Onde i demonj in deità cangiati
   Ottenner dai mortali are ed incensi.
Quindi al mondo pagan fur noti e sacri
   Idoli varj sotto varj nomi.[*]

---

[*] By falsities and lies the greatest part
   Of mankind they corrupted to forsake
   God their Creator, and the invisible
   Glory of him that made them to transform,
   And devils to adore for deities:
Then were they known to men by various names,
   And various idols through the heathen world.
                            Par. Lost, Book I.

Dietro sì giusta idea, proveniente da sorgente scritturale, possiam dire che alcuni degli Angeli reprobi si fecero dagli uomini appellare Caronte, Minosse, Pluto, ecc. e che Dante nel parlar di loro ha voluto rattenerne nomi ed uffizj, di che la sacra poesia dev' essergli obbligata. Ma si può forse opporre che non si restringe a ciò solo quel che in lui viene censurato. Ed io posso pur rispondere che anche nel resto non è stato ben inteso; e che come ora lo abbiam riconosciuto per innocente così altrove lo ravviseremo per men colpevole.

Quegli *occhi di bragia* del demonio Caronte, e quel suo *remo* che batte le anime restie, sono stati espressi miracolosamente dal pennello del gran Michelangelo nel suo Giudizio Universale; perchè quel sommo ingegno con lungo studio e grande amore cercava questo mirabile volume, come si ha dalla sua vita. Nulla di più vero che la simpatia nasca da analogia di carattere. Nell' imbatterci con un grande autore omogeneo, noi in lui ci applaudiamo senza avvertirlo; poichè ammiriamo per lo più in esso ciò di cui è il germe in noi. L' anima nostra, come se incontrasse un amico nascosto che le si svela, prova un tal senso mal definibile che parle più ricordarsi che apprendere. Questa specie di spirituale voluttà, altro non è che lo sviluppo segreto di quel germe che attendea un analogo motore che lo facesse dischiudere: e direi quasi essere la fecondazione intellettuale di un anima predisposta che, messa in contatto con l' altra che l' attrasse, sente, concepe, e si prepara a produrre. In questa specie di estasi amorosa l' autor prediletto ci divien tosto modello, e quasi in lui ci trasfiguriamo. Onde giustamente di questi due altissimi Fiorentini fu scritto, che le anime loro non due sembravano ma *una sola che spiegasse le stesse immagini con diversi strumenti*. Talchè se di Apelle e di Fidia si disse che dipingendo e scolpendo *omereggiavano*, del Buonarroti (Fidia ed Apelle insieme, e più ancora, poichè valoroso archittetto e nobilissimo poeta ei si fu ad una) può egualmente dirsi, ch' ei nelle sue tavole, e ne' suoi marmi, e nelle sue fabbriche, e ne' suoi versi arditamente *danteggiava*. E vi è da poter sostenere che qual di lor due fosse nato avanti avrebbe sempre prodotto l' altro. Di tal eccelsa invidia era preso il secondo pel primo che, indignato contro la comun patria, ne scrisse in un sonetto:

> Di Dante mal fur l' opre conosciute,
> E 'l bel desio da quel popolo ingrato
> Che solo ai giusti manca di salute.
> Pur foss' io tal che a simil sorte nato,
> Per l' aspro esilio suo con la virtute
> Darei del Mondo il più felice stato.

ESPOSIZIONE DEL CANTO III.

Per me si va nella città del dolore; il dolore di questa città è eterno; e questo eterno dolore forma il castigo delle anime perdute. La Giustizia mosse il mio alto fattore a formarmi, e tutte e tre le persone divine si unirono per soddisfar la Giustizia: la potenza del Padre s'impiegò nel crear le varie pene; la sapienza del Figlio nel proporzionarle ai peccati; e l'amore dello Spirito Santo diè il primo impulso al Padre e al Figlio perchè formassero in me un freno a chi violar volesse la legge suprema della general carità. Prima di me non vi furon cose create che non fossero eterne, poichè prima di me furono creati gli Angeli, dalla ribellione de' quali Iddio fu mosso a formarmi per rinserrarveli; ed io stesso duro eternamente, come gli spiriti che in me son puniti. O voi ch'entrate, lasciate ogni speranza di mai più uscirne. Dante lesse queste parole di colore oscuro alla sommità di una porta. L'ultimo verso lo colpì di terrore: per cui rivolto a Virgilio disse: Maestro, il senso loro mi è spaventevole. Ma Virgilio, come persona che si era accorta da che derivasse quello spavento, rispose: Qui si convien lasciare ogni sospetto; conviene che ogni timore sia in te qui spento. Le leggi infernali, quantunque inviolabili, non son per te, prescelto a tanto. Noi siam venuti al loco ch'io ti ho detto, ove tu vedrai le genti dolorose che hanno perduto Iddio, sommo bene dell'intelletto, perchè è il fonte della verità che dell'intelletto è lo scopo. Ma io ti ho detto pure che di qua passeresti a vedere il Purgatorio e il Paradiso: fidati dunque di me. E qui Virgilio stese la mano a quella di Dante, e confortatolo con lieto volto lo mise dentro a que' segreti luoghi, ove son cose che occhio non vide ed orecchio non udì. Entrato appena, Dante ascoltò sospiri, pianti ed alti lamenti, che risonavano per quell'aria oscura e senza stelle, che son la misura del tempo. Non sapendo chi formasse quelle dolorose querele al cominciare ne lagrimò per pietà. Diverse lingue e la parte più orribile delle varie favelle, come parole di dolore e accenti d'ira, con voci alte e fioche, e con suono di mani per rammarico percosse, facevano un tumulto che si aggira sempre in quell'aria invariabilmente nera, come l'arena quando il turbine spira. Ed egli, che nel suo errore credea degni di compassione coloro che sì penavano, rivolto a Virgilio per essere informato gli disse: Maestro, che è quel ch'io odo? E che gente è questa che pare sì sopraffatta dal dolore? E Virgilio gli rispose: le anime triste di coloro che vissero in guisa che non si deturparono d'infamia, ma neppure seppero meritarsi lode, son quelle che tengono sì misero modo; siccome si rimasero indifferenti fra le vicende della lor patria, così son mischiate a quella cattiva genia di angeli che non furon ribelli con Lucifero, e non furono fedeli a Dio, ma furono solo per sè stessi. I Cieli discacciarono questi angeli vigliacchi per non perder parte minima di lor bellezza ritenendoli nel suo seno; il profondo Inferno neppur gli accoglie, perchè gli angeli rei dalla lor compagnia ritrarrebbero una qualche ombra di gloria e di segreta soddisfazione, nel veder puniti al par di loro miserabili sciaurati. Dante allora richiese: Maestro, s'essi non sono nel profondo Inferno, che cosa è tanto greve a loro che li fa lamentare sì fortemente? E Virgilio a lui: Te lo dirò molto brevemente, giacchè poco vi è a dire di esseri inerti. Questi non hanno speranza di aver la morte dell'anima, com' ebber quella del corpo; e lo stato dell'anima loro è intanto sì oscuro e basso che sono invidiosi di ogni altra sorte, e fin di quella de' grandi colpevoli che lasciarono al mondo una fama; ma il mondo non lascia che di loro ve ne sia alcuna. La Misericordia gli sdegna e gli scaccia dal Cielo; la Giustizia gli espelle dal basso Inferno....ma non ragioniam più di loro: guardali e passa. E Dante che riguardò vide una bandiera che girando intorno correva con tanta rapidità che, considerata qual giusta pena ai pigri ch' eran costretti a seguirla, la giudicò indegna di qualunque posa. E dietro le venia un sì lungo seguito di gente che a lui fè gran maraviglia che la morte avesse disfatti tanti di que' vili i quali con sì gran cura cercarono di evitarla. Poichè Dante n' ebbe riconosciuto alcuno, guardò e vide l'ombra di colui che fece per viltade il gran rifiuto. Incontanente comprese per le parole di Virgilio, delle quali capì in quel momento tutta la forza; e certo fu per propria vista che questa era quella bassa genia di uomini nata alla servitù, che sono egualmente in abbominio a Dio ed ai demonj suoi nemici. Questi sciaurati che non furon mai vivi erano ignudi e stimolati molto da mosconi e da vespe ch' eran ivi, e non in altro luogo dell' Inferno; poichè altrove vi son colpevoli e non vigliacchi. Quest' insetti con acerbe punture rigavano loro il volto di sangue, che mescolato alle loro lagrime era raccolto e succhiato ai piedi loro da vermi che davan ad essi anche più nausea e fastidio. I due poeti volsero le spalle a quegl' imbecilli; e poichè Dante si diede a riguardare alquanto più innanzi vide una moltitudine di gente alla riva di un gran fiume, per cui disse a Virgilio: Maestro, or mi concedi per favore ch' io sappia quali sono quelle genti; e qual legge le fa parere sì pronte e volentierose a trapassare, com' io discerno per questo sì dubbio lume. Esse san di andare alla pena, onde nasce dunque questa lor fretta? E Virgilio a Dante: queste cose ti saranno cognite quando noi fermeremo i nostri passi su quella trista riviera la quale si chiama Acheronte. Dante argomentando, a tal risposta, che a Virgilio fosse grave quel suo inopportuno richiedere, tutto vergognoso e con occhi bassi si astenne di più parlare fin che giunsero al fiume. Ed ecco venir per nave verso loro un vecchio bianco per antico pelo, il quale gridò a quella moltitudine: Guai a voi, anime prave! non isperate mai più vedere il Cielo. Io vengo per menarvi all' altra riva nelle tenebre eterne, o nel fuoco, o nel gelo. Poi accortosi di Dante soggiunse: e tu che sei costì il solo vivente, partiti da cotesti che son morti. Ma poichè vide ch' ei non si partiva, dubitando esser questo quel prescelto per grazia speciale ch' egli avea preveduto dover venire, disse: Per altre vie, per altri porti verrai a piaggia, non qui per passare: e converrà che un legno più lieve del mio ti porti al regno degli estinti. (Con questo linguaggio misterioso voleva accennare che Dante era predestinato). Ma Virgilio, saggia guida di Dante, disse al barcajuolo: Caronte, non ti crucciare: Vuolsi così colà dove si puote ciò che si vuole, e non dimandar più oltre. Allora cessarono di agitarsi le grinze e lanose gote del nocchiero della livida palude, il quale avea intorno agli occhi due ruote di fiamme.

Ma quelle afflitte anime, lasse e nude di ogni difesa, tosto che intesero quelle crude parole annunziar il loro eterno fato, divennero anche più pallide, e dibatterono i denti, come per gran freddo; e nella loro disperazione bestemmiavano Iddio che li fece, i genitori che li procrearono, l'umana specie cui appartennero, e il luogo e il tempo e il seme della stirpe loro, e della lor nascita. Poi quasi per non imbarcarsi, e piangendo fortemente, si ritrasser tutte quante insieme a quella riva malvagia che attende ciascun uomo che non teme Iddio. Il demonio Caronte con occhi che sembravano due vivi carboni, facendo lor cenno gli astringe ad entrare nella barca, ove le raccoglie tutte; e batte col remo chiunque va adagio, o si arresta. Come in tempo di autunno le foglie degli alberi si distaccano una dopo dell'altra, in fin che il ramo ov'erano rende alla terra tutte le sue spoglie, similmente i mali figli di Adamo gittansi da quel lido nella barca ad uno ad uno, come un augel dopo l'altro entra nella rete, pel richiamo che gli è fatto dal cacciatore. Così quelle anime se ne vanno su per l'onda bruna di quel fiume; ed avanti che sien discese alla riva di là, una nuova schiera di anime sopraggiunte si aduna anche alla riva di qua. Virgilio, memore delle due domande che Dante gli avea prima fatte per sapere chi fosser quelle anime, e perchè fosser sì pronte a passare; ed accortosi che Dante era rimasto mortificato perchè subito non gli rispose, volgendosi a lui amorosamente gli disse (ed allor Dante conobbe che il suo maestro non avea cessato di esser cortese): Figliuol mio, sappi che quelli i quali muojono nell'ira di Dio convengon tutti qui da ogni paese del mondo; per cui udisti diverse lingue (prima risposta); e son così pronte a trapassare il fiume, perchè la divina Giustizia gli sprona a tergo e gl'incalza, sì che la tema di andare si volge quasi in disio di andarvi (seconda risposta). Nessun'anima buona passa mai di qua; e però se Caronte ti sgridò, quello non era rimbrotto ma avvertimento, acciochè non ti confondessi con que' tristi; ed omai puoi comprendere che volle significar quel suo dire. Finito ch'ebbe Virgilio di dir questo, quella buja campagna tremò sì forte che lo spavento che Dante n'ebbe lo fè poi sudar freddo ogni volta che gli tornò a mente. Quella terra, bagnata dalle lagrime de' peccatori, diede vento che sparse intorno balenando una luce vermiglia, la quale, come vapor sonnifero, vinse in lui ogni sentimento, talchè cadde come uomo ch'è preso dal sonno: e qui comincia la sua lunga visione.

CANTO IV.

PRIMO CERCHIO INFERNALE.

Limbo.

Anime d' innocenti non battezzati, sparse pel circolar ripiano: anime di poeti famosi, quattro de' quali vengono ad incontrar Virgilio: anime di non battezzati virtuosi, raccolte in un Castello.

1. Ruppemi l' alto sonno nella testa
   Un greve tuono sì ch' io mi riscossi,
   Come persona che per forza è desta.

Questo greve tuono, che scuote Dante dal sonno, è un tremendo frastuono di confusi lamenti, come più sotto il poeta stesso significherà. E dice che gli ruppe il sonno *nella testa* per indicarne che il cerebro, organo del pensiero, era stato in lui affetto da profondo letargo per l' azione di quel baleno vermiglio che tra l' esalazioni delle lagrime de' peccatori si era sprigionato dalla terra con vento e tremuoto. E a dimostrare quanto forte era quella stupefazione che gli prese la testa, la chiama *alto sonno*, e dice che un grave tuono vi bisognò per romperlo, ond' ei si riscosse, come persona ch' è desta per forza.

2. E l' occhio riposato intorno mossi
   Dritto levato; e fiso riguardai
   Per conoscere il loco dov' io fossi.

E levato dritto in piè mossi posatamente l' occhio intorno, e riguardai fiso, per conoscere il loco dov' io fossi.

Quel *riposato*, se si vuol rapportare ad *occhio*, può spiegarsi che si era questo riposato dal vedere le sgradevoli cose finora osservate: ma a me piace rapportarlo a *mossi*, qual aggettivo usato in forza d' avverbio, come *fiso* ch' è dopo: e vale *posatamente:* ed esprime quel lento sguardo di attenzione che il poeta si volse intorno nel trovarsi in un luogo ove non credea essere: poichè si addormentò sulla riva esterna di Acheronte, ed ora si vede con sua sorpresa nella interna.

100   L' INFERNO.

3. Vero è che in sulla proda mi trovai
   Della valle d' Abisso dolorosa*
   Che tuono accoglie d' infiniti guai.

Ecco il *tuono* che svegliò Dante come per forza, *tuono d' infiniti lamenti* (guai), che usciva dalla *dolorosa voragine* (valle). E lo chiama *tuono*, per esprimere che in quella profondissima concavità talmente quel commisto suono di dolenti voci rimbombava che nel ribalzar per eco sembrava un tuono.

Dante si desta e si trova sull' orlo del vasto baratro; e con quel *vero è* vuol esprimere: io non so come ciò avvenisse, ma pur è vero.

4. Oscura, profonda era, e nebulosa
   Tanto che per ficcar lo viso al fondo†
   Io non vi discernea veruna cosa.

5. Or discendiam quaggiù nel cieco mondo,
   Incominciò il poeta tutto smorto,
   Io sarò primo, e tu sarai secondo.

Quella voragine era tanto oscura, profonda, e nebulosa che, per qualunque sforzo di fissare ed introdurre lo sguardo al suo fondo, io non vi discernea veruna cosa. Il poeta tutto smorto nel volto incominciommi a dire: or discendiam quaggiù in questo tenebroso mondo; io andrò innanzi e tu mi seguirai.

Quel *tutto smorto* con *incominciò*, che indica animo perturbato, è ben accoppiato insieme. Virgilio è qui chiamato *poeta* non solo perchè si accosta al luogo ov' è riconosciuto ed onorato per tale (come or vedremo), ma anche per altro motivo ch' esporremo a miglior tempo.

Per discendere ed introdursi nella voragine bisogna supporre de' gradini scavati nella pietra, come quelli che dai vomitorj portano giù agli scaglioni circolari d' un anfiteatro, il quale, guardato dall' alto verso l' arena, presenta quasi la forma dell' Inferno Dantesco.

* *Proda della valle d' Abisso*, sponda della voragine Infernale: da *proda* nacque *approdare*, andare alla riva; e da *riva*, *arrivare*.
† *Ficcar lo viso al fondo*, fissar la vista, e quasi introdurla fra le tenebre per giungere al fondo: *ficcare* per fissare, e *viso* (da *visus*, Lat.) per vista o sguardo, sono assai familiari al poeta.

CANTO IV.

6. Ed io, che del color mi fui accorto,
   Dissi: come verrò se tu paventi
   Che suoli al mio dubbiare esser conforto?*
7. Ed egli a me: l'angoscia delle genti,
   Che son quaggiù, nel viso mi dipinge
   Quella pietà che tu per tema senti.†

Ed io che mi fui accorto del nuovo color del suo volto, giudicandolo effetto di timore, gli dissi: come verrò se tu stesso paventi, tu che suoli esser conforto al mio temere? Ed egli rispose a me: l'angoscia delle genti che son quaggiù (nel primo cerchio) mi dipinge il volto di pallore, effetto di quella pietà che tu giudichi timore.

Nel primo cerchio ove i poeti si apprestano a discendere non vi son peccatori, ma bensì le anime che non ebbero altra colpa se non quella di non aver avuto battesimo; ed è ben naturale che Virgilio, il quale era del numer' uno, dovesse sentire pietà di coloro che avean la stessa sua sorte: *Non ignara mali miseris succurrere disco*, aveva egli cantato.

8. Andiam, chè la via lunga ne sospinge:
   Così si mise, e così mi fè entrare
   Nel primo cerchio che l'Abisso cinge.

Cioè, Andiamo; chè il sapere esser lunga la via ci dee esser di stimolo ad affrettarci. Ed eccoli discesi ed entrati nel primo circolar ripiano inferiore che cinge la immensa voragine infernale.

9. Quivi, secondo che per ascoltare,
   Non avea pianto ma che di sospiri,
   Che l'aura eterna facevan tremare.

Aura è in luogo di *aria*; e si serve di tal vocabolo per fare intendere che quei sospiri agitavano l'aria di modo che la rendevano aura. *Pianto* è in senso di *espression di dolore*. *Ma che* è sincope del *magis quam* Lat. (che gli Spagnuoli tradussero per *mas que*): così, egli non ha ma che uno, o sia più che uno: Cento novelle. *Secondo che per ascoltare* significa *secondo quello che*

---

* *Dubbiare* è in senso di temere, come altrove *dubbio* è in luogo di timore.
† *Sentire* è qui giudicare: *ita sentio*, così giudico, Lat.

potei comprendere, limitandomi al solo ascoltare; poichè, in quella oscurità, la vista *non discernea veruna cosa.* Ciò posto, ecco il senso della terzina:

Quivi, secondo che potei comprendere per solo ascoltare, non vi avea espression di dolore più che di sospiri, che facevan tremolare quell' aria eterna, sino a renderla aura.

10. E ciò avvenia di duol senza martiri
 Ch' avean le turbe ch' eran molte e grandi,
 E d' infanti, e di femmine, e di viri.

E ciò avvenia da rammarico interno senza esterni tormenti, che avean le anime che là erano divise in molte turbe, ciascuna delle quali era assai grande e numerosa, qual d' infanti, qual di femmine, e qual di uomini adulti.

Che Dante abbia inteso dividere queste molte e numerose turbe per sessi e per età, apparirà meglio in appresso. Egli era simmetrico nelle sue concezioni quanto mai può essersi; ed allorchè ti sembra disordinato, guarda bene, e vedrai arte sopraffina: avremo occasione di osservarlo al termine del canto.

11. Lo buon maestro a me: tu non dimandi
 Che spiriti son questi che tu vedi?

Benchè Dante abbia riconosciuto che il suo *maestro cortese* non era infastidito del suo frequente domandare, pure sente che non è in lui del tutto svanita quella timidezza che da falso giudizio derivò: onde reprimendo la sua curiosità si astiene dal più richiedere. Il suo *buon maestro* che se ne accorge, per dileguare in lui quel residuo di suggezione, lo instiga a domandare. Vedemmo che ciò vale a significare che Virgilio, nel parlar di spiriti, fa cosa che va fuori del suo officio.

Quantunque si sia detto sopra che in quella *oscura valle non si discernea veruna cosa,* pure ciò non è in contradizione che or gli spiriti si veggano: poichè prima i due osservatori eran sopra, ed ora sono al basso; e le cose vicine, per poco che sia il fioco lume, si ravvisano più delle lontane al lume stesso. E poi chi scende in *valle nebulosa,* un momento dopo vi si assuefà, e vede meglio: Onde Virgilio, che addita a Dante quegli spiriti, soggiunge:

CANTO IV.

Or vo' che sappi, innanzi che più andi,
12. Ch' ei non peccaro; e s' egli hanno mercedi
Non basta; perch' ei non ebber battesmo,
Ch' è porta della Fede che tu credi.

Or voglio che sappi, innanzi che vadi più oltre, ch' essi non peccarono; e s' essi hanno meriti ciò non basta per farli salvi; perchè non ebber battesimo, il quale è porta di quella fede che tu professi.

Janua sacramentorum fu detto il battesimo; e Dante lo chiama anche meglio *porta della Fede*, o sia della Religione; e tutto dì diciamo *Fede Cristiana* in senso di Cristiana Religione: così Tasso:

Là nella bella Italia, ov' è la sede
Dell' onor vero e della vera Fede.
. . . .
Guerrier di Dio, ch' a ristorare i danni
Della sua Fede il Re del Cielo elesse, ecc.

E il *battesimo*, in questo senso, è la vera *porta* per la quale nella nostra religione si entra.

Quel *vo' che sappi ch' ei non peccaro*, detto così imperativamente, è di molto peso. Virgilio vuol con ciò escluder sè stesso dal numero de' peccatori, poichè a questo cerchio egli appartiene. Un altro *vo' che sappi*, anche più significante, incontreremo di qua a poco.

13. E se furon dinanzi al Cristianesmo,
Non adorar debitamente Dio,
E di questi cotai son io medesmo.

Se furon dopo il Cristianesimo, si perdettero perchè non ebber battesimo; e se furon dinanzi, ancorchè abbiano adorato Iddio, non l' adorarono debitamente con convenevol culto; e di questi cotali sono io medesimo.

Ecco perchè s' impallidì nell' accostarsi a questo cerchio.

14. Per tai difetti, e non per altro rio,
Semo perduti; e sol di tanto offesi
Che senza speme vivemo in disio.

Per tali mancanze, e non per altra rea mancanza, siamo perduti; e siamo offesi ed afflitti in ciò soltanto, che senza speranza di veder Dio viviamo sempre in disio di vederlo.

Il desir vive e la speranza è morta.—*Petr.*

Dice *difetti* plur. perchè eran due: difetto di retto culto, prima di Cristo; e difetto di battesimo, dopo.

15. Gran duol mi prese al cor quando lo intesi,
    Perocchè gente di molto valore
    Conobbi che in quel Limbo eran sospesi.*

Attenti a questo passo, perchè per esso comprenderemo cosa che non fu mai capita.

Quell' *intesi* ha un gran significato: esso non vuol già dire *quando lo udii*, ma bensì *quando compresi che cosa volesse dirmi*: e verrà usato poco più sotto anche nello stesso senso; e due altre volte nel canto seguente: ed è simile agli altri de' due precedenti, che furono oggetti di nostre considerazioni. Il *quando intesi* di questo passo mi fa credere ciò: Dante, avendo ascoltato da Virgilio che quelli che là erano, benchè gente di molti meriti e di molto valore, pure si eran perduti per non retta credenza, va esaminando col pensiero le sue credenze proprie, e ne trova una che gli è molto sospetta; per cui *Gran duol gli prese al cuor quando lo intese* (preterito d' *intendere*), cioè quando penetrò col suo intendimento che mai il suo maestro volesse dirgli. E siccome Virgilio si proponea di significargli cosa di grande importanza, riguardo a quelle anime, così gli disse fin da principio: Come va che *tu non dimandi che spiriti son questi che tu vedi?* Quasi che si accorgesse che Dante temea domandare intorno a quello che formava la colpa sua. Ma siccome gli premea di allontanar da lui un errore funesto gli disse spontaneamente: Voglio che sappi che questi spiriti lungi dall' esser peccatori furono anzi meritevoli, ma si perdettero perchè non adorarono Iddio debitamente. E con ciò dir gli volle: Se tu speri di salvarti per mezzo di meriti, tu t' inganni; perchè se non adori debitamente Dio, con allontanare da te ogni errore, ti accaderà quel ch' è accaduto a costoro. E questo segreto discorso tenuto da Virgilio fè che Dante lo chiamasse *buon maestro*. Ma qual potea essere la credenza erronea di Dante? Ce la dica ei stesso: *Nemo, quantumcunque moralibus et intellectualibus virtutibus et secundum habitum, et secundum operationem perfectus, absque fide salvari potest...... Hoc ratio humana per se justum intueri non potest.*—De Monarch.

* *Gente di molto valore*, o sia di gran merito, *eran sospesi*; perchè *gente* e collettivo: modo antico che ora mal si userebbe, per la doppia irregolarità del sing. col plur. e del fem. col masc.

E quindi, credendo ciò ingiusto, ei dovea credere per conseguenza che tutti gli uomini virtuosi, quantunque non battezzati, e quantunque non patriarchi, fossero usciti dal Limbo con Cristo vincitore ed andati con lui nel Cielo. Questa è la credenza che lo teneva in ansietà: per cui *comincerà* (verbo che indica perturbazione) a domandare al suo *Maestro* e *Signore* (e a domandarglielo con un doppio rincalzante *dimmi* calorosissimo, che mostra tutta la premura da cui è animato) di esser fatto certo intorno a quella fede che dissipa e vince ogni errore: onde nel succitato passo conchiude, *Hoc ratio humana per se justum intueri non potest, fide autem adjuta potest.*

16. Dimmi, Maestro mio, dimmi, Signore,
    Cominciai io, per volere esser certo
    Di quella fede che vince ogni errore,

17. Uscinne mai alcuno, o per suo merto,
    O per altrui, che poi fosse beato?
    E quei che intese il mio parlar coverto

18. Rispose: Io era nuovo in questo stato
    Quando ci vidi venire un Possente
    Con segno di vittoria incoronato.

19. Trasseci l' ombra del Primo Parente,
    D' Abel suo figlio, e quella di Noè,
    Di Moisè, legista e obbediente;

20. Abraam Patriarca, e David Re,
    Israel con suo padre, e co' suoi nati,
    E con Rachele per cui tanto fè;

21. Ed altri molti, e feceli beati:
    E vo' che sappi che dinanzi ad essi
    Spiriti umani non eran salvati.

Io allora all' udire che uomini di gran merito si eran perduti per non retta credenza, per voler esser certo di quella fede che vince ogni errore, cominciai così a dire: Dimmi, *Maestro* mio, dimmi, *Signore*, uscì mai di qua alcuno che, o per suo merito o per altrui, fosse poi divenuto beato? E quei che *intese* (penetrò col pensiero) il mio parlare, quantunque coverto, mi rispose: Io era ancor novello in questo stato di sospensione, quando vidi qui venire un Possente, incoronato con segno di vittoria. Ei trasse di qua l'anima del nostro primo padre Adamo, e quella di Abele suo figlio, e quella di Noè, e quella di Moisè, che diè la legge ed era il primo ad obbedirla: trasse di qua anche il Patriarca Abraamo, e il Re Davide, e Giacobbe con suo padre, e co' suoi figli, e con sua moglie Rachele, per ottener la quale avea tanto fatto e servito; ed altri molti, e li condusse nel Cielo, ove li fè beati; e voglio che sappi che, dinanzi ad essi, spiriti umani non eran salvati.

Virgilio, ch'era morto alcuni anni prima di Cristo, racconta tutto quello ch'egli avea nel Limbo veduto quando Cristo vi scese; e istruendo Dante, parla da *Maestro*; e poi, preso il tuono di *Signore*, soggiunge: vuo' che sappi che prima de' Patriarchi nessuno si era mai salvato, cioè che pria ch'essi salissero nel Cielo, per effetto della redenzione, tutti coloro ch'eran nati in falso culto andavan perduti. E con quell' assoluto *vo' che sappi* non solo cerca allontanare la falsa credenza di Dante, ma gli comanda di crederlo giusto e sventurato: quasi dicesse: io non ho potuto salvarmi, perchè ho avuta la doppia sciagura di non esser nè Patriarca nè Cristiano, perchè nacqui in falso culto, e pria che Cristo venisse. *Per suo merto, o per altrui*, vuol dire, o per merito proprio, o per quello di G. C. Ma non osa proferire quel santo nome innanzi a Virgilio ch'era un gentile.

Era così forte questo dubbio di Dante che sembra averlo accompagnato sino alla vecchiaja; per cui nella traduzione del Credo, ch'ei fè molto tardi, conforta sè stesso a non credere altrimenti: ei parla del Redentore, e dice:

    Poi discese al profondo dell' Abisso
      D' Inferno tenebroso, per cavarne
      Gli antichi padri ch' ebbono il cuor fisso
    Ad aspettar che Dio prendesse carne
      Umana, per lor trar dalla prigione,
      E per sua passion tutti salvarne.
    E certo chi con buona opinione
      Perfettamente, e con sincera fede,
      Crede è salvato per sua passione.
    Chi altrimenti vacillando crede
      Eretico e nemico di sè stesso
      L' anima perde che non se ne avvede.

22. Non lasciavam l'andar perch' ei dicessi,
   Ma passavam la selva tuttavia,
   La selva dico di spiriti spessi.

Non tralasciavamo di andare per dir ch' ei facesse: ma passavamo tutta via quella selva, e dico non selva d'alberi ma di spessi spiriti.

Ha voluto esprimere con questa formola non solo la moltitudine affollata di quegli spiriti, come alberi di una selva, ma un senso allegorico che vedremo.

23. Non era lungi ancor la nostra via
    Di qua dal sommo, quand' io vidi un foco
    Ch' emisperio di tenebre vincia.
24. Di lungi v' eravamo ancora un poco,
    Ma non sì ch' io non discernessi in parte
    Ch' onrevol gente possedea quel loco.
25. O tu ch' onori ogni scienza ed arte,
    Questi chi son ch' hanno cotanta onranza
    Che dal modo degli altri gli diparte?

Il punto ov' eravamo giunti (la nostra via) non era ancor lungi di qua dalla sommità (dal punto ond' eravam discesi), quand' io vidi un fuoco che vinceva un vasto emisferio di tenebre fugandole e dissipandole. Eravamo ancora un poco lungi da quel fuoco, ma non tanto lungi che al suo splendore io non discernessi in parte che onorevole gente possedea quel loco, come a sua dimora. Allora io dissi a Virgilio: o tu che onori ogni scienza ed arte, dimmi chi son questi che hanno tanta distinzione ed onorevol contegno che li diparte dal modo degli altri che sospirano?

Nel dire, *o tu che onori ogni scienza ed arte, dimmi chi son questi*, fa scorgere di essersi accorto che coloro erano stati coltivatori di scienze ed arti. Non è difficile il comprendere perchè la Filosofia politica, la quale è intenta a promuovere il bene degli stati, onori ogni scienza ed arte. Dante non si accordava con que' moderni sapientissimi i quali sostengono che la ignoranza giovi al bene dei popoli.

26. E quegli a me: l' onrata nominanza
    Che di lor suona su nella tua vita
    Grazia acquista nel Ciel che sì gli avanza.

27. Intanto voce fu per me udita:
    Onorate l' altissimo poeta,
    L' ombra sua torna ch' era dipartita.

28. Poichè la voce fu restata e queta,
    Vidi quattro grand' ombre a noi venire;
    Sembianza avevan nè trista nè lieta.

29. Lo buon maestro cominciò a dire:
    Mira colui con quella spada in mano
    Che vien dinanzi ai tre, sì come Sire.

30. Quegli è Omero, poeta sovrano;
    L' altro è Orazio satiro che viene;
    Ovidio è il terzo; e l' ultimo è Lucano.

Ed egli rispose a me: l' onorata fama che, frutto della loro virtù e del loro ingegno, suona di loro su nel mondo ove tu vivi ancora, ottiene tanta grazia nel Cielo che li mette innanzi agli altri. Intanto che Virgilio ciò dicea fu da me udita questa voce: Fate onore all' altissimo poeta; l' ombra sua, ch' era poc' anzi da noi partita, or fa ritorno. Poichè quella voce si arrestò, e se ne acquetò pur l' eco, vidi venire a noi quattro grandi ombre che, come quelle che sostengono con imperturbabilità il loro affanno, aveano sembianza nè trista nè lieta. Il mio buon maestro, intento sempre ad informarmi, cominciommi a dire: Mira colui che come Sire viene innanzi agli altri tre con quella spada in mano: Quegli è Omero poeta sovrano; e porta quella spada in segno delle cantate battaglie: L' altro che viene è Orazio il satirico; il terzo è Ovidio, e l'ultimo è Lucano.

Tristia bella Quo scribi possent numero monstravit Homerus, scrisse Orazio satiro; e *Satirus pro eo qui satiram scribit* fu detto per testimonianza del Perotti e di Roberto Stefano: onde, nel Convito, Giovenale è chiamato *Satiro nobile*, a cagione del magnifico stile di cui fè uso.

I quattro poeti sono in ordine cronologico, ed hanno tutti una qualche relazione con l'altissimo poeta che vengono ad incontrare: Omero fu quasi suo padre, Orazio fu suo amico, Ovidio suo contemporaneo, è Lucano suo seguace; onde vennero prescelti dalla onorevole loro adunanza per venirgli incontro.

31. Perocchè ciascun meco si conviene
    Nel nome che sonò la voce sola
    Fannomi onore, e di ciò fanno bene.

Perocchè ciascun di essi ha di comune con me quel nome (si conviene meco nel nome) che la voce unanime fè poc'anzi risonare (che la voce sola sonò), mi fanno onore, e di ciò fanno bene; perchè onoran sè stessi.

" Più lecito nè più cortese modo di fare a sè medesimo onore non è che onorare l'amico: dovunque amistà si vede similitudine s'intende; e dovunque similitudine s'intende corre comune la loda."—*Convito*.

Voce sola per voce unanime: *Vox diversa sonat, populorum est vox tamen una*, Marziale. Dante volle dire non solo che tutti, *una voce dicentes*, convenivano nel riconoscere il suo maestro per *altissimo poeta*, e perciò tutti l'onoravano; ma volle esprimere anche un'allegoria che vedremo.

32. Così vidi adunar la bella scuola
    Di quel signor dell' altissimo canto
    Che sovra gli altri, com' aquila, vola.

Sembra che chiami scuola di Omero questa gravissima adunanza de' quattro maggiori Latini; perchè essi furono, chi più chi meno, imitatori di quel sommo padre de' vati: e dice *altissimo* il suo *canto*, perchè è il canto dello stile epico, ch'ei stesso, il nostro Italico Omero, distingue col nome di tragico. Vi è però chi pretende che una tal *bella scuola* debba intendersi per scuola di Virgilio, che i quattro vennero ad incontrar per onorarlo; in fatti, *altissimo poeta* vien egli sopra salutato, e *signore dell' altissimo canto* è detto il capo di questa scuola. Quando esporremo l'allegoria apparirà che chi ha così giudicato si è assai bene apposto.

33. Da ch' ebber ragionato insieme alquanto
    Volsersi a me con salutevol cenno;
    E il mio maestro sorrise di tanto.

Questa terzina è veramente grafica. Quel ragionare insieme delle cinque grandi ombre dipinge l'interrogare che i quattro fecero a Virgilio in disparte, per sapere chi fosse quel nuovo arrivato; e quel *volgersi* a Dante *con saluteval cenno* mostra che aveano avuta soddisfacente informazione: e quel *di tanto* fa sentire tutto il peso di quel saluto, fatto da gente che ha *cotanta orranza*; di che Virgilio compiaciuto sorrise, perchè l'onore fatto al discepolo riverbera sul maestro.

34. E più d' onore ancora assai mi fenno;
    Ch' ei sì mi fecer della loro schiera,
    Sì ch' io fui sesto tra cotanto senno.

E non si limitarano a quel semplice saluto, poichè mi fecero assai più d' onore; giacchè mi fecero talmente della loro schiera, talmente dico, ch' io fui sesto fra cotanto senno.

Que' due *sì*, che ho cambiato in due *talmente*, valgono a mostrare sino a qual punto lo avesser fatto della loro schiera.
Sume superbiam quæsitam meritis, Oraz: nè molta ne avrebbe presa Dante nel porsi sesto fra i cinque; de' quali colui solo che ha la spada in mano può seco lui far battaglia del primato. Ma pur egli tutt' altro ha voluto esprimere: e 'l vedremo.

35. Così n' andammo in sino alla lumiera
    Parlando cose che il tacere è bello,
    Sì com' era il parlar colà dov' era.

Così ne andammo in sino a quel lume da me prima veduto, parlando di cose ch' è qui bello il tacere, siccome fu bello il parlarne colà dov' era.

Dicendo ch' era bello il parlar di quelle cose *colà dov' egli era*, dice implicitamente che parlavano delle cose di quel cerchio stesso; ed è naturale che le cinque grandi ombre, abitatrici di quel luogo, informassero il loro ben accolto ospite di tutto ciò che a quel sito di lor dimora appartenesse. Ma che gli dissero? Gli spiegarono probabilmente quelle allegorie che a lui parve bello il tacere:

Tacciolo, acciocchè tu per te ne cerchi.

Messo t' ho innanzi, omai per te ti ciba;
ei dirà altrove; e così fa spessissimo. Ma non so perchè cercate e ricercate non furono indovinate giammai.

La divisione sinor fatta di questo Limbo è la seguente. Varie turbe ripartite per sessi ed età, sparse di qua e di là pel cerchio: e i poeti raccolti tutti in un luogo. Nel sito dov' essi sono v' è un fuoco che spande intorno un lume, il quale vince un grand' emisfero di tenebre. Or chi non vede nella luce di quel fuoco, ch' esso è quello stesso che la mano di Prometeo infuse nell' anima de' poeti più che in tutte le altre? Quel fuoco nobilissimo, detto dai Francesi *feu du génie*, per cui Omero e gli altri quattro sparsero tanta luce sulla terra, e con cui il nostro altissimo Ghibellino diradò le ombre della barbarie, che si addensavano sul suo secolo e sull' Europa? Ombre di barbarie figurate in quell' emisferio di tenebre che il lume di quel fuoco vince: poichè i poeti son sempre quelli che vibrano i primi raggi fra la caligine densa della società nascente, e ne preparano così la civiltà e lo splendore: per cui lasciarono così *onorata nominanza* in questa vita che il Cielo li ricompensa con distinguerli da tutti gli altri, onde meno soffrendo *hanno sembianza nè trista nè lieta*. Ma non sono queste le sole allegorie che que' gran vati, preseduti dal sommo Omero, ubertoso fonte di tutta la diramata allegoria mitologica, spiegarono a Dante *colà dov' era*. Altro gli dissero " siccome può vedere un nobile ingegno, al quale è bello un poco di fatica lasciare," Convito: e noi c' industrieremo di meritare un tal titolo.

36. Venimmo al piè d' un nobile castello,
Sette volte cerchiato d' alte mura,
Difeso intorno d' un bel fiumicello.

37. Questo passammo come terra dura:
Per sette porte entrai con questi savi;
Giungemmo in prato di fresca verdura.

Dentro questo castello stanno guerrieri e dominatori virtuosi, e filosofi insigni. Seguiamo a spiegare le allegorie.

Sappiamo che la parola *Virtus* significa *forza d' animo*; sappiamo che nel Convito le scienze vengono divise in sette, dette del *trivio* e del *quadrivio;* sappiamo che altri distinguono le virtù anche in sette, quattro morali e tre speculative. Dunque il castello è la virtù in generale: che cosa più nobile della virtù? Quindi è *nobile* il *castello*. Le sette mura son le sette virtù parziali, che presentano quasi il complesso, l'estensione e il circuito della virtù in generale: che cosa più alta di esse? e quindi *alte* son quelle *mura,* che cerchiano sette volte il castello. Nelle sette porte ravviseremo le sette nominate scienze, le quali possono considerarsi come tante porte che introducono l'uomo all'acquisto della virtù, acciocchè vi si fortifichi. La virtù conduce alla vera gloria nella quale sempre vegeta e fresca l'uomo virtuoso quasi posa e vive: ecco il *prato di fresca verdura,* ch'è nell'interno del castello, ove posano e vivono magnanimi guerrieri, giusti dominatori, e sommi sapienti, e il quale ci ricorda l'*amoena vireta* dell'Elisio Virgiliano.

Resta a parlare del *bel fiumicello* che difende il castello, e il quale vien passato da Dante in compagnia de' Savj, *come terra dura,* onde varcar le porte, entrar nel castello, e giunger nel prato di fresca verdura. Esso è figura della Educazione, la quale è la più bell'opera dell'uomo, e quasi lo inaffia come pianta crescente, *secus decursus aquarum quæ fructificat in tempore suo,* come Dante medesimo con le parole della Bibbia ci ricorda nel libro *de Monarchiâ.* Essa non può ottenersi che passando la più bella età, fuggevole come rapid'onda, in compagnia de' Savj che ci conducono all'acquisto delle scienze e della virtù. Essa dev'esser solida e ferma, acciocchè l'uomo, malgrado la labile età che varca, vi si fondi come su stabile base, e non vacilli ne' suoi passi: così, quand'essa è per buoni abiti confermata, divien quasi un fiume di difesa alla virtù acquistata. Ma essa è un mezzo e non un fine: non dee perciò in essa l'uomo arrestarsi, ma passare prima alle mentali esercitazioni, e poi alle morali azioni: di modo che, attraversato con piè fermo il corso della educazione, si diriga prima alle varie scienze, onde acquisti le parziali virtù: per tal mezzo, fortificato nella virtù in generale, egli poserà in una gloria perenne. "Ciascuno desidera avere virtù per avere beatitudine, cioè l'onore e la gloria ch'esce dalle virtudi."—Tesoro, lib. vi. cap. 2.

Nè questo è tutto: altra allegoria più profonda, che nelle *Riflessioni* esporrò, dee ricercarsi nel processo del canto intiero. E queste mi pajono le cose che quegl'ingegnosi padri dell'allegoria dissero probabilmente a Dante *colà dov'era.*

38. Genti v'eran con occhi tardi e gravi,
    Di grande autorità ne' lor sembianti:
    Parlavan rado con voci soavi.

CANTO IV.

Bei versi! Quegli *occhi tardi e gravi* presentano l'idea della pacatezza de' saggi, e fan sentire la lor dignità: *oculi animi indices*. Quel *parlar rado* è il parlar de' prudenti: "L'Apostolo dice, sii tosto ad udire, e tardo a parlare," *Tesoro*. E quelle *voci soavi* dicono eloquenza e persuasione: Suadela era la Dea dell' eloquenza: "In due luoghi respira l'anima, cioè negli occhi e nella bocca," *Convito*. Gli occhi son massimamente pel nostro poeta il simbolo della intelligenza; e ben lunga dimostrazione cen faranno gli occhi di Beatrice per tutto il Paradiso.

39. Traemmoci così dall' un de' canti
    In luogo aperto, luminoso, ed alto,
    Sì che veder si potean tutti quanti.

Si noti l'ingegnoso mezzo che prende il poeta per presentarne i varj gruppi che son sul prato. Sale in un rialto luminoso ed aperto per averli tutti sotto lo sguardo: e le sue guide vanno per informarlo.

40. Colà, diritto* sopra il verde smalto,
    Mi fur mostrati gli spiriti magni,
    Che di vederli in me stesso n' esalto.

Colà, giustamente sul suolo di verdura smaltato, mi furono da quell' ombre amiche mostrati gli spiriti magni e più distinti, talchè ne sono in me stesso sublimato ed esaltato, nel vederli ancora nella mia immaginazione dipinti.

Dice che *gli furono mostrati gli spiriti magni*, per significare che fra i gruppi che vedea, di molti e molti spiriti composti, gli furono mostrati i più cospicui che soli nomina. Il *verde smalto* è espressione imitata da molti poeti posteriori, ma nessuno sen valse così bene come Dante, perchè nello *smalto*, che dà l'idea di lunga durata, viene adombrata quella della gloria che deriva dalla virtù.

41. Io vidi Elettra con molti compagni
    Fra' quai conobbi ed Ettore ed Enea,
    Cesare armato con gli occhi grifagni.

---
* *Diritto* avv. *dirittamente, giustamente.*

VOL. I.   I

Io vidi Elettra con molti della sua discendenza maschile, fra i quali conobbi ed Ettore ed Enea, che fu quasi il seme del Romano Impero: e Cesare da cui quel seme si sviluppò: egli era armato ed avea occhi grifagni *(primo gruppo).*

Presentando, per prima figura, Elettra (moglie di Corito Re d' Italia, e madre di Dardano Re di Troja) come ceppo di quella discendenza, volle fare un cenno ch' Enea nel venirsi a stabilire nel Lazio vantava quasi un dritto di eredità; come chiaramente dice nel libro *de Monarchiâ*; e con ciò dava un dritto di eredità a Cesare stesso, ch' essendo della famiglia *Julia* si dicea disceso da *Julo*, figlio d' Enea.

Molti han pure spiegato *Cesare armato*, ma non dissero perchè fosse armato. Certuno poi, scornando tutti gli altri di avere inteso che *il poeta dipingesse quell' eroe con la corazza in dosso, con l' elmo in testa, e con la spada al fianco*, gridò che *avean fatto un bello scappuccio:* e spiegò ch' era *armato con occhi grifagni*, cioè armato d' occhi.

Il poeta lo pose armato per indicare con qual mezzo acquistò l' Impero: *Et jam manifestum est, quod per duellum Romanus populus acquisivit Imperium; ergo de jure acquisivit*, De Monarch. lib. II. Stabilirà altrove che il Sacerdozio debba regolare il morale, e l' Impero il politico delle nazioni: ma il politico non sostenuto dalla forza presto cade, e questa forza non può appartenere che al solo capo supremo dello stato; e quindi Cesare fra tanti è il solo che vada armato. Dante con ciò volle negare la forza pubblica ad ogni altro fuor che all' Imperadore, e quindi anche al Papa.

In congruenza a tutto ciò ei dà a Cesare *occhi grifagni*, tanto per alludere a quel *nigris vegetisque oculis*, che Suetonio dice di quel guerriero, quanto perchè gli occhi grifagni ci ricordano gli occhi dell' aquila, uccello dominatore e primo fra i grifagni, uccello che formava lo stemma dell' Impero. Di più: l' aquila, secondo la comune opinione, fissa gli occhi al sole; e il sole per Dante è la ragione stessa, la stessa verità. E quindi per significarci che l' Imperadore deve avere forza ed intelligenza, cosicchè reprima i ribelli in campo, e non si faccia ingannare dai cortigiani sul trono, lo mette armato e gli dà occhi di aquila. *Ha una vista d' aquila*, diciamo di chi ha molto acume d' intelletto: *occhi grifagni* o aquilini vogliono perciò dire occhi di sapiente regolator de' popoli, che sa distinguere la verità. Onde il poeta ne lasciò nel Convito queste memorande parole: " E scritto nel libro di Sapienza: *Amate il lume di sapienza voi che siete dinanzi ai popoli*: e il lume di sapienza è la verità." Onde Beatrice, ch' è la Sapienza stessa, nel primo canto del Paradiso, fissa gli occhi al sole, simbolo della verità, di modo che,

Aquila sì non gli s' affisse unquanco.

Lo ripeto: il genio di Dante è questo, fa talvolta un cenno e vuol esprimere un discorso. E che questo lungo discorso l' abbia qui voluto fare, ne darà ei stesso testimonianza altrove. Colà saprò costringerlo a rivelarci un segreto che alcun mai non gli lesse o sospettò nell' anima. Ma sarà d' uopo per comprenderlo, che ci rammentiamo che *Cesare armato con occhi grifagni* è nel Limbo.

42. Vidi Camilla e la Pentesilea
 Dall' altra parte; e vidi il Re Latino
 Che con Lavina, sua figlia, sedea.
43. Vidi quel Bruto che cacciò Tarquino,
 Lucrezia, Julia, Marzia, Corniglia:
 E solo, in parte, vidi il Saladino.

Dall' altra parte significa dalla parte sinistra; perchè quella de' grandi eroi nominati, fra i quali Enea e Cesare, è la parte destra.

Se non m' inganno, io veggo qui tre altri gruppi. Il poeta guarda uno stuolo di Eroine a manca: gli vengono nominate *Pentesilea* e *Camilla*, l' una che combattè per Troja e l' altra pel Lazio: e notate queste due anime più magne, passa all' altro. Ivi è il Re *Latino* con sua figlia *Lavinia*, e tutta la di lei discendenza feminile di matrone Romane: ivi è *Lucrezia*, che mal si dividerebbe da quel *Giunio Bruto* che per vendicarne la morte cacciò Tarquinio; ivi è *Giulia*, figlia di Cesare; *Marzia*, moglie di Catone; *Cornelia*, madre de' Gracchi.

Si noti la simmetria. A destra, la Regina Elettra, ceppo della discendenza maschile degli eroi Romani: a sinistra, il Re Latino, ceppo della discendenza feminile delle Romane matrone: e sì quella Regina che quel Re in Italia ebber dominio; e prepararono coi loro nepoti il grande impero del Lazio. E si noti ancora: a dritta, i maschi che formano *la linea retta* d' una discendenza: all' altro lato, le femmine che ne formano *la linea laterale*, come i legisti dicono.

Saladino. Questo povero sultano di Babilonia, *solo solo* e *in disparte*, ci dice che il poeta lo giudicò l' unico spirito magno di sua nazione: onde fa gruppo da sè. Dante ne fa elogio anche nel Convito, per la sua generosità.

Egli scrive di più colà queste parole: "Dicemo uomo virtuoso che vive in vita attiva o contemplativa, alle quali è ordinato naturalmente....Noi potemo in questa vita avere due felicità, secondo due diversi stati o buoni o ottimi che a ciò menano: l'una è la vita attiva, l'altra è la contemplativa; la quale (avvegna che per l'attiva si pervenga a buona felicità) ne mena a ottima felicità e beatitudine." Dobbiam perciò aspettarci, dopo aver veduti nel Limbo i virtuosi della vita attiva, di vedervi anche quelli della contemplativa, i quali, secondo il poeta, s'innalzano a più nobile meta.

44. Poichè innalzai un poco più le ciglia,
    Vidi il maestro di color che sanno
    Seder tra filosofica famiglia.

45. Tutti l'ammiran, tutti onor gli fanno:
    Quivi vid'io e Socrate e Platone,
    Che innanzi agli altri più presso gli stanno.

46. Democrito che il mondo a caso pone,
    Diogenes, Anassagora, e Tale,
    Empedocles, Eraclito, e Zenone.

Dante *alzò un poco più le ciglia,* il che ci dice ch'ei si arrestò a guardare uno stuolo più elevato, e vide venerando gruppo di sapienti. Primeggia corteggiato da ampia filosofica famiglia quell' *Aristotile* ch'era l'oracolo assoluto delle scuole di allora. *Socrate* e *Platone* innanzi a tutti gli altri più gli si avvicinano, e poi di grado in grado *Democrito* il quale stabilisce essere il mondo nato dal fortuito accozzamento della materia (*pone il mondo a caso,* cioè, fatto a caso); e *Diogene* di Sinope, ed *Anassagora* di Clazomene, e *Talete* Milesio, ed *Empedocle* Agrigentino, ed *Eraclito* di Efeso, e *Zenone* di Cizzio: chiarissimi nomi che tutto per sè dicono.

A significare la vita contemplativa immaginò Aristotile "*Seder tra filosofica famiglia;*" siccome disse altrove che Beatrice, la quale figura la Sapienza, *sedea* con Rachele, che figura la meditazione. Con poco dissimil concetto, a mostrare un monarca ed una regina di pacifiche inclinazioni, disse aver veduto il Re Latino " Che con Lavina, sua figlia, *sedea.*"

47. E vidi il buono accoglitor del quale,
    Dioscoride dico, e vidi Orfeo,
    Tullio, e Livio, e Seneca morale;

CANTO IV. 117

48. Euclide geomètra, e Tolomeo,
    Ippocrate, Avicenna, e Galieno,
    Averrois che il gran comento feo.

Dioscoride è detto *buon accoglitor del quale*, perchè fu *egregio scrittore* di un trattato in cui *raccolse* varie materie di storia naturale, e trattò delle loro *qualità*. *Averrois*, medico Arabo, fè un *esteso comento* su quasi tutta la Filosofia Aristotelica. *Avicenna* fu pur medico Arabo: gli altri son notissimi.
Vi fu chi tacciò il poeta di disordine in questo luogo, perchè accozzò insieme uomini illustri di varie nazioni, età, e professioni, molto alla rinfusa: e disordine vi è realmente; ma questo è appunto il trionfo dell'arte sua. Dopo aver guardato successivamente, e con simmetrica disposizione enumerati, i varj gruppi che vedemmo, per significar la sua stanchezza nel nominar tanti, e la sua fretta di passare ad altro, gira gli occhi intorno su varj drappelli, e senza molto arrestarsi su di essi, e senza curarsi di classificarli più, ne va nominando uno qua, uno là, chi su, chi giù, secondo che gli sono additati or dall'uno or dall'altro de' cinque poeti, e secondo che i suoi sguardi rapidi cadevano or su questo, or su quel gruppo: e perciò dice: e vidi questo, e vidi quell'altro, e quell'altro ancora, ecc. Vidi *Dioscoride* egregio raccoglitore delle qualità delle cose; e vidi il musico *Orfeo*; e vidi l'oratore *Tullio*; e vidi *Livio*, storico de' Romani fasti; e vidi *Seneca*, scrittor morale, e il geometra *Euclide*, e l'astronomo *Tolomeo*, ed *Ippocrate*, ed *Avicenna*, e *Galeno*, ed *Averroe*: coi quali ultimi quattro, tutti medici, fa chiaramente scorgere che l'estremo stuolo su cui si fissò era appunto quello de' medici, coi quali chiuse il suo andar osservando. Ciò è nella natura d'un narratore che ha altro di più importante a dire, e che nell'affrettarsi confonde: onde questo, che fu creduto un difetto, io lo riguardo come una delle tante bellezze non avvertite. Se non credete a me, credetelo a lui stesso, ed uditelo.

49. Io non posso ritrar di tutti appieno;
    Perocchè sì mi caccia il lungo tema
    Che molte volte al fatto il dir vien meno.

50. La sesta compagnia in duo si scema:
    Per altra via mi mena il savio duca
    Fuor della queta nell'aura che trema;
    E vegno in parte ove non è che luca.

Io non posso dipinger tutti pienamente; poichè la vastità e la lunghezza del mio argomento sì mi stimola e caccia innanzi, che molte volte mi accade che il dire non può estendersi a quanto avvenne ed osservai. La compagnia de' sei torna a dividersi in due. Le quattro grandi ombre riedono al luogo loro; ed il savio duca mi mena per un'altra via fuori dell'aria queta (ove son quelli che non sospirano) all'aura che trema (ove son que' che sospirano). E guidato da lui vengo in una parte ove non è nulla che riluca.

Vale a dire che è condotto al cerchio seguente, ove non giunge quel lume che dissipa le tenebre per vasto circuito.
Si noti come il *savio duca* è giustamente impiegato, e propriamente accoppiato con *mena*.

RIFLESSIONI SUL CANTO IV.

Chi volesse entrare nell' intimo di questo canto non avrebbe a far altro che leggere attentamente il comento di Dante alla terza canzone del Convito. Ei vedrebbe allora quale stretta connessione vi sia fra ambidue: qualche riflessione lo mostrerà in parte.

Virgilio dice a Dante sul principio del canto: *Or discendiam quaggiù nel cieco mondo;* e per significare che gli sarà guida soggiunge; *Io sarò primo e tu sarai secondo.* Scendono, ed incontrano da prima gl' *infanti*, e le *femmine*, e i *viri*: il primo vocabolo ci presenta l' uomo in quella età che non è ancor capace di favellare; e i due seguenti distinguono i sessi e l' età della riproduzione.

Incontrano poscia gli antichi poeti, con un lume che vince quelle tenebre, e quattro di essi si fan loro innanzi; e sono in ordine cronologico: poichè cominciando dal primo (Omero), e terminando all' ultimo (Lucano), abbiamo un progresso estesissimo della umana società; la quale nel tempo del primo era quasi bambina, e nel tempo dell' ultimo quasi decrepita e cadente a rovina.

Dante con essi entra in un castello che dà l' idea della città; e in compagnia di que' saggi varca le sette porte delle sette mura. Dentro il castello trovammo prima gli eroi e poi i sapienti: e tutta la scena fu chiusa con quattro medici, come quattro furono i poeti che lor vennero incontro.

Ciò posto, è manifesto che questo canto presenta due serie in ordine crescente: I. Quella de' tre periodi progressivi della umana società; II. Quella delle quattro età successive della vita umana: Vediamolo di ciascuna partitamente.

I^a Serie. Maestro Brunetto aveva insegnato a Dante che "Le vite son tre: l' una si è di concupiscenza; l' altra si è vita civile; la terza vita è contemplativa." (Tesoro, lib. vi. cap. 5.) Gli aveva insegnato di più che "la vita attiva sormonta la mondana, e la vita contemplativa sormonta l' attiva." (Ivi, lib. viii. cap. 75.) E Dante dietro questi precetti ha fatto in questo canto tre distinte divisioni di spiriti: 1. Infanti, femmine e viri: questa prima unione è tutta nell' ombre fuori del castello, ed è chiamata *selva*: ecco l' idea della *vita di concupiscenza* o *mondana.* 2. Poeti, eroi, eroine, matrone, dominatori; o come nazioni principali (Ettore, Enea, ecc. Latino, Lavinia, ecc.) o come confederati di grandi nazioni (Pentesilea per Troja, Camilla pel Lazio, che perciò rimangono in mezzo fra i due gruppi di qua e di là): questa seconda unione è tutta nella luce, o alle porte del castello, o dentro di esso: ecco l' idea della vita *attiva* o *civile,* sì in guerra che in pace. 3. Sapienti, nelle varie loro classificazioni, o come cultori di scienze (Aristotile, capo de' Peripatetici; Platone degli Accademici; Diogene, dei Cinici; Zenone, degli Stoici, col quale termina il gruppo primo), o come cultori di arti (Dioscoride per la storia naturale, col quale comincia il secondo gruppo, Livio per la storia dei fatti, Tullio per l'oratoria, Orfeo per la musica, ecc.): questa terza unione è tutta ancor nella luce, e nel più interno del castello: ecco l'idea della vita contemplativa.

Nel dire che attraversando *la selva degli spiriti la sua via non era ancor lungi di qua dal sommo, quando vide un fuoco che vinceva un emisferio di tenebre*, Dante volle significare che dallo stato di selvaggio all'apparizion de' poeti, i quali cominciano a dissipar le tenebre dell'ignoranza, non molto suol correre; poichè quel santo fuoco che la natura ha posto nell'uomo comincia ben presto a fecondar le menti, e a sparger lume.

E nel dir poi che *salì in luogo luminoso ed alto* per notare gli spiriti della vita attiva, e che *innalzò un poco più le ciglia* per osservar quei della contemplativa, volle esprimere appunto quel che avea da Brunetto imparato, cioè, che *la vita attiva sormonta la mondana, e la contemplativa sormonta l'attiva*.

II.ª Serie. Dante nel citato comento alla terza canzon del Convito scrive che quattro sono le distinte età dell'uomo, *Adolescenza, Gioventù, Senettù* e *Senio*, o sia decrepitezza. Dice che nella prima la natura dà all'uomo *quattro cose necessarie all'entrare nella città del ben vivere*; le enumera e segue: *Siccome quegli che mai non fosse stato in una città non saprebbe tenere le vie, senza insegnamento di colui che l'ha usate, così l'adolescenza, ch'entra nella selva erronea di questa vita, non saprebbe tenere il buon cammino, se dalli suoi maggiori non gli fosse mostrato*. Passa poi a considerare quali sono le qualità necessarie alla gioventù. Facile è il vedere qual relazione possa esservi fra *Omero* e la prima età dell'uomo e dell'umana società: e non è difficile lo scorgere che *Orazio* satiro pei suoi morali precetti coi quali seppe *ridendo dicere verum, delectando pariterque monendo*, possa essere il cantore atto alla seconda età. Ma come *Ovidio* e *Lucano* saranno i poeti confacenti alla terza e alla quarta? Lo dichiara Dante stesso in quel comento; egli, dopo aver enumerate quali esser deggiono le doti dell'anima nobile nella terza età, soggiunge: *e che tutte queste cose convengano a quella età, ne ammaestra Ovidio*: e significa minutamente come e dove Ovidio ciò faccia. Vien quindi a far lo stesso della decrepitezza, conchiudendo con egual formola: *e che queste cose convengano a quella età, ne figura quello grande poeta Lucano*: e addita parimente per qual modo e in qual luogo Lucano ciò faccia. Ed ecco perchè ne andò con essi *insino alla lumiera*, cioè sino alla sua istruzione; parlando cose che non volle dirci, ma che indovinammo, e che possono più facilmente scorgersi ora che sappiamo di che mai son figura i quattro poeti che l'accompagnavano.

In varj luoghi di quell'opera fa egli vedere che Virgilio nel suo gran poema ha più di ogni altro esposti i documenti a ben governar la vita nelle diverse età: Virgilio dunque, il quale *onora ogni scienza ed arte* e col quale ciascuna di quelle ombre *conviene nel nome*, Virgilio è quasi un epilogo di tutte e quattro, le quali perciò vengono ad onorarlo unanimi come *altissimo poeta*, cioè come quello che possedea nel più alto grado ciò che ciascuna di esse in parte avea: e *altissimo poeta* vien chiamato anche in quel comento. Ed ora veggo che coloro i quali hanno preteso che *la scuola di quel signore dell'altissimo canto che sopra gli altri come aquila vola*, debba intendersi per scuola di Virgilio e non di Omero, hanno ragione: e perciò Dante si scelse il Latino cantore e non il Greco a *duca, signore*, e *maestro* del suo allegorico viaggio, in cui volle adombrare il corso e 'l miglioramento della vita: e finì questo canto con chiamarlo *saggio duca*.

Qui possiamo assolver Dante da una taccia di vanità che gli fu data a torto. Nel dire ch' *ei fu sesto fra cotanto senno*, altro non volle esprimere se non che avea, come quegli altri vati, dati anch' egli de' precetti per regolar la vita: ond' è che scrisse *fra cotanto senno*, e non già fra cotanto ingegno.

E quando poi disse che gli furono dalle sue guide *mostrati gli spiriti magni*, ei volle significare che da saggi maestri gli vennero additati esempj da imitare ne' prischi eroi e sapienti; i quali esempj, avendo colpita la sua immaginazione sino al punto di vederli entro sè stesso sempre presenti, valeano a sublimarlo ed esaltarlo: e perciò soggiunse *Che di vederli in me stesso n' esalto*: onde non posso accordarmi con coloro che all' *esalto* vogliono dare il senso di *esulto*, che mai non ebbe, e non dee avere.

Coi poeti ha principio l' umana civiltà, e coi medici suol aver termine l' umana vita: e perciò corrispondenti ai quattro poeti, che aprono la scena de' saggi, credo posti i quattro medici che la chiudono. Visibile è la corrispondenza fra Omero ed Ippocrate, che vien additato per primo; ed Averroe, che vien nominato per ultimo, non è senza relazione con la tarda età negli studj incanutita, essendo egli stato colui *che il gran comento feo* al più alto de' Filosofi di allora. E quindi può inferirsi che anche gli altri due medici corrispondano alle altre due età. Chi conosce Dante non esiterà molto a convenire ch' ei non apre a caso il corteggio con quattro poeti, e nol chiude neppure a caso con quattro medici. E veramente, nel vedere con tanta distinzion enumerati que' primi, potea dubitarsi che così fosse: *colui che viene innanzi ai tre è Omero, l' altro è Orazio, il terzo è Ovidio, l' ultimo è Lucano*: e quel comento spiega il mistero.

Quasi tutti gli spiriti magni ch' ei mette in questo primo cerchio son colà rammentati. Ei parla ivi di filosofi e medici, parla di Aristotile, di Socrate, di Platone, di Zenone, di Tullio, di Livio, di Seneca, di Orfeo, di Avicenna, ecc. Parla di quel Bruto che cacciò Tarquinio, e fin di Saladino e fin di Marzia. Favella di Enea, *origine della nobilissima città Romana*, e di Cesare *primo principe sommo*: ed una delle principali mire di quel comento è di provare che *il fondamento radicale della imperial maestà è la necessità dell' umana civiltà, ch' ad uno fine è ordinata, cioè a vita felice*; che *forza e ragione* furono *il principio del Romano Impero*; che *la Filosofica autorità dessi congiungere con la Imperiale a bene e perfettamente reggere*. Finalmente il poeta dichiara che la canzone la quale forma il soggetto del suo comento, e la quale è da lui così licenziata, "Contra gli erranti mia canzone andrai," è fatta *ad esempio d' un trattato del buono Fra Tommaso d' Aquino ch' a un suo libro, che fece a confusione di tutti quelli che deviano da nostra fede, pose nome* "Contra i Gentili."

Dante, dottissimo Teologo, prediligeva S. Tommaso, che pel suo acutissimo ingegno meritò il nome di Dottore Angelico. S. Tommaso divide l' Inferno in quattro parti: *Infernus puerorum, Infernus SS. Patruum, Infernus damnatorum, Infernus purgandorum*. Il poeta riunì le due prime parti in questo cerchio, e le distinse solo con immaginare un castello nel cerchio medesimo: tutto ciò ch' è esterno al castello lo destinò ai fanciulli ed altri non battezzati; e per non lasciar voto quel castello, dopo la partenza de' SS. Padri, lo popolò di uomini virtuosi non battezzati, parte de' quali sono i poeti che ne stanno quasi alle porte. Così, per non discostarsi da ciò che la Chiesa gl' insegnava, li mise nell' Inferno; ma nel luogo ove meno si soffre. La terza parte dell' Inferno, cioè dei dannati, è compresa in tutto il resto della gran voragine; e la quarta, vale a dire quella de' purganti, fu da lui posta in un sito separatissimo dalle altre tre, come vedremo nella Cantica seconda.

NOTE AGGIUNTE AL CANTO IV.

Terz. 1. .... *sì ch' i' mi riscossi.*

Qui sento la necessità d'una nota grammaticale, che non ho voluto fare innanzi, perchè intento a più serie considerazioni.

Nulla di più saggio che rispettare i vecchi codici senza alterarne il minimo pelo delle parti, dirò così, vitali; ma nulla di più saggio ancora che accomodarli ai nostri occhi ed alle nostre orecchie nelle parti meramente accidentali che non gli alterano d'un jota: il che è principalmente della ortografia che vuolsi adattare ai tempi. Così se in un libro della veneranda antichità troverò *philosophia, honore, otio* e simili, ristampandolo ai dì nostri farò senza il minimo scrupolo *filosofia, onore, ozio*; nè vi sarà alcuno che voglia perciò tacciarmi di audace.

Monsignor Dionisi, austerissimo sacerdote della latria Dantesca, non ebbe ombra di difficoltà di scrivere *senza* tutte le volte che nel Poema trovò *sanza*, com' ei stesso confessa: e lo fè per non allontanarsi dal *costume presente, sebbene dall' antico diverso.* E cambiò molte altre parole per la stessa ragione; perchè in luogo di *apto, dicto, domna, expresso, temptare, dampnare, el*, e simili, che lesse ne' vecchi codici, scrisse *atto, detto, donna, espresso, tentare, dannare, ei* o *il*; e tutti sanno che il troppo e non il poco può a lui rimproverarsi nell' osservanza del suo culto.

Or dunque quasi dello stesso genere, e senza quasi ancora, è scrivere *l' Inferno, l' Impero*, in vece di que' malaugurati *lo 'Nferno, lo 'Mpero*; e per la stessa ragione crederò di far benissimo di scrivere *sì ch' io mi riscossi*, in cambio di quel cadenzato *sì ch' i' mi ri...*(ch' io ho trascritto qui intatto, perchè si vegga il bell' effetto di questa specie di nitrito): tanto più, che io scrivono l' edizione Nidobeatina e il codice Bartoliniano, quasi da per tutto ove altre edizioni ed altri codici hanno *i'*; e scrivono egualmente *guardai, temei*, ec. ove gli altri hanno *guarda', teme'*, e simili parole smozzicate. Che se alcuno vorrà pur chiamarmi irriverente, io allora gli domanderò, perchè mai si fosse cangiato dagli accademici della Crusca, e con maggior libertà ancora, l' *et* de' vecchi codici Danteschi in *e* o *ed*, e migliaja di altre cose? Ed a questo proposito dichiaro che ho stimato atto di giustizia di rendere a Dante quel ch' è suo, e che gli è stato in molti luoghi audacemente rubato e guasto, cioè la bella armonia di ben congegnata versificazione. Si è voluto mettere in ortografia moderna la vecchia del trecento, e ciò va bene; ma spesso ciò mal facendosi vennero storpiati i più bei versi, e ciò va pessimo. Mi spiegherò. Dante, come tutti gli autori del suo tempo, scriveva & in vece di *e*: io non so se pronunziassero allora sempre &, anche innanzi alle consonanti; ma innanzi alle vocali lo pronunziavano sicuramente; dal che con picciola alterazione è nato poi il nostro *ed*. Or nel sostituirsi l' *e* all' & è avvenuto, che se ciò si è fatto innanzi alla consonante il verso ha seguitato ad andar bene; ma se si è fatto innanzi alla vocale il verso è andato male, malissimo. Eccone un esempio che tolgo dalla prima terzina, che in una vecchia edizione mi si presenta innanzi:

> Et questo ti fia sempre piombo ai piedi
> Per farti muover lento, come huom lasso,
> Et al sì & al no, che tu non vedi.—*Parad.*

Mettendo *E* in vece di *Et* nulla l'armonia ne soffre nel primo verso; ma nel terzo ne nasce un tale incontro di mal appoggiate vocali che nel pronunziarle ti senti proprio assassinar le orecchie. Chi può soffrire quel *E al sì, e al no* che si legge in tutte le non vecchie edizioni? E che domin di orecchie avean que' benedetti parrucconi che fecer questo cambiamento, anzi questo insulto all' umano sensorio! E non avrebber meritato che il padre Apollo, per vendicar Dante, lor facesse quella cotale stiratura, che fè a Mida? Ma quel ch'è da ridere si è che in alcuni luoghi, e in molti ancora, han posto *ed*; come, *Ed ecco quasi al cominciar dell' erta....Ed egli a me....Ed una Lupa....Ed Ettore ed Enea*, ecc. ed in molti altri non l'han posto. Or io vorrei sapere questo arcanissimo perchè. Cento volte sì, e cento altre no! Io trovo essere oltraggio al nostro classico il lasciare *E al sì e al no*, che non è poi suo; e giusto culto il fare *Ed al sì ed al no* ch'è quasi suo. Dunque o si renda a Dante il suo &, o si cambi in un bell' *ed*, come ho fatto io, per accomodarmi alla comune ortografia, ed a quella che dalla Crusca stessa fu adottata. Altrimenti s' ei vivesse avrebbe tutto il dritto di fare a noi, ed a tutto il grave collegio Fiorentino, quel che fece una volta ad un fabbro ed un' altra ad un contadino che guastavano i versi suoi.*

Il cammino che abbiamo a fare è già troppo per sè difficile, e non è d' uopo renderlo ancora rincrescevole con *lo 'Nferno*, con *sì ch' i' mi ri...* e simili ruggini dell' anticaglia; e con *E al sì e al no*, che non è nè dell' anticaglia nè di Dante. A che mettere queste pietruzze d' inciampo innanzi al lettore, le quali, per minime che sieno, offrono sempre un qualche ritardo e non poca noja? Su troppo belle e buone cose abbiamo a richiamare la sua attenzione, e mal saria divergerla con tali spiacevoli inezie, da alcuni pochi adorate, senza che sappian perchè, ma dai più derise, a ragion veduta. Troppo, ahi! troppo queste miserabili quisquilie, con l' ingojare quasi tutta l' attenzion degli spositori, han contribuito a lasciar il poema all' oscuro; e guai se non v' è qual-

---

* I versi di Dante, al narrar di alcuno, si cantavano, lui vivente ancora, comunemente in Italia, e fin dalle gente minuta; come si facea de' versi di Omero nella Grecia. Or si racconta che cantandoli una volta un fabbro assai mal conci, Dante, che si trovava a caso per là passando, di ciò indispettito entrò nella bottega di quello, e gittò per terra e malmenò quanto lavoro di lui gli venne in mano: ed al lagnarsene dello sguajato rispose: Non ho men dritto io di guastare il tuo di quel che tu abbi di rovinare il mio. Raccontasi ancora che un contadino, il quale andava dietro al suo asino, cantasseli pure; e poi andasse di tratto in tratto innestando a que' divini versi un cotal suo *arri*, voce con cui suol toccarsi quel pigro giumento. Dante che l' udì mal potè frenarsi, e dandogli una bussa gridò: quell' *arri* io non ve l' ho posto. Il Sacchetti dice essere ciò avvenuto prima dell' esilio del poeta: se questo è vero, non dee intendersi che que' due idioti contassero i versi della Commedia, ma bensì quelli delle canzoni di lui: perchè da quanto finora si è detto può vedersi chiaro ch' ei compose il poema dopo la sua proscrizione.

che coraggioso che le valuti per quel che valgono. Culto e non superstizione; rispetto più a Dante armonico che alla Crusca, guastatrice dell' armonia di Dante.

> T. 3. *Vero è che in su la proda mi trovai*
> *Della valle d' Abisso dolorosa.*

Ma chi ha trasportato Dante all' altra riva d' Acheronte? Se vogliamo attenerci ad una probabilità che confina con la certezza, e che in appresso come certezza dimostrerò, diremo ch' è stato Virgilio stesso; il quale altre fiate lo terrà stretto al petto, e lo porterà da un luogo ad un altro. Se l' ha fatto tre volte, non veggo perchè non potesse farlo quattro. Ma per qual mezzo Virgilio ha passato il fiume, senza entrare nella barca di Caronte? Ei stesso altrove lo significherà, quando parlando di Dante ci dirà " Che non è spirto che per l' aere vada:" dunque egli ch' è spirito potea andare per l' aria, e quindi ha potuto trasportar Dante. E l' allegoria è giusta: La Filosofia politica ha portato il suo seguace a meditare su gli effetti della società disordinata e viziosa. Ombra leggiera e non peccatrice (chè tal è Virgilio, come vedemmo) ha sorvolato sull' onde tenendosi Dante in braccio. Questo è il mezzo che mi sembra fra i mille il più naturale, senza ricorrere ad angeli e misterj, come altri han fatto.

Che se poi vogliam considerare questo viaggio come una visione, la cosa è più facile a spiegarsi. Ma come visione, se Dante dice di essersi svegliato, e se dirà di aver viaggiato con tutto il suo mortale incarco? E non potè nella visione stessa sognare di essersi desto, e di essere nell' Inferno andato in carne ed ossa? Non una ma dieci volte ho sognato io medesimo di essermi svegliato da un sonno, e di andare con queste mie membra che ora mi palpo. Ed ognun che sogna crede essere sempre col suo corpo e non fuori di esso, e crede spesso di camminare, di urtare, di cadere, e via discorrendo. Così ha potuto esser di Dante. Ma intorno a ciò dirò cosa più solida e più speciosa altrove.

Com. pag. 100, v. 32. *Scaglioni circolari d' un Anfiteatro*, ecc.

Fo applauso alla congettura di coloro i quali credettero che Dante concepisse l' idea di ripartire in ripiani circolari la sua conica voragine alla vista dell' Anfiteatro di Verona, dove forse andava solingo a meditare l' embrione del suo poema, dopo che, proscritto, si era presso gli Scaligeri ricoverato: onde fè dirsi da Cacciaguida:

> Lo primo tuo rifugio e 'l primo ostello
> Sarà la cortesia del gran Lombardo
> Che in su la Scala porta il santo uccello.

> T. 11 . . . . *innanzi che più andi.*

Il verbo *andare*, o era tutto regolare anticamente, o era meno irregolare di ora: essendosi detto dai nostri vecchi, *io ando, tu andi*, ecc. Ma il verbo latino *vadere*, nel prepotente uso, ha discacciate alcune voci di quel verbo, e vi ha sostituite le sue. Così si dice, *io vo, tu vai*, ecc. da *vadere*; e *noi andiamo, voi andate*, ecc. da *andare*; di modo che di due verbi competitori si è fatto un verbo amico ed unico.

T. 14. *Per tai difetti, e non per altro rio,*
Semo perduti.

Rio nella vecchia lingua significa talvolta *colpa, peccato,* lo so: ma io credo che in questo luogo sia un aggiunto di *difetto;* e vuol dire *difetto colpevole;* poichè se Dante avesse voluto usarlo come sostantivo non avrebbe scritto *altro rio,* ma *alcun rio:* quell' *altro* suppone *difetto.* Il poeta ha voluto esprimere che il vizio non è se non una criminosa mancanza della virtù contraria; così p. e. la lascivia è *difetto rio* di castità.

T. 29. *Mira colui con quella spada in mano*
Che vien dinanzi ai tre sì come Sire:
T. 30. *Quegli è Omero, poeta sovrano.*

Chi sa che Dante non conoscesse quel basso rilievo antico dell' apoteosi di Omero (marmo posseduto da Casa Colonna), in cui una figura con la spada in mano è simbolo delle cantate battaglie? Altissima era l' idea ch' egli avea di quel cieco che tutto vide; e non solo qui lo chiama *Poeta Sovrano* che *come Sire* va dinanzi agli altri, ma altrove lo appella *Primo pittor delle memorie antiche, Cui le Muse lattar più ch' altri mai.* E se la continuazione dell' allegoria lo ha costretto a pendere più verso Virgilio che verso Omero, ei lo fè di modo che lasciò quasi nascosto il suo intendimento. E dovea, per verità, simpatizzar più col Greco che col Latino. Ingegnoso quanto vero è il paragone che il Ginguené fa tra Omero e Dante; e gradevole fia forse il ripeterne qualche tratto con le parole di un moderno editore.

" Si direbbe che Apollo venne due volte fra gli uomini, una ai tempi di Omero per crear l' arti e le scienze, e l' altra ai tempi di Dante per farle risorgere. Scelsero egualmente i due poeti quell' unico argomento che ai lor contemporanei si conveniva; s' impadronirono entrambi di tutte le opinioni dominanti del secolo, le riguardarono come cosa propria, ne fecero la materia del loro lavoro, e ne innalzarono un edificio poetico affatto nuovo, eminente, e perfetto in tutte le sue parti. Il genere è diverso perchè erano diversi i costumi, il governo, e la religione dei popoli; ma scelse il nostro poeta, dice Parini, *l' argomento più forte e più sublime che a scrittore ed a poeta Cristiano potesse convenirsi giammai.* Così, benchè di diverso genere, abbondano egualmente questi due primi maestri di grandi immagini, d' alte e profonde sentenze, di descrizioni e pitture vivissime, di gran caratteri, e di drammatiche scene. Il *quandoque dormitat* ad ambedue appartiene; ma quando son desti volan com' aquila, e signoreggian sopra gli altri. Un' altra somiglianza fral poeta Greco e l' Italiano è la vita infelice: sommi uomini, somme sventure. Si racconta di Omero che andava errando e mendicando per la Grecia; e l' ingiuriosa Fortuna, dopo aver contrastato ostilmente a tutte le più nobili affezioni di Dante, lo condannò alla medesima pena. Egli amava la giustizia e la verità, e le vedeva calpestate dalla frode e dalla violenza. Amava la religione, dono divino, concesso per render miti i costumi, e preparare e sostener le leggi; e la vedeva in preda al cieco fanatismo e a quelle tante pratiche superstiziose, *le quali* (al dir dello stesso Parini) *sono l' unico asilo ed il solo conforto delle anime crudeli e delle malvage conscienze.* Amava l' Italia, e la vedeva divisa da governi rivali, straziata, e insanguinata dalle fazioni. Amava Fiorenza, per la quale sudò e come guerriero e come magistrato; e si vide da Fiorenza appunto cacciato in esilio, strappato dalle braccia de' suoi più cari, spogliato dei beni paterni, e costretto ad errar senza pace in cerca di pane."

Ma forse dobbiamo alle sue sventure l' incremento e lo sviluppo del suo ingegno: e ben disse Bayle: *A cagione del suo esilio egli scrisse con più vigore e spirito di quel che avrebbe fatto se avesse goduto d' una vita tranquilla: l' indignazione diè nuova vita alla sua immaginazione*: la bile gli servì di Musa, aggiungerebbe Giovenale.

T. 41. *Cesare armato con gli occhi grifagni.*

Anche storicamente parlando, il Poeta pose Cesare *armato*, perchè gran guerriero, e gli diè *occhi grifagni*, perchè sommo intelletto. A colui ch' era uscito vincitore da cinquanta battaglie in circa, e che avea scritto i mirabili Comentarj; a colui nelle cui zuffe furono uccisi 100,192,000 combattenti, e cui tanta sapienza ornava la mente che seppe rettificare, secondo la ragione astronomica, quel Calendario che abbiamo, il quale da lui prese il nome di *Giuliano*; a colui che nella *Strategia* era il primo di un popolo che debellò la terra, e nella *Politica* un de' primi della nazione che regolava il mondo; a colui che sagato in campo, o togato nel foro, richiamava sempre l' ammirazione degli eserciti e del senato, poichè non avea verun rivale nel campo, e pochissimi nel foro; a colui che avea soggiogati cento popoli dalla Britannia all' Egitto, e che dava udienza, leggeva, e dettava ad una volta (e giunse talora a dettar sette lettere a sette diversi segretarj ad un sol tempo), ben convengono queste due caratteristiche.

Occhi vivi, neri, e grandi son comunemente detti *occhi di falcone*, uccello anch' esso grifagno e dominatore: onde il Boccaccio gli attribuisce alla sua Fiammetta coronata Regina, a quella Fiammetta che troppo dominava il suo cuore: *Con due occhi in testa che parean d' un falcon pellegrino.*

T. 42. *Vidi Camilla e la Pentesilea.*

Qui un po' di pedanteria vi va bene a proposito. Tutti sappiamo che i nomi proprj delle donne talvolta prendon l' articolo e talvolta no; e questo verso offre l' uno e l' altro esempio: onde nel Boccaccio si trova or *Fiammetta* or *la Fiammetta*. E tutti anche sappiamo che i nomi proprj degli uomini, se son di famiglia, posson ricever l' articolo, se di battesimo lo rifiutano: onde si dice *il Petrarca, l' Ariosto, il Tasso*, ma non mai *il Francesco, il Ludovico, il Torquato*. Or vedemmo nella vita del nostro poeta che *Dante*, abbreviatura di *Durante*, è il suo nome di battesimo, ed *Alighieri* quello di sua famiglia: e quindi è chiaro che debba dirsi, o *Dante*, o *l' Alighieri*; e più chiaro ancora lo spropositone di coloro che dicono e scrivono *il Dante*. Nè vale quel che talun mi oppose, cioè che l' esser divenuto nome celebre può fargli affigger l' articolo. Chi più celebre di Michelangelo? Pure chi oserebbe dire *il Michelangelo?*

Sia lecito ai Francesi, che non sono obbligati di saper queste minuzie, di scrivere *le Dante*; ma è vergogna a noi di non conoscer le cose nostre; e per imitar quelli che le ignorano quasi degradare il nome più venerando che decori le pagine della nostra storia litteraria, confondendolo con una pelle di daino. (V. la Cr.)

T. 43. *Lucrezia, Julia, Marzia, Corniglia.*

Di queste quattro illustri Romane la sola Marzia verrà ricordata anche altrove; e fia utile il rammentarci ch' ella è nel Limbo. Acciocchè ci lasci una grata impressione di sè, dirò di lei brevemente.

Ella da principio fu moglie di Catone, laudatissima fra le matrone per la sua castità e saggezza: ma poi per comando di Catone stesso, e a suo contraggenio, divenne consorte di Ortenzio: poichè costui di buon accordo con quel severo Romano ripudiò la propria ch' era sterile, e prese Marzia ch' era fecondissima; e così ebbe prole. Ortenzio morì, ed ella, dopo avergli resi gli onori funebri, vedova scapigliata e tutt' ancora di sepolcrale cenere aspersa, si presentò piangendo al suo Catone perchè la ripigliasse. Commoventissime son le parole che Lucano fa dirle in tale occasione: udiamone alcune: " Quand' io era vivace e feconda, tu mi allontanasti da te, o Catone; ed io piegai la fronte ai tuoi riveriti cenni. Ora che la gioventù mi abbandona, lassa, esausta e senza altro appoggio, io a te ritorno; nè altr' uomo v' è per me al mondo che tu solo. Deh, concedimi, in mercè della mia doverosa affezione di risalire nel tuo incontaminato letto, ond' io mi glorii di nuovo di essere tua sposa. Io non cerco altro che questo nome: acciocchè si legga un giorno sul mio tumulo: MARZIA MOGLIE DI CATONE."

. . . . *revertor*
Jam nulli tradenda viro: da fœdera prisci
Illibata tori; da tantum nomen inane
Connubii: liceat tumulo scripsisse: CATONIS
MARCIA.—Phars. lib. ii, v. 343, et seqq.

T. 47. *E vidi il buono accoglitor del quale,*
Dioscoride dico, e vidi Orfeo,
Tullio, e Livio, e Seneca morale,
T. 48. *Euclide geometra, e Tolomeo,* ecc.

S' io non prendo abbaglio, Dante considerò questo secondo elenco, come ben distinto dal primo: onde cominciò a parlar del primo *Vidi*, e ricominciò del secondo, *E vidi*. Nel primo ci offrì gl' inventori de' sistemi filosofici, e nel secondo i coltivatori delle arti, o almeno coloro che applicando le scienze fecero uso d' instrumenti. Tali furono Euclide e Tolomeo, che perciò son posti insieme: l' uno geometra, o sia *misurator della terra;* e l' altro astronomo, vale a dire *descrittor de' cieli;* l' uno che si valse in far ciò *circino et regula*, e l' altro della *sfera armillare*, e d' altri stromenti: con che ridussero la scienza quasi ad arte: e in ciò diversificarono da coloro che si versarono in mere speculazioni astratte e mentali. Chiaro è poi che Orfeo, sonator di cetra; e Livio, scrittor di storia; e Tullio, principe dell' arte oratoria; e i quattro ch' esercitarono l' arte medica, detta *arte muta*, appartengano a questa classe: e lo stesso può dirsi di Dioscoride per la storia naturale, e di Seneca che non inventò alcun sistema, ma scrisse oratoriamente precetti di ben vivere. Dante aggiunse a lui l' aggettivo *morale* per distinguerlo dal *tragico* che si vuole da quello differente. Così pure disse *quel Bruto che cacciò Tarquino*, perchè non si confondesse Giunio con Marco, il quale, secondo lui, è fra i pessimi peccatori, dove lo incontreremo. I suoi aggiunti non son mai oziosi.

ESPOSIZIONE DEL CANTO IV.

Uno spaventevole frastuono di lamenti scosse Dante dal suo letargo, come persona che per forza è desta. Onde levatosi dritto in piè, mosse posatamente l'occhio intorno, e riguardò fiso per conoscere il loco dov' ei fosse; e si accorse con sua sorpresa di trovarsi sulla sponda superiore della gran voragine d'Abisso, che accoglie e spande fuori quel tuono d'infiniti lamenti che lo destò. Ei non sa dire come il suo passaggio fosse accaduto; ma pure assicura esser ciò vero. Quella voragine era tanto oscura, profonda, e nebulosa che, per qualunque sforzo ei facesse di ficcare ed introdurre lo sguardo al fondo, ei non potè discernere veruna cosa. Virgilio tutto smorto in volto incominciogli a dire: Or discendiam quaggiù in questo tenebroso mondo; io andrò innanzi e tu mi seguirai. Ma Dante che si fu accorto del pallor di lui, giudicandolo effetto di timore, rispose: Come verrò se tu stesso paventi, tu che suoli esser conforto al mio temere? E Virgilio a lui: L'angoscia delle genti che son quaggiù, nel primo cerchio, mi dipinge in volto questo pallore, effetto della pietà che tu giudichi timore. Andiamo; chè il sapere esser lunga la via, e breve il tempo concessone, esser ci dee di stimolo ad affrettare il passo. Detto così, s'introdusse nel primo cerchio che cinge l'Abisso, e vi fè entrar il suo seguace. Quivi secondo che Dante comprese, per solo ascoltare in quella tanta oscurità, non vi avea espression di dolore più che quella di sospiri che facean tremolare quell' aura eterna: e ciò provenia da rammarico interno (senza esterni tormenti) che avean le anime che là erano, divise in molte turbe, ciascuna delle quali era assai grande e numerosa, qual d'infanti, qual di femmine, e qual di uomini adulti. Dante non osava domandare; e il suo buon maestro, che ne comprese la cagione, gli disse: Perchè non dimandi che spiriti son questi che tu vedi? Or vo' che sappi, innanzi che vadi più oltre, ch'essi non peccarono; e se hanno meriti ciò non basta per farli salvi, perchè non ebber battesimo, il quale è la porta di quella religione che tu professi. E se furon dinanzi al Cristianesimo, ancorchè abbiano adorato Iddio non l'hanno adorato debitamente e con convenevol culto: e di questi cotali sono io medesimo: ora puoi comprendere perchè m'impalidii nell'accostarmi a questo cerchio. Per tali due mancanze, e non già per altra più rea mancanza, siamo perduti; ma però siamo offesi ed afflitti in ciò solo che senza speranza di veder Dio viviamo in continuo desio di vederlo. Dante nel comprendere a che ferivano quelle parole, sentì prendersi il cuore da gran dolore: perchè conobbe genti di gran merito ch'eran così sospese in quel Limbo. E per voler esser certo di quella fede che vince ogni errore cominciò così: Dimmi, *maestro* mio, dimmi, *signore*, uscì mai di qua alcuno che, o per suo merito o per altrui, fosse poi divenuto beato? E Virgilio, che ben comprese a che mirasse quel parlare così coperto, rispose: Era da poco tempo che mi trovava in questo stato di sospensione, quando vidi qua venire un possente incoronato con segno di vittoria. Ei ne trasse l'anima del nostro primo padre Adamo, e quella di suo figlio Abele, e quella di Noè, e quella di Moisè, legislatore ed obbediente alla legge. Ne trasse anche il Patriarca Abraamo, e il Re Davide, e Giacobbe con suo padre, co' suoi figli, e con sua moglie Rachele, per cui fè tanto; ed altri molti, e li condusse nel Cielo, ove li fè beati. (Sin qui Virgilio rispose da *Maestro*; e poi prendendo il tuono di *Signore* soggiunse:) E voglio che sappi che, innanzi alla loro salita nel cielo, e prima della redenzione, spiriti umani non eran salvati; poichè quelli che nacquero in falso culto tutti si perdettero. Mentre che sì dicevano non tralasciavano i due poeti di andare innanzi, ma passavan tuttavia la folla di quegli spiriti, spessi come gli alberi di una selva. Il punto ov'eran pervenuti non era lungi ancora dalla sommità ond'eran discesi, quando Dante vide un fuoco che vinceva un vasto emisferio di tenebre. Erano ancora lungi da quel fuoco, ma non tanto che al suo splendore Dante non discernesse in parte che onorevole gente possedea quel luogo, come a sua dimora: onde volto a Virgilio gli disse: O tu che co' tuoi versi, e col carattere che rappresenti, onori ogni scienza ed arte; dimmi chi son questi che han cotanto onorevole aspetto? E Virgilio a lui: L'onorata fama che, frutto della loro virtù e del loro ingegno, suona lassù nel mondo ove tu vivi, ottiene tanta grazia nel cielo che li mette innanzi a tutti gli altri, e li distingue; di modo che questi soffrono meno, e non sospirano. Intanto che Virgilio così dicea, fu da Dante udita una voce: Fate onore all'altissimo poeta: l'ombra sua ch'era poc'anzi da noi partita or fa ritorno. Poichè quella voce si arrestò, e se ne acquetò pur l'eco, si vider venire verso i due poeti quattro grandi ombre che, come quelle che sosteneano con imperturbabilità il loro affanno, aveano sembianza nè trista nè lieta. Il buon Maestro, intento sempre ad istruir Dante, gli disse allora: Mira colui che come Sire viene innanzi agli altri tre, con quella spada in mano: quegli è Omero, poeta sovrano, e porta quella spada in segno delle cantate battaglie: L'altro che viene è Orazio il satirico; il terzo è Ovidio; e l'ultimo è Lucano. Perocchè ciascun di essi ha di comune con me quel nome che la voce unanime fè risonare poc'anzi, mi fanno onore, ed in ciò fanno bene, perchè onorano in me sè medesimi. Così Dante vide adunare la bella scuola di quel Signore dell'altissimo canto, che vola sopra gli altri, come l'aquila sui minori pennuti. Poichè le quattro grandi ombre ebbero ragionato alquanto con Virgilio, per informarsi del nuovo arrivato, si volsero a lui con salutevole cenno; e Virgilio compiaciuto sorrise di tanto segno d'onore. E non si limitarono a quel semplice saluto, poichè fecero a Dante assai più d'onore, giacchè lo resero talmente della loro schiera, talmente dico, ch'ei fu sesto fra cotanto senno. Così ne andarono insino a quel fuoco luminoso, parlando cose che a Dante parve bello il tacere, siccome bello gli parve parlarne colà dov'era. Vennero poi a piè d'un nobile castello, cerchiato sette volte d'alte mura, e difeso intorno da un bel fiumicello; passarono questo come fosse un solido pavimento, e Dante entrò per sette porte con que' savj, e giunse finalmente in prato di fresca verdura. Ivi eran genti con occhi tardi e gravi, di grande autorità ne' lor sembianti, le quali parlavano rado con voci soavi. I cinque poeti con Dante si trassero dall'un de' canti del castello; e salirono in un luogo aperto, luminoso, ed alto; sì che tutti potean vedersi que' venerandi spiriti ch' eran nel piano. E di là furono a Dante dalle sue guide mostrati gli spiriti più magni, giustamente sul verde smalto; talchè gli rimasero sempre in mente impressi, quasi che ognor li vedesse; e ne sublimò ed esaltò sè stesso. Vide in un gruppo, a destra, Elettra madre di Dardano; con molti della sua discendenza maschile, fra i quali Ettore ed Enea, che fu quasi il seme del Romano Impero, e Cesare in cui quel seme si sviluppò. Ei solo era armato ed avea occhi vivissimi di aquila grifagna. Vide a sinistra due altri gruppi; uno di eroine fra le quali notò Camilla e la Pentesilea; ed un altro ov' era il Re Latino con sua figlia, e tutta la discendenza feminile di lei; e notò fra le matrone Lucrezia, accanto a cui era quel Bruto che per vendicarne la morte cacciò Tarquinio; e Giulia, figlia di Cesare; e Marzia, moglie di Catone; e Cornelia, madre de' Gracchi. E vide il Saladino starsi solo e in disparte come l' unico eroe di sua nazione. Osservati i saggi della vita attiva, passò a considerar quelli della contemplativa, divisi in cultori di scienze ed in cultori di arti: onde poich' ebbe alzate un poco più le ciglia, vide un gruppo più elevato: primeggia in esso Aristotile, maestro di color che sanno, il quale siede quasi principe tra filosofica famiglia, e tutti lo ammirano, tutti a gara gli fanno onore. Innanzi agli altri Socrate e Platone stan più presso a quel sommo sapiente; e poi di mano in mano Democrito, il quale stabilì che il mondo fosse nato dal fortuito accozzamento della materia; e Diogene, ed Anassagora, e Talete, ed Empedocle, ed Eraclito, e Zenone; capi di sette scientifiche. Il poeta, sollecitato dal pensiero di continuare il suo viaggio, passò a riguardare i coltivatori delle lettere, delle arti, e delle scienze applicate; e ne notò alcuni alla rinfusa; cioè Dioscoride, distinto per la storia naturale, in cui trattò della qualità delle cose; ed Orfeo, per la musica; e Tullio, per l' oratoria forense; e Seneca, per l' oratoria morale; e Livio, per la storia; ed Euclide, per la geometria; e Tolomeo, per l' astronomia; ed Ippocrate, ed Avicenna, e Galeno, ed Averroe, per la medicina. Qui finisce, e si protesta che non può parlar di tutti pienamente, poichè il pensare alle molte cose che dee esporre lo caccia e stimola talmente innanzi che il suo dire non può estendersi a tutto quello che accadde ed osservò. La compagnia de' sei torna a dividersi in due parti: le quattro grandi ombre scendono dal poggio, e riedono al loco loro; e il savio Duca mena Dante per altra via fuori dell' aria queta, ove non si sospira, all' aura che trema, poichè ivi si sospira. E vanno entrambi in una parte ove non è nulla che riluca, cioè al cerchio seguente ch' è tenebroso.

CANTO V.

SECONDO CERCHIO INFERNALE.

Lascivi.

Dante vede molte anime trasportate intorno da impetuoso turbine; e poi ha colloquio con Francesca da Rimini, per pietà della quale vien meno e cade.

1. Così discesi del cerchio primajo
   Giù nel secondo che men luogo cinghia,
   E tanto più dolor che pugne a guajo.

Così dal cerchio primiero discesi giù nel secondo, ch'essendo più ristretto cinge meno area; ma contiene in sè un tormento tanto più forte che punge i dannati sino a far alzar loro dolorosi lamenti.

Nel primo cerchio si sospira soltanto, e nel secondo si grida, perchè vi è non solo afflizione interna ma pur esterno tormento. E si può ben dire che quelli del Limbo perdettero il Paradiso, ma tutti gli altri inferiori dannati si acquistarono l'Inferno: onde i Teologi distinguono *pena di danno*, e *pena di senso*. Questa seconda è propriamente quella di tutt'i peccatori che incontreremo nel seguito del primo viaggio: e Dante ha immaginato che al restringersi de' cerchi si condensa la pena proporzionatamente.

2. Stavvi Minos, e orribilmente ringhia;
   Esamina le colpe nell' entrata;
   Giudica, e manda secondo che avvinghia.

Il demonio Minosse sta ivi immobile, e orribilmente ringhia. Egli posto nell' entrata esamina le colpe, giudica a qual cerchio appartengono, e poi manda le anime alla pena, secondo che si avvinghia intorno con la sua lunga coda.

Esamina le colpe è il *crimina discit* del Minosse Virgiliano.

Questo modo di giudicare alla muta, che spira veramente orrore, sarà spiegato meglio qui sotto. E si noti quello *stavvi* ch' esprime l' immobile gravità di quel giudice tremendo.

3. Dico che, quando l' anima malnata*
Li vien dinanzi, tutta si confessa;
E quel conoscitor delle peccata
4. Vede qual luogo d' Inferno è da essa:
Cignesi con la coda tante volte
Quantunque gradi† vuol che giù sia messa.

Dico che quando un' anima malnata vien dinanzi a lui, costretta dalla Giustizia divina e dalla propria coscienza, confessa tutt' i suoi delitti; e quel conoscitore della varia natura e gravità de' peccati, veduto qual luogo d' Inferno è proprio di essa, cingesi intorno tante volte con la sua lunga coda per quanti cerchi vuole che quell' anima sia messa giù.

Per vedere qual congruenza abbia indotto Dante a questo modo di giudicare, bisogna riflettere, che un uomo che abbia i piedi ben giunti, e i lombi ben rilevati, presenta in grosso quasi una figura conica, larga sopra e stretta giù; il che è molto più d' un demonio che suol dipingersi con gambe secche, e piè caprini terminanti a punta. Or se farete avvolgere, da mezza vita in giù, una ben lunga coda a curve spirali intorno ad una figura siffatta, voi avrete una immagine che molto si accosta a quella dell' Inferno Dantesco con tutt' i suoi cerchi. Situato che si è Minosse in quest' attitudine di pronunziar sentenza, l' anima malnata, che vede in lui quasi l' Inferno in figura, conta i giri di quella lunghissima coda; e conoscendo dal loro numero quello del cerchio che le spetta, costretta dalla Giustizia, si sprofonda nella gran voragine ch' è in mezzo, e va a cadere giusto là. La coda di questo giudice corrisponde allo strascico della toga de' magistrati: e coda in fatti suol chiamarsi tutto ciò che a tergo per terra avanza

---

* Anima nata per suo male.

† *Quantunque* vien dal lat. *quantum unquam*, quanto mai; ed è un aggettivo indeclinabile che si accorda con gradi: così *comunque* e *dovunque*, come mai e dove mai. Ma questi due son vivi, e *quantunque* in questo senso poco or viene usato, essendo divenuto sinonimo di benchè, o altro simile.

di un magnifico abito talare. Ad un magistrato infernale, cui mal conveniva coda di panno, Dante seppe dargliene altra che a lui fosse propria; poichè la poesia in ciò conformasi alla pittura: caudati furon sempre dipinti i diavoli; onde il Tasso di lor cantò:

> E lor s' aggira dietro immensa coda
> Che, quasi sferza, si ripiega e snoda.

5. Sempre dinanzi a lui ne stanno molte:
   Vanno a vicenda ciascuna al giudizio,*
   Dicono, ed odono, e poi son giù volte.

Molte anime stanno sempre dinanzi a lùi per essere giudicate; e ciascuna a suo luogo va al giudizio. Esse dicono i loro peccati, odono la sentenza, e poi son volte giù nella voragine, per piombare al cerchio a lor destinato.

Ma se Minosse giudica senza parlare, come odono la sentenza? Vedremo che non sempre sta muto: *questo è de' rei del fuoco furo*, ei dirà altrove; e indicheremo in quale occasione parli. Onde il poeta non si contradice (come a taluno parve) nel dir che i rei *odono* la sentenza: nè è necessario storcere e strascinare quell' *odono* nel senso di *vedono*, come altri han fatto, che per difender Dante dissero stranezze.

6. O tu che vieni al doloroso ospizio,
   Disse Minos a me quando mi vide,
   Lasciando l' atto di cotanto ufizio,
7. Guarda com' entri, e di cui tu ti fide:
   Non t' inganni l' ampiezza dell' entrare.

Quando Minosse vide me, solo vivo fra tanti morti, lasciando l' atto del grave uffizio di giudice, mi disse: O tu che vieni all' albergo dei dolori, guarda con qual titolo vi entri, e di chi ti fidi. Non t' inganni la facilità dell' entrare, perchè l' uscire non sarà sì facile.

* *Ciascuna vanno*, modo antico, perchè *ciascuna* è collettivo e distributivo insieme. *Ciascuna a vicenda* è il *chacun à son tour* de' Francesi.

Facile descensus Averni; Sed revocare gradus superasque evadere ad auras, Hoc opus, hic labor est.—Virg.

L' ampiezza, ch' è in opposizione a strettezza, presenta l' idea della facilità del passaggio; e la via dell' Inferno *lata est*, dice il sacro testo.

      E il duca mio a lui: perchè pur gride?
8. Non impedir lo suo fatale andare:
      Vuolsi così colà dove si puote
      Ciò che si vuole, e più non dimandare.

E la mia guida, intenta sempre a rimuovere da me gli ostacoli, disse a lui: perchè gridi tu pure? Non impedir la sua andata stabilita ne' fati. Vuolsi ecc.

Quel *pure* rammenta che anche Caronte avea gridato; ed è impiegato a significare che non vi era d' uopo che gridasse anche Minosse, perchè avean reso ragione del loro passaggio al guardiano del fiume. E si noti che Virgilio risponde al giudice con le stesse precise parole che col barcajuolo usò.

I due poeti, superato l' intoppo, passan oltre, e Dante esclama:

9. Ora incomincian le dolenti note
      A farmisi sentire: or son venuto
      Là dove molto pianto mi percuote.
10. Io venni in luogo d' ogni luce muto,
      Che mugghia come fa mar per tempesta,
      Se da contrarj venti è combattuto.

Ora sì che le dolorose voci cominciano a farmisi sentire; ora sì che son venuto là dove molto più acute strida mi percuotono l' orecchio. Io venni in luogo privo d' ogni luce, il quale rimbombando mugghia come fa mar per tempesta, se è combattuto da contrarj venti.

Quel *combattuto* fa vedere proprio la guerra de' venti contrarj col mare. *Luogo muto di luce* rassomiglia a *valle dove il Sol tace*,

CANTO V.   137

e vale a dimostrare che l'impulso della lascivia (poichè i lascivi son qui puniti) toglie all'uomo ogni lume di ragione; per cui Amore fu dipinto con una benda agli occhi: *Luxuria est filia cæcitatis mentis.*—S. Gregorio.

Cioè, riguardo all'allegoria: riguardo alla lettera poi diremo che un tal *aere* verrà più tardi appellato *aer perso*, cioè, misto di nero e di purpureo; il che dice *bagliore:* e così va inteso, poichè i due poeti vedranno molte anime.

11. La bufera infernal che mai non resta
    Mena gli spiriti con la sua rapina,
    Voltando, e percotendo li molesta.
12. Quando giungon davanti alla ruina
    Quivi le strida, il compianto, e 'l lamento,
    Bestemmian quivi la virtù divina.

L'impetuosissimo turbine infernale che non si arresta giammai, mena gli spiriti con la sua furia, e li rapisce e trasporta intorno; talchè voltandoli per quel vasto circuito li percuote, e gli sbatte fra loro; e così li tormenta. Quando, spinti dal turbine, giungono davanti alla ruinosa voragine, quivi sì che alzano per lo spavento più acute strida, più flebil lamento, e simultaneo pianto; quivi sì che bestemmian la forza della divina Giustizia.

13. Intesi che a così fatto tormento
    Eran dannati i peccator carnali
    Che la ragion sommettono al talento.

Che la ragion sommette a volontate, scrisse, prima di Dante, Folgore da S. Geminiano. Questi poveri tormentati son dunque coloro che sottomisero la ragione all'appetito sensuale (talento). Or vediamo qual allegoria ci presenta una tal pena: è chiarissima. Chi si fece trasportare dalla violenza d'impetuosa passione, che fu suo tormento anche in vita, ora è trasportato e rapito dalla furia d'una bufera che lo castiga. E qui rifletteremo ad una cosa importantissima, che vedremo verificata sì nell'Inferno che nel Purgatorio. Quasi tutt'i tormenti immaginati da Dante son di due sorte: o *per eccesso*, come questo, o *per opposizione*, come quello de' pigri che sono *indegni di ogni posa*.

Or vengo a quell' *intesi* che non è stato finora da alcun ben inteso. Ne abbiamo incontrato varj altri che ci daranno il valore di questo.

Dante dal genere della pena (*da così fatto tormento*) argomentando quello della colpa, *intese* (preterito d'*intendere*) che quelli erano i peccatori carnali; onde, lascivetto com' egli era, sentì gelarsi il sangue per sè, e commuovere tutto per quelli: e vedremo in appresso quanta pietà ne mostra. Ei cantava di sè, implicato in funesta passione, che dal retto sentiero lo allontanava:

> Io son sì vago della bella luce,
> Degli occhi traditor che m' hanno ucciso,
> Che da ragione e da virtù diviso
> Seguo solo il disio, com' ei m' è duce;
> Il qual mi mena pien tutto di fede
> A dolce morte sotto dolce inganno,
> Che conosciuto solo è dopo il danno.

14. E come gli stornei ne portan l' ali
    Nel freddo tempo, a schiera larga e piena,
    Così quel fiato gli spiriti mali:
15. Di qua, di là, di su, di giù li mena;
    Nulla speranza li conforta mai
    Non che di posa, ma di minor pena.

E come nel freddo tempo le ali portano gli stornelli, a schiera larga e folta, così quel soffio d' impetuosa bufera porta gli spiriti mali; e li mena di qua, di là, di su, di giù; e niuna speranza non che di posa ma di minor pena li conforta giammai.

Con la similitudine degli storni, portati dalle loro proprie ali, ha voluto indicare che i lascivi vanno alla colpa *de motu proprio*, e non già sospinti da esterna forza; il che costituisce il peccato.

16. E come i gru van cantando lor lai,
    Facendo in aer di sè lunga riga,
    Così vid' io venir, traendo guai,
17. Ombre portate dalla detta briga.

CANTO V. 139

E come le gru facendo di sè stesse una lunga riga nell' aria, van cantando le lor lugubri querimonie, così io vidi venire traendo dolorosi lamenti una fila di ombre, portate dalla detta furia di vento.

Briga, in senso di bufera, dipinge vivamente quell' agitar che fa le anime menandole di qua, di là, di su, di giù, e sbattendole fra di loro, come se si brigassero e si azzuffassero.

Perch' io dissi: Maestro, chi son quelle
Genti che l' aer nero sì castiga?

Nota *Maestro*; e nota la proprietà di quell' *aer nero che castiga quelle genti*: il vento non è che aria agitata, e quell' aria tenebrosa, così violentemente mossa, castiga appunto quelle anime.

18. La prima di color di cui novelle*
 Tu vuoi saper, mi disse quegli allotta,†
 Fu imperatrice di molte favelle:
19. A vizio di lussuria fu sì rotta
 Che libito fè lecito in sua legge,
 Per torre il biasmo in che era condotta.
20. Ell' è Semiramis, di cui si legge
 Che succedette a Nino, e fu sua sposa;
 Tenne la terra che il Soldan corregge.

Virgilio allora mi disse: la prima di coloro, di cui vuoi sapere delle novelle, fu imperatrice di molti popoli, ciascun de' quali parlava una diversa favella; fu sì sfrenatamente dedita al vizio della lascivia che, per allontanare il biasimo cui dalla inclinazione era condotta, stabilì in sua legge, *quel che piace lice*. Ella è Semiramide di cui si legge che

* *Novelle* plur. perchè Dante ha domandato notizie di molte anime: *chi son quelle genti?*
† Da *otta*, ora, onde *allotta*, allora, e *talotta*, talora; voci obsolete, o almeno affettate.

succedette a Nino di cui fu sposa; e tenne in suo potere quella terra che ora il Soldano corregge.

Libito fè licito è il noto apoftegma de' dissoluti, *quod libet licet.*
Giustamente la Crusca registra *reggere* in senso di governare, perchè è di Dante e di altri ottimi autori. Or la natura de' *reggimenti* orientali è tale che mentre il Soldano ha sui popoli un assoluto potere ve l' hanno ancora i suoi rappresentanti dispotici, detti, o Beì, o Deì, o Pascià, ecc. Quindi *la terra che il Soldan corregge* significa, a mio vedere, quella che il Soldano *con-regge,* cioè *con altri regge,* in compagnia, in concomitanza di altri: verbo che, ammesso questo senso, manca alla Crusca; nella quale però è *corregnare,* cioè *con-regnare,* regnare in compagnia; e quindi potrebbe esservi anche il suo gemello *correggere.*

21. L' altra è colei che s' ancise amorosa,
    E ruppe fede al cener di Sicheo;
    Poi è Cleopatràs lussuriosa.

L' altra è colei che si uccise per amore, e ruppe fede al cener di Sicheo: e dopo loro è la lussuriosa Cleopatra.

22. Elena vidi, per cui tanto reo
    Tempo si volse; e vidi il grande Achille,
    Che con Amore al fine combatteo.

Volgersi tempo è bella nostra espressione, che ricorda essere il tempo misurato dal corso del Sole, che si volge intorno alla Terra. Achille combattè con cento eroi, e li vinse; volle al fine combatter con Amore, e fu vinto; *qui armis vicit a vitiis victus est,* Seneca: questa sembra esser l' idea qui accennata; e ricorda forse il fine di quell' eroe, nell' atto che sposava Polissena.

23. Vidi Paris, Tristano; e più di mille
    Ombre mostrommi (e nominolle) a dito;
    Che amor di nostra vita dipartille.

Vidi i due cavalieri erranti Paris e Tristano; e Virgilio mi mostrò a dito (e nominolle) più di mille ombre; e tali che amore le divise di nostra mortal vita.

CANTO V.

Ho spiegato il *che* dell' ultimo verso per *tali che*, poichè così vengono meglio determinati coloro che per amore perirono, e si toglie insieme quel nauseoso pleonasmo di *mostrommi mille ombre che amore dipartille di vita*.

Son col Volpi nel credere che qui *Paris* sia il conosciuto cavalier errante di tal nome, piuttosto che Paride Trojano: il vederlo congiunto a Tristano, altro famoso cavalier errante, ed un altro cenno che subito siegue, mi confermano in questa idea.

24. Poscia ch' io ebbi il mio dottore udito
    Nomar le donne antiche e i cavalieri,
    Pietà mi vinse, e fui quasi smarrito.

Quell' *esser vinto dalla pietà* si riferisce alle anime, e potea ben dire egli pure, *Non ignara mali miseris succurrere disco*; ma quell' *essere quasi smarrito* è per lui; e nascea dall' osservar quelle pene, conseguenza di quel vizio.—Si noti con quanta proprietà Virgilio è chiamato *Dottore*, piuttosto che *Maestro*. Dante gli dà questo nome quando lo fa parlare da sapiente; ma ora parlava l' uomo *dotto* nella storia, e nella mitologia.

25. Io cominciai: Poeta, volentieri
    Parlerei a que' due che insieme vanno,
    E pajon sì al vento esser leggieri.

Il parer *sì leggieri al vento* indica che, essendo più tormentati dal castigo, erano stati più dominati dalla passione. Il peccato e la pena son sempre in equazione nella gran mente di Dante, e lo vedremo. Si noti quel *cominciai* ch' esprime assai bene la perturbazione, dopo il verso precedente.

26. Ed egli a me: Vedrai quando saranno
    Più presso a noi, e tu allor li prega
    Per quell' amor ch' ei mena, e quei verranno.

E Virgilio a me: Vedrai quando, seguendo il loro giro intorno al cerchio, saranno più presso a noi; e tu allor li prega per quell' amor che li mena, e quelli al nome della lor passione, lor prima deità, certo verranno.

Quell' *amore che li mena* esprime tanto che l' amore li menò a quella pena, quanto che la pena stessa li mena intorno al cerchio, per cagion di quell' amore. *Mena ei*, per mena essi, è modo antico, e rarissimo negli antichi stessi, ed ora non si dice più: poichè *ei* nella lingua moderna, resa più fissa e regolare, è sempre nominativo e non mai caso obliquo: onde Dante non vuolsi in ciò imitare.

27. Sì tosto come il vento a noi li piega
   Mossi la voce: o anime affannate,
   Venite a noi parlar, s' altri nol niega.

Sì tosto che il vento li piegò alla volta nostra mossi la voce e dissi: o anime affannate, venite a parlare a noi, s' altri nol nega.

Cioè, se la Giustizia non è di ostacolo alla sospensione del vostro corso. *Il vento li piega a noi* dipinge il girar circolare di quelle anime dal vento spinte.

28. Quali colombe dal disio chiamate,
   Con l' ali aperte e ferme, al dolce nido
   Volan per l' aere dal voler portate;
29. Cotali uscir della schiera ov' è Dido,
   A noi venendo per l' aere maligno,
   Sì forte fu l' affettuoso grido.

Quali due colombe che chiamate da interno amoroso desio, e portate dal concorde volere di soddisfarlo, con l' ali aperte e ferme, volano per l' aria al nido, dolce lor letto; tali que' due uscirono dalla schiera ov' è Dido, venendo a noi pel tormentoso aere agitato, sì forte ed irresistibile fu per essi la preghiera fatta in nome del loro affetto.

Il poeta per non ripeter sì da vicino la formola della preghiera dettatagli da Virgilio (*pregali per quell' amor che li mena*) l' ha qui taciuta; ma ad indicare che così appunto avesse pregato, dice che l' *affettuoso grido fu sì forte* che que' due spiriti vennero; e con la sola frase di *affettuoso grido* vuol dire *esclamazione fatta in nome del loro affetto*, e *fatta con affetto*: una delle solite sue compresse maniere. *Aer maligno* è sinonimo dell' *aer nero che castiga*, onde vi fo la stessa fisica osservazione.

Trattandosi di spiriti che andavano per aria, era naturale che il Poeta desumesse le sue similitudini dai volatili. Da tre generi di uccelli ei le prese, per esprimere tre differenti immagini: la prima per far vedere la quantità affollata di quegli spiriti tormentati (storni che vanno *a schiera larga e piena*); la seconda per indicare che andavano a fila gridando lamentosamente (gru che *facendo in aere una lunga riga di sè, van cantando i lor lai*); e la terza per distinguere queste due anime amorose dà tanti altri turpi lascivi (colombe che *chiamate dal desio, e portate dal volere vanno al dolce nido*): la quale ultima comparazione, desunta da quei volatili Afrodisiaci che più sanno amare, è scelta da gran maestro. E quel farle uscire dalla schiera ov'è Dido, non è già fatto per rima, ma per caratterizzare questi due sventurati amanti, e separarli da tutti quegli altri; e *Cleopatra lussuriosa*, e *Semiramide rotta al vizio della lussuria*, ed *Elena* infedele, che fu di Teseo, di Menelao, di Paride, di Deifobo, e Dio sa di quanti altri. Il ricordare la casta, affettuosa, appassionatissima Dido, *che s'ancise amorosa*, è un tratto che intenerisce. Dido, e non altra, dovea essere qui rammentata, e Dante la rammentò.

30. O animal grazioso e benigno,
    Che visitando vai per l'aer perso
    Noi che tignemmo il Mondo di sanguigno,
31. Se fosse amico il Re dell'universo,
    Noi pregheremmo lui per la tua pace,
    Poi ch'hai pietà del nostro mal perverso.

Attenuiamo prima la sgradevole impressione che suol produrre quella parola *animale*, e poi esporremo. Quella parola, la quale poco approfondita suol dispiacere, ha qui due proprietà: la prima è che contraddistingue il solo individio composto di anima e di corpo, cioè il solo vivo fra tanti morti; e questa intenzione è manifesta, e da Dante medesimo così spiegata: " Quando l'anima e il corpo si congiungono in uno, e durano insieme, questo si chiama *animale*; ma quando questa unità, per dipartimento e separazione dell'una dall'altro, si scioglie e divide, è chiaro ch'ei non è più animale.... *Sensibilis anima et corpus est animal*."—Volgare Eloquio. La seconda è assai nascosta, ma pur vi è. Quelle due anime amorose, che aveano preveduta la discesa di Dante, sanno che anch'egli ha quella fatale inclinazione per cui esse si trovano in tanto martirio: onde dicono che se il Re dell'Universo fosse ad esse amico, lo pregherebbero perchè concedesse a lui quella pace ch'esse han per sempre perduta; cioè lo supplicherebbero di preservarlo da una inclinazione che tante inquietudini produce in vita, e tante pene dopo la morte: e *pregherebbero*

Iddio di ciò poichè Dante ha pietà del loro male, quasi dicessero: la tua pietà non può nascere che da intima conoscenza della guerra che amor produce, onde dalla tua compassione argomentando la tua inclinazione, pregheremmo, se potessimo essere esauditi, per la tua pace. E per iscusarlo di questa inclinazione, usano un vocativo in cui è nascosta tanto la difesa di lui quanto la loro medesima. Quel vocativo, nel ricordare la di lui *animalità*, ricorda ancora quel genial pendio che ci strascina nostro malgrado ad ubbidire ad una legge generale, cui invano vorremmo negarci, essendo impulso e comando di natura. Quella parola dunque è con una rettorica veramente infernale da loro impiegata, per dire: se tu pecchi in ciò che forma la nostra dannazione, ciò non è tua colpa, come non fu la nostra; ma è fatal conseguenza del nostro organismo, il quale, uguagliandoci a tutti gli altri *animali*, prevale tanto sulla ragione che sospende in noi talvolta la distinzione della specie, e ci fa sentire di appartenere al genere: onde l'uomo cessa quasi di esser uomo, per rientrar nella classe di tutti gli altri *animali*. Quando trovate in Dante un apparente stranezza, arrestatevi, e meditate; e la vedrete subito trasformata in bellezza. Credete voi ch'ei non avesse un miglior vocativo per appellar sè stesso che quello di *animale*? Se prescelse questo fra i mille dovè avere la sua gran ragione: onde non osando cambiare quel vocativo, che non ha equivalente neppure per approssimazione, esporrò:

O animale, che con tanta grazia c'interroghi e con tanta benignità ci compatisci, tu che vai visitando per l'aere bruno noi che tingemmo la terra di sanguigno colore, sappiam pure onde deriva la tua pietà per noi; e se il Re dell'Universo fosse a noi amico, e volesse esaudire le nostre suppliche, noi pregheremmo lui per la tua pace, poichè hai pietà del nostro perverso destino.

32. Di quel che udire e che parlar vi piace
    Noi udiremo e parleremo a vui
    Mentre che il vento, come fa, si tace.

Tutti gli espositori non sapendo come le precedenti sentenze, *La bufera infernal che mai non resta*, e *Nulla speranza li conforta mai Non che di posa ma di minor pena*, potessero ben accordarsi col presente senso, *Mentre che il vento, come si fa, si tace*, si son rampicati chi in un modo e chi in un altro. Dante non si è contradetto, ma ha soppresso ciò che non ha osato esprimere; e questa è la seconda volta che lo fa. Torno a dirlo: gli sembrava una specie di arroganza l' esprimer chiaramente che le leggi invariabili della giustizia si fossero sospese a suo riguardo; e per non dir ciò è ricorso ad un linguaggio monco, che se non è sviluppato presenta un' apparente contradizione; ma termina la sentenza di cui ti ha dato in mano il germe, e la contradizione sparirà: il germe del sentimento affogato è in quel *come fa:* eccolo intiero e prodotto:

Intorno a quel che vi piace udire, e chiedere, noi udiremo voi, ed a voi parleremo, mentre che il vento si tace, come fa in questo momento, per grazia a te conceduta.

Questo sviluppo è una legittima conseguenza della prima ipotesi, ch' egli sia sceso vivo all' Inferno: sospese le leggi della Giustizia per quella ipotesi, ogni altra cosa che nell' Inferno non è regolare è un necessario effetto che da quella fluisce.

Prima di udire ciò che diranno queste due anime sventurate, per cui Dante ha sì viva pietà che la trasfonde in noi, giova sapere chi sieno. Qual è dunque questa miseranda coppia? Cel dirà il Petrarca:

È la coppia d' Arimino che insieme
Vanno facendo dolorosi pianti:

Cioè, *Francesca,* figliuola di Guido Novello, Signor di Ravenna, amico di Dante; e *Paolo,* figliuolo di Malatesta, Signor di Rimini, e cognato di Francesca: uccisi entrambi da Lanciotto, marito dell' una e fratello dell' altro, perchè colpevoli di segreti amori. Francesca è detta dal Boccaccio vaghissima e di nobil animo, e dal Landino *femmina di bellezza e di maniere eccellentissima;* Paolo, secondo il Clementini, *per la molta beltà e leggiadria fu cognominato il bello;* e Lanciotto vien definito dall' Imolese *vir corpore deformis et animo ferox;* zoppo, guercio, rozzo, e tiranno. Or il genitor di Francesca, costretto da riguardi politici a conceder la figlia al bruttissimo Lanciotto, prevedendola in ciò restia, con non paterna fraude la fè sposare per procura da Paolo il bello, dandole ad intendere esser quegli lo sposo. Non è difficile il pensare che la giovinetta gli desse la mano ed il cuore. Ma quando la infelice credea trovarsi fra le braccia di un Angelo, si trovò fra quelle di un Demonio. La fiamma della donzella nacque dunque purissima, ed ella non si accorse esser colpevole che quando fervea già troppo ardente. Cento cose congiurarono a farla perdere: una impressione troppo viva già fatta sul suo giovanetto cuore, e che non era più quasi in lei di cancellare; le brame irritate, le speranze deluse, la bellezza di Paolo, la deformità di Lanciotto, l' assiduità dell' uno, la non curanza dell' altro, intento a governo, a cacce, ed a giostre; una occasione continua, la nulla esperienza del mondo, il mal esempio d'un secolo corrotto, la vicinanza, l'agio, l'età......Chi si sente tale da poter gittare su lei la prima pietra?......

L'accortissimo Dante ha voluto fare in certo modo una ingegnosa ed implicita scusa della misera coppia col far precedere la sua comparsa da una folla di donne illustri, e di famosi eroi, prede tutti di Amore; quasi volesse far pensare al lettore: Se il grande Achille, che avea vinti mille campioni, fu vinto egli stesso, quando *alfine con Amor combatteo*; se Paris e Tristano, malgrado che fossero fortissimi tra i forti; se Semiramide, quantunque guerriera; se Didone, benchè castissima, non hanno saputo resistere a questa fatal passione, qual maraviglia che l'affettuoso Paolo e la tenera Francesca abbiano ceduto per essi?

Or udiamo che dirà la infelicissima nel momentaneo riposo che ha.

33. Siede la terra dove nata fui
    Su la marina dove il Po discende
    Per aver pace coi seguaci sui.

La città dov'io nacqui siede sulla marina dove il Po discende, per aver pace in quelle onde coi minori fiumi suoi seguaci.

Il povero sogna le ricchezze; e la misera Francesca, eternamente agitata, dice che la sua terra *siede*, e che *il Po co' suoi seguaci discende nella marina per aver pace*.

Quella città è Ravenna, detta terra alla maniera antica; essa sta quasi sull'Adriatico alla foce del Po, il quale da Torino a Ponte di Lago-oscuro raccoglie per via da circa venti influenti, che son qui appellati suoi seguaci, e non ha pace che al termine del suo corso, perchè *Mormora sempre e geme Finchè non giunge al mar.*

34. Amor, che al cor gentil ratto s'apprende,
    Prese costui della bella persona
    Che mi fu tolta; e il modo ancor m'offende;

Amore, che tosto si apprende al cuore di gentil tempra, prese costui del bel corpo che mi fu tolto; e tolto in un modo che ancor mi affanna il pensarvi; e tolto in un momento...che ancor offende la mia memoria.

CANTO V.

Al cor gentil ripara sempre Amore,

Guido Guinizzelli, prima di Dante; e il Petrarca, dopo:

Amor che solo i cor leggiadri invesca.

Che scusa e che elogio per Paolo in quel primo verso! e nel secondo e terzo com' è bene indicato che l' amor di lui era tutt' altro ch' estasi platonica; egli fu *preso della bella persona che a lei fu tolta;* cioè delle di lei belle forme voluttà spiranti.

35. Amor, che a nullo amato amar perdona,
    Mi prese del costui piacer sì forte
    Che, come vedi, ancor non m' abbandona;

Amore, che non soffre che alcun amato non riami, mi accese sì fortemente dell' istesso desiderio di costui che, come vedi, quel desiderio ancor non mi abbandona, poichè fin tra le pene son sempre al fianco di costui.

Gran filosofia nel primo verso! *Nihil magis provocat ad amandum, quam quod prævenit amando.* S. Agost. *Amiamo lui, perchè egli amò noi,* disse il discepolo ben amato: *Ha d' amore amor destato,* direbbe il Tasso; e il Boccaccio, *amando il giovane fu amato.*

36. Amor condusse noi ad una morte:
    Caina attende chi in vita ci spense.
    Queste parole da lor ci fur porte.

La Caina è il luogo più basso dell' Inferno, dove son puniti i parricidi; e colà, secondo Francesca ch' è nel più alto, dovea andare il barbaro Lanciotto, uccisor della moglie e del fratello. Qual paragone per lei consolante! *Amor condusse noi ad una morte, ma la Caina attende chi in vita ci spense:* par ch' ella pregusti col pensiero la pena che quello dovrà soffrire; e dice *attende,* perchè quegli era ancor vivo, e ad altra donna congiunto pochi mesi dopo aver sacrificato la imprudente coppia, strascinata da una fatalità alla colpa.

Un cumulo di bellezze mi conviene far osservare. Si noti quel triplice rincalzante *Amore,* con cui comincia ogni primo verso delle tre ultime terzine, i quali uniti pur fanno senso:

Amor, che al cor gentil ratto s' apprende,
Amor, che a nullo amato amar perdona,
Amor condusse noi ad una morte.

Cioè ad una morte avuta nel punto stesso, da uno stesso colpo, per la stessa cagione, ed uniforme ne' terribili effetti dell' ignominia e del castigo. In bocca dell' amante Francesca nulla di più proprio che que' tre versi; e l' ultimo par che abbia qualche cosa di conforto nel rammentare che morirono insieme; e ricorda quel bellissimo detto che il nostro Epico mette sulle labbra dell' affettuoso Olindo, nel punto ch' è vicino a perir *di una morte* con la sua Sofronia:

.... duolmi il tuo fato,
Il mio non già, poichè ti muojo allato.

Or vi voglio regalare una gemma preziosa che fu sinora creduta fango; essa è in quel *ci spense in vita:* riflettete bene a quell' *in vita:* e se direte di non intenderlo, Dante vi griderà " Intender non lo può chi non lo prova." E notate in qual luogo vien fatta la reticenza:

Caina attende chi *in vita ci spense*......
Queste parole da lor ci fur porte.

Finalmente noterò una finezza impareggiabile. Per dimostrare la unanimità de' sentimenti de' due cognati *che insieme vanno*, e la quasi loro unità di persona, dopo aver fatto parlare la sola Francesca, dice: *Queste parole da lor ci fur porte:* come se tutto quello ch' è detto da lei s' intendesse detto pur da lui; e come se fossero due flauti unicroni ed unisoni, cui fosse impossibile il non andar d' accordo. Nè ciò è opra di caso, o poca esattezza di dizione, poichè lo ha fatto due altre volte anche sopra: *Noi pregheremmo per la tua pace*, disse Francesca, sicura della volontà di Paolo; *Noi parleremo a vui*, disse ella stessa, e intanto parla ella sola: e ricomparirà due altre volte più sotto, ed eccone una nel verso che siegue.

37. Quand' io intesi quell' anime offense
    Chinai il viso, e tanto il tenni basso
    Fin che il Poeta mi disse: che pense?

Quel participio *offense* offre più d' un senso: *offese* nella vita, *offese* nella fama, ed ora eternamente dai tormenti *offese*. E si noti quel solito profondissimo *intesi*, che vuol significare, *quando io compresi che cosa volesser dirmi quelle anime, pensoso di me chinai il viso*, ecc. e dice *intesi* dopo quel significantissimo " *in vita ci spense*," quasi dir volesse, *quando pienamente entrai nel senso di quella frase, chinai il viso per vergogna e compassione*.

Povero Dante! pietà di altrui e di sè gli stanno su quel volto basso. Chi sa quanti pensieri si ravvolgano in sua mente! Ma Virgilio lo ha scosso: udiamo che dirà.

CANTO V.

38. Quando risposi incominciai: Ahi lasso!
Quanti dolci pensier, quanto desio
Menò costoro al doloroso passo!

In verità mi attendea qualche cosa di meglio. Queste parole mi pajono poco connesse, e quasi nulla significanti. Ma piano: Egli dice *quando risposi incominciai;* l'*incominciai*, che in questo luogo indica, meglio che altrove, tutto il tumulto degli affetti dai quali sentivasi agitato, ne fa comprendere ancora ch'egli, dopo essersi per qualche tratto arrestato taciturno a riflettere su quello che aveva *inteso*, proruppe finalmente in una esclamazione la quale nasceva appunto da ciò che riflettuto avea. Or cerchiamo dalla conseguenza indovinar le premesse. Qualche cosa che ha temuto profferire e scrivere, perchè forse troppo ardita, è ciò che ha pensato, e quindi l'ha taciuto. Arditissima è in fatti: e il Guarini, che dopo lui ha voluto mettere al giorno ciò ch'egli lasciò nell'ombra, vide il suo *Pastor fido* condannato dalla Congregazion degl'Indici. Ecco ciò ch'egli ha dovuto pensare, e di cui non udimmo che il termine: *Se il peccare è sì dolce, e il non peccare sì neccessario, o è ingiusta la legge che si oppone alla natura, o è maligna la natura che ci spinge a infranger la legge. Come guardarsi da sì grate insidie! come condannar questi due infelici! Ahi lasso! quanti dolci pensier, quanto disio menò costoro al doloroso passo!* Ecco probabilmente il discorso intiero che si volse in sua mente, e di cui non udimmo che l'ultima esclamazione, conseguenza di quelle premesse.

39. Poi mi rivolsi a loro, e parlai io,
E cominciai: Francesca, i tuoi martiri
A lagrimar mi fanno tristo e pio.

Cioè, i tuoi martiri mi fanno tristo per me, e pietoso per voi, sino al punto che mi costringono a lagrimare.

Ei si rivolge a loro, cioè a tutti e due, e poi dice alla sola Francesca, *I tuoi martiri*, ecc. e perchè? lo vedemmo; il parlare all'una non è diverso di parlare anche all'altro. E quel *cominciai*, che pare inelegante immediatamente dopo l'altro, è pur significante dopo che sappiamo che vuol dire; e vuol dire che, prima di risponderle, si è arrestato alquanto tutto commosso. Ma chi ha detto a Dante che quella si chiama Francesca? Non ella sicuramente. Egli ha voluto esprimere che il fatto era sì notorio che, udite le circostanze, ha subito capito le persone.

40. Ma dimmi: al tempo de' dolci sospiri
   A che, e come concedette Amore
   Che conosceste i dubbiosi desiri?

Ma dimmi: al tempo de' vostri dolci sospiri segreti, a che segni, ed in qual modo Amore vi concedette che conosceste i mutui dubbiosi desiri?

Questo dir che Amore lor concedette di scoprirsi ne fa comprendere che già precedentemente si amavano: e questa domanda è fatta per far conoscere qual fosse la perigliosa occasione che li trasse a peccare.

41. Ed ella a me: nessun maggior dolore
   Che ricordarsi del tempo felice
   Nella miseria; e ciò sa il tuo dottore.

Queste parole son del dottore Boezio, e non del dottore Virgilio: *In omni adversitate fortunæ infelicissimum genus infortunii est fuisse felicem*: ma a noi giova intenderle dette da Virgilio, che vien chiamato *Dottore* più sopra; perchè questo fa più all'unità. Ma come sa ciò Virgilio? Lo sa dal fatto; glorioso, potente, e dai popoli favorito un giorno nel suo carattere di Ghibellinismo, ed ora sì debole e da tanti e sì forti nemici contrariato.

42. Ma se a conoscer la prima radice
   Del nostro amor tu hai cotanto affetto,*
   Farò come colui che piange e dice.

Quella *prima radice del loro amore* è la loro prima dichiarazione; poichè già si amavano avanti: e il dire *al tempo de' dolci sospiri* lo fa vedere chiaramente; dove quel *dolci* esprime que' sospiri primi che non erano per anche amareggiati dal rimorso della colpa consumata e dal timore di essere scoperti.

43. Noi leggevamo un giorno per diletto
   Di Lancillotto, come Amor lo strinse;
   Soli eravamo, e senza alcun sospetto.

* Sì vivo desiderio.

CANTO V. 151

Noi un giorno leggevamo per semplice diletto le avventure di Lancillotto, nelle quali si espone come, ecc.

Lancillotto, altro famosissimo cavalier errante, amante della regina Ginevra, moglie del Re Artù. Ginevra non fu più fedele al marito di quello che Francesca fosse al suo. Si noti l'accortezza del Poeta nel far precedere la lettura di quel libro pericoloso al momento che decise della virtù di lei. Egli volle fornirle un'altra scusa nel cattivo esempio di due famosi personaggi; e mette lei nel caso di una potente Regina, e lui nella situazione di un forte Eroe. E leggevano *per diletto*, e non per dare opportunità ad una dichiarazione. Ciò è tutto industria del poeta e non fatto storico; poichè chi potea conoscer queste cose se *eran soli, e senza alcun sospetto?*

44. Per più fiate gli occhi ci sospinse
    Quella lettura, e scolorocci il viso:
    Ma solo un punto fu quel che ci vinse.

Altra scusa per entrambi. Non erano determinati per precedente risoluzione, e premeditato disegno; ma fu impulso di violento amore, sino allora represso, quello che *in un punto li vinse*. Che pittura ne' due primi versi! Lettore, fa il comento da te.

45. Quando leggemmo il disiato riso
    Esser baciato da cotanto amante,
    Questi, che mai da me non fia diviso,
46. La bocca mi baciò tutto tremante:
    Galeotto fu il libro e chi lo scrisse....
    Quel giorno più non vi leggemmo avante.

Quel *disiato riso* pinge una bocca ridente, i cui baci son avidamente bramati: quel *cotanto amante* fa la scusa di Paolo, che non fu più forte di cotanto eroe; quel verso, *Questi che mai da me non fia diviso*, ha qualche cosa di consolante pei due sventurati; e l'altro, *La bocca mi baciò tutto tremante* è da gran pittore ed osservatore della natura; è da chi avea dovuto trovarsi in simil caso anch'esso, onde nascea quella tanta pietà, que' sì forti rimorsi, e quel soppresso discorso. *Galeotto* vuol qui dire mezzano di amori illeciti, e seduttore: e più in là esporrò perchè.

Francesca si arresta: e il suo silenzio (che tutto dice) esprime un rossore che l'ultimo verso, sì gravido in senso, dovea in lei destare: al quale non farò altra annotazione che quella del Rev. P. Venturi, ch'ebbe in pronto alcune parole di Terenzio. " A chi interrogasse *quid tum?* si potrebbe rispondere: *Quid tum! quid tum, fatue.*"

Si noti l'artifizio di questa seconda reticenza in un punto ch'è anche più significante di quello che diè occasione alla prima.

47. Mentre che l'uno spirto questo disse
    L'altro piangèva sì che di pietade
    Io venni men così com'io morisse,*
    E caddi come corpo morto cade.

Fa piangere sì amaramente Paolo, perchè egli era stato colui che avea strascinata Francesca alla colpa, cagione della morte d'entrambi, della vergogna comune, e della indivisa loro dannazione. L'ultimo verso esprime con suono imitativo il cadere di Dante, svenuto per la pietà; e somiglia al *procumbit humi bos* Virgiliano.

* Per *morissi*.

RIFLESSIONI SUL CANTO V.

Son puri a tal segno i principj morali del nostro poeta che, malgrado tutt' i riguardi che doveva a Francesca, per l' amicizia che lo stringeva a Guido, padre di lei; malgrado le circostanze fatali che spinsero la malaugurata al passo della perdizione; e malgrado finalmente tutte le scuse che gli gridavano a di lei favor dal fondo del proprio cuore, il quale aringava segretamente la causa comune, ei non mancò di metterla nell' Inferno; ma con colui *che mai da lei non fia diviso*. La Giustizia divina gli facea sentire i suoi dritti, ed ei li soddisfece; ma l' umana pietà reclamava anche i suoi, ed ei non seppe negarglieli: il severo Cristiano non potè dimenticarsi di essere stato tenero amante: e ben la coppia sventurata era tale che potea dire:

Ove sia chi per pruova intenda amore
Spero trovar pietà, se non perdono.

Grande insegnamento, a chi ben guarda, racchiuse Dante in quella circostanza delle avventure di Lancillotto e Ginevra, la cui lettura diè impulso alla caduta de' due cognati. Egli ha voluto con ciò avvertirci quanto pericolosi sono alcuni libri romanzeschi che un fatal caso pone fra le mani di giovani mal cauti nella bollente età delle passioni tumultuose, in cui l' uomo " di tal cosa è, ingordo Che al senso è dolce, alla salute è rea" (Petr.). Oh se altri Danti viaggessero per questo nostro Inferno, per interrogare altre Francesche ed altri Paoli che sono in preda di non meno impetuose bufere, oh da quanti di loro sentirebbero gridare " Galeotto fu il libro e chi lo scrisse!" E *Principe Galeotto* fu in fatti denominato il Boccaccio in antiche edizioni del Decamerone, a cagione di quel suo libro scostumato; e *Galeotto* significò lungamente nella nostra vecchia lingua *mezzano di amori illeciti*, il quale è sempre un seduttore, o un istrumento di sedotti. Ciò nacque forse da che un cotal *Galeotto* era appunto il mezzano di quella Regina e quel Cavaliere, secondo il vecchio romanzo: e dall' essere nome d' individuo famoso passò poi a significare la classe intiera di coloro che abbracciano sì nobile professione. Onde Francesca con quel verso volle dire ch' essi non ebbero bisogno di un Galeotto, come quello che andava e veniva fra Lancillotto e Ginevra, poichè il lorò Galeotto era stato quel libro e chi lo avea scritto.

Tutte le anime in questo canto rammentate perirono a cagione d' una malnutrita passione amorosa. *Didone* si ancise per Enea; *Cleopatra* si fè pungere da un aspide, dopo la morte di Antonio; *Semiramide*, amante incestuosa del figlio, secondo Giustino, *ab eodem interfecta est*; *Elena* fu strozzata da Polisso, per vendicare Tlepolemo suo marito, morto sotto Troja, conseguenza di quell' ardor fatale per cui tanto e sì calamitoso tempo si volse; *Achille*, infido alla sua moglie Deidamia, cessò nell' atto che sposava Polissena; *Tristano* fu trafitto dal Re

Marco, per la di lui segreta corrispondenza con la Regina Isotta; *Paride*, o *Paris*, se il Trojano, cadde per man di Pirro, meritato effetto del suo colpevole amore per Elena; se il cavaliere errante, per la sua diletta Vienna miseramente finì; amore finalmente condusse ad una morte Francesca e Paolo, uccisi dal ferreo Lanciotto. Nè ciò solo, ma tutte le altre ombre di questo cerchio furono per la stessa cagione tolte di vita, onde il poeta parlando di più di mille altre, che Virgilio gli mostrò a dito, conchiude ch' esse eran tali *Che amor di nostra vita dipartille*.

Or perchè ciò? Chi non morì a cagion di amore, ma fu per esso colpevole, non va dunque all' Inferno? Dirò qual concetto parmi in ciò ravvisare. L'amore che mena a gran rovina suol essere effetto della calda età; nell'età fredda l' uom se ne purga, ed evita l' Inferno. Gli altri vizj d' incontinenza (come la *gola* che rinforzasi all' avanzar degli anni; come l' *avarizia* che ringiovanisce nella vecchiaja, al dir d' un ingegnoso oratore; e come l' *ira* che ci rende più atrabilari ed intolleranti a proporzione che incanutiamo) tutti vanno avanzandosi, se la ragion non li frena: la sola lascivia va mancando, poichè la spegne l' età. Onde se per fortuna accade che l' uomo per tal passione nel vigor suo non pera, suol per lo più ravvedersi, e quindi salvarsi. Perciò in questo cerchio vi sono que' soli sciagurati che per essa corsero ad immaturo fine.

Gran compatimento traspare da tutto questo canto per sì funesto pendio: onde il poeta pose i due cognati nel cerchio più alto, ov' è la minor pena, ed annunzia che il loro uccisore dovrà andare nel cerchio più basso, ov' è la pena maggiore.

Superfluo sarebbe l' arrestarsi a ricercare i motivi che lo indussero a figurare lo sregolato appetito carnale in una bufera che trasporta l' uomo: cento metafore di poeti e di oratori suonano alle nostre orecchie che si accordano col suo concetto: onde il Petrarca innamorato dicea, sè essere in preda d' *un vento umido eterno Di sospir, di speranze, e di desio*. E non è improbabile che Dante abbia avute presenti le seguenti sentenze del suo maestro: " L' uomo ch' è incontinente si è quegli il qual è vinto dalle tentazioni le quali lo stimolano fortemente... Da lussuria viene cecità di cuore e non fermezza..... Sono operazioni che l' uomo fa senza volontà; cioè, o per forza o per ignoranza, come il vento levasse un uomo, e portasselo.......Conviene che l' uomo contrasti alli desiderj delle dilettazioni, perchè, se si lascia vincere, la ragione rimane sotto ai desiderj *(Che la ragion sommettono al talento)*......L' Abisso delli desiderj carnali affige l' uomo lascivo, e tranghiottisce la ragione."—*Tesoro*. " *Quando giungon davanti alla ruina*," ecc.

Rifletteremo finalmente che le anime che sono nel Primo Cerchio non son giudicate da Minosse, il quale è nell'entrata inferiore di questo Cerchio Secondo: e Virgilio lo dirà chiaro altrove, *Minos me non lega*: ed è per questo che ha potuto uscire per andar nella selva; il che non sarebbe stato concesso ad un vero dannato degl' inferiori cerchi, che non può allontanarsi dal luogo di sua pena. Onde pare che le anime del Limbo vadano colà per proprio giudizio. Quando esporremo l' Allegoria generale della Prima Cantica, vedremo che dovea esser così.

NOTE AGGIUNTE AL CANTO V.

Terz. 2. *Stavvi Minos*, ecc.

Mi ricordo aver letto in un libro di viaggi (non saprei dir quale) che un metodo di condannare poco dissimile da quello del Minosse Dantesco si usa nella Cina. Il mandarino nel voler indicare il numero di battiture, cui danna un reo, lo significa, senza parlare, con un egual numero di gettoni che mostra agli esecutori. È verisimile che Dante conoscesse quest' uso Cinese, poichè (come altrove vedremo) avea probabilmente udito da Marco Polo, o da altri cui Marco la disse, qualche cosa intorno ai viaggi di lui ch' era stato nell' Indie e nella Cina, come appare dalle sue relazioni che si leggono ancora. Dante quindi dovè credere che un modo di giudicare bizzarro e terribile d' infedeli potesse ben adattarsi ai dannati.

T. 15. *Nulla speranza li conforta mai*, ecc.

Ed altrove, *nullo martirio, nulla offensione, nulla voglia*; e potremmo andare alle dozzine se avessimo sete di esempj in cui Dante usò *nullo* per *niuno*. E quindi avrebbe potuto dire egualmente:

Che *nulla* gloria i rei avrebber d' elli,
Che *nulla* via darebbe a chi su fosse.

Ma ha detto *alcuna gloria*, ed *alcuna via*, perchè altro ha voluto esprimere: così dirà anche " Parrieno avere in sè mistura *alcuna....alcun* compenso, *alcuna* ammenda," ecc. ecc. cioè *una qualche mistura, un qualche compenso, una qualche ammenda*. E quando con *alcuno* vuol negare non manca mai di mettervi la negativa: " Non trovandosi in terra cibo *alcuno*....Non hai tu spirto di pietate *alcuno*," ecc. ecc.

Do un altro colpo su questo chiodo perchè gli errori degli uomini grandi voglion ribattersi con tutte le forze, e insieme con tutto il rispetto.

Questo mi ha vietato di dire al Ch. Monti, ch' egli è caduto nell' error dell' Algarotti (il solo ch' ei non rammenti fra coloro che presero a fare la stessa disamina) nel paragonare lo stile della Commedia con quello di Virgilio. Ora però voglio dirglielo per soggiungere, ch' egli, fornito di maggior ingegno e dottrina, è riuscito meglio che 'l suo predecessore nel sostenere quell' altro bel paradosso: ma ciò non farà che noi non possiam ripetere dell' uno quel che il Corniani giustamente scrisse dell' altro: *Il conte Algarotti in una lettera* (Tom. IX) *va lambiccandosi il cervello per trovare delle rassomiglianze tra lo stile di Virgilio e quello di Dante: ma queste...anzi che provare l' imitazione di Dante, non provano che lo sforzo e la sottigliezza d' ingegno dell' Algarotti*.

T. 18. *Imperatrice di molte favelle*.

I Cavalieri dell' Ordine Gerosolimitano si dividevano in lingue, e diceansi Cavalieri della lingua d' Italia, della lingua di Provenza, di Baviera, di Castiglia, ecc. Onde il Gran Maestro di quell' Ordine potea chiamarsi *il capo di molte lingue*: in questo senso Semiramide era *Imperatrice di molte favelle*. Nell' Apocalisse si legge più volte: *Fa d' uopo che tu profeti di bel nuovo a genti, a popoli, ed a favelle*; cioè, alle nazioni che con diverse favelle parlano.

T. 23. . . . . *più di mille*
Ombre mostrommi (e nominolle) a dito.

Ho riso di cuore nel vedere che un mitigoloso grammatico, il quale si va sempre tormentando la testa per trovare il pelo nell'uovo, si è sforzato a mostrarci che significa *nominare a dito;* senz' avvedersi che quell' *e nominolle* è detto per parentesi, che io il primo ho poste: restando così *mostrommi a dito*, ch' è nostro modo elegante ed usitatissimo.

T. 25. *Io cominciai: Poeta, volentieri*
Parlerei a que' due che insieme vanno.

Chiama Virgilio *poeta*, non solo pei fatti di storia e mitologia sopra rammentati, e massime di Didone, Sicheo, Elena, Achille, di cui quello avea nel suo poema cantato, ma più ancora per dargli un colpo da furbo. La poesia nasce da soverchia sensibilità, per cui dobbiamo all'amore i più gran poeti; onde il dir *poeta* in questo luogo a quel Virgilio che aveva scritto di Orfeo e di Didone, e che per altri suoi versi amatorj mostra aver troppo sentito ancor egli la forza di una tal passione, è un esiger compatimento per una comun debolezza. L' esame di queste minuzie mi ha portato quasi per mano a grandi scoverte; onde non dispiaccia ch' io paja minuto. Ciò in altri poeti sarebbe superfluità, ma in Dante è necessario scrutinio; un vocativo, un aggiunto chiudono spessissimo i sensi più nascosti.

T. 29. . . . . *li prega*
Per quell' amor ch' ei mena, e quei verranno.

Alcuni annotatori per assolver Dante da pretesi errori di lingua gli fanno dire mille sciocchezze; e per esser essi troppo ortodossi grammatici divennero logici eresiarchi; senza dubbio quell' *ei* è accusativo, a dispetto di chi per rimedio ultimo ha voluto spiegare: *ch' egli mena insieme*: ma *egli* chi? l' amore? se vi è il nome, a che quell' inutile pronome? *Pregali per quell' amore, ch' egli* (cioè amore) *mena insieme*: oh povero Dante, che ti fan dire! E perchè non ispiegar piuttosto che *amore mena ei*, cioè gli spiriti?* Per salvar la Grammatica? Vale a dire quella de' nostri giorni, non quella de' tempi di Dante, perchè non ve n' era... Logica, per amor di Dio, più che Grammatica; nè per esser fidi a questa vogliamo sì barbaramente rinegar quella. Io non temerò di dire, e lo sosterrò quando è d' uopo, che Dante nostro era più logico che grammatico: e chi nell'interpretarlo vuol esser più grammatico che logico spesso lo tradisce rotondamente.

T. 28. *Quali colombe dal disio chiamate*
Con l' ali aperte e ferme al dolce nido
Volan per l' aere dal voler portate, ecc.

Chiamate dal desio, e *portate dal volere* esprimono un moto dell' animo, ed un altro del corpo, e il primo è la cagion del secondo: cioè ambo

---

* Nella edizione fatta sul Codice Bartoliniano si legge: *per quell' amor che i mena*: e forse Dante ha scritto così. *I* per *li*, acc. pl. mas. non è raro a comparire negli antichi nostri: ma *ei* pur vi si vede talvolta nello stesso valore: e non è d' uopo fare scialacquo di esempj: il mio primo oggetto è tutt' altro che grammaticale. *Quæ dementia est supervacua discere in tanta egestate temporis?* — Seneca.

desiderosi internamente, ed ambo poi concordemente volenti; il *chiamate* indica il primo impulso del desio non anco espresso, e il *portate* l'esecuzione del desio già espresso, onde nacque l'armonico volere di amendue le colombe; e *il volan con l' ali aperte e ferme* mostra l'atto dello scendere *al dolce nido*, dove l'aggettivo *dolce* assai dice. Similitudine mirabilmente congrua al soggetto.

T. 33. *Siede la Terra dove nata fui*, ecc.

Dante dice anche altrove: *Io fui nato e cresciuto.... Io fui nel regno di Navarra nato*. E pare che *fui nato* fosse da lui preferito a *nacqui*: così gl'Inglesi dicono *I was born*, io fui nato.

Son tante, e sì rapide, e sì minute, e sì segrete le allusioni di Dante che non vi è occhio che possa tutte discernerle, non lingua che valga a indicarle tutte. Abbiam veduto i sensi profondi di *animale* e di *poeta*, in questo canto usati: or ecco un'altra parola non meno significante.

Il verbo *sedere* è da lui impiegato ad esprimere stato di meditazione o di pace: onde Beatrice *sedea* con Rachele, Aristotile sta a *seder* tra filosofica famiglia, e Latino *sedea* con Lavinia. Lo stesso fa delle città: per cui non mai Fiorenza *siede*, che anzi è come *un' inferma che non può trovar posa in su le piume, e con dar volta suo dolore scherma*: ma bensì *siede la fortunata Callaroga*, patria di S. Domenico, allor retta in pace; e *siede* Ravenna sotto la protezione di Guido da Polenta, suo amico: onde altrove dirà:

> Ravenna sta, come stata è molti anni:
> L'aquila da Polenta la si cova,
> Sì che Cervia ricopre co' suoi vanni.

Col solo verbo *siede* egli ha fatto un elogio a Guido, come pacifico signore. Ei si vale ancora di tal verbo per esprimere stato fermo e vigoroso; onde parlando di una rocca ben munita, e quasi inespugnabile, dirà " *Siede* Peschiera, bello e forte arnese:" sen vale anche per significare immutabilità di stato; onde dirà di Satanno, infitto irremovibilmente nella ghiaccia, " Dite *siede*." Uom che più pesi le parole non è nato ancora.

T. 41. . . . . . . *Nessun maggior dolore*
Che ricordarsi del tempo felice
Nella miseria: e ciò sa il tuo dottore.
T. 42. *Ma se a conoscer la prima radice*
Del nostro amor tu hai cotanto affetto, ecc.

Abbiam detto come Virgilio ciò sappia; ed ora aggiungeremo anche: lo sa perchè avea espresso un sentimento analogo con quelle parole: tu comandi ch'io rinnovi con la rimembranza inesprimibil dolore; ma se a conoscere i nostri casi tu hai cotanto affetto, ecc. *Infandum jubes renovare dolorem; Sed si tantus amor casus cognoscere nostros*, etc. Lo sa per esperienza attuale: glorioso ed ammirato in vita, ed ora nella tristezza del Limbo. Lo sa per esperienza passata: beato e tranquillo un giorno nella sua Mantua natia, e ne' paterni campi, e poi da quelli barbaramente espulso, come accadde al povero Dante. E lo sa finalmente per un'altra buona ragione, e la più solida di tutte, che significheremo a tempo e luogo.

ESPOSIZIONE DEL CANTO V.

I due poeti viaggiatori scendono dal cerchio primiero giù nel secondo, ch'essendo più stretto di quello cinge meno area; ma contiene in sè un tormento tanto più forte che punge i dannati sino a far alzar loro dolorosi lamenti. Il demonio Minosse sta ivi immobile in gravità, e brontola orribilmente digrignando i denti. Egli posto nell' entrata esamina le anime, giudica a qual cerchio appartengano, e poi le manda alla pena, secondo che si avvinghia intorno con la sua lunghissima coda: vale a dire: quando un' anima malnata vien dinanzi a lui, costretta dalla giustizia divina e dalla propria coscienza, confessa tutt' i suoi delitti; e quel conoscitore della varia natura e gravità de' peccati, veduto qual luogo d' Inferno è proprio di essa, si cinge intorno tante volte con quella sua sterminata coda, per quanti cerchi vuole che quell' anima sia messa giù. Molte ne' stanno sempre dinanzi a lui; e ciascuna a suo luogo va per ricevere il giudizio. Esse dicono i loro peccati, odono la sentenza (poichè Minosse talvolta parla), e poi son volte giù nella voragine, per piombare al cerchio a lor destinato. Quando Minosse vide un vivo fra tanti morti, lasciando l' atto del grave ufficio di giudice, gli disse: O tu che vieni all' albergo de' dolori, guarda con qual titolo vi entri, e di chi ti fidi nell' avventurarti a sì arduo viaggio: Non t' ingannì la facilità di entrare. Ma la saggia guida di Dante, intenta sempre a rimuover da lui ogni ostacolo, disse a quel demonio: Perchè gridi tu pure? Non impedire la sua andata stabilita ne' fati. Vuolsi così colà dove si puote ciò che si vuole, e più non dimandare. Minosse a queste parole non osa più opporsi, e i due viaggiatori passan oltre. Voci assai dolorose cominciano allora a farsi sentire; ed accutissime strida percuotono l' orecchio di Dante. Essi giungono in un luogo privo d' ogni luce, il quale rimbombando mugghia, come fa mar per tempesta, se è combattuto da contrarj venti. Un impetuosissimo turbine infernale che non si arresta giammai, mena gli spiriti con la sua furia e li rapisce e trasporta intorno; talchè voltandoli per quel vasto circuito li percuote e gli sbatte fra loro, e così li tormenta. Quando spinti dal turbine giungon davanti alla ruinosa voragine, quivi sì che alzano più acute strida, più flebil lamento, e simultaneo pianto; quivi sì che bestemmian la forza della Giustizia Divina. Dante dal genere della pena argomentando qual fosse il peccato, fu preso bentosto da rimorso e pietà: e comprese, che a così fatto tormento eran condannati i peccatori carnali che sottomettono la ragione al sensuale appetito. Ei vide che come nel freddo tempo le ali portano gli storni a schiera larga e folta, così quel soffio d' impetuosa bufera portava gli spiriti mali; e li menava di qua, di là, di su, di giù; e che niuna speranza, non che di posa, ma di minor pena, li conforta giammai. E come le gru, facendo di sè stesse una lunga riga nell' aria, van cantando le lor lugubri querimonie, così ei vide venir traendo dolorosi lamenti una fila di ombre, portate dalla detta furia di vento. Per cui volto a Virgilio gli disse: Maestro, chi son quelle genti che quella impetuosa aria tenebrosa così castiga? E Virgilio a lui: la prima di coloro di cui tu vuoi saper delle nuove fu imperatrice di molti popoli, ciascun de' quali parlava una diversa favella, e fu sì sfrenatamente dedita al vizio della lascivia che, per allontanare da sè il biasimo cui dalla sua inclinazione era condotta, stabilì in sua legge, *quel che piace lice*. Ella è Semiramide di cui si legge che succedette a Nino del qual fu sposa, e tenne in suo potere quella terra che il Sultano ora con altri despoti regge. L'altra che segue è colei che si uccise per amore, e ruppe la fede data al cener di Sicheo; e dopo quella è la lussuriosa Cleopatra. Dante vide ancora Elena, per cui si volse tanto calamitoso tempo, e vide il grande Achille che combattè con cento eroi e li vinse, e al fine volle combatter con Amore e fu vinto. Vide i due Cavalieri erranti, Paris e Tristano; e Virgilio gli mostrò a dito (e nominolle) più di mille altre ombre; e tali che amore le divise di nostra mortal vita. Poichè Dante ebbe udito il suo dottore nomar le donne antiche e i cavalieri, fu vinto dalla pietà per loro; e a sè riflettendo fu quasi smarrito; e cominciò: O Poeta, parlerei volentieri a que' due che vanno insieme, e che pajono esser sì leggieri al vento che li trasporta. E Virgilio a lui: Vedrai, quando seguendo il loro giro intorno al cerchio, saranno più presso a noi: e tu allora li prega per quell' amor che li mena; e quelli al nome della lor passione, lor primo Dio, certo verranno. Sì tosto che il vento li piegò alla volta di Dante ei mosse la voce e disse: o anime affannate, venite a parlare a noi, se la Giustizia eterna non è di ostacolo alla sospensione del vostro corso. Quali due colombe che chiamate da interno amoroso desio, e portate dal concorde volere di soddisfarlo, con l'ali aperte e ferme volan per l'aria al nido, dolce letto de' loro amori, tali que' due uscirono dalla schiera ov' è Dido, venendo ai due poeti pel tormentoso aere agitato, sì forte e irresistibile fu per essi la preghiera fatta in nome del loro affetto. Ed una di quelle due anime cominciò a dire: O tu, il solo vivo fra tanti morti, tu che con tanta grazia c' interroghi, e con tanta benignità ci compatisci, tu che vai visitando per l' aere bruno noi che tingemmo la terra di sanguigno colore, sappiamo pure onde deriva la tua pietà per noi; e se il Re dell' Universo fosse a noi amico, e volesse esaudire le nostre suppliche, noi pregheremmo lui per la tua pace, poichè hai pietà del nostro perverso destino. Intorno a quello che vi piace udire e chiedere, noi udiremo voi, ed a voi parleremo, mentre che il vento si tace, come fa in questo momento, per grazia a te conceduta. La città dove io nacqui siede sulla marina dove il Po discende, per aver pace in quell' acque coi minori fiumi suoi seguaci. Amore, che tosto si apprende al cuore di gentil tempra, accese costui del bel corpo che mi fu tolto; e tolto in un modo che ancor mi affanna il pensarvi; e tolto in un momento che ancor offende la mia memoria. Amore, che non soffre che alcun amato non riami, mi accese sì fortemente dello stesso desiderio di costui, che, come vedi, quel desiderio ancor non mi abbandona, poichè fin tra le pene son sempre al fianco di costui. Amor condusse noi ad una morte, avuta nel tempo stesso, e per la stessa cagione. La Caina attende quel crudele che ci spense nel momento in cui più sentivamo la vita...... Queste furono le parole che quell' ombra diresse a Dante. Quand' ei comprese che volean dirgli quell' anime sì offese nella vita, e nella fama, ed ora eternamente tormentate, chinò pensieroso il viso, e tanto il tenne basso, finchè Virgilio gli disse: che pensi? E Dante, dopo le più dolorose riflessioni, quando rispose, incominciò ad esclamare: Ahi lasso! par che questa fatal passione sia un'insidia della natura! Quanti dolci pensieri, quanto desio menò costoro al doloroso passo! E dopo un flebil sospiro si rivolse a quelle due anime, e parlando incominciò: Francesca, i tuoi martiri mi fanno tristo per me, e per voi pietoso, sino al punto che mi costringono a lagrimare: ma dimmi, al tempo de' vostri dolci sospiri segreti, a che segni ed in qual modo Amore vi concesse che conosceste i mutui dubbiosi desiri? Ed ella a Dante: nessun maggior dolore, che ricordarsi del tempo felice nella miseria! ed il tuo dottore ben lo sa per pruova. Ma se a conoscere la prima origine della nostra amorosa dichiarazione tu hai sì vivo desiderio, farò come colui che piange e dice. Noi un giorno leggevamo per semplice diletto le avventure di Lancillotto, nelle quali si espone come amore de' suoi lacci lo strinse: soli eravamo, e senza alcun sospetto. Quella lettura ci fè spinger più volte delle scambievoli occhiate, e il volto si scolorì ad entrambi: ma il punto che ci vinse (ahi fatal punto!) fu un solo. Quando leggemmo che la ridente bocca di Ginevra fu baciata da cotanto amante, questi, che mai da me non fia diviso, la bocca mi baciò tutto tremante. Ahi! che il nostro seduttore fu quel libro, e chi lo scrisse......Quel giorno più non vi leggemmo avanti. Mentre che uno di que' due spiriti disse questo, l'altro piangeva di modo che Dante venne meno dalla pietà, e, come s'ei ne morisse, cadde come corpo morto cade.

CANTO VI.

TERZO CERCHIO INFERNALE.

Golosi

Immersi nel fango sotto una violenta pioggia, e divorati da Cerbero. Colloquio di Dante con Ciacco sulle discordie di Firenze.

1. AL tornar della mente che si chiuse
   Dinanzi alla pietà de' due cognati,
   Che di tristizia tutto mi confuse,
2. Nuovi tormenti, e nuovi tormentati
   Mi veggio intorno, come ch' io mi muova,
   E come ch' io mi volga, e ch' io mi guati.

Al tornar della mia mente all' uso de' sensi, la quale erasi chiusa alla percezione degli oggetti in faccia al compassionevole stato de' due cognati, che tutto di tristezza mi avea confuso ed oppresso; ecco che comunque io muova i miei passi, comunque io volga gli occhi, e comunque io guati, mi veggio intorno nuovi tormenti e nuovi tormentati.

La pietà lo confuse di tristezza perchè lo fè cadere in deliquio, che confonde i sensi, e li fa del tutto mancare: e si osservi come il poeta è costante nel congiunger sempre la *pietà* alla *tristezza*.
Egli ha soppresso il suo passaggio dal secondo al terzo cerchio, ove dice di trovarsi, senza dir come. Ha fatto ciò per significare la grande affinità che passa fra la *lascivia* e la *gola*, essendo la seconda stimolo alla prima, e tutte e due fatali alla ragione, onde tutte e due son nelle tenebre: la prima in *aer d' ogni luce muto*, come vedemmo, e la seconda in *aer tenebroso* come vedremo: *Nulla peccata sic deprimunt rationem ut luxuria et gula quæ sunt sociæ.*—S. Tom. Onde il poeta ha posto questa subito dopo

quella, sopprimendo il passaggio fra l' una e l' altra; poichè si sa che *sine Cerere et Baccho friget Venus,*

Qui mi confermo nell' idea che, quando ei si addormì al di là di Acheronte, Virgilio sia stato quello che lo ha trasportato al di qua del fiume: poichè sembra che Virgilio stesso avesse ora trasportato lui svenuto dal secondo al terzo cerchio; e che Virgilio ciò faccia lo vedremo meglio in appresso.

3. Io sono al terzo cerchio della piova
   Eterna, maledetta, fredda, e greve,
   Regola e qualità mai non l' è nuova.

4. Grandine grossa, ed acqua tinta, e neve
   Per l' aer tenebroso si riversa:
   Pute la terra che questo riceve.

5. Cerbero, fiera crudele e diversa,
   Caninamente con tre gole latra
   Sovra la gente che quivi è sommersa;

6. Gli occhi ha vermigli, e la barba unta ed atra,
   E il ventre largo, ed unghiate le mani:
   Graffia gli spirti, ed ingoja, ed isquatra.

Io sono già al terzo cerchio, ove scende una pioggia perenne, che fa sentire gli effetti dell' eterna maledizione per la freddezza e la violenza; la quale pioggia non cambia mai nè di modo nè di qualità. Grandine grossa, ed acqua sporca, e neve si riversano per l' aer tenebroso; e la terra che questa miscela riceve esala tormentosa puzza. Il demonio Cerbero, in forma d' una fiera crudele e strana, latra con tre gole alla foggia de' cani sopra la gente perduta che quivi da quella pioggia è sommersa. Ha gli occhi vermigli per avida smania di divorare, ha la barba sparsa di nero untume, il ventre largo, e le branche armate di acute unghie; e con queste graffia e squarta gli spiriti perduti, e poi se gl' ingoja.

La barba unta ed atra consona a quel che ne dice Seneca, "*sordidum tabo caput;*" *gli occhi vermigli* son l'effetto dell'ebrietà, e *la barba unta* e *il ventre largo* quello di sozza gozzoviglia smoderata. Esaminati i caratteri, risulta che il Cerbero Dantesco è molto differente dal mitologico, sì per uffizio che per forma; non essendovi altro di comune fra loro che il nome, le tre teste, e il latrare caninamente. Il vigile custode della porta d'Averno non è certo lo stesso che il demonio punitor de' golosi. Quello è rappresentato come un vero cane tricipite; e questo è una fiera crudele con barba atra, con mani unghiate, e ventre largo: anzi una *fiera diversa;* cioè da tutte le altre fiere diversa: ma questo risponde meglio che quello al suo etimologico valore; poichè *Cerbero* significa *divoratore*, e non già *guardiano*. Pare che il poeta se lo abbia immaginato come una di quelle bizzarre figure demoniache che, *undique collatis membris,* furon dipinte in qualche quadro delle tentazioni di S. Antonio anacoreta. E se egli ha voluto dargli il corpo di uno smisurato rettile, non mi farà maraviglia che lo chiami *gran verme;* siccome *gran lucertola* potrebbe dirsi un coccodrillo, a cagione della sua forma. E s'egli è così, dirò che gli ha data voce canina per alludere alla fame parassitica che sogliam dire *canina:* e corpo vermiforme per mostrare il suo disprezzo a cosa vile che rode e consuma; ed anche perchè la smoderata crapola, producendo corruzion di umori, genera verminosa putredine, adombrata in quella terra che pute; e perchè finalmente è in quel sozzo fango da cui esala fetore, e del quale si pasce: poichè vedremo che questo rettilaceio anche di terra si ciba.

7. Urlar li fa la pioggia come cani,
   Dell' un de' lati fanno all' altro schermo;
   Volgonsi spesso i miseri profani.

La pioggia ruinosa fa urlare come cani, percossi coloro che aveano con canina fame divorato; e i miseri profani, che non ebbero altro Dio che la gola, distesi per terra, fanno d' un lato schermo all' altro, e si volgono spesso or da questo, or da quello.

Miseri profani "*quorum Deus venter est,*" disse l'Apostolo. Questi vili servi del senso, quasi porci nati solo a divorare, son tutti ravvolti nel loto: si tuffarono in bassi piaceri, ed or son tutti nel fango immersi. La loro pena è di opposizione, poichè ricevono tormento per que' mezzi stessi onde trasser diletto: i sensi onde peccarono or son in essi in cento modi afflitti. Alle deliziose vivande è sostituito uno schifoso limo; ai liquori limpidissimi, un' acqua tinta; al soave calore prodotto da scelti vini ed aromatici manicaretti, il tormentoso freddo d' una pioggia di grandine e neve; alle dilettazioni dell' odorato, la nausea che dà la terra che pute; all' armonia che rallegrò i loro banchetti, i latrati orrendi di Cerbero che intruona le loro orecchie; alle vive faci che illuminarono le loro notturne mense, l' orrore di tenebre eterne. Nè ciò è tutto. Divorarono i cibi, ed or Cerbero divora loro stessi; ed acciocchè possa maggiormente spaventarli ha occhi vermigli; e perchè meglio possa graffiarli e squartarli, ha unghiate branche; ed affinchè possa riceverne assai nel ventre l' ha largo e capace: e tanti ne manda giù a grossi bocconi che s' insozza del loro adipe gocciolante, onde ha la *barba unta ed atra*. Chi volesse dir più aggiungerebbe che quella grandine grossa, e quella neve, onde rendevano più grati i rinfrescanti liquori, or convertiti in loro martirj, si riversano dall' alto furiosamente a flagellarli; e che da quel loro *volgersi spesso* traspaja l' irrequieto affanno angoscioso ch' era prodotto dalle indigestioni di sregolata gozzoviglia.

8. Quando ci scorse Cerbero, il gran vermo,
   Le bocche aperse, e mostrocci le sanne;
   Non avea membro che tenesse fermo.

Quando quello smisurato verme di Cerbero ci scorse, aprì nell' avidità di divorarci le tre sue bocche, e ci mostrò le zanne; e, come affamata fiera che vede la preda, non avea membro che tenesse fermo.

Verme in senso di Demonio è scritturale; e qui acquista maggior determinazione dall' aggiunto di *grande: gran dragone* è chiamato nell' Apocalisse il Serpente antico. Il poeta si servì di tal vocabolo per dinotare, come dicemmo, uno strano mostro con ischifoso corpo di rettile, ed in ciò fu preceduto e seguito da altri. *Vermis infinitæ magnitudinis* fu chiamato il Diavolo dal Monaco Alberigo nella sua Visione; e *gran verme infernale* lo disse l' Ariosto nel suo Poema.

L' avidità di Cerbero, ch' *apre le gole, mostra le zanne, e non ha membro che tenga fermo*, dipinge l' avidità de' golosi medesimi.

CANTO VI. 165

9. E 'l duca mio distese le sue spanne,
Prese la terra, e con piene le pugna
La gittò dentro alle bramose canne.

E la mia guida distese ambe le mani, prese della terra, e riempitene le pugna, la gittò dentro alle bramose fauci di quel mostro.

Virgilio è *duca* ogni volta che preserva il guidato da un pericolo; tale fu con Caronte, tale con Minosse, e tale è pure con Cerbero.
Spanna, mano aperta: tali erano le mani di Virgilio nel prender la terra; ma *aprir le spanne* sembra essere un pleonasmo; onde spanna è qui per mano.

10. Qual è quel cane che abbajando agugna*
E si racqueta poi che il pasto morde,
Che solo a divorarlo intende e pugna,
11. Cotai si fecer quelle facce lorde
Dello demonio Cerbero, che introna
L' anime sì ch' esser vorrebber sorde.

Qual è quel cane che abbajando manifesta la sua fame, e poichè addenta il pasto che gli vien dato si racqueta, talchè intende solo a divorarlo, e si affanna a soddisfarsi; tale si fè quel demonio Cerbero dai tre unti ceffi, il quale co' suoi latrati introna le orecchie di quelle anime di modo che, per non udirlo, vorrebbero esser sorde.

Detto che Cerbero *si racqueta* per divorare, il poeta soggiunge che quel Demonio *introna le anime sì ch' esser vorrebber sorde*, per significare che ora si tace, ma il suo solito è di abbajare orribilmente.
Dà a mangiare a Cerbero, e lascerà passare, è vecchio detto: e par che Dante a questo abbia voluto ferire con la presente alle-

---

* *Agugnare* o *agognare*, desiderar vivamente; e vi si sottintende *pasto* che subito siegue.

goria. Egli volle fare un rimprovero a quegli uomini venali e voraci che per un misero donativo tradiscono i loro doveri. Ed a mostrare più apertamente per qual vilissima cosa ciò fanno, fa gittare un pugno di terra nelle fauci di Cerbero, che, intento a divorare, sospende la sua vigilanza, e concede il passaggio: quasi dicesse: Perchè vi perdete, o stolti? per un pugno di spregevole terra variamente modificata! Terra voi siete, e putrida per le stomachevoli infermità in voi prodotte dalla vostra incontinenza; schifosa terra, come quella in cui giacerete un giorno; e vil terra è tutto ciò che soddisfa la vostra peccaminosa gola; come quella di cui si appaga quel diabolico rettile ch'è simbolo della vostra avidità.

12. Noi passavam su per l'ombre che adona
La greve pioggia,* e ponevam le piante
Sopra lor vanità che par persona.

Noi passavamo su per quelle ombre, che la greve pioggia flagella e stende per terra; e ponevamo le piante su le loro vane forme, che al vedersi pajono persone reali.

Esseri tali non son uomini, ma sembianze di uomini, e meritano di venir calpestati da chi segue i passi della Filosofia politica, intenta al bene de' popoli.

13. Elle giacean per terra tutte quante,
Fuor ch' una che a seder si levò, ratto
Ch' ella ci vide passarsi davante.

Elle giacean tutte quante per terra, e così si rimasero; fuor che una la quale, subito che ci vide passar davanti a sè, si levò a sedere.

Coloro che si abbassarono a vili piaceri brutali giaccion per terra. Tali cure degradano l'uomo, e quasi al suol lo rivolgono; ed inerte lo rendono ad operare da utile membro della società.

* *Adonare*, abbassare, domare, *Crusca*: onde qui vale domare con percosse, ed abbassare per terra. *Greve pioggia*, perchè violenta e da grossa grandine accompagnata.

CANTO VI.

14. O tu che sei per questo Inferno tratto,
    Mi disse, riconoscimi, se sai:
    Tu fosti, prima ch' io disfatto, fatto.
15. Ed io a lei: L' angoscia che tu hai
    Forse ti tira fuor della mia mente,
    Sì che non par ch' io ti vedessi mai.
16. Ma dimmi chi tu sei, che in sì dolente
    Loco sei messa, ed a sì fatta pena
    Che, s' altra è maggio,* nulla è sì spiacente.

Ella mi disse: o tu che sei tratto vivo per questo Inferno, riconoscimi, se pure in tale stato riconoscermi sai. Prima ch' io fossi morto tu eri già nato. Ed io a lei: no, ch' io non ti riconosco; l' angoscia che tu hai ti trasforma forse di modo che ti tira fuori della mia mente, sì che parmi ch' io non ti vedessi giammai. Ma dimmi chi tu sei che sei messa in sì doloroso luogo, ed a siffatta pena che, se altra ve n' è maggiore, niuna al certo è sì spiacevole.

Il poeta col dichiarare di non riconoscere questo parassito ha voluto dirci che la crapola suol talmente cangiar l' aspetto degli uomini, facendoli prima del tempo invecchiare, e cadere in malattie le quali disordinano il sistema vitale, che a stento possono essi ravvisarsi da chi non gli ha visti per qualche tempo.

17. Ed egli a me: la tua città ch' è piena
    D' invidia, sì che già trabocca il sacco,
    Seco mi tenne in la vita serena.

Ed egli a me: la tua città natia, la quale è sì piena d' invidia che il sacco già ne trabocca, mi tenne seco nella vita serena.

* *Peggio* e *peggiore*, *meglio* e *migliore* son voci vive; così erano anticamente *maggio* e *maggiore*; ma ora di questi ultimi il secondo è vivo, e il primo è morto come comparativo, e vivo in senso di mese.

Dice *vita serena* rispetto a questa sì tempestosa in cui la pioggia lo flagella; come Francesca, agitata da furioso vento, disse che il Po scende nel mare per aver pace.

Il sacco trabocca, simile a quello della scrittura, *la misura è piena*; e vale a dinotare che quando gli umani peccati son giunti ad un dato numero, la Giustizia di Dio si determina a punirli: onde *il sacco trabocca* include l'idea, che non è lontana la pena di quella *invidia* che lo ha colmo sì che rigurgita. Così il Petrarca: *L'avara Babilonia ha colmo il sacco D'ira di Dio, e di vizj empj e rei, Sì che ne scoppia*.

Sembra che l'invidia sia stato il vizio caratteristico di Firenze in que' tempi: ecco in compruova due passi del Villani: " Nel detto anno (1310), cresciuto scandalo tra i nobili e potenti e popolani di Parte Nera che guidavano la Città, per *invidia* di stato e signoria, questo *invidioso portato* convenne partorisse dolorosa fine; e per le peccata della *superbia, invidia*, ed *avarizia* erano partiti a setta" (lib. viii. cap. 96). " Quest'avversità e pericolo della nostra Città non fu senza giudizio di Dio, per molti peccati commessi per la *superbia, invidia*, ed *avarizia* de nostri cittadini, che allora guidavano la terra, che assai peccatori erano" (Ivi, cap. 68).

L'invidia era dunque il vizio dominante in Firenze, cui si aggiungeano *superbia* ed *avarizia*. Il poeta ha voluto con questo cenno predisporre i lettori alla persuasione che il suo esilio non procedè da colpa sua, ma da invidia altrui.

Si noti che prima egli ha detto *un'ombra*, e che questa poi parlando di sè dice *io fui disfatto*: la ragione si è, che Dante la chiamava con nome generico, e quella sapea esser ombra di uomo. Parimente ha detto sopra, *ed io a lei*; ed ora dice, *ed egli a me*; e la ragione si è ancora che prima ne ignorava il sesso, ed ora ha riconosciuto esser ombra di uomo.

18. Voi cittadini mi chiamaste Ciacco:
    Per la dannosa colpa della gola,
    Come tu vedi, alla pioggia mi fiacco.

Cioè, mi piego e cado all'azione violenta della pioggia tempestosa.

" Dannosa colpa della gola:" *plures occidit guttur quam gladius*, dicevano i Latini; *ogni male entra per la bocca*, diciamo noi; *in multis escis erit infirmitas...Propter crapulam multi abierunt; qui autem abstinens est, adjicit vitam*, disse Salomone;

    La gola è che consuma savj e matti,
    E con ebrezza e con mangiar soverchio
    Morte apparecchia, e di lussuria gli atti,

scrisse Dante medesimo nella traduzion del Credo: ond' ei pose finitimi *lussuria* e *gola*: ma qui vuol dire anche più: *dannosa* all' uomo perchè lo degrada, *dannosa* agli stati perchè li corrompe, e cagione finalmente di eterno *danno*.

Ciacco. Era questi un gentiluomo fiorentino che dal Landino vien detto *pieno di urbanità, e di motti, e di facezie, e di soavissima conversazione;* ed il Boccaccio, ch' era a lui sì vicino, assicura *che fuor di questo vizio egli era costumato, eloquente, ed affabile; per le quali cose era assai volentieri da qualunque gentiluomo ricevuto.* Non era egli dunque quel *vil Ciacco* che altri si diè ad intendere per trarne strane conseguenze, con le quali si credè in dritto di condannar Dante, per aver introdotto costui a tenergli discorso del lor misero paese. Questi era un suo distinto concittadino, e nulla di più naturale che introdurre il primo Fiorentino in cui s' imbatte a parlar con lui, ch' era pur Fiorentino, delle sventure della patria comune, per la quale dovean ambo esser dolenti. Due patriotti che, dopo lunga separazione, a caso s' incontrano, ravvisati che si sono, tosto pongonsi a parlare della patria loro, e richieggonsi e rispondonsi a vicenda di pubblici e privati affari che la riguardano. Cento esempj in altri e in noi stessi ne accadono alla giornata. Tutto ciò è qui pennelleggiato. Ciacco e Dante eran vissuti insieme in quella tempestosa Repubblica, ed è quindi in piena natura che la prima cosa che l' uno far debba si è quella di farsi ravvisar dall' altro; la seconda di parlargli delle sue miserie: e che in seguito dialogizzino insieme di Fiorenza e de' Fiorentini. Ma v' è di più: Ciacco, al narrar de' vecchi espositori, era informatissimo delle cose pubbliche, e coi regolatori dello stato avea quotidiana familiarità (V. il Boccaccio, il Landino, e 'l Vellutello). E di più ancora: vediam sovente i parassiti andar carichi di nuove, ed affaccendarsi a spacciarle per essere accetti alle mense ove si presentano; e quando divengon brilli, di politica aman ragionare a torto e a dritto. Onde il poeta, sì per dipingere il carattere di Ciacco in particolare che quello d' un parassito in generale, ha prescelto questo fra i mille a parlargli de' civici tumulti del lor paese. Il nome di lui non era *Ciacco;* ma ei venne così chiamato a cagione della sua voracità, poichè un tal vocabolo suona *porco* nel dialetto Fiorentino; per cui egli dice: " Voi cittadini mi chiamaste Ciacco;" e segue:

19. Ed io anima trista non son sola,
    Chè tutte queste a simil pena stanno
    Per simil colpa: e più non fè parola.

" Quasi voglia dire: non vorrei che tu credessi che io solo nel mondo fossi stato ghiotto, poichè tutti questi a simil pena stanno per simil colpa."— *Boccaccio*. E quello *stanno* esprime mirabilmente la fissazione di questi dannati sempre nel sito medesimo: il che vale a significare quel torpore di pesanti membra adipose, conseguenza di smodata gozzoviglia, la quale genera sempre inerzia e rilasciatezza di fibra.

20. Io gli risposi: Ciacco, il tuo affanno
    Mi pesa sì che a lagrimar m' invita:
    Ma dimmi, se tu sai, a che verranno
21. I cittadin della Città partita;
    Se alcun v' è giusto; e dimmi la cagione
    Perchè l' ha tanta discordia assalita.

Dante, in compenso di sua pietà, chiede a Ciacco tre cose; e gli dice, *dimmi se tu sai*, perchè non è sicuro che i dannati conoscano il futuro, come in appresso il sarà per pruova. Ecco che gli chiede: 1. *Dimmi a che verranno i cittadini della nostra misera patria, così in partiti divisa.* 2. *Dimmi se vi è alcun giusto fra tanti colpevoli.* 3. *Dimmi qual è la cagione per cui tanta discordia l' ha assalita.* Alle tre domande, Ciacco darà partitamente tre risposte. E qui cominceranno ad annunziarsi come future le cose ch' erano già passate. Rammentiamoci che Dante fu espulso dalla sua patria nella età di anni 38; ma ei nel principio del poema dice che ne avesse soli 35. Ei fè ciò per avere opportunità di cangiare il fatto in vaticinio. Mirabile industria, con cui giunse a dare ai suoi agenti spirituali quell' aspetto di soprannaturale che lor conveniva. Avanti di udir Ciacco premetterò quanto è necessario alla intelligenza della prima risposta.

Un ricco mercatante di Pistoja, cognominato Cancellieri, ebbe due mogli successive: una di esse si chiamò Madonna Bianca, onde i figli che di lei nacquero vennero col nome di Bianchi designati; e quelli che dall' altra provennero rimasero contraddistinti col nome dell' opposto colore; e così i loro discendenti, che furono assai numerosi, e si divisero in molte diramazioni. Per inaugurati casi questi divennero fieri nemici, e si trucidarono a vicenda; talchè la povera Pistoja ne fu quasi deserta. Le due famiglie più potenti di Firenze erano allora quella de' Cerchi, e quella de' Donati, ambe della parte Guelfa. I Donati aveano relazione coi Neri di Pistoja, e i Cerchi coi Bianchi; sposarono quindi caldamente la lor causa; e da ciò nacque che tutt' i Fiorentini che aderivano ai Donati divennero Neri pur essi; e tutti quelli che inclinavano ai Cerchi divennero Bianchi: ed eccoti la Guelfa Firenze divisa anch' ella, ed accesa tutta d'intestini furori, presi ad imprestito per una causa non sua; talchè molto sangue ne corse e quindi e quinci. I Donati eran di antica stirpe, ma poco ricchi; e i Cerchi erano ricchissimi, ma venuti di fresco in città dalla *selvosa* Valdisieve: e perciò meno civili e più superbi; onde i Bianchi, che parteggiarono con essi, furono per disprezzo chiamati *la Parte Selvaggia: la Parte Bianca* e *la Parte Selvaggia* son dunque una cosa. La Parte Nera, per prevaler sulla Selvaggia, concertò segretamente di chiamar in Firenze Carlo di Valois, che con un esercito si andava aggirando di piaggia in piaggia, senza avere un punto fisso. La Parte Selvaggia che ciò riseppe, prevedendo la venuta delle armi Francesi assai fatale alla lor patria, si oppose con calore, ed espulse per consiglio di Dante tutti que' Neri che aveano ciò risoluto; ma l'eseguì con troppa violenza, e con molta offensione di quelli. Eccoti per conseguenza Dante odiato dai Neri, ed odiato da Carlo, che venne informato del di lui ostare alla sua entrata in Firenze. I Neri esiliati si maneggiarono in Roma col Papa, che li prediligeva, onde ottenere ciò che prima bramarono; e dopo tre anni del loro esilio l'ottennero in fatti. Quindi quel Duce straniero, alla testa de' suoi, e seguito dagli espulsi, entrò in Firenze sotto il falso aspetto di conciliatore: e così Dante venne ad avere, entro la sua patria invasa, potenti e fieri nemici. Questa è la vera origine del suo esilio. Chi avrà letto con attenzione questa nota troverà chiarissima la prima risposta di Ciacco alla prima domanda di Dante: *a che verranno i cittadin della città partita?*

22. Ed egli a me: Dopo lunga tenzone
    Verranno al sangue; e la Parte Selvaggia
    Caccerà l'altra con molta offensione:
23. Poi appresso convien che questa caggia
    In fra tre soli, e che l'altra sormonti
    Con la forza di tal che testè piaggia;
24. Alto terrà lungo tempo le fronti
    Tenendo l'altra sotto gravi pesi,
    Come che di ciò pianga, e che ne adonti.

Ed egli rispose a me: Dopo lungo contrasto verranno al sangue; e finalmente la Parte Selvaggia (la Bianca) caccerà l'altra (la Nera) con molta offensione; poi sarà forza che questa Parte Selvaggia cada in fra tre giri di sole, e che l'altra sormonti e prevalga, per la forza di un tale che attualmente si va aggirando di piaggia in piaggia. Costui terrà per lungo tempo alte le superbe fronti della parte sormontata, tenendo l'altra sotto gravi pesi; e comunque sen dolga questa, e se ne sdegni, vano sarà il suo piangerne, ed adontarne.

E così fu: onde il povero Dante rimase espulso per sempre, *senza altra colpa che perchè la Parte Bianca fu sbandita* (Villani).
Or ascoltiamo la risposta alla seconda e terza domanda: *se vi è alcun giusto fra tanti colpevoli: e qual è la cagione per cui tanta discordia gli ha assaliti?*

25. Giusti son due, ma non vi sono intesi:
    Superbia, Invidia, ed Avarizia sono
    Le tre faville ch' hanno i cuori accesi.

Chi sieno questi due giusti nessuno sa dirlo di sicuro; nulla perciò ne aggiungiamo: ma di queste tre faci infernali che aveano là accesi i cuori, anzi di queste tre Furie in persona che laceravano la povera Firenze, resa per esse donna di eterno pianto, gran cose a veder ci resta; e voglio ed esigo che ten rammenti, o lettore, perchè ti gioverà assaissimo il rammentartene.

26. Qui pose fine al lagrimabil suono:
    Ed io a lui: Ancor vo' che m' insegni,
    E che di più parlar mi facci dono.
27. Farinata e 'l Tegghiaio che fur sì degni,*
    Jacopo Rusticucci, Arrigo, e 'l Mosca,
    E gli altri che a ben far poser gl' ingegni,
28. Dimmi ove sono; e fa ch' io li conosca;
    Chè gran disio mi stringe di sapere
    Se il Ciel gli addolcia, o l' Inferno gli attosca.

* *Tegghiaio* dev' esser pronunziato presso a poco come se fosse scritto *Tegghiao*, altrimenti il verso non va. Anche l' elegante Petrarca ha una simil licenza di metro in quel verso,
    Ecco Cin da Pistoja, Guitton d' Arezzo.

CANTO VI.

Qui pose fine al lagrimevole suono di sue parole: ed io a lui: Desidero che di altro tu m' istruisca, e che segui a parlar ancora, il che mi sarà gradevole dono. Farinata e 'l Tegghiaio che furono sì degni nostri concittadini; Jacopo Rusticucci, Arrigo, e 'l Mosca, e gli altri che volser la mente a ben fare, dimmi, ove sono; e se giaccion qui teco, fa ch' io li conosca; poichè gran disio mi stringe di sapere se il Cielo li pasce di sue dolcezze, o se l' Inferno dell' amaro suo tosco li nutre.

Parrebbe che *fa ch' io li conosca* indichi che anche quelli erano stati golosi. E dice così perchè egli non li conoscea di persona, essendo quelli morti, o prima del suo nascere, o mentre egli era ancor bambino. Di quasi tutti costoro si parlerà a lungo in appresso. La carità verso la patria era per Dante un gran pregio. Questi erano stati tutti gravi peccatori, ma aveano amato la sua Firenze, primo de' suoi pensieri, ed ei ne mostra stima e rispetto.

29. E quegli: Ei son fra l' anime più nere;
    Diversa colpa giù gli aggrava al fondo;
    Se tanto scendi li potrai vedere.

E quegli rispose: Essi son fra l' anime più nere. Colpa ben diversa dalla mia gli aggrava più giù al fondo di questa voragine. Se tanto scendi li potrai vedere.

Hic niger est, hunc tu, Romane, caveto.—Oraz. quindi *anime nere* è in senso di *viziose*. Ciò indica che quelli aveano colpe più enormi di quella della gola, di cui sembra che non fossero esenti. Scrive in fatti il Landino di Farinata, ch' ei fu uomo di grande animo e di non minor consiglio, ma ch' ebbe falsa opinione dell' anima umana, stimando quella perire col corpo; e che però giudicava essere bene pigliare ogni voluttà; in forma che nel vitto passava ogni temperanza.

30. Ma quando tu sarai nel dolce mondo,
    Pregoti che alla mente altrui mi rechi:
    Più non ti dico, e più non ti rispondo.

Pare che in quel *dolce mondo* si contenga la rimembranza de' buoni bocconi, che il povero Ciacco rimpiagneva. Il voluttuoso Farinata si servirà in fatti della stessa frase.

Il *non omnis moriar* è un gran che pei dannati di Dante; o per dir meglio, la fama veniva da Dante stesso considerata come il massimo de' beni. Per cui que' vili de' quali *il mondo non lascia esser fama, invidiosi son d' ogni altra sorte*. Non solo questo goloso si mostra ghiottissimo di esser fra gli uomini rammentato, ma moltissimi altri perduti paleseranno lo stesso desiderio, eccetto alcuni pochi che ne hanno le loro buone ragioni.

31. Gli diritti occhi torse allora in biechi;
    Guardommi un poco, e poi chinò la testa;
    Cadde con essa a par degli altri ciechi.
32. E 'l duca disse a me: Più non si desta
    Di qua dal suon dell' angelica tromba,
    Quando verrà lor nemica podesta.
33. Ciascun ritroverà la trista tomba,
    Ripiglierà sua carne e sua figura,
    Udirà quel che in eterno rimbomba.

Questo discorso di Virgilio giunge per verità tutto ad un tratto, e senza preparazione alcuna. Ecco, a mio vedere, il quarto passaggio, in cui vi è soppression di concetto. Onde esporrò così:

Allora Ciacco torse in biechi gli occhi ch' eran diritti: in quest' attitudine mi guardò un poco, e poi chinando la testa cadde con essa nel loto ed ivi rimase, al par degli altri ciechi, che non seppero distinguere l' uso dall' abuso. E 'l duca, riprendendo il viaggio, disse a me: sappi che quegli si è alzato a parlarti solo per grazia a te conceduta; e che non mai più sorgerà, prima che s' oda il suono dell' angelica tromba, quando verrà la potestà divina a lor nemica, per confermare il giudizio di lor dannazione. Ciascuno allora ritroverà la trista sua tomba, e ripiglierà la sua carne e la sua figura; ed udirà quel decreto che rimbomba in eterno al loro orecchio.

CANTO VI. 175

Quel *rimbomba* in presente indica che anche ora quella sentenza risuona all' orecchio di ogni dannato; ma che, nel gran Giudizio, dovrà esser confermata.

34. Sì trapassammo per sozza mistura
   Dell' ombre e della pioggia, a passi lenti,
   Toccando un poco la vita futura.

Così passammo per la sozza miscela dell' ombre e della pioggia, a passi lenti, ragionando un poco sulla vita futura.

Toccare un poco è bel modo per esprimere che non si arrestarono lungamente in quel discorso, ma fecero come suol dirsi, *tocca e passa*: il che vale a mostrare che il *Maestro* nel parlar di spiriti era fuori di sua propria materia, onde ne parlava *poco*.

35. Perch' io dissi: Maestro, esti tormenti
   Cresceranno ei dopo la gran sentenza,
   O fien minori, o saran sì cocenti?
36. Ed egli a me: Ritorna a tua scienza
   Che vuol quanto la cosa è più perfetta
   Più senta il bene, e così la doglienza.
37. Tutto che questa gente maledetta
   In vera perfezion giammai non vada,
   Di là più che di qua essere aspetta.

Per cui io dissi: Maestro, dopo la gran sentenza finale, questi tormenti saran maggiori, o minori, o saran sì penosi quali or sono? Ed egli a me: Ritorna col pensiero alla tua scienza Aristotelica, e la cosa ti sarà chiara. Sai che quella stabilisce che quanto un essere animato è più perfetto, tanto è più capace di sentire il piacere o il dolore. Benchè questa gente da Dio maledetta non possa mai andare a vera perfezione (poichè il peccato altro non è che imperfezione), pure aspetta di essere meno imperfetta al di là di quella sentenza, che al di qua: e quindi la conseguenza è per sè manifesta.

Così ancora S. Agostino: *Cum fiet resurrectio carnis, et bonorum gaudia et malorum tormenta majora erunt.*

38. Noi aggirammo a tondo quella strada,
   Parlando più assai ch' io non ridico:
   Venimmo al punto dove si digrada:
   Quivi trovammo Pluto, il gran nemico.

Noi scorremmo girando a tondo una parte di quella circolare strada, parlando più assai di quel ch' io ridico; finchè venimmo al punto dove si scende per mezzo di gradini al quarto cerchio. Quivi trovammo Pluto, demonio delle ricchezze, che pei gran danni che arreca può ben chiamarsi " il gran nemico delle umane genti."

Per te omnia inter homines mala, sclamava a Pluto Timocreone. Questo Dio delle ricchezze vien da Dante cangiato in un Demonio che presiede ai tormenti di quegli sciaurati che delle ricchezze non seppero fare buon uso; vale a dire, tanto di chi peccò accumulandole, quanto di chi peccò dissipandole. Quindi nel cerchio seguente troveremo avari e prodighi. È superfluo il dire che Pluto *(Plutus)* è ben diverso da Plutone *(Pluton, o Pluto)*; poichè tutti sanno (eccetto alcuni annotatori) che il primo è un Dio *minorum gentium*, e il secondo è il gran monarca di Averno. E così, presso Dante, *Pluto* che ora incontreremo è un piccolo demonio stizzoso che sta nel seguente cerchio, ben diverso da Lucifero, che sarà detto *Dite* o *Satanno*, il quale è L' Imperador del doloroso regno; e sta giù, giù, proprio alla punta del gran cono, dove lo troveremo nell' ultimo canto dell' Inferno.

Con quel verbo *si digrada* il poeta ha voluto indicare che scendeva per mezzo di *gradini*; e ciò per la lettera: ed ha voluto significare insieme che l' uomo con l' amor delle ricchezze *si degrada* anche più che con l' amor de' cibi; e ciò per l' allegoria. *Nihil est tam angusti animi tamque parvi quam amare divitias,* Cic.

RIFLESSIONI SUL CANTO VI.

Qui ripeterò quel che nel primo canto dicea; che Dante ha spesso subordinato, e qualche volta anche sacrificato il senso letterale all' allegorico. Mi domandava una sagace donzella che studiava il poema con sommo profitto: Perchè la violenta grandine che flagella i golosi, sino ad *adonarli* per terra, non fè nessun male a Virgilio e Dante che vi passavan per sotto?—Eppure essi, mentre la tempestosa piova cadea, rimasero lungamente con Ciacco; e poi *passarono per sozza mistura dell' ombre e della pioggia*; e quel ch' è peggiore, *a passi lenti*. Io stetti... e poi risposi: Un poema allegorico va inteso allegoricamente: quella pioggia di cui qui si parla è ben diversa da questa che in Inghilterra ci si rovescia sì furiosamente addosso (e il momento in cui ciò dicea era un vero giorno Inglese): quella è fatta per castigare il vizio, e non può offendere la virtù. Io dissi, ma ella non parve contenta, e mi lesse negli occhi che non lo era neppur io: e finimmo con istringer le spalle e ricambiarci un sogghigno eloquente. Malcontento di me stetti ancora, e poi ripresi così:

Oltre a ciò, avendo Dante adottato il sistema di sopprimere i sensi arditi è mestieri supplire al suo silenzio. Nel canto precedente, dov' ei non volle chiaramente dire che " La bufera infernal che mai non cessa" si fosse a suo riguardo sospesa, parea contradittorio; ma pur non lo era. E così anche in questo canto: ei non volle esprimere che quella *pioggia eterna*, cui " Regola e qualità mai non è nuova," si fosse alquanto per lui arrestata; e sembra quindi inconseguente; ma non lo è neppure. Se la Giustizia gli fè grazia una e due volte, dovea fargliela ancora tutte le altre che n' era d' uopo: e perciò possiamo intendere che quella pioggia, all' entrar di lui in questo terzo cerchio, avesse fatta triegua per tutto il tempo che vi rimase. E vi ha una lieve indicazione di ciò in quel passaggio medesimo che sembra dire il contrario. Ei scrisse che passò " per sozza mistura Dell' ombre e della pioggia a passi lenti." Or essendo *mistura* union di cose fra lor confuse, è chiaro che una tal mistura dovea esser là ove son le ombre de' golosi, cioè per terra: e ciò dice implicitamente ch' era pioggia caduta e non cadente, ch' era sul suolo e non per aria, e perciò non poteva offenderlo. Con questo cenno quasi impercettibile, unito agli altri del suo passare *a passi lenti*, e del suo lungo rimanersi con Ciacco, egli ha bastantemente significato che quella *piova* da Dio *maledetta*, per lui, prescelto dalla Grazia a fare quel moral pellegrinaggio, era sospesa.

Questa seconda risposta mi meritò un bel sorriso approvatore.

Malgrado questa mendicata interpretazione dobbiam convenire che Dante, sì in questo che in varj altri luoghi, va inteso per discrezione; e che il voler troppo arrestarvisi mena a certe conseguenze che non gli son favorevoli. E forza in più d'un passo acquiescere sul solo senso figurato, e chiuder gli occhi sul resto. Se gli Accademici della Crusca avessero a ciò riflettuto non si sarebbero attentati di cangiare una significantissima parola; poichè avrebbero scorto che accomodando una minima parte guastavano il tutto. Da quanto il poeta intorno a Cerbero ne va indicando chiarissimo risulta ch'egli ha voluto farne un mangiator di anime, simbolo della lor peccaminosa fame: e questo schifoso rettilaccio è la prima figura dell'allegorico quadro. Il codice Bartoliniano in fatti, e il Landino, e il Vellutello, ed altri concordemente portano,

   Graffia gli spirti, ed ingoja, ed isquatra.

E si legge nel canto in latino voluto di Dante,

   Discerpit miseras, deglutit, dissipat umbras:

Ove quel *deglutit* corrisponde all' *ingoja*. E il Dionisi assicura che quanti antichi codici furono da lui esaminati (e moltissimi quel benemerito delle nostre lettere ne vide) hanno tutti *ingoja* e niuno *sgoja*, postovi dai detti Accademici, o di propria autorità, o sulla fede di qualche unico codice; solo " perchè dicendosi *ingoja* pare che dovesse il poeta dir anche quello che poi divenisse degl'ingojati." La difficoltà è giustissima; ma se togliamo *ingoja*, addio allegoria, addio concetto di Dante. Lasciam pure ingoja, e con una risposta poco dissimile da quella che fece rider la nobil fanciulla risponda il Dionisi che " i divorati son forse da quel mostro vomitati a perpetuar la lor pena, sebbene il poeta nol dica": e Quirico Viviani soggiunga che " non v'era alcuna necessità per Cerbero di mangiar intieri i dannati: bastava che ne mangiasse qualche boccone di questo e di quello, perchè fosse ben detto *ingoja.*" Lasciamo tai miseri ripieghi che mi offron l'idea di chi nel volersi rampicare per un muro, che non dà presa, si vada appigliando alle fuligini: e diciamo solo ch' essendo Cerbero figura della rabida fame (*fame rabida tria guttura pandens*, Virg.) esso dovea per conseguenza divorare i ghiottoni. Non osiam perciò togliere *ingoja*; perchè Dante, che ha voluto fare un poema figurato, *ingoja* ha scritto; e non sofistichiam più oltre. Simili difetti son più del genere che dello scrittore, più della materia che dell'artista, il quale seppe ben che farsi.

Le sue allegorie han per lo più nobilissima origine. Chi è versato nelle carte della Bibbia e de' Padri presto o tardi scopre da quai fonti ei le attinse. Quella violenta pioggia di grandine che flagella i golosi, quel loro rimanersi per terra nel fango, quell'esser pesti da chi passa, quel voltarsi spesso, e fin il nome di Ciacco, o sia *porco*, hanno un fondamento in Isaia, e in S. Giangrisostomo, i quali parlando de' crapoloni così dicono: " Guai a voi, o genti dedite a bere il vino!.... I corpi degli uomini caduti morti da sè diventarono quasi sterco nel mezzo delle piazze.... Ecco Iddio valido e forte come impeto di grandine; procella che frange come violenza di molte inondatrici acque, sparse sulla spaziosa terra..... La corona di superbia degli ebri di Efraim sarà da' piedi conculcata." (Isaia, cap. v, e xxviii). " Oh quanti mai son que' mali che nascono dalla delizia delle mense, che trasmutano gli uomini in porci! Voltolasi il porco nel fango..... Guardali dentro e vedrai anima gelata da verno e freddo, istupidita pel furore della procella." (S. Giangrisost. tom. viii, c. 582). Onde il Maestruzzi d'accordò scrisse che " dalla gola nasce scurità di sensi." E il poeta a mostrare le gravi e dolorose infermità prodotte dalla *gastrimargia*, come dolor di capo, di stomaco, paralisi, gotta, ecc. che trasformano l'uomo, fè che i golosi *urlassero come cani*, e che Dante non ravvisasse più Ciacco. *Excessus ciborum consumit et computrescere facit corpus humanum, et macerat aegritudine diuturnâ: tunc illud morte crudeli consumit.—* Jo. Crisost. *Quae alimenta erant onera facta sunt, dum male assuescit venter plus capere quam potest. Hincque exorti innumerabiles morbi, supplicia luxuriae. Multos morbos ac medicos multa fercula fecerunt. Ebrietas hilarem unius horae insaniam longi temporis taedio saepius pensat.*—Seneca.

Nè solo da sacri fonti, ma pur da profani attingeva Dante il bello delle sue allegorie. Ciacco ch'è oppresso da *ambascia* ed *affanno* tale che non trova requie; Ciacco che dopo alcuni detti *più non fè parola*, onde Dante lo pregò di *fargli dono di parlare anche più*; Ciacco che dopo altro breve discorso *pose fine al lagrimabil suono*, onde Dante lo scongiurò d' *insegnargli altro ancora*; Ciacco che finalmente sclama *Più non ti dico e più non ti rispondo*, e, chinata la testa con occhi stravolti, ricadde nel putrido fango, dipinge vivamente l'ubbriacone che mal può favellare, e peggio reggersi e guardare. Di più: Cerbero ingojatore che ha *bramose canne, gran ventre largo, barba unta ed atra*, ed *occhi vermigli*; Cerbero che *abbajando agugna il pasto, e poi che il morde intende e pugna solo a divorarlo*, presenta, come notammo, la sozza gozzoviglia: e sì la prima che la seconda pittura ci ricordano quell'intemperante ghiottone, descritto da Menandro, il quale soleva *oppletus intestinis multis jacere pinguis, ac vix loquens, et spiritum aegre ducens, comedens, et dicens; putresco pro voluptate*; e rammentan anche quella immagine dell'avidità insaziabile, figurata nel cane da Seneca: *Vidisti aliquando canem, missa a domino frusta panis aut carnis, aperto ore captantem? Quid quid excepit protinus integrum devorat, et semper ad spem novorum frustorum hiat.*

Anche Maestro Brunetto fornì qualche altra lieve tinta a compiere il quadro con quelle parole: " L'uomo per bere e mangiare dismisuratamente perde suo senno, perde sua conoscenza, dimentica tutte opere di virtù. Crapola ed ebrezza non sono senza lordura. Laida cosa è perdere senno, memoria, e sanità per soverchio di vino e di vivanda. Geronimo dice chi è inebbriato è morto e seppellito."—*Tesoro*.—*Neque enim mente rectè uti possumus multo cibo et potione completi.*—Cic.

Or chi sa dirci perchè, dopo la scena de' golosi, i due poeti nel mentre passavano su di essi calpestandoli *toccavano un poco la vita futura?* S' egli è vero che nulla è fatto o detto a caso in queste carte, bisogna pure che vi sia una buona ragione di ciò. Sì che vi è, ed eccola. La dottrina degli scialoni, che attendono solo a dimenar le ganasce, si contiene tutta nel ripetuto verso latino, *Edamus et bibamus; post mortem nulla voluptas*; e la crapola nasce per lo più da questa falsa persuasione, come di Farinata dicemmo, e come fra gli Epicurei più tardi vedremo. Onde il moral seguace della Filosofia politica, a disprezzar coloro che si confondon coi bruti, contenti solo di terrene voluttà, e a significare che un grande avvenire rimane, calpesta i golosi, e parla della vita futura; anzi passa su di loro *a passi lenti*, per esprimere che quasi prendea diletto a conculcare que' vili che menarono vita animalesca, la quale è il primo passo verso il materialismo. Onde un ingegnoso poeta, e forse alquanto ciacco ancor esso, parafrasato quel verso latino in vernacolo Napoletano, pose questa inscrizione sulla porta d'una taverna:

> Mangiammo, amici miei; chisto n' avimmo
> Pe 'nfì ch' uoglio ce resta alla lucerna:
> Chi sa se all' autro munno ce vedimmo,
> Chi sa se all' autro munno c' è taverna:

Che in Italiano suona così alla lettera:

> Mangiamo, amici miei; questo ne avremo
> Per fin ch' olio rimane alla lucerna:
> Chi sa se all' altro mondo ci vedremo,
> Chi sa se all' altro mondo vi è taverna.

Non sia perciò maraviglia che Dante abbia così severamente punito un tal vizio, che non solo produce disordini individuali, ma nuoce agli stati, poichè ammollisce e degrada l' uom cittadino. Siccome la temperanza è inseparabile compagna della fortezza, così la gozzoviglia lo è della mollezza. Il modico brodetto di Sparta non poteva perciò piacere al lussureggiante Dionigi di Siracusa. E quindi varie religioni han cercato porre un freno alla mal inclinata natura con proibire alcuni cibi che troppo lusingano e snervano. Al narrar degli storici, la robustezza de' prischi Romani era figlia della sobrietà, la quale presedendo alle parche lor mense ministrava e bevande e cibi, conditi dalla salute. La gente togata, che avea per uso di fare i suoi prandj all' aperto, e sotto gli occhi del popol tutto, convertiva i suoi frugali banchetti in esempj di parsimonia. Ma poichè la ricchezza fè invito al lusso, quella moderatrice ne fu sbandita; e que' deschi medesimi convertiti in iscuole di bagordo diedero il segno della pubblica rilasciatezza, che crebbe all' aumentar della opulenza: e quindi gli animi effeminati infiacchiron le membra. La provvidenza censoria accorse al riparo col tardo freno delle leggi suntuarie, che prescrissero e la spesa delle cene e il genere delle vivande: ma alla mancanza del costume mal si supplisce con la legge: onde lo stato piegò sempre più alla corruzione, la quale preparava per gradi una ruinosa decadenza. (V. Val. l. ii. c. 5; Macrob. Saturn. c. 13; Aul. Gel. l. ii. c. 14). Onde può dirsi che non solo la ghiottoneria è vizio, ma è germe di vizj e di mali. Essa, come dicemmo, fomenta la lascivia, e per mezzo dell' ebrietà produce talvolta risse e sangue. Essa è sovente cagione che l' uom dissipi le sue sostanze, e si riduca a povertà, la quale è madre di delitti e disperazione; essa genera moltiplici infermità, ed alienazione dalle utili applicazioni, e non di rado la totale imbecillità, e con ciò la mancanza de' proprj doveri. Dante dovè in essa considerare un de' maligni germi della corruzione della patria sua: e d' accordo a lui il Boccaccio grida contro que' suoi concittadini che troppo alla gola indulgendo si abbandonavano ai più gravi disordini: e quantunque magistrati decidevano gli affari della Repubblica dopo essersi ubbriacati. (V. il Com. al C. VI). E quindi il poeta scaricò sui golosi più pesante il flagello di quel che fè sui lascivi.

Ma oltre ciò: la sua mira è diretta a più alto bersaglio: e cosa or dirò per la quale reclamo tutta l' altrui attenzione, poichè contiene una osservazion tutta nuova che spargerà gran lume su varj canti seguenti, e, facendoci ammirare la testa matematica del poeta, ci confermerà sempre più in quell' idea, che neppure una sillaba ei scrisse senz' averla prima ben bene ponderata.

Ei fa succedere i peccati d' incontinenza in serie crescente per gravità, secondo il maggiore o minore impulso che spinge l'uomo ad eccedere: vale a dire che un maggiore impulso produce un minor peccato ed una minor pena; ed un impulso minore produce un peccato ed una pena maggiore. Così il più genera il meno, ed il meno genera il più. Onde un geometra direbbe che la gravità de' castighi è in ragion diretta della enormità de' peccati, e questa è in ragione inversa delle cause produttrici. Sin qua era veduto.

Or da ciò nasce un' altra serie ch' è sfuggita ad ogni sguardo; cioè la serie de' gradi della pietà, accordata ai peccatori che si succedono; pietà che cresce secondo gl' impulsi, e decresce secondo l' enormità. Maggiore è la pietà pei primi ch' ebbero maggiore impulso, quantunque la pena sia minore; minore è la pietà pei secondi ch' ebbero minore impulso, quantunque la pena sia maggiore; e così de' terzi, e così de' quarti. Talchè al crescer delle pene de' peccatori, o sia al crescer della enormità delle lor colpe, decresce la pietà di Dante, e va sfumando di grado in grado, finchè ridotta a zero entra poi nella serie delle quantità negative. E, per lasciare un linguaggio tecnico che m' infastidisce, veniamo al fatto.

Dante situa i peccatori per incontinenza in quest' ordine crescente: lascivi, golosi, avari, ed iracondi. È tanta la pietà pei primi che ne sviene e cade (*di pietade Io venni men così com' io morisse, E caddi come corpo morto cade*); pei secondi solo *a lagrimar lo invita* (*Ciacco, il tuo affanno Mi pesa sì che a lagrimar m' invita*), pei terzi è così attenuata che n' è appena *quasi compunto*: e qui la sua pietà è del tutto esausta. Giunge ai quarti, e in vece di compassione trova nel suo cuore sì nobil disdegno che dice loro acerbissime parole.

Imprimi bene in tua mente questa osservazione, o lettore: Serie decrescente d' impulsi a peccare, e quindi serie crescente di enormità di peccati (filosofica idea!); e per conseguenza serie crescente di gravità di castighi (teologica concezione!); e per conseguenza ancora serie decrescente di compassione pei peccatori puniti (sublime economia di sensibilità, dalla Filosofia e dalla Teologia regolata!)

Or venga il Signor Ginguené a dirci (mi protesto intanto ch' io lo rispetto pei mille suoi pregi di cuore e di mente, e mando voce di requie alla sua ombra onorata), venga pur egli a dirci di esser *disgustato al vedere che Dante conceda le sue lagrime alla sorte di questo vil Ciacco.* Ciacco non era sì vile qual ei sel dipinse, e Dante non era sì inconseguente com' ei sognò. Dante concede le sue lagrime non a Ciacco in particolare, ma al vizio in generale, e le concede *pondere et mensura*. Lode al Signor Ginguené pei cento suoi dottissimi scritti che lo han fatto giustamente ammirare: gloria al Signor Ginguené per l' amore caldissimo ond' era infervorato per la nostra letteratura; ma per questo suo disgustarsi di cosa così sublime e sì giusta insieme non dirò nè lode nè gloria.

NOTE AGGIUNTE AL CANTO VI.

Terz. 5. *Caninamente con tre gole latra.*

Ho preferito questa lezione, che il Volpi trovò in vecchi codici, all' altra più dura ma più comune, *Con tre gole caninamente latra*. Che se piacesse più questa, come più convenevole a Cerbero per la sua asprezza, si sappia che, per regolarità del ritmo, *caninamente* si dee allora dividere in due, *canina* e *mente*; e ciò per suo dritto etimologico: giacchè tutti gli avverbj di tal fatta derivano da due ablativi latini, uno aggettivo e l' altro sostantivo: così riflettere *saviamente* vale *con mente savia*, onde si trova in Paolino di Pieri, che scrivea circa il 1296: *Benigna et graziosa mente perdonò*, cioè con animo *benigno e grazioso*: perciò latrare *canina mente*, vale con anima canina, da cane. E ciò a chi guarda attenta-mente mostra che il demonio Cerbero non è da Dante presentato come avente la forma di cane, ma bensì la voce di cane: giacchè se stolto sarebbe il dire *il bue muggisce da bue*, e *la pecora bela da pecora*, non meno inetto riuscirebbe lo scrivere *il cane latra da cane*. Con quell' avverbio il poeta significò che quel mostro infernale non ha di cane che il solo latrato; e perciò lo chiamò *fiera diversa*. Un tal aggettivo è stato preso da molti in senso di *orribile*, ma io potrò mostrare in ogni luogo ove Dante lo impiega, ch' ei suona *diverso da tutt' altro* del genere di cui parla. Per esempio: dopo aver fatta l' enumerazione di varj strumenti con cui si muovono schiere militari, or con trombe, or con tamburi, or con campane, ecc. chiama *diverso* lo strumento che guidava la marcia di alcuni demonj; poichè essi regolavano i lor passi al suono di una certa *cennamella* la quale è sicuramente *diversa* da tutte le altre in tal caso adoperate: ma è tanto lungi dall' essere *orribile* ch' essa è anzi ridicola. Così ancora dopo aver osservato il cerchio seguente discende nell' altro *per una via diversa*: ma quella è realmente una via da tutte le precedenti *diversa*, come colà proverò: e quindi anche Cerbero è *fiera diversa* da ogni altra, perchè è un accozzamento bizzarro, come il mostro Oraziano; e perciò è diversa fin dal Cerbero mitologico. Ed io credo che Dante si servì di tal aggettivo, giusto perchè volle far comprendere che il Cerbere del suo Inferno è *fiera diversa* dal Cerbero Virgiliano: e lo chiamò anche *crudele* perchè quello è solo custode delle porte, ma questo è sbranatore e divoratore insieme de' dannati.

T. 8. . . . . . *Cerbero il gran vermo.*

Il poeta usò la parola *vermo* due altre volte per significare il demonio, " Al pel del verme reo che il mondo fora" (Inf. C. ult.), " Difendimi, Signor, dallo gran vermo" (Salm. penit.): e in entrambi i casi se ne valse anche per disprezzo, come a suo luogo mostrerò. Il verme è un rettile;

tale pure è il serpe: onde com' egli chiamò *verme* quel gigantesco rettile di Cerbero, così anche altri chiamarono vermi le serpi: *The mortal worm*, e *the worm of Nilus*, son detti da Shakspeare due serpenti velenosi: e Johnson annota che dai Norvegi uno smisurato serpentaccio, che si vede talvolta nel mar nordico, vien detto *sea worm*, verme marino. *Vermes*, secondo il Perotti, son chiamati nell' Indie alcuni spaventevoli animalacci aquatici *binis branchiis sexaginta cubitorum*, come Cerbero che ha unghiate mani; e questi vermi son tali che assalgono gli elefanti e li divorano; onde la fame di tai vermi poco o nulla cede a quella del *gran vermo* Dantesco. *Crudel vermo*, in significazione di orrendo mostro giganteo, si trova nel Pulci, il che mostra che nel vecchio dialetto Fiorentino un tal vocabolo valeva ad esprimere un' idea molto più forte di quella che or desta; e che *vermo* vi era preferito a *verme*, il quale è più regolare e sente più la nobile origine latina. Tutto ciò non m' indurrà certo a consigliare di usarlo nel senso di enorme mostro, come altri han fatto per falsa imitazione: ma cento volte consiglierei a valersene per indicare la forma gigantesca di strano rettile, come ha fatto Dante che l' impiegò meglio di ogni altro.

T. 22. *Ed egli* (Ciacco) *a me: dopo lunga tenzone*
Verranno al sangue, e la parte Selvaggia
Caccerà l' altra con molta offensione.

23. *Poi appresso convien che questa caggia*
In fra tre soli, e che l' altra sormonti
Per la forza di tal che testè piaggia.

24. *Alto terrà lungo tempo le fronti*
Tenendo l' altra sotto gravi pesi,
Come che di ciò pianga e che ne adonti.

25. *Giusti son due, ma non vi sono intesi.*

Ciacco nell' appellare *Selvaggia* la Parte Bianca, nome con cui veniva per disprezzo designata, ne fa capire ch' egli era di Parte Nera. O forse Dante stesso la fè così nominare, per alludere alle sevizie ch' ella commise nel *cacciar l' altra con molta offensione*: e con ciò volle forse dirci ch' ei la vituperava e condannava per tali violenti modi, quantunque fosse a lui favorevole. E veramente può sostenersi ch' egli non era di nessun partito, eccetto quello della giustizia. Il suo stesso Ghibellinismo non era altra cosa che amore dell' ordine socievole; e derivava dall' interno convincimento che, in un tempo di discordie, l' unico governo che convenisse alla sminuzzata Italia era una saggia monarchia universale. Ei farà insinuarsi dal suo maestro Brunetto di essere egualmente lungi da' Neri e da' Bianchi; ed altrove griderà sdegnosamente contra ai Ghibellini che commetteano cento atrocità sotto lo stendardo della giustizia. Il Ghibellinismo, qual ei sel dipinse, non era in altro luogo che nella sua mente e nel suo cuore: poichè, mentr' ei ne sperava una perfezione politica produttrice di perfezion morale, i partigiani suoi eran tanti tiranni di quel paese ch' era il primo de' suoi pensieri e degli affetti suoi.

Egli aggiunge più sotto che la Parte Bianca *adonta*, cioè, ha vergogna e dispetto di vedersi dall' altra soverchiata, giacchè in essa erano gli uomini di maggiore ingegno, come Dino Compagni, Guido Cavalcanti, ed altri ragguardevoli e dottissimi uomini; i quali dovevano naturalmente esser pieni di confusione e di stizza nel vedersi da quegli altri, che valevano assai meno, così messi giù *sotto gravi pesi, con la forza di* quel *tale che testè piaggia*, o sia di Carlo di Valois.

Ho spiegato quel *testè* per *attualmente*, perchè questo è il suo primo valore; e quel *piaggiare* per *andar vagando di piaggia in piaggia*; poichè in tanta discordanza di pareri mi giova attenermi all'etimologia, alla storia, ed al contesto, più che ai Comentatori che fan zuffa, ed alla Crusca che non dà modo. Ciacco vuol dire che quel tale non era in quel momento (testè) in Firenze, ma vagava altrove di lido in lido. È ciò era in fatti; perchè " Nell'anno 1299, il Re Filippo mandò in Fiandra Mr. Carlo, suo fratello, con grand' oste e cavalleria; il quale giunto a Bruggia cominciò guerra; e con più battaglie in più luoghi vinte, i Fiamminghi si arrendero a Mr. Carlo."—Gio. Villani, lib. viii, cap. 32.

Si sa che le Fiandre son paesi pieni di *piagge*, o sia di lidi marini, e di pianure; poichè piaggia può significare lido o luogo qualunque; onde *testè piaggia* vale *attualmente va di piaggia in piaggia*. Non si dice in qual mese dell'anno 1299 quella guerra cominciasse, nè quanto tempo durasse; ma si dice bensì che *Guanto, ch'è delle più forti terre del mondo,* si arrendesse assai tardi a Carlo: ond'è facile ch'ei seguisse a *piaggiare* sino alla primavera del 1300, tempo in cui il Poeta finge di parlar con Ciacco.

Alcuni pretendono che per que' due giusti, che non erano intesi in Firenze, Dante abbia voluto designar sè stesso e Guido suo amico. Ma parmi che per sè saria superbo, e per Guido non istorico, giacchè accanito Bianco ei si era, e si sa che Dante di ciò nol lodava. Ma, oltre questo, altra valevolissima ragione recai altrove per la quale ci fu mostrato che questi due amici non son per que' due giusti indicati; poichè il poeta in una sua Canzone saluta prima que' due, e poi parla manifestamente di Guido. Alcuni altri credono che in questa coppia debbano ravvisarsi un tal Balduccio e Gio. da Vespignano, che dal Villani vengon chiamati *due buoni e giusti uomini*, morti nel 1331, cioè dieci anni dopo la morte di Dante; e pei quali *fu fatta solenne sepoltura, e furon poste più immagini di cera.* Sia comunque, la cosa è assai dubbia; e sia atto di bella sincerità il confessare che ignoriamo chi sieno que' due giusti. Ma se non sappiam dire chi sono, possiamo almeno indovinare perchè Dante ne tacque i nomi.

Ei credea, lo ripetiamo, che i Bianchi fossero men rei dei Neri: e quindi que' due son da lui detti giusti, perchè forse loro fautori: il che essendo di gran periglio, in un momento in cui i loro avversarj dominavano in Firenze, non osavano dichiararsi per tali. Onde il poeta per non comprometterli non li nominò, e per distinguerli da que' viziosi si servì di tal mezzo. Nè mancò forse in lui il disegno che la sua lode servisse a que' due di stimolo perchè osasser di più a favor degli espulsi; e che col dichiararli uomini retti fossero i loro buoni uffiicj meno sospettevoli alla parte contraria.

    T. 7. *Dell' un de' lati fanno all' altro schermo;*
          Volgonsi spesso i miseri profani.
      32. *E 'l duca disse a me: più non si desta*
          Di qua dal suon dell' angelica tromba.
      34. *Sì trapassammo per sozza mistura, ecc.*

I primi due versi non sono in contradizione col terzo; poichè quel *destarsi* vuol dire alzarsi a sedere, come Ciacco ha fatto per favellare a

Dante: ma ciò non include che i golosi non possano *volgersi* tutti distesi, come spesso facciam dormendo.

Or mostrerò come Dante con una parola esprime talvolta un discorso. Fin dal momento che Ciacco ricadde nel fango, Virgilio si era rimesso in viaggio, e cammin facendo parlava a Dante per istruirlo. Or ad esprimere l'idea del cammino, là taciuta, Virgilio è detto *Duca* e non *Maestro*: e con quella sola parola vien indicato ch' egli avea ripreso il suo ufficio di guida. Che fosse *Maestro* era inutile il dirlo, perchè si ritraea da quel che dicea, ma utilissimo era il chiamarlo *Duca*, perchè indicava un' idea non espressa: e così una parola vale un discorso. Chi rilegge con attenzione dalla terz. 32 sino alla 34 lo vedrà chiaro.

T. 37. *Di là più che di qua essere aspetta.*

" Si dice *essere al di sopra, o al di sotto di una cosa*, in significazione di *essere più o men grande di essa*: così Dante ha detto in questo luogo *di là* per al di sopra, e *di qua* per al di sotto. E il valore di questa frase è, che questa gente maledetta aspetta che i suoi tormenti debbano essere più al *di là* del grado presente, che al *di qua*; cioè, più crescere che diminuire."

Questa nota grammaticale mi vien somministrata dal mio egregio amico Signor Polidori; e siccome sembrami che debba tenersene conto così mi piace qui rapportarla: quantunque io abbia stimato attenermi alla maniera da tutti intesa; poichè parmi che quel *dopo la gran sentenza*, il quale suppone l' altro, *avanti la gran sentenza*, portino con sè il *di là* e il *di qua* in corrispondenza: tanto più che la stessa frase viene usata anche innanzi in quel verso " *Di qua* dal suon dell' angelica tromba" che deve avere per correlativo " *Di là* dal suon della tromba medesima." Comunque ei sia, conchiuderò col lodato Sig. Polidori, che i due sensi, o il suo o l' altrui, si riducono in sostanza ad un solo.

ESPOSIZIONE DEL CANTO VI.

Dante nel tornare ai sensi, già in lui mancati alla compassionevole vista de' due cognati che tutto di tristezza lo avea perturbato, ecco che comunque ei muova i suoi passi, comunque ei volga gli occhi, e comunque guati, si vede intorno nuovi tormenti e nuovi tormentati. Egli è già nel terzo cerchio ove scende una pioggia perenne che fa sentire gli effetti dell' eterna maledizione per la freddezza e la violenza, la qual pioggia non cambia mai nè di modo nè di qualità. Grandine grossa, ed acqua sporca, e neve si riversano per l' aer tenebroso; e la terra che le riceve esala tormentosa puzza. Il demonio Cerbero, in forma di una fiera crudele e strana, latra con tre gole alla foggia de' cani sopra la gente perduta che quivi è da quella pioggia sommersa. Ha gli occhi vermigli per avida smania di divorare; ha la barba sparsa di nero untame a cagion de' pingui brani che ingozza; ha il ventre largo per poterne ricevere in gran copia; ed ha le branche armate di acute unghie, e con queste graffia e squarta gli spiriti perduti, e poi se gli ingoja. La pioggia ruinosa fa urlar come cani percossi coloro che aveano con canina fame divorato; e i miseri profani, che non ebbero altro Dio che la gola, distesi per terra, fanno di un lato schermo all' altro, e si volgono spesso or da questo, or da quello. Quando quello smisurato rettile di Cerbero scorse i due viaggiatori aprì, nell' avidità di divorarli, le sue tre bocche, e mostrò loro le zanne; e come fiera affamata che vede la preda, non avea membro che tenesse fermo. Ma la saggia guida di Dante distese ambe le mani, prese della terra, e, riempitene ambe le pugna, la gittò dentro alle bramose fauci di quel mostro. Qual è quel cane che abbajando manifesta la sua fame, e poichè addenta il pasto che gli vien dato si racqueta, talchè intende solo a divorarlo e si affanna a soddisfarsi, tale si fè quel demonio Cerbero dai tre unti ceffi; il quale in quel momento tacea, ma suole co' suoi latrati intronar le orecchie di quelle anime di modo che per non udirlo vorrebbero esser sorde. I due poeti passano su quelle ombre che la greve pioggia flagella e prosterne, e pongono le piante su le loro vane forme, che al vedersi pajono persone reali. Elle giacean per terra tutte quante, e così si rimasero; fuor che una, la quale, subito che vide que' due passar davanti a lei, si levò a sedere; e disse a Dante: O tu che sei tratto vivo per questo Inferno, riconoscimi, se pure in sì misero stato riconoscermi sai: Prima ch' io fossi morto tu eri già nato. E Dante a lei: no, ch' io non ti riconosco; l' angoscia che tu hai ti trasforma forse di modo che ti tira fuori della mia mente; sì che parmi ch' io non ti vedessi giammai. Ma dimmi chi tu sei che

ESPOSIZIONE.

pel tuo peccato sei messa in sì doloroso luogo, ed a siffatta pena che, se altra ve n'è maggiore, niuna al certo è sì spiacevole. E quell'ombra a Dante: la tua Città natia, la quale è sì piena d'invidia che il sacco già ne trabocca, mi tenne seco nella vita serena; ahi ben diversa da questa in cui perenne pioggia mi flagella! Voi cittadini mi chiamaste Ciacco; e per la dannosa colpa della gola ora mi fiacco alla pioggia, come tu vedi. E non son io solo l'anima trista a ciò condannata; chè tutte queste che miri stanno qui per simil colpa a simil pena. Ciò detto, a cagione dell'affanno angoscioso che gl'impediva il libero uso della favella, ei più non fè parola. Dante allora gli rispose: Ciacco, il tuo affanno mi pesa sì che a lagrimar m'invita: ma deh, in compenso di mia pietà, dimmi, se pur dirmelo sai, a che verranno i cittadini della nostra misera patria sì in partiti divisa *(prima domanda)*; dimmi se vi è alcun giusto fra tanti colpevoli *(seconda domanda)*; e dimmi la cagione per cui tanta discordia l'ha assalita *(terza domanda)*. Ed egli rispose: Dopo lungo contrasto verranno al sangue; e la Parte Selvaggia (la Bianca) caccerà l'altra (la Nera) con molta offensione. Poi converrà che questa Selvaggia Parte cada in fra tre giri di sole, e che l'altra sormonti e prevalga per la forza di un tale che attualmente si va aggirando di piaggia in piaggia. Costui terrà per lungo tempo alte le superbe fronti della parte sormontata, tenendo l'altra sotto gravi pesi, e, comunque sen dolga questa e se ne sdegni, vano sarà il suo piangerne ed adontarne *(prima risposta)*. Di giusti non ve ne han che due; ma non vi sono intesi *(seconda risposta)*; Superbia, Invidia ed Avarizia sono le tre faci funeste che hanno accesi colà tutt'i cuori *(terza risposta)*. Qui Ciacco angosciando pose fine al lagrimevole suono di sue parole; e Dante riprese così: Desidero che di altro tu m'istruisca, e che mi conceda di parlar anco, il che mi sarà gradevole dono. Farinata e 'l Tegghiajo che furono sì degni nostri concittadini; Jacopo Rusticucci, Arrigo, e 'l Mosca, e gli altri che volser la mente a ben fare, dimmi, ove sono; e se giaccion qui teco, fa ch'io li conosca; poichè gran disio mi stringe di sapere se il Cielo li pasce di sue dolcezze, o se l'Inferno dell'amaro suo tosco li nutre. E quegli replicò: Essi son fra l'anime più nere: colpa ben diversa dalla mia gli aggrava giù al fondo di questa voragine: se tanto scendi li potrai vedere. Ma quando tu sarai nel dolce mondo, pregoti che rammenti il mio nome altrui. Più non ti dico e più non ti rispondo. Allora Ciacco, come un ebro, torse in biechi gli occhi ch'eran diritti: in quest'attitudine guardò Dante alcun poco, e poi chinando la testa cadde con essa nel loto al par degli altri ciechi, che non sepper distinguere l'uso dall'abuso. E Virgilio, ripreso il suo ufficio di Duca e continuando il viaggio, disse a Dante: Sappi che quegli si è alzato e parlarti solo per grazia a te conceduta; e che mai più non sorgerà, prima che s'oda il suono dell'angelica tromba, quando verrà la potestà divina a lor nemica, per confermare la sentenza di lor dannazione. Ciascuno ritroverà allora la trista sua tomba, e ripiglierà la sua carne e la sua figura; ed udirà quel decreto che rimbomba anche ora e rimbomberà in eterno al loro orecchio. Sì dicendo passavano per la sozza miscela dell'ombre e della pioggia a passi lenti, ragionando un poco sulla vita futura. Per cui Dante disse: Maestro, dopo la gran sentenza finale questi tormenti saran maggiori, o minori, o pure saran sì penosi quali or sono? E Virgilio a lui: Ritorna col pensiero alla scienza Aristotelica da te studiata, e la cosa ti sarà chiara. Sai che quella stabilisce che quanto un essere animato è più perfetto tanto è più capace di sentire o il piacere, o il dolore. Benchè questa gente da Dio maledetta non possa mai andare a vera perfezione (poichè il peccato altro non è che imperfezione) pure aspetta di essere meno imperfetta al di là di quella sentenza, che al di qua: e quindi la conseguenza è per sè manifesta. Così dicendo scorsero a tondo una parte di quella circolare strada, parlando più assai di quel che Dante ne ridice; finchè pervennero al punto dove si scende per mezzo di gradini al quarto Cerchio. Quivi trovarono Pluto, demonio delle ricchezze, che pei gran danni che arreca può ben chiamarsi il gran nemico delle umane genti.

CANTO VII.

QUARTO CERCHIO INFERNALE.

Avari e Prodighi.

E PRINCIPIO DEL CERCHIO QUINTO.

Iracondi ed Accidiosi.

*I primi strascinano dolorando de' gravissimi pesi, coi quali si percuotono.
I secondi tuffati nella Stigia Palude si straziano fra loro.*

1. **P**APE Satan, Pape Satan Aleppe,
   Cominciò Pluto con la voce chioccia.

Si pretende da alcuni moderni interpreti che il primo verso sia tutto in lingua Ebraica, e voglia dire: *Risplendeat facies Satani, risplendeat facies Satani primarii*, che in Italiano corrisponde presso a poco a questo: *accorra nel suo fulgido aspetto Satanno, si mostri in tutta la pompa di sua luce la maestà del Principe Satanno*; e si noti quel *risplendeat* che conviene sì bene alla parola *Lucifero* o *Satanno*. Con quanta proprietà si faccia parlare in Ebraico un angelo perduto non è difficile a scorgersi da chi si rammenterà che questa è la lingua delle sacre carte, lingua usata da Dio, usata dagli angeli coi primitivi patriarchi; lingua che Dante opinava essere stata la prima che sonasse su le labbra umane (e per conseguenza quella con cui il serpe parlò ad Eva): ed ecco le sue parole: *Fuit ergo Hebraicum idioma id quod primi loquentis labia fabricaverunt.....Hac formâ locutionis locutus est Adam; hac formâ locuti sunt omnes posteri ejus, usque ad ædificationem turris Babel; hanc formam locutionis hæreditati sunt filii Heber, qui ab eo dicti sunt Hebrei.* (*De Vulgari Eloquentiâ*): opinione che aveva egli adottata da altri scrittori, e fin dal suo Brunetto, il quale dice: *Innanzi che la torre di Babel fosse fatta, tutti gli uomini aveano naturalmente una lingua, cioè la Ebrea.—* (Tesoro, lib. viii. cap. i.) Pare quindi che un angelo perduto vedendo un vivo entrar fra i morti, e violare il luogo di sua presidenza, nell' impeto dell' ira, e nell' eccesso dello stupore, (espressi al modo Dantesco col verbo *cominciò*) non dovesse usare altro linguaggio che l' Ebraico; tanto più che il Principe degli angeli perduti egli invocava con quella sua chioccia e rauca voce, onde reprimesse l'audacia di quel mortale.

E quel savio gentil che tutto seppe
2. Disse per confortarmi: Non ti noccia
   La tua paura; chè, poder ch' egli abbia,
   Non ti torrà lo scender questa roccia.

E quel savio gentile che tutto seppe (e per conseguenza conoscea il senso di quelle aspre parole), nel vedere che io non comprendendole era sbigottito, per confortarmi mi disse: La tua paura non ti sia di nocumento e di remora a proseguire il viaggio; chè, per potere ch' egli abbia, non ti potrà mai togliere lo scendere questa roccia.

Giustamente è chiamato *savio* colui *che tutto seppe*; e quel *gentile* fa sentire tutto il prezzo del conforto ch' ei diede a Dante.

3. Poi si rivolse a quella enfiata labbia,
   E disse: Taci, maledetto Lupo;
   Consuma dentro te con la tua rabbia:

Poi si rivolse al turgido aspetto di quel demonio sì sbuffante di collera, e disse: Taci, maledetto Lupo; e consuma internamente te stesso, e la rabbia tua.

Mi piace appropriare quell' aggiunto di *enfiata* tanto alla labbia di Pluto (aspetto) per dipinger l'orgoglio della ricchezza (e l'ho tradotto *tumido*); quanto a Pluto istesso per farlo vedere tutto d'ira fremente (e l'ho tradotto sbuffante; che corrisponde all' *ambas iratus buccas inflet* di Orazio). E bellissimo quel *maledetto Lupo* all' urlante demonio che presiede al castigo dell' avarizia. Chi si rammenta della Lupa del primo canto ne vede tosto l' allusione.

4. Non è senza cagion l' andare al cupo;
   Vuolsi nell' alto, là dove Michele
   Fè la vendetta del superbo strupo.

CANTO VII. 191

Il nostro andare al cupo fondo di questa voragine non è senza cagione: così si vuole nell' alto, là dove Michele fè la vendetta del violento assalto fatto a Dio, effetto della vostra superbia.

Adulterio vien chiamato dalla Scrittura ogni profanazione ed ingiuria fatta a Dio ed al suo culto: e Dante lo ha chiamato *Strupo*, metatesi di *stupro*, per quel che altrove sporremo.

Come bene a proposito è rammentato Michele che fè la vendetta di quell' assalto violento mosso da costui che vuol opporsi al loro *fatale andare*, e da quel Satanno che costui invoca! Virgilio col solo nominare Michele ha voluto dirgli che invano chiamava quel suo Principe in soccorso, poichè vi era bene chi sapea reprimer l' audacia di entrambi. Questa terza risposta di Virgilio, che diversifica dalle due uniformi fatte a Caronte e Minosse, è la più bella delle tre.

5. Quali dal vento le gonfiate vele
   Caggiono avvolte, poichè l' alber fiacca,
   Tal cadde a terra la fiera crudele.

Quali le vele gonfiate dal vento, poichè il vento stesso fiacca l' albero maestro, cadono tutte raggruppate ed avvolte; tale a quel nome cadde a terra quel fiero demonio umiliato.

Quelle *vele gonfiate dal vento* assimilate a lui che avea *enfiata labbia*, presentano un mirabil paragone; ma più mirabile è la seconda parte, che dipinge le vele sgonfie ed avvolte che cadono, comparate a lui che cade a terra, e si prostra al riverito nome di Michele che lo punì. E in quel vento che fiacca l' albero vedi proprio il nome tremendo dell' Arcangelo vincitore che deprime quell' orgoglioso.

6. Così scendemmo nella quarta lacca,
   Prendendo più della dolente ripa,
   Che il mal dell' universo tutto insacca.*

---

* *Insacca*, accoglie in sè, riceve nel suo grembo; poichè quella voragine ha in certo modo la forma di un immenso sacco.

Così scendemmo nel quarto cerchio ch' era tutto logoro e concavo; inoltrandoci sempre più in quella voragine di dolori, che tutti in sè ingoja i peccatori, vero male del mondo.

Lacca, secondo il Glossario del Du Fresne, e l' Amaltea del Laurenti, nel basso latino valea *cavità*; derivato forse da *Lacus*, da che *laccarj*, scavatori di fosse: onde Dante chiama *lacca* questo cerchio per significare ch' era tutto consumato e cavato, a cagione dello stropiccio di gravissimi sassi che vi vengono intorno perennemente rotolati, come or vedremo.

7. Ahi Giustizia di Dio! tante chi stipa*
   Nuove travaglie e pene quante io viddi?
   E per che nostra colpa sì ne scipa?

Ho diviso il *perchè* del terzo verso in due parole *per* e *che*, in senso di " per che cosa," *per quid, ob quam rem.*
Dante alla vista de' tanti tormenti che osserva in questo concavo cerchio, nell' accingersi a descriverli, quasi diffidando di sue forze, esclama:

Ahi Giustizia di Dio! e chi può tutte in poche parole accogliere tante pene, e tante angosciose fatiche, quante in questo cerchio io vidi?

E poi indignato che gli uomini per così poco commettano que' peccati, che son cagione dell' orrida scena che contempla, soggiunge:

E per qual misera cosa (per che) la nostra colpa ci attira sì terribili tormenti?

E quella misera cosa, come or vedremo, altro non è che un minerale ch' egli paragona ai più vili fra essi, alle pietre; come nel precedente canto paragonò i cibi alla terra.
Avendo con quella esclamazione e questa riflessione preparato l' animo del lettore, ei comincia la narrazione.

* *Stipare*, stringere insieme, condensare, in piccolo spazio accumulare: da *stipa* o *stiva*, cose insiem raccolte e compresse nel fondo di una nave.

CANTO VII.

Giova presentare ad un sol tratto la pena degli Avari e de' Prodighi, per aver poi l'agio di attendere ad altro.

Il cerchio in cui sono tormentati è diviso in due semicerchi; i Prodighi sono a destra de' due poeti, e gli Avari, come più turpi, a sinistra. Sì gli uni che gli altri vanno con urli dolorosi traendosi strasciconi per terra, come bisce, e voltolando col petto insopportabili pesi. Quando i Prodighi di qua, e gli Avari di là s'incontrano alle divisioni de' due semicerchi, si percuotono fieramente a vicenda coi pesi rotolati, e rinfacciandosi scambievolmente i loro eccessi si rammentano la cagione di lor perdizione. Si gridano di qua e di là: *perchè tieni?*..... *perchè getti?*..... Per tal modo chi dissipò percuote e rimprovera chi accumulò, e questo fa lo stesso con quello. Così contusi e carichi d'ingiurie si volgono tutti in dietro, e si dirigono all'altra divisione del cerchio. Onde e da man dritta e da man manca tornando al punto opposto van con impeto ad aggredirsi di nuovo, e gli stessi urti si danno, e le stesse ingiurie si fanno, e gli stessi rimorsi si destano: e poi la medesima cosa vanno a far di là, e poi vengono a far la stessa cosa di qua, e così sempre, e così sempre, senza sperar mai riposo per tutta l'eternità. Orrenda pena in vero! in cui alla fatica affannosa e non mai interrotta di volgere smisurati pesi, alle dolorose percosse che vicendevolmente si danno, all'abjezione di andare carponi per terra, al dolore di aver perduto il sommo de' beni per sì vil cagione, alle fitte irremovibili tenebre, agli urli disperati, si aggiungono rimproveri ingiuriosi che ricordano la gran perdita del Cielo e 'l mal acquisto dell' Inferno.

8. Come fa l' onda là sovra Cariddi,
   Che si frange con quella in cui s' intoppa,
   Così convien che qui la gente riddi.

Riddare, menar la ridda, ballo di molte persone fatto in giro, *Cr.*: siccome ora si fa del *Waltze*, ma forse con maggiore strepito ed urto, per cui un tal verbo esprime assai bene il circolare, il tumultuare, e 'l percuotersi di questi due generi di dannati, fra loro accanitamente avversi.

L' intopparsi di un' onda con l' altra, e 'l frangersi di entrambe presso Cariddi è similitudine bene scelta, se riflettesi a ciò che qui fanno gli avari e i prodighi.

9. Qui vid' io gente più che altrove troppa,
   E d' una parte e d' altra, con grand' urli
   Voltando pesi per forza di poppa.

VOL. I.   O

Cioè, voltando per terra gravissimi pesi a forza di spingerli col petto, e forse con la poppa sinistra verso cui pende il cuore. L'allegoria lo dirà meglio. Qui può scorgersi perchè fu chiamato *lacca* questo cerchio: lo stropicciamento di quelle pietre rotolate per secoli e secoli lo fa vedere abbastanza. "Con grand'urli." *Agite nunc, divites, plorate ululantes in miseriis*. S. Jac. *Gente più che altrove troppa* esprime che questi viziosi sono in maggior numero che altri: *quae maxima turba est*, disse Orazio degli avari.

10. Percotevansi incontro, e poscia pur li
    Si rivolgea ciascun, voltando a retro,
    Gridando: perchè tieni? e perchè burli?

Si percuotevano ferocemente nell'incontrarsi, gridandosi di qua, *perchè tieni?* di là, *perchè getti?* e poscia ciascuno voltandosi in dietro si rivolgea pur lì ond'era prima partito.

Burlare è tutto Lombardo, dice il Lombardi, e significa *voltare* e *muovere; burlare* è il *bujar* degli Aretini, e significa *gettare*, dice il Landino: onde si legge nel Centiloquio del Pucci, *parole altre non burlo*, cioè getto: la prima derivazione è preferibile per suono, la seconda per significato; ed a questa mi attengo.

11. Così tornavan per lo cerchio tetro
    Da ogni mano all'opposito punto,
    Gridandosi anche loro ontoso metro.
12. Poi si volgea ciascun, quand'era giunto,
    Per lo suo mezzo cerchio all'altra giostra.

Così detto, tornavan tutti pel tenebroso cerchio, e da man destra e da man sinistra, al punto opposto, gridandosi ancora e vicendevolmente le loro ingiuriose parole. Poi ciascuno, quando era giunto a quel punto opposto, si rivolgea di nuovo pel suo mezzo cerchio all'altro contrasto.

Con questo dire e ridire la stessa cosa, con questo farli volgere e rivolgere per lo stesso cammino, Dante ha voluto significarci il non mai riposarsi per tutto il corso dell'eternità, e il replicar sempre e senza nessuna interruzione la stessa angosciosa travaglia di questi peccatori antagonisti.

CANTO VII.

Ed io, ch' avea lo cor quasi compunto,
13. Dissi: Maestro mio, or mi dimostra
Che gente è questa; e se tutti fur cherci
Questi chercuti alla sinistra nostra.

Ed io, che aveva il cuore quasi commosso, dissi: Maestro mio, or mi dimostra che gente è questa *(prima domanda)*; e dimmi se tutti furono cherici questi che han la cherca alla nostra sinistra *(seconda domanda)*.

La pietà *lo fè venir meno e cadere* pei lascivi, *lo invitò a lagrimare* pei golosi; per gli avari e prodighi lo fa esser solo *quasi compunto*. Qui la sua pietà è esausta; tristo chi gli verrà incontro nel canto seguente! Nota il *Maestro*.

14. Ed egli a me: Tutti quanti fur guerci
Sì della mente in la vita primaja
Che con misura nullo spendio ferci:
15. Assai la voce lor chiaro l' abbaja,
Quando vengono ai due punti del cerchio,
Ove colpa contraria li dispaja.

Ed egli a me: Tutti questi che vedi da ambo i lati furono sì ciechi della mente, nella vita primiera, che non vi fecero nessuna spesa con giusta misura; e i loro crucciosi rimbrotti, quasi rabbiosi latrati, assai lo manifestano, quando giungono ai due punti che dividono questo cerchio, ne' quali la lor colpa diametralmente opposta li disgiunge *(prima risposta)*.

Come con dismisura si raguna
Così con dismisura si distringe.
Cioè, **si apre la mano per gettare**, scrisse Dante medesimo in una canzone, parlando degli avari e de' prodighi.
Quel verbo *l' abbaja* fa vedere che s' ingiuriano accanitamente, e quasi per rabbia bajando.

16. Questi fur cherci che non han coperchio
   Piloso al capo, e Papi e Cardinali
   In cui usa avarizia il suo soperchio.

Questi poi, che ci sono a sinistra, i quali non han coverchio di pelo al capo, furono tutti avari, e per gran parte Papi e Cardinali, ne' quali l'avarizia usa tutto l'eccesso di sua forza *(seconda risposta)*.

È malizioso quell' *usa* in cambio di usò. *Genus avarissimum*, Cicerone chiamò i sacerdoti: " la qual cosa, se è vera o no, è tutto giorno negli occhi di ciascuno, e perciò non è duopo ch'io ne faccia qui molte parole."—*Il Boccaccio.* L'Ariosto, parlando di tal vizio, dice :

   Peggio facea nella Romana Corte
   Che v'avea uccisi Cardinali e Papi.

17. Ed io: Maestro, tra questi cotali
   Dovrei io ben riconoscere alcuni
   Che furo immondi di cotesti mali.

Dante era stato qualche tempo in Roma, onde dovè conoscere là alcuni di coloro *Che furo immondi di cotesti mali*. Il *male* e il delitto non son diversi presso gli Etici; e il *male* e il peccato son gli stessissimi presso i Moralisti. Nota sempra il *Maestro*.

18. Ed egli a me: Vano pensiero aduni:
   La sconoscente vita che i fè sozzi
   Ad ogni conoscenza or li fa bruni.

19. In eterno verranno alli due cozzi;
   Questi risurgeranno dal sepulcro
   Col pugno chiuso, e questi coi crin mozzi.

20. Mal dare e mal tener lo mondo pulcro
   Ha tolto loro, e posti a questa zuffa:
   Qual ella sia, parole non ci appulcro.

CANTO VII.

Ed egli a me: Vano è il pensiero che accogli in mente, poichè è legge di giustizia, che coloro i quali per avarizia sconobbero i loro doveri, rimangano del pari a tutti sconosciuti. Sì questi che gli altri verranno per tutto il corso dell'eternità a percuotersi nei due punti del cerchio; e nel dì del giudizio gli avari risorgeranno dal sepolcro col pugno chiuso, in significazione del turpe lor vizio, e i prodighi coi crini mozzi, in segno di aver tutto dissipato. *Mal dare* e *mal tenere* gli ha privati delle bellezze del Cielo; e gli ha posti a questo contrasto: e qual ei sia tel vedi; nè è d'uopo ch'io tel descriva con belle ed ornate parole.

La sconoscente vita che li fè sozzi or li fa bruni ad ogni conoscenza è una parafrasi di quel detto di S. Paolo: chi volle ignorare i proprj doveri sarà ignorato; *ignorans ignorabitur;* e il poeta vuol con ciò dire, che coloro i quali per avarizia visser oscuri in vita, non facendo alcuna bella impresa, restano senza fama veruna dopo morte.

" Col pugno chiuso;" *sinistra compressis digitis tenacitatem atque avaritiam significat*, Diodoro Siculo; onde si può arguire che gli avari i quali sono *a sinistra* risorgeranno dal sepolcro col pugno sinistro sì chiuso. *Coi crini mozzi* ci ricorda quel detto comune, con cui sogliamo cuculiare un tal merlotto spennacchiato che si lasciò carpire quanto avea: *l' hanno spelato ben bene.*

Or è tempo di dar un' occhiata alle allegorie. *In medio consistit virtus* è un detto comune; *Gli estremi si toccano* n' è un altro. E l'uno e l'altro ha voluto esprimere il poeta nel fare che in questo cerchio gli avari e i prodighi, fra loro estremi, si scostino dividendosi da un punto ch' è in mezzo; e poi allontanandosi sempre più, questi da un lato, e quelli da un altro, si vadano gradatamente ad incontrar di nuovo; senza però toccar quel punto *quod ultra citraque nequit consistere rectum:* ciò dice chiaro che negli estremi de' due vizj opposti sta la virtù; ma questi non vi pervengono mai perchè *colpa contraria li dispaja.*

Da questa prima concezione si sono dischiuse quasi da un germe molte altre. Chi troppo intende ai beni di quaggiù volge le spalle al Cielo, e i suoi affetti non si sublimano mai, ma *serpunt humi;* e quindi questi viziosi son distesi per terra bocconi, e si vanno strascinando pel pavimento: *Saturaverunt oculos suos declinare in terram*, Sal. Se il cibo non è che vil terra, l'oro non è che un minerale, e nelle mani degli avari e dei prodighi, che son sempre in urto fra loro, diventa quasi inutile, poichè *nullus argento color est avaris abdito terris, nisi temperato splendeat usu,* Orazio: " Niuna cosa è utile se non in quanto è usata nella sua bontà... siccome l'oro e gli altri tesori" *Convito:* e quindi questi viziosi rivolgono gravi sassi pel suolo, che sono i più calpestati minerali, e di nessun prezzo. E pure sì vil cosa, che si acquista sovente a forza di bassezze, è il primo oggetto del loro cuore che sempre verso esso è diretto; onde col petto, sede degli affetti, continuamente a quelle pietre rivolto, van carponi pel terreno. Ogni lor moto, ogni passo loro non tende che a questo, e questo stesso forma il loro tormento con renderli servi delle ricchezze: *pecuniæ usus habere oportet, sed ei servire non oportet,* Seneca. Udiamo che tuttodì l'avaro sgrida il prodigo, ed il prodigo l'avaro: onde si contrastano e si azzuffano continuamente; e quindi con aspre lingue ed ontose parole gli uni ingiuriano gli altri quando s'incontrano; e questo dice a quello *perchè tieni?* e quello a questo *perchè getti?* Diciamo comunemente, *nulla di più stretto che il pugno dell'avaro;* e nel vedere chi tutto dà senza considerazione diciamo, *darebbe fino i capelli;* e perciò gli avari nel dì del giudizio *risorgeranno dal sepolcro col pugno chiuso,* e i prodighi *coi crini mozzi.* Ecco tutta la mente di Dante, che vien creduta sì misteriosa; le sue allegorie non sono per lo più che metafore.

Potrebbe sorgere in qualche irriflessivo la difficoltà, che gli avari amano visibilmente le ricchezze, e quindi le allegorie per essi vanno bene; ma i prodighi sembrano disprezzarle, e quindi le allegorie son poco adattate a loro. Chi conosce l'uomo non farà mai questa difficoltà. I prodighi le amano anzi più, ma ne vogliono per dissiparle. Lasciate senza denaro un prodigo, e vedrete che misera creatura ne farete; nè mancano esempj che commetta delitti per averne, onde gettarlo ancora. "Quando l'uomo viene povero per donare egli è costretto di prendere l'altrui: appresso ai grandi doni le rapine," avea insegnato a Dante Ser Brunetto.—(*Tesoro,* lib. vii. cap. 49.)

Ma rimettiamoci in cammino per udire che dirà l'amoroso Virgilio al suo diseredato figliuolo; e poi che chiederà Dante al suo sapiente maestro.

21. Or puoi, figliuol, veder la corta buffa
De' ben che son commessi alla Fortuna
Perchè l'umana gente si rabbuffa.

22. Chè tutto l'oro ch'è sotto la luna,
E che già fu, di queste anime stanche
Non poterebbe farne posar una.

CANTO VII. 199

Or puoi, o figliuolo, vedere qual breve soffio di vento è la durata di que' beni che son commessi alla Fortuna, pei quali l' umana gente si accapiglia e si contrasta. Poichè tutto l' oro ch' è, e che già fu sotto la Luna non potrebbe far posare neppur una di queste anime sì stanche.

Con quell' affettuoso vocativo di *figliuolo*, e con la riflessione del nulla delle umane ricchezze, par che Virgilio cerchi consolare il povero Dante della perdita de' suoi beni; e con dirgli che tutto l' oro del mondo non sarebbe bastevole a comprare un sol momento di riposo a que' perduti, par che voglia anche più consolarlo con l' idea della pena che attendea quegli avari rapaci che lo aveano sì barbaramente spogliato.

23. Maestro, dissi lui, or mi di' anche
    Questa Fortuna, di che tu mi tocche,
    Che è, che i ben del mondo ha sì tra branche?
24. E quegli a me: O creature sciocche,
    Quanta ignoranza è quella che vi offende!
    Or vo che tu mia sentenza ne imbocche.

Maestro, io dissi a lui, or dimmi anche: questa Fortuna, di cui mi fai cenno, che è ella mai che ha talmente nel pugno i beni del mondo che gli abbranca tutti, e ne dispone a suo grado? E quegli a me: Oh sciocche umane menti! quanta ignoranza è quella che vi annebbia! .... Or voglio, o figliuol mio, che tu accolga in tua mente il mio sentimento su di ciò.

"Imbocchi la mia sentenza con l' intelletto, il quale rugumando ed esaminando quello che per li sensi esteriori riceve, quel succo fruttuoso ne trae che per umano ingegno si puote."—*Il Boccaccio*.

25. Colui lo cui saper tutto trascende
    Fece li Cieli, e diè lor chi conduce;
    Sì che ogni parte ad ogni parte splende,

26. Distribuendo ugualmente la luce;
   Similemente agli splendor mondani
   Ordinò general ministra e duce
27. Che permutasse a tempo li ben vani
   Di gente in gente, e d' uno in altro sangue,
   Oltre la difension de' senni umani.

Colui il cui sapere tutto trascende, fece i Cieli, e diè loro chi li guida; di modo che ogni parte di essi nel loro costante giro, risplende gradatamente ad ogni parte della terra su cui passa, distribuendo egualmente la luce alle varie sue regioni; similmente assegnò agli splendori mondani una generale ministra e regolatrice, che a tempo da lui stabilito permutasse i beni vani della Terra di gente in gente e d' uno in altro sangue, al di là di ogni impedimento che possa farle il senno umano.

"Noi leggiamo lo Imperio degli Assiri esser trapassato nei Medi, e de' Medi ne' Persi, e de' Persi ne' Greci, e de' Greci ne' Romani.... e lasciando stare gli antichi, noi abbiamo veduto ne' nostri dì l' onore e la gloria delle armi de' Franceschi esser trapassate negl' Inghilesi.... e possiam dire d' una famiglia in un altra, siccome abbiam potuto vedere nella città nostra piena di queste permutazioni."—*Il Boccaccio.*

Sì che ogni parte (de' Cieli) *ad ogni parte* (della Terra) *splende.* Ciò esprime non solo una somiglianza, ma include quasi una ragione: vale a dire una relazione d' influenza del corso degli astri sulle umani condizioni: cosa cui nullo osava negar fede in un tempo in cui l' Astrologia giudiciaria era presso che un dogma. Un' angelica mente, chiamata Fortuna, esegue e compie quaggiù ciò che altre angeliche intelligenze iniziano lassù col giro degl' influenti pianeti: *Dispositio mundi hujus dispositionem inherentem Cœlorum circumlationi sequitur.* De Monarchiâ. Onde Guido Cavalcanti cantò prima del suo amico:

> Il moto, il corso, e l' opra di Fortuna,
> E quanto in lei si aduna
> Moto riceve dal primo Motore:
> Per guisa tal che non è mente alcuna
> Che possa, chiara o bruna,
> Antiveder la via del guidatore.

28. Perchè una gente impera e l' altra langue,
   Seguendo lo giudicio di costei
   Ched è occulto, come in erba l' angue.

29. Vostro saver non ha contrasto a lei,
   Ella provvede, giudica, e persegue
   Suo regno, come il loro gli altri Dei.

30. Le sue permutazion non hanno triegue;
   Necessità la fa esser veloce,
   Sì spesso vien chi vicenda consegue.

31. Questa è colei ch' è tanto posta in croce
   Pur da color che le dovrian dar lode,
   Dandole biasmo a torto, e mala voce.

32. Ma ella s' è beata e ciò non ode;
   Con l' altre prime creature lieta
   Volve sua spera, e beata si gode.

Per cui una gente impera ed un' altra langue soggetta, secondo il provvido consiglio di costei, nel cui giudizio occulto sovente in mezzo alle grandezze presenti si cela il germe delle future miserie, come si cela il serpe nell' erba. Il vostro sapere non può fare a lei contrasto, con impedirne gli effetti; e mentre si sforza di farglielo, ella provvede che tutto sia a proporzione distribuito, giudica a chi tocca il bene ed a chi no, e prosegue il corso del suo regno, come le altre divine essenze seguono ne' varj cieli il loro. Le sue permutazioni non hanno interruzioni; la neccessità di distribuire la fa esser veloce; e quindi sì spesso viene chi consegue la sua vicenda. Questa è colei ch' è tanto posta in croce, o con folli voti, o con più folli invettive, pur da coloro che, se sapessero com' ella provvidamente governa, le dovrian dar lode; e pure le danno biasimo a torto, e maligne imputazioni d' ingiusta, cieca, e volubile. Ma ella è beata e ciò non ode: e lieta con l' altre prime creature, volge la sua sfera, e beata gode di compiere i decreti della Provvidenza.

"Occulto come in erba l' angue." *Latet anguis in erba.*—Virg.
Il serpente tra i fiori e l' erba giace.—*Petr.*
Sublime è tutta questa poetica concezione in cui si rivendica alla Provvidenza il capriccioso impero della Fortuna. Non è questa la cieca Dea di Anzio con un piè su d' una ruota, che ci delude con la testa calva, negandoci il crine che le pende innanzi: ma è una vigile mente angelica, ministra della Provvidenza, che compartisce quaggiù i beni di ogni sorta, non secondo gl' individui, ma secondo le nazioni e le generazioni, di gente in gente e d' uno in altro sangue, poichè suo uffizio è di tenerli come i cieli in continua rotazione, distribuendo egualmente la luce degli *splendori mondani,* cioè ricchezze, onori, potere, nobiltà, sapere, bellezza, forza, coraggio, ecc. che tutti si racchiudono in quella parola *splendori.*

33. Or discendiamo omai a maggior pieta:
   Già ogni stella cade che saliva
   Quando mi mossi, e 'l troppo star si vieta.

Or discendiamo omai ad osservare maggior tormento. Quantunque a noi or invisibile, pure ogni stella già cade, la quale saliva quando mi mossi teco; e ci si vieta lo star qui troppo.

Allor si mosse, ed io gli tenni dietro.—Ultimo v. del c. i.
Ogni stella cade nacque forse dal *cadentia sidera* di Virgilio.
Nota bene, che dall' apertura del poema a questo punto son passate 18 ore. Cominciammo *col principio del mattino;* e poi *il giorno se ne andava;* (12 ore, perchè era l' equinozio): ora le stelle cominciano a cadere, vale a dire che quelle che sorgeano al partir del giorno, ora han passato il meridiano, e principiano a declinare, il che indica ch' è mezza notte (onde 6 più 12 fan 18).
Virgilio nel rammentare il cammino degli astri vuol significare che quantunque Dante fosse nel regno dell' eternità, pure per lui ch' era vivo il tempo scorrea. E più d' una volta farà ciò, e sempre con questa arcana intenzione. In fatti nel Purgatorio si vedranno sempre il sole, o le stelle; perchè il Purgatorio non è *luogo eterno,* come l' Inferno ove *l' aere è senza stelle;* ma è luogo che dovrà finire.

34. Noi ricidemmo il cerchio all' altra riva
Sovra una fonte che bolle e riversa
Per un fossato che da lei diriva.

Ricidere il cerchio all' altra riva vuol dire quasi troncar coi passi il circolar ripiano, dirigendosi all' altra ripa per discendere nel seguente cerchio.

Standosi i due viaggiatori alla bocca della gran voragine si veggono sgorgare a grosse bolle di sotto una fonte che si riversa per un fossato, il quale come un letto di fiume si distende verso giù. L' acqua che qui scaturisce è quella stessa del fiume Acheronte la quale, discesa per sotteranea via, viene a riuscire qui per andare sino al centro della terra; ed ora può vedersi chiaro, perchè nel secondo canto fu chiamata questa fiumana, *la fiumana ove il mar non ha vanto.*

35. L' acqua era buja molto più che persa,
E noi in compagnia dell' onde bige
Entrammo giù per una via diversa.

Perso è color rosso-cupo. Or perchè quest' acqua era più nera che rosso-cupa? Dice il Lombardi che Platone dà allo Stige un colore *cyaneum propè*; il quale potrebbe forse definirsi di questo colore. Noi mostreremo nelle *Riflessioni* su questo canto ch' egli si è mal apposto.

Il *bige* appropriato alle onde non è *il color di cenere* della Crusca, ma la mescolanza di quel *bujo* e di quel *perso.*

Entrammo giù nella voragine, onde passare al quarto cerchio, *per una via diversa* da tutte le precedenti; perchè questa via per la quale l' acqua declinava dovea avere un pendio men erto che tutte le altre; e quindi da quelle diversificava. E disse *entrammo giù* ad indicar che il piano era sì poco inclinato che il loro andare a basso era quasi insensibile: mentre il passaggio a tutti gli altri cerchi fu espresso con un verbo che indicò con più distinzione la discesa: così nel primo: *Or discendiam quaggiù nel cieco mondo*; e nel secondo: *Così discesi del cerchio primajo Giù nel secondo*; e nel precedente: *Venimmo al punto dove si digrada..... Così scendemmo nella quarta lacca.* Con questo fare sì poco inclinata la discesa dal cerchio precedente al seguente il poeta ha voluto probabilmente indicare che gli avari e i prodighi che fra loro si azzuffano poco differiscono in ciò dagl' iracondi; e vedremo in seguito che quando ei vuol mostrare la molta differenza fra i peccatori che precedono e quei che seguono fa sì che ogni comunicazione fra loro sia del tutto tronca, per mezzo di una discesa o ruinosa o perpendicolare.

36. Una palude fa, che ha nome Stige,
    Questo tristo ruscel quando è disceso
    A piè delle maligne piagge grige.

Tristo ruscello, perchè *Stige* in Gr. significa *tristizia*.—*Piagge grige* è nel senso di *tenebrose*, ma non sì che non si potesse vedere affatto; qualche miscela di luce vi era pur fra quelle tenebre, che Milton direbbe *visibili*; e Dante infatti vedrà molte cose. Giustamente la Crusca spiega *grigio* per *colore scuro con alcuna mescolanza di bianco*.

37. Ed io che di mirar mi stava inteso
    Vidi genti fangose in quel pantano
    Ignude tutte, e con sembiante offeso.
38. Queste si percotean non pur con mano,
    Ma con la testa, e col petto, e coi piedi,
    Troncandosi coi denti a brano a brano.

Ed io che mi stava inteso a mirare vidi in quell'acqua impantanata delle genti fangose ch'erano tutte ignude, e con sembiante offeso di lividure e lacerazioni. Queste genti si percoteano a vicenda non solo con le mani, ma con la testa, col petto, e coi piedi, troncandosi reciprocamente coi denti le membra a brano a brano.

Acutissima, e forse di soverchio, è la interpretazione del Boccaccio, che intende per la *testa* e pel *petto*, coi quali gl'iracondi a vicenda si percuotono e nuocono, i *pensieri* e *gli affetti* loro: e per le *mani* e i *piedi*, le opere e i passi loro, diretti a scambievole danno: al che potrebbe aggiungersi che quel lacerarsi *coi denti* a vicenda significhi le contumelie e le ingiurie, corrispondente alla comune frase, *egli addenta il mio nome*: onde si offendono *cogitatione, verbo, et opere*.

39. Lo buon maestro disse: Figlio, or vedi
    L'anime di color cui vinse l'ira.

Giustamente mette gl' iracondi nella palude di Stige, poichè Macrobio chiama quella palude *gorgo degli odj: in gurgite odiorum* (Som. Scip. lib. 1. cap. x.) Si noti il *buon maestro*, in cui quell' aggettivo è in opposizione a *color cui vinse l' ira.*

    Ed anche vo' che tu per certo credi
40. Che sotto l' acqua ha gente che sospira,
    E fanno pullular quest' acqua al summo,
    Come l' occhio ti dice u' che s' aggira.*

Virgilio dice *credi* e non sappi, perchè Dante dovea prestar fede a quel che non vedea.—Il *pullulare* è propriamente delle piante, ma qui vale il sorger delle bolle d' acqua *al summo*, alla sommità, alla superficie superiore della palude.

41. Fitti nel limo dicon: Tristi fummo
    Nell' aer dolce che dal sol si allegra,
    Portando dentro accidioso fummo;
42. Or ci attristiam nella belletta negra.
    Quest' inno si gorgoglian nella strozza,
    Chè dir nol posson con parola integra.

I miseri fitti nel limo dicono sotto l' acqua: Tristi fummo nell' aer dolce che dal sol si allegra, portando dentro noi vaporoso umor di accidia; ed or tuffati in questo nero fango siam anche più tristi! Ma queste orrende parole se le gorgogliano nella gola; perchè non possono dirle con parola intera.

Gorgogliare vien da *gorga*; *belletta* è propriamente la poltiglia o posatura dell' acqua torbida.
Di quanto a questo passaggio concerne renderò ragione nelle seguenti *Riflessioni.*

    * *U' che, ubi-cunque,* lat. cioè, *ov' unque.*

43. Così girammo della lorda pozza
 Grand' arco, tra la ripa secca e 'l mezzo,
 Con gli occhi volti a chi del fango ingozza:
 Venimmo al piè d' una torre al da sezzo.*

Mentre Virgilio così dicea, passeggiando tra la ripa esterna del cerchio e l' acqua ch' è nel mezzo, girammo sulla secca sponda un grand' arco di quella circolare palude; volti sempre con gli occhi a coloro che ingojano del fango. Finalmente venimmo al piè d' una torre ch' è sul margine della palude.

 * *Al da sezzo*, alla fine.

RIFLESSIONI SUL CANTO VII.

Questo canto può dividersi in due parti principali: la prima presenta la ingegnosa scena degli Avari e de' Prodighi; la seconda offre quasi l'esordio della pena degl' Iracondi. Ma la prima parte fu feconda di un luminoso corollario, che si rimane fra le due, del quale prima parleremo.

Scrive Dante nel libro *de Monarchiâ*: *Pirrus heram vocabat Fortunam, quam caussam melius et rectius nos Divinam Providentiam appellamus.* E questa idea gli venne forse somministrata dal comico Menandro che avea così detto: *O mutationibus variis gaudens Fortuna!... Non certe nostri curam gessit quisquam, nisi solus Deus... Bonorum quamdam curam gerit etiam Deus.* Ma più sicuramente gli venne da Platone, il quale insegnò che a ciascuna cosa in natura presiede un genio assistente: e il poeta nel Convito fa plauso al filosofo per tal pensiero. Rischiarato dai lumi della vera fede ei sublimò anche più le idee di Menandro e di Platone, e ci presenta ciò che la Filosofia e la Teologia possono dire di più alto intorno alla Giustizia distributrice degli splendori mondani. Ed oso asserire che in ciò è stato un semplice imitatore del suo amico Guido, il quale avea così introdotta a ragionare quell' arbitra degli umani eventi:

> Io son la donna che volgo la ruota,
> Sono colei che tolgo e che do stato;
> Ed è sempre biasmato
> A torto il modo mio da voi mortali:
> Dico che chi montò convien che cali.
> Voi vi maravigliate fortemente
> Quando vedete un vizioso montare,
> E l' uom giusto calare,
> Lagnandovi di Dio e di mia possa:
> In ciò peccate molto, umana gente:
> Chè il sommo Sir che il mondo ebbe a creare
> Non mi fa tor nè dare
> Cosa ad alcuno senza giusta mossa.
> Ma la mente dell' uomo è tanto grossa
> Che comprender non può cosa divina.
> Dunque, gente tapina,
> Lasciate il lagno che fate di Dio
> Che con giustizia tratta il buono e il rio.
> Non biasimate me, gente mal carca
> Di sconce voglie e di sozzo operare,
> Il qual fa germogliare
> Le discipline ch' io v' ho sopra sparte.
> Chè se alcun fo gittar fuor di mia barca

Vera necessità me lo fa fare:
Nè però castigare
Si puote mia potenzia nè mia arte;
Ma quanta gente Juppiter e Marte
Ebbe a combatter coi fi' della Terra
In Flegra alla gran guerra
Fosse con voi non potrebbe far ch' io
Non signoreggi tutto il regno mio.
Io sol conduco permutando spesso
Tutte le cose sotto il Ciel recate,
Le quai son tolte e date
Da me che con ragion guardo a ciascuna:
Non è nel mortal regno mente alcuna
Che sappia il volgimento di mia nave;
Anzi gli è forte e grave
Immaginar le novità ch' io faccio,
Ch' oggi fo signor un, domani il caccio.
Io posso in tutte parti dire e fare:
Dunque vedete ben che contrastare
Se non l' alto Fattor può mio giudizio.
E in questo grande uffizio
A tutti attendo ed a tutti procuro;
E, benchè sola io sia, non m' è a far duro.
Di ragionar con voi più non intendo
Chè il mio uffizio vuol continuo uso.
Se non abbiate schiuso
Quel che avete da me ora udito,
Or noti ancora tra voi chi ha senno
Che la mia ruota ha sì volubil fluso
Che al torcere del muso
Quel ch' è di sopra mando in basso lito.
Non fu, n' è uom sì scaltrito
Che avesse, o ch' abbia, o possa, dico, avere
Contra me mai podere.
Chi non seguita tutte le mie voglie
Sente perversità con gravi doglie.

Così il Cavalcanti ch' era già famoso trovatore quando l' Alighieri ancor giovinetto cominciava a levar grido di sè: ed all' uno ed all' altro fu di esempio Boezio che fa così discorrere la Fortuna: *Opes, honores, cæteraque talium sunt mei juris. Hunc continuum ludum ludimus: rotam volubili orbe versamus: infima summis, summaque infimis mutare gaudemus:* che si conforma a quel di Seneca: *Fortuna rotat omne fatum, res Deus nostras celeri citatas turbine versat;* ed all' altro di Claudiano:

Summa rotae dum Cresus habet tenet infima Codrus;
Julius ascendit, descendit Magnus ad ima;
Silla jacet, surgit Marius; sed cardine verso
Silla cadit, surgit Marius, ecc.

Passiamo ora alla prima parte di questo canto, a quella cioè che riguarda gli Avari e i Prodighi, de' quali gli uni a sinistra e gli altri a destra si partono da quel punto di mezzo ch' è simbolo della virtù. La idea di quella allegoria fu desta in Dante da questi passaggi del suo maestro. " La virtù morale è in quelle operazioni nelle quali il troppo e il poco è da vituperare, e il mezzo è da laudare. Dunque la virtude è abito volontario che sta nel mezzo" (*Tesoro*, lib. vi. cap. 13). "Larghezza è mezzo tra Avarizia e Prodigalitade" (*Ivi*, cap. 14). "Tre sono le disposizioni nelle operazioni dell' uomo, più, meno, e mezzo. Conciosiacosachè la virtù sia in pigliare lo mezzo, e a pigliare lo mezzo sieno bisognante tante considerazioni, grave cosa è all' uomo diventar virtuoso. Verbigrazia, ogni uomo non sa trovare il punto del mezzo del cerchio... Dunque in tutte le cose è da lodare lo mezzo e da vituperare l'estremità" (*Ivi*, cap. 15). "L' uomo prodigo è men reo che l' avaro, perchè l' avaro non fa pro a nessuno nè a sè" (*Ivi*, cap. 19). E Dante, ripetendo quasi la teoria del suo maestro, ha così scritto nel Convito: "Ciascuna virtù ha due nemici collaterali, cioè vizj, uno in troppo e l' altro in poco. Le virtù sono li mezzi intra quelli, e nascono tutte da un principio, cioè dall' abito della nostra buona elezione: onde generalmente si può dire di tutte, che sieno abito elettivo consistente nel mezzo." Se a ciò si aggiunge quest' altro passo del Convito: "Oimè! chi fu quel primo che *li pesi dell' oro* coperto, *e le pietre* che si voleano ascondere, preziosi pericoli, cavò?" e se a ciò aggiugnesi ancora quel che Diodoro Siculo dice del pugno sinistro chiuso, come segno di avarizia, noi avremo il complesso di tutta la concezione del cerchio col punto di mezzo e i laterali che se ne scostano, dei *pesi* o delle *pietre* strascinate, del pugno chiuso degli avari; della situazione de' prodighi a destra come meno colpevoli, e degli avari a sinistra come più turpi: e ciò è quanto bisogna per trarne il resto, ch' è ben poco.

Qui rifletteremo che quando il poeta dice degli avari: *Questi risurgeranno col pugno chiuso;* e de' prodighi, *e questi coi crin mozzi*, con quel *questi* e *questi* mostra ch' ei con Virgilio, che ciò esprime, era egualmente distante dagli uni e dagli altri. Altrimenti se fossero stati più prossimi agli avari che ai prodighi, o viceversa, avrebbe dovuto dire *questi e quelli*. E per significar ciò anche meglio dice che quei peccatori vanno *da ogni mano*, cioè dalla lor dritta e dalla manca loro, *all'opposito punto*, cioè opposto a quello dov' ei con Virgilio trovavasi. E tutto ciò indica ch' erano entrambi in quel punto di mezzo nel quale la virtù consiste. Ed in vero, essendo Virgilio la Filosofia politica, e Dante il suo seguace, dovevano essere egualmente distanti dalla prodigalità e dall' avarizia: tanto è lungi che Dante abbia voluto dirsi *avaro*, come la folla degli espositori ha preteso.

Maestro Brunetto scrive di più così: "Nell' ira vi ha mezzo ed estremi, ed hanno proprj nomi gli estremi. Chiamasi lo mezzo *mansuetudine*, e chi tien lo mezzo si chiama *mansueto*: quegli che soprabbonda nell' ira si chiama *iracondo;* e quegli che si adira meno che non dee si chiama *inrascibile*. Quello ch' è veramente *mansueto* si adira di quello che dee, e con cui, e quanto, e come, e quando, e dove. Quello è *iracondo* che passa il mezzo di queste cose, e tosto corre in ira. L' *inrascibile* è quello che non si adira dove si conviene, e quando, e quanto, e con cui, e come: e si è da non lodare: perocchè sostiene vitupero che non è giustamente fatto a sè o a' suoi amici: il che è vituperevole cosa" (*Tesoro*, lib. vi. cap. 21).

Secondo quello che Brunetto a Dante insegnò abbiamo due serie nelle quali la virtù è in mezzo, e i vizj opposti si rimangono ai lati: eccone il prospetto.

	Vizj per eccesso a destra.	*Virtù in mezzo.*	*Vizj per difetto a sinistra.*
Iª. Serie:	Prodigalità,	Liberalità,	Avarizia.
IIª. Serie:	Iracondia,	Mansuetudine,	Inrascibilità.

VOL. I.　　　　　　　　　　P

Della prima serie è già detto: Virgilio e Dante in mezzo; Prodighi a destra; Avari a sinistra. Della seconda or diremo.

Il poeta parla evidentemente degl' *Iracondi*, ma degl' *Inrascibili* par che non faccia cenno. Perchè mancar questa volta alla solita sua simmetria? Ei veramente non vi ha mancato; anzi è stato nella seconda serie assai più esatto che nella prima: ma ciò non è stato ben ravvisato: vediamolo noi.

L' *Inrascibilità*, a ciò che Brunetto ne dice, è la perfetta antitesi dell' *Iracondia*; cioè quella specie di nullità di spirito e d' imbecillità di carattere che rende l' uomo incapace di qualunque risentimento a repellere le ingiurie ricevute; è in somma quella impassibilità condannevole, quella mancanza di energia per cui l' uomo, immergendosi quasi volontariamente nell' abjezione, soffre muto e indolente chi lo pesta e l' oltraggia: e ciò con più proprio vocabolo si chiama Accidia, che porta seco lento fluore e ristagno di umori vitali; per cui *requiescens accidiosus in faecibus suis*, giusta la frase di Geremia, soffre non per virtù ma per vizio. E di tal tristezza inerte par che Davide intendesse quando cantava, *Infusus sum in limo profundo*; e Salomone scrivea, *In lapide luteo lapidatus est piger*. Ciò posto, ecco quel che Virgilio dice a Dante, dopo avergli mostrato *L' anime di color cui vinse l' ira*:

> Ed anche vo' che tu per certo credi
> Che sotto l' acqua ha gente che sospira,
>   E fanno pullular quest' acqua al summo,
>   Come l' occhio ti dice u' che s' aggira.
> Fitti nel limo dicon: tristi fummo
>   Nell' aere dolce che dal Sol s' allegra
>   Portando dentro accidioso fummo;
>   Or ci attristiam nella belletta negra.

Può esser più chiaro che questi sciaurati che stanno al basso della palude sieno gli *Accidiosi*, contrapposto degl' *Iracondi*? Il *fitti nel limo* del fondo è l' *Infusus sum in limo profundo* di Davide, è il *Requiescens Accidiosus in faecibus suis* di Geremia: la pena della *belletta negra*, o sia del loto, è quel di Salomone, *In lapide luteo lapidatus est piger*; e il *tristi fummo* col *ci attristiamo* di questi accidiosi in giù aggravati corrisponde al passo del Damasceno: *Accidia est quaedam tristitia aggravans*. E Dante la punì si severamente perchè S. Tommaso glie la fè considerare come effetto di diabolica influenza che rende l' uomo restio al bene: *Vaporationes tristes et melancolici possunt moveri a demone interius: et ex hoc homo non incipit saepe bonum*. Or *vaporationes tristes* che producon l' accidia, ed *accidioso fummo* che produce tristezza, sono assolutamente sinonimi: e in quell' *interius* non vedi il fondo della palude? Non vedi il *portando dentro*?

Scrivea Cicerone nel libro degli Officj: *Injustitiae genera duo sunt: unum eorum qui inferunt injuriam; alterum eorum qui non propulsant, si possunt, ab iis quibus infertur. Neque enim is tantum in vitio est qui injustè facit impetum in quempiam, aliquâ animi perturbatione incitatus; sed etiam qui non obsistit, si potest, injuriae*. Il poeta si sublimò sull' oratore. Questi vizj son da abborrirsi entrambi, ne conveniamo; ma pure, se si dovesse fare scelta fra l' uno e l' altro, son pochi coloro cui non piacerebbe dare una guanciata da violento, piuttosto che tenersela da vile. Conseguente ne' principj adottati, dopo aver considerato gli *Avari*, viziosi per difetto, come più turpi de' *Prodighi*, viziosi per eccesso, sotto lo stesso aspetto ei riguardò gli *Accidiosi* e gl' *Iracondi*, onde mise questi al disopra di quelli; i primi nella superficie della palude, i secondi *fitti nel limo*, dove *sospirano*: e con quel *fitti* ha dipinta la loro inerzia, con quel *limo* la loro bassezza; e con farli *sospirare* la loro tristezza. E espose gl' Iracondi tutti nudi alla superficie, e mise gli accidiosi invisibili al fondo per indicarne che il vizio de' primi non può celarsi e chiaro si appalesa ne' suoi funesti effetti: *Caetera vitia saepe licet abscondere, ira se profert et in faciem exit; tantoque major est, hoc effervescit manifestius*, Seneca: mentre il vizio de' secondi internamente covato non si mostra per atti strepitosi: *Accidia est interna mentis tristitia*, S. Gregorio. E in quella *belletta nera* di acqua ristagnata, ove si attristano, non leggiam chiaro quel che vien detto *umor nero*, effetto di un sangue che quasi limaccioso torpe, e cagione d' irremovibil melanconia e tedio di sè? *Accidia est taedium boni spiritualis et interni*, S. Agostino.

Egli sostituì il vocabolo di *Accidioso* a quello d' *Irascibile*, giacchè questo è sì strano che agli accademici superstiziosi è mancato fin il coraggio di registrarlo nella Crusca, quantunque usato da Bono Giamboni (scrittore del così detto buon secol) nella traduzione ch' ei fè del Tesoro.

Or ricerchiamo come nacque nella mente di Dante l' idea di porre nella Stigia palude queste due classi di peccatori sì opposti.

Questa palude riceve i suoi tetri umori da *una fonte d' acqua buja molto più che persa*, la quale *bolle e si riversa per un fossato che da lei deriva*. Dante sapea che il sangue nella paura si raccoglie e ristagna nel cuore, per cui l' uomo divien pallido; onde nel parlar del pauroso ei si servì della frase *lago del cuore*. Dovea ei quindi saper anche che il sangue nell' ira ribolle dal cuore e si spande, ond' è che l' uomo iracondo divien di color sì acceso che può dirsi più nero che rosso: ed Aristotile aveva a lui insegnato che *l' ira è accension dal sangue intorno al cuore*. D' iracondi qui si tratta: or bene: quella fonte che *bolle e riversa* è immagine del cuore dell' iracondo: quel *fossato che da lei deriva* è immagine del maggior canale, onde il sangue si spande: e *l' acqua buja molto più che persa*, acqua che *bolle e si riversa*, è figura del sangue stesso che nell' iracondo, al commuoversi dell' atrabile, cotale appunto diviene: *Ira est accensio ejus, qui circa cor est, sanguinis, ex vaporatione fellis*, il Damasceno.

Questa concezione dovè destarsi nel poeta da quel passo d' Isaia, il quale dice che il cuore dello spietato (e tale è il furibondo), quasi irrequieto mar che ferve, versa i suoi flutti sull' uom conculcato ch' è nel loto; *Cor impii quasi mare fervens quod quiescere non potest, et redundat fluctus ejus in conculcationem et lutum*: (cap. lvii). Ognun può vedere che da questo *mare che ferve* derivò quella *fonte che bolle*: e tutte e due versano le acque sul loto. Con ciò il Profeta volle esprimere che i furiosi sfogan talvolta la loro rabbia sui miseri abjetti che non osan difendersi: onde Dante pose gli Accidiosi sotto agl' Iracondi.

Macrobio, come dicemmo, chiama la Stigia palude *gorgo degli odj*, " in gurgite odiorum," e Dante chiamò Stige questa palude ove l' odio si esercita in tutta la sua forza: e vi pose *Iracondi* ed *Accidiosi*, perchè Stige significa appunto *furore* e *tristezza*: e a dimostrare che l' Ira è di pena a sè stessa farà sì che da quest' acqua, immagine del sangue commosso, esca uno stimolante vapore che verrà detto *fummo acerbo*, il quale spinge gl' irosi a scambievole danno: " L' ira all' irato sempre accresce pene," *Trad. del Credo*. E quel *fummo acerbo* adombra quella nebbia fatale che nell' ira offusca la ragione: *In cæteras passiones iruscibilis ira magis impedit judicium*, S. Tom. *Ira ingenia recta debilitat*, Sen. *Ira furor brevis est*, Orat. *Iracundia consilio inimica est*, Cic. I migliori interpreti di Dante sono i libri ch' egli avea studiati.

Qui possiam ripetere a gran dritto quel che altrove dicea, cioè che i moderni spositori col desistere di ricercar le allegorie del poema han volontariamente gettata quella sola chiave che può aprirci la mente dell' Alighieri, e mostrarcene la genesi de' pensieri, e farcene comprendere le minime espressioni. Nullo fra essi si è dato il fastidio, o per meglio dire, nullo ha soddisfatto al dovere di dirci che signifìchi mai quella fonte che bolle e riversa; e il solo Lombardi ha degnato d' uno sguardo quell' *acqua buja più che persa*, ch' ei volle spiegare alla lettera con un passo di Platone che lo imbrogliò. Ma è vero o non è vero che Dante ha fatto un poema allegorico? Se vogliam credere a lui, che dovea probabilmente saperlo, è verissimo. Perchè dunque limitarci alla sola gretta parola? Non fecero così i più antichi: ed oh! si fosser essi ben diretti! Son centinaja d' anni, che il Vellutello scrivea: " Dicono alcuni che il bollor di questo fonte moralmente significhi il ribollimento che fa il sangue intorno al cuor dell' Iracondo." E il Landino, anche prima e meglio, scrisse che il bollor della fonte è il primo moto del sangue dell' iracondo; che il fiume è quel precipite furor che ne siegue; e che la palude dove l' acqua ristagna è la permanenza dell' ira che si cangia in odio. Perchè non correre sulle tracce del Landino e del Vellutello là dove avean colpito nel vero, piuttosto che rimanersi a far piato sulle particelle del Cinonio, e accapigliarsi con questo e con quello? Andar raccogliendo miseri ciotoli, mentre si han miniere d' oro in faccia! Preterir le cose gravi per attendere a spinose inezie! *Turpe est difficiles habere nugas, et stultus labor est ineptiarum*, ci grida Marziale.

Gli antichi espositori avean pur essi distinti gli spiriti della Stigia palude in Iracondi ed Accidiosi: ma siccome non sepper mostrare per qual congruenza fossero insieme associati, così indussero il Daniello a scornarli d' irragionevoli; ed a spiegare con una erudita stiracchiatura l' *accidioso fummo* per l' *ira lenta* de' Latini, ch' agl' Iracondi appropriò, escludendo affatto gli Accidiosi. La sua interpretazione parve plausibile, e tutti quanti venner dipoi gli son corsi dietro un dopo l' altro, sino ai dì nostri. Io li compatisco e li condanno insieme: li compatisco perchè dovea parere veramente strano che chi sparse sangue per ira feroce fosse posto alla stessa riga, anzi al di sopra, di chi si rimase con le mani alla cintola ricevendo schiaffi e sbadigliando: li condanno perchè il carattere di comentatori che assumevano lor comandava non già di rimanersi alla scorza, ma di approfondire le dottrine, per non cadere nell' " Error de' ciechi che si fanno duci," che Dante altrove rimprovera.

Brunetto a quelle parole già rapportate, " L' uomo che non si adira dove si conviene, e quando, e quanto, e con cui, e come, si è da non lodare, perocchè sostiene vitupero che non è giustamente fatto a sè o a' suoi amici," aggiunge più in là quest' altre: " Colui che non si commuove e non si adira per ingiuria o per offesa che sia fatta a lui, o a' suoi parenti è uomo lo cui sentimento è morto" (*Ivi*, lib. vi. cap. 32). " Cotanto dovemo sapere che tenere lo mezzo si è cosa da laudare, e tenere gli estremi è cosa da vituperare" (*Ivi*, cap. 21). Or se la precedente sua teoria ci ha dato il modo di farla da interprete, la presente ci apre il campo di farla da profeta: poichè ad avere il quadro completo manca la più bella figura, cioè l'immagine della *Mansuetudine* che faccia doppia opposizione ai suoi vizj finitimi e laterali. Dobbiamo perciò aspettarci di vedere due belle scene che dien risalto e compimento al morale spettacolo che l'autore qui ne presenta:

I*a*. Scena: L'Ira viziosa messa alle prese con l'Ira virtuosa; o sia il contrapposto di chi si adira senza buon motivo, e di chi si adira con ottima ragione.

II*a*. Scena: Un'azione in cui la rettitudine si adiri contro la malvagità; o sia chi si commuove giustamente ad ira per ingiuria che sia fatta da esseri maligni ad un suo amico.

E stando fermi ne' documenti di Brunetto, che divennero quelli di Dante, chiameremo *mansueto* chi così si adirerà. Chi conosce i filosofici principj, de' quali Dante nutrito si era, può qualche volta anche indovinare quel ch' ei farà.

Ho detto che dobbiamo attenderci di essere spettatori di queste due morali scene, poichè siamo giusto nel cerchio degl' Iracondi, il quale fu solo aperto nel termine di questo canto, e continuerà per tutto il canto seguente, il quale perciò incomincia, *Io dico seguitando*.

Qui mi occorre di far vedere qual credito meritino talvolta gli antichi spositori, non esclusi i gravissimi. Il Boccaccio ed altri che gli han fatto poi eco, fondati su quella frase, *Io dico seguitando*, han creata una speciosa favoletta, e, quel ch' è da ridere, han recato testimonianze e pruove per vendere come verità la bugia, che molti si ricevettero alla buona. Ha detto dunque quello scrittor di Cento Novelle che Dante avesse composti i primi sette canti del Poema in Firenze, prima di esserne esiliato; e che dopo quel suo disastro riebbe il manoscritto ch' ei piangea come perduto nel saccheggio dato alla sua casa; e lo riebbe mentre si trovava nella Lunigiana presso il Marchese Malaspini. E racconta dove il manoscritto si conservava, e per qual caso fu rinvenuto, e chi lo ritrovò, ed a chi fu mostrato, e che cosa questi disse; e, quel ch' è bello, testimonj di fatto, con alcun de' quali egli stesso avea parlato. E narra poi chi lo mandasse al Malaspini; e per qual motivo fu rimesso a costui e non a Dante stesso; e che cosa disse Dante nel riaverlo: e tutto questo perchè? per esporre nel suo Comento quell' *Io dico seguitando*: o più probabilmente per dar pascolo alla sua dolce vanità di patria nel far credere che i primi sette canti della Divina Commedia fossero stati scritti nella sua Firenze. Il Marchese Maffei, per non dissimile santissima vanità, non volle prestar fede alla storiella del Boccaccio, per conchiuderne che il Poema era stato o cominciato, o scritto in gran parte, nella sua Verona; ma non ha saputo ben dirci perchè Dante si sia servito di quella frase, *Io dico seguitando*; e conchiuse esser quello un semplice modo di dire. Gli ultimi espositori hanno aderito al Maffei, ma non furono più felici di lui nel dare il vero valore a quella frase; che non è già semplice modo di dire, poichè simili leziose ridondanze furono sdegnate da colui che pesava le virgole e i punti. E pure è sì chiaro che bisogna chiudere volontariamente gli occhi dell' intelletto ed anche quelli del corpo, per non vederlo. Il poeta nel parlar de' suoi cerchi ha consegrato un canto per ciascuno: uno è tutto pei non battezzati del Limbo, un altro è tutto pei lascivi, un altro ancora tutto pei golosi: quando giunse agli avari ed ai prodighi, *bruni ad ogni conoscenza*, poco avendone a dire, impiegò una parte del canto per essi, ed un'altra per gl' iracondi: o forse gli unì in un canto solo per indicarci (come ho già esposto) che tra que' viziosi antagonisti che si urtano e si percuotono e s'ingiuriano *con aspre lingue*, e gl'iracondi, vi è molta affinità: poichè quel cervellone nulla, e assolutamente nulla, faceva a caso. Onde non avendo esaurita la materia intorno a questi, de' quali molto a favellar gli restava, nel cominciar l'altro canto ha scritto *Io dico seguitando*: il che a rotonde note è detto dal Landino, dal Daniello e da altri. Affè, che mi par più abilità il non vederlo, che il vederlo lucidissimo, come un Sol di Maggio. Ora scorgasi su quai dati si è asserito e ripetuto con fronte sicura che i primi sette canti della Divina Commedia furono scritti da Dante in Firenze! E potè replicarsi la stessa cosa per cinque secoli circa! *O gente umana per volar su nata*, e donde proviene *Che quel che fu la prima l'altre fanno?* Quanto ho finora detto dalla prima linea del Comento sino a questa che ora sto scrivendo (senza contar quel che dirò in appresso) è stata dimostrazione matematica che il Poema fu cominciato da Dante dopo il suo esilio, anzi fu una conseguenza del suo esilio medesimo, che lo fè divenir Ghibellino. Ne chiamo in testimonianze tre smascherate bestie le quali ci dicono la verità più del Boccaccio; e le quali più logiche delle bestie d'Esopo depongono a chiunque sa intenderne il linguaggio, che Dante non potea parlar così prima della sua proscrizione, a meno che non fosse profeta: e il povero Dante tutt'altro era che profeta; poichè quanto ha vaticinato ne' bei sogni della sua speranza tutto andò fallito; e fu più bugiardo esso come profeta che nol fu il Boccaccio come storico. L'asserzion di costui potea sembrar vera per la tanta industria con cui la presentò quando quelle tre bestie erano per metamorfosi bizzarra divenuti vizj di Dante, o di quel dato uomo generale, ma ora che si mostrano in piazza fuori di quella nebbia in cui la paura di Dante le avea tutte ravvolte (e dimostrerò a suo luogo che la sua paura, o, se piace meglio, la sua prudenza le nascose così), ora quella novella del Boccaccio può star bene nel suo Decamerone, ma nel suo Comento sta malissimo. E malgrado la riverenza che per lui ho, mi permetterà di credere più alle bestie di Dante che a lui, ed a tutt'i testimonj suoi. Si aggiunga però, ad onor del vero e suo, ch'ei stesso va poi dubitando della verità d'un tal fatto, e dà ragione del suo dubitare: onde mi piace crederlo ingannato da sfrontati assertori.

NOTE AGGIUNTE AL CANTO VII.

Terz. 1. *Pape Satan, Pape Satan Aleppe.*

La interpretazione fatta ultimamente dall' Abate Lanci, e da noi rapportata, trova degli oppositori che la tacciono d'inesatta. L' Abate Venturi poi ed altri Ebraicisti pretendono che debba leggersi,

Pe pe Satan, pe pe Satan aleppe;

e dicono che significhi: *Qui qui Satan, qui qui Satan primeggia*, o sia *comanda*.

Ingegnose e dotte son queste interpretazioni; e secondo la lettera saran forse uniformi alla mente di Dante. Ei dovè probabilmente pensare: Chi non comprende l' Ebraico prenderà queste parole per lingua diabolica; e chi capisce quell' antichissimo idioma le saprà spiegare nel vero senso. S' egli è vero che quel verso è in dialetto giudaico, dirò che il Wolney, il quale proponeva in una sua opera di scrivere gl' idiomi orientali con caratteri latini, era stato già prevenuto da Dante che non solo lo pensò ma lo fece.

Malgrado però tutto quello che si è scritto intorno a questo stranissimo verso, dirò francamente che tutte le recondite dottrine pellegrinissime dai moderni spacciate per interpretarlo mi sembrano speciosi erpicamenti di eruditi. Di quel che ne han detto gli antichi non è da farne neppur cenno, perchè o puerile o stravagante; e principalmente quel che ne sognò quel cervello bislacco del Cellini. Io tengo per fermo che Dante ha voluto dir tutt' altro: e quando esporrò quel che ne penso spero che più d' uno sarà con me.

T. 4. *Vuolsi nell' alto là, dove Michele*
Fè la vendetta del superbo strupo.

Questo passaggio è anche controverso; e due spiegazioni se ne danno. La recente è del Ch. Grassi Torinese, il quale sostiene che *strupo* venga dal Latino-barbaro *stropus*, gregge (e *strup* per gregge si dice anche ora nel Piemonte): da che derivò *trouppe* e *troupeau* ai Francesi, e *truppa* ed *attruppare* agl' Italiani: onde *superbo strupo* qui varrebbe *superbo drappello*. Il Grassi non si è curato di dimostrarci che *fare la vendetta di alcuno* può significare *vendicarsi di alcuno*: il che mi producea in vero qualche difficoltà; quando que' versi del Petrarca:

Far potess' io vendetta di colei
Che guardando e parlando mi distrugge;

e la Crusca che adduce questo ed altri esempj, nei quali *fare vendetta* è in senso di prender vendetta, allontanaron dalla mia mente ogni difficoltà a questo riguardo; onde, *Michele Fè la vendetta del superbo strupo* vale, *Michele prese vendetta, si vendicò del superbo stuolo degli angeli ribelli*.

Malgrado il suffragio quasi generale che questa interpretazione ingegnosissima ha ottenuto, alla quale prima prima il Monti ha battute le mani, io non so risolvermi a batterle le mie, e scartar l'antica; perchè questa mi sembra gravida di profondissimi concetti che metterò in veduta.

Che cosa può dispiacere nel vecchio modo di spiegare quel passo? Forse quella licenza di *strupo* per *stupro*? O il dirsi *stupro* la ribellione degli angeli? O finalmente l'aggettivo *superbo* ad esso applicato? Il primo non mi offende; il secondo mi sembra oltremodo bello; e il terzo è secondo il genio di Dante.

I. *Strupo* per *stupro* (come *drento* per *dentro*) è metatesi usata anche in prosa da altri autori Toscani (V. la Cr.); onde non licenza per rima, ma parola del vernacolo natio del poeta io lo dirò.

II. La Bibbia chiama sovente *adulterio* ogni oltraggio fatto a Dio ed al suo culto; e Dante preferì *stupro* ad *adulterio* per tre motivi. 1°. Perchè lo *stupro* esprime maggior colpa che l'*adulterio*, e nulla colpa fu maggior di quella di Lucifero e de' suoi seguaci; 2°. Perchè *adulterio* include volontà di peccare da ambe le parti, non così *stupro*, ch'esprime la violenza da un lato, e la resistenza dall'altro, il che è atto a significare il violento assalto fatto da quegli spiriti al loro Creatore che li ripulsò; 3°. Perchè *stupro*, ch'esprime la primiera violazione che si fa da un brutale ad intemerata vergine, vale mirabilmente ad indicare il primo oltraggio fatto da quegl'ingrati alla ineffabil santità di Jeova, cui nullo ancora si era attentato d'ingiuriare.

III. Dante dice altrove *superba febbre* in senso di furore cagionato dalla superbia (Inf. xxvi. 97.): onde *superbo strupo* suona egualmente *il primo violento assalto fatto contro Dio, cagionato dalla superbia di que' ribelli*.

Messe in bilancia le ragioni che militano a favore delle due interpretazioni, pendo verso l'antica più che verso la moderna: questa mi sembra ingegnosa, ma quella mi par profonda, e più degna di Dante.

> T. 8. *Come fa l'onda là sovra Cariddi,*
> *Che si frange con quella in cui s'intoppa,*
> *Così convien che qui la gente riddi.*

Il poeta avea dovuto ciò osservare quando passò con grave incarico di ambasciata in Sicilia; onde qui riprodusse l'immagine di quella scena naturale con parole che dipingono e suonano. L'onde colà s'intoppano, perchè quelle che vengono dal mar Ionio, e quelle che vanno dal Tirreno, spinte da opposti venti, colà si scontrano e si spezzano, onde quello stretto ne diviene pericolosissimo: dal che è nata la nota favola di Scilla e Cariddi che ingojano i navigli: onde il Ciriffo Calvaneo:

> Così passammo la crudele Scilla
> Dove l'onda ritrosa par che riddi.

> T. 23. *Questa Fortuna, di che tu mi tocche,*
> *Che è che i ben del mondo ha sì tra branche?*

Non tutto rapportammo ciò che quel Poeta-filosofo del Cavalcanti della Fortuna cantò. Da qualche altro tratto che ne aggiungeremo apparirà che coloro i quali credettero che la famosa canzone di Alessandro Guidi, sullo stesso argomento, avesse per germe questo luogo di Dante mal si apposero: poichè tutti e due questi ultimi furono imitatori

AL CANTO VII.

del Cavalcanti, che meriterebbe di essere più generalmente conosciuto.
Ecco com' ei fa parlare quella non più cieca, ma veggente Dea.

  Io feci al gran Nabuccodonosorre,
   Ch' era vil cosa, così grande impero.
  Ei fu crudele e fiero,
  Tanto che non credea di sè maggiore.
  Lasciai fare a Nembrot la grande torre
  Ov' egli avea tutt' il suo desidèro,
  Per far venire intero
  Suo intendimento; e poi 'l volsi in dolore.
  Io fei pigliare in sul campo a furore
  Ciro di Persia a Tamiris regina;
  Io volsi in gran ruina
  La forza de' Trojani e di Priamo,
  Io volsi Troja ed Ilione al piano.
 Qual Re Falaris, ovver qual Nerone,
  Qual Attila che fu di Dio flagello,
  Qual Ezzelin fie quello
  Che, se Re fusse, vi fesse giustizia?
  Tanta ha ciascun crudele opinione
  Che non si fida il fratel del fratello;
  Ed è malvagio e fello
  Il figlio al padre: tanta è la nequizia!
  Ma pur provvederò vostra malizia;
  E non potete far che ciò non sia,
  Voi che cacciate via
  Ogni virtude; ed io farò che il vizio,
  Con tutto che 'l sia rio, vi sia giudizio.
 Se voi sapeste con che duro foco
  Di gran rancure e di sollecitudine
  Dio batte in su l' ancudine
  Color che al mondo tengon alti stati,
  Piuttosto che l' assai vorreste il poco,
  E che li gran palagi, solitudine.
  Tanta è la moltitudine
  D' affanni forti ch' han questi malnati!
  Vedete ben se sono sciagurati,
  Che del figliuolo non si fida il padre.
  Oh ricchezze, che madre
  Sete d' un verme tal che sempre il core
  Rodete a lui che in voi pone il suo amore!
 Anche se riguardate al fine crudo
  Che fanno una gran parte di coloro
  Ch' hanno cittadi ed oro,
  E gente molta sotto lor bacchetta,
  Tal m' è nemico che mi verrà drudo,
  Dicendo: Dio, ti lodo e te adoro,
  Ch' io non fui di costoro
  Che morte fanno tanto maledetta.
  Ma vostra mente è d' avarizia stretta,
  Che celata è d'ogni lume verace,
  Mostrandovi che pace
  Sia e fermezza nelli ben mondani,
  Che gli trasmuta il dì in cento mani.

Quest' ultima idea coincide con quella dell' Alighieri *Le sue permutasion non hanno triegue, Sì spesso vien chi vicenda consegue.* Quel verso *Qual Attila che fu di Dio flagello*, lo troveremo quasi intiero nel poema; e quella *bacchetta* dei Re, per *scettro*, la vedremo tra poco adottata dal nostro autore.

T. 33. *Or discendiamo omai a maggior pieta.*

Sicurissimamente e senza il minimo dubbio *pieta* sta qui per *affanno*, e non già per *compassione*: e indarno vi fu chi gridò "Non vuol dire, come taluno ha preteso, a maggiori angustie ed affanni, ma bensì a *maggior compassione*; cioè, a luogo ove si sente compassione maggiore." Se avesse questo riprensore fatta la riflessione che facemmo noi nel canto precedente, riguardo alla gradazione della pietà di Dante, non avrebbe detto così. E, se non ci crede ancora, ci segua nel canto che viene, e vedrà la bella *compassione maggiore* che il Filosofo e Teologo Dante sentirà pei seguenti dannati.

ESPOSIZIONE DEL CANTO VII.

Il demonio Pluto, che presiede al cerchio dove son puniti coloro che delle ricchezze fecer mal uso, nel vedere un vivo entrar fra i morti, preso da stupore ed ira cominciò a gridare con chioccia e rauca voce: *Pape Satan, Pape Satan Aleppe*: cioè "Accorra nel suo fulgido aspetto Satanno, si mostri in tutta la pompa di sua luce la maestà del principe Satanno." Malgrado però che quell'angelo perduto si valesse della lingua primitava usata dagli Angeli con l'uomo, pure quel savio gentile che tutto seppe il comprese, e per confortar Dante, da quelle ignote parole spaventato, disse: la tua paura non ti sia di nocumento e di remora a proseguire il viaggio; chè, per potere ch'egli abbia, non ti potrà mai togliere lo scendere questa roccia. Poi si rivolse al turgido aspetto di quel demonio sì sbuffante di collera, e disse: taci, maledetto lupo, e consuma internamente te stesso e la rabbia tua. Il nostro andare al cupo fondo di questa voragine non è senza cagione: così si vuole nell'alto, là dove Michele fè la vendetta del superbo assalto, effetto della superbia che vi fè ribelli al Creatore. Quali le vele gonfiate del vento, poichè il vento stesso fiacca l'albero maestro, cadono tutte raggruppate e ravvolte, tale al riverito nome di Michele cadde a terra quel fiero demonio umiliato. Così i due poeti scesero nel quarto cerchio ch'era tutto logoro e concavo: inoltrandosi sempre più in quella voragine di dolori che tutti in sè accoglie i peccatori, vero male del mondo. Questo cerchio ha due divisioni opposte: nel semicerchio ch'è a sinistra de' viaggiatori sono gli avari, come più turpi, nell'altro sono i prodighi. Dante alla vista de' loro tormenti esclama: Ahi giustizia di Dio, e chi può tutte in poche parole accogliere tante pene e tante angosciose travaglie quante in questo cerchio io vidi? Ahi! per qual misera cosa la nostra colpa ci attira sì terribili tormenti! Come fa l'onda là sopra Cariddi che si frange con quella in cui s'intoppa, così è forza che qui la gente perduta si urti girando. Il poeta vide una folla di anime più numerosa che altrove che, strascinandosi carponi da una parte e dall'altra, iva con grandi urli voltando gravi pesi a forza di urtarli col petto. Si percotevano ferocemente nell'incontrarsi gridandosi da un lato, *perchè tieni?* e dall'altro, *perchè getti?* e poscia ciascun di loro voltandosi indietro si rivolgea pur lì ond'era partito. Così tornavan tutti pel tenebroso cerchio, e da man destra e da man sinistra, al punto opposto, gridandosi anche a vicenda le loro ingiuriose parole. E poi ciascuno, quando era giunto alla divisione opposta, si rivolgea di nuovo pel suo mezzo cerchio all'altro contrasto. E Dante, che avea il cuore quasi commosso, disse: Maestro mio, or mi dimostra che gente è questa *(prima domanda)*; e dimmi se tutti furono cherici questi che han la cherca alla sinistra nostra *(seconda domanda)*. E Virgilio a lui: Tutti questi che vedi da ambo i lati furono sì ciechi della mente nella vita primiera che non vi fecero nessuna spesa con giusta misura: e i loro crucciosi rimbrotti, quasi rabbiosi latrati, assai lo manifestano, quando essi giungono ai due punti che dividono questo cerchio, ne' quali la loro colpa diametralmente opposta li disgiunge *(prima risposta)*. Questi poi che ci sono a sinistra, i quali non han coperchio di capelli al capo, furono tutti avari, e per gran parte Papi e Cardinali, ne' quali l'avarizia usa tutto l'eccesso di sua forza *(seconda risposta)*. E Dante a Virgilio: Maestro, fra questi cotali io dovrei ben riconoscere alcuni che furono immondi di cotesti mali. E Virgilio a Dante: Vano è il pensiero che accogli in mente: poichè è legge di Giustizia che coloro i quali per avarizia sconobbero i loro doveri rimangano del pari sconosciuti. Sì questi che gli altri verranno per tutto il corso dell'eternità a percuotersi ne' due punti del cerchio: e nel dì del giudizio gli avari risorgeranno dal sepolcro col pugno chiuso, in significazione del turpe lor vizio, e i prodighi coi crini mozzi, in segno di aver tutto dissipato. Mal dare e mal tenere gli ha privati delle bellezze del Cielo, e gli ha posti a questo contrasto: e qual ei sia tel vedi: nè è duopo ch'io tel descriva con belle ed ornate parole. Or puoi, o figliuol mio, vedere qual breve soffio di vento è la durata di que' beni che son commessi alla Fortuna, pei quali l'umana gente si accapiglia e contrasta. Poichè tutto l'oro ch'è, e che già fu sotto la luna, non potrebbe far posare neppure una di queste anime sì stanche. Dante allor disse a lui: Maestro, or dimmi anche: questa Fortuna, di cui mi fai cenno, che è ella mai che ha talmente nel suo pugno i beni del mondo che gli abbranca tutti, e ne dispone a suo grado? E quegli: O sciocche umane menti, quanta ignoranza è quella che vi annebbia! Tutte fra voi delirano dietro ereditate fole! Or voglio, o figliuol mio, che tu almeno accolga in tua mente il vero nella sentenza che dirò. Colui, il cui sapere tutto trascende, fece i cieli, ed diè loro chi li guida; di modo che ogni parte di essi nel loro costante giro risplende gradatamente ad ogni parte della terra su cui passa, distribuendo egualmente la luce alle varie sue regioni. Similmente assegnò agli splendori mondani una general ministra e regolatrice che a tempo da lui stabilito permutasse i beni vani della terra di gente in gente e d'uno in altro sangue, al di là d'ogni impedimento che possa farle il senno umano: per cui una gente impera e l'altra langue soggetta, secondo il provido consiglio di costei, nel cui giudizio occulto sovente in mezzo alle grandezze presenti si cela il germe delle future miserie, come si cela il serpe nell'erbe fiorite. Il vostro sapere non può fare a lei contrasto con impedirne gli effetti; e mentre si sforza di farglielo ella provvede che tutto sia a proporzione distribuito, giudica a chi tocca il bene, e a chi no, e prosegue il corso del suo regno, come le altre divine essenze seguono ne' varj cieli il loro. Le sue permutazioni non hanno interruzioni: la necessità di distribuire la fa esser voloce; e quindi sì spesso viene chi consegue la sua vicenda. Questa è colei ch'è tanto posta in croce, o con folli voti o con folli invettive, pur da coloro che, se sapessero com'ella providamente governa, le dovrian dar lode; e pur le danno biasimo a torto e maligne imputazioni d'ingiusta, cieca, e volubile. Ma ella è beata e ciò non ode: e lieta con l'altre prime creature volge la sua sfera, e beata gode di compiere i decreti della Providenza. Ma discendiamo omai ad osservare maggior tormento. Quantunque a noi invisibile pure ogni stella già cade, la quale saliva quando teco mi mossi: e ci si vieta lo star qui troppo. Ciò detto i due poeti traversarono il circolar ripiano; e per discendere nel seguente cerchio si diressero all' altra ripa, sopra una fonte che bolle e riversa giù l' acqua per un fossato che da lei deriva. La detta acqua era buja molto più che rosso-cupa; ed essi in compagnia dell' onde oscure entrarono giù per una via diversa dalle precedenti; poichè questa è men erta. Questo ruscello, quando è disceso a piè delle maligne spiagge da dubbio lume rischiarate, fa una palude la quale ha nome Stige: e Dante, che stava tutto inteso a mirare, vide in quell' onda impantanata delle genti fangose ch' eran tutte ignude e con sembiante offeso da lividure e lacerazioni. Queste genti si percoteano a vicenda non solo con le mani, ma con la testa, e col petto, e coi piedi, troncandosi coi denti le membra a brano a brano. Il buon Maestro disse allora a Dante: figlio, or vedi l' anime di coloro che furon vinti dall' ira. Ed anche voglio che sappi (e credilo come cosa certa) che sotto quell' acqua vi ha gente che sospira, e che fa pullular quest' acqua alla sommità, come l' occhio ti dice ovunque si aggira. I miseri fitti nel limo del fondo dicono: Tristi fummo nell' aer dolce che dal Sol si allegra, portando dentro noi tetro vapor di accidia: ed or tuffati in questa nera poltiglia siam anche più tristi. Ma queste orrende parole se le gorgogliano nella gola, perchè non possono dirle con parola intera. Così Virgilio dicea, e intanto passeggiando tra la ripa esterna del cerchio e l' acqua ch' è nel mezzo, girarono sulla secca sponda un grand' arco di quella circolar palude; volti sempre con gli occhi a coloro che ingojano del fango. Finalmente vennero al piè d' una torre ch' è sul margine della palude stessa.

CANTO VIII.

IL QUINTO CERCHIO INFERNALE

segue, e seguono in esso gl'

Iracondi.

Mentre i due poeti varcano la Stigia palude si fa loro incontro lo spirito d' un iracondo con cui Dante ha breve contrasto.
Stizzosi demonj negano l' ingresso della Città di Dite ai due viaggiatori che vi giungono: Virgilio se ne adira, e Dante se ne sconforta.

1. Io dico seguitando, ch' assai prima
   Che noi fussimo al piè dell' alta torre,
   Gli occhi nostri n' andar suso alla cima
2. Per due fiammette che vedemmo porre;
   Ed un' altra da lungi render cenno,
   Tanto che appena il potea l' occhio torre.

Seguitando a parlar degl' iracondi, io dico che assai prima che noi fossimo a piè di quell' alta torre ch' è sulla Stigia palude, i nostri occhi andarano a fissarsi sulla sua cima, a cagione di due fiammette che vi vedemmo porre; e ne vedemmo poi un' altra render da lungi un cenno di corrispondenza; ma lungi tanto che l' occhio lo poteva appena percepire.

Lo Stige, il quale ristagna intorno intorno per la concavità di questo cerchio, è come l' acqua che cinge una fortezza, cioè una difesa alla città di Dite, la quale ha forma appunto di fortezza con baluardi e spaldi, e a cui non si può giungere che attraversando la palude. Perchè tutto presentasse l' immagine di una città ben munita, vi sono due torri, una alla riva esterna di Stige, e l' altra all' interna; sulle quali alcuni diavoli stanno in sentinella: cosicchè quando giunge un' anima che dee far tragitto, la torre di qua mette un lume per avvertire quella di là di mandare la barca; e quella ne mette un altro per rispondere che il cenno è stato capito, e la barca sarà mandata. Due or giungono, onde due lumi si son messi. Si noti che quel terzo lume di risposta, il quale è in tanta distanza, dà l' idea della larghezza di ogni cerchio di molte e molte miglia.

Or udiamo che dice il curioso discepolo al maestro sapientissimo.

3. Ed io rivolto al mar di tutto il senno
   Dissi: questo che dice? e che risponde
   Quell' altro fuoco? e chi son que'che 'l fenno?

Il mar di tutto il senno è una perifrasi di *quel savio gentil che tutto seppe.—Fenno* per fecero.

4. Ed egli a me: Su per le sucide onde
   Già puoi scorgere quello che si aspetta,
   Se il fummo del pantan nol ti nasconde.
5. Corda non pinse mai da sè saetta
   Che sì corresse via per l' aere snella,
   Com' io vidi una nave piccioletta
6. Venir per l' acqua verso noi in quella,
   Sotto il governo d' un sol galeoto
   Che gridava: Or sei giunta, anima fella!

Ed egli a me: già puoi scorgere su per quelle sucide e fangose onde quello che si aspetta, se pure la vaporosa esalazione della palude non lo nasconde al tuo sguardo. Non mai la corda d' un arco spinse saetta da sè, che corresse via per l' aere così rapida, come rapida io vidi in quell' ora istessa venir per l' acqua verso noi una piccioletta barca, sotto il governo d' un sol barcajuolo che gridava: or sei pur giunta, anima fella!

Questi nocchieri dell' Inferno Dantesco sono arrabbiati quanto mai! Ma il furore sta meglio a costui che all' altro, tanto perchè è stato un celebre furibondo in vita (come or si dirà) quanto perchè ha traversata la palude degli odj. Ma perchè dice *anima fella* singolare, quando i due lumi aveano annunziato dalla torre che due anime dovean passare? *Perchè l' ebro di furore non distingue più l' uno dal due*, ci rispondono gli espositori. Credete ad essi fintanto che arriviamo al luogo ove mi fia dato spiegar questo enigma.

7. Flegias, Flegias, tu gridi a voto,
   Disse lo mio Signore, a questa volta;
   Più non ci avrai se non passando il loto.

Il mio Signore allora disse a quel furioso: Flegias, Flegias, tu gridi a voto questa volta: tu non ci avrai qui più di quello spazio ch' è d' uopo per passare il lotoso Stige.

A questa volta mostra che Flegias era solito di così gridare; e quel *mio Signore* può dare un bell' appoggio alla interpretazione.
Flegias ci vien presentato dalla favola come un uomo iracondo, che per un' ingiuria da Apollo ricevuta gli bruciò il tempio di Delfo; e *flegias* in Greco suona *bruciare*. Dante, a suo modo, ne ha fatto un demonio presedente a questo cerchio, come fè di Minosse, di Cerbero, e di Pluto pei cerchi passati. Virgilio mette nel suo Inferno questo stesso Flegias come un dannato che avverte le anime di rispettare gli Dei:

. . . . *Phlegias miserrimus omnes*
Admonet, et magnâ testatur voce per umbras:
Discite justitiam moniti, et non temnere Divos.

Qui Flegias è barcajuolo che mena le anime alla città del fuoco (e ognun vede tra *fuoco* e *bruciare* qual relazione vi sia), poichè in quella città sono i Miscredenti che disprezzarono Iddio. Sembra perciò che Dante aderendo a Virgilio ci faccia capire che Flegias appartenga a quel luogo dove sono gl' increduli; ma nel punto stesso preseda a questo dove son gl' iracondi; poichè è barcajuolo nella palude, e introduce l' anime nella città.

8. Quale colui che grande inganno ascolta
   Che gli sia fatto, e poi se ne rammarca,
   Tal si fè Flegias nell' ira accolta.

Qual è colui che ascoltando si accorga essergli stato fatto un grande inganno, e tutto poi si rammarica, quando è tratto dal piacevole errore; tal si fè Flegias nell' ira che avea in sè accolta.

Flegias credeva dunque precedentemente che una sola anima dovesse giungere e rimanere. Ingegni acuti, indovinate.

9. Lo Duca mio discese nella barca,
 E poi mi fece entrare appresso lui,
 E sol quand' io fui dentro parve carca.

Virgilio non è ora più *signore* ma *duca;* e finchè guida sarà sempre tale.

10. Tosto che il Duca ed io nel legno fui*
 Segando se ne va l' antica prora
 Dell' acqua più che non suol con altrui.

Perchè *la barca parve carca sol quando Dante vi fu dentro,* e perchè ora *va segando più di acqua che non suol con altrui,* ce lo dirà Virgilio che lo guida:

 . . . . *simul accipit alveo*
Ingentem Aeneam, gemuit sub pondere cymba
Sutilis, et multam accepit rimosa paludem.—Aen. vi.

11. Mentre noi correvam la morta gora
 Dinanzi mi si fece un pien di fango,
 E disse: Chi sei tu che vieni anzi ora?

Mentre noi scorrevamo quella palude di acqua morta, uno spirito tutto pien di fango uscendo da essa mi si fè innanzi e disse: Chi sei tu che vieni prima dell' ora tua?

Anzi ora, Dante; *anzi tempo,* Petrarca; *ante diem,* Virgilio.

* *Fui* per fummo.

CANTO VIII. 227

12. Ed io a lui: S' io vegno, non rimango:
    Ma tu chi sei che sì sei fatto brutto?
    Rispose: Vedi che son un che piango.
13. Ed io a lui: Con piangere e con lutto,
    Spirito maledetto, ti rimani,
    Ch' io ti conosco, ancor sie lordo tutto.

Ed io a lui: S' io vengo, non rimango qui per essere tormentato. Ma chi sei tu che sei fatto sì brutto di loto? Ed ei dispettoso rispose: Vedi pure che son un che piango. Ed io a lui: con piangere e con lutto, spirito maledetto, ti rimani: Ch' io ti conosco, ancorchè sii tutto lordo.

Dante ha riconosciuto lo stizzosissimo Filippo Argenti; e con averlo dipinto così *pien di fango*, e *lordo tutto*, ne indica essere stato costui sommamente dominato dall' ira, e distinto anche fra quelli che più si agitano con *testa, petto, mani, piedi, e denti*: " *Ut furentium certa indicia sunt ita et irascentium: dentes comprimuntur, concutitur crebro spiritu pectus, comploduntur saepius manus, pulsatur humus pedibus, totum concutitur corpus: ita ut nescias utrum ira magis detestabile vitium sit an deforme:*" Seneca: onde questo spirito *così si è fatto brutto*.

14. Allora stese al legno ambe le mani,
    Perchè il Maestro accorto lo sospinse
    Dicendo: Via costà con gli altri cani.

Via costà con gli altri rabbiosi cani tuoi pari, disse quel Maestro, che gran cosa volle con ciò insegnare al discepolo; e principalmente: fuggi l' uomo iracondo, e vinci l' iracondia, chè vincerai un gran nemico. *Noli esse amicus homini iracundo*, Salom. *Iracundiam qui vincit hostem superat maximum*, P. Siro.

15. Lo collo poi con le braccia mi cinse,
    Baciommi il volto e disse: Alma sdegnosa,
    Benedetta colei che in te s' incinse.

Alma che sdegni i vizj e i viziosi, sia benedetta colei che ti fu madre: ecco la risposta che Dante fa dare da Virgilio a que' pusillanimi, i quali l' accusavano di troppo ardito nel flagellare i viziosi del suo secolo. Ei distingue così *ira* da *disdegno;* la prima è colpa ed è punita nella palude infernale, ma il secondo che ci anima contro le colpe e i colpevoli è virtù che merita l' applauso, l' amplesso, e il bacio de' savj.

Remigio Fiorentino in una nota a G. Villani scrisse: "*Incinta,* cioè gravida; perchè le donne di Firenze, quando erano gravide, andavano senza cintura, e però si chiamavano incinte," cioè *non cinte.* Onde *colei che in te s' incinse* vale colei che *non mise cintura sopra di te,* quando tu eri nel suo alvo materno. Non è però improbabile che il nostro *incinta* derivi dal Latino *inciens,* che ha lo stesso significato, da cui forse l' *enceinte* de' Francesi.

16. Quei fu al mondo persona orgogliosa;
 Bontà non è che sua memoria fregi,
 Così s' è l' ombra sua qui furiosa.
17. Quanti si tengon or lassù gran regi,
 Che qui staranno come porci in brago,
 Di sè lasciando orribili dispregi.

Colui fu al mondo una persona assai orgogliosa ed iraconda, così parimente la sua ombra è furiosa qui: e non vi è bontà alcuna che fregi e renda cara la sua memoria. Quanti si credon or lassù gran regi che, per la lor ira malnata, staranno qui come porci in brago, lasciando orribile e dispregevole nome di sè stessi.

In quel *gran regi* mi par di vedere un altro furibondo Filippo, che perseguitava il poeta. *Stultum est imperare cæteris qui nescit se,* P. Siro. *Multi sunt qui urbes, qui populos habuere in potestate, paucissimi qui se.... Gentes barbaras et alieni imperii impatientes regere facilius est quàm animum suum continere,* Seneca.

Siamo già stati spettatori della prima filosofica scena tra chi *soprabbonda nell' ira, e tosto corre in ira,* e tra chi si sdegna *dove si conviene, e quando, e quanto, e con cui, e come:* onde chiameremo il primo *iracondo* e il secondo *mansueto,* uniformandoci alle dottrine di Ser Brunetto che l' avea a Dante insegnato. E Ser Brunetto l' avea imparato da Aristotile il quale scrisse: *Sdegnosi son coloro che son buoni e virtuosi; perciocchè giudicano rettamente, ed hanno in odio le cose ingiuste;* onde lo sdegno deriva da virtù e da giustizia; ed aggiungeremo da *sapienza*, poichè *in multa scientia est multa indignatio*, scrisse il Sapiente.

Dante correndo più innanzi farà ora che il vizio sia di pena al vizio, e c'insinuerà di godere di tale spettacolo.

18. Ed io: Maestro, molto sarei vago
   Di vederlo attuffare in questa broda,
   Prima che noi uscissimo del lago.

Cioè, di vederlo attuffare da altri furiosi nell'acqua fangosa.

19. Ed egli a me: Avanti che la proda
   Ti si lasci veder tu sarai sazio;
   Di tal disio converrà che tu goda.
20. Dopo ciò poco, vidi quello strazio
   Far di costui alle fangose genti
   Che Dio ancor ne lodo, e ne ringrazio.
21. Tutti gridavano: A Filippo Argenti;
   E 'l Fiorentino spirito bizzarro*
   In sè medesmo si volgea coi denti.

Ed egli a me: Avanti che l'altra riva della palude ti si lasci vedere tu sarai pago. E ben converrà che tu goda di questo desio che deriva da santo disdegno. Poco dopo ciò, vidi far di costui tale strazio da quelle fangose genti furibonde che ancora ne lodo e ne ringrazio Dio. Tutti gridavano: Diamo addosso a Filippo Argenti: e lo spirito del furioso Fiorentino, non potendosi altrimenti sfogare, si volgea in sè medesimo coi denti.

Ripeterò con un moderno annotatore, stizzosetto anch'esso: " Leggi la novella ottava della giornata nona del Boccaccio, e ringrazierai Dio tu pure di vederlo sì fattamente trattato."

* *Bizzarro* vien da *bizza*, ira; ma ora si prende per *capriccioso*, e non di rado anche per *spiritoso*.

22. Quivi il lasciammo, che più non ne narro.
Ma negli orecchi mi percosse un duolo,
Perch' io avanti intento l' occhio sbarro.

Quivi il lasciammo, talchè non ne narro più oltre: ma un doloroso lamento mi percosse gli orecchi, per cui spalancai spaventato gli occhi, e intento a quel suono guardai avanti.

" Dice di *più non ne narro* a dimostrare che tali uomini non son degni che di lor si ragioni."—*Landino.*
Sbarrare e *spalancare* significano lo stesso; perchè levar la *sbarra,* e levar la *palanca* si rassomigliano, e indicano aprire del tutto; ma *spalancare* è prevaluto a *sbarrare* nel presente senso.

23. E 'l buon maestro disse: Omai, figliuolo,
S' appressa la città ch' ha nome Dite
Coi gravi cittadin, col grande stuolo.
24. Ed io: Maestro, già le sue meschite
Là entro certo nella valle cerno
Vermiglie, come se di fuoco uscite
25. Fossero: ed ei mi disse: Il fuoco eterno
Ch' entro le affuoca le dimostra rosse,
Come tu vedi in questo basso Inferno.

E 'l buon maestro mi disse: Omai, figliuol mio, si appressa la città ch' ha nome Dite, piena di cittadini gravi di maggiori colpe, de' quali grande è lo stuolo. Ed io: Maestro, già scerno laggiù nella bassa valle le sue torri: sì certo, le scerno; e son sì vermiglie, come se fosser ora uscite dal fuoco. Ed egli mi disse: Il fuoco eterno che internamente le infuoca le dimostra così rosse come tu vedi in questo basso Inferno.

La barca si è già tanto accostata all' altra riva di Stige che

CANTO VIII. 231

Dante comincia a vedere nelle fossate esterne della città le sue torri infocate, ch'ei chiama *meschite*, forse per alludere ai miscredenti che là sono; poichè con un tal nome i Saraceni chiamano i templi del falso lor culto: e il *Maestro* ne lo informa.

26. Noi pur giungemmo dentro all' alte fosse
    Che vallan quella terra sconsolata;
    Le mura mi parea che ferro fosse.

Mura e torri di ferro dà pure Virgilio alla sua città infernale. I due primi versi sono inapprezzabili; ma pel terzo non oso unirmi a coloro che cercano giustificarlo; e mi scosto poi del tutto da que' che giungono ad ammirarlo. Nè pretendo di aver ragione: vi son varj gusti; e il mio mi dice che in quel *mura fosse ferro* vi è molta vecchia ruggine; e che sarebbe assai meglio se dicesse: *mi parea che le mura fosser di ferro*.

27. Non senza prima far grande aggirata
    Venimmo in parte dove il nocchier, forte,
    Uscite, ci gridò, qui è l' entrata.

Non senza far prima una grande aggirata, venimmo in una data parte dove il nocchiero ci gridò fortemente: Uscite dalla barca; qui è l' entrata della città.

Forte gridò è il *magna voce testatur*, che Virgilio dice di Flegias; e forse vale a dinotare che gridò *forte* per farsi ben udire fra i dolorosi lai che uscivano dalla città; o ad indicare che la voce dell' iracondo è per sè forte.

28. Io vidi più di mille in su le porte
    Da Ciel piovuti, che stizzosamente
    Dicean: Chi è costui che senza morte
29. Va per lo regno della morta gente?

Io vidi più di mille spiriti reprobi dal Ciel piovuti starsi in guardia sulle porte, i quali stizzosamente fra lor diceano:

Chi è costui che senza esser menato dalla morte va per lo regno della morta gente?

Quel *piovuti* mostra che caddero a piombo e non volando.

E 'l savio mio maestro fece segno
Di voler lor parlar segretamente.

Il *savio maestro* ha voluto insegnare al discepolo che con istizzosi avversarj vuolsi prima usar bel modo.

30. Allor chiusero un poco il gran disdegno,
  E disser: Vien tu solo; e quei sen vada
  Che sì ardito entrò per questo regno:
31. Sol si ritorni per la folle strada:
  Provi se sa, chè tu qui rimarrai,
  Che scorto l'hai per sì buja contrada.

Allor chiusero in sè, e repressero un poco il loro gran disdegno: e dissero a Virgilio: Vieni tu solo; e quegli, che sì ardito entrò per questo regno di Satanno, se ne vada, e si ritorni solo per quella strada da lui per follia percorsa. Provi di andar solo, se sa farlo; chè tu, che lo hai scortato per sì buja contrada, rimarrai qui.

32. Pensa, lettor, s'io mi disconfortai
  Nel suon delle parole maledette,
  Ch'io non credetti ritornarci mai.

Si direbbe che quel *ritornarci*, si riferisca al luogo ove il poeta scrivea, cioè a questo nostro mondo; ma pure altro vuol dire con questa significantissima parola; e lo vedremo nel canto che siegue.

33. O caro Duca mio, che più di sette
  Volte m'hai sicurtà renduta, e tratto
  D'alto periglio che incontra mi stette,

CANTO VIII.

34. Non mi lasciar, diss' io, così disfatto:
   E se l' andar più oltre c' è negato,
   Ritroviam l' orme nostre insieme ratto.

Allora io dissi: O caro Duca mio, che più e più volte mi hai resa la sicurezza, e mi hai tratto di gran periglio che mi stette quasi insormontabile incontro, deh, non mi lasciare sì smarrito di animo: e se ci è negato l' andar più oltre, tosto ritroviamo insieme le nostre battute orme, ed usciamo di qua.

Come Virgilio abbia tolto Dante da gran periglio sarà piano a chi si ricorda di ciò ch' esponemmo nel *Discorso Preliminare*; e a chi si rammenta delle tre Fiere, di Caronte, di Minosse, di Cerbero, di Pluto, e di Flegias sarà manifesto come il Duca gli abbia resa la sicurtà più di sette volte (numero determinato per l' indeterminato).

Fo notare il *duca* di qua sopra, perchè possa vedersene la differenza col *signor* di qua sotto. *Il duca* sa *ritrovar l' orme* per tornare in dietro; e *il signore* comanda di non temere, di attendere, e di sperare.

35. E quel Signor che lì m' avea menato
   Mi disse: Non temer, chè il nostro passo
   Non ci può torre alcun: da tal n' è dato.

36. Ma qui m' attendi, e lo spirito lasso
   Conforta e ciba di speranza buona,
   Ch' io non ti lascerò nel mondo basso.

37. Così sen va, e quivi m' abbandona
   Lo dolce padre; ed io rimango in forse,
   Che il sì e 'l no nel capo mi tenzona.

Ma quegli ai cui cenni non osava di oppormi, e il quale mi avea là menato mi disse: Non temere, tale è colui che ci ha accordato questo passaggio che alcuno non potrà mai torcelo. Ma attendimi qui, e conforta e nutri lo spirito lasso della speranza di buona riuscita, ch' io non ti lascerò solo in questo basso mondo. Così quel dolce padre sen va, e quivi mi abbandona, ed io rimango in forse, talchè nell'anima mi combatte il timore e la speranza; e questa mi dice ch'ei sarebbe riuscito, e quello, che no.

Quel *dolce padre* che va per allontanare il periglio dello sgomentato figliuolo è veramente *dolce*.

38. Udir non potei quello che a lor porse;
   Ma ei non stette là con essi guari,
   Chè ciascun dentro a pruova si ricorse.
39. Chiuser le porte que' nostri avversari
   Nel petto al mio signor, che fuor rimase,
   E rivolsesi a me con passi rari.

Udir non potei quello ch'ei lor disse; ma ei non stette là con essi lungamente, poichè ciascun di que' demonj a gara ricorse dentro. Que' nostri avversarj chiuser le porte in petto al mio signore, il quale rimase fuori, e si rivolse a me con lenti passi.

Non si potrà intendere tutta la forza di *quel mio signore*, di *que' nostri avversarj*, e di quel *chiuder le porte in petto*, che nel canto seguente. Dicasi lo stesso di molte altre allegorie di questo canto.

40. Gli occhi alla terra, e le ciglia avea rase
   D'ogni baldanza; e dicea ne' sospiri:
   Chi m'ha negato le dolenti case!

Avea gli occhi rivolti alla terra, e le ciglia prive d'ogni sua nobil baldanza, e parea ch'esprimesse coi sospiri: Or vedi chi ardisce negarmi il passaggio alle dolenti case di Dite!

CANTO VIII. 235

Ho cangiato quel *rase* in prive, perchè me lo ha consigliato l' Ariosto:
>Veniano sospirando, e gli occhi bassi
>Parean tener d' ogni baldanza privi.

41. Ed a me disse: Tu, perch' io m' adiri,
    Non sbigottir, ch' io vincerò la pruova,
    Qual ch' alla difension dentro s' aggiri.
42. Questa lor tracotanza non è nuova;
    Chè già l' usaro a men segreta porta,
    La qual senza serrame ancor si trova.

Ed a me disse: Tu, perchè io mi adiri, non isbigottirti; ch' io supererò questa gara; qualunque sia che si aggiri dentro a far difesa o impedimento. Non è già nuova questa lor tracotanza; perchè l' usarono altra volta a men interna porta, la quale, in memoria della lor punita audacia, restò senza serrame, e tal si trova ancora.

Hodie portas mortis et seras pariter Salvator noster dirupit: la Chiesa nel Sabato Santo. *Christus ad Inferna descendit, legiones principis mortis perturbavit, portas Inferni et vectas ferreas confregit, et omnes justos absolvit:* S. Agostino in una Omelia.

43. Sovr' essa vedestú la scritta morta:
    E già di qua da lei discende l' erta,
    Passando per li cerchi senza scorta,
    Tal che per lui ne fia la terra aperta.

Ricordati che su di essa porta tu vedesti la iscrizione di colore oscuro. Fa cuore: che già di qua da quella discende l' erta valle infernale, passando pei cerchi senza bisogno di scorta, un TALE che, pel suo autorevole potere, questa città ci sarà aperta.

Erta era per Virgilio che parlava; ma per quel *tale* era *discesa.*

RIFLESSIONI SUL CANTO VIII.

E siamo stati spettatori anche della seconda filosofica scena di chi a gran ragione si adira contro audaci insubordinati: e ripeteremo che chi *sostiene vitupero ingiustamente fatto a sè o a suoi amici fa vituperevole cosa*: poichè *colui che non si commuove e non si adira per ingiuria o per offesa che sia fatta a lui o all' amico è uomo lo cui sentimento è morto*. E farem plauso a Virgilio che contro ai Diavoli si adira, a Brunetto che avea ciò insegnato, ed a Dante che pose in azione i suoi documenti: *Longum est iter per præcepta, breve et efficax per exempla*, Seneca. Osserverò che dopo aver fatta la distinzione fra *Ira* e *Disdegno*, dandoci chiaramente a comprendere esser la prima Vizio, e il secondo Virtù, un istante appresso egli appropria il *disdegno* ai diavoli, e l'*ira* a Virgilio. Dice de' primi: *Allor chiusero un poco il gran disdegno*; fa dire al secondo: *Tu perch' io m' adiri, non sbigottir*: il che sembra il rovescio di quel che dovrebbe essere, e sente una aperta contradizione. Ma pure ciò non è. E non senza grande accorgimento quel fino intelletto ha fatto cadere nel canto istesso questa manifesta antitesi. Egli ha voluto chiamar la riflessione del leggitore a considerare che vi può essere *disdegno colpevole* ed *ira virtuosa*. E siccome ha presentata la prima distinzione poeticamente, facendola ritrarre dall' azione, senza esprimerla con le parole, così ha voluto fare pur della seconda. Egli con questa, quasi sviluppo e perfezionamento della prima, ha voluto dirci: chi disdegna di ubbidire a chi ha dritto di comandare è colpevole; e quindi colpevoli i demonj che disdegnano di ubbidire al decreto di Dio: e chi avendo dritto di comandare si adira contro chi disdegna di ubbidire, non è colpevole; e quindi non colpevole, anzi virtuoso Virgilio. E si badi che l'*ira* in questo secondo senso ha i suoi limiti, poichè dee derivare dalla ragione e non dal cuore; *ira della ragione* la chiamò infatti il Monti, e anche *generosa bile*; *nemesin* la dicevano i Greci; e di questa medesima intendeva Davide quando cantava inspirato: *irascimini et nolite peccare*. Una tal ira che non eccede i limiti vien dal Poeta definita nel Purgatorio, *diritto zelo, che misuratamente in cuore avvampa*; e fa ivi dir dagli Angeli, *Beati pacifici che son senza ira mala*; onde questa ira misurata sarebbe l' *ira buona*, la quale è de' pacifici stessi, che volendo pace si adirano contro coloro che la disturbano: "specie d' ira, la quale non solamente non è peccato ad averla, ma è meritoria a saperla usare" glosava il Boccaccio; e il nostro Tasso, non so qual più se filosofo o poeta, la chiamò *ira dirizzata dalla ragione*, e scrisse, che l'*irascibile è fra tutte le potenze dell' anima quella che meno si allontana dalla ragione*, sino al punto che Platone dubitò *s' ella sia diversa dalla ragione o no*. Onde Alfieri cantò di sè stesso, "Irato sempre e non maligno mai." Ma tutto ciò avrà nuova luce quando squarceremo un velo che ha ricoperta la più importante verità per cinquecento e più anni, il che faremo nel canto seguente.

NOTE AGGIUNTE AL CANTO VIII.

Terz. 13. . . . . . . *Con piangere e con lutto,*
Spirito maledetto, ti rimani.

Or venga qua quel riprensore il quale pretendeva che Dante scendesse ad un luogo *ove si sente compassione maggiore*, venga e vegga la bella compassione maggiore che Dante sente per questi perniciosi spiriti. La sua pietà fu tutta esausta con gli avari; ed ora non trova altro in sè che disdegno per gl' iracondi.

T. 25. *Come tu vedi in questo basso Inferno.*

Par che Dante abbia voluto divider l' Inferno in due parti; *alto Inferno*, ed è tutto quello che abbiamo scorso finora; e *basso Inferno*, che comincia dalla città che ha nome Dite, e tira giù sino al termine della voragine. *Dite*, *Satanno*, e *Lucifero* son per lui lo stesso, onde chiamando *Dite* pur la Città par che voglia dire esser questa la capitale del regno di *Satanno*, ov' egli ha la sua sede. *Quivi è la sua cittade e l' alto seggio* disse del Paradiso e dell' Empireo, parlando *dell' Imperador che lassù regna*; e così anche quaggiù, dove domina *L' Imperador del doloroso regno*, Dite è la Capitale, e il centro della terra *il basso seggio*. *In tutte parti impera e quivi regge* ha egli detto di Dio; e di Satanno può dirsi lo stesso, poichè impera in tutto il resto dell' Inferno per rappresentanti, come Minosse, Pluto, ecc. e nella città dove risiede regge con immediato potere. Ha chiamato *corte del Cielo* quella degli angeli e de' beati; e corte dell' Inferno può chiamarsi questa de' più fieri diavoli e de' peccatori più gravi, che fan corteggio a sì tristo Imperadore. La corrispondenza delle parti è mirabile in questo poema.

T. 26. *Le mura mi parea che ferro fosse.*

Condoneremo questo modo vernacolo (che i Greci chiamavano *enallage*, e noi diremmo *sconcordanza* e, se non dispiace, *sproposito*) al vecchio dialetto Fiorentino, ma lo vogliamo lungi dalla corretta lingua Italiana. Esso non è raro ad incontrarsi ne' nostri antichi Toscani: eccone alcuni fra i moltissimi esempj che potrei arrecare: *Liso la nominò gli antichi... Sì nacque le prime genti di questo paese*: Fazio degli Ub. *Era apparito in que' gran dì prodigi, Portenti, augurj, segni, e casi strani*: il Pulci. *Si dee cercare il luogo dove spiri i venti australi*: il Crescenzio. *Al quale suole ubbidire tutte le nazioni....Fu tagliato le teste*: il Villani. *Corsevi le sorelle*: il Boccaccio. *Riluce in essa le intellettuali e le morali virtù; riluce in essa le buone disposizioni da natura date; riluce in essa le corporali bontadi*: Dante stesso nel Convito. Or se l' ha detto in prosa non è maraviglia che l' abbia usato in verso.

T. 26. *Ch' io non ti lascerò nel mondo basso.*

Mondo basso, e *basso Inferno* son lo stesso; e ciò stabilisce sempre più la distinzione di *alto Inferno*, e *basso Inferno*.

ESPOSIZIONE DEL CANTO VIII.

Seguitando a parlar degl' iracondi il poeta dice che, assai prima ch' egli e Virgilio fossero a piè di quell' alta torre ch' è sulla Stigia palude, i loro occhi andarono a fissarsi sulla sua cima a cagione di due fiammette che vi videro porre: e che ne videro poi un' altra render da lungi un cenno di corrispondenza, ma lungi tanto che l' occhio lo poteva appena percepire e distinguere. Dante al veder tutto ciò, rivolto al suo maestro mare di tutto il senno, così parlò: che dice mai questo duplice lume? e che risponde quell' altro fuoco lontano? e chi son color che lo fecero? E Virgilio a lui: già puoi scorgere su per quelle sucide e fangose onde quello che si aspetta; se pure la vaporosa esalazione della palude non lo nasconde al tuo sguardo. Non mai la corda d' un arco spinse saetta da sè che corresse via per l' aere così rapida, come rapida vide Dante in quell' istante istesso venir per l' acqua verso di loro una piccioletta nave sotto il governo d' un sol galeotto, il quale gridava: or sei pur giunta, anima fella! Ma Virgilio rispose allora a quel furioso: Flegias, Flegias, questa volta tu gridi a voto. Tu non ci avrai qui più di quello spazio ch' è duopo a passare il lotoso Stige. Come colui che ascoltando si accorge essergli stato fatto un grande inganno, e tutto poi si rammarica quando è tratto dal piacevole errore; tale si fè Flegias nell' ira che avea in sè accolta. Il duca di Dante discese allora nella barca, e poi lo fece entrare appresso a lui; e sol quand' egli vi fu dentro quella parve carica. Tosto che Dante e Virgilio furono dentro il legno, quell' antica prora, affondata più del consueto, se ne va segando più quantità di acqua di quella che suol segare quando è carica di levi spiriti. Mentre i due viaggiatori scorrevano quella palude di acqua morta, uno spirito tutto pien di fango uscendo da essa si fè innanzi a Dante e gli disse: chi sei tu che vieni prima dell' ora tua? E Dante a lui: s' io vengo, non rimango qui per essere tormentato come tu sei. Ma chi sei tu che sei fatto sì brutto di loto? E quegli dispettoso rispose: Vedi pure che son uno che piango. E Dante di nuovo a lui: Con piangere e con lutto rimanti pure, o spirito maledetto: ch' io ti conosco, ancorchè sii tutto lordo. Allora colui stese al legno ambe le mani, per cui il maestro di ciò accorto lo risospinse nell' acqua dicendo: va via costà fra gli altri rabbiosi cani tuoi pari: e poi cinse il collo del discepolo con le braccia, gli baciò il volto, e gli disse: o nobil anima che sdegni i vizj e i viziosi, sia benedetta colei che ti fu madre. Quegli fu al mondo una persona orgogliosa; bontà non è che fregi, e renda cara la sua memoria; e così l' ombra sua si è del pari qui furiosa. Quanti or si credono lassù gran regi, che per la loro ira malnata staranno qui come porci in brago, lasciando orribile e dispregevole memoria di sè stessi. E Dante a Virgilio: Maestro, sarei molto desideroso di vederlo da altri furiosi attuffare in quell'acqua fangosa, prima che noi uscissimo dal lago. E Virgilio a lui: Avanti che l'altra riva della palude ti si lasci vedere tu sarai pago: e ben converrà che tu goda di questo desio che deriva da santo disdegno. Poco dopo ciò Dante vide far di colui tale strazio da quelle fangose genti furibonde, che ne lodò e ringraziò Dio per tutto il corso di sua vita. Tutti gridavano: diamo addosso a quel cane rabbioso di Filippo Argenti. E lo spirito del furioso Fiorentino, non potendosi altrimenti sfogare, si volgea contro sè medesimo coi denti. Quivi lo lasciarono, e Dante disdegnò di narrarne più oltre. Ma come s'innoltrò verso l'altra riva, un doloroso lamento gli percosse gli orecchi, per cui spalancò spaventato gli occhi, e guardò avanti. E il buon maestro gli disse: Omai, figliuol mio, si appressa la città che ha nome Dite, piena di cittadini gravi di maggiori colpe, de' quali grande è lo stuolo. E Dante: Maestro, già scerno laggiù nella bassa valle infernale le sue torri: sì certo le scerno: e son sì vermiglie, come se fossero ora uscite dal fuoco. E Virgilio gli rispose: Il fuoco eterno che internamente le infuoca le dimostra così rosse, come tu vedi in questo luogo, dove comincia il basso Inferno. Dopo ciò giunsero dentro all'alte fosse che vallano quella terra sconsolata; e parve a Dante che quelle mura fosser di ferro. Non senza far prima una grande aggirata intorno ad esse, vennero in una data parte dove 'l nocchiero gridò loro fortemente: Uscite dalla barca; qui è l'entrata della città. Dante allor vide più di mille spiriti reprobi dal Ciel piovuti starsi in guardia sulle porte, i quali stizzosamente fra lor diceano: Chi è costui che senza esser menato dalla morte va pel regno della morta gente? E il savio maestro fece segno di voler parlar loro segretamente. Allora chiusero in sè e repressero un poco il loro gran disdegno: e dissero a Virgilio: vieni tu solo; e quegli che sì ardito entrò per questo regno se ne vada pure; e si ritorni solo per quella strada da lui per follia intrapresa. Provi di andar solo, se sa farlo; chè tu, il quale lo hai scortato per sì buja contrada, rimarrai qui con noi. Or pensa tu, o lettore, se Dante si sconfortò al suono di quelle parole maledette: ei temè allora di non tornare mai più al chiaro giorno. Ei si volse tremante a Virgilio e disse: O caro Duca mio, che più e più volte mi hai resa la sicurezza, e mi hai tratto d'alto periglio che mi stette quasi insormontabile incontro, deh, non mi lasciare sì smarrito di animo: e se ci è negato l'andar più oltre, deh, tosto ritroviamo insieme le nostre battute orme, ed usciamo di qua. Ma quello ai cui cenni ei non osava di opporsi, e che lo avea lì menato, gli rispose: Non temere: tale è colui che ci ha accordato questo passaggio che alcuno non potrà mai torcelo. Ma attendimi qui, e conforta e nutri lo spirito lasso della speranza di buona riuscita: ch'io non ti lascerò solo in questo basso mondo. Così quel dolce padre se ne va, e quivi lo abbandona; ed egli rimane in forse, talchè nell'anima gli combatte il timore e la speranza; e questa gli dice che Virgilio sarebbe riuscito, e quello che no. Ei non potè udire quello che Virgilio disse ai Demonj; ma vide ch'ei non istette là con quelli lungamente; poichè ciascuno di que' maledetti a gara ricorse dentro. Que' loro avversarj chiuser le porte nel petto a Virgilio, il quale rimase fuori, e si rivolse verso Dante con lenti passi. Avea gli occhi volti alla terra, e le ciglia prive di ogni sua nobil baldanza, e parea ch'esprimesse coi sospiri queste parole: Or vedi chi ardisce negarci il passaggio alle dolenti case di Dite! Vili demonj osano ricusarci ciò che Dio stesso ci ha conceduto! Poi disse a Dante: tu perchè io mi adiri non isbigottirti; ch'io supererò questa gara, e sia chiunque che si aggiri dentro a far difesa, o impedimento. Non è già nuova questa lor tracotanza; perchè l'usarono altre volte a più esterna porta; la quale in memoria della lor punita audacia restò senza serrame, e tal si trova ancora. Ricordati che su di essa tu vedesti la inscrizione di colore oscuro. Fa cuore: chè già di qua da quella discende l'erta valle infernale, passando pei cerchi senza bisogno di scorta, un tale che pel suo autorevole potere questa città ci sarà aperta.

CANTO IX.

IL QUINTO CERCHIO INFERNALE

seguita; e poi comincia

IL SESTO CERCHIO.

Città di Dite, prima esternamente, e poi internamente.
Dante è minacciato dalle Furie e confortato da Virgilio, quando un Messo del Cielo giungendo pien di disdegno fuga le Furie, ed apre imperioso le porte di Dite. I due poeti entrano, ed osservano tombe infocate ove son puniti gli Eresiarchi.

1. Quel color che viltà di fuor mi pinse,
   Veggendo il Duca mio tornare in volta,*
   Più tosto dentro il suo nuovo ristrinse:

Dante ha dato un' azione alla sua paura ed un' altra al suo pallore. La paura dall' interno gli spinse il pallor sul volto; e questo suo color di viltà respinse nell' interno di Virgilio il di lui nuovo color di sdegno. E a dirla come va: Virgilio vedendo Dante impaurito cercò al più presto che potè di serenar la fronte, per non isgomentarlo maggiormente; per cui restrinse in sè i segni del suo risentimento in vedere in Dante quei dello sbigottimento; onde il timor del guidato producendo la prudenza del duca, parve che il pallor dell' uno, figlio della paura, quasi respingesse internamente il rossor dell' altro, figlio dello sdegno. Dirò franco: il modo con cui Dante si è qui espresso mi sembra troppo lambiccato.

2. Attento si fermò com' uom che ascolta,
   Chè l' occhio nol potea menare a lunga
   Per l' aer nero, e per la nebbia folta.

* *Tornare in volta*, tornare in dietro.

3. Pure a noi converrà vincer la punga,*
   Cominciò ei: se non... tal ne s' offerse...
   Oh quanto tarda a me ch' altri qui giunga!

Ei si fermò attento come un uomo che orecchiando cerchi di ascoltare: perchè l' occhio nol potea menare a lontana vista, a cagione dell' aer nero e del denso vapor della palude. Ei cominciò a dire: E pure a noi converrà superare questo contrasto: se non, ecc.

Il senso di questa reticenza diverrà chiaro qui sotto. Non mi arresto a considerare il *cominciò ei*, che indica perturbazione di animo; e noto soltanto che *per l' aer nero e per la nebbia folta* può anche spiegarsi *a traverso dell' aer nero*, ecc.

4. Io vidi ben siccome ei ricoperse
   Il cominciar con l' altro che poi venne,
   Che fur parole alle prime diverse:
5. Ma nondimen paura il suo dir dienne;
   Perch' io traeva la parola tronca
   Forse a peggior sentenzia ch' ei non tenne.

Io vidi bene com' ei ricoperse il cominciar d' un senso con l' altro che poi venne; le quali parole seconde eran diverse di significato dalle prime: ma nondimeno il suo dir mozzo diemmi paura; poichè io traeva in mia mente quella parola tronca ad una sentenza peggior forse di quella ch' ei tenne nella mente sua.

Il discorso interno dell' agitato Virgilio, nella rapidità delle idee che si succedevano, era da lui moncamente espresso; e dovea essere presso a poco questo: *Pure a noi converrà superare questo contrasto, se non* manca l' ajuto: *tale ne si offerse* però

* *Punga* è in luogo di *pugna*, come da alcuni si dice *spunga* per *spugna*; così per l' opposto si scrive *giugna* per *giunga*, *vegna* per *venga*, *piagna* per *pianga*, e simili.

CANTO IX. 243

che non può mancare: *oh quanto tarda a me ch' altri qui giunga!* cioè che giunga colui che, secondo la promessa, deve ajutarci.

Ma quale è la sentenza peggiore a cui Dante traeva in sua mente quelle tronche parole? eccola, a mio credere: *Pure a noi converrà superare questo contrasto, se non è impossibile penetrar là dentro. Tal ne s' offerse* in sua resistenza quel diabolico stuolo che non sarà facile il superarlo. E nota bene, che Dante fè dir *tale* da Virgilio per dar luogo ad un equivoco che vedremo più in là.

6. In questo fondo della trista conca
Discende mai alcun del primo grado,
Che sol per pena ha la speranza cionca?
7. Questa question fec' io.

In questo fondo della trista concavità infernale discende mai alcun del primo cerchio, il quale per pena è sol privo di speranza? Questa questione io feci a Virgilio.

La speranza cionca, cioè monca, tolta dal cuore di que' che sono nel Limbo; o pure speranza zoppa e tarpata d' ali, che non vola e non giunge al Cielo. *Il fondo della trista conca, il basso mondo,* e *il basso Inferno* son sinonimi.

Sembra che Dante, nel dire *In questo fondo della trista conca,* mostri di credere esser questo l' ultimo fondo dell' Inferno. Virgilio lo disingannerà più sotto, con dirgli che non questo ma un più cupo e sotterraneo sito n' è il vero fondo:

Quello è il più basso luogo, e il più oscuro,
E il più lontan dal ciel che tutto gira.

Or chi può essere questo spirito del Limbo che Dante credea aspettarsi da Virgilio, perchè accorresse in loro aita? Io temo di esprimerlo ora, come temè egli stesso di dirlo allora, vedendone la stravaganza: ma più sotto diverrà chiaro per sè, ed altrove anche più; e cesserà finanche di parere stravagante. E si badi ch' ei non poteva credere che fosse un Angelo, sì perchè non sapeva affatto dell' Angelo di cui niuno gli ha mai parlato; e sì perchè lo dice a tanto di lettere, *alcun del primo grado, Che sol per pena ha la speranza cionca.* Nè può darsi neppure a questa sua dimanda il seguente senso: *Sei solito di venir quaggiù, tu che sei del primo cerchio?* poichè ei fa una tal questione nel vedere che Virgilio aspetta quel *tale* per cui era in attenzione origliando; quel *tale* che dovea venire di qua dalla porta esterna, scendendo l' erta e passando pei cerchi senza scorta; quel *tale* per cui la terra doveva essere aperta; quel *tale* finalmente per cui Virgilio sclamò, *Oh quanto tarda a me ch' altri qui giunga!* Dunque Dante intendeva assolutamente parlar di colui che dovea giungere, appartenente al Limbo, e non già di Virgilio ch' era là seco lui. Onde non so accordarmi con quegli espositori che vogliono dare alla domanda di Dante questo senso: *suoli tu scender sin qua basso, o avessi sbagliata la strada?* Questo pueril sentimento dal contesto non risulta affatto: e quel ch' esporremo in seguito lo esclude assolutamente.

     E quei: Di rado
Incontra, mi rispose, che di nui
Faccia il cammino alcun per quale io vado.

E Virgilio mi rispose: di raro accade che alcun di noi del Limbo faccia il cammino pel quale io vado.

Vedete che *il mar di tutto il senno* lo ha capito: Dante intendeva di alcuno degli spiriti del Limbo, e non dell' Angelo di cui non avea pur sentore.

8. Vero è ch' altra fiata quaggiù fui
  Congiurato da quella Eritton cruda
  Che richiamava l' ombre ai corpi sui.
9. Di poco era di me la carne nuda,
  Ch' ella mi fece entrar dentro a quel muro,
  Per trarne un spirto del Cerchio di Giuda.
10. Quello è il più basso luogo, e il più oscuro,
  E il più lontan dal ciel che tutto gira:
  Ben so il cammin, però ti fa sicuro.

Quest' ultimo verso è quello che indusse gli espositori a credere che Dante temesse aver Virgilio smarrita la strada. Ma questo verso tende a rassicurar Dante riguardo al cammino che dovrà fare sino al più basso fondo, e non a quello che ha fatto sin qui. Virgilio con questo verso vuol dire: noi dobbiamo scendere sin laggiù, ma non temere ch' io mal ti guidi, perchè sono stato colà altra volta.

Una quistione di gran momento ci si fa innanzi; sarà perciò conducevole lo sbrigarci prima di qualche cosa minuta.

La maga Erittone era *cruda*, perchè commettea, secondo Lucano, orribili atrocità: e tali si dipingono le màghe, come Orazio fa di Canidia. *Il Cerchio di Giuda è il luogo più lontano dal Ciel che tutto gira*, perchè questo *Cielo* è il *primo-mobile* che forma, secondo Tolomeo, la periferia dell'universo, ch'ei tutto circonda e volve in giro; e quel *luogo* è la punta dell'Inferno, centro della Terra, e centro insieme di quella periferia. Nel cerchio di Giuda son puniti i traditori de' loro benefattori e signori, detto così da Giuda che tradì G. C. E si badi che, quando Virgilio pria vi discese, quel cerchio non poteva chiamarsi ancora così, perchè Giuda non era ancor morto. Virgilio vuol perciò dire, ch'ei scese in quel cerchio che poi fu detto di Giuda. *Esser la carne nuda dello spirito*, non lo spiegherò per ora, perchè sarà l'oggetto della quistione che faremo.

È d'uopo qui rammentarci di ciò che nel Discorso Preliminare dicemmo, vale a dire, che la maga Erittone mandò l'anima di Virgilio al cerchio di Giuda per prendere lo spirito d'un soldato Pompejano morto in battaglia contro Cesare, perchè rientrato nel corpo esanime predicesse il fine della guerra Farsalica. Riflettemmo colà due cose: I°. Ch'essendo Virgilio la Filosofia produttrice dell'Impero, fu con proprietà da Erittone impiegato a predire una vittoria da cui l'Impero dovea nascere; II°. Che quello spirito è nel cerchio de' traditori con Bruto e Cassio perchè essi vennero da Dante considerati come traditori di Giulio che, disceso da Giulo, era da lui riguardato come legittimo erede della corona latina, preeletto da Dio, e confermato da Roma. Eccoci alla questione.

Se Virgilio al tempo della guerra Farsalica non era ancor estinto, come va che la sua anima discese nel cerchio de' traditori a prendere lo spirito di quel Romano?

Parrebbe quasi impossibile il potere sciogliere questo vecchio nodo durissimo, dopo che mani cotanto abili vi si sono sì lungamente e sì inutilmente provate. Ed in vero la Storia, che segna l'epoca della morte di Virgilio, grida *anacronismo;* e il Poema, che rammenta il *vissi sotto il buon Augusto,* grida contradizione. Chi ci sbrigherà da questo intrigo? Forse il Rosa-Morando al quale piacque credere che l'Erittone qui nominata sia ben diversa da quella di Lucano, ed a quella posteriore? No; perchè il poeta parla troppo chiaramente di *quella Eritton cruda che richiamava l'alme ai corpi loro;* e massimamente dopo che abbiam riconosciuto chi sia Virgilio, e in quale occasione fu interrogato quello spirito. Forse il Lombardi il quale volle intendere che quella Erittone medesima, a Virgilio sopravvissuta, avesse fatta poi una operazione simile a quella rammentata da Lucano, nella quale si valse dell'opera del già morto Virgilio? Ma allora ci rimarrebbe sempre a conoscere perchè si valesse di Virgilio e non di altro, e perchè gli fè trarre uno spirito dal cerchio di Giuda: domande a cui abbiam date le più soddisfacenti risposte, nel caso che di quella prima operazione, e non di una seconda, si favellasse. Or vediam noi come debba ciò intendersi.

Il potere accordato ai Maghi dalla popolare credenza, su cui i poeti si fondano spessissimo, è quasi senza limiti. Chi ha letto i vecchi libri della Cavalleria, i Reali di Francia, il Bojardo, l' Ariosto, e fin il severo Tasso, mi dispenserà dal ripetere quel che poteano un muover di nera bacchetta, un mormorar di parole tremende, un suffumigio, un circolo, ecc. E per non partirci da questa Erittone, ella potè far uscir dall' Inferno uno spirito, e potè farlo rientrar nel corpo esanime onde a lei rispondesse. Or chi ci dice che col potere medesimo non valesse a far uscire un' altr' anima da un corpo sano per farla entrar nell' Inferno, onde servire ai suoi disegni; soddisfatti i quali la rinviasse alle sue vitali funzioni, sospese per poco e non cessate per sempre? E che quest' atrocissima Erittone, di cui gli stessi Dei paventavano, avesse questa nuova specie di onnipotenza, per la quale facil le fosse trar le anime dai corpi ancor viventi, ce 'l dirà Lucano medesimo:

Omne nefas Superi prima jam voce precantis
Concedunt; carmenque timent audire secundum;
Viventes animas, et adhuc sua membra regentes,
Infodit busto.

E che Dante faccia scendere degli spiriti nel cerchio di Giuda, mentre i lor corpi ancor vivi rimangono sulla terra, ci verrà mostrato da più luminosi esempj nel cerchio stesso. Ciò posto, ci resta solo a vedere, se quel che dice Virgilio può intendersi così. Udiamolo.

Di poco era di me la carne nuda,
Ch' ella mi fece entrar dentro a quel muro,
Per trarne un spirto del cerchio di Giuda.

Tutti gli altri hanno spiegato: *Era da poco tempo ch' io era morto, quand' ella mi fece entrare,* ecc. Ed io spiego: *Per lo spazio di poco tempo la carne mia tuttora viva era lasciata nuda di me; perchè ella mi fece entrare dentro a quel muro,* ecc. Con questa interpretazione, che non violenta per nulla la lingua, io libero Dante da anacronismo, lo assolvo da contradizione, e servo allo scopo generale del suo poema, ed alla sua allegoria la quale è la seguente: *Lo spirito di que' saggi i quali bramavano un Impero che riparasse ai disordini di una corrotta Repubblica, trasportandosi, quasi dal corpo diviso, nel futuro, prediceva, per mezzo della morte dei soldati di Pompeo, la prossima nascita dell' Impero medesimo.* E quindi la Critica mi dice che questa è la interpretazione retta, e tutte le altre son torte: e mi vi attengo.

Or seguiamo ad udire Virgilio, non più morto anzi ora.

CANTO IX.

11. Questa palude, che il gran puzzo spira,
    Cinge d' intorno la città dolente,
    U' non potemo entrare omai senz' ira.
12. Ed altro disse, ma non l' ho a mente;
    Perocchè l' occhio m' avea tutto tratto
    Ver l' alta torre alla cima rovente:

Questa palude, ch' esala il gran puzzo che senti, cinge d' intorno quella dolente città, dove omai non possiamo entrare senza adirarci....Virgilio seguendo a parlare altro disse, ma io non l' ho a mente, perchè l' occhio avea attirata tutta la mia attenzione verso quell' alta torre dalla cima rovente che avea da lungi veduta.

Gran puzzo spira parmi men bello del Virgiliano *sævam exhalat mephitim*, da cui probabilmente nacque. *Senz' ira*: affinchè si rammenti la distinzione seconda fra *sdegno* ed *ira*, dirò col Landino, che " L' ira qualche volta non solamente non è vizio, ma è virtù; perchè è giusta indignazione a far l' animo gagliardo ad ogni onesta impresa: non è solamente nell' animo nostro quella parte che desidera il bene, cioè la concupiscibile, ma ancora quella che rimuove gli ostacoli che impediscono il bene, e chiamasi irascibile." " L' ira che Dio ci ha data contro le male azioni dei tristi," direbbe il Monti che n' è a dovizia fornito.

13. Ove in un punto vidi dritte ratto
    Tre Furie infernal, di sangue tinte,
    Che membra feminili aveano ed atto;
14. E con idre verdissime eran cinte;
    Serpentelli e ceraste avean per crine,
    Onde le fiere tempie erano avvinte.

Ove vidi rapidamente drizzarsi al punto stesso tre Furie infernali tinte di sangue, che aveano membra feminili ed atto di ebbre baccanti. Esse erano intorno cinte con idre verdissime, ed avean serpentelli per crine, e ceraste per trecce, onde le fiere lor tempie erano avvinte.

Ognun vede che le guardie infernali, rientrate nella città, avean dato avviso alle Furie che Dante volea colà penetrare; per cui queste accorsero sulla torre.

Mi sembrerebbe ridondanza il dire che le Furie *aveano membra feminili*, se non sapessi da che deriva una tale espressione che significherò più in là. Nessuno (eccetto il Daniello che ne fa un cenno) ha poi voluto spiegarci che vuol dire *aver atto feminile*: ecco ciò ch' io ne penso. Siccome il sesso maschile ha maggior natural dignità, così nella collera gli uomini si divincolano, si contorcono e si sbattono assai meno delle donne, che nelle loro furie si agitano in mille strani modi, e prendono le più convulse attitudini: il che dai Latini dicesi *debacchari*: e perciò *aver atto feminile* l' ho spiegato, aver atto di ebbre baccanti.

15. E quei, che ben conobbe le meschine*
    Della Regina dell' eterno pianto,
    Guarda, mi disse, le feroci Erine.†

E qui pure, se non sapessi chi sia quella *Regina dell' eterno pianto*, dubiterei che Dante questa volta dormicchiasse: poichè sembra ch' egli accordi a Satanno una moglie di cui quest' Erine fosser le serve, il che non è affatto; poichè una tal diavolessa Imperatrice non si trova per ombra nel suo Inferno. Ma dirò più abbasso chi sia questa Regina, e chi sieno queste sue meschine che han membra feminili.

16. Quest' è Megera dal sinistro canto,
    Quella che piange dal destro è Aletto,
    Tesifone è nel mezzo: e tacque a tanto.

Megera in Greco vuol dire *Invidia*, Aletto significa *senza pace*, e l' altra che suona *uccisione* è tale che fa fremere Virgilio nell' atto che la nomina; per cui si *tacque a tanto*, cioè a tanto abborrito nome. Più tardi farò vedere perchè le Furie son così situate, perchè la sola Aletto piange, e perchè Virgilio si tace.

17. Con l' unghie si fendea ciascuna il petto,
    Batteansi a palme,‡ e gridavan sì alto
    Ch' io mi strinsi al poeta per sospetto.

* *Meschine*, serve, ancelle.   † *Erine*, Erinni, Furie infernali.
‡ *Battersi a palme*, come *battersi a colpi di bastone, lacerarsi a morsi*, e simili.

18. Venga Medusa, sì il farem di smalto,
   Gridavan tutte riguardando in giuso;
   Mal non vengiammo in Teseo l' assalto.

Ciascuna di esse si fendea il petto con le unghie; e si battean frenetiche con le palme, e gridavan sì altamente ch' io per paura mi strinsi al poeta: e riguardando in giù verso me tutte e tre gridavano: Su, venga il teschio di Medusa, così farem di sasso quel temerario. Non male ci vendicammo su di Teseo dell' assalto dato a queste mura, e gioverà rinnovarne in costui la pruova.

Ma perchè mai le Furie vogliono adoperare il capo di Medusa, onde recar danno a Dante, quando potrebbero uscir dalle porte e scagliarglisi addosso? Si sappia esser legge infernale (la quale verrà esposta molto più tardi) che i demonj, destinati dalla Giustizia a presedere in un dato luogo dell' Inferno, non possono varcare quel sito di lor giurisdizione; onde le Furie pensano d' impiegare il capo di Medusa come un' arme che ferisce da lontano. Di Teseo diremo alquanto più in là.

19. Volgiti in dietro, e tien lo viso chiuso,
    Chè, se il Gorgon si mostra e tu il vedessi,
    Nulla sarebbe del tornar mai suso:
20. Così disse il Maestro, ed egli stessi
    Mi volse, e non si tenne alle mie mani
    Che con le sue ancor non mi chiudessi.

Volgiti in dietro e tieni chiusi gli occhi: chè, se il Gorgone si mostra e tu il vedessi, nulla sarebbe la speranza di tornar mai più sopra. Così disse il Maestro, ed egli stesso mi volse dall' altro lato; e non si tenne e limitò alle sole mie mani, sicchè non mi chiudesse gli occhi con le sue mani ancora.

Vedremo che vuol insegnargli il maestro con quelle parole e con quest' atto.

21. O voi che avete gl' intelletti sani,
    Mirate la dottrina che s' asconde
    Sotto il velame degli versi strani.

O disse *strani* in senso di misteriosi, o chiamò *strani* i suoi *versi* perchè previde che tali sarebbero paruti finchè non se ne approfondisse il significato. "Strani, perchè altro suonano le parole, ed altra è la sentenza che v' è nascosta."—*Landino*. Con quest' apostrofe il poeta vuol avvertirci che gran cose ha detto, e più grandi ancora si appresta a dirne. Parte della dottrina possiam intenderla da ora, e parte di qua a poco. Essa è morale e storica: della prima or dirò, della seconda poi.

Variatissima e protratta è la teoria morale messa in azione in questo quinto cerchio, che prende parte del canto settimo, tutto l' ottavo, e parte del nono: e sei distinte scene possiam chiaramente scorgervi.

Iª. Iracondi e Accidiosi: gli uni che si dilaniano alla faccia della palude, gli altri che sospirano al fondo: due generi di vizj opposti, e collaterali alla virtù intermedia della Mansuetudine.

IIª. Flegias che arriva minacciando, e Virgilio che in dignitosa fermezza ne raffrena con poche parole l' impeto: Iracondia rintuzzata dalla Mansuetudine.

IIIª. Filippo Argenti che irragionevolmente assale; Dante e Virgilio che giustamente repellono: Iracondia messa in contrasto con la Mansuetudine.

IVª. I demonj di Dite che stizzosamente oltraggiano; Dante che timidamente si avvilisce, Virgilio che magnanimamente si sdegna: la teoria morale è qui nella sua pienezza: i demonj presentano l' idea dell' Iracondia; Dante offre quasi quella dell' Accidia; e Virgilio quella della Mansuetudine.

Vª. La presente azione: per comprender la quale premetteremo che *Gorgon* in Greco vuol dire *spaventevole*. Siccome lo spavento rende l' uomo talvolta quasi immobile e legato (*Da questa tema acciò che tu ti solve*, c. ii.), dandogli gravezza di membra che non gli fa proseguire quel corso che deve innalzarlo a virtù (la Lupa *mi porse tanto di gravezza Con la paura che uscia di sua vista Ch' io perdei la speranza dell' altezza*, c. i.), così fu detto dai Mitologi che la vista del Gorgone petrifica l' uomo, e dagl' Iconologi è posta come simbolo dello spavento (Vedi l' Iconologia del Ripa). Or Virgilio, che in questo momento figura la *Mansuetudine* che contrasta con l' *Iracondia*, e salva l' uomo dall' *Accidia* (il che equivale a fortezza d' animo che combatte contro l' iniquità per la giustizia, *probè definitur a Stoicis fortitudo, cum eam virtutem esse dicunt pugnantem pro aequitate*, Cic.), dice a Dante che, se guardasse il Gorgone presentato dalle Furie, "Nulla sarebbe del tornar più suso," cioè che se si lasciasse arrestar dallo spavento, non uscirà più di là migliorato e sublimato, e perciò gli chiude gli occhi con le stesse sue mani: Mansuetudine che contrastando con l'Iracondia genera fortezza, e chiudendoci gli occhi incontro alle minacce ci preserva dallo spavento che genera Accidia.

VI^a. A dar compimento alla teoria etica vedremo ben tosto un'azione dalla quale risulterà questa moralità: La *Mansuetudine*, quantunque per sè debole, se non si lascia avvilir dall' *Accidia* nel contrastar con l' *Iracondia*, sarà ajutata dal Cielo, e finirà con trionfarne.

Ecco la *dottrina* morale che Dante *ascose* ne' suoi *versi* misteriosi ch' ei chiamò *strani*: dottrina che dee ricercarsi nel processo de' tre canti, e non già nella sola azione della chiusa degli occhi di Dante per non vedere il Gorgone. Nè questo è tutto: Oh qual alto spettacolo è vicino a mostrarsi! Spettacolo che, nel farci comprendere il vero oggetto di questa dottrina, spargerà su tutto il poema mirabil luce. Pochi altri momenti di pazienza, e la gran tela sarà alzata.

22. E già venia su per le torbid' onde
    Un fracasso d' un suon pien di spavento,
    Per cui tremavan ambedue le sponde;
23. Non altrimenti fatto che d' un vento,
    Impetuoso per gli avversi ardori,
    Che fier la selva; e senza alcun rattento*
24. Gli rami schianta, abbatte, e porta i fiori:
    Dinanzi polveroso va superbo,
    E fa fuggir le fiere e gli pastori.

E già venia su per le torbid' onde di Stige un fracasso d' un suono spaventevole, per cui tremavan ambedue le sponde della palude: non altrimenti fatto che d' un vento il quale, reso impetuoso per gli opposti ardori, ferisce la selva, senza che alcuna cosa possa rattenerlo; e ne schianta i rami, e gli abbatte, e ne porta i fiori: e polveroso va innanzi superbo, e fa fuggir le fiere e i pastori.

---

* *Rattento* da rattenere, come *ritegno* da ritenere; ma il primo è obsoleto, e il secondo in pieno uso.

I posteriori Fisici, nell' esporre con lunghe teorie l' origine dei venti, non ci dicono in sostanza più di quello che Dante avea detto col solo verso, "Impetuoso per gli avversi ardori." Essi insegnano che il vento altro non è che aria agitata, il cui moto proviene da ciò: Quando l' aria in una regione è soverchiamente per freddo condensata, mentre in un' altra è per calore opposto rarefatta, accade che la gran massa di questo fluido atmosferico, il quale come ogni altro fluido ama equilibrarsi, sviluppandosi con impeto dal clima ov' è condensata, corre verso là dov' è rarefatta per compensarne il manco: e quindi diviene impetuosa per gli ardori d' un clima avversi ai rigori d' un altro. Per cui accade che negli equinozj, tempo in cui si passa dal calore al freddo o vice-versa, i venti sogliono essere frequenti e fortissimi. *Toutes les causes qui produiront dans l'air une raréfaction ou une condensation générale, produiront des vents, dont les directions seront toujours directes ou opposées au lieu où sera la plus grande raréfaction ou la plus grande condensation.*—Bomare.

25. Gli occhi mi sciolse, e disse: Or drizza il nerbo
    Del viso su per quella schiuma antica,
    Per indi ove quel fummo è più acerbo.

Virgilio mi tolse allora le mani dagli occhi, e mi disse: or drizza l' acume della tua vista su per quella schiuma di Stige, ov' essa è più permanente ed antica; e guarda per di là dove quel vapore è più denso e stimolante.

La *schiuma antica* è là dove gl' iracondi per continuo agitarsi e lacerarsi fra loro tengono quasi perenne la schiuma fangosa: e il *più acerbo*, applicato al vapore, indica che questo è la causa stimolante delle ire sempre rinascenti in que' rabbiosi.

26. Come le rane innanzi alla nemica
    Biscia per l' acqua si dileguan tutte,
    Finchè alla terra ciascuna si abbica,
27. Vid' io più di mille anime distrutte
    Fuggir così dinanzi ad un che al passo
    Passava Stige con le piante asciutte.

Come le rane si dileguan tutte per l' acqua innanzi a quella biscia che suol divorarle, finchè ciascuna si rannic-

CANTO IX. 253

chia nel limaccioso fondo del pantano; così vid' io più di mille anime de' dilaniati iracondi fuggir dinanzi ad uno che, nel luogo del passaggio, varcava Stige con le piante asciutte.

Questi non tocca coi piedi quell' acqua fangosa che forma la pena dei furibondi, per la stessa ragione per cui Beatrice disse che la fiamma dell' incendio infernale non potea assalirla.

28. Dal volto rimovea quell' aer grasso
   Menando la sinistra innanzi spesso,
   E sol di quell' angoscia parea lasso.

Allontana da sè con la mano men nobile quello stimolante vapore; e beato in tutto non sente altra noja che di questo. Quel *menar la sinistra* indica ancora che ha la destra ad altro impiegata, e vedremo che cosa vi tiene.

29. Ben m' accorsi ch' egli era del Ciel Messo,
   E volsimi al maestro; e quei fè segno
   Ch' io stessi cheto, ed inchinassi ad esso.

Si volse al maestro per sapere quello che avesse a fare; e la sua Filosofia politica prudentissima gli fè segno di star cheto, e inchinasse al Messo del Cielo per riverenza. Vedremo l' allegoria di ciò.

30. Ahi, quanto mi parea pien di disdegno!
   Giunse alla porta, e con una verghetta
   L' aperse, che non v' ebbe alcun ritegno.

Ecco che cosa avea nella destra, una *verghetta*.
Mi par finalmente tempo di mantenere le mie tante promesse (e tutte le manterrò) con alzare il sipario, e mostrare scena inaspettata: e ripeterò con Dante: O voi che avete gl' intelletti sani, mirate, e godete, s' egli è vero che *indagatio rerum magnarum et occultarum habet oblectationem.*—Cic. Torniamo alquanto indietro, e seguitemi attentissimamente.
Il Ghibellino Alighieri, scortato da Virgilio, Filosofia Ghibellina, vuol entrare in quella terra sconsolata cinta dalla palude degli odj, terra che ha cittadini gravi di peccati, e di cui grande è lo

stuolo: ma più di mille dal Ciel piovuti che ne hanno in guardia le porte stizzosamente gli negano l'ingresso. Sul principio dicono a Virgilio: vieni tu solo, e quei si ritorni in dietro: ma poichè Virgilio ha loro svelato chi egli sia, e perchè venga, ciascuno di que' ribelli si ricorse a pruova dentro, e Dante vide con dolore che que' loro avversarj chiusero le porte nel petto al suo signore che fuori rimase. Virgilio promette di vincer la gara, e gli annunzia che già discende l'erta un tale che farà loro aprir quella terra.

Questa città dunque è figura della Guelfa Firenze, cui convengono tutti gli esposti caratteri, città ribelle al suo signore, la quale non vuole ricever Dante che di quel signore si fè seguace. Mordacissima satira che paragona alla Capitale di Lucifero quella in cui " *Superbia, Invidia*, ed *Avarizia* sono Le tre faville ch' hanno i cuori accesi:" ed assimila i diavoli ai Neri.*

Le tre Erine, ancelle della Regina dell'eterno pianto, le quali dalla torre infocata guardano Dante e lo minaccian da lungi, son appunto quelle tre funeste passioni. Megera in fatti significa *Invidia:* in Aletto, che vuol dir *senza pace*, può ravvisarsi la irrequietissima *Superbia;* e in Tesifone può scorgersi l'*Avarizia*, caratteristica della corte papale, anima del partito Guelfo, per cui il personificato Ghibellinismo nel designare la sua rivale si tacque con un fremito a tanto abborrito nome; e il poeta la pose in mezzo alle altre due per indicarne ch'era essa il fomento alle furie laceratrici di quella città e di que' tempi, e quasi centro di esse. Tesifone in fatti *uccisione* significa, e Virgilio nell' Eneide la mette come stimolo alle altre Furie, *Vocat agmina sæva sororum*. E si noti che quell' esser tinte di sangue, quel fendersi il petto con le proprie unghie, quel battersi a palme fra loro, e quel gridar sì alto indicano chiaramente le fraterne stragi, e le intestine lacerazioni, e il guerreggiar civile, e i tumulti feroci delle furie Fiorentine, dette *Erine*, perchè *eris* in Greco *contenzione* vuol dire; e si noti anche la relazione che passa fra queste tre Erine che sono sull' alta torre alla cima rovente della città del foco, e quelle tre passioni funestissime che sono *le tre faville ch' hanno i cuori accesi*, le quali avean decretato che Dante fosse *arso vivo*. (Vedi la Vita.)

Le Furie si vantano di essersi ben vendicate su Teseo dell' assalto dato alle loro mura, e ciò si riferisce al Conte Alessandro di Romena che alla testa de' Bianchi assalì Firenze, dalle cui furie soverchiato, e quasi da panico terrore sopraffatto, venne respinto con la morte di varj suoi seguaci.

Esse vogliono impiegare il Gorgone per petrificar Dante onde non entri nella città: e con ciò il poeta vuol esprimere che que' suoi nemici cercavano levargli ogni coraggio con minacciarlo da lungi: onde quando Virgilio lo ammonisce di non guardar il Gorgone,

---

* A ciò mirava forse il poeta quando disse che Farinata (che di qua a poco vedremo entro Dite) ed altri, di cui richiese a Ciacco, *son fra l'anime più nere*.

CANTO IX. 255

poichè altrimenti ogni speranza *di tornar mai suso* sarebbe vana (talchè gli chiuse ei stesso gli occhi perchè nol mirasse) volle quel suo Ghibellinismo insinuargli di non farsi scoraggire dagli spauracchi de' Guelfi (come al Conte di Romena era accaduto), poichè altrimenti non si sarebbe mai più rialzato al suo stato primiero. E quando poi gli tolse le mani dagli occhi, e gli disse di diriger tutta la sua forza visiva *(il nerbo del viso)* al soccorso che veniva, volle esprimergli di attender solo a quello in che la sua speranza si fondava: onde lo confortò a non aver paura da un lato, ed a prender coraggio dall'altro. E con ciò il poeta intese parlare a tutti coloro ch'erano del suo partito, ch'egli chiamò *intelletti sani*, invitandoli a mirar la dottrina ch'egli avea *nascosa* ne' suoi *versi*.

Abbiam veduto ch'egli si appoggia talvolta alle parole: or quelle tre passioni rammentate da Ciacco son di genere feminile: e perciò l'Erine hanno membra feminili; senza di che l'espressione sarebbe ridondante, e priva di plausibil fondamento.

Quelle passioni avean resa Firenze soggiorno di lunghe sventure e di dolori perenni: Firenze è dunque *la Regina dell' eterno pianto:* senza di che quella frase sarebbe mancante di ogni appoggio, poichè una tal Regina non è in questo Inferno.

Virgilio promette a Dante ch' ei supererà quel contrasto, qualunque sien coloro che si aggirino dentro la città a fargli opposizione; e gli annunzia, per rincorarlo, che già discende l'erta un tale che gli farà aprir le porte della città: e questo si riferisce all' Imperadore Arrigo di Lussemburgo che si attendea dall' alta Italia, per cui Dante si promettea di rientrare nella sua patria a dispetto de' suoi nemici.

Virgilio attende quel tale, e Dante gli domanda se aspettasse *alcuno del primo grado:* fra tutti quelli che là sono il solo Cesare è armato con occhi di aquila grifagna: e Cesare è appunto il fondator dell' Impero: dunque a lui allude quella domanda sì misteriosa ch' è fatta in sì ambiguo ed oscuro gergo;* perchè gli parve strano che l'ombra d'un idolatra dovesse dar la legge all'Inferno Cristiano:† Ma volle con quel lampo indicare che la speranza di rientrare nella sua patria gli derivava dal poter armato sostenitor dell' Impero.

Finalmente è vicino a comparire quel tale che sì ansiosamente è atteso, e Dante grida:

  O voi che avete gl' intelletti sani,
   Mirate la dottrina che s' asconde
   Sotto il velame degli versi strani.

Ed ecco che al giunger di lui tutt' i furiosi gli fuggono spaventati davanti; ed ei viene senza bagnarsi le piante nella palude dell' ire, ma pien di nobile disdegno passa su per le torbid' onde, menando un fracasso pien di spavento, per cui tremavano ambidue le sponde

---

* *Alcun del primo grado* è espressione equivoca, che può valere *alcuno della prima dignità.*

† Questa stranezza è più apparente che reale: ed a suo luogo il vedremo.

di Stige: ed ei che desta quel rumore è paragonato ad un vento che, reso impetuoso per gli avversi ardori, e senza che alcuna cosa possa rattenerlo, *ferisce la selva* (notate vi prego, notate) *e ne schianta i rami e gli abbatte, e porta via i fiori, e fa fuggir le fiere ed i pastori.* Or non è questa *la Selva selvaggia*, e non son queste *le tre Fiere?* Non son questi gli alberi e *i rami* di cui parlammo altrove, cioè i Fiorentini? E quel *portar via i fiori* non ha di mira la città di Flora le cui armi sono i gigli, e i cui cittadini furono da Dante rassomigliati a *fiori Bianchi e Persi?* E quei *pastori* non hanno la loro gran significazione?...Seguiamo.

Dante si accorge che quel tale è un *Messo del Cielo* (e dice *Messo del Cielo*, e non Angelo); e il suo Maestro gli fa segno di starsi cheto ed inchinarsi a lui per venerazione. Quel Messo del Cielo pien di disdegno giunge alla chiusa porta della città ribelle, e con una verghetta l' apre, senza trovare alcun ritegno. Or se questo *Messo del Cielo* non è figura di Arrigo, se quella *verghetta* non è simbolo dello scettro imperiale,* con cui il poeta si lusingava che dovessero essergli aperte le porte della nemica Firenze, senza che alcun de' Neri potesse impedirlo, io dirò che vi è armonia prestabilita per trarmi in errore, e che il Poema e la Storia han fatto congiura per tessere un inganno alla Critica.

Confrontiamo alquanto più la Storia col Poema, e vediamo se la Critica può altro conchiuderne.

De Cœlo demissum, ch' è quasi *del Ciel messo*, predicavano e salutavano Arrigo i popoli di quel tempo, per testimonianza di Uberto Folieta: *Vir cœlestis* lo chiama Jacopo Filippi; e Dino Compagni (tutti autori contemporanei) dice ch' ei venne in Italia *come fosse un Angelo di Dio;* e Dante medesimo nella sua lettera diretta a quell' Imperadore lo appella *Ministro di Dio*, e si mostra impaziente del molto di lui tardare a punire quella città ribelle, al pari che il suo personificato Ghibellinismo esclamò: *Oh quanto tarda a me ch' altri qui giunga!* Ed ecco le sue parole: " In te speriamo e crediamo, affermando te essere *Ministro di Dio*...ma che con sì lenta pigrezza dimori, noi ci maravigliamo....Scritto in Toscana sotto la fonte d' Arno." Ed a quella lettera fanno eco tutte le croniche coeve, le quali ci dicono che Arrigo dalla sua prima entrata in Italia sino al suo arrivo in Firenze impiegò circa due anni: ed a ciò forse allude che Virgilio e Dante pervennero a Dite, *Non senza prima far grande aggirata*.

Il Pelli nella Vita del Poeta ci narra, ch' ei *si portò ad inchinare Arrigo* quando questi venne in Toscana; il che si concorda col cenno di Virgilio *che inchinasse ad esso;* e quel filosofico suo Ghibellinismo gli comandava di *starsi cheto*, cioè di non reclamare contro i suoi nemici; il che consona con ciò che Dante scrisse nella venuta di quel Cesare: *perdonate, perdonate oggimai, carissimi, che con meco avete ingiuria sofferta*.

---

* *Bacchetta*, ch' è sinonimo di *verghetta*, è chiamato lo scettro da Guido Cavalcanti, come vedemmo nella terza nota aggiunta al Canto VII.

Firenze sul principio volea ricevere il nuovo eletto, ma poi, avendo sospetto ch' egli introducesse i Ghibellini espulsi, risolvè chiudergli le porte; e quindi i demonj dicono a Virgilio, *vieni tu solo, e quei sen vada*: di che Dante prese gran temenza. "Lo Imperadore Arrigo venne a Losanna. I Fiorentini ordinarono mandargli una ricca ambasciata; ma per certi grandi Guelfi di Firenze si sturbò l' andata, temendo che sotto inganno di pace lo Imperadore non rimettesse li usciti Ghibellini in Firenze: e di questo si prese il sospetto, e in appresso lo sdegno... e li usciti ne avieno gran temenza."* (Gio. Villani, lib. ix, cap. 8). " I Fiorentini per tema della venuta dello Imperadore si ordinarono di chiudere la città." (Ivi, cap. 10.)

Quella città (famosa allora per le torri ond' era cinta, cotanto predicate da Gio. Villani e da Gio. Boccaccio) avea *un castello in sull' Arno*, chiamato *l' Ancisa*, pel quale passar doveasi onde giungere ad essa. Soleansi in que' tempi dar degli avvisi da lungi per mezzo di fuochi telegrafici. I Fiorentini avean munito quel loro castello di gente armata *per tenere il passo allo Imperadore*: ma questi, *presa la via del poggio di sopra l' Ancisa, per istretti e forti passi valicò il castello, e prese consiglio la notte di andarsene al dritto alla città di Firenze,*† *credendolasi avere sanza contrasto, lasciandosi l' oste de' Fiorentini a dietro nell' Ancisa.* (Gio. Villani, lib. ix, cap. 45.) Ecco dunque quell' alta torre ch' è sullo Stige, dalla quale si passa alla città di Dite; ecco le meschite che cingono la città infernale; ecco i fuochi che di qua e di là si corrispondono con cenni scambievoli; ecco il messo del cielo che *discende l' erta per l' aer nero, passando lo Stige al passo con le piante asciutte.*

Nè solo ciò, ma ogni minuta circostanza, ogni espressione benchè minima di questo canto e del precedente, hanno uno storico appoggio: nè so resistere alla compiacenza di citarne qualch' esempio, ancorchè debba costare a me la pena, ed altrui la noja di ritornare sui passi già dati. E perchè tutto ciò che dirò possa verificarsi da chicchessia, chiudo i cento cronicisti antichi, e mi limito ad uno Storico moderno che molti n' epilogò, il quale va per le mani di tutti, intendo dire il Sismondi. Aprite

---

* Pensa, lettor, s' io mi disconfortai
Al suon delle parole maledette,
Ch' io non credetti ritornarci mai.

Così Dante nel canto precedente, quando i diavoli si opposero al suo entrare nella città, dove volevano ammettere il solo Virgilio. E si noti bene quel *ritornarci* che vuol dire *ritornare a Firenze*, e non già *ritornare al mondo*. E ricordiamoci ch' egli pregò allora Virgilio di *non lasciarlo così disfatto*; e che *quel Signore* gli disse di *non temere e di sperare*. Queste frasi ora divengon chiare in tutta la lor forza.

† *Ne' tempi sospetti l' una all' altra terra di dì fa cenno col fumo, e di notte col fuoco*: il Landino. E quindi sulla torre si fè cenno col fuoco (*questo che dice e che risponde quell' altro fuoco?* c. viii); perchè Arrigo passò di notte l' Arno per andare a Firenze.

dunque la sua *Storia delle Repubbliche Italiane del medio evo*, al capo xxvii.

Lì troverete che, prima che Arrigo venisse, due inviati Imperiali si presentarono innanzi a Firenze dalla parte di lui, pregando que' torbidi Repubblicani di ricevergli, udirgli, e conceder loro un alloggio; e che quelli riuniti in consiglio risolvettero di non accoglierli, perchè *quel tiranno che avea distrutto il partito Guelfo in Lombardia, volea introdurre entro la loro città i nemici loro.* (Tom. iv, p. 314).* Ecco chiaramente Virgilio che *fa segno ai diavoli di voler lor parlar segretamente*; ecco quei diavoli che *chiusero un poco il gran disdegno*, e confabularono insieme; ecco la loro repulsa di ricever Dante.

Troverete che, dopo il consiglio tenuto, i Fiorentini irritati minacciarono ferocemente que' due legati, pensosi di sè (ivi, pag. 315, e seg.); poichè quegl' inurbani negando loro ogni scorta dieder loro ordine *di ritornar subito per la via ond' eran venuti*, via piena di pericoli e di nemici (ivi, pag. 317, e seg.)† Ecco dunque que' demonj, avversarj de' due poeti, che *chiudono le porte in petto a Virgilio che fuor rimase*; ecco quel loro gridar verso Dante: *quei sen vada, Che sì ardito entrò per questo regno; Sol si ritorni per la folle strada.*

Troverete che que' due messi non potettero perciò in Firenze rimanersi, e subito partirono minacciati e sgomentati; ecco dunque perchè Virgilio non stette guari coi diavoli che lo discacciarono, e volsesi in dietro con sospiri e con ciglia prive di ogni baldanza.

Troverete che Arrigo avea ricevuto omaggio dalle principali città d'Italia, come Milano, Genova, Pisa, e più tardi da Roma istessa, mentre Firenze arditamente gli facea guerra, ed eccitava altri a fargliela: ecco dunque che significano quelle parole di Virgilio che si sdegna nel vedere che vili demonj gli si oppongono: *Chi m' ha negate le dolenti case!*

Troverete che Cremona e Brescia per opera segreta de' Fiorentini si eran mostrate ribelle ad Arrigo alquanto prima di Firenze; talchè le sconsigliate gli avean pur esse chiuse le porte; e che quegli, gettatele a terra, entrò vittorioso per la breccia (pagg. 306. 308. 324. e seg.). Ecco dunque la spiegazione pienissima di que' versi:

---

* Queste parole sono quasi verbalmente tratte dalla Relazione fatta dal Vescovo di Botronto, il quale era appunto uno de' due inviati: e gli altri storici a lui fan coro. "Venne in Firenze Messer Pandolfo Savelli e altri cherici, ambasciadori dello Imperadore.... I Priori mandarono loro che non entrassero in Firenze, e si partissono." (Gio. Villani, ivi, cap. 25). *Nostris literis receptis, vocaverunt consilium majus, secundum modum civitatis Florentiæ*: racconta il detto Vescovo compagno del Savelli.

† *Nos voluimus exponere ambassiatam nostram, et ipsi noluerunt audire... dicentes ut nos reverteremur unde veniebamus.*—Relatio de Itinere Italico Henrici VII Imperatoris. E questa relazione è di quel Vescovo medesimo. Vedi Muratori, *Rerum Italicarum Scriptores*, tomo ix.

Questa lor tracotanza non è nuova,
Chè già l' usaro a men segreta porta
La qual senza serrame ancor si trova.

E chiama *men segreta* la porta di Cremona e di Brescia, restata senza serrame, perchè tale era riguardo a quella di Firenze; giacchè Arrigo la incontrò prima in suo passaggio.*

Troverete che tutt' i Guelfi, all' accostarsi del nuovo Cesare, o si sottomisero umiliati, o fuggirono spaventati al suo aspetto. Ecco dunque quel fuggir delle *mille anime distrutte* dinanzi al messo del Cielo, rassomigliate alle rane che *innanzi alla nemica biscia si dileguan tutte, finchè alla terra ciascuna si abbica.*†

Troverete che Arrigo ne' paludosi luoghi ov' era stato contro le città ribelle, e nelle sue lunghe marce negli estuanti dì caniculari contratta avea una malattia di mal aria, di cui poi cadde vittima, onde non entrò più in Firenze: ecco dunque quel messo del

---

* " Si ribellò allo Imperadore la città di Cremona, addì 20 di Febbrajo: e queste ribellazioni furono di certo con industria e spendio dei Fiorentini, per dar tanto a fare in Lombardia allo Imperadore che non potesse venire in Toscana."—*Gio. Villani*, ivi, cap. 11. " L' Imperadore fece disfare le loro mura e tutte le fortezze della cittade."—Ivi, cap. 15. " I Fiorentini vi mandarono subito un ambasciadore per non lasciare spegnere il fuoco, il quale profferse loro ajuto di gente e di denaro, il che i Cremonesi accettarono, ed afforzarono la terra."—*Dino Compagni*, lib. ii: e questo cronicista aggiunge che *lettere de' Fiorentini, e falsi istigamenti non muncarono* perchè si ribellassero: ma conchiude che *l' Imperadore fece disfare le loro mura.* Che Brescia si fosse sollevata contro Arrigo anche per opera de' Fiorentini è attestato da molti, e fra gli altri dal Vescovo di Botronto che lesse lettere intercettate in quell' assedio; e da Andrea Dei nella Cronaca Sanese, il quale così si esprime. " I Fiorentini misero molte monete alla difesa di Brescia, e fecero molti soldati, e posero molti cavalli, ecc." " Furono gettate a terra le porte della città (di Brescia), acciocchè l' Imperadore potesse entrare." Polistore di Fra Bartolomeo Ferrarese. " Fu la città (di Cremona) presa dall' Imperadore, ruinate le porte, affondate le mura." Storia Parmense di Gio. Cornazzani. *Imperator Brixiam ingreditur per muros destructos intrans.* Cronica Bresciana di Jacopo Malvecio; e lo stesso autore racconta che Arrigo avea nell' assedio fatta questa tremenda minaccia: *Prosternam urbis muros, eamque funditus evertam:* onde poi, *muris undique funditus eversis, introitum habere voluit.* A ciò consona anche la Cronica Estense, che dice: *Brixani venerunt ad praecepta domini Imperatoris cum tali pacto, quod portae dictae civitatis et murum explanarentur per tantum spatium quod dominus Imperator cum omnibus suis posset intrare in civitatem; et sic factum fuit.* E Ferreto Vicentino d' accordo: *Ipsa moenia circum circa deprimi imperat, unde liber omnibus pateat aditus.* E il Vescovo di Botronto, testimonio oculare, in consonanza: *Condemnati fuerunt in muris ..... perdiderunt portas suas ..... Imperator portas destrui fecit.* E così altri che taccio. Onde la penultima terzina del C. viii. può spiegarsi tanto per Cremona quanto per Brescia. Se non temessi di stancar chi legge potrei comprovare con la stessa multiplice uniformità di cronicisti contemporanei quasi ogni altro passo che qui illustro: ma valga questo solo esempio per tutti. Vedi questi scrittori sincroni, o di quel torno, nella grand' opera del Muratori *Rerum Italicarum Scriptores.*

† *Vulgus infidum, Caesaris solo visu, metum concipit, retroque abiens in tutum se locat.* Ferreto Vicentino. " Iddio onnipotente volle che la sua venuta (di Arrigo) fosse par abbattere e castigare i tiranni ch' erano per Lombardia e per Toscana, in fino a tanto che ogni tirannia fosse spenta."—Dino Compagni.

Cielo, che nel passare per la Stigia palude *si mena la sinistra innanzi spesso, onde rimuovere quell' aer grasso, e sol di quest' angoscia parea lasso.**

Che più? fin le minime espressioni del Poema coincidono con quelle de' cronicisti. Nel poema si dice che il messo del Cielo *al passo passava Stige;* e nelle Istorie Pistolesi di autore sincrono si legge: *Lo Imperadore giunse sì forte al passo che, malgrado de' Fiorentini, fece cominciare a passare parte della sua gente.* Ma troppo io ricalco le battute tracce; e sento che altro mi chiama.

Ho detto sopra perchè il poeta avesse situato Tesifone in mezzo: or dirò ancora perchè abbia posto Megera a sinistra, ed Aletto a destra.

Le tre Furie non solo sono i tre vizj da Ciacco rammentati, ma hanno una gran relazione con le tre Fiere della selva oscura: onde corrispondendo Megera alla Lonza o sia a Firenze, essa è inferiore alle altre due che figurano la Corte Francese e la Curia Romana; e perciò è a sinistra. Di più, Dante ne fa intendere nel Purgatorio che l'Invidia è il più turpe de' vizj, ed abbiam veduto che Megera *Invidia* significa. Che questo vizio poi sia quello con cui ei principalmente caratterizza Firenze, ce ne assicurò Ciacco stesso con quelle parole: *la tua città, ch' è piena D' invidia sì che già trabocca il sacco, Seco mi tenne in la vita serena.* Il dispetto dell' irritato poeta gli facea multiplicare le figure ingiuriose con cui dipingea quella sua noverca: onde Dite, chiamata *Regina dell' eterno pianto*, è Firenze; *Megera sua ancella* è l'invidia di Firenze; e la *Lonza leggiera e presta molto* è la volubilità di Firenze. Il dir poi che il Messo del Cielo era come un vento che facea fuggir le fiere, si riferisce all' aver fugate le Furie in cui le fiere son nascostamente adombrate, come figure di figure.

Resta ancora ad esporre perchè delle tre Furie la sola Aletto, o sia la Superbia, piange. Ella piange per la stessa ragione per cui Satanno il superbissimo, che ha tre facce (in corrispondenza, come vedremo, a queste tre Furie, per cui nella bocca di mezzo è quell' avaro traditore di Giuda), piange nel fondo dell' Inferno: onde Dante che il vide racconta:

>   Con sei occhi piangeva; e per tre bocche
>   Gocciava il pianto.   Canto ult. v. 53.

Ed han ben onde piangere la superbia e il superbissimo, perchè l'Inferno è opera loro: e nella genesi de' vizj si dimostra che la superbia fu la maligna radice onde tutti gli altri pullularono: *initium omnis peccati est superbia,* Salomone. La superbia an-

---

* " Movendosi (Arrigo) a grande giornata col caldo grande li venne una terzana." Così appunto la Cronica Sanese di Andrea Dei; e quella di Pisa d'incerto autore dice ancora che l'Imperadore s' infermò e poi morì, a cagione " ch' era assai caldo." *Aer flagrantibus leonis radiis perustus, multumque imbribus desuetis pestilens adeo affectus est, ut vix omnes castris militantes aegritudine laborarent:* così spiega la prima origine di tale infermità Ferreto Viccntino.

gelica e la superbia umana furono i primi peccati che offesero l'Eterno; e l'una e l'altra dischiusero questo baratro che ricevè in sè le due razze ribelle, rifiuto de' due Paradisi, il celeste e il terrestre.

Ma è tempo di tornare al Messo del Cielo per udir che dice.

31. O cacciati dal Ciel, gente dispetta,
    Cominciò egli in su l'orribil soglia,
    Ond' esta oltracotanza in voi si alletta?

Egli fermo sull' orribile soglia della città di Dite cominciò a gridare: O discacciati dal Cielo, disprezzata gente, onde deriva in voi e si annida questa oltracotanza?

Arrigo era contro i Fiorentini fortemente sdegnato, Tiraboschi, Vita di Dante: e il *cominciò egli* vale a significarlo maggiormente. Leonardo Aretino racconta che Arrigo fu avanti Firenze, *ponendosi a campo presso alla porta.*

32. Perchè ricalcitrate a quella voglia
    A cui non puote il fin mai esser mozzo,
    E che più volte v' ha cresciuta doglia?

Perchè ricalcitrate a quella volontà a cui non può esser mai interciso lo scopo, e che più volte, quando voleste a lei opporvi, vi ha accresciuti i tormenti?

Chi resiste alla podestà (di Arrigo) *resiste all' ordinamento di Dio; e chi all' ordinamento divino repugna è uguale all' impotente che ricalcitra:* Lettera di Dante ai popoli d'Italia nella venuta di Arrigo. *Qui potestati resistit, Dei ordinationi resistit:* S. Paolo.

33. Che giova nella fata dar di cozzo?
    Cerbero vostro, se ben vi ricorda,
    Ne porta ancor pelato il mento e il gozzo.

Che giova dar di cozzo negli stabiliti fati? Cerbero vostro, se ben vi si ricorda, perchè volle opporglisi n' ebbe quella pena onde porta ancor pelato il mento e il collo.

Direbbesi che qui il poeta rammenti il fatto favoloso di Cerbero incatenato da Ercole: ma pure io son d'avviso che con questo cane infernale faccia riferimento al terribile Messer Corso Donati; sì perchè egli era quasi sostenitore e custode di Firenze retta a parte Nera; sì perchè l'allusione del nome mel persuade; e sì finalmente perchè leggo in Gio. Villani queste parole: *I detti Catalani* (venuti per arrestar Mr. Corso, accusato di aspirare a tirannia) *veggendolo in terra, l'uno di loro gli diede d'una lancia per la* GOLA *un colpo mortale* (lib. viii. cap. 96): circostanza che fu notata anche da Dino Compagni il quale dice, che il feritore *gli diè d'una lancia catalanesca nella* GOLA (lib. iii.): e ciò avvenne nell'anno medesimo della elezion di Arrigo, per cui il Messo del Cielo dice, *se ben vi ricorda, il vostro Cerbero ne porta ancor pelato il mento e 'l gozzo.*

34. Poi si rivolse ver la strada lorda,
    E non fè motto a noi, ma fè sembiante
    D'uomo cui altra cura stringa e morda
35. Che quella di colui che gli è davante.

Poi si rivolse verso la strada fangosa ond'era venuto, e passò senza far motto a noi; ma fè sembiante di uomo cui altra cura stringa e prema che il pensar a quello che gli è davanti.

Questo partire del Messo del Cielo a tutto altro intento sembra essere un cenno passeggiero del retrocedere d'Arrigo dall'impresa nel più bello dell'opra, per la malattia mortale che richiamò la sua mente a cose ben diverse da quelle della Terra. Ei non entrò in Firenze, e il Messo del Cielo non entra in Dite; ei *valicò l'Arno per la via ond'era venuto* (Gio. Villani, lib. ix. cap. 47.), e il Messo del Cielo si rivolse ver la strada lorda. *Imperator obsedit Florentiam, et Florentini latuerunt intra spaldos; sed dum recessit ab obsidione, infirmitate captus, solvit debitum naturale:* così nella Storia Patavina de' due Cartusj, autor icontemporanei. *Post paucos dies ab adventu suo ante Florentiam Imperator fuit infirmus continuavel duplici tertiana:* son parole del citato Vescovo di Botronto che ivi trovavasi. E Ferreto Vicentino che fa minuta descrizione della malattia di Arrigo, *repentino motu, diuturnique laboris aestu flagrans*, soggiunge: *febbris immensa geminis aucta caloribus subito membris irrepsit.* Quel *repentino motu*, e quel *subito* della malattia di Arrigo, ci dicono chiaramente perchè il Messo del Cielo tornando in dietro *faccia sembiante d'uomo cui altra*

CANTO IX. 263

cura stringa e morda che quella di colui che gli è davanti: cioè di quegl' infelici suoi partigiani che desolati gli eran davanti.

E noi movemmo i piedi in ver la terra,
Sicuri appresso le parole sante.

E noi, resi sicuri dopo quelle sante parole, movemmo i piedi verso l' interno della città di Dite.

Quelle parole quantunque *piene di disdegno* pure eran sante, per la prima distinzione che facemmo fra *disdegno* ed *ira*.

L' entrar di Dante in quest' allegorica Dite non solo non ha minimo appoggio storico, ma è rotondamente contradetto dalla storia. Ciò dessi prendere meno come un buon augurio ch' ei faceva a sè stesso che come una continuazione del suo mentale viaggio, di che estesamente parleremo alquanto più in là.

36. Dentro v' entrammo senz' alcuna guerra:
    Ed io, ch' avea di riguardar disio
    La condizion che tal fortezza serra,

37. Come fui dentro l' occhio intorno invio;
    E veggo ad ogni man grande campagna
    Piena di duolo e di tormento rio.

38. Siccome ad Arli, ove il Rodano stagna,
    Siccome a Pola, presso del Quarnaro
    Che Italia chiude e i suoi termini bagna,

39. Fanno i sepolcri tutto il loco varo,
    Così facevan quivi d' ogni parte;
    Salvo che il modo v' era più amaro.

40. Chè tra gli avelli fiamme erano sparte,
    Per le quali eran sì del tutto accesi
    Che ferro più non chiede verun' arte.

41. Tutti gli lor coperchi eran sospesi,
    E fuor n' uscivan sì duri lamenti
    Che ben parean di miseri e d' offesi

42. Ed io: Maestro, chi son quelle genti
    Che seppellite dentro da quell' arche
    Si fan sentir con li sospir dolenti?

V' entrammo dentro senza più incontrare alcuna opposizione. Ed io, che avea desio di riguardare la condizione de' peccatori che quella fortezza in sè rinserra, come fui dentro mandai lo sguardo intorno, e vidi a man destra ed a man sinistra una grande campagna piena di duolo e di rio tormento. Siccome ad Arli, città di Provenza, presso cui il Rodano stagna; siccome a Pola, città d' Istria, presso a cui il Quarnaro serra Italia e ne bagna i confini, molti sepolcri fanno ineguale e variato tutto il terreno, così molte tombe facevan quivi d' ogni parte, salvo che più squallido n' era l' aspetto, e più doloroso il modo. Perchè tra gli avelli erano sparse delle fiamme per le quali eran quelli sì del tutto accesi che niun' arte richiede che il ferro il sia di più. Tutt' i lor coperchi eran sospesi, e n' uscivan fuori sì dolorosi lamenti che ben parean di miseri tormentati. Ed io domandai: Maestro, chi son quelle genti le quali seppellite sì fan sentire da dentro quell' arche con sì dolenti querimonie?

43. Ed egli a me: Qui son gli Eresiarche*
    Coi lor seguaci d' ogni setta: e molto,
    Più che non credi, son le tombe carche.

Il dire che quelle tombe erano cariche di Eresiarchi più ch' ei non crede, non è diverso dal dire che il vizio della miscredenza era ne' suoi tempi assai comune.

* *Eresiarche* per eresiarchi; come *profete* ed *omicide*, per profeti ed omicidi; perchè derivanti dai singolari *eresiarca, profeta, omicida*: plurale del tutto spento, sino al punto che a coloro i quali aman far rivivere le anticaglie è mancato il coraggio di trarlo dalla tomba.

CANTO IX.

44. Simile qui con simile è sepolto;
E i monimenti son più e men caldi.
E poi che alla man destra si fu volto
Passammo fra i martiri e gli alti spaldi.*

Ogni tomba contiene un diverso genere di settarj; onde ogni simile è qui sepolto col suo simile, e i monumenti sono più e meno infocati, secondo la maggiore e minor gravità della miscredenza. Così mi disse Virgilio, e, poichè si fu volto alla man destra, passammo per un sentiero ch'è fra i martirizzati e gli alti spaldi della città.

Il volgersi *a destra* o *a sinistra* è sempre impiegato da Dante per qualche allegorica significazione che altrove indicheremo.

Il poeta ha detto innanzi che gli avelli erano *accesi* sino al punto che *verun' arte richiede che il ferro il sia di più*: ciò denota l' eccesso dell' arroventamento; e nell' eccesso non v' ha nè il *più* nè il *meno*. Or qui dice che *i monimenti son più e men caldi*; talchè questo non sembra ben accordarsi con quello. Ei però non ha colà detto che tutti gli avelli erano così affuocati; e perchè altri ciò non credesse, è venuto qui sotto a fare questa distinzione del loro più o meno esser tali.

* *Spaldo*, ch' è una parte delle fortificazioni, è qui preso per muro di fortezza in generale: onde *alti spaldi* vale alte mura.

RIFLESSIONI SUL CANTO IX.

Questo canto, che può dirsi il vero mondo delle novità, mi chiama a considerazioni di altissima importanza, le quali riguardano tutti coloro che vorranno portare in seguito la face della critica fra le nebbie della Divina Commedia.

Il sistema d'interpretazione che seguo è fecondo di tre grandissimi vantaggi:

I°. Segna con sicurezza alcune epoche distinte che possono essere di gran luce a determinare in qual tempo Dante scrivesse il suo poema; anzi in quali anni ne distendesse le varie parti. Il Primo Canto, per esempio, ci dice chiaramente che la grand'opera fu da lui cominciata dopo il suo esilio, giacchè dopo un tal tempo ei si diè risolutamente al Ghibellinismo. E se ciò era stato creduto dal Maffei sull'autorità del Villani, ora può essere sostenuto, senza timor di replica, con la stessa autorità di Dante. Così pure questo Nono Canto mostra, anche più chiaramente, ch'esso fu scritto dopo che Arrigo fu avanti Firenze, cioè dopo il 1313, anno in cui quell'Imperadore morì: di modo che tutto il resto del poema (cioè canti novantuno) fu composto nel solo corso di otto anni, vale a dire dal 1313 al 1321, anno in cui morì il poeta. Se pure non possa mostrarsi con buone ragioni ch'egli aggiungesse questo canto allorchè era molto nell'opera inoltrato: cosa che non parmi probabile; attesa la grande corrispondenza delle parti del poema, che sembra colorito dietro un disegno lungamente premeditato, e interamente compito.

II°. Determina con sicurezza alcune lezioni sinor controverse, mostrando quali sono le genuine, e quali le adulterine introdotte dalla ignoranza o dalla pretensione di chi crede correggere. Or che sappiamo chi è il Messo del Cielo, nel vedere che costui è rassomigliato ad un vento impetuoso che fa fuggir le fiere ed i pastori, e schianta ed abbatte i rami della selva, e *porta i fiori*, chi è che non legge chiaramente in que' *fiori* i Neri di Fiorenza, detti dal poeta *fiori persi?** E se altra sua lucidissima testimonianza bramassi, onde convincerti che i cittadini di Fiorenza eran da lui chiamati *fiori*, apri gli orecchi a queste altre sue parole, ed odi: *Avendo Totila mandato fuori del tuo seno grandissima parte de'* Fiori, *o* Fiorenza, *tardi in Sicilia e indarno se ne andò*: De Vulgari Eloquentiâ. E in questo Totila adombra Carlo di Valois che avea mandati fuori di Fiorenza i *fiori bianchi*; e poi tardi andò in Sicilia, e indarno, perchè nulla ottenne, se non onta e biasimo.† Per tai fiori

---

* Vedi il Discorso Preliminare, pag. lviii.

† "Si disse per motto: *Messer Carlo venne in Toscana per paciaro, e lasciolla in guerra; e andonne in Cicilia per guerra fare, e reconne vergognosa pace*. Il quale il novembre vegnente si tornò in Francia, scemata e consumata sua gente, e con poco onore." Gio. Villani, lib. viii, cap. 49.

può anche intendersi l'arme di quella città la quale dai fiori si denomina, e la quale *Produce e spande il maledetto fiore*, il che è allusivo tanto allo stemma di esso, ch'erano i gigli, quanto alle sue monete ov'erano impressi tai fiori, dette perciò *fiorini*. Arrigo in fatti nel suo imperial tribunale, eretto in Poggibonzi nel 1313, fulminò un severissimo decreto con cui annullava alla città di Fiorenza ogni franchigia, e togliendole il dritto di batter moneta la condannava ad una multa di centomila fiorini: ed ecco come per tre modi quel vento impetuoso *portava via i fiori*.* Ciò posto, la lezione *e porta fuori* che venne da alcuni audacemente intrusa, e da altri calorosamente sostenuta, è lezione spuria che ha per madre l'ignoranza: e tutto ciò che si è da qualche anno scritto, onde farla tener per legittima, resta vano cicaleccio. Fortuna che non si è contrastato ancora quel *fa fuggire i pastori*; perchè io allora dimostrerei che ciò si rapporta non solo ai regolatori di Firenze in generale, ma allo stesso Vescovo, detto *pastor ovium*, con tutto il suo clero, armato contro Arrigo (Sismondi, Op. cit. t. iv, cap. 27, pagg. 329 e 331).† Chè se vi è chi persista nel credere che quelle tre Fiere sono vizj di Dante, e non già nemici di lui e del suo Cesare, allora lo prego a farmi comprendere come Arrigo potesse far fuggire i vizj di Dante, *lascivia, superbia* ed *avarizia*: mi spieghi egli ciò, *et erit mihi magnus Apollo*; promettendogli io dal mio lato di spiegargli in maniera assai logica, e da non far ridere, che significa che Arrigo di Lussemburgo con la sua armata d'Alemagna e d'Italia faccia fuggire i nemici di Dante, ch'erano i suoi proprj nemici.

E qui si noti un'acutezza tutta propria del nostro gran vate. Quando un oggetto è assente, ma gli giovi rammentarlo ed introdurlo quasi come presente, ricorre tosto ad una similitudine ingegnosissima, e i versi ne sono sempre ammirandi: son due volte che usa questo ripiego. Nel Secondo Canto il Sole, simbolo della ragione, era tramontato, onde la mente di Dante era confusa ed il cuore sgomentato. Eccoti tosto Virgilio trasformato in Sole, e Dante in fioretto: e ad onta che il Sole non vi sia, se ne hanno tutt'i buoni effetti da questo bel mezzo: poichè il Sole Virgilio illumina e riscalda il fioretto Dante, che si rischiara di mente, e si fortifica di cuore. Così in questo canto ancora: le tre *Fiere* e la *Selva oscura* erano fuori dell'Inferno; e il poeta sentiva la necessità di far vedere il Messo del Cielo che attraversando la selva ne schianta ed abbatte i rami,‡ e ne fa fuggire le fiere infeste: onde tosto quel Messo è trasformato in un vento impetuoso che schianta la selva, e fuga le fiere. Or vedi arte cui nulla mai al mondo avea pensato! Queste sono le cose che voglino trarsi dalla nebbia fitta, e mettersi al chiaro giorno, perchè il mondo le ammiri: senza perdere il tempo sopra certe altre che, a dirla

* "L'Imperatore fè grandi e gravi processi contro a' Fiorentini: condannò il comune di Firenze a cento mila marche d'argento...e che i Fiorentini non potessero battere nè far battere marche d'oro nè d'argento; e consentì per privilegio a Mr. Urbizino Spinoli da Genova ed al Marchese di Monferrato che potessero battere in loro terre *fiorini di giglio* contraffatti al conio de' nostri di Firenze." Gio. Villani, lib. ix, cap. 8.

† "Il Vescovo di Firenze coi cavalli de' cherici s'armò, e serraromo le porte:" Gio. Villani, ivi, cap. 46. *Episcopus Florentinorum erat de primis armatus cum suis clericis*: il Vescovo di Botronto ch'era all'assedio.

‡ Ricordiamoci che gli alberi e i rami della selva sono uomini, come mostrammo nel Discorso preliminare. Quel che là dicemmo nuova forza riceve da questo passaggio.

da sfacciato, non mi pajono buone, come quella, *Le mura mi parea che ferro fosse*: su cui fu fatto, non ha guari, un arzigogolo stranamente metafisico, con cui non solo si pretese giustificarlo, ma per poco non si gridò, bellezza incomparabile! Tali scorie de' vecchi tempi vogliono perdonarsi, e non approvarsi, e meno ancora spacciarle per gemme. Nè vuolsi screditar noi stessi e il poeta nostro agli occhi degli stranieri, che sono tutt'altro che ciechi, e i quali pur sanno che l'Aquila di Smirne scendea talvolta dalle nuvole alla valle; e per conseguenza non possono ignorare che il Cigno di Firenze, il quale quasi sempre galleggia, cala qualche volta anch'esso nel fondo, e s'imbratta nel fango colato da Mercato Vecchio, presso cui nacque.*

III°. Mette in relazione gli altri scritti di Dante col poema, di modo ch'essi si riverberano lume a vicenda. Tre esempj di questo terzo vantaggio arrecherò: e mostrerò coi due primi ch'egli era sommamente agitato pel ritardo di Arrigo; farò veder col terzo che le tre Erine son figura de' suoi nemici: e con ciò il poema farà comprendere altri versi del poeta; e questi rischiareranno il poema.

Tutto ciò che Dante ha scritto è quasi più misterioso della Commedia: tale è il suo Canzoniere in molte parti; tale la sua Traduzione de' Salmi penitenziali; tale la sua Vita Nuova, ed altre sue prose. Talvolta, fingendo di parlar di Amore, parla del suo *Ghibellinismo*; ed allora quella ch'ei chiama sua *donna* è l'Imperial potestà; la *salute* che da lei attende è l'Imperatore; e i *messi* di questa salute sono i di lui seguaci ed eserciti. Ecco alcuni tratti di una canzone che sembra da lui scritta nel momento ch'ei sollecitava quel nuovo Cesare a venire.

> La disperata mente, che pur mira
> Di dietro il tempo che se n'è andato,
> Dall'un de' lati mi combatte il cuore;
> E 'l disio amoroso, che mi tira
> Verso il dolce paese ch'ho lasciato,
> Dall'altra parte è con forza d'amore:
> Nè dentro a lui sent'io tanto valore
> Che possa lungamente far difesa,
> Gentil Madonna, se da voi non viene:
> Però (se a voi conviene
> Ad iscampo di lui mai fare impresa)
> Piacciavi di mandar vostra salute
> Che fia conforto della sua virtute.
> Piacciavi, donna mia†, non venir meno
> A questo punto al cor che tanto v'ama:
> Poi *(poichè)* sol da voi lo suo soccorso attende.
> Chè buon Signor mai non ristringe il freno
> Per soccorrere al servo quando il chiama,
> Che non pur lui, ma suo onor difende.

---

* "Messer Cacciaguida e i fratelli e i loro antichi abitarono quasi in sul canto di Porta S. Pietro, dove prima si entra da Mercato Vecchio." Leonardo Aretino, Vita di Dante: ed ivi era probabilmente nato il poeta, perchè di quelle *case rimase l'antichità* ai suoi maggiori. "Dante fu un orrevole antico cittadino di Porta S. Pietro." Gio. Villani, lib. ix, cap. 134.

† Dice *Donna* alla Imperial Potestà, perchè questo nome deriva da *Domina*, quasi dir volesse *dominatrice*: onde *Gentil Madonna* è in senso di *Nobile Dominatrice*.

SUL CANTO IX. 269

Se dir volete, dolce mia speranza,
   Di dare indugio a quel ch' io vi dimando,
   Sappiate che l' attender più non posso,
   Ch' io sono al fine della mia possanza.*
E voi pur siete quella ch' io più amo,
   E che far mi potete maggior dono,
   E in cui la mia speranza più riposa;
   Chè sol per voi servir la vita bramo;
   E quelle cose che a voi onor sono
   Dimando e voglio: ogni altra m' è nojosa.
   Dunque vostra salute omai si muova.
   Ma pur nella mia guerra
   La sua venuta mi sarebbe danno,
   S' ella venisse senza compagnia
   De' messi del signor che m' ha in balia.
Canzone, il tuo andar vuol esser corto:
   Chè tu sai ben che picciol tempo omai
   Puote aver luogo quel perchè tu vai.

Per convincerci maggiormente del suo sommo rammarico e della continua ansietà sua al ritardo di Arrigo, recherò ora un Sonetto che cesserà di parer tenebroso al premettersi due cose: 1ª. Che quel Cesare all' assedio di Cremona e Brescia consumò molti e molti mesi, contro l' avviso di tutt' i suoi partigiani, i quali lo animavano in vece di correre subito a Firenze, come a maligna sorgente di tutte le ribellioni, e di punirla esemplarmente con tutta la forza del suo potente scettro;† 2ª. Che Arrigo perdè in quell' assedio un fratello assai valoroso, colpito da un dardo; la cui morte recò gran duolo a tutto il mondo Ghibellino. Or se in questo Sonetto il poeta dirà: *Signore, se mi vedi lagrimoso di pietà, in nome di essa ti prego (la quale non abbandona mai il tuo cuore) che ti disvaghi dal concepito impegno: ti prego, cioè, che con la tua man dritta paghi chi uccide la giustizia, e poi rifugge al gran tiranno, di cui sugge il tosco,* ecc; ov' è chi in questa *man dritta* non vegga quella medesima, armata di una verghetta, con cui il Messo del Cielo aprì le porte di Dite? Ov' è chi non ravvisi in quel *gran tiranno* colui che spandeva il tosco del Guelfismo? Udiamo il Sonetto.

Se vedi gli occhi miei di pianger vaghi
   Per novella pietà che il cor mi strugge,
   Per lei ti prego, che da te non fugge,
   Signor, che tu da tal piacer isvaghi:

---

* Arrigo doveva essere allora al lungo assedio di Brescia; onde sollecitato promettea più tardo soccorso. Gio. Villani ne assicura che Dante mandò una lettera " all' Imperadore Arrigo quando era all' assedio di Brescia, riprendendolo della sua stanza," lib. ix, cap. 134.

† Ecco ciò che Dante stesso scriveva ad Arrigo a questo proposito: " Quando avrai piegato il collo della contumace Cremona, non si volgerà la subita rabbia (intendea quella di Firenze) o in Brescia o in Pavia? Col tronco i pungenti rami inaridiscono: Signore, tu eccellentissimo Principe de' Principi sei, e non comprendi nello sguardo della somma altezza, ove la Volpicella di questo puzzo (*Questa palude che il gran puzzo spira*, ha detto di Stige), sicura dai cacciatori, si giaccia? In verità non nel corrente Po, nè nel tuo Tevere questa fraudolenta bee, ma l' acqua del fiume Arno."

> Con la tua destra man, cioè, che paghi
> Chi la giustizia uccide; e poi rifugge
> Al gran tiranno, del cui tosco sugge
> Ch' egli ha già sparto, e vuol che il mondo allaghi.
> E messo ha di paura tanto gelo
> Nel cuor de' suoi fedei che ciascun tace:
> Ma tu, fuoco d' Amor, lume del Cielo,[*]
> Quella virtù che nuda e fredda giace,
> Levala su vestita del tuo velo,
> Chè senza lei non è in terra pace.

Cioè, *solleva la forza Ghibellina* (virtù) *che or fredda giace, e copri essa, ch' è nuda, del velo della tua protezione, perchè senza una tal forza non è pace in terra.* A ben intender ciò è da sapersi che Arrigo da principio, per *amalgamare* gli animi ed estinguere ogni germe di dissenzione, compartiva egual favore sì ai Guelfi che ai Ghibellini, di che i secondi erano indispettiti: e tutti gli storici di que' tempi lo ripetono, *centum quasi unus*.

Ma non vi è cosa che più vaglia ad illustrare quel minacciar de' demonj e delle Erine, e quella chiusa degli occhi di Dante per non vedere il capo di Medusa; nulla meglio ci dirà che quel capo è il simbolo della paura ch' egli cercò reprimere, di quel che faccia il seguente tratto che prendo dalla traduzione, o piuttosto imitazione, de' Salmi penitenziali, opera assai più Ghibellina del poema medesimo.

> Laonde il mio nemico a stuolo grosso,
> Vedendomi soletto, si afforzava
> Del mio castello trapassare il fosso.
> Ma poi vedendo che non gli giovava
> A fare assalti, essendo il muro forte,
> Con vil parole allor m' ingiuriava.
> E nondimen, per darmi alla fin morte,
> Con tradimenti e con occulti inganni
> Pensava tutto dì d' entrar le porte.
> Ma da poi ch' io mi vidi in tanti affanni
> Subito feci come il sordo e il muto.—Sal. iii.

Or *fare il sordo e il muto* per non udir minacce e non rispondere ad esse, e *fare il cieco* per non guardar perigli, son sì analoghi che possono dirsi poco men che sinonimi: e nell' idea lo sono. Preziosa sopra tutto è quella frase la quale dice che il suo nemico *vedendolo soletto* cercava sopraffarlo, or con insulti, or con minacce; poichè ciò dichiara sempre più che Virgilio altro non è che il suo Ghibellinismo; onde esser con Virgilio ed esser soletto non sono affatto diversi. Ei con tale industria quasi duplicò sè stesso, o per dir meglio, si trasformò in Virgilio, senza cessar d' esser Dante; per cui nella Vita Nuova, ch' è la vera chiave della Divina Commedia, scrisse:

> Ond' io mi cangio in figura d' altrui,
> Ma non sì ch' io non senta bene allora
> Gli guai de' discacciati tormentosi.

---

[*] Il suo *Messo del Cielo* non è diverso da questo *lume del Cielo*: e vorrei che si notasse quel *fuoco d' amore*, sinonimo d' Arrigo, perchè ci può servire.

E segue: "Appresso la mia trasfigurazione mi giunse un pensamento forte, lo qual non si partia da me, anzi continuamente era meco".* Onde quando nel Canto VIII disse, *Tosto che il duca ed io nel legno fui*, con quel verbo singolare in prima persona volle forse significare ch' egli era Dante, e ch' egli era anche Virgilio. E rammenterò che là dove nel secondo Canto ei parlò da Guelfo e Virgilio rispose da Ghibellino, volle con ciò esporre quello che come Guelfo ei prima pensava, e quello che come Ghibellino ei stesso poi rispondea; di che fa cenno nel lib. *de Monarch.* con quelle parole: *Cum propheta sanctissimo meme subsequentem hortabor: Disrumpamus vincula eorum et projiciamus a nobis jugum ipsorum*: con la qual frase *meme subsequentem hortabor* fa chiaro conoscere ch' ei considerava sè stesso sotto il gemino aspetto di *uomo precedente*, cioè Guelfo, prima della metà della vita; e di *uomo susseguente*, cioè Ghibellino, dopo la metà della vita. Nel primo carattere egli era Dante, nel secondo, Virgilio; ed ai precetti del secondo migliorando il primo dicea quasi: *expolians ego veterem hominem, novum induo*.

E per questo nel Canto V. disse che Virgilio sapea che il *ricordarsi del tempo felice nella miseria è dolore che non ha il maggiore*. Il povero Dante esiliato intendea parlar di sè stesso, ripetendo con le parole di Virgilio medesimo:

Nos patrios fines, nos dulcia linquimus arva.

Stabilito che si è esser Dante con Virgilio un sinonimo di Dante col suo Ghibellinismo, o sia di *Dante Ghibellino*, si ha il mezzo di spiegare alcuni passi difficilissimi. Ne recherò due esempj.

L' iracondo Flegias nel venirgli incontro gridò: *Or sei giunta, anima fella?* poichè quel demonio barcajuolo, in cui parmi veder la figura del *Furor di Firenze*, considerò Dante col suo Virgilio come un solo oggetto, e non già come due. E quel malnato furore ch' era informato del vicino arrivo di Arrigo dovea per conseguenza conoscere anche quello di Dante che con Arrigo trovavasi, per cui sperava farne il giuoco di tutte le sue ire; onde quando udì poi, *questa volta tu gridi a vôto; tu non ci avrai teco se non passando il loto, e non più*, siccome colui che, tratto d' inganno, vedea strapparsi l' oggetto degli strazj premeditati, tutto se ne rammaricò.

Così pure nel Primo Canto, Dante volea rimproverarsi d' essere stato Guelfo, ed in vece fa che Virgilio dica essere stato *ribellante alla legge dell' Imperadore che lassù regna*; ed ei medesimo fa la sua scusa con rispondere che non gli era stato già ribello, ma solo non lo avea conosciuto; cioè ch' egli era rimasto Guelfo prima di essere illuminato.† E per questo si servì di quella espressione finamente ambigua, posta in bocca di Virgilio, *Ond' io per lo tuo me penso e discerno, Che tu mi segui*; cioè, io per lo tuo esser me stesso, per esser tu con me una sola ed identica persona, penso e chiaramente veggo, che tu mi segui. E quindi ei disse

---

* Vedi il Sonetto che comincia,
  Coll' altre donne mia vista gabbate.

Quell' opera è ben diversa da ciò che or vien creduta: e potrò forse mostrare ch' essa non è lavoro giovanile di Dante, poichè fu da lui scritta anche dopo l' esiglio: ed oso dire esser essa di tanta importanza che, se fosse stata ben capita, nè il poema, nè le canzoni apparentemente amatorie, nè i Salmi illusoriamente penitenziali, sarebbero restati ignoti nel loro vero essere a tutto il mondo letterario.

† Ecco come ne' Salmi penitenziali (ne' quali parla ad Arrigo fingendo di parlare a Dio) si mostra dolente di essere stato Guelfo, quantunque non fosse

a Virgilio, *Or va che un sol volere è d'amendue;* poichè non diviso, ma unico, in tutta la forza del termine, era un tal volere. E Virgilio stesso anche meglio lo indicherà altrove quando dirà a Dante: *S' io fossi uno specchio, la tua immagine esterna non si dipingerebbe in me sì tosto, come la tua interna immagine vi si dipinge. I tuoi pensieri venivano pur ora tra i pensieri miei con simile atto e con simile aspetto, sì che dei due nostri pareri ne ho fatto un solo.*

........S' io fossi d' impiombato vetro,
  L' immagine di fuor tua non trarrei
  Più tosto a me che quella dentro impetro:
Pur mo veniano i tuoi pensier fra i miei
  Con simil atto e con simile faccia,
  Sì che d' entrambi un sol consiglio fei.—Inf. xxiii.

Ben veggo che sommamente metafisico, o forse molto strano, degg' io sembrare con la ricerca di tali argutezze: e non mancherà chi sospetti esser sogni miei questi, e non pensieri di Dante. Io lo previdi dal bel principio: troppo le idee son cangiate; e gran pericolo di parere stravagante or passa chi vuol esporre come allor si pensava: ma tengasi per ora ciò qual mero dubbio; luogo verrà dove si cangerà in certezza. Nei tempi più vicini a Dante avrei trovate menti più disposte a seguirmi in tai concetti: ed in fatti il Landino e 'l Vellutello vider per essi che Dante e Virgilio non sono in sostanza che una persona sola, e lo ripeterono più di cento volte. Piantarono questo principio verissimo; e poi non fecer altro per lo più che sognare.

Or mi si dica, da che ha potuto mai derivare che la sedula applicazione e l' indefesso scrutinio di cinque sussecutivi secoli illuminati non sono giunti a vedere parte almeno di que' tanti segreti che in questo canto ho svelati, e quelli massimamente i quali, per poco che si sia

---

tale di sua elezione, ma perchè nato da genitori Guelfi. Nè sia scandalo s'ei chiama Arrigo *Re dei spiriti celesti,* perchè altrove mostrerò il vero valore di questa frase:

Ahi, sempre il mio peccato ho nella mente,
  Lo qual con me s' è fin dalla puerizia.
In te ho io peccato solamente,
  E da mia madre partorito fui
  Essendo pieno dell' uman difetto.—Sal. IV.
Partitevi da me spiriti rei
  Ch' allo mal fare già me conduceste,
  Ond' io men vado sospirando omei.
Perocchè il Re dei spiriti celesti
  Ha esaudito lo pregare e il pianto
  Degli occhi nostri lagrimosi e mesti.
Ed oltre a questo lo suo amore è tanto
  Che, ricevendo la mia orazione,
  Hammi coperto col suo sacro manto.
Ond' io non temo più l' offensione
  Degl' inimici miei, che con vergogna
  Convien che vadan e confusione;
  Però ch' io son mondato d' ogni rogna.—Sal. I.

Con questa ultima vilissima parola mostra tutto il disprezzo in cui teneva il Guelfismo.

Chiunque confronterà quella pretesa traduzione de' salmi con la Volgata vedrà chiaro ch' è una parafrastica imitazione in cui Dante Ghibellino, e non Davide penitente, favella. Ma di ciò altrove.

iniziato nella storia di que' tempi, saltano agli occhi anche de' meno veggenti? Come va che nessuna fra tante acute menti gli ha mai veduti, malgrado che Dante sì alto gridasse: *Mirate, mirate la dottrina che si asconde sotto il velame de' miei versi?* Indicheremo a luogo più proprio onde nascesse questa nuova specie di fatalità. Non possiam però per niun modo persuaderci come abbia potuto esservi tra i più stimati annotatori chi ha avuto il bel coraggio di scrivere e di stampare: "questo avvertimento che dà il poeta al lettore non è determinatamente per questo canto, essendo manifesto trovarsi infiniti altri passi molto più degni di osservazione; ed è qui come per parentesi inserito: perchè questa incidenza sembra più povera d' ogni dottrina morale, e d' ogni senso allegorico." E vi fu chi potè ripetere altrettanto? Sì, poichè il Venturi lo disse, e il Ginguené lo replicò. No, Dante non avrebbe posto senza il suo gravissimo perchè un tale avvertimento; quel Dante che non mette mai a caso un *duca*, un *signore*, un *maestro*, un *dottore*, un *poeta*, un *padre*, un *savio che tutto seppe*, un *mar di tutto il senno*.

Le stesse incongruenze furono da lui fatte a ragion veduta. Tutt' i cenni mitologici che nel poema si trovano sono mere allusioni storiche ai fatti profani che più lo riguardavano. Già il vedemmo di Teseo che assaltò l' Inferno, di Cerbero ch' ebbe pelato il mento e 'l gozzo, e della Regina dell' eterno pianto: e lo vedremo egualmente di quanto altro di mitologico incontreremo dopo, che diverrà storia de' tempi suoi, ed alle sue vicende relativa. Lo sventurato, non potendo trovare nella sacra antichità fatti tali che potessero esprimere i suoi arcani concetti, ricorreva ad altri ch' erano generalmente noti. Ciò varrà forse a scemare in parte la stravaganza di quella miscela di pagano e di cristiano ch' ei fece, ma non la scuserà del tutto: ci spiegherà come nacquero alcune bizzarre figure che impiegò, ma non potrà mai legittimarne la nascita. E se ci fu dato giustificarlo intorno ai mitologici demonj, non vi è via onde difenderlo pel resto. E indarno l' officioso Lombardi volle intendere che Cerbero ebbe pelato il mento e 'l gozzo dalla catena e dalla musoliera che gli angeli gli posero quando Cristo vincitore discese nel Limbo. Se avesse egli riflettuto che il Cerbero Dantesco è ben diverso dal Virgiliano, poichè questo è guardian della porta, e quello è mangiator di golosi, avrebbe veduto che non potea trovarsi là dove il Possente con segno di vittoria incoronato levò a Dite la gran preda del cerchio superno; poichè stando tre cerchi più abbasso dell' entrata, ed avendo tutt' altro ufficio che di difender le soglie, non potea ciò avvenirgli: onde senza profitto riesce quella specie di mitologia Cristiana ch' egli, per iscusar Dante, si andava creando nella fantasia.

Vogliono perdonarsi al poeta tali incongruenze, al riflesso che son tali secondo la lettera, ma non secondo la figura: e lo vedremo.

NOTE AGGIUNTE AL CANTO IX.

Terz. 3. *Pure a noi converrà vincer la punga,*
Cominciò ei: se non....tal ne s' offerse....
Oh quanto tarda a me ch' altri qui giunga!

Questo passaggio tien divisi i pareri degli espositori. Il Landino l'intende presso a poco così: *Pure a noi converrà vincer la gara: se non* potremo per noi, *tal ne s' offerse* che ci ajuterà. *Oh quanto tarda a me ch' egli qui giunga!* Interpretazione naturale e concisa che va ben d'accordo col nostro sistema.

Il Vellutello non sa che farsi di quel *se non;* e il Venturi vorrebbe metterlo dopo il *tal ne s' offerse.*

Il Morando in vece di una o due reticenze ne vuole tre, spiegando; " *Pure ci converrà vincer questa pugna, se mi fu promesso il vero: non può essere che non mi s' abbia promesso il vero: tal ne s' offerse, ne s' offerse in ajuto personaggio così verace:*" e intende di Beatrice.

Il Lombardi espone in questa guisa: *Nondimeno a noi converrà vincer la pugna, se non ci viene ajuto dal Cielo:*" il che non so quanto sia logico.

Il Biagioli la fa assai lunga; ma in sostanza si restringe a queste parole: " *Malgrado ogni contraria pruova bisognerà che noi vinciamo la pugna: se non...(formula ellittica esprimente incertezza, ed è quella appunto che ci detta la natura nello stato simile a quello di Virgilio): ma sì vinceremo: la possanza di chi ne s' offerse è tale che dobbiam poter vincere infallibilmente.*" E conchiude: *questo luogo è stato malamente spiegato da tutti.*

Malgrado una tal decisione, ognun vede che l'esserci allontanati dal Landino è stato un andar incontro al peggio.

T. 8. *Vero è ch' altra fiata quaggiù fui,*
Congiurato da quella Eritton cruda, ecc.

Si può anche per altra via giustificar Dante di aver fatto sì che quella maliarda si servisse di Virgilio per eseguire i suoi scongiuri. Il Mantovano, ai tempi del nostro poeta, era creduto un mago. *Il mago Virgilio* lo chiama Gio. Villani; ed è tuttora opinion volgare in Napoli che la grotta di Pozzuoli, su cui è la tomba di quel cantore, fosse fatta dal mago Virgilio per opera diabolica. E domandatelo all'ultima donnicciuola di Mergellina, e vedrete se non vel giura sui sacramenti. La testa colossale del gran cavallo di bronzo, ch'era altra volta al cortile del Principe di Columbrano ed è ora nel Museo Borbonico, fu pur lavoro del mago Virgilio: e chiedetelo al minimo lazzarone del Pendino, e sentirete come velo assicura sulla sua parola d'onore. E quel ch'è più specioso, il Boccaccio, che visse lungamente in Napoli, racconta questa ed altre miracolose opere di Virgilio, *grande astrologo*, con la massima buona fede; come quelle d'una mosca più che portentosa, e di due teste, una ridente ed una piangente da lui scolpite, che produceano i più bizzarri effetti. Nacque forse questa plateale credenza, che convertì un poeta in un mago, dall'esservi stato ne' bassi tempi (il che mi sembra pur di aver letto) un di quegl'impostori che venivan creduti negromanti, il quale si chiamava pure Virgilio: e quindi il gran vate latino rimase confuso con questo miserabile. Dunque potea Virgilio, anche come mago, essere stato da Erittone, principessa in tutto il negromantico regno, impiegato a questo ufficio.

T. 18. *Mal non vengiammo in Teseo l'assalto.*

Il Venturi, senz'afferrare il vero senso di questo verso, lo spiegò rettamente col tenersi stretto alla parola. Le Furie nel vantarsi di non essersi mal vendicate di Teseo, di averlo saputo anzi ben punire dell'assalto dato alle mura di Dite, procuravano di atterrir maggiormente Dante con l'idea d'un egual castigo che gli preparavano: e ciò era nel loro interesse che sarebbe stato tradito dall'altro senso da tutti gli altri annotatori preferito, malgrado che la sintassi sen dolga: *Mal fu per noi il non esserci vendicate di Teseo, quando ei diè l'assalto a queste mura.* Il che è anche bugia, perchè vedemmo che quel Teseo fu veramente da queste Furie soverchiato. Interpretate Dante secondo quello ch'ei dice, e voi lo interpreterete come va fatto. Chi ne violenta la costruzione, nella pretension di rettificarla, ne svisa il senso; e nel credere di accostarglisi se ne allontana.

T. 21. *O voi che avete gl'intelletti sani,*
Mirate la dottrina che s'asconde
Sotto il velame degli versi strani.

E qual è mai la dottrina che un recentissimo espositore (e pure ragionevole in ciò più assai degli antichi, i quali fecero delirj da febbricitante) ha tratto dai versi di questo canto? Eccola: "Che Medusa trasformante in sasso chi la mira è simbolo degli effetti che produce nell'uomo la sfrenata libidine, trasformandolo dall'esser vivo in un sasso che perde ogni scintilla di ragione; e che il mezzo unico di trionfare di tali assalti è voltar le spalle." E per dire sì meschinella cosellina, e affatto fuor di luogo (poichè del vizio della libidine si è già trattato nel Canto V, e nullo di libidine è qui odore), avrebbe fatto il poeta questo solennissimo apostrofone? E avrebbe egli invitato coloro che han *gl'intelletti sani* a specolare attentamente intorno a ciò che anche gli sciocherelli san vedere a prim'occhio, cioè che dee fuggirsi la perigliosa occasione?

Il più nobile documento che da quei versi si traesse, quando la Divina Commedia era ancor mondo ignoto, è il seguente: "Allorchè un amico vede in gran periglio l'altro amico, e vuol giovargli, non dee contentarsi di consigliarlo soltanto con mostrargli i mezzi di liberarsene; ma dee pure con l'opera sua ajutarlo a ciò fare. Per questo Virgilio non si contenta che Dante chiuda gli occhi per non vedere il Gorgone, ma vi applica pure le proprie mani, per assicurarlo dal funesto effetto di quella vista." Filosofico insegnamento è questo, e il più morale che da *intelletto sano* trar si potesse dall'azione che Dante qui ne presenta: ed è del tanto dotto quanto modesto Signor Polidori (e dal suo stesso labbro l' udii), della cui amistà mi fo pregio e delizia. Ei che al fondato studio del poema unisce un giudizio retto, e a chiara mente alto cuore, mettendo quasi in pratica il precetto che da Dante apprendea, non solo col consiglio ma pur con l' opera mi sostenne nell' arduo mio lavoro, poichè mi ha aperta la sua scelta bibblioteca con lungo sudore e squisito gusto raccolta, e ricchissima di classica letteratura Italiana; lo studio della quale mi ha sempre più nelle mie scoverte confermato.

Nè minor aita mi venne dall' acuto intendimento e dalla ben eletta libreria del Signor Arch. Murray, filologo Inglese ornatissimo, il quale fu il primo a giudicare di questo mio scritto. Ei, che nelle Italiche lettere va quasi tanto innanzi quanto nelle Angliche stesse, uscendo da un recente esame del poema e degli espositori, rimanea poco persuaso circa al primo, ed assai malcontento de' secondi; quando all'udire il mio modo d' interpretare fece gran festa; e in quel suo sentire sentii io stesso la verità del mio trovato.

L' applauso di questi due sinceri ed illuminati amici, che vider sorgere quasi sotto i loro occhi il mio lavoro, mi è servito di gradevole sprone nella difficil carriera; e la loro saggezza mi fè chiuder gli occhi e volger le terga ai vani spauracchi che il Gorgone di certe Furie maligne cercava di oppormi; le quali avendo per mia mala sorte veduta alcuna pagina di queste mie carte ivano adoperandosi a screditarle, per distornarmi dal lungo viaggio che con Dante io sto facendo.

T. 25. *Gli occhi mi sciolse, e disse: Or drizza il nerbo*
Del viso su per quella schiuma antica,
Per indi ove quel fummo è più acerbo.

Piace ad alcuni spiegare *schiuma antica* per canuta spuma, adducendo l' esempio de' Latini che dissero *canæ pruinæ*: ma se si riflette che questa è schiuma di *acqua buja molto più che persa*, e tutta rimescolata con la *belletta negra*, si vedrà che l' aggettivo *canuta* mal le si addice.

Il *fummo* o vapore della Stigia palude, dove son gl' iracondi, vien detto *acerbo*, ch' io ho spiegato per *stimolante*, per quel che or dirò. Il poeta punì con la pena di eccesso questi perniciosi incontinenti, con farli dilaniar fra loro, come tanti cani attizzati; perciò, per dare ad essi uno stimolo continuato ai loro furori, gli ha tuffati nel gorgo di Stige, *in gurgite odiorum*, acciocchè il vapore che da quello esala fosse la cagione eccitante e non mai interrotta di quella rabbia che fu già lor colpa, ed ora è lor pena; onde il vizio stesso divenisse tormento del vizio: ecco perchè ha tuffato gl' iracondi in quell' acque.

Ma oltre ciò, quella testa soverchiamente matematica volle mettere una certa corrispondenza fra i peccati e i castighi, quantunque di diversa gravità: mi spiegherò. I peccati che abbiamo sinora contemplati possono essere prodotti tanto da *incontinenza* quanto da *malizia*; e questa distinzione sarà fatta dal poeta medesimo. Così vi son lascivi per fragilità, come Francesca e Paolo, e vi son pur quelli per volontà, come Giasone e Taide. Dicasi lo stesso de' golosi. La gozzoviglia dell' intemperante Ciacco è ben diversa da quella dell' Epicureo Farinata ch' è più in là. La prima era quasi involontaria, nata dallo stimolo di troppo squisito senso; la seconda era con industria eccitata, e derivava dalla persuasione che *post mortem nulla voluptas*. Ripetete lo stesso degli avari. Alcuni nascono tali, e son que' circospetti che sognando sempre miserie vogliono premunirsene; ma alcuni altri riducono l' avarizia quasi a scienza, più per altrui che per proprio danno. Il medesimo è pur dell' ira: onde vediamo dai criminalisti distinguersi il *primo impeto* dal *caso pensato*. Or Dante a questi vizj che sono in correlazione ha dato delle pene che sono in corrispondenza. Ha posto i lascivi per incontinenza in continuo moto circolare; e così metterà più sotto i lascivi per malizia, ma con la giunta di terribili sferzate. Ha posto i golosi per incontinenza coricati nel fango; e i ghiottoni per malizia gli ha messi giacenti nel fuoco. Ha posto gli avari per incontinenza bocconi sul suolo; e gli avari per malizia gli ha propaginati con la testa sotterra fra tormentose fiamme. Era naturale ch' egli immergesse gl' iracondi per malizia, come sono i tiranni, entro un lago di sangue bollente; e così ha fatto; e quindi per corrispondenza dovea tuffare gl' iracondi per incontinenza in uno stagno d' acqua fangosa; e così ha fatto ancora: ma da quell' acqua si sviluppa un vapor di atrabile che gli stimola a feroce stizza e li tormenta. Ed ecco perche Flegias, nel passar quell' onde, raccolse per via tant' ira che venne minacciando *nell' ira accolta*. " L' essere tal palude nebulosa e fumosa vale a dinotare la caligine dalla quale furono offuscati gli occhi dell' intelletto loro," *Boccaccio;* effetto funesto dell' ira. E così avea pur fatto de' lascivi *in luogo d' ogni luce muto,* così de' golosi *in aer tenebroso,* così degli avari in un *cerchio tetro.* Avremo occasione di ammirare sempre più in Dante questo sistema di simmetria, che ne forma uno de' caratteri distintivi.

ESPOSIZIONE DEL CANTO IX.

Chiuse che furono le porte di Dite dai ribelli demonj, Virgilio vedendo Dante impaurito cercò al più presto che potè di serenar la fronte per non iscorarlo maggiormente, onde il timor del guidato producendo la prudenza del duca, parve che il pallor dell'uno, figlio della paura, quasi respingesse internamente il rossor dell'altro, figlio dello sdegno. Virgilio si fermò attento come un uomo che cerchi di ascoltare, perchè l'occhio nol potea menare a lontana vista a cagione dell'aer nero e del denso vapor della palude. Poi cominciò a dire: E pure a noi converrà superare questo contrasto, se non manca......tal ne si offerse però...Oh quanto tarda a me ch'altri qui giunga! Dante vide bene che Virgilio ricoperse il cominciar d'un senso con l'altro senso che sopravvenne poi; le quali parole seconde eran diverse dalle prime nel significato; ma nondimeno quel dire sì mozzo gli diè paura, poichè egli traeva in sua mente quelle tronche parole ad una sentenza peggiore forse di quella che Virgilio tenne nella mente sua. Onde per iscorgere il vero animo di lui, e per conoscere chi attendesse gli fè questa suggestiva quistione: In questo fondo della trista concavità infernale discende mai alcuno del primo grado, il quale per sola pena è privo di speranza? E Virgilio gli rispose: di raro accade che alcun di noi che siam nel Limbo faccia il cammino pel quale io vado. Vero è però ch'io fui quaggiù altra fiata, costretto dai magici scongiuri di quella Erittone crudele che richiamava le anime ai loro corpi esanimi. Per lo spazio di poco tempo la carne mia tuttora viva era lasciata nuda e priva di me: perchè ella mi fece entrare dentro al muro di quella città per trarne uno spirto dal cerchio di Giuda. Quel cerchio è nel più basso luogo e più oscuro, e più lontano dal Cielo del primo mobile che tutti gli altri circonda e volve in giro. Ben so il cammino che avremo a fare; però ti fa sicuro, e in me ti affida. Questa palude ch'esala sì gran puzzo cinge d'intorno quella dolente città, dove omai non possiamo entrare senza adirarci...Virgilio seguendo a parlare altro disse, ma Dante non vi pose mente, perocchè l'occhio avea attirata tutta la sua attenzione verso quell'alta torre dalla cima rovente che avea da lungi veduta; ove vide drizzarsi rapidamente e nel punto stesso tre Furie infernali tinte di sangue, che aveano membra feminili, e convulse attitudini di ebbre baccanti (figure della Superbia, dell'Invidia, e dell'Avarizia che infettavano e laceravano la Repubblica di Firenze, in Dite adombrata). Esse erano cinte intorno con idre verdissime; ed aveano serpentelli per crine e ceraste per trecce, onde le fiere lor tempie erano avvinte. E Virgilio che ben conobbe le ancelle e ministre della Regina dell'eterno pianto (Dite figura di Firenze) disse a Dante: guarda le feroci Erine. Questa che vedi dal sinistro canto è Megera (Invidia, vizio predominante in Firenze); quella che piange dal destro è Aletto

(Superbia, prima cagione dell' Inferno): Tesifone è nel mezzo: e a tanto abborrito nome Virgilio si tacque (perchè in essa viene adombrata l' Avarizia, caratteristica del partito Guelfo, fomento alle furie di que' tempi, per cui è nel mezzo). Ciascuna di esse si fendea il petto con le unghie; esse si battean frenetiche con le proprie palme; e gridavan sì altamente, che Dante per la paura si strinse al poeta. Tutte e tre riguardando in giù verso lui gridavano: Su venga il teschio di Medusa (figura dello spavento): così farem di sasso quel temerario. Ci vendicammo assai bene dell' assalto che Teseo diede a queste porte (il Conte di Romena che assaltò Firenze), e giova rinnovarne in costui la pruova. Virgilio allor disse a Dante: Volgiti in dietro, e tieni chiusi gli occhi, perchè se il Gorgone si mostra e tu il vedessi, nulla sarebbe la speranza di tornar sopra (cioè, non farli sbigottire dalle minacce del partito opposto, perchè altrimenti non torneresti mai più ad elevarti al pristino stato). Ciò detto egli stesso lo volse dall' altro lato, e non si tenne e limitò alle sole mani di lui, talchè non gli chiudesse gli occhi con le sue mani ancora. Qui Dante, a richiamare l' attenzione del lettore sulle cose allegoriche già dette, e su quelle che or dirà, esclama: O voi che avete gl' intelletti sani, mirate la dottrina che s'asconde sotto il velame di questi misteriosi versi. Indi, ripresa la narrazione, dice: E già venia su per le torbid' onde di Stige un fracasso d' un suono spaventevole, per cui tremavano amendue le sponde della palude. Quel rumore parea quello d' un vento che, reso impetuoso per gli ardori d' un clima avversi ai rigori d' un altro, ferisce la selva, senza che alcuna cosa possa rattenerlo; e ne schianta i rami e gli abbatte, e porta via i fiori; e polveroso va dinanzi superbo, e fa fuggir le fiere ed i pastori (allusione alla selva selvaggia, alle tre fiere, ed ai fiori di Firenze). Virgilio allora tolse le mani dagli occhi di Dante, e gli disse: Or drizza l' acume della tua vista su quella schiuma di Stige, ov' essa è più permanente ed antica, e guarda per di là ove quel vapore è più denso e più stimolante le anime de' furiosi. Come le rane si dileguan tutte per l' acqua innanzi a quella biscia che suol divorarle, finchè ciascuna si rannicchia nel limaccioso fondo del pantano, così Dante vide più di mille anime di que' dilaniati iracondi fuggire dinanzi ad uno che nel luogo del passaggio varcava Stige con le piante asciutte (figura dell' Imperadore Arrigo di Lussemburgo che veniva a punire la ribella Firenze). Esso menandosi spesso la mano sinistra innanzi si rimovea dal volto quel crasso vapore, e beato in tutto parea non sentir altra noja che questa sola (allusione alla mal aria paludosa che cagionò la malattia letale di Arrigo). Dante si accorse che quello era un messo del Cielo, e si volse al maestro per domandare che avesse a fare; ma quello gli fè segno che stesse cheto, e s' inchinasse ad esso. Quegli intanto giunse alla porta di Dite, e toccatala con una verghetta che avea nella destra (figura dello scettro imperiale) l' aperse sì che non incontrò alcuna opposizione. Indi fermo sulla orribile soglia della città cominciò a gridare: O discacciati dal Cielo, disprezzata gente, e donde deriva in voi e si annida questa oltracotanza! Perchè ricalcitrate a quella volontà a cui non può mai esser interciso lo scopo, e che più volte, quando voleste a lei opporvi, vi ha accresciuti i tormenti? Che giova dar di cozzo nei già fissi fati? Cerbero vostro, se ben vi si ricorda, perchè volle a lor opporsi, n' ebbe quella pena, onde porta ancor pelato il mento e 'l gozzo (allusione al nome e alla morte di Corso Donati, capo della fazione Nera, ch' ebbe un colpo di lancia alla gola). Ciò detto il messo del Cielo si rivolse ver la strada fangosa, ond' era venuto; e passò senza far motto ai due poeti; ma fè sembiante d' uomo cui altra cura stringa e prema che quella di colui che gli è davanti: ed essi resi sicuri dopo quelle sante parole mossero i piedi verso l' interno della città di Dite. V' entrarono dentro senza più incontrare alcuna opposizione: e Dante, che avea desio di riguardare la condizione de' peccatori che quella fortezza in sè rinserra, come fu dentro mandò lo sguardo intorno, e vide a man destra ed a man sinistra una grande campagna, piena di duolo e di rio tormento. Siccome ad Arli, città di Provenza, presso cui il Rodano stagna, siccome a Pola, città d' Istria, presso cui il Quarnaro serra Italia e ne bagna i confini, molti sepolcri fanno ineguale e variato tutto il terreno, così molte tombe facevano quivi d' ogni parte, salvo che più squallido n' era l' aspetto, e più doloroso il modo. Poichè fra gli avelli erano sparse delle fiamme, per le quali alcuni di essi eran sì del tutto accesi che verun arte, e neppur quella della fusione, richiede che il ferro lo sia di più. Tutt' i coperchi di quegli avelli eran sospesi, e n' uscivan fuori sì dolorosi lamenti che ben parean di miseri tormentati. Dante allor chiese a Virgilio: Maestro, chi son quelle genti che seppellite si fan sentire da dentro quell' arche con sì dolenti querimonie? Ed egli a lui: Qui sono gli eresiarchi e i miscredenti coi lor seguaci d' ogni diversa setta; e le tombe ne sono carche molto più che non credi. Ogni tomba contiene un differente genere di settarj: onde ogni simile è sepolto qui col suo simile; e i monumenti sono più o meno infocati, secondo la maggiore o minor gravità della miscredenza. Così disse Virgilio, e poichè si fu volto alla man destra, egli e Dante passarono per un sentiero ch' è fra i martirizzati e gli alti spaldi della città.

CANTO X.

IL SESTO CERCHIO INFERNALE

continua nell' interno della città di Dite, e continuano gli

Eresiarchi.

Dante ha colloquio con Farinata degli Uberti e con Cavalcante Cavalcanti: questi gli chiede del proprio figlio, e quello gli predice l' esilio.

1. ORA sen va per un segreto calle,
   Tral muro della terra e gli martiri,
   Lo mio Maestro, ed io dopo le spalle.

Ora, come dissi, il mio Maestro se ne va per un segregato calle, ch' è fra 'l muro della città e i martirizzati, ed io vo dietro le sue spalle.

Dice che gli va *dietro le spalle* per dirsi seguace del Ghibellinismo, e da quello guardato e difeso in città nemica.
Ho spiegato quel *segreto* per *segregato*, perchè vale a dimostrare che quel calle non è nella frequenza delle tombe, ma da quelle appartato. Di più, *segreto* vale sovente *interno*: così *men segreta porta*; *Mi mise dentro alle segrete cose*; onde *segreto calle* può anche significare *interna strada della città*; il che forse è da preferirsi.
Dante ha chiamato Virgilio *Maestro*: è segno che qualche cosa gli vuol domandare: udiamo.

2. O virtù somma, che per gli empj giri
   Mi volvi, cominciai, come a te piace,
   Parlami, e soddisfammi ai miei desiri.

Questo vocativo, *O virtù somma*, appropriato a Virgilio, è *virtus*, forza, ed indica che per mezzo di lui gli erano state aperte le negate porte della città; onde soggiunge, *mi volvi per questi giri come a te piace*, senza che alcuno possa impedirlo: e chiama *empj* que' *giri* perchè in questo dove or siamo si punisce *l' empietà*, l' irreligione; il *volvi* vale poi a dinotare il suo andare per circolar cammino; e il *cominciai* quel turbamento che nascea da ciò che gli era accaduto, e dal trovarsi ora in una terra che gli negò l' ingresso.

3. La gente che per li sepolcri giace
   Potrebbesi veder? già son levati
   Tutt' i coperchi, e nessun guardia face.

Potrebbesi veder la gente che giace per questi sepolcri? Già tutt' i coperchi son levati, e nessuno vi fa guardia sì che possa impedirlo.

Sapea Dante che Farinata era dalla pubblica voce accusato di Epicureismo; or avendogli detto Ciacco, a cui ne domandò, che Farinata era *più giù fra l' anime più nere*, dubita che possa essere qui fra i miscredenti; ma non osa asserirlo apertamente, onde domanda così in generale.

4. Ed egli a me: Tutti saran serrati,
   Quando di Josaffà qui torneranno
   Coi corpi che lassù hanno lasciati.

Ed egli rispose a me: questi sepolcri saran tutti serrati quando gli spiriti che or vi sono torneranno dalle valle di Josafat coi corpi che hanno lasciati lassù.

"Josafat significa *giudicio del Signore*," Landino. Dante mostrò di credere nella precedente terzina che quelle tombe si fossero aperte al loro entrare nella città; e Virgilio gli fa comprendere che son sempre così per ricever l' anime che vi piombano; e che quando non ve ne potranno più cadere, dopo il gran giudizio, saran per sempre serrate.

5. Suo cimitero da questa parte hanno
   Con Epicuro tutt' i suoi seguaci,
   Che l' anima col corpo morta fanno.

Epicuro e tutt' i suoi seguaci, che spacciarono l' empia

dottrina che l' anima muore col corpo, hanno il loro cimitero da questa parte.

Quest' ultima idea ci svela la significazione allegorica di queste tombe. Que' sensuali seguaci di Epicuro, i quali facendo l' anima morta col corpo si abbandonarono ad ogni voluttà, rimangono seppelliti in anima per ora, e vi rimarranno anche col corpo quando torneranno dal gran giudizio. Di quell' Epulone, chiamato così da' suoi lauti banchetti *(epulæ)*, disse l' eterna verità: *Mortuus est dives, et sepultus est in Inferno:* E ciò sembra aver dato a Dante l' idea di questi *sepolcri nell' Inferno*, ov' ei ripose appunto coloro che per tale empia persuasione si abbandonarono alle intemperanze; siccome fè Farinata al dir del Landino. E ad indicare che molti erano i miscredenti di tal genere chiama *cimitero*, cioè vasta tomba e capace, quella che gli Epicurei riceve. Osserverò di più che quasi tutte le volte che i peccati offendono direttamente Iddio o il dogma (il che costituisce l' eresia) Dante li farà punire col fuoco, come in seguito vedremo. Ciò posto, non mi spiace la chiosa del Vellutello che scrisse aver Dante ciò fatto *accordandosi coi sacri canoni, i quali dannano ogni eretico al fuoco.* E la storia del S. Ufficio ne sia amplissimo comento.

6. Però alla dimanda che mi faci
   Quinci entro soddisfatto sarai tosto,
   Ed al desio ancor che tu mi taci.

E perciò quinci entro sarai tosto soddisfatto circa alla domanda che mi fai, ed anche al desio che tu mi taci.

Quello, cioè, di veder Farinata.

7. Ed io: Buon Duca, non tegno nascosto
   A te mio cuor se non per dicer poco,
   E tu m' hai non pur mo a ciò disposto.

Virgilio avea non *pur ora* disposto Dante al silenzio, ma altra volta ancora; ora, quando alla vista del celeste messo *gli fè segno che stesse cheto*, e nel terzo canto, quando domandò delle anime ch' erano sulla riviera d' Acheronte.
Avrai osservato, o lettore, che la lingua di Dante ha molto del dialetto Fiorentino, come altrove a lungo mostrerò; e nella pre-

sente terzina noterai *tegno* per tengo, *dicere* per dire, e *non pur mo* per non solo ora, che son vocaboli e modi del vecchio dialetto di quel vago giardin di Flora, Atene dell' Attica nostra. E perchè abbia io richiamata la tua attenzione a ciò tosto il vedrai.

> 8. O Tosco, che per la città del foco
>   Vivo ten vai così parlando onesto,
>   Piacciati di restare in questo loco;
> 9. La tua loquela ti fa manifesto
>   Di quella nobil patria natio
>   Alla qual forse fui troppo molesto.
> 10. Subitamente questo suono uscio
>   D' una dell' arche; però m' accostai
>   Temendo un poco più al Duca mio.

O Toscano, che per la città del fuoco vivo ten vai parlando così modestamente, piacciati di restar in questo loco; la tua loquela manifestamente ti appalesa natio di quella nobil patria alla quale io fui forse troppo molesto. Il suono di queste parole uscì inaspettatamente da una di quell' arche infocate; preso però da timore mi accostai un poco più al mio Duca.

Il guidato al duca nel periglio o nella tema si stringe.
Di quel *forse fui troppo molesto* renderò ragione più giù. " La tua loquela ti fa manifesto," *Loquela tua manifestum te facit*, disse la incredula ancella del Pretorio a Pietro.

> 11. Ed ei mi disse: Volgiti, che fai?
>   Vedi là Farinata, che s' è dritto;
>   Dalla cintola in su tutto il vedrai.

Ed ei mi disse: Volgiti, che fai? Vedi là Farinata che si è dritto per favellarti; volgiti, e lo vedrai tutto fuori della sua tomba, dalla cintola in su.

Non potremo gustare appieno la scena che ci si para davanti, la quale spicca fra le più belle della Divina Commedia, senza conoscere Farinata alquanto più. Questo Fiorentino di grande animo e di maggior consiglio era del nobilissimo sangue degli Uberti. Ardentissimo Ghibellino fu cagione di molte lagrime alla sua patria, per cui dice che *forse le fu troppo molesto;* ma nel massimo di lei periglio col senno e colla mano le fu anche di sommo ajuto. Capitano del suo espulso partito disfece nella gran giornata di Mont' Aperto l' esercito avverso; e tanta ne fu la strage che ne'corse sanguigna l' onda del fiume Arbia. Alla testa de' suoi rientrò trionfante in Firenze, e ne discacciò tutt' i Guelfi, fra i quali anche la famiglia di Dante, che per la seconda volta era da lui mandata così raminga e dispersa. I Ghibellini vincitori, nell' ebbrezza della recente vittoria, risolvettero in un general consiglio che tennero di trattar Firenze da città straniera e ribella, e di demolirla tutta; talchè non rimanesse più ai Guelfi speranza alcuna di rientrarvi. A questa risoluzione, fatta dai più forsennati, gli altri o deboli aderivano o timidi taceano; il solo Farinata altamente dissentendo tentò di richiamare gli spiriti alla ragione. Quando li vide fermi nel disperato consiglio, il magnanimo snudò quel brando che gli avea guidati ad una vittoria di cui voleano sì indegnamente abusare; e nel mezzo dell' assemblea dichiarò ch' egli lo avea cinto per difender la patria, e non per distruggerla; e ch' era sempre pronto ad adoprarlo ancora per conservarla, e contro chiunque volesse recarle nocumento:* Che quelle torri e quei baluardi sorgevano omai per loro difesa e per offesa degli avversarj; e il volerli rovesciare era un favorire i nemici ed un offendere sè medesimi: Ch' egli avea tanto fatto e patito solo per avere il contento di rientrare nel caro nido natio, e confondere un giorno le sue ceneri con quelle degl' illustri avi suoi; onde quella barbara risoluzione gli avrebbe involato il premio di tanto sudore, ed involato per quel mezzo medesimo per cui sperava ottenerlo: Ch' ei non poteva mai prevedere che il combattere per racquistar la patria fosse lo stesso che affaticarsi a perderla per sempre, e rendere così eterno quell' esilio cui egli sperava veder terminato per sempre: Ch' ei non credea dovere, in mezzo alla sua gloria, vedersi ridotto a tal miseria da maledir la sua vittoria che sì gran colpa produr dovea, e desiderar di esser morto in battaglia, per non essere spettatore di cotanta indegnità: Ch' ei fremea al pensiero che i suoi nemici gli avessero conservata la patria, e gli amici suoi dovessero distruggergliela, onde la posterità avesse dritto di chiamar quelli i conservatori, e loro i distruttori della bellissima fra le città d' Etruria: Che s' egli avea il dolore di vedere non

---

* Vedi presso Leonardo Aretino, e 'l Machiavelli, il bel discorso di Farinata, di cui qualche idea rammenterò.

rimaner altro Fiorentino fuor di lui, egli Fiorentino sarebbe sempre rimasto sino all' ultimo respiro: E che finalmente i Guelfi non erano più suoi nemici, s' egli trovava in essi chi amando Firenze sua volesse con lui vendicarne le ruine. Alle minacce aggiunse le preghiere, all' autorità la ragione; e talmente soprafece con l' atto generoso quegli spiriti ritrosi che alla fine li soggiogò. Firenze dunque dovè la sua preservazione a quel suo figlio guerriero; ma l' ingrata pagò lui e tutta la di lui discendenza della più nera ingratitudine. Il partito espulso, che più tardi rientrò, dimenticando chi gli avea serbate quelle mura che avea sì sospirate, perseguitò la famiglia di Farinata più che ogni altra della parte avversa; sino al punto ch' essa venne sempre eccettuata da tutt' i decreti di grazia che di tempo in tempo emanarono. Dante non avea conosciuto quel salvator della terra sua, ma la fama di lui avea saputo attirarsi la sua ammirazione; ed a togler da lui ogni ombra di odiosità fa ch' ei confessi di essere stato *troppo molesto alla nobil sua patria:* nel che si contiene quasi una espiazione. Farinata veniva accusato di soverchia vanità di sua origine, difetto di cui Dante medesimo non andava esente. Or udiamo il dialogo del poeta con lui.

12. Io avea già 'l mio viso nel suo fitto;
    Ed ei s' ergea col petto e con la fronte,
    Come avesse l' Inferno in gran dispitto.

Io avea già fitto il mio sguardo nel suo; ed ei si ergea col petto e con la fronte, come avesse ancora in gran disprezzo quell' Inferno cui vivente scherniva.

Sottile di molto, ma non dispregevole del tutto, è la riflessione del Landino, che Farinata *si erge col petto e con la fronte* per mostrare che con gli affetti e coi pensieri contro Dio insorgea, il che indica che la sua eresia nascea da corruzione di cuore e di mente: ma io mi attengo alla seconda riflessione, cioè che quell' attitudine vale a dimostrare l' alterigia di quello spirito.

13. E le animose man del duca e pronte
    Mi pinser tra le sepolture a lui,
    Dicendo: Le parole tue sien conte.*

* *Conte* è sincope di cognite.

CANTO X. 287

14. Tosto che al piè della sua tomba fui
    Guardommi un poco; e poi, quasi sdegnoso,
    Mi dimandò: Chi fur gli maggior tui?
15. Io ch' era d' ubbidir desideroso
    Non gliel celai, ma tutto gliel' apersi:
    Ond' ei levò le ciglia un poco in soso;
16. Poi disse: Fieramente furo avversi
    A me, ed a miei primi, ed a mia parte,
    Sì che per due fiate li dispersi.
17. S' ei fur cacciati ei tornar d' ogni parte,
    Risposi lui, l' una e l' altra fiata;
    Ma i vostri non appreser ben quell' arte.

E le animose mani del mio duca pronte mi spinsero a lui fra le sepolture; dicendomi egli: Fa che i sensi tuoi sien noti. Tosto ch' io fui al piè della sua tomba ei guardommi un poco; e poi, dubitando esser io un plebeo, quasi sdegnoso mi dimandò: Chi furono i tuoi maggiori? Io ch' era desideroso di ubbidirlo, perchè non men nobile di lui, non gliel celai, ma tutto gli esposi il seguito degli avi miei. Ond' ei nell' udirli levò tra maraviglia e dispetto le ciglia un poco in su; e poi disse: Essi furono fieramente avversi a me, ed ai miei antenati, ed al mio partito; sicchè per due fiate li mandai raminghi e dispersi. Ed io risposi a lui: S' essi furono discacciati, essi ritornavano pur d' ogni parte e l' una e l' altra fiata; ma i vostri discendenti non appresero bene la difficile arte del ritornare.

Gli orgogliosi detti di quel Ghibellino hanno aizzato il poeta a questa pungente risposta da Guelfo, la quale ferì al vivo l' alterigia di lui; e vedremo più tardi come ripiglierà. Chi sa che questo dialogo non induca l' ombra di qualche famoso Guelfo ad affacciarsi per veder chi sia questo vivente del suo partito, e per vedere se altri della stessa tempra sia pur con lui? Stiamo ad osservare.

18. Allor surse alla vista scoperchiata
    Un' ombra lungo questa, infino al mento:
    Credo che s' era in ginocchion levata.

Allora surse oltre il coperchio alla vista un' ombra accanto a questa; e si vedea infino al mento; credo che si era levata in ginocchione.

Questa nuova ombra, che interrompe il dialogo, è quella di Cavalcante Cavalcanti, padre del famoso Guido, ambo Guelfi. Sapea quest' ombra che Dante e suo figlio erano della stessa parte ed inseparabili amici, onde in udir la voce dell' uno credea che fosse ivi pur l' altro, pensando: se per elevatezza di mente è stato a Dante concesso di fare questo viaggio, il mio Guido, gran poeta e gran filosofo, dev' esser certo con lui: onde surse ad accertarsene; e per far presto si levò in ginocchioni.

19. D' intorno mi guardò, come talento
    Avesse di veder s' altri era meco:
    Ma poi che il sospicciar fu tutto spento,
20. Piangendo disse: Se per questo cieco
    Carcere vai per altezza d' ingegno,
    Mio figlio ov' è, e perchè non è teco?

Girò lo sguardo a me intorno, come se avesse desiderio di veder se altri era meco; ma poichè fu totalmente svanito quel suo sospettare, piangendo mi disse: Se per altezza d' ingegno ti fu concesso andare per questo cieco carcere infernale, deh dimmi, mio figlio, che ha pur mente altissima, ov' è? e perchè non è teco?

Quel *perchè non è teco* accenna non solo l'indivisibile unione di questi due amici, talchè l'ombra si maraviglia di non trovarli insieme, quasi dica: *perchè mio figlio al solito non è teco?* ma di più, fa vedere che Dante era già da Guido diviso per partito cangiato; il che diverrà più chiaro per ciò che segue.

21. Ed io a lui: Da me stesso non vegno;
 Colui che attende là per qui mi mena,
 Forse cui Guido vostro ebbe a disdegno.

In questa terzina, come altrove notammo, vien indicato il rifiuto che Guido avea fatto a Dante di divenir Ghibellino: e se il padre di lui avesse saputo il presente, come sapea il futuro (perchè i dannati di Dante sanno questo e non quello, come or vedremo) non avrebbe domandato all'amico del figlio, *perchè non è egli teco?* poichè ne avrebbe saputa la cagione.

22. Le sue parole, e 'l modo della pena
 M' avevan di costui già detto il nome;
 Però fu la risposta così piena.
23. Di subito drizzato gridò: Come
 Dicesti, *egli ebbe?* non vive egli ancora?
 Non fiere gli occhi suoi lo dolce lome?

Le sue parole intorno al figlio, e il modo della pena data agl' increduli, mi avean già detto chi fosse costui, e quasi espresso il suo nome: perchè sapea che il padre di Guido era un Epicureo; e perciò la mia risposta fu così congrua e piena. Di subitaneo slancio drizzato in piedi gridò: Come dicesti, *egli ebbe a disdegno?* Non vive egli ancora? Il dolce lume del sole non ferisce dunque gli occhi suoi?

L'ultimo verso avrà una bella significazione, quando ci ricorderemo che il Sole è il simbolo della ragione, e che Guido era Guelfo.

VOL. I.   U

24. Quando si accorse di alcuna dimora
Ch' io faceva dinanzi alla risposta,
Supin ricadde, e più non parve fuora.

Comprenderai bene questa terzina nel riflettere, che Dante, tutto sorpreso che costui credesse morto il figlio mentr' era tuttora vivo, si arrestò a pensare così: come va che i dannati conoscono il futuro, siccome da Ciacco ritrassi, ed ignorano il presente, come costui mi mostra? Onde dice:

Quando egli si accorse ch' io metteva alcuna dilazione dinanzi alla risposta, credendo ch' io per pietà non volessi dargli la mala nuova, nel suo disperato dolore ricadde supino dentro la tomba, e non apparve più fuori.

Ci abbiam levato costui dinanzi; è tempo di tornare a Farinata. L' altero è restato ferito dalla risposta che Dante gli avea fatta, quando gli disse che *i suoi discendenti non avevano appresa bene la difficil arte di ritornare*: onde si appresta a dargli crudel contraccambio, con annunziargli ch' egli pure avrebbe conosciuto quanto era difficile quell' arte.

25. Ma quell' altro magnanimo, a cui posta
Restato m' era, non mutò aspetto,
Nè mosse collo, nè piegò sua costa.
26. E se (continuando al primo detto)
S' egli han quell' arte, disse, male appresa,
Ciò mi tormenta più che questo letto.

Ma quell' altro spirito magnanimo, alla cui richiesta io mi era restato, erasi rimasto così fisso ed imperturbabile, alla notizia delle sventure de' suoi, che non mutò aspetto, non mosse collo, non piegò lato. E continuando il primo interrotto discorso, mi disse: Se essi han mal appresa quell' arte, ciò mi tormenta più che questo letto di fuoco.

Di quanti profondi sensi è gravido questo concetto! L'idea che i suoi degeneri discendenti abbiano mal appresa la difficil arte di ritornare da lui che n'era stato sì dotto maestro; e l'idea che il partito nemico trionfasse sul sangue suo gli erano tormentosi più che quel letto di fuoco! Anima sublimemente altera!

27. Ma non cinquanta volte fia raccesa
   La faccia della donna che qui regge,
   Che tu saprai quanto quell'arte pesa.

Ma non fia raccesa cinquanta volte la faccia della donna che qui regge (Proserpina, o la Luna) che tu saprai, per trista esperienza, quanto pesa quell'arte.

Vale a dire, in meno di 50 Lune sarai esiliato tu pure, e vedrai quanto ti sarà difficoltoso il ritornare.
Credete che Farinata abbia dato un colpo al solo Dante? Signor no, l'ha dato anche a Firenze. E vedetelo chiaro: *Dite*, regina dell'eterno pianto, è Firenze stessa, come abbiam veduto: Or perchè con questa circonlocuzione la denomina ora Luna? La Lonza instabile ve lo dirà per me: e Cacciaguida nel Paradiso velo dirà anche meglio:
   E come il volger del ciel della Luna
   Copre e discopre i lidi senza posa,
   Così fa di Fiorenza la fortuna.

28. E se tu mai nel dolce mondo regge,
   Dimmi, perchè quel popolo è sì empio
   Incontro a' miei, in ciascuna sua legge?
29. Ond'io a lui: Lo strazio e 'l grande scempio
   Che fece l'Arbia colorata in rosso
   Tale orazion fa far nel nostro tempio.

E se tu mai, come pare, reggi ancor vivo nel dolce mondo, devi essere per conseguenza informato delle cose di lassù: Or dimmi perchè quel popolo dell'ingrata nostra patria è sì empio e crudele incontro ai miei, in ciascuna sua legge, ch'eccettua sempre il mio sangue dal perdono? Ond' io risposi a lui: Lo strazio e 'l grande scempio di quella battaglia, che fè colorata in rosso l' onde dell' Arbia, fa fare tali aringhe dagli oratori nel nostro tempio di giustizia che alimentan sempre l' odio contro il vostro sangue.

Curia est Templum publici consilii, Cicerone: e *orazioni* si chiamano le aringhe di questo oratore. Di più, il Machiavelli ne insegna, che in que' tempi *i magistrati e i consigli si ragunavano per le chiese* di Firenze, come altra volta il senato si raccogliea ne' templi di Roma.
L' Arbia colorata in rosso: " E tinto in rosso il mar di Salamina," Petr. *Siculum mare Poeno purpureum sanguine*, Oraz.

30. Poi ch' ebbe sospirando il capo scosso,
    A ciò non fui io sol, disse, nè certo
    Senza cagion sarei con gli altri mosso;
31. Ma fui io sol colà, dove sofferto
    Fu per ciascun di torre via Fiorenza,
    Colui che la difesi a viso aperto.

Poichè sospirando egli ebbe scosso il capo, crucciosamente disse: Non fui io solo a quella strage; nè certo mi sarei mosso con tutti gli altri a far tanto, senza una gran cagione; ma fui io solo quello che là dove tutti avean risoluto di torre via Fiorenza (e ciascun tacque e 'l sofferse), io solo fui quello che la difesi a viso aperto.

Ecco perchè ei disse sopra che *forse fu troppo molesto alla sua patria;* con quel *forse* e *troppo* intendeva dire che avea le sue buone ragioni ad inferire così, ma *forse* andò al *troppo*.

32. Deh, se riposi omai vostra semenza,
    Pregai io lui, solvetemi quel nodo
    Che qui ha inviluppata mia sentenza.

Io allora pregai lui così: Deh faccia il Cielo che omai il sangue vostro abbia riposo; sciogliete mi quel nodo che qui, con voi parlando, ha inviluppato il mio giudizio.

Sentenza vien dal latino *sentire*, giudicare: *animi sententia*, interno giudizio.

33. Ei par che voi veggiate (se ben odo)
    Dinanzi quel che il tempo seco adduce,
    E nel presente tenete altro modo.
34. Noi veggiam, come quei ch' ha mala luce,
    Le cose, disse, che ne son lontano,
    Cotanto ancor ne splende il sommo duce:
35. Quando s' appressano, o son, tutto è vano
    Nostro intelletto; e s' altri nol ci apporta,
    Nulla sapem di vostro stato umano.
36. Però comprender puoi che tutta morta
    Fia nostra conoscenza da quel punto
    Che del futuro fia chiusa la porta.

Ei pare (se ben intendo) che voi veggiate dinanzi quel che il tempo addurrà seco dopo: e nel presente tenete altro modo, poichè par che nulla veggiate. Or come ciò accade? Ed ei mi disse: Come colui che ha cattiva vista, il quale vede da lungi e non da presso gli oggetti, così noi veggiamo le cose che son da noi lontane; cotanto ancora ci splende il sommo guidator delle cose. Ma quando quelle cose si accostano, o son già presenti, la nostra intelligenza si rende del tutto vana; e se altri non ce ne apporta nuova, nulla sappiamo del vostro stato umano. Da ciò comprender puoi che la nostra conoscenza sarà totalmente estinta da quel punto che sarà chiusa la porta del futuro.

Che i dannati non sappiano il presente, e sieno informati delle umane cose da chi va dopo, è opinione di S. Agostino: *Fatendum est nescire mortuos quid agitur, dum agitur; sed postea verum audire ab iis qui hinc ad eos moriendo pergunt.*

37. Allor, come di mia colpa compunto,
    Dissi: Or direte dunque a quel caduto
    Che il suo nato è coi vivi ancor congiunto;
38. E s'io fui dianzi alla risposta muto,
    Fat' ei saper che il fei perchè pensava
    Già nell' error che m' avete soluto.

Allor, come pentito di una colpa commessa, gli dissi: Or dunque direte a quel misero, che cadde supino, che il suo figlio è ancor coi vivi. E s'io innanzi di rispondere rimasi muto, fategli sapere che ciò feci perchè, nell' errore che conosceste il presente, stava allora pensando alla difficoltà che mi avete sciolta.

39. E già 'l maestro mio mi richiamava,
    Perch' io pregai lo spirto più avaccio*
    Che mi dicesse chi con lui si stava.
40. Dissemi: Qui con più di mille giaccio;
    Qua dentro è lo Secondo Federico,
    E 'l Cardinale; e degli altri mi taccio.

Federico II. persecutor della Chiesa, celebre scialacquatore e dissoluto; e 'l Cardinale degli Ubaldini (detto in que' tempi, per antonomasia, *il Cardinale*) tacciato di miscredenza. *E degli altri mi taccio,* quasi dicesse sgomentato, "Che il tempo saria corto a tanto suono." Ecco perchè questa tomba, che contiene più di mille spiriti, fu chiamata *cimitero.*

* *Più avaccio,* con più frettolose parole.

CANTO X.

41.. Indi s' ascose: ed io in ver l' antico
  Poeta volsi i passi, ripensando
  A quel parlar che mi parea nemico.
42. Egli si mosse; e poi così andando
  Mi disse: Perchè sei tu sì smarrito?
  Ed io li soddisfeci al suo dimando.
43. La mente tua conservi quel che udito
  Hai contro te, mi comandò quel saggio:
  Ed ora attendi qui (e drizzò il dito):
44. Quando sarai dinanzi al dolce raggio
  Di quella, il cui bell' occhio tutto vede,
  Da lei saprai di tua vita il viaggio.

Indi quello spirito si ascose: ed io volsi i passi verso il Poeta, mia precedente guida, ripensando a quel discorso che mi parea annunziator di sventure. Egli si mosse, e poi così in andando mi disse: Perchè sei tu sì smarrito? Ed io soddisfeci alla sua domanda con dirgliene la cagione. Quel saggio allora mi comandò: La mente tua conservi quel che hai udito vaticinar contro te: ed ora attendi qui a quel ch' io dico (e sì dicendo alzò il dito in atto d' indicare il Cielo): Quando sarai dinanzi al dolce lume di quella, il cui bell' occhio tutto vede, da lei saprai qual sarà il viaggio di tua vita.

Lo saprà infatti per mezzo di Beatrice che ne richiederà Cacciaguida, il quale esporrà a Dante quanto gli dovrà accadere.

45. Appresso volse a man sinistra il piede;
  Lasciammo il muro, e gimmo in ver lo mezzo,
  Per un sentier che ad una valle fiede,
  Che infin lassù facea spiacer suo lezzo.

Dopo ciò volse il piede a man sinistra; onde lasciammo il muro che ci era a destra, e gimmo verso il *mezzo* del circolar piano, per un sentiero che va a fiedére ad una valle la quale menava alla gran voragine, da cui esalava un fetore che facea sentire il suo spiacevole lezzo fin là sopra.

Quel volgersi *a man sinistra* o *destra* ha sempre in Dante qualche nascosta significazione: ma di ciò a miglior luogo. Di quel *lezzo* diremo nel canto seguente.

RIFLESSIONI SUL CANTO X.

L' ERESIA non si restringe al solo Epicureismo, e quindi l' allegoria delle tombe infocate deve avere una significazione più estesa di quella che nel principio di questo canto esponemmo. Onde dirò col Landino, il quale alla Scrittura si appoggia: "Come del sepolcro aperto esce gran fetore, così dalla bocca degli eretici escono fetide opinioni: *Sepulcrum patens est guttur eorum.*" E perciò queste tombe saranno aperte sino a che dura il tempo; poichè tai bocche sepolcrali, che spandono contagioso lezzo a corrompere chi è sano, sino allora soltanto potranno esser dischiuse; e poi *tutte saran serrate, Quando di Josaffà qui torneranno* coloro che dovran giacere in morte eterna. E la Scrittura stessa, nel dire che Iddio *apparecchiò in quel luogo i vasi della morte, ove le sue saette negli ardenti vasi fabbricò,* pare che dia nuovo appoggio all' allegoria di questi monumenti affuocati ove l' empietà vien punita.

Non può ammirarsi abbastanza l' industria del poeta riguardo alla immaginosa teoria della cognizion de' dannati intorno alle cose avvenire. Nulla di più ingegnoso e poetico che quel trovato. I dannati, i quali sono infinitamente distanti da Dio, leggono nel suo lontanissimo riverbero quegli eventi che dalla Provvidenza son preparati ed inviati al lor giro: ma quando poi quelli si appressano alla Terra per cominciare il loro corso prestabilito, andando fuori di quel riverbero, entrano nell' ombra, e i dannati nulla più veggono. E quindi vengono essi drittamente rassomigliati a coloro che son detti *presbiti,* i quali per veder bene han bisogno di essere ad una certa distanza dagli oggetti; altrimenti la lor visuale si confonde e mal distingue. Con bella espressione vien chiamata *porta del futuro* quella del Cielo, ond' escono le preordinate vicende; la quale dovrà essere per sempre chiusa quando, spento il tempo, regno delle contingenze, resterà l' eternità in cui tutto è immutabile: e quindi cesserà la prescienza de' perduti.

Con la industria di questa teoria Dante si apre il campo a molti dialoghi fra lui e i dannati; poichè quelli predicono a lui il futuro, egli informa quelli del presente; e così vi è sempre gran materia a discorrere delle umane cose.

Ben disse il Bianconi che Dante è *il pittor de' poeti;* e meglio avrebbe soggiunto ch' egli è il poeta de' pittori: Michelangelo ne sia la pruova. Qual quadro vivissimo di situazioni e di caratteri in questo decimo canto! Farinata che alteramente si erge col petto e con la fronte fuori del sepolcro infocato; la testa di Cavalcante che ne spunta sino al mento al fianco di lui: In volto all' uno terribil fierezza, in viso all' altro dolore e rammarico: Dante che a piè del monumento si atteggia fra timido ed audace a favellar col magnanimo Ghibellino, mentre il pusillanimo Guelfo guarda intorno a lui con occhi curiosi: Virgilio alquanto in disparte che ascoltando attende: Da lungi varie tombe di eresiarchi con iscrizioni sui coverchi elevati; e il fondo chiuso dalle lontane mura di Dite con torri e spaldi.....Ingegni pittorici della bella Italia, mano ai pennelli; ed attendetene applauso e gloria.

Il poeta ha voluto fare un paragone tra i Guelfi e i Ghibellini nella persona di questi due. Il Guelfo Cavalcanti al non vedere suo figlio ne domanda piangendo; e poi indotto da un semplicissimo *ebbe* a credere ch' ei sia morto si abbandona ad atti disperati, e ricade supino nel fuoco. Il Ghibellino Farinata, alla sicura nuova che i suoi andavan mendicando esuli e perseguitati, non muta aspetto, non muove collo, non piega lato; e giunge a tanto la sua imperturbabilità che pare che abbia l' Inferno in gran disprezzo. Io non so se con malizioso disegno si faccia comparire il primo inginocchiato a piè del secondo; il certo è che il paragone è tanto umiliante per l'uno quanto onorevole per l'altro. E si badi che Farinata dovea prendere quasi tanta parte al destino di Guido, quanto Cavalcante stesso: poichè l' amico di Dante era figlio dell' uno e genero dell' altro; e quindi alla sua sorte era congiunta quella della più diletta figlia di Farinata.

Il poeta fece un simil paragone anche nel canto secondo fra lui e Virgilio, là dove *del magnanimo quell' ombra rispose: l' anima tua è da viltade offesa*: e si noti che la frase *quell' ombra del magnanimo* vale quella figura dell' uom magnanimo; altrimenti avrebbe dovuto dire *l' ombra di quel magnanimo*.

Tragghiamo ora dal bujo ove si giace una finezza impercettibile che non potremmo mai nè comprendere nè gustare se non sapessimo chi è Virgilio.

Questo filosofico Ghibellinismo *con animose e pronte mani* spinge Dante verso quel Ghibellino, e gli dice: *le parole tue sien conte*, cioè cognite: quasi insinuargli volesse di rendersi a lui noto per quel ch' egli è, con fargli sapere ch' erano entrambi della stessa parte. Ma siccome Farinata con pungenti parole gli rinfacciò la sua origine Guelfa, e gli ricordò di avergli mandati due volte dispersi gli avi, così ei piccato rispose che, se erano stati da lui discacciati, quelli eran pur ritornati ambe le fiate; ma non così i di lui discendenti ch' ivan raminghi ancora senza ricetto e riposo. Or questo discorso, come ognun vede, è tutt' altro che da Ghibellino, e sta assai male sulle labbra di un seguace di Virgilio. E bene udite che dice Dante di Virgilio: *Colui che attende là*. Nel parlar da Guelfo fa che il suo Ghibellinismo si rimanga in disparte. Nè osi dirmisi che ciò è mio arzigogolo, perchè verrà riprodotto anche più chiaro altrove, e dove meno si crede.

Or ecco un' altra acutezza del nostro gran vate. Quand' egli vuol mostrare il suo rispetto a grave personaggio gli parla col *Voi*. Così disse a Farinata, per cui manifestò innanzi tanta venerazione (*Farinata e 'l Tegghiaio che fur sì degni, E gli altri che a ben far poser gl' ingegni*): " *Solvetemi* quel nodo.... *direte* a quel caduto.... I *vostri* non appreser ben quell' arte.... Deh se riposi omai *vostra* semenza;" e parimente a dinotare il suo rispetto al padre del suo amico gli dice " Guido *vostro*." Lo stesso farà nell' incontrare il suo maestro Brunetto, a cui dirà: " *Siete Voi* qui, Ser Brunetto!... Se *volete* che con *voi* mi sieggia, farollo.... *Voi* non *sareste* dalla umana natura posto in bando, se fosse tutto pieno il mio dimando.... La cara immagine paterna di *Voi* m' è fitta in mente," ecc. E per unire alle parole atti uniformi andrà al fianco di lui *a capo chino, come uom che riverente vada*.

Ma più chiaramente ciò si manifesta nel Paradiso, dove incontra il suo tritavo Cacciaguida. Prima ch' ei sappia chi sia lo tratta col *Tu*:

> Ben io supplico *te*, vivo topazio,
> Che questa gioja preziosa *ingemmi*,
> Perchè mi *faccia* del *tuo* nome sazio.

E poi che quello gli si appalesa soggiunge:

> Dal *Voi* che prima Roma sofferie
> Ricominciaron le parole mie:
> Io cominciai: *Voi siete* il padre mio,
> *Voi* mi date a parlar tanta baldezza,
> *Voi* mi *levate* sì ch' io son più ch' io.

A piena illustrazione de' varj passaggi simili, dirò intorno all' origine, al valore, ed all' uso del *Voi* in questo senso.

È opinione fra gli eruditi che il primo uomo cui si fosse parlato col *Voi*, in vece del *Tu*, sia stato Giulio Cesare; poichè nell' auge del suo potere avendo egli raccolti in sè i varj caratteri d' Imperatore, o sia supremo Generale degli eserciti, di Dittatore perpetuo, di Pontefice massimo, di Tribunizia potestà, di Consolo, ecc. fu considerato non più come uno, ma come molti: per cui, a lui parlandosi e scrivendosi, non si disse più *Tu*, ma *Voi*; cioè, Voi Imperatore, Dittatore, Pontefice, Console, Tribuno, ecc. A cui sembra alludere quel verso di Dante " Dal *Voi* che prima Roma sofferie"; cui Fazio degli Uberti (nipote di Farinata) va d' accordo nel Dittamondo:

> E penso ancor come perduto visse
> Con la sua Cleopatra, oltre due anni,
> Colui a cui il Roman prima *Voi* disse.

E si vuole che a ciò alludano anche que' versi di Lucano nel lib. V. della Farsaglia:

> Namque omnes voces per quas jam tempore tanto
> Mentimur dominis haec primum reperit aetas.

Facile è concepire come poi l' uso ne fosse più tardi rinnovato e continuato coi dominanti posteriori, i quali per conseguenza risposero *Noi*, il che rimane ancora in pieno vigore; e non è difficile il dedurne che in seguito l' adulazione lo profuse ai grandi in generale; e poscia la civiltà lo generalizzò a tutte le altri classi della culta società, come segno di mutuo riguardo.

Aggiungerò che non solo dalle profane, ma pur dalle sacre carte sembra esser derivata una tal maniera di riguardar uno come più; poichè (*Minima si magnis assimilare licet*) anche Iddio fu considerato come avente in sè varie persone; onde leggesi nella Genesi, *Errare fecerunt me Deus* (cap. 20, v. 13); *Ibi revelati sunt ad eum Deus* (cap. 35, v. 7). E Iddio stesso ivi dice: *Faciamus hominem ad imaginem et similitudinem nostram*. Da che alcuni han tratta opinione che il dogma della Trinità sia di antichissima rivelazione, e dagli Ebrei conosciuto.

Tutto ciò ne dà il dritto a conchiudere che eccelsa è l' origine del *Voi* dato ad una sola persona; e che nulla di più onorifico potè escogitarsi per mostrare la considerazione in che si tiene quello a cui si applica.

Ne fu l' uso sì comune presso i nostri antichi che per mostrar rispetto fu adoperato come segno esclusivo. Onde il Petrarca parlando a Laura, ch' ei riguardava *non come donna ma come angelo*, quasi sempre sen vale:

> Quando a *Voi* addivien che gli occhi giri,
> L' anima esce dal cor per seguir *Voi*.
> *V*'' aggio profferto il cor, ma a *Voi* non piace, ecc. ecc.

E non solo nel trecento, ma pur nel quattrocento e nel cinquecento, suol comparire assai di frequente, come col Bembo, col Casa, col Berni, con la Colonnese, e col Buonarroti, e col Sannazzaro, e col Rota, e con cento altri potrei luminosamente provare: ma valga per tutti il primo quadernario del primo sonetto del Costanzo:

> Se non *siete* empia tigre in volto umano
> Spero, dolce mio mal, ch' umide *avrete*
> Le guance per pietà quando *vedrete*
> Come m' ha concio Amor da *Voi* lontano.

Nè solamente nei poeti, ma anche nei prosatori, e in quelli sopra tutto che, dipingendo i modi urbani del comun conversare, presentano l' immagine del discorso vivo, e ci dicono come allor si parlava, ricorre ad ogni pagina. Prescegliamo il Boccaccio a farcene testimonianza.

"Signore, la quistione la quale *Voi* mi *fate* è bella."—Il Giudeo Melchisedec al Sultano Saladino.

"Io non l' oso scoprire se non a *Voi*."—Il sonator di viola Minuccio al Re Pietro d' Aragona.

"Signor mio, s' egli si sapesse che di *Voi* innamorata mi fossi, la più della gente me ne riputerebbe matta, credendo che la *vostra* condizione io non conoscessi. Nell' ora che *Voi* prima mi *piaceste* conobbi *Voi* essere Re, e me figliuola di Bernardo speziale. Ma siccome *Voi* molto meglio di me *conoscete*, niuno secondo debita elezion s' innamora, v' amai, amo, ed amerò sempre. Com' io ad amore di *Voi* mi sentii prendere, così mi disposi di far sempre del *vostro* il voler mio. Se *Voi* mi diceste ch' io dimorassi nel fuoco, *credendovi* io piacere mi sarebbe diletto. Aver *Voi* Re per cavaliere *sapete* quanto mi si conviene, e perciò più a ciò non rispondo."—La Lisa, figlia dello speziale Bernardo, al Re d' Aragona e di Sicilia.

E così di cento e cento altri luoghi che preterisco, ne' quali umili vassalli s' introducono a parlare a potentissimi monarchi. E come di Dante, di Petrarca, di Boccaccio, e di Fazio vedemmo, potremmo egualmente vedere di centinaja di altri autori del miglior secolo, se voglia ne avessimo.

Or bene, se così alta è l' origine del *Voi*, diretto ad una sola persona, se presso i nostri classici è esclusivamente impiegato per mostrar rispetto e far onore, ond' è che questo nobilissimo Toscanesimo si è poi barattato per quella sguajata affettatura di *Ella*, e per quello sciaurato spropositone di *Lei* che ora ne usurpano il luogo, e massimamente in Toscana? Nulla di più ingiurioso, agli occhi di chi ben mira, che codesti due milensi pronomi con cui dichiariamo femmine i personaggi gravissimi; poichè con essi non solo l' uomo non è considerato come più uomini, ma neppur come uno; poichè per essi s' indica che si favella non a lui, ma ad una certa astratta signoria di lui. Cosicchè, se in luogo di parlare ad un personaggio rispettabile parlassimo ad un ridicolo scimiotto, pur *Ella* gli diremmo; ingiuriando così pur lo scimiotto, giacchè non ad esso, ma alla sua scimiesca signoria dirigeremmo il discorso. Metafisica balordaggine per la quale quasi sparisce l' individuo e resta l' autorità: balordaggine che si prese l' incomodo di varcare i Pirenei e le Alpi per venire a render men bella la bellissima lingua del Sì: poichè (s' io mal non mi appongo) fu essa introdotta fra noi quando "L' avara povertà di Catalogna" venne con Carlo V. ad arricchirsi in Italia: non trovandosene prima di tal tempo (per quel ch' io sappia) neppur fiato nelle carte de' nostri buoni vecchi.

Eppure vi han de' tali che godono spacciare, come dogma infallibile, che codesto *Ella* lezioso, di cui nulla è più inetto, valga ad onorare, e che il *Voi*, di cui nulla è più decoroso, sia quasi un insulto. Sino al punto che un gentiluomo straniero, cui fu dato ad intendere, tenea per fermo che un Italiano a cui venne dato del *Voi*, per continuare il dialogo, fè risposta di una coltellata. Ecco le belle dottrine di coloro che ignorano l' origine delle cose, e che non avendo attinto il bel dire Italiano ne' classici fonti osan tacciare di rozzi parlatori coloro che non gorgheggiano e non dicono *Lei*. Dante dunque ingiuriò Farinata, Cavalcanti, Brunetto, e Cacciaguida? Il Petrarca, il Boccaccio, Fazio degli Uberti, e quanto altro vi ha più grande nel secolo che si dà a modello, son dunque scrittori villani! E nel regno di Napoli, e in gran parte della Romagna, in cui il *Voi* suona ne' più fiorenti crocchi ov' è gentilezza, si è dunque fra un popolo di malcreati?

Ora che in Italia si milita a tutt' uomo per richiamare in vigore il grave sermon prisco, in ciò ch' è bene, perchè non si fa lieta ciera all' onorevole *Voi*, e non si scacciano quelle stupide di *Ella* e *Lei*, spurie figlie del ridevole *Usted?* Vennero sbanditi quasi a furia tanti spiritosi Gallicismi, malgrado che fossero belli e buoni, e si ritiene questo scipito Spagnuolismo ch' è tutt' altro che bello e buono! Usando il *Voi* de' nostri venerandi vecchi, una metà d' Italia si uniformerebbe all' altra, e non ci discosteremmo dal *Vous* e dal *You* di quelle nazioni che son modello di urbani modi; le quali dandosi tanta cura di studiar la nostra lingua per gustare Dante, Petrarca, e Boccaccio, sudano ad apprendere ciò che in quelli non troveranno giammai; nè le costringeremmo a perdere il tempo e la pazienza onde imparare a considerare i presenti come assenti, e gli uomini come femmine: il che è tanto ridicolo quanto difficile, e dirò anche basso e antipoetico; poichè nessuno ha osato introdurre un tal modo nel linguaggio che vien detto dei Numi. In poesia trovan luogo quasi tutte le maniere nobili della prosa; poichè questa n' è bandita, è segno che non è nobile: or come un modo ignobile vale a far onore?... Ma l' uso.... dicasi l' abuso; e gli abusi van riformati. Ah, poichè in altro non possiamo, riformiamoli almeno nella lingua.

NOTE AGGIUNTE AL CANTO X.

Terz. 21. *Colui che attende là per qua mi mena,*
Forse cui Guido vostro ebbe a disdegno.

Tutti i Comentatori, *und voce dicentes*, spiegano che Guido, perchè Filosofo, disdegnò di seguir Virgilio, perchè poeta. Ecco le parole di uno de' primi e di uno degli ultimi che ho sott' occhio, per tacer degl' intermedj che non fecero altro che cantar la stessa cosa: " Quasi dica, perchè Guido vostro, datosi tutto alla Filosofia, non degnò i Poeti," *Landino*. " Guido pose tutto l' ingegno suo nella Filosofia, e studiò poco i poeti," *Biagioli*. Or si conceda pure ciò (a dispetto di Dante, il quale grida che Guido Cavalcanti avea *tolto* all' elegante Guido Guinicelli *la gloria della lingua*, e glie l' avea *tolto cantando dolci rime d' amore*), e mi si dica di grazia dai glosatori: Non è Virgilio, secondo loro, figura della Filosofia? E non hanno essi medesimi ripetuto questo più di cento volte, prima di spiegar così un tal passo?...Guido dunque sdegnò di seguir Virgilio, figura della Filosofia, perchè *pose tutto l' ingegno suo nella Filosofia?*

T. 27. *La faccia della donna che qui regge.*

Dante è arcano più assai degli oracoli, bisogna pur convenirne. Se le sue espressioni non avessero sì segrete allusioni, io direi francamente: *la idea è falsa*; perchè questa da lui nominata Ecate, o Proserpina, o Luna, che vogliam dire, o sia Diavolessa Imperatrice, moglie dell' *Imperator del doloroso Regno*, nel suo Inferno non è per ombra; ed io, finchè non l' ho capito, ho segnato in miei vecchi manoscritti: *idea falsa*: ma poi vidi che *la Donna che qui regge* è sinonimo di *quella cangevole Luna che coi suoi maligni influssi regola questa incostante Città*.

T. 28. *E se tu mai nel dolce mondo regge,*
Dimmi perchè quel popolo è sì empio
Incontro ai miei?

Farinata chiama *dolce* quel mondo ove nelle voluttà s' inebbriò; e così lo chiamò pure il goloso Ciacco che si rammentava i saporosi cibi che vi avea gustati: " Ma quando tu sarai nel *dolce mondo*."
Era naturale che Farinata dicesse: se mai tu sei vivo, e sei Fiorentino, dimmi perchè i Fiorentini perseguitano la mia famiglia, giacchè devi saperlo. E gli disse, *se mai reggi nel mondo*, perchè non sapea di certo che Dante fosse vivo. Da quanto ha udito ei lo credea (per cui gli gridò, *O Tosco che per la Città del foco Vivo ten vai*), ma pure niuno gli aveva assicurato che ciò fosse. Malgrado tanta evidenza di senso, quasi tutt' i Comentatori si sono ostinati a voler trovare in quel *se* il segno deprecativo e non il condizionale; senza scorgere che il *mai* col deprecativo mal può associarsi. Il giudizioso Lombardi è stato forse l' unico

che si era diretto per la buona via (nè so perchè non seppe toccar la meta), ma ne ricevè un acre rimbrotto dal suo correttore. Perchè si vegga quanta ragione avesse costui del suo *abitual rimproverio* ci piace qui rapportar la sua interpretazione, di cui sembra menar gran vampo; per la quale osserveremo che con un certo suo segreto (ch' è per lui la vera panacea universale ad ogni piaga della grammatica) egli ha il talento di spiegar tutto, ma cangiando spesso una magra particella in prolissa diceria. Rara abilità!

"Gli spositori, disdegnosi di scendere dall' altezza loro sino alla prima arte, si sono trovati impacciati sovente da un fuscellin di paglia, siccome qui dalle particelle *se* e *mai*, per le quali non han potuto penetrare il vero sentimento del testo. Suppliscasi al difetto delle parole col pieno costrutto, il quale si è: *se desidero che tu regge mai nel dolce mondo, dimmi in ricambio perchè*, ecc. Ma che cosa significa la particella *mai?* Ella è l' elemento d' una espressione ellittica equivalente ad una delle seguenti maniere, *in modo da durar sempre, da non aver mai termine*, o simigliante: e destinata ad esprimere, con energia ad ogni altra dispari, l' intensità e la durata dell' azione. Adunque le parole del testo, *e se tu mai*, ecc. possonsi tradurre per queste: *Se io desidero che tu regge nel dolce mondo, e che tu non ceda mai all' impeto nemico, dimmi in ricambio*, ecc. Niuno de' Comentatori a me noti ha ben inteso questo passo; ma chi più chi meno s' accosta al vero, salvo Lombardi, che se n' allontana mille miglia. Ei dice che la particella *se* è qui semplice condizionale, e non voce di desiderio e di preghiera, com' ella è veramente, perciocchè, aggiunge egli, niun esempio trovasi in cui al *se* aggiungasi *mai*, siccome qui: il chè è falso del tutto, poichè più giù, cioè v. 94 di questo canto medesimo, leggesi *deh se riposi mai vostra semenza*, ove la particella *se* è evidentemente deprecativa, e vi sta pure il *mai*. A questa evidente verità aggiungo, che se la particella *se* giacesse qui per semplice condizionale, come Lombardi l' intende, non vi sarebbe senso comune, ec."

Così il riprensore al suo solito; e non sapea che l' esempio ch' egli adduce in sostegno del suo parere è una scorrezion di copista, poichè là dee leggersi, *Deh se riposi omai vostra semenza*: bellissima lezione con cui il Codice Bartoliniano ha ultimamente corretti tutti gli altri.

T. 41. . . . . *Io in ver l' antico*
Poeta volsi i passi, ripensando
A quel parlar che mi parea nemico.

Parrà forse molto ricercata la osservazione che ora farò, ma pure l' analisi di molti luoghi la dichiarerà giusta a lungo andare. Quando Dante vuol mostrarsi agitato da timore, o da ansietà, o da qualunque altra passione, chiama Virgilio *Poeta*, o sia favella a sè stesso come ad essere sommamente sensitivo; poichè Virgilio, come dicemmo, è Dante medesimo. Farinata gli ha parlato da superbo Ghibellino, ond' ei piccato rispose da Guelfo; per cui fè che Virgilio si rimanesse in disparte: e soggiunge ch' ei *volse i passi ver l' antico Poeta, ripensando a quel parlar che gli parea nemico*; cioè che si volse al suo antico essere di Guelfo, ripensando a quel parlar Ghibellinesco che gli annunziava disastri. Con opposta frase diciamo, *spogliarsi il vecchio Adamo*; o sia mutar vita, e divenir tutt' altro. Così nel canto precedente, al vedere ed udire le Furie che lo minacciavano dalla torre rovente, ei *si strinse al Poeta per sospetto*, cioè, per timore tutto in sè si restrinse. Nell' osservare i lascivi, preso da pietà e tema pei castighi dati ad un vizio ch'era pur suo, esclama: *Poeta, parlerei volentieri a que' due*, cioè a Paolo e Francesca; e poi tutto pensoso chinò il viso, e tanto il tenne basso finchè *il Poeta* gli disse, *che pensi?* Dev'entrare alla considerazione del primo cerchio, dove sono coloro che si perdettero per non retta credenza, ed ei che teme di esser nel numero dice che *il Poeta tutto smorto cominciò: discendiam quaggiù nel cieco mondo*. Non vuole più seguir Virgilio per timor de' Guelfi, e dice: *Poeta, guarda la mia virtù s'è possente a tanto*. Vuole scusare sè stesso di essere stato prima ribello all'Imperatore, e dice: *Poeta, io ti richieggio per quel Dio che tu non conoscesti*. Il seguito del poema farà giustizia a questa osservazione.

    T. 43. *Ed ora attendi qui: e drizzò il dito:*
         Quando sarai dinanzi al dolce raggio
         Di quella, ecc.

Convengo che l' *attendi qui*, e 'l *drizzò il dito* possono esprimere un detto ed un atto in consonanza, con cui Virgilio cerchi richiamare a sè l'attenzion di Dante, per quello che vuol dirgli. Ma parmi che dirigere queste due cose a due intenzioni differenti ne presenti sotto gli occhi una azione più pittoresca. Il Mantovano brama parlare a Dante, e gli dice, *attendi qui*, perchè lo ascolti: Si dispone a favellargli di Beatrice, e *drizza il dito*, per additar il luogo ov'ella si trova. Quel primo modo d'interpretare spiega, ma questo secondo dipinge. Ed è simile a quel passaggio del Purgatorio: *Quando dietro a me drizzando il dito Una* (ombra) *gridò, Ve'*...mostrando Dante; ed all'altro del Purgatorio stesso, in cui il poeta per nominar la Luna dice: *La suora di colui (e il Sol mostrai)*.

ESPOSIZIONE DEL CANTO X.

Ora, come dicemmo nel canto precedente, Virgilio se ne va per un segregato calle, ch' è fral muro della città e i martirizzati, e Dante andandogli dietro le spalle gli parla così: O virtù somma, che per questi giri, ove si puniscono gli empj, mi volvi come a te piace senza che alcuno possa impedirlo, or parlami e soddisfa ai miei desiri. Potrebbesi veder la gente che giace per questi sepolcri? Già vedi che tutt' i coperchi son levati, e nessuno vi fa guardia sì che possa impedirlo. E Virgilio, il quale comprese ch' ei volea veder Farinata, gli rispose: Queste tombe che vedi sì aperte saran tutte serrate quando gli spiriti che or vi sono torneranno dalla valle di Giosaffatte coi corpi che hanno lasciati lassù. Epicuro e tutti i suoi seguaci, che spacciarono l' empia dottrina che l' anima perisce col corpo, hanno il loro vasto sepolcro da questa parte. E perciò quinci entro sarai tosto soddisfatto circa la domanda che mi fai; ed anche riguardo al desio che tu mi taci. E Dante a lui: Mio buon Duca, io non *tegno* nascosto mio cuore a te se non per *dicer poco*; e tu m' hai disposto a ciò *non pur mo*. Era per rammentargli che poc' anzi gl' intimò silenzio all' accostarsi del messo del Cielo, quando fu interrotto da queste voci che uscivano da uno di que' sepolcri: O Toscano che, per la città del foco, vivo ten vai parlando così modestamente, piacciati di restar in questo loco. La tua loquela manifestamente ti appalesa natio di quella nobil patria, alla quale io fui forse troppo molesto. Il Fiorentino Farinata conobbe dal dialetto che Dante era pur Fiorentino, onde lo invitò a fermarsi; ma emise così inaspettamente le sue voci dalla sua arca infocata che Dante intimorito si accostò un poco più alla sua guida, la quale gli disse: Volgiti, che fai? Vedi là Farinata che si è dritto per parlarti: volgiti, e lo vedrai tutto fuori della sua tomba dalla cintola in su. Dante avea già fitto il suo sguardo in quello dello spirito, e vide che quello si ergea col petto e con la fronte, come avesse in gran disprezzo quest' Inferno che vivente scherniva. Ma le animose mani di Virgilio lo sospinsero pronte fra le sepolture verso quello; indi ei gli disse: accostati, e fa che le tue parole gli sien cognite. Tosto che Dante fu a piedi della tomba, il superbo spirito di quell' Aristocratico lo guardò un poco, e poi dubitando che quello fosse un vil plebeo, così sdegnoso gli domandò: Chi furono i tuoi maggiori? Dante, ch' era egualmente vano della sua nobiltà, desideroso di ubbidirlo in ciò, non glie lo celò, anzi tutto gli espose il seguito degli avi suoi. Onde Farinata, ravvisando in lui un discendente de' partigiani contrarj, fra dispetto e maraviglia levando un poco più su le ciglia, rispose: Essi furono fieramente avversi a me, ed a miei maggiori, ed al mio partito; sicchè per due fiate li mandai raminghi e dispersi. E Dante a lui: S' essi furon cacciati, essi pur ritornarono da ogni parte dov' eran dispersi, e l' una e l' altra fiata: ma i vostri discendenti non appresero bene la difficil arte di ritornare.

Queste parole ferirono l'altero Farinata, e già ei si accingea a dar la risposta, quando surse oltre il coperchio alla vista un' altr' ombra accanto a lui, la quale si era forse levata in ginocchione, poichè appariva fuori della tomba sino al mento. Ella guardò attentamente intorno a Dante, come avesse desiderio di vedere se alcun altro vivo pur fosse ivi con lui. Ma poichè altro non vide piangendo disse: Se per altezza d'ingegno ti è concesso andar per questo oscuro carcere infernale, deh dimmi, mio figlio, che ha pur mente altissima, ov'è? e perchè non è teco? E Dante a lui: Io non vengo da me stesso: colui che attende là per qui mi mena; cui forse Guido vostro ebbe a disdegno. Era quest'ombra quella di Cavalcante Cavalcanti, nobile Fiorentino, padre di Guido, ed Epicureo anch'esso. Ed intanto Dante rispose con risposta sì piena e congrua, in quanto che le parole di lui, e il genere della pena data agl'increduli, gli avean detto chi ei si fosse. Ma quell'ombra nell'udire che suo figlio *ebbe a disdegno Virgilio*, tratto in errore da quell' *ebbe*, credè che il figlio fosse già morto; onde con subitaneo slancio drizzatosi in piedi gridò: come dicesti *egli ebbe?* non vive egli ancora? il dolce lume del sole non ferisce più gli occhi suoi? Quando si accorse che Dante, il quale in quel momento ad altro riflettea, tardava a rispondere, credendo che il figlio fosse realmente morto, ricadde supino entro la tomba, e più non parve fuori. Ma il magnanimo Farinata, ben diverso da quel Cavalcanti di picciol cuore, quel Farinata alla cui richiesta Dante si era prima arrestato, nulla si scompose alla nuova infausta che i suoi andasser raminghi, ed imperturbabile non cangiò aspetto, non mosse collo, e non piegò lato. E punto dall'acerba risposta di Dante, che gli avea annunziato che i suoi discendenti non aveano da lui appresa l'arte difficile di ritornare, continuando il primo interrotto discorso, gli disse: E se essi han mal appresa quell'arte, ciò mi tormenta più che questo letto di fuoco. Ma sappi che non passeranno cinquanta lune, e tu stesso saprai per pruova quanto quell'arte è difficile. Ma se tu mai, come pare, reggi ancor vivo nel dolce mondo, devi esser per conseguenza informato delle cose di lassù; or dimmi, perchè quel popolo dell'ingrata nostra patria è sì empio e crudele incontro ai miei in ciascuna legge che sempre eccettua il mio sangue dal perdono. E Dante a lui: lo strazio e 'l grande scempio di quella battaglia che fè colorata in rosso l'onda dell'Arbia, fa fare tali aringhe dagli oratori, nel nostro tempio di giustizia, che alimentan sempre l'odio contro il vostro sangue. Farinata allora, poichè sospirando ebbe scosso il capo, crucciosamente disse: Non fui io solo a quella strage: nè mi sarei certo mosso con tutti gli altri a far tanto, senza una gran cagione: ma fui io solo quello che là dove tutti avean risoluto di torre via Fiorenza (e ciascun tacque e 'l sofferse), io solo fui quello che la difesi a viso aperto. Dante allora così lo pregò: Deh che la vostra stirpe abbia omai riposo, scioglietemi quel nodo che qui ha inviluppato il mio intelletto. Ei pare (se ben raccolsi le vostre parole) che voi vediate innanzi quel che il tempo addurrà seco dopo; e nel presente tenete altro modo, poichè par che nulla veggiate. Or come ciò accade? Farinata allor rispose: Noi veggiamo come quei che hanno cattiva vista, i quali scorgono da lungi e non da presso: cotanta luce ancor ne compartisce il sommo regolator delle cose. Nel suo lontanissimo riverbero noi leggiamo l'avvenire; e siccome quel riverbero è da noi infinitamente distante, così veggiamo solo le cose lontane che uscendo dalla porta del futuro son avviate al loro corso prestabilito.

Ma quando poi quelle o si appressano, o son presenti, escono da quel riverbero, e la nostra percezione nulla più ne distingue: talchè, se altri non ce ne apporta nuova, nulla sappiamo del vostro stato umano. Da ciò comprender puoi che la nostra conoscenza sarà totalmente estinta da quel punto che sarà chiusa la porta del futuro. Allora, come addolorato e pentito di una colpa commessa, Dante gli disse: Or dunque direte a quel misero, che cadde supino, che il suo figlio è ancora coi vivi. E s'io innanzi di rispondere rimasi muto, fategli sapere che ciò feci perchè, nell' errore che conosceste anche il presente, stava allora pensando alla difficoltà che mi avete sciolta. Mentre Dante sì dicea, Virgilio già lo richiamava, per cui con più frettolose parole ei pregò Farinata che gli dicesse chi con lui si stava; e quei gli rispose che giaceva in quella tomba con più di mille; e fra gli altri con Federico II, e 'l Cardinale degli Ubaldini, ma degli altri si tacque. Ciò detto si nascose. E Dante rivolse i passi verso la sua precedente guida, ripensando a quella parte dell'udito discorso che gli parve annunziatrice di sventure. Ambi i poeti si mossero, e così cammin facendo, Virgilio domandò a Dante perchè fosse sì pensoso e smarrito, e quei glie ne manifestò la cagione. Quel saggio allora gli comandò di serbar bene in mente quel che udito avea di sue future contrarietà; e poi richiamando a sè la di lui attenzione gli disse: Quando sarai dinanzi al dolce lume di quella (e drizzò il dito indicando verso il Cielo) il cui bell' occhio tutto vede, da lei saprai qual sarà il viaggio di tua vita. Dopo ciò volse il piede a man sinistra per avviarsi all' altro cerchio: e lasciando entrambi il muro della città, girono verso il mezzo del circolare piano per un sentiero che mette ad una valle, la quale menava alla discesa della gran voragine, da cui esalava un fetore che facea sentire il suo spiacevole lezzo fin là sopra.

CANTO XI.

IL SESTO CERCHIO INFERNALE

continua, ove son puniti gli

Eresiarchi.

I due poeti si arrestano per qualche tratto dietro una delle tombe infocate, dove Virgilio espone a Dante tutta la division dell' Inferno.

1. In sull' estremità d'un' alta ripa,
   Che facevan gran pietre rotte in cerchio,
   Venimmo sopra più crudele stipa.

In sull' estremità d' un' alta ripa (orlo superiore della voragine infernale) che gran pietre rotte e disposte in cerchio formavano, venimmo sopra un luogo che contiene più dolorosa intensità di pene.

Avendo i due poeti già attraversato lo spazio, ove son le tombe de' miscredenti, si accostano a questa nuova e più interna bocca del baratro. Avanti di scendere contiamo i cerchi. *Limbo*, primo; *lascivi*, secondo; *golosi*, terzo; *prodighi* ed *avari*, quarto; *iracondi* ed *accidiosi*, quinto: qui finisce la parte esterna della città dove Satanno *impera*, o sia l'alto Inferno. Città di Dite, sesto, dove sono i *miscredenti*, e dove i due poeti or si trovano: dunque quello in cui si apprestano a scendere è il cerchio settimo; e il basso Inferno, dove Satanno *regge*, continuerà sino alla punta del gran cono.

I due viaggiatori si arrestano alquanto; e in questo riposo Virgilio espone a Dante l' ordine con cui sono divisi i peccatori che dovranno incontrare in tutto il resto dell' Infernale pellegrinaggio; ed assegna le ragioni per cui son divisi così.

2. E quivi, per l' orribile soperchio
   Del puzzo che il profondo Abisso gitta,
   Ci raccostammo dietro ad un coperchio
3. D' un grande avello; ov' io vidi una scritta
   Che diceva: ANASTAGIO PAPA guardo,
   Lo qual trasse Fotin della via dritta.

E quivi, a cagione dell' orribile ed eccessivo puzzo che il profondo Abisso esala, ci raccostammo dietro ad un coperchio d' un grande avello, sul quale io vidi una iscrizione che diceva: Io avello serbo e contengo in me il Papa Anastagio, che il Diacono Fotino trasse dalla via dritta, facendolo cadere in eresie.

La buona fama, figlia delle virtù, spande buon odore, dice S. Agostino: *Fama bona est odor bonus*: e quindi il vizio, che genera cattiva fama, esala soperchio di orribile puzzo: da che la frase comune, *il lezzo de' vizj*. Virgilio ebbe simile idea quando scrisse *fauces grave olentis Averni....Sese halitus atris Faucibus effundens supera ad connexa ferebat*: e non dissimile l' ebbe Dante nel dire, *Questa palude che il gran puzzo spira*: e così varie altre volte in seguito; come là dove parla della Fraude, *Ecco colei che tutto il mondo appuzza*.

4. Lo nostro scender convien esser tardo
   Sì che s' ausi in prima un poco il senso
   Al tristo fiato; e poi non fia riguardo:

Conviene che il nostro scendere sia lento: sì che l' odorato si ausi prima un poco alla nauseosa esalazione: e poi scenderemo senza aver riguardo ad altro.

Assuetis non fit passio: apoftegma dell' esperienza.

5. Così il maestro: ed io, alcun compenso,
   Dissi lui, truova, che 'l tempo non passi
   Perduto: ed egli: Vedi ch' a ciò penso.

Così disse il maestro, ed io risposi a lui: Trova alcuna utile materia al nostro discorso, che ci dia compenso di questo ritardo: affinchè il tempo non passi così perduto. Ed egli in aspetto cogitabondo replicò: Vedi che a ciò penso.

Non mai a maggior dritto di ora Virgilio fu chiamato *maestro:* e tosto il vedremo.

6. Figliuol mio, dentro da cotesti sassi,
   Cominciò poi a dir, son tre cerchietti
   Di grado in grado, come quei che lassi:

Poi cominciò a dire: Figliuol mio, dentro di questi rotti sassi che fan la bocca di questa voragine, vi son tre altri cerchi, più piccioli de' precedenti, situati giù di grado in grado, come quelli che ti lasciasti indietro.

Non è d' uopo dire che que' *tre cerchietti* sono vastissimi; e che son detti così riguardo ai precedenti.

7. Tutti son pien di spiriti maledetti;
   Ma perchè poi ti basti pur la vista,
   Intendi come e perchè son costretti.

Tutti e tre son pieni di spiriti da Dio maledetti; ma affinchè ti basti poi solo il vederli per tutto comprendere, ti dirò come e perchè son così insiem rinserrati a classi.

Attenti a questa esposizione; perchè dal comprenderla bene dipende il comprendere benissimo tutto il resto dell' Inferno, e gran parte del Purgatorio.

8. D' ogni malizia ch' odio in Cielo acquista
   Ingiuria è il fine; ed ogni fin cotale,
   O con forza, o con frode, altrui contrista.

D' ogni sorta di malizia ch' è odiata dal Cielo lo scopo è il far male; ed ogni cotal fine può ottenersi, o per mezzo della forza, o per mezzo della frode.

Injuria, infractio juris, violazion di dritto. La presente terzina e la seguente sembran prese da questo passo di Cicerone: *Aut vi, aut fraude fit injuria: fraus quasi vulpeculæ, vis leonis videtur. Utrumque alienissimum ab homine est, sed fraus odio digna majore.*

9. Ma perchè frode è dell' uom proprio male,
    Più spiace a Dio; e però stan di sutto*
    Gli frodolenti, e più dolor gli assale.

Ma perchè la frode è un male proprio ed esclusivo dell' uomo, come quella che deriva dalla ragione, perciò più spiace a Dio, poichè è un abuso del primo suo dono; e però i frodolenti stanno di sotto ai violenti, e soffrono più gravi pene.

10. De' violenti il primo cerchio è tutto:
    Ma perchè si fa forza a tre persone,
    In tre gironi è distinto e costrutto.

Il primo de' tre cerchi, al quale or discendiamo, appartiene tutto ai violenti. Ma perchè si può usar la forza contro tre sorte di persone, perciò è diviso e costruito in tre differenti gironi.

Cioè, un solo cerchio, come i precedenti, diviso in tre spartimenti tutti ad un solo livello; e i tre spartimenti son tre aree circolari concentriche, una dentro l' altra; e quindi la prima cinge la seconda, e la seconda la terza, ch' è la più piccola.

* *Sutto* da *subtus*, Latino.

11. A Dio, a sè, al prossimo si puone
    Far forza, dico in loro ed in lor cose,
    Come udirai con aperta ragione.

Si può usar la forza o verso Dio, o verso sè stesso, o verso il prossimo; e dico tanto contro questi tre oggetti direttamente quanto indirettamente contro ciò che loro appartiene; come udirai per chiaro ragionamento.

Comincia dal più grave peccato ch' è contro Dio, e termina col meno grave ch' è contro il prossimo: qui sotto invertirà.

12. Morte per forza, e ferute dogliose
    Nel prossimo si danno: e nel suo avere
    Ruine, incendj, e tollette dannose:
13. Onde omicidi, e ciascun che mal fiere,
    Guastatori, e predon tutti tormenta
    Lo giron primo per diverse schiere.

Si può usar la forza contro il prossimo nella persona, o dandogli morte violenta, o dolorose ferite; e nell' avere con ruine, incendj, e dannose imposizioni: onde il primo girone tormenta omicidi, e maliziosi feritori (per la persona): rovinatori, e tirannici predoni (per l' avere), distinti per diverse schiere e classi.

Ciascun che mal fere: cioè che ferisce non per impeto o per difesa, ma per mente determinata al male, il che costituisce la *malizia,* detta *caso pensato.*
Sono in corrispondenza *morte per forza* ad *omicidi;—ferite dogliose* a *ciascun che mal fere;—ruine ed incendj* a *guastatori;— e tollette dannose* a *predoni.* Per *tollette dannose* intenderei *gravezze e dazj esorbitanti* (dal Lat. *tollere,* da che il *toll* Ingl. ch' è una specie di gabella): e quindi il *predoni* che lor corrisponde suona *spogliatori di popoli per mezzo di gravose esazioni.* Ma possono anche significare *rapine fatte con aperta forza;* poichè di chi produce danno per violenza al suo prossimo qui si tratta; ed ogni qualunque *rapina* è tale.

14. Puote uomo avere in sè man violenta,
   E ne' suoi beni: e però nel secondo
   Giron convien che senza pro si penta
15. Qualunque priva sè del vostro mondo,
   Biscazza e fonde la sua facultade,
   E piange là dov' esser dee giocondo.

L'uomo può usar violenza, o contro sè stesso, o con i suoi beni; e però nel secondo girone è giusto che s tormentato e si penta, ma senza pro, chiunque priv stesso del vostro mondo (suicidi), e chiunque gioca spreca le sue facoltà (dissipatori); e si rende così là dove potrebbe essere giocondo.

"Avere mano violenta in sè," *committere in se violentia* num. Lat.—"Si penta senza pro" *quia in Inferno nulla es demptio*—Biscazzare, giocare alla bisca, giuoco d'azzardo con le carte.

16. Puossi far forza nella Deitade,
   Col cuor negando, e bestemmiando quella
   E spregiando natura e sua bontade:
17. E però lo minor giron suggella
   Del segno suo e Sodoma, e Caorsa,
   E chi spregiando Dio col cuor favella.

Puossi far forza contro la Deità, o negandola interna mente col cuore, o bestemmiandola con aperte parole ciò direttamente); o facendo dispregio alla natura ed bontà di lei (e ciò indirettamente); e perciò il terzo e picciolo girone di questo primo cerchio marchia col su segno d'infamia i Sodomiti, e i Caorsini (perchè ingiu rono le opere di Dio) e chiunque disprezzando Iddio favella con interna persuasione (perchè fa insulto stessa persona del suo Creatore).

Col cuor negando, e bestemmiando quella:" *Dixit insipiens corde suo, non est Deus*: il negar la Deità col cuore è ...eismo, il bestemmiarla col cuore è la determinata *profanazione*. ...*hi spregiando Dio col cuor favella*, presenta le stesse due idee. Di Sodoma non è da dire, perchè cognita; di Caorsa diremo ...ella è *Cahors*, capitale della provincia del Quercì in Francia.

Caorsini intende Dante gli usurai, di cui Caorsa a que' tempi ... famoso nido: in fatti il Du Cangio nel suo Glossario della ...sa Latinità, alla parola *Caorcini*, reca esempj in cui questa vale ...trai: *Caorcini mercatores propter foenerationem usurariam fa-si*; e porta varj decreti del Re Filippo Audace *Contra usurarios, vulgariter Caorcini dicuntur*. Il Boccaccio nel suo comento ...icura che ai dì suoi il dire di alcuno, *egli è Caorsino*, era lo ...sso che dire, *egli è usurajo*.

Natura e sua bontade: intende per bontà della natura la buona ...itudine che questa dà all'uomo, onde procurarsi il pane con ... fatica: e quindi considera l'arte come nata dalla natura, e la ...iamerà più sotto, *figlia della natura*. Quelli che ingiuriano la ...tura offendono indirettamente Iddio, che n'è l'autore, ecco i ...domiti; e quelli che ingiuriano l'arte offendono indirettamente ... natura che n'è la madre; ecco i Caorsini; e più tardi si dirà ...erchè gli usurai offendono l'arte.

Avendo trattato de' peccati commessi per violenza nella triplice ...ro divisione, or tratterà di quelli che son commessi per fraude.

18. La frode, onde ogni coscienza è morsa,
    Può l'uomo usare in colui che in lui fida,
    Ed in quel che fidanza non imborsa.

Quella data frode, onde ogni coscienza che la usi suol essere rimorsa, può l'uomo usarla o a danno di chi si fida, o a danno di chi non accoglie in sè fidanza.

Il Poeta vuol distinguere le fraudi maligne da quelle che non son tali: "Sono alcune fraudi le quali non rimordono la coscienza, perchè non son peccato, come se fossi preso dagl'infedeli (che mi volesser costringere a rinegare), e gl'ingannassi per fuggire." *Landino*.

19. Questo modo di retro par che uccida
    Pur lo vincol d'amor che fa natura;
    Onde nel cerchio secondo si annida

20. Ippocrisia, lusinghe, e chi affattura,
    Falsità, ladroneccio, e simonia,
    Ruffian, baratti, e simile lordura.

Questo modo secondo (cioè la fraude usata contro chi non si fida) par che recida il suo vincolo dell'amor generale, ch'è opra della natura; onde nel secondo cerchio si annida chiunque usa ippocrisia, adulazioni, fatture, falsità, ladroneccio, simonia, ruffianismo, baratti, e simile lordura.

Il *ladroneccio*, di cui qui si parla, è ben diverso dalle *tollette dannose*, di cui si è favellato prima: questo è il rubar l'altrui con fraude, e quelle consistono nel rapirlo con violenza.

21. Per l'altro modo quell'amor s'obblia
    Che fa natura; e quel ch'è poi aggiunto,
    Di che la fede spezial si cria.
22. Onde nel cerchio minore, ov'è il punto
    Dell'universo in su che Dite siede,
    Qualunque trade in eterno è consunto.

Pel modo primo (cioè la fraude usata contro chi si fida) viene non solo a porsi in obblio quell'amore ch'è opera della natura, ma anche quel che poi vi si aggiunge, da cui si forma la buona fede speciale e personale. Onde nel terzo e più picciolo cerchio, ch'è il punto centrale della grande sfera dell'Universo, sul quale sta infitto Lucifero, è consumato da eterne pene chiunque tradisce.

Dice che *Dite siede* non per esprimere riposo, ma per indicare che quello è il trono ove regge infitto *L'Imperadore del doloroso regno.*

23. Ed io: Maestro, assai chiaro procede
    La tua ragione, ed assai ben distingue
    Questo baratro, e 'l popol che possiede;

24. Ma dimmi: quei della palude pingue,
Che mena il vento, e che batte la pioggia,
E che s'incontran con sì aspre lingue,
25. Perchè non dentro della Città roggia
Son ei puniti, se Dio gli ha in ira?
E se non gli ha, perchè sono a tal foggia?

Ed io: Maestro, il tuo ragionamento procede assai chiaro, e distingue assai bene nelle sue divisioni questo baratro, e le varie specie de' peccatori che contiene. Ma dimmi: quelli della fangosa palude di Stige (Iracondi ed Accidiosi); quelli che il vento impetuoso mena in giro (Lascivi); quelli che la pioggia violenta flagella (Golosi); e quelli che s'incontrano con sì ingiuriose parole (Avari e Prodighi), perchè non son essi puniti dentro la Città rovente, se Dio gli ha in ira; e se non gli ha, perchè son tormentati a tal foggia?

Città roggia, città rossa, città *del foco*, come l'ha detto sopra.

26. Ed egli a me: Perchè tanto delira,
Disse, lo ingegno tuo da quel ch'ei suole?
Ovver la mente dove altrove mira?
27. Non ti rimembra di quelle parole
Con le quai la tua Etica pertratta
Le tre disposizion che il Ciel non vuole,
28. Incontinenza, malizia, e la matta
Bestialitade; e come incontinenza
Men Dio offende, e men biasimo accatta?

Ed egli a me disse: Perchè l'ingegno tuo tanto travai da quel ragionar che suol fare? Ovvero, se non deliri, dove la tua mente or mira altrove? Non ti remembri di quelle parole con le quali l'Etica del sapiente Aristotile, da te studiata, tratta delle tre disposizioni che il Cielo abborre: cioè, incontinenza, malizia, e la matta bestialità; e come chiaramente dimostra, che l'·incontinenza offende meno Iddio, e meno biasimo ottiene?

Accattar biasimo, quasi mendicarlo con industria: così diciamo *accattar brighe*. " Dicendum est rerum circa mores fugiendarum tres species esse; *incontinentiam, vitium et feritatem*," Arist. nell' Etica. *Vitium* è la malizia, e *feritatem* la bestialità, o sia la malizia stessa convertita in abito tale che renda l' uomo quasi una bestia perniciosa, e priva di ragione, per cui vien dato l' aggiunto di *matta* alla bestialità.

29. Se tu riguardi ben questa sentenza,
    E rechiti alla mente chi son quelli
    Che su di fuor sostengon penitenza,
30. Tu vedrai ben perchè da questi felli
    Sien dipartiti; e perchè men crucciata
    La divina giustizia li martelli.

Sostener penitenza, soffrir tormento: *martellare* è qui punire.

31. O Sol che sani ogni vista turbata,
    Tu mi contenti sì quando tu solvi
    Che non men che saver dubbiar m' aggrata.
32. Ancor un poco indietro ti rivolvi,
    Diss' io, là dove di' che usura offende
    La divina bontade, e 'l groppo svolvi.

Io gli dissi: O Sole che rischiari ogni vista offuscata, tu mi appaghi sì quando tu solvi le difficoltà, che il dubitar delle cose non mi è men grato che il saperle: poichè il dubbio mi prepara il piacere della spiegazione. Ma volgiti ancora alquanto indietro là dove dicesti che l' usura offende la divina bontà, e sciogli un tal nodo per me difficoltoso.

Se ci ricordiamo che il Sole è il simbolo della ragione, e che gli occhi lo son dell'intelligenza, troveremo bellissima la frase che paragona Virgilio a quel fonte della luce che rischiara ogni vista turbata: e non men bello riuscirà quel *solvi*, che nella continuazion della metafora vuol dire, *solvi le nebbie dell' ignoranza*.

33. Filosofia, mi disse, a chi l' attende
    Nota, non pure in una sola parte,
    Come natura lo suo corso prende
34. Dal divino intelletto, e da sua arte:
    E se tu ben la tua Fisica note,
    Tu troverai, non dopo molte carte,
35. Che l' arte vostra quella quanto puote
    Segue, come il maestro fa il discente,
    Sì che vost' arte a Dio quasi è nipote.

Ei mi disse: la Filosofia a chi le presta attenzione nota non pure in una sola parte, ma in più d'un luogo, come la natura prende il suo corso dal divino intelletto, e dalle sue stabilite leggi, che son come l'arte di Dio. E se tu noti bene la tua Fisica Aristotelica, tu troverai dopo non molte carte, che l'arte vostra segue la natura per quanto può, come il discepolo segue il maestro. Or essendo l'arte umana figlia della natura, e questa figlia di Dio; ne nasce per conseguenza, che la vostra arte è quasi nipote di Dio.

Ars imitatur naturam in quantum potest, dice Aristotile nel secondo libro della Fisica, e perciò *dopo non molte carte*. "Perocchè l'Arte dee seguir Natura," avea scritto Guido Cavalcanti. E che le Arti procedano da Dio, quasi da un primo padre, era opinione pur de' filosofi antichi: *Ne dixeris illa quae invenimus esse nostra. Semina artium omnium insita sunt nobis, et Deus magister ex occulto acuit et excitat ingenia*: Seneca. *Cura priscorum in inveniendo est donum Deorum. Si quis fortè credit illa potuisse excogitari ab homine, intelligit ingratè munera Deorum*: Plinio.

36. Da queste due, se tu ti rechi a mente
Lo Genesi dal principio, conviene
Prender sua vita, ed avanzar la gente.

Or se ti rechi a mente ciò che dice la Genesi fin dal principio, vale a dire, *che l'uomo dee mangiare il pane col sudore della sua fronte*, vedrai chiaro che conviene che l'umana gente desuma la sua sussistenza, e l'uno avanzi l'altro, appunto per queste due, natura ed arte.

Oportuit ab initio sæculi humanum genus sumere vitam, et excedere unum alium, per naturam et artes. La Genesi.

37. E perchè l'usuriere altra via tiene,
Per sè natura, e per la sua seguace
Dispregia, poichè in altro pon la spene.

E perchè l'usuriere tiene altra via, offende la natura per sè, e per la sua seguace; perchè pone la speme in tutt'altro.

> Nous ne recevons l'existence
> Qu' afin de travailler pour nous, ou pour autrui:
> De ce devoir sacré quiconque se dispense
> Est puni de la Providence
> Par le besoin, ou par l'ennui.—*Florian.*

Dante considerò negli usurai un doppio peccato, quello cioè di trasgredire al precetto di Dio col non faticare, e quello di offendere la carità verso il prossimo con appropriarsi il frutto dell'altrui sudore: e vide in essi non solo i colpevoli contro Dio e 'l prossimo, ma i rei contro Natura, madre feconda, e contro l'Arte, industriosa figlia: e quindi li punì, non da filosofo col bisogno e la noja, ma da Cristiano con pene infernali. A ciò forse maggiormente lo spinse il vedere un tal peccato assai comune ne' tempi suoi: e il gran numero degli usurai che più giù incontreremo ce ne farà fede.

Finito tutto questo ragionamento, Virgilio annunzia che il Sole è vicino a rinascere, quantunque ad essi invisibile: e noteremo che dall'apertura del poema sino a questo punto son passate ore 22: cioè 12 ore nella selva, e 10 dalla porta dell'Inferno fino al luogo ove or siamo, giacchè i pesci son nel punto dell'orizzonte due ore prima del Sole, quando questo è in Ariete.

38. Ma seguimi oramai, chè il gir mi piace;
Chè i pesci guizzan su per l'orrizzonta,
E il Carro tutto sopra il Coro giace;
E 'l balzo via là oltre si dismonta.

Ma seguimi oramai, chè mi piace il gir via; perchè i pesci (costellazione che or precede il sole) par che con tremula luce guizzin già sull' orrizzonte; e il Carro di Boote già tutto giace sul Coro, il che mostra che il giorno non è lontano: affrettiamo dunque il passo, perchè il balzo si dismonta non qui, ma via più oltre laggiù.

RIFLESSIONI SUL CANTO XI.

Concepita ch' ebbe Dante l' idea della gran voragine infernale (V. Disc. Prelim. pag. lxxx), e fatta ch'ebbe la distribuzione del quadruplice Inferno, (V. Rif. sul C. iv, pag. 122), la division dell' Inferno propriamente detto, o sia dell' Inferno de' dannati, gli fluì da due fonti; da Aristotile direttamente, e da Tolomeo indirettamente. Gli provenne dall' Etica di Aristotile (com' ei stesso ha detto poc' anzi) la classificazion de' delitti, secondo la lor serie crescente per enormità, e quindi la classificazion delle pene, secondo la corrispondente serie crescente per gravità. Gli provenne dall' Astronomia di Tolomeo la divisione de' nove cerchi, ed ecco come. I Cieli, nel sistema di quell' astronomo, son nove: ma una opinione cristiana vi aggiungeva l' Empireo, sede di Dio, per decimo; e quindi Dante sentiva la necessità di dividere il suo Paradiso in dieci parti; e così lo divise. Dunque (dovè pensare quella testa matematica) in dieci parti deggio anche dividere l' Inferno, e in dieci parti pure il Purgatorio, poichè per tal modo si corrisponderanno armonicamente fra loro. Così infatti divise il Purgatorio, come farò vedere a suo luogo; e così pure divise l' Inferno come ora mostrerò. Tutto il vestibolo sino al primo cerchio, ch' è la parte superiore dell' Inferno, corrisponde all' Empireo, parte superiore del Paradiso; e i nove cerchi, che si van restringendo di grado in grado, quanto più si avvicinano al centro, corrispondono ai nove cieli di Tolomeo, che si vanno di grado in grado pur restringendo, quanto più si avvicinano alla Terra; ed ecco dieci parti di qua, e dieci di là, in perfetta simmetria fra loro: se non che presentano quest' antitesi ingegnosissima: *L' Imperador che lassù regna* è nella parte più ampia, a cui si perviene salendo dalla più stretta; e *l' Imperador che regna quaggiù* sta nella più angusta, a cui si giunge scendendo dalla più larga. Visibilmente dunque i nove cerchi infernali furono un suggerimento delle nove sfere celesti: onde Pietro Alighieri rendendo conto di tutto il poema paterno, in tre cantiche ripartito, nel parlar della prima ci lasciò scritto:

> La prima in nove modi fu partida,
> Sempre di male in peggio, sino al fondo
> Ove il maggior peccato si rannida.
> Con propria allegoria formato è in tondo,
> Sempre scendendo e menomando il cerchio,
> Come conviensi all' ordine del Mondo.

Tanto era il caso che Dante facea della corrispondenza delle parti, che giungea a credere non potersi senz' essa dar bellezza: onde scrivea nel Convito: " Quella cosa dice l' uomo esser bella, le cui parti debitamente rispondono, perchè dalla loro armonia risulta piacimento.... L' ordine rende un piacere non so di che armonia mirabile." Questo soverchio amor dell' esatezza, che giunge quasi alla minuzia, è stata la cagione che

lo indusse a dividere tutto il poema in cento canti, nè più nè meno; e gli ha fatto terminare ogni cantica con la parola *stelle*, con cui volle forse indicare che tutto di là deriva, e tutto là si riferisce, per l'influenza degli astri, allor tenuta per vera. Ei dovè forse trovare qualche misteriosa significazione anche nel numero 3, onde ne raddoppiò la cifra nella serie de' canti in ciascuna parte (essendo il primo canto del poema una introduzione);[*] e così fè corrispondere la cifra 3 di ogni cantica alla triplice division del poema, ed alla Triade, principio, mezzo, e termine di quanto fu, è, o sarà; Dio trino ed uno; come uno e trino è il suo poema; e lo stesso numero 100 gliene offriva l'immagine per l'unità e le tre cifre; ed uno e trino è in certo modo l'anno in cui fingeva di fare il suo misterioso viaggio, perchè offre un migliajo e tre centinaja. E in questi simbolici numeri pittagorici qualche cosa di significante dovè probabilmente ravvisare quella mente che di allegorie si pascea. E ch'egli un gran che ravvolgesse in tai numeri lo fa chiaramente scorgere in più di un luogo dove, avvedutosi che la materia lo seducea quasi ad estendersi ad un canto di più, si ritiene dall'oltrepassare il numero in sua mente prefisso, dicendo che a ciò *lo costringeva il fren dell' Arte*. Il che mostra che tutto è fatto per determinata volontà, e nulla per caso, in questi suoi numeri, cioè 3 delle tre cantiche, 33 di ciascuna cantica, 99 di tutte e tre le cantiche, e 100 del poema intiero. Io son sicuro che chi fosse versato nelle chimere di que' vaneggiamenti chiamati Astrologia e Geomantia, sulla solidità delle quali un tempo si giurava, ne troverebbe tante nella Divina Commedia da presentare una nuova serie di scoverte, speciose se non belle. Chi è tentato a deridere il nostro gran vate per siffatte fole si situi prima col pensiero in quel tempo, e poi domandi a sè stesso s'egli si crede da tanto che avrebbe fatto fronte ei solo alla corrente di opinioni allor credute certe, e quasi ortodosse. Se quel precetto della critica che ci comanda di divenir contemporanei dell'autor che leggiamo non fosse sì sovente dimenticato, molte irriverenze di meno troveremmo nelle carte de' moderni: ai quali l'amor proprio dà spesso ad intendere esser loro pregio quel ch'è pregio dell'epoca in cui ebber la sorte di nascere. Se l'umano ingegno segue a batter la traccia in cui è avviato, e i nostri nipoti vorranno obbliar pur essi quel precetto, eglino ci pagheranno ad usura tutto lo scherno che la nostra vanità ci fa gettar su gli avi nostri. Non neghiamo riguardo a coloro, frutto del cui sudore è gran parte di quanto or sappiamo, se vogliamo ottener lo stesso riguardo da quegli altri
     Che questo tempo chiameranno antico.
Veniam antiquis, ci grida Orazio.
    Oltre la divisione manifesta delle tre Cantiche, il poeta ne ha fatta un'altra nel mezzo di ciascuna delle tre, come in questa può vedersi, e come nelle altre due a suo luogo osserveremo. E noi qui ce ne vagliamo, non solo perchè ci offra convenevol riposo, ma anche perchè la lettura proceda con maggior metodo.

[*] Non si opponga che il Secondo Canto, nel quale il poeta è pur fuori dell'Inferno, sia un seguito della introduzione fatta nel primo. Poichè io mostrerò a suo luogo che, oltre alla introduzione generale a tutto il poema, ve n'è una parziale a ciascuna cantica: e il secondo canto dell'Inferno è appunto la introduzione alla cantica prima.

NOTE AGGIUNTE AL CANTO XI.

Terz. 2. *Ci raccostammo dietro ad un coperchio*
3. *D' un grand' avello, ov' io vidi una scritta*
Che diceva: ANASTAGIO PAPA *guardo,*
Lo qual trasse Fotin dalla via dritta.

Dante, indotto in errore dall' inesatta cronica di Martino Polonese, attribuisce l' eresia di Anastagio Imperadore ad Anastagio Papa: ma secondo più accreditati storici quello e non questo errò dietro le opinioni di Fotino Tessalonicense, discepolo del Vescovo Acacio, il quale ebbe molti seguaci, per cui *grande* è l' *avello* che li contiene: così fu detto *cimitero* il sepolcro che accoglie gli Epicurei.

T. 6. *Figliuol mio, dentro da cotesti sassi,*
Cominciò poi a dir, son tre cerchietti.

Lo buon maestro cominciò a dire:
Mira colui con quella spada in mano.—C. IV.

E cominciommi a dir soave e piana.—C. II.

Ecco i soli tre luoghi, che ci occorsero finora, in cui dopo il verbo *cominciare* vi è il verbo *dire*; e tutti e tre escludono ogni idea di commozione, o turbamento d'animo. Nel primo Virgilio si appresta a far la divisione di tutto l' Inferno, e a presentare quasi un indice ragionato e metodico de' peccati e delle pene in progressione. Nel secondo additò a Dante i quattro poeti del Limbo che venivano ad incontrarli. E nel terzo narrò che Beatrice lo chiamò nel Limbo istesso per parlargli *soave* e *piana*, ove questi due aggettivi, avverbialmente usati, indicano spirito pacato e tranquillo. Tutte le altre volte il verbo *cominciare* apparve assoluto, ed indicò sempre che chi parlava avea l' anima agitata da qualche affetto. Deggio all' analisi questa ch' io chiamerò scoperta in lingua: ed è da sperare che il nuovo dizionario ne faccia tesoro.

T. 17. . . . . *Caorsa* . . . . . .

Non è improbabile che Dante scrivesse o ritoccasse questo canto dopo il 1316, anno in cui fu eletto Papa Giovanni XXII di Caorsa, di cui Gio. Villani così: " È noto che dopo la sua morte si trovò nel tesoro della Chiesa in Vignone in moneta d' oro coniata diciotto milioni di fiorini d' oro, e più.....E vasellamenti, croci, corone, mitrie, ecc. sì che in tutto fu il tesoro più di venticinque milioni di fiorini d' oro.... Il detto tesoro fu raunato la maggior parte per lo Papa Giovanni per la sua industria e sagacità, che in sino l' anno 1319 puose le riservazioni di tutt' i benefizj collegiati di Cristianità....Ma non si ricordava il buon uomo del Vangelo di Cristo dicendo ai suoi discepoli: il vostro tesoro sia in Cielo, e non tesaurizzate in Terra...Assai fece grandi e ricchi i suoi parenti, che portarono il suo corpo a Caorsa" (Lib. xi. cap. 20).

T. 18. *La frode ond' ogni coscienza è morsa.*

" La frode altro non è che mal uso della ragione: e siccome non vi è alcuno al mondo che possa vantarsi di far sempre un retto uso della ragione sua, così ogni coscienza, qual più qual meno, ha qualche frode ond' esser rimorsa: *sua quemque fraus vexat*"—Cic. Virgilio in fatti nel vedere la sozza immagine della Frode sclamerà: " Ecco colei che *tutto il mondo* appuzza."

Io avea così spiegato questo passaggio; e così in parte lo intende il Lombardi: ma poi nel leggere il Landino mi è paruta meno degradante per l' uomo la sua interpretazione, e l' ho accettata. Altri vuole che il verso intiero suoni, *la frode in generale*, per cui viene a distinguersi poi quella ch' è usata contro chi si fida, e quella ch' è usata contro chi non si fida. Si prenda come si vuole, questa proposizione incidente nulla accresce o toglie alla idea principale.

T. 28. *Incontinenza, malizia, e la matta Bestialitate.*

Da questa progressiva distinzione delle tre fonti de' peccati mi sorgono quattro riflessioni.

I^a. Il poeta nell' apprestarsi a scendere più giù, per meditar peccati più gravi e più complicati, ha bisogno di accrescere la forza di sua ragione, di cui il Sole è figura: ma il Sole è fuori dell' Inferno; e quindi ei ricorre al solito suo ingegnosissimo ripiego. Virgilio prima è detto *Sole che sana ogni vista turbata*, che *solve* le nebbie dell' errore, e poi ei stesso rammenta che quel real pianeta è vicino a riportar la sua luce. Con questa fina indicazione il poeta intese non solo di supplire all' assenza di quell' astro simbolico di cui avea grand' uopo, ma di additarci ancora le ore successive di sua meditazione, onde il suo viaggio morale si compia in un dato giro di tempo che sarà allegorico esso medesimo, come a suo luogo vedremo. Nulla ei fa o dice senza un motivo.

II^a. Nel discendere dall' alto al basso Inferno, vale a dire dalla *incontinenza* alla *malizia*, ei ben sentiva che il passaggio era quasi un salto; poichè grandissima è la distanza che passa fra chi pecca per fragilità, e chi con determinata volontà vede il male e lo abbraccia. Volle ei perciò trovare un anello di collegamento che fosse come una *media proporzionale* fra i peccatori per incontinenza e i peccatori per malizia: e questo anello lo rinvenne negli Epicurei. Ei vide che costoro hanno una specie di malizia meno grave, come quella che deriva dalla falsa persuasione che, non essendovi anima immortale, non vi è perciò nè merito nè demerito, e quindi nè premio nè pena: onde si abbandonano a tutte le incontinenze senza freno e riserva. La incredulità è il primo passo a volontarj disordini: "da miscredenza nasce malizia" (*Tesoro*, lib. vii. cap. 81). Ciò essendo, ei pose gli Epicurei nel primo ingresso della Città infernale, come epilogo di quanto vi ha di peccaminoso ne' cerchi esterni; considerandoli come i più intemperanti, e i meno maligni: e ne fè un tal anello intermedio che rimanesse fra gli uni e gli altri.

III^a. Quasi altrettanta è la distanza che passa fra la *malizia* e la *bestialità*; poichè la prima può dirsi appena la mossa, di cui l'altra è la meta, in questo orrendo stadio; non essendo altro la *bestialità* che la *malizia* stessa ridotta a stato abituale; onde questa è solo il germe di cui quella è la pianta interamente sviluppata. L'uomo in tale stato di depravazione quasi perde ciò che lo costituisce uomo, e poco differisce dalla bestia. Chi conosce il poema può veder chiaramente come Dante abbia messa in pratica una tal teoria, sol che dia un'occhiata a quel che precede e a quel che segue. I ladri versuti furono da lui trasformati in tanti serpenti, perchè il serpe dalla Scrittura è detto *callidus;* e i suoi nemici costantissimi nel nuocergli furon da lui trasfigurati in tre bestie feroci.

IV^a. Posto che sì grande è la differenza che passa fra la *incontinenza* e la *malizia* che il poeta credè necessario mettervi in mezzo l'Epicureismo per collegarle insieme; e posto che non men grande è la distanza che corre fra la *malizia* e la *bestialità*, come dal primo all'ultimo grado, ne nasce per conseguenza che quella che passa fra l'*incontinenza* e la *bestialità* è infinita. Come dunque avrebb' egli figurati nelle bestie falli di semplice incontinenza, come sono la lascivia e l'avarizia?

ESPOSIZIONE DEL CANTO XI.

I DUE viaggiatori si arrestano sulla sommità dell' alta circolar parete della gran voragine, la qual parete è formata da gran pietre tagliate e disposte a cerchio; e si apprestano a discendere a maggior intensità di pene. Quivi, a cagione dell' eccessivo puzzo che quel profondo abisso esala, si raccostano dietro al coperchio d' un grande avello, sul quale Dante legge una inscrizione che dice: *Io avello guardo e contengo in me il Papa Anastagio, che il diacono Fotino trasse dalla via dritta facendolo cadere in eresie.* Qui essendo, Virgilio dice a Dante: Conviene che il nostro scendere sia lento, affinchè il nostro odorato si assuefaccia prima alquanto alla nauseosa esalazione; e poi che vi sarà avvezzo scenderemo senza alcun riguardo. E Dante gli risponde: Maestro, trova alcuna utile materia al nostro discorso, che ci compensi di questo ritardo; affinchè il tempo non passi così perduto. E quegli in aspetto cogitabondo gli replica: Vedi che a ciò penso. Qui quel saggio maestro si accinge ad esporre minutamente la varia natura de' peccati; da cui nasce la differenza delle pene, e la divisione di tutto l' Inferno. Onde dice così al discepolo che attentamente lo ascolta:

Figliuol mio, dentro di questi rotti sassi, che fan la bocca di questa voragine, vi son tre altri cerchi più piccioli de' precedenti, situati giù di grado in grado, come quelli che ti lasciasti indietro. Tutti e tre son pieni di spiriti da Dio maledetti: ed affinchè ti basti poi solo il vederli, per tutto comprendere, ti dirò come e perchè son que' peccatori così insieme rinserrati a classi.

D' ogni sorta di malizia ch' è odiata dal Cielo lo scopo è il far male; ed ogni cotal fine può ottenersi o per mezzo della forza o per mezzo della frode. Ma perchè la frode è un male proprio ed esclusivo dell' uomo, come quello che deriva dalla ragione, perciò più spiace a Dio, poichè è un abuso del suo primo dono: e perciò i fraudolenti stanno di sotto ai violenti, e soffrono più gravi pene.

Il primo de' tre cerchi, quello cioè a cui or discendiamo, appartiene tutto ai violenti. Ma siccome si può usar la forza contro tre sorte di persone, così è diviso e costruito in tre differenti gironi, situati un dentro l' altro, in tre circolari piani concentrici, ed allo stesso livello.

L' uomo può usar la forza, o contro il suo prossimo, o contro sè stesso, o contro Dio; vale a dire tanto contro questi tre oggetti direttamente, quanto indirettamente contro ciò che loro appartiene, come ritrarrai chiaramente dal mio ragionamento.

Si può usar la forza contro la persona del prossimo dandogli o morte violenta, o dolorose ferite; e può usarsi contro il suo avere, per mezzo di ruine, d' incendj, e di rapine: onde nel primo girone vengono puniti omicidi e feritori, per la persona; rovinatori e spogliatori dell' altrui, per l' avere; distinti tutti per diverse schiere e classi.

Egualmente può usarsi la forza o contro sè stesso, o contro i proprj beni; e però nel secondo girone vien castigato chiunque priva sè stesso della vita, vale a dire i suicidi; e chiunque giuoca e spreca le sue facoltà, come sono i dissipatori, che si rendono sventurati sulla terra, mentre potrebbero esservi felici.

Parimenti ancora; si può usar la forza contro Dio direttamente, o negandolo col cuore, o bestemmiandolo con aperte parole; e può usarsi indirettamente facendo dispregio alla natura ch'è figlia di Dio, o all'arte ch'è figlia della natura. E perciò nel terzo ed ultimo girone di questo primo cerchio vengono severamente puniti atei e bestemmiatori, che disprezzarono Iddio direttamente con interna persuasione; e Sodomiti e Caorsini, o sia usurai, perchè ingiuriarono la natura ch'è figlia di Dio, e l'arte ch'è figlia della natura.

Avendo trattato della forza or parlerò della frode.

Quella data frode ch'è con determinato animo usata per nuocere altrui, e perciò genera rimorso in ogni coscienza, fin nella più indurata, può l'uomo usarla, o a danno di chi si fida, o a danno di chi non si fida.

Per questo secondo genere di frode viene a recidersi il solo vincolo dell'amor generale ch'è opra della natura; onde nel secondo cerchio si annida chiunque usa ippocrisia, adulazioni, fatture, falsità, ladroneccio, simonia, ruffianismo, baratto, e simil lordura.

Ma pel primo genere di frode viene non solo a porsi in obblio quell'amor generale ch'è opra della natura, ma anche quello che vi si aggiunge, vale a dire la buona fede speciale e personale. Onde nel terzo ed ultimo cerchio dell'Inferno, ch'è il punto centrale della grande sfera dell'universo, sul quale sta infitto Satanno, son consumati da eterne pene tutti i traditori.

Qui Virgilio si tacque, e Dante riprese così: Maestro, il tuo ragionamento procede assai chiaro, e distingue assai bene nelle sue divisioni questo baratro, e le varie specie di peccatori che l'abitano. Ma dimmi; quelli della fangosa palude di Stige (Iracondi ed Accidiosi); quelli che s'incontrano con sì ingiuriose parole (Avari e Prodighi); quelli che la pioggia violenta flagella (Golosi); e quelli che il vento impetuoso mena in giro (Lascivi), perchè non son essi puniti dentro la città del foco, se Dio gli ha in ira; e se non gli ha, perchè son tormentati in tal foggia? E Virgilio a lui: Perchè mi fai sì strana domanda? o deliri contro il tuo solito, o sei distratto e pensi altrove. Non ti rimembri di quelle parole con le quali l'Etica del Sapiente Aristotile tratta della tre disposizioni che il Cielo abborre, cioè incontinenza, malizia, e bestialità? e come chiaramente dimostra che l'incontinenza offende meno Iddio, e meno biasimo si attira? Se tu riguardi bene questa sentenza, e ti rechi a mente chi son coloro che vengon puniti là fuori, tu vedrai chiaramente perchè son dipartiti da questi felloni, e perchè la divina giustizia li castighi meno severamente. Dante tutto appagato da questa risposta esclama: O Sole, che rischiari ogni vista offuscata, tu mi contenti sì quando sciogli le mie difficoltà, che il dubitar delle cose non mi è men grato di saperle con sicurezza. Ma volgiti ancora alquanto in dietro là dove dicesti che l'usura offende la divina bontà, e sciogli un tal nodo per me difficile.

E Virgilio gli rispose così: La Filosofia nota in più d'un luogo, che la natura prende il suo corso dal divino intelletto, e dalla sua propria arte, cioè dal complesso delle sue leggi stabilite. E se noti bene la fisica Aristotelica, tu troverai nel secondo libro, che l'arte dell'uomo segue l'arte della natura per quanto può, come il discepolo segue il maestro. Or essendo l'arte umana figlia della natura, e questa figlia di Dio, ne segue che l'arte umana è quasi nipote di Dio, perchè da lui mediatamente deriva. In fatti Iddio comandò all'uomo nel principio della Genesi di mangiare il suo pane per mezzo del suo sudore, cioè esercitando una qualche arte: onde è manifesto che l'uomo dee trarre la sua sussistenza dalla natura per sè feconda, e dall'arte propria che si approfitta di quella fecondità. Or perchè l'usuriere tiene altra via, non procurandosi il pane col suo sudore, ma estorquendolo dall'altrui, ne nasce che offende la natura per sè, poichè disprezza la di lei materna ubertà, e l'offende parimente nell'arte ch'è sua seguace e figlia, poichè non se ne approfitta: ed ecco dimostrato che l'Usura offende Iddio indirettamente, poichè fa ingiuria alla sua figlia, ed a quella che da sua figlia deriva.

Ma seguimi oramai ch'è tempo di scendere: perchè, quantunque a noi invisibili, i pesci nella costellazione che precede il Sole son già sull'orizzonte; e il Carro di Boote già tutto giace sul Coro; il che mostra che il giorno non è lontano. Affrettiamo dunque il passo, perchè il balzo non si dismonta qui, ma molto più in là. Qui tacque Virgilio, e s'incamminarono entrambi al punto dove si scende.

DISAMINA

DEL SISTEMA ALLEGORICO

DELLA DIVINA COMMEDIA.

DISSERTAZIONE PRIMA.

Desidero intentatas ab aliis ostendere veritates.—De Monarchiâ.

INTRODUZIONE.

DIETRO le serie considerazioni da me fatte intorno alla presente opera, classica fra le classiche della Italiana letteratura, anzi dell' universal letteratura Europea, sento nascere in mia mente un pensiero che potrà essere il germe d' un volume non breve. Io lo porrò innanzi a chi saprà conoscerne tutta la importanza perchè ne produca, se vuole, il pieno sviluppo.

Dante nella sua *Lettera Dedicatoria* a Can Grande, nella quale gli rende conto del suo poema, ha queste precise parole: *Poeta agit de Inferno isto in quo, peregrinando ut viatores, mereri et demereri possumus.** Dunque il suo Inferno non è per lui quello della vita seconda, ma bensì l' Inferno di questa vita prima, ove le colpe si preparano le pene; e dove le mal regolate passioni tengono il luogo

---

* Secondo ciò che ne scrivono alcuni biografi, l' Inferno fu da lui dedicato ad Uguccione della Faggiuola, il Purgatorio al Marchese Malaspina, il Paradiso a Can Grande, e tutto il Poema a Federico Terzo: ma niun' altra dedica rimane, fuori di quella ch' è diretta allo Scaligero.

delle Furie tormentatrici; è l'Inferno ove l'uomo *mereri et demereri potest*, e non quello *ubi non est redemptio*. Onde ben disse il P. Lombardi che questo viaggio di Dante è *il viaggio della sua mente*, volendo intendere che fosse una lunga e regolar meditazione sui disordini di questo nostro mortale pellegrinaggio, e sul modo di porvi rimedio. E il poeta ben chiaramente indica ciò che l'espositore ha concetto, poichè con la frase *peregrinando ut viatores* espresse appunto il suo viaggio misterioso; ma non già per quel mondo dove l'uomo *senza pro si pente*, bensì per *questo Inferno in cui può meritare e demeritare*. Dalle quali parole Monsig. Bottari per avventura scaltrito scrivea che Dante " concepisse l'idea del suo gran poema teologico, nel quale finge un uomo smarrito nella selva tremenda de' vizj, condotto prima dal lume naturale, ch'è Virgilio, e poi dal soprannaturale, ch'è Beatrice, *per indicarne* che per mezzo di una forte contemplazione della bruttezza del peccato e delle sue conseguenze, ch'è l'Inferno, abbandonasse la cattiva vita; e poi pensasse a purgare le passate colpe, il che significa il Purgatorio; e di quindi giungesse alla vita perfetta e contemplativa, compresa nel Paradiso: adornando il tutto con tanta erudizione e dottrina, e con tanti eccellentissimi e splendidissimi lumi, or di eloquenza, or di poesia, or di storia, e con tanti dotti e peregrini ritrovamenti: tutto traendo dalla ricca miniera di sua mente, la quale egli invoca come una Deità, e con più ragione di quel che faceano i poeti la Musa."

Ben egli è così. E lasciando per ora da parte le due altre cantiche, comincio a dubitare che quanto di questa abbiam letto, o leggeremo, non è per lui quell'Inferno de' morti ov'egli finge di essere andato, ma un mero simbolo, una figura mera di questo nostro Inferno di vivi: è in somma una pura allegoria di quanto è fra noi, e non fuori di noi. Già scorgemmo manifestamente che allegoria è la selva, allegoria il colle, allegoria il sole; e le tre fiere, e il veltro, e Virgilio non son altro che allegorie; ed allegorie di cose naturali e non soprannaturali. Or chi ci assicura che il resto non sia della stessa natura? Chi ci assicura che quella *Donna gentile* ch' è nel cielo, da cui prende mossa tutta l' azion del Poema, non sia pure un' allegoria di cosa che debba ricercarsi fra noi, ed in noi stessi sulla Terra, e non già fuori di noi nella magion de' beati? Se quella è pur figura di tal fatta, sarà forza conchiudere che tutto ciò che ne dipende sia ad essa conforme. Or udiamo che dice Dante stesso di quell' ente da noi creduto celeste: " Per donna gentile s' intende la nobil anima d' ingegno, e libera nella sua propria podestà, ch' è la Ragione"—*Convito*. Dunque quella Donna gentile è l' anima d' un uom d' ingegno, o sia è la libera anima di Dante, e non già la Misericordia di Dio. E s' egli è ciò, Lucia e Beatrice, che da quella ricevono impulso, non saranno nè la Grazia celeste, nè la Sapienza divina, come secondo la lettera spiegammo. Eccone in fatti un' altra testimonianza che vale quanto quella di Dante stesso, perchè è del suo intimo amico Bosone, ch' egli avea dovuto mettere a parte de' suoi arcani allegorici; testimonianza che non solo conferma quel che Dante dice della *Donna gentile*, ma determina chi sia *Lucia*, e chi *Beatrice*.

    Ma perchè l' ALMA che si prende al fonte
      Del nostro battisteo ci dà un LUME,
        Il qual ci fa le cose di Dio conte,
    Venne dal lustro del supremo Nume
      Una grazia di fede, che si dice
        Che infonde l' Alma come terra il fiume:
    E mosse lui con la RAGION FELICE
      (Per fargli ben conoscer quelle fiere),
        In che si allegoreggia BEATRICE.*

* Vedi il Capitolo di Boson d' Agubbio, in cui si spiegano le allegorie generali del Poema, nella edizione Romana della Div. Com. vol. iv, pag. 108, anno 1817.

Sappiamo che *Donna* deriva da *Domina*, e che *gentile* vale *generosa*: diremo dunque che la *Donna gentile* è l'anima di Dante redenta nella mistica infusione del *battisteo;* e ch'è detta *signora generosa* perchè domina nobilmente i suoi affetti, *libera nella sua propria potestà ch'è la ragione; onde le altre anime dir non si possono donne, ma ancille*—Convito. Per cui Omero ne lasciò scritto che all'uomo cui è tolta la libertà è tolta la metà dell'anima.

Sappiamo che Lucia deriva da *lux lucis*, per cui ne fu fatta una santa protettrice della vista, la quale può appropriarsi ancora alla vista metaforica dell'anima: diremo dunque che *Lucia* è il lume di quell'anima, il quale mosse dal supremo Nume per grazia di fede.

Sappiamo che Beatrice suona *che bea*, e Dante dice che la sapienza è *beatitudine dell' intelletto*—Convito: perchè *sapienza* valè saper conoscer le cose, e saperne fare buon uso: diremo dunque che Beatrice è la Sapienza di quell'anima, o sia la *felicissima filosofia*, come si dichiara nel Convito stesso.

Or attendiamo alle conseguenze, e vedremo che il Bottari indovinò la metà, poichè il poema è assai più politico che teologico, anzi è una miscela dell'uno e dell'altro, atto a mostrare che un mal governo in terra spesso è causa che l'uom si danni, e che al contrario un buon governo quaggiù prepara all'uomo la via di salvarsi.

Quella *Donna gentile*, ch'è la nobil anima di Dante, chiama in di lui soccorso *Lucia*, perchè desta la sua ragione dalla fede rischiarata, onde lo salvi dal pericolo in cui si trova;

Lucia manda *Beatrice* a sovvenirlo, perchè la sua ragione impiega la sua sapienza, " Per fargli ben conoscer quelle fiere," per fargli, cioè, ravvisare nel loro vero aspetto que' tre suoi collegati nemici, onde se ne allontanasse;

Beatrice ricorre a Virgilio ch'è *tra coloro che son sospesi,* perchè la sua Sapienza si volge al Ghibellinismo che in aspettativa dell'ajuto imperiale rimanea fra coloro ch'erano fra speranza e timore, o sia fra i Ghibellini;

Virgilio per missione di Beatrice va a ritrarlo dalla selva oscura, e lo allontana dalla Lupa che lo perseguita, perchè il nuovo suo Ghibellinismo eccitato dalla sua Sapienza lo rimuove dal Guelfismo, e dai vizj di esso;

Virgilio gli propone di fare il viaggio dell'Inferno, perchè la scienza politica della Monarchia lo induce a meditare i disordini del suo secolo sconvolto dal Guelfismo, ubi *nullus ordo*, giacchè per questo solo mezzo ei può arrivare alla virtù.

Ecco dunque che cosa è questo Inferno: il mondo sconvolto e corrotto dal vizioso governo antimperiale; ed ecco come *poeta agit de Inferno isto in quo peregrinando ut viatores mereri et demereri possumus;* e non di quello *ubi non est redemptio.*

Contentiamoci per ora di questo sguardo generale, e limitiamoci alla sola parte infernale: le altre l'esamineremo nel seguito del Comento, ove andrem ricercando che cosa debba intendersi per Purgatorio e che cosa per Paradiso; e dietro ciò che l'autorità somministra, e la ragion prescrive, ci fia dato forse penetrare la vera mente del poeta intorno alla natura ed al fine di questa sua misteriosa Commedia. Vasta ed ardua è l'impresa, ben lo veggo, ma *nihil est quod non expugnet pertinax opera, et intenta ac diligens cura.* A gran cammino io l'adito dischiuderò; e tali saranno le mie mosse che tutto il difficile stadio potrà esser poi facilmente trascorso da chi è fornito di maggior lena. Nè oggetto di mera curiosità fia l'ottener tanto: tali sono le verità che Dante nascose *sotto il velame de' suoi versi strani* che potranno contribuire al nostro bene, qualora sapremo approfittarcene. Il seguire a lasciarle occulte per viver nell'errore, fia danno e vergogna, se vogliam credere al gran Tullio: *Inquisitio atque investigatio veri propria est hominis, qui unus est rationis particeps: et naturâ inest mentibus nostris insatiabilis quædam cupiditas veri videndi; et putamus cogitationem rerum, aut occultarum aut mirabilium, esse ad beatè vivendum necessariam: errare, nescire, decipi, malum est et turpe:* Tusc.

CAP. I.

DELL' INFERNO IN GENERALE.

Sembra che Dante nel pieno sviluppo della sua mente addottrinata all' utile scuola della esperienza e della sventura, illuminato da sentimento di giustizia, e riconoscendo di andare errato dalla verace via, sclamasse con Isaia: *erravimus a viâ veritatis, et sol Justitiæ illuxit nobis:* ed alla luce di questo simbolico Sole, che dal sublime monte di quella virtù gli venia cui levava lo sguardo, ripetesse con Davide: *levavi oculos meos ad montes, unde venit auxilium mihi:* onde in quel punto della età sua ch' ei credea essere la metà della vita umana, considerando il suo secolo superstizioso un vero Inferno, conchiudesse con Ezecchia: *in dimidio dierum meorum vadam ad portas Inferi:* e rimanendosi a considerar le cagioni che al vero Inferno conducono, non intendesse ch' ei colà fosse andato, come non vi andò neppure Ezecchia quando quelle parole proferì; ma per mezzo della scienza politica, in cui tanto ei valea, contemplasse i disordini dell' umana società per migliorare sè stesso ed istruir gli altri: e così dalla sana politica menato quasi per mano alla sana morale, ei ritrovò la *via* smarrita, conobbe la ignota *verità*, e pervenne a verace *vita;* poichè la sua contemplazione ebbe per termine colui che disse: *ego sum via, veritas, et vita.*

Abbiam veduto che la città di Dite altro non è che la figura di Firenze Guelfa con quanto di allegorico ne significa le turbolenze di que' tempi calamitosi: ma Firenze è sulla faccia della terra; dunque è probabile che anche il resto che precede o segue sia figura di quello ch' è sulla faccia della terra, albergo de' peccatori vivi, e non soggiorno de' peccatori morti. E che la terra dai malvagi sconvolta fosse l'oggetto di sua meditazione risulta dal vedere che la terra bagnata dalle lagrime de' peccatori fù scossa da un tremuoto che lo impaurì; e mandò fuori un vapore, un vento, ed un baleno che gli colpì la mente, talchè egli cadde in un letargo;* cadde, cioè, come l'uomo ch' è assorto in profonda meditazione, il quale sembra addormito per tutt' altro che per l'oggetto che contempla. " Diciamo scendere nell' Inferno quando entriamo nella contemplazione de' vizj per conoscerli"—*Landino*: nel qual senso scrivea S. Teresa, *Descendamus in Infernum viventes, ne descendamus morientes;* vale a dire, contempliamo gli effetti de' vizj ora per evitarli dopo.

E quindi Dante si trovò dalla interna parte del fiume infernale, non menato da Caronte ma da Virgilio, come allor dissi; cioè dalla scienza politica che lo trasportò al campo delle sue meditazioni. " Questo trasportamento sarebbe stoltizia a credere che corporale fosse stato, fu dunque spirituale"—*Boccaccio*. Ivi essendo, un *tuono d' infiniti lamenti* lo scosse, e si attirò la sua attenzione. Ei volle spinger lo sguardo in quella dolorosa valle, *in hac lacrymarum valle*, ma *oscura, profonda era, e nebulosa tanto ch' ei non vi discernea veruna cosa:* cioè, in tanta

---

* .... La buja campagna
  Tremò sì forte che dello spavento
La mente di sudore ancor mi bagna.
  La Terra lagrimosa diede vento
Che balenò una luce vermiglia,
  La qual mi vinse ciascun sentimento;
E caddi come l' uom cui sonno piglia.—C. iii.

confusione di corrotta società, nulla ei da prima percepiva e distingueva. La scienza politica allora gli fa invito a seguirla nel misterioso viaggio, e con la scorta di quella principia ad osservare. Or si comprende perchè non volle mai esprimere che le leggi eterne della giustizia fosser per lui sospese, e per non dirlo è ricorso sempre a soppressioni e reticenze. Ora si comprende perchè Virgilio gli rammenta sovente ciò ch' egli avea studiato in Aristotile, di cui cita le parole e i passi: ciò chiaramente dice che la sua scienza politica gli richiamava a mente ciò ch' egli avea imparato, perchè gli fosse di lume nella contemplazion che facea. Ora si comprende perchè Virgilio stesso gl' indica di tratto in tratto il cammin degli astri, da cui deduce le ore successive della meditazione; e glie ne parla di modo come se li vedesse sull' orizzonte: ciò apertamente indica ch' era sulla superficie della terra, e non in grembo di essa; ch' era nel regno del tempo, dal corso degli astri misurato, e non nel regno dell' eternità, ove il tempo è senz' ali. Ora si comprende perchè ei fa capirne in cento luoghi ch' ei non era rapito col solo spirito, ma osservando con tutto il corpo; ciò fa vedere che, mentre ei dicea di esser fra l' ombre dell' Inferno, intendea dire di esser fra gli uomini di un mondo corrotto; giacchè " diciamo esser nell' Inferno quelle anime che peccando cadon ne' vizj, perchè si discostan dalla celeste sublimità; e se non si emendano, sempre scendon più basso; onde possiam dire quelle essere nell' Inferno "— *Landino*: al che si concorda quel detto del Salmista, *descendant in Inferno viventes*. Or finalmente si comprende che significa che la Filosofia politica, la quale alle sole cose della terra dee limitarsi (come Dante medesimo nel suo libro *de Monarchiâ* professa) guidasse lui nell' Inferno, ch' è region degli spiriti: ciò che parea incongruenza, era apparente e non reale; poichè una tal Filosofia non eccede le sue facoltà nel condurre Dante a meditar sulla Terra viziosa. E questo è il motivo per cui il poeta impiegò sempre frasi che han doppio senso; uno apparente, con cui cercò d'illudere tutto il mondo; ed un altro nascosto, ch' era il segreto rifugio di sua mente. Così disse ch' Enea e Paolo erano andati a *secolo immortale:* impropria espressione in vero per significare l' eternità; ma utile a lui che dovea soggiungere, *ma io perchè venirvi?* giacchè non nell' eternità, ma in quel *secolo* reso *immortale,* o sia famoso per colpe e sventure, ei dovea essere scortato a contemplare. Così ancora quel tale ch' era atteso da Virgilio non fu mai per lungo tratto da lui definito chi fosse, onde dar luogo ad un suo ghibellinesco equivoco; e quando poi si vide costretto a dargli un nome lo chiamò *messo del Cielo;* e mentre in quella frase tutti intesero un angelo, egli in sua mente sapea essere l' Imperadore atteso dal suo Ghibellinismo, e quindi lo disse atteso da Virgilio.* Così quel Teseo che assaltò le porte dell' Inferno era il Conte di Romena che assaltò Firenze; e quel Cerbero ch' ebbe *pelato il mento e il gozzo* era Corso Donati ferito nella gola. Il pensiero di chi lesse si volse alla pagana mitologia o alla cristiana religione, e il suo si fissava alla storia de' suoi tempi. Così anche il *tornar suso,* detto da Virgilio,† fu interpretato da ognun che il lesse per risalire alla terra, mentre da lui che lo scrisse valeva risorgere al primo stato di splendore: e così parimente di altre ambigue espressioni.

Ma pure si può opporre esservi tai frasi e cose tali, in questo suo Inferno, che non sembrano affatto equivoche: Come spiegheremo in fatti quella gran voragine così di-

* *Messo di Dio* chiamerà altrove anche Can Grande, " Messo di Dio che anciderà la fuja," o sia la Lupa, e tutti convengono ch' ei là non parli di un angelo.
    † Chè se il Gorgon si mostra, e tu il vedessi,
      Nulla sarebbe del tornar mai suso.—C. ix.

stintamente dipinta; quel fiume infernale nel vario suo corso; tutti que' tormenti, tutti que' demonj, tutte quelle ombre di morti?

CAP. II.

DE' MORTI.

"Quando si dice l'uomo vivere, si dee intendere l'uomo usar la ragione ch' è sua special vita"—*Convito.* Ma l'uomo nel vizio non usa la ragione, perchè se la usasse non si determinerebbe al vizio; dunque gli uomini viziosi son tutti morti. Questo è il raziocinio con cui Dante dichiarò morti tutt' i suoi contemporanei. Ma più chiaramente intorno a ciò si spiega in una canzone dove, flagellando un uom vizioso, dice ch' ei *tocca un tal ch' è morto e va per Terra:* ecco il suo Inferno, la Terra; ecco i suoi morti, i viziosi. Ei nel fare la esposizione di questo suo concetto, così si esprime: "A maggior addottrimento (addottrinamento) dico questo cotale vilissimo (il vizioso) esser morto, parendo vivo. Dov' è da sapere che veramente morto il malvagio uomo dir si può. Vivere nell' uomo è ragione usare: dunque se il vivere è l' essere dell' uomo (cioè la ragione), così da questo uso partire, è partir da essere, e così esser morto. E non si parte dall' uso di ragione chi non ragiona il fine della sua vita?" *Convito.* E segue per lungo tratto a provare con formole scolastiche che l' uomo vizioso dee considerarsi come uomo morto. E Brunetto Latini gli fu principalmente di scorta in tal modo di concepire con quelle parole del Tesoro: "Quando gli uomini hanno fatta la cattiva natura si ficcano in morte dannata, e non ne sanno rimutare"—lib. vii. cap. 40. Per cui Cicerone disse ai miseri mortali: *Vestra quæ dicitur vita, mors est.* Uniformemente a ciò i Teologi chiamano la confessione *il sacra-*

miento de' morti, o sia de' peccatori, e l'eucaristia *il sacramento de' vivi*, o vero de' giusti; secondo ciò che nel Quadrio io leggo. Il Vangelo considera egualmente morto chi è nel peccato, o prima del battesimo, o prima della confessione: ecco le parole del sacro testo: "Se alcuno non sarà rinato d'acqua e di Spirito Santo non potrà entrare nel regno de' cieli." Onde il veggente di Patmos, d'accordo al Vangelo, scrisse: "Mi son note le opere tue, e come hai nome di vivo, e sei morto. Sii vigilante, e ristora gli altri che stavano per morire; imperocchè non ho trovato le opere tue piene innanzi al mio Dio.... Chi sarà vincitore sarà rivestito di bianche vesti, nè cancellerò il nome di lui dal libro della vita"—*Apoc.* cap. iii. E l'Apostolo delle genti uniformemente: *Quod sapit caro mors est, quod autem sapit spiritus, vita: quoniam quod sapit caro inimicitia est adversum Deum*: ed altrove, *quæ lascivit vivens mortua est*; ed altrove pure, *stipendium peccati mors*; ed altrove ancora, *exsurge a mortuis et illuminabit te Christus*. Al che fanno eco i SS. Padri, e fra gli altri S. Geronimo che scrisse: *Mors animi vitium, et stimulum peccati mors*; e in altro luogo, *peccatum cum consummatum fuerit generat mortem*: per cui il peccato che mena all' Inferno si chiama *peccato mortale*, poichè produce la morte eterna. E si noti che un tal linguaggio deriva dall' Antico Testamento: *Quoniam eripuisti animam meam de morte, ut placeam coram Deo de lumine viventium*—Salt. *Illuminare iis qui in umbra mortis sunt*—ivi; *Anima quæ peccaverit, ipsa morietur*—Ezecch. Onde l' Alighieri dottissimo nelle carte bibbliche ed evangeliche, nè meno istruito nelle dottrine della Teologia e de' Padri, ne adottò le frasi: nel che fu seguito pur da altri; per cui l'Ariosto parlando dell' Avarizia scrisse:

Peggio facea nella Romana Corte,
Chè v' avea uccisi Cardinali e Papi.

Udiamo ora il poema come a tutto ciò è consono: *Quella bestia per la qual tu gride Non lascia altrui passar per la sua via, Ma tanto lo impedisce che l' uccide;* cioè, il Guelfismo che ti perseguita, impedendoti l' acquisto della virtù, ti fa cader nel vizio, e quindi ti uccide, e perciò sarai morto.

Mi volsi indietro a riguardar lo passo Che non lasciò giammai persona viva; ma questo passo è quello de' vizj, mentre la strada della virtù era un *gran deserto*, perchè generalmente smarrita; dunque i suoi contemporanei erano tutti viziosi, e perciò morti.

Non vedi tu la morte che il combatte Sulla fiumana ove il mar non ha vanto? Ma questa morte è il vizio, e quel fiume che spiegammo per fiume infernale è l' impetuoso corso delle passioni, prodotte da tempi corrotti, come or ora mostrerò, dunque i viziosi dell' età sua sono i morti, e la Terra e il tempo in cui vivea è l' Inferno.*

---

* Chi bramasse più sicura pruova che il getto allegorico usato da Dante era comune anche a Guido suo amico, legga la novella IX della Giornata VI del Decamerone; nella quale raccontasi che alcuni gentiluomini Fiorentini sorpresero Guido in un sepolcreto di Firenze, mentre solitario meditava; e per iscuoterlo da que' suoi pensieri gli dissero un tal pungente motto, cui quegli rispose: *Signori, voi mi potete dire a casa vostra ciò che vi piace*: e, date loro le spalle, d' un salto s' involò. “Coloro rimasero tutti smarriti guardandosi l' un l' altro, e cominciarono a dire ch' egli era uno smemorato, e che quello ch' egli avea risposto non veniva a dir nulla: con ciò fosse cosa che quivi dov' erano non aveano essi a far più che tutti gli altri cittadini, nè Guido, meno che alcun di loro. Alli quali Messer Betto rivolto disse: Gli smemorati siete voi, se non lo avete inteso. Egli ci ha onestamente, ed in poche parole, detta la maggior villania del mondo: perciocchè se voi riguardate bene, queste arche sono le case de' morti, le quali egli dice che sono nostra casa; a dimostrarci che noi siamo peggio che uomini morti; e perciò qui essendo noi siamo a casa nostra.” Ecco, il ripeto, ecco i morti di Dante.

Io credo che Guido fosse nascosto Ghibellino, il che può anche comprovarsi dalla storia, e dai suoi scritti, come altrove mostrerò: ma non osava farne chiara professione, sì perchè nato in famiglia accanitamente Guelfa, sì per timore che avea del partito opposto allor sì potente, e sì ancora *per tema di vergogna*, come dicemmo. E perciò Dante disse di lui che *forse ebbe a disdegno Virgilio*: con quel *forse* volle esprimere non il rifiuto aperto, ma l' incertezza di Guido nel farsi smascherato seguace

Ma piano: egli parla di morti cognitissimi, d'illustri morti, e non di viziosi viventi. Parla di Omero, Orazio, Ovidio, Lucano; parla di Aristotile, Socrate, Platone, Democrito, Cicerone; parla di Enea, di Cesare, di Camilla, di Pentesilea; parla di oneste matrone e di donne lascive, antichissime persone tutte allora estinte e tutte conosciute; favella di Francesca, di Paolo, di Ciacco, di Argenti, di Farinata, di Cavalcanti, ecc. ecc. e questi non erano allora vivi, ma indubitatamente morti.

A questa difficoltà, che sembra recare sgomento, risponderà un brevissimo raziocinio. Mi si dica, Virgilio e Beatrice non erano estinti? Or se l'Alighieri non mentisce, se il suo amico Bosone non è bugiardo, Beatrice non è che la sapienza di Dante stesso; e se vogliam credere al raziocinio dall'autorità ben appoggiato, Virgilio è il nuovo suo illuminato Ghibellinismo. Così vedemmo che Lucia e Rachele, morte e sepellite da secoli e secoli, altro non sono che la Ragione di Dante e la Meditazione di Dante. Nello stesso modo que' dannati possono esser figure de' viziosi della sua ben trista età, e que' filosofi e

di quel partito. *Morto* è per Dante vizioso Guelfo, *vivo* è virtuoso Ghibellino, *il sole* è la ragione, e *gli occhi* son l'intelletto. Onde quando il padre del suo amico gli domandò del figlio, *Non vive egli ancora? Non fere gli occhi suoi lo dolce lume del sole?* Ciò nella testa di Dante che scrivea (non già di Cavalcante ch'è introdotto a parlare) valeva: *Non è Ghibellino ancor egli? Il lume della ragione non ha rischiarato il suo intelletto?* E quando poi rispose: *Il tuo nato è coi vivi ancor congiunto*, volle dire che quegli ancora (*etiam* e non *adhuc*) era *congiunto* coi Ghibellini; dove quel *congiunto* ha proprio significato nel senso figurato, mentre il letterale non ben s'adatta.

L'illustrazione che farò, quando che sia, di alcuni versi di questi due poeti amici mostrerà anche più quanto ciò sia vero. Essi eran tanto consoni e costanti nel loro linguaggio convenzionale che si facean beffe di coloro che, adottato una volta un modo figurato, non lo protraevano sino al termine; e lo ritraggo da queste parole della Vita Nuova: "Gran vergogna sarebbe a colui che rimasse sotto veste di figura e colori rettorici, e domandato non sapesse denudare le sue parole da cotal vesta, in guisa che avessero verace intendimento. E questo mio primo amico (*non dice mai chi sia per non comprometterlo coi Guelfi*) ed io sapemo bene di quegli che così rimano stoltamente." E ciò spiega la non mai smentita costanza di Dante nella continuazione dell'allegoria del poema.

quegli eroi esser possono immagini di que' pochi saggi e valorosi che ne' suoi tempi viveano. Per recarne un esempio sceglierò il più distinto, cioè,

> Cesare armato con gli occhi grifagni.

Io son sempre saldo nel credere che questi due caratteri significhino allegoricamente la forza militare e l'intelligenza politica dell'Imperadore, il quale suol anche chiamarsi Cesare; e Dante in varj luoghi così appunto chiama Arrigo di Lussemburgo. E che queste due qualità convengano ad Arrigo, di cui Cesare è figura, ce ne fa certi la storia, la quale dichiarò quel dominatore *bello strenuus, et consilio prudens* (Ferreto Vicentino, storico sincrono). Che se non contenti del senso allegorico, vogliam ricercare anche il letterale, la storia pur ci dirà nell'unanime grido di cento cronicisti ch'egli era *armis strenuus*, e per bocca del suo biografo Albertino Mussato, che lo avea personalmente conosciuto ed avuto in frequenza, ci fa sapere una tal particolarità ne' di lui occhi che ha potuto dare a Dante il motivo di chiamarli grifagni: *Eminentibus superciliis sinistri oculi albuginem detegit plus aequo mobilitas*: e il Compagni si accorda col Mussato nel notare tal distinzione. Di più, quello che vien creduto testo Latino di Dante così si esprime in questo luogo: *Caesar et armatus griphinis notus ocellis*. Or che Cesare avesse tali *occhi grifagni* non era certo noto, perchè non gli avea; ma notissimo dovea essere in que' tempi una tal particolarità degli occhi di Arrigo che gli storici non mancarono di notare.

Ognun vede che se Cesare è figura di Arrigo, in questo Inferno ch'è figura del mondo corrotto, cessa tosto di essere stravagante che Cesare venga per mettere a freno Dite ch'è figura di Firenze, e fughi i diavoli che son figura de' Neri. " Egli è scritto: nascerà il *Trojano Cesare* della bella schiatta, il quale terminerà lo Imperio col mare Oceano, e la fama colle stelle," scriveva Dante a quel suo Cesare; e intendea parlar di lui, e non del Romano. Quell' epiteto di *Trojano* dato a *Cesare* ci dice perchè lo pose vicino ad Enea: ei volle con ciò far vedere da chi scendea ad Arrigo il primo dritto all' Impero d' Italia. Se squarciamo il velo dell' allegoria, tutto divien regolare.

Ma oltre l' esposte ragioni, che son fortissime, altra ve n' è che non è men forte. Quegli estinti non erano per Dante gli spiriti di coloro discesi nell' Inferno, ma bensì le loro riputazioni rimaste in terra. E quando egli non li conosce personalmente, l' allegorico suo maestro gli tien luogo di storia, e glie li rammenta ed addita; e quand' ei gli ebbe in frequenza, o n' ebbe semplice notizia, ne dice ciò che ne sa, o che la pubblica voce ne cantava: e ciascun di essi segue ad essere dopo la morte ciò che fu quand' era in vita, giusto perchè la fama ne ripetea i caratteri per le bocche degli uomini: per cui Francesca e Paolo son due colombe che vanno al dolce nido, il Ghibellino Farinata è altero, il Guelfo Cavalcanti è pusillo, Filippo Argenti è furibondo, Ciacco è affannato come un ubbriaco, i filosofi del Limbo son gravi, e Cesare, che viene predicato dal grido de' secoli come eroe di gran valore e grand' ingegno, è tutto armato ed ha occhi di aquila.

Il finger poi d' interrogar quegli spiriti altro non è che lo scrutinar le loro riputazioni, e con quelle da lui personificate tener dialogo, e domandare, e rispondere. Fè in somma ciò che faceano gli antichi Egizzj che, spento un uomo illustre, ne metteano quasi in sindacato la vita, dicendone i vizj e le virtù per esempio de' vivi. E filosofica idea si è questa, poichè in sostanza si riduce a quel detto di Cicerone, che *la Storia è la maestra della vita:* onde il poeta volle che coloro che furono divenissero per tal mezzo gl' istruttori di coloro ch' erano; e che i loro elogj e i vituperj loro si trasformassero in tanti specchi di esempio, in cui ciascuno scorgesse quel che dee fare, e quel che far non dee. Per ottener ciò, con invenzione poetica ammirabile, convertì la narrazione in prosopopea, e i voti nomi in persone. In fatti, quando de' trapassati non è rimasta fama alcuna, ei nulla ne dice, nessuno ne nomina, come fè de' poltroni e degli avari che niuna traccia soglion lasciarsi dietro poichè son partiti. E per questo quelle personificate riputazioni, quando non sono interamente mute, come le già nominate, lo pregano di ricordarle nel mondo, cioè di renderle celebri nel suo poema. Così fa Ciacco, così fa Brunetto che gli dirà: *sieti raccomandato il mio Tesoro nel quale io vivo;* dove chiaro si vede che non l'anima di lui, ma bensì la fama vivea in quel libro da lui composto. Così farà anche Pier delle Vigne, infelice suicida, che sclamerà: *Rinfresca la memoria mia che giace Ancor del colpo che invidia le diede:* Rivendicami, gli dice quella riputazione divenuta anima, rivendicami dalle false imputazioni con cui la malignità de' cortigiani cercò di denigrarmi: e così di altri. Industria ammiranda! per non offendere i suoi contemporanei, coi quali era, gli adombrò sotto i trapassati; ma nei morti viziosi flagellò i viziosi vivi, cangiando i nudi vocaboli in tanti esseri, ne' quali quelli si ravvisassero. Più ingegnoso di Esopo, che col mezzo delle bestie istruì gli uomini, ei per mezzo delle riputazioni cercò di far lo stesso. Ma la finzione del filosofo Frigio è sfacciatamente manifesta, e quella del filosofo Fiorentino è sì celata che per lunghi secoli è restata nell'ombra. Ognun vede l'inverisimiglianza che le bestie ragionino, ma nessuno può scorgere incongruenza che le riputazioni degli uomini, cangiate in anime di essi, discorrano, domandino, e rispondano.

CAP. III.

DEI DEMONJ.

Facilissimo è poi lo scorgere che cosa sieno i *Demonj*; e dopo aver raffigurato le Furie nel loro orrendo lume, chiaro risulta che i demonj, i quali puniscono i morti, sono i vizj e i loro effetti, i quali tormentano i vivi. Esaminiamolo più da vicino.

Caronte, il quale trasporta le anime tra i morti dell' Inferno, e le costringe a passare, battendo col remo qualunque si adagia, è IL CATTIVO ESEMPIO di un secolo corrotto che stimola e quasi sforza gli uomini a passar fra i viziosi di disordinata società: per cui il poeta disse che *il costume fa parerle pronte a trapassare,** cioè l' uso di un popolo nelle sue male pratiche inveterato: e perciò Caronte è *vecchio, bianco per antico pelo:* e lo chiamò demonio, perchè il cattivo esempio suol denominarsi ancora tentazione; e *tentazione* e *demonio* nel comun linguaggio son sinonimi. Gli ha dato poi *occhi di bragia* e *ruote di fiamme intorno agli occhi*, perchè il cattivo esempio per mezzo degli occhi trasfonde in noi il fuoco eterno, o sia, gli occhi divengono in noi istrumenti di nostra dannazione quando le scandalose scene guardiamo; onde quel detto del Vangelo: *si oculus tuus scandalizat te, erue eum.*

Il retrocedere che fan le anime all' aspetto di quell' orrendo nocchiero, onde ricusano di passar fra i morti, altro non è se non quel natural ribrezzo il quale alla vista di un cattivo esempio ci prende, onde rifuggiamo di mescolarci ai viziosi; ma poi ai ripetuti stimoli cediamo, e ad uno ad uno corriamo alla perdizione, come vanno gli uccelli un dopo l' altro in quella rete ove trovano la schia-

---

* . . . . qual costume
  Le fa parer di trapassar sì pronte?

vitù e la morte: similitudine che divien più congrua allo squarciarsi il velo dell' allegoria: e si noti ancora quel *gittarsi* delle anime nella barca, il quale esprime che van da ciechi alla ruina.

Quella tacita voce ch' esce quasi dal cattivo esempio ad avvertirci di fuggirlo, e che tutti sentiamo al primo aggredirlo, o sia quella specie di ribrezzo che suol farci scandalosa vista, quella dice alle anime nel primo momento della loro depravazione: Guai a voi, anime prave, voi siete per perdere il Cielo per sempre! Io cattivo esempio, io che vi fo ora arretrar inorriditi, io vengo per menarvi nelle tenebre dell' errore, in caldo di passioni ferventi, e in gelo di durezza morale, ultimo effetto di total corruzione.* E quella stessa voce salutare diceva a Dante: e tu che sei virtuoso partiti da cotesti che son viziosi:† ma poichè Dante, risoluto di meditare, non ne partiva (ed impossibil gli era per verità uscir dal consorzio de' suoi contemporanei) quello gli disse: *per altre vie, per altri porti Verrai a piaggia, non qui, per passare;* cioè, non cedendo al vizio ma meditandolo, non portato dal cattivo esempio ma dalla riflessione, non menato da me Caronte ma da Virgilio tua nuova scorta, ti farai incontro alla società disordinata; la tua contemplazione, e non la tua depravazione, ti farà essere fra i viziosi: " Più lieve legno convien che ti porti."

MINOSSE, che orribilmente ringhia ed esamina le colpe nell' entrata, giudicando i rei secondo la varia gravità de' peccati, è IL GIUDIZIO DELLA COSCIENZA ch' è nell' anima di ognuno, la quale esamina le colpe a misura che

---

* . . . Guai a voi, anime prave:
  Non isperate mai veder lo Cielo:
    Io vegno per menarvi all' altra riva
    Nelle tenebre eterne in caldo e in gelo.
† E tu che sei costì anima viva
    Partiti da cotesti che son morti.

nell'anima stessa s'introducono, senza che alcuna possa celarsene o dissimularsene: poichè ogni uomo nel suo segreto non può fare a meno di confessare a sè stesso i suoi peccati, e di condannarsi: *Noctes atque dies gestare in pectore testem*—Giov. "Nella camera de' suoi pensieri l'uomo sè medesimo riprendere dee"—*Convito;* Giudizio muto, e non per parole espresso, ond'è che Minosse giudica in silenzio.*

* L'idea di Minosse fu forse a Dante somministrata da questo passo di Ser Brunetto: " Incontanente che l'uomo pensa di far male soffre egli la pena e il tormento di sua coscienza: che tutte cose può l'uomo fuggire, ma suo cuore no; perocchè nullo uomo può sicurare sè da sè medesimo; chè la coscienza non lo abbandona mai. E tutto che alcuno, il quale male faccia, scampi dal giudizio degli uomini, egli non scamperà dal giudizio di sua coscienza: chè a lui non può celare quello ch'ei cela agli altri. Egli sa bene ch'ei fa male, e cade sopra di lui doppia sentenza, l'una in questo secolo dalla sua coscienza, e l'altra dalla eternale pena"—*Tesor.* lib. viii. cap. 81.

Perchè si vegga come le idee de' gran pensatori coincidono, credo utile rapportare ciò che quel sommo filosofo di Montaigne della coscienza scrivea, perchè sembra proprio una illustrazione del Minosse di Dante. " Tant est merveilleux l'effort de la conscience! Elle nous faict trahir, accuser, et combattre nous mesmes: et à faute de temoing étranger elle nous produit contre nous: *Occultum quatiens animo tortore flagellum,* Juv. Hésiode corrige le dire de Platon, que la peine suit de bien près le peché: car il dit qu'elle naist en l'instant et quant le peché. Quiconque attend la peine il la souffre; e quiconque l'a meritée l'attend, La méchanceté fabrique des tourmens contre soy. A mesure qu'on prend le plaisir au vice il s'engendre un déplaisir contraire en la conscience, qui nous tourmente de plusieurs imaginations pénibles, veillans et dormans. Aucune cachette ne sert aux méchans, disoit Epicurus; parce qu'ils ne se peuvent asseurer d'estre cachez; la conscience les découvrant à eux mesmes."

Mi compiacqui nel vedere che il Landino di cui lessi il comento (e men profittai) dopo avere scritto interamente il mio, concorre meco nell'idea che Minosse figuri la interna coscienza del peccatore. A render giustizia a questo acuto interprete confesserò ch'egli è andato più avanti di me in quest'allegoria: ed eccone alcune parole: " Non è altro Minosse che il giudicio della coscienza: onde Giovenale parlando della coscienza interna scrisse: *Prima haec est ultio, quo se judice nemo Nocens absolvitur, improba quamquam Gratia fallacis praetoris vicerit urnam.* E il poeta dice *Stavvi Minos* perchè la coscienza è sempre nell'animo nostro, nè mai si parte, ma del continuo questo giudice in noi fa sua residenza. Nè è da maravigliarsi che non l'abbia posto nel primo cerchio, perchè colà non è alcuna specie di peccato, fuorchè il non aver avuto battesimo. *Esamina le colpe,* perchè sempre la coscienza seco medesima ripensa al fallo commesso; e *l'anima malnata tutta a lui si confessa,* perchè niente può esser celata alla nostra coscienza. *Dicono*

E questo giudice delle anime, che altrove si morderà la coda, è il rimorso stesso dell'uomo che conosce il proprio torto: *conscius animus se forte remordet*—Lucr. E il poeta fè che la coda si morda, poichè una vecchia frase volgare dà il nome di *coda* al torto che si ravvisa; da che nacque il detto, *gli ho fatto toccar la coda*, cioè, gli ho fatto toccar con mano il suo torto, e l'ho fatto ammutolire.

E Minosse medesimo che grida a Dante: " Guarda com' entri, e di cui tu ti fide; Non t' inganni l' ampiezza dell' entrare," è l'esame interno del poeta che lo chiamava a riflettere sul passo fatto di divenir Ghibellino, e sulla fiducia che dovea avere nel seguir quel suo Virgilio; poichè se gli era stato facile l'entrare in quel partito, non gli sarebbe stato poi agevole l'uscirne, sposata che avesse quella causa. E Virgilio che risponde a Minosse: *perchè pur gridi? così si vuole nel Cielo, e non chieder più oltre*, è la risposta che Dante stesso internamente si facea per acquiescere sulla risoluzione presa: e si noti che quel *pur gridi* mostra che il poeta spessissimo sentiva queste voci interne che, nelle sventure del suo perseguitato partito, lo facevan forse esser dolente del suo fato.

Di Cerbero, di Pluto, di Flegias null'altro dirò, poichè è manifesto che la gozzoviglia, l'avarizia, e l'iracondia son per mala sorte sotto i nostri occhi in Terra, e non è d'uopo, per trovarle, andarle a ricercar nell'Inferno.

---

e odono, e poi son già volte, imperocchè nel medesimo punto la coscienza ti ricorda il peccato, la ragion ti condanna, e l'ansietà ti affligge."

Peccato che quest'uomo, fornito di tanto acume e di tanta dottrina, si sia, più di qualunque altro de' molti vaneggianti comentatori di Dante, perduto in sogni e chimere! Le poche linee qui rapportate abbiam dovuto pescarle da un pelago di cose imbarazzanti, spesso puerili, più spesso strane, e spessissimo false. Il genio del suo secolo platonicamente visionario, che affogava il pensiero in un mar di vana erudizione per lo più estranea alla materia, lo fè divergere dal retto cammino, malgrado ch'ei fosse nato con le più felici disposizioni.

Anche il Boccaccio, prima del Landino, intese per Minosse " la coscienza di ciascuno, la quale giudicatrice delle nostre operazioni col morso suo ci affligge e tormenta."

CAP. IV.

DE' TORMENTI INFERNALI.

Anche un cieco di mente vede poi che cosa sono que' varj martirj, nell' osservar tutto giorno che i viziosi formano essi medesimi il loro Inferno quaggiù, per cui ciascun di essi *piange qui dove potrebbe esser giocondo;* e per sua colpa *divien tristo nell' aere dolce che dal sol s' allegra:* onde Agostino scrisse: *Jussisti, Domine, et verè sic est, ut omnis inordinatus animus ipsi sibi sit poena.* " Gregorio disse: i rei son tormentati dentro il loro cuore per le male volontà; il poeta disse: la prima vendetta è che ciascuno incolpi sè del suo vizio. La coscienza del malfattore è tuttavia in pena"—*Tesoro.*

 Ogni cosa terrena
 Porta peccato e pena—*Tesoretto.*
Ipsae voluptates in tormentum vertuntur—Seneca.

Non è mestieri che altro aggiungiamo, dopo le tante allegorie già spiegate canto per canto, in cui vedemmo che le pene infernali altro non sono che l' effetto de' vizj secondo la varia lor natura. Ma pure potrem vederlo anche meglio se ci dirigeremo a quel fiume che forma un de' più grandi e de' più variati martirj de' dannati.

CAP. V.

DEL FIUME INFERNALE.

Nè molto su tal fiume mi estenderò, perchè Dante stesso ne farà minuta esposizione tra breve, quando dirà ch' esso vien formato dalle lagrime che gocciano dalle ferite del gran vecchio di Creta, il quale sta dritto dentro la montagna d' Ida. In quell' immenso colosso che ha il dorso volto all' oriente e la fronte diretta all' occidente, secondo il cammin del sole; che ha la testa d'oro, il petto d' argento, il ventre di rame, e il rimanente di ferro, ognuno ravvisa il Tempo, o Crono, o Saturno, che con vario nome è sempre uno. Nè vi è espositore, per miserabil che sia, il quale non dica che in que' differenti metalli, tutti da ferite incisi, dobbiam leggere le varie età del mondo più o men corrotte, eccetto la prima che dall' oro si denomina, la quale perciò non ha ferita alcuna, e la quale i Mitologi riferiscono alla favola, e noi con Dante possiam ricercarla nella Genesi. Or quelle ferite delle varie degradate età, che stillano pianto, sono i vizj dell' età medesime: " siccome la virtù partorisce letizia e riso, così il vizio partorisce dolore e pianto"—*Vellutello:* e siccome i vizj son tormento de' viziosi, così quelle acque maligne formano la pena di questi metaforici morti. Il poeta costante nel suo concetto ha fatto sì che quel fiume il quale scende sotterra, onde il mar non vi ha dritto (poichè il mare non può sicuramente ingojare il tempo) col vario nome, or di Acheronte, or di Stige, or di Flegetonte, or di Cocito, fosse una delle più grandi punizioni degli uomini colpevoli, la quale cresce d' intensità a misura che il fiume più si avanza al basso, o sia a misura che il tempo più discende verso l' età corrotte, e che gli uomini più ne' vizj imperversano. " Vuole per questo fiume l' autore disegnare la vita presente, la quale ottimamente dir si può simile ad un fiume; perciocchè siccome il fiume corre continuo sempre declinando, così la nostra vita dal dì del nostro nascimento sempre declina verso la morte, senza mai indietro rivolgersi: *omnes morimur, et quasi aquæ delabimur in terram, quæ non revertuntur*"—il Boccaccio.

CAP. VI.

DELLA VORAGINE INFERNALE.

Ma dopo aver esposto come debbano intendersi i morti, i demonj, i tormenti, e il fiume infernale, gigantea sembrerà forse a taluno la difficoltà che viene offerta da quella voragine con tanta minuzia descritta, e nelle varie sue parti sì distintamente dipinta. Pur questa, a mio credere, è la meno forte delle opposizioni che possono venir presentate, e parmi che il poeta parli bastantemente chiaro intorno a ciò. Quella forma dell' Inferno è la successione delle differenti parti della sua meditazione, che dal meno grave peccato passa sempre al più grave gradatamente; è la serie de' varj capitoli della sua opera politico-morale; è in somma tutto l' undecimo canto ridotto a figura. Perciò, quando ha assoluta la materia d' una considerazione, la sua scienza politica lo invita a passare ad un' altra. Onde assai bene scrisse un recentissimo traduttore che " leggendosi l' Inferno di Dante si legge un corso di morale, poichè egli ha seguito un disegno fondato sulla influenza più o meno perniciosa de' vizj sulla società."*
In vece di esporre, qual negli etici trattati far si suole, delle nude teorie egli ha messo le teorie medesime in figura. E non vedemmo che il più delle volte altro non ha fatto che dotar di corpo e vita, e render quasi visibili e tangibili gli astratti precetti del suo maestro Brunetto? In luogo di arrecare, siccome nelle morali meditazioni si fa, esempj in compruova de' documenti esposti, ha posto gli esempj stessi in azione. E non udiam tutto dì dai sacri oratori citarsi fatti or di lascivi, or di golosi, or di avari, or d' iracondi? Così ha fatto pur l' Alighieri: se non che, alla

* Tarver, Inferno tradotto in prosa Francese, Londra, 1824.

narrazione sostituendo la ipotiposi e la prosopopea, in vece di citarli gli ha mostrati. .

Supponete che vogliate voi stesso far un' opera di simil natura, ma filosoficamente. Comincerete dal formarvi il disegno del tutto insieme dell' opera medesima, dal che nasce poi la distribuzione delle varie sue parti con metodo progressivo. E quindi fattone un indice, distinto per sezioni, per capi, e per paragrafi, qualora vogliate analiticamente trattare il vostro assunto, comincerete probabilmente dai più lievi peccati per passar ai più gravi. Metterete prima, per esempio, le omissioni che son peccati negativi, e poi quelli d' incontinenza, e poscia quelli di malizia: suddividerete questi in que' che procedono dalla forza, e in que' che derivano dalla fraude: e parlerete degli uni e degli altri secondo il lor ordine crescente: e così innanzi, finchè giungiate ai gravissimi.

Or questo stesso che voi fareste filosoficamente, Dante l' ha fatto poeticamente. Ha cominciato dall' assenza della virtù, e l' ha meditata ne' poltroni; e poi di mano in mano è arrivato al più massiccio de' peccati, ch' è la superbia, e l' ha contemplata in Lucifero: colpa da cui tutte le altre si producono, come dal seme emergono il tronco, i rami, e le foglie: *il principio d' ogni peccato è la superbia*—Ecclesiaste; *dei peccati è superbia madre e radice che tutti gli ha ingenerati*—Tesoro; *Prima è superbia d' ogni mal radice*—Traduz. del Credo, fatta da Dante.

Questo Inferno, che presenta nello spaccato quasi la forma d' un ventaglio, è come un albero genealogico in cui nella radice è quel peccato radicale, quasi primo ceppo e padre vetusto, onde tutti gli altri pullularono, e per rami si ripartirono; onde scrivea Pascal: *Il y a des vices qui ne tiennent à nous que par d'autres; et qui en ôtant le tronc s'emportent comme des branches.* E che Dante abbia immaginato quest' albero de' vizj, chiaro apparisce dal vedere che avea fatto lo stesso delle virtù nel Convito, là dove glosa quel passo della terza canzone,

> Dico ch' ogni virtù principalmente
> Vien da una radice,
> Virtude intendo, che fa l' uom felice.

Ei dà ivi alla parola *nobiltà* un valore molto esteso, quello cioè di disposizione a tutt' i buoni abiti, e dice: " Lo piè dell' albero che tutt' i rami comprende si dee principio dire e cagione di quelli; così nobiltà comprende ogni virtù morale."

Se uno volesse disegnare questo malefico albero genealogico de' vizj umani, vedrebbe sorgersi sotto la matita la figura dell' Inferno Dantesco, o una che molto a quella si accosterebbe: tanto che potremmo quasi tener per certo che l' ingegnoso discepolo di Cimabue e d' Aristotile, facendosi regolar la mano dall' uno e la mente dall' altro, si avesse prima delineato sulla carta questa progression de' peccati in figura, cominciando dalla radice e poi salendo ai rami; e poscia, invertendo metodo, ricominciasse dai rami per discendere alla radice; nel che fare cangiò l' albero in voragine: passo assai naturale a darsi per chi intendeva di fare un metaforico viaggio.

Il restringere ch' ei fa gradatamente i cerchi verso la punta del cono, contiene una filosofica idea intorno alla natura del cuore umano. I peccati di cui tratta ne' cerchi primi hanno sventurata sorgente nella nostra natura, e son sì comuni che posson dirsi quasi di tutti gli uomini. E lasciando stare l' omissione, di cui non è forse chi non possa qualche cosa rimproverarsi, la lascivia, la gola, e gli altri peccati d' incontinenza sono inerenti alla nostra fragilità; e chi non è fragile? " La maggior parte degli uomini vive più secondo senso che secondo ragione,"— *Convito;* vastissimi quindi dovean essere i cerchi che contener doveano tanti peccatori. A misura poi che il peccato divien più grave, meno esteso è il numero di quei che se ne imbrattano, finchè si restringe a tale che si può contar sulle dita, come sono gli assassini de' proprj benefattori, confinati nell' angustissimo cerchio di Giuda.

L' essere i peccatori a misura che son più colpevoli più vicini al punto centrale della Terra, e perciò più lontani dalla gran periferia dell' universo, oltre alla quale è l' Empireo, sede di Dio, chiude un' altra filosofica allegoria, la quale esprime che secondo che il peccato è più enorme, nel degradarci a proporzione, più da Dio ci allontana, tipo d' ogni bontà, e più a Lucifero ci accosta, centro d' ogni malizia.

L' idea di porre Gerusalemme sulla sommità del coperchio d' Abisso gli nacque dal passo di Ezecchia, e da quella opinione volgare che altrove rapportammo; la quale è un' allegoria ella stessa. Gerusalemme era il centro dell' antica religione da cui la nostra derivò; e perciò forse fu detta, il punto medio della Terra. E l' averla il poeta immaginata pendente quasi a piombo sul vastissimo baratro, ha quest' altra allegoria. Siccome il delitto altro non è che l' infrazione di una legge umana già scritta, così il peccato è la violazione d' un codice divino già stabilito; e l' Inferno nasce da una tal violazione. Gerusalemme è il punto da cui procede alla Cristianità il duplice statuto che ne fa il fondamento, quello di Mosè, e quello di Cristo; e perciò è il punto dal quale bisogna riconoscere i peccati, e quindi l' Inferno che n' è la punizione: ond' è che Dante la situò giusto al centro della base del gran cono.

Guardate il suo disegno per ogni lato, sempre più eccelsi ne troverete i concetti: ed eccone un altro anche più bello. Perfettamente antipodo a Gerusalemme ei pone il Paradiso terrestre. Or qual ingegnosa e profonda idea si è questa! Da un lato il luogo ove Lucifero trionfò dell'uomo, dall'altro quello ove Cristo trionfò di Lucifero: il monte dove si commise il peccato, diametralmente opposto al monte ove fu cancellato: di là l'uomo fu creato innocente e divenne reo; di qua fu redento colpevole, perchè tornasse puro: il sito ove si fè schiavo in opposizione a quello ove dalla schiavitù fu riscattato; e chi schiavo lo rese rimanersi in mezzo incatenato alla pena, quasi a riguardare in egual distanza il campo di sua vittoria, e quello di sua disfatta!

CAP. VII.

GENESI DELL'INFERNO NELLA MENTE DI DANTE.

Grande ammirazion dee prendere chiunque è ben entrato nell'animo del nostro poeta, nel veder com'ei volse a suo profitto la industria degli antichi sapienti che vestirono di forme le idee astratte, onde ben guidare i popoli, e condurli quasi per mano alla rettitudine. Ei si valse degli stessi errori loro per menarli alla verità, facendo ciò che ne insegna Strabone, dalle cui parole venne per avventura addottrinato a far tanto. " Non è possibile (dice quel saggio) il trarre alla religione la cieca moltitudine per mezzo di filosofici ragionamenti, onde ben fondarla nella pietà e nella fede: ma è bisogno ancora il porre in mezzo alcune volgari opinioni, comechè ideali; onde scuotere gli animi coi portenti delle cose immaginate. Quindi il serpente, l'egida, il tridente, le faci, l'aste degli Dei, in somma tutta la vecchia Teologia, sono favole ricevute dai fondatori delle cittadinanze per atterrire colle larve gli uomini privi del lume della sapienza. Così i cittadini sono tolti dai vizj; mentre nell'udire il supplicio, il terrore, le minacce divinamente intonate dai poeti, coll'aspetto di qualche figura orribile, credono che tali cose sieno realmente accaduté altrui."* Ed aggiungerò col Boccaccio: " conviensi ai nostri ingegni in questa maniera parlare, acciocchè essi con minore difficoltà possano dalle cose attualmente descritte comprendere le spirituali, le quali per opera d' immaginazione e di meditazione s' intendono:"

> Così parlar conviensi al nostro ingegno
> Perocchè solo da sensato apprende
> Ciò che fa poscia d' intelletto degno.—*Parad.*

Mi par di entrare nella gran mente dell' Alighieri nel momento che concepì l' idea del suo ammirando poema. Io vi leggo questi pensieri; e ve li leggo nel punto che l' infelice senza tetto, e senza pane, più sentiva i mali effetti della sua età sconvolta: Contemplerò i peccati che veggo in questo secolo corrotto che da perversa sorte mi fu destinato, e farò conoscere agli uomini i disordini che ne derivano ora, e i castighi che ne proverranno dopo. Ma perchè sia a tutti utile, è necessario ch' io sappia allettarli tutti. Or come ottener ciò? L' allegoria è il gusto dominante del mio secolo. Uopo è dunque ch' io presenti agli sguardi di questi forsennati una serie di allegorie, come tanti quadri, acciocchè tutti corrano a contemplarli. Farò che questi quadri sien talmente dipinti che i viziosi vi veggano espressi non solo i loro mali presenti, ma vi veggano anche adombrati i loro più gravi mali futuri. Chi sa che non mi riesca così d' illuminarli, e di far trionfare la buona causa! Quand' altro non produca di bene, produrrò sempre quello di spargere la istruzione ed il gusto fra la barbarie di un secolo ignorante; ed affretterò così la civiltà della mia

---

* I vivi colori con cui Dante ha dipinto il suo Inferno avean talmente colpito la fantasia de' contemporanei che fral grossolano volgo si tenea per fermo ch' ei realmente fosse colà disceso. Aveva egli carnagione fosca, e crini neri e crespi; e raccontasi che mentre un dì traversava una strada di Verona una donnicciuola l' additava alla compagna dicendo: Vedi colui? egli è disceso vivo all' Inferno: e l' altra: Ben dev'-esser così: ve' come gli è rimasta la faccia affumigata, coi capelli arricciati dalle vampe! Il poeta l' udì, sorrise, e seguì il cammino.

nazione. Per tal modo nel giovare altrui gioverò anche a me stesso; poichè il cuor mi dice che una eternità di fama sarà la mercede del mio lungo sudore: e ciò non sarà certo una picciola ricompensa. Chi sa che i figli de' miei persecutori nel leggere i versi miei non imprechino un giorno le ossa dei padri loro, per aver così malmenato un innocente lor concittadino! Chi sa che l'ingrata Firenze non sospiri un giorno le ceneri mie! Ma se dovrò lasciarle in terra straniera, io qual nuovo Scipione farò scrivere sulla tomba che dovrà chiuderle: *Ingrata patria, ne ossa mea quidem habebis:* "*Hìc claudor Dantes, patriis extorris ab oris.*"*

---

* Questo verso si legge sulla tomba del poeta in Ravenna; e secondo il Giovio, fu scritto da lui medesimo nella sua ultima malattia. Replicati ed insistenti furono i tentativi che Firenze fece per aver le ceneri di un tanto suo cittadino, di cui conobbe finalmente tutto il valore; ma Ravenna, che lo conobbe fin dal primo momento, resistè e vinse. E fu troppo giusto che quella città, la quale sì l'onorò in vita, seguisse a prestargli culto dopo morte, e non si vedesse involar la mercede della sua ospitalità generosa, di cui quella tomba è perenne testimone. Il gran Michelangelo, estatico ammiratore di quel suo sventurato compatriota di cui avea quasi ereditata l'anima altissima, si era offerto di scolpir di sua mano il di lui mausoleo, qualora il voto della sua patria fosse esaudito: ma dovè con dolore rinunziare al bel disegno che onorava entrambi. Nè solo prima che il secolo finisse, e dopo ancora, Firenze cercò espiar così la sua colpa con bramar di posseder quell'ossa; ma parve ch'ella facesse pubblica confession del suo torto, scorsi appena alquanti anni dalla morte di Dante; poichè nel 1373 "scelse Gio. Boccaccio, quel terzo splendore de' Toscani, a leggere e spiegare nella chiesa di Santo Stefano il divino poema. Erano ancora vivi gli amici e gl'inimici di Dante; e i Bianchi e i Neri, e i figli de' lodati e vituperati, si assidevano a quella lettura; e forse aveano al fianco le armi tinte di un sangue non ancora placato." *Perticari.* E quanto frequenti, e come acerbe saranno state le esclamazioni che interrompevano quella lettura! rimprovero ripetuto alla più enorme delle ingiustizie, fatta al più venerando degli uomini!

Il pentimento di Firenze fu però tanto illustre quanto era stato vergognoso il suo fallo. "Una figliuola ebbe Dante che vestì l'abito monastico nel convento di Santo Stefano in Ravenna; alla quale la Repubblica Fiorentina nel 1350 diede qualche sussidio, probabilmente per premiare nella figliuola i meriti del padre in vita non apprezzati. Ella fu da lui chiamata Beatrice, per memoria di quella Beatrice che fu da lui amata un tempo con trasporto di passione." *Pelli.* "Pochi son gli oggetti che posson dipingersi alla nostra fantasia più gradevoli e più teneri di quello che presenta la figlia di Dante dedicata al servigio della religione in quella città medesima dove le ceneri di suo padre erano in deposito onorato, nel punto ch'ella ricevea dai suoi compatriotti un tardo tributo che dichiarava il loro rispetto all'ingegno dell'uno, ed alla virtù dell'altra." *Cary.*

Or dunque all' opra: ma come unire in ben ordinata serie gl' immaginati quadri allegorici? "O Muse, o alto ingegno, or m' ajutate." In un Inferno allegorico di trapassati figurerò questo reale di viventi...se pur viventi possono chiamarsi i viziosi. No, ch' essi non son tali, poichè la ragione è la vera vita dell' uomo: onde tutti estinti io dichiarerò coloro che *si partono dall' uso di ragione:* e li porrò "In morte dov' è luogo di discordia." (Sal. pen.) Ma, perchè possa ognuno specchiarsi in que' quadri, è d' uopo ch' io scelga nomi illustri di trapassati peccatori, ne' quali adombrerò i presenti, acciocchè i viziosi di ciascuna classe si accolgano intorno a quelli come intorno a tanti centri, e tirino senz' avvedersene le linee a sè. E così in quelle riputazioni famigerate, can-

---

Nè qui si arrestò la nobile testimonianza del pentimento di Firenze. Essa battè delle medaglie in onor del suo gran figlio, e coronò solennemente di alloro la statua di lui per la mano di Lorenzo de' Medici, nell' antico battisteo di S. Giovanni; come Dante avea a sè medesimo augurato: e in quella festiva occasione l' elegante Marsilio Ficino recitò in nome di Firenze un' animata allocuzione latina, di cui mi piace qui recar qualche tratto.

" Florentia, jam diu mœsta sed tandem læta, Danti suo Aligherio post duo jam fermè sæcula jam redivivo et in patriam restituto ac denique coronato, congratulatur.

" Vaticinatus es quondam, mi Dantes, in exilio constitutus, fore tempus quo pietas superans impietatem feliciter te patriæ redderet, atque in excelsa Baptistæ Joannis æde sertis Apollineis coronaret. Non frustra augurium vani docuere parentes....Denique ingredientem Gratiæ te feliciter exceperunt: amplexus et oscula tibi Pierides, tibi Nimphæ dedere. Venisti tandem, modoque expectata parenti vicit iter durum pietas. Datur ora tueri, nate, tua; et notas audire et reddere voces....Oh quam pulchriorem quamve beatiorem nunc te, nate, recipio, quam amiserim! Conversus est mortalis prior ille vultus in immortalem atque divinum; conversus est Florentinis tuis mœror omnis in gaudium. Gaudete omnes et exultate, felicissimi cives: ecce nunc, ecce dum noster hic coronatur Dantes, panditur interea domus omnipotentis Olympi. Empyrei cœli flammæ, nullis amplius visæ, hodiè nobis manifestæ coruscant, coronato Danti gratulabundæ. Profectò sonus prophetarum, Musarumque novem, nullis aliàs auditus sæculis, hodiè palam coronationi Dantis applaudit... Gloria in excelsis Apollini summo, gloria Musis, gloria Gratiis, pax, lætitia Florentinis, gemino jam sole gaudentibus."

Le quali parole, da quasi sacra ebbrezza dettate, ci fan vedere quanto il culto si fosse con cui Firenze pentita espiava le colpe di Firenze delinquente. Son molti che peccano, ma son pochi che così si emendano.

giate in ombre, vedranno quel ch' essi or sono, e quel che saranno un giorno, se non si emendano.

Inspirata idea si fu questa di caldissimo cittadino e di ottimo cristiano insieme. " In quella condizione di tempi e di usanze, il poeta occupò quel luogo stesso che fra noi tengono gli oratori della religione.... Nè poteva certamente meditarsi più santa opera per la comune salute, che quella di ridurre al servigio della repubblica un' arte trovata per lo diletto degli uomini: onde per le dolorose parole, accompagnate dalla dolcezza de' numeri e delle rime, scendessero *altissimi sensi* per gli orecchi; ed in quella nuova soavità rapissero le menti e i cuori di coloro che si viveano nella pazzia e nel vitupero di tante colpe.... Laonde, più che dagli autori pagani, ritrasse l' immagine e il metodo de' suoi versi dai Salmi, dalla Cantica, dall' Apocalissi, e dalle Profezie"—*Perticari*. " Se bene attenderemo a tutte le fizioni che il poeta fa de' supplicj de' dannati, conosceremo che mai interviene che in qualche modo non nascano dalla sacra dottrina: cosa certo mirabile, che delle sentenze d' altri faccia fizion propria sua; e sia insieme ottimo poeta ed ottimo cristiano"—*Landino:* onde con nobil vanità si denominò nel Volgare Eloquio, *il cantore della rettitudine*.

In ogni altro tempo che il suo, avrebbe egli forse assunto per argomento ad un poema tutt' altra materia; ma nell' epoca depravata in cui vivea, il tema più profittevole al comun bene era certamente quello cui si appigliò: fortunata scelta cui la lingua nostra dee tutta l' elevatezza a cui pervenne. I poeti precedenti l' avean fatto sospirare in vane rime d' amore; ma Dante le fè intonare l' altissimo carme di Dio. E con ciò venne a confermarsi quella sentenza di Cassiodoro: *omnis splendor eloquentiæ, omnis modus poeticæ elocutionis, a divinis scriptoribus sumpsit exordium:* ed Orazio aggiungerebbe:

Sic honor et nomen divinis vatibus, atque
Carminibus venit.

CAP. VIII.

DELL' ALTO INFERNO:

Cerchi esterni alla Città di Dite.

Fissato in sua mente un tanto concetto, e fecondatolo sempre più con la sua calda immaginazione, ed ordinatolo con la estesa sua scienza, diè l'Alighieri uno sguardo alla Terra. I primi che gli si dovettero presentare furono di certo i poltroni; poichè sempre questi vilissimi, ad ogni partito invisi, sono in gran numero nella società. A mostrar loro il suo altissimo disprezzo esclamò: Sciaurati, che vivete sì indifferenti alle miserie della patria vostra, volubili bandiere d'ogni vento, contemplate meco qual è la pena serbata alla vostra vigliaccheria. Voi invisi a' buoni e rei, voi nati a portar la soma di chi vi sprezza, voi non avete nessuna fama quassù, e laggiù sarete eternamente travagliati, senza mai aver riposo, in pena della vostra inerzia: nè per tanto castigo siete degni di alcuna compassione. Pinge il primo quadro allegorico, ed ecco il vestibolo di questo Inferno di vivi. Dà un' altra occhiata alla Terra, e vede prevalere l'opinione che l'anime de' non battezzati vadano tutte al fuoco eterno. Egli crede ciò ingiurioso alla giustizia di Dio, ma non osa opporsi alle dottrine della religione. Vuole illuminare que' ciechi; onde conciliando la rivelazione con la filosofia, grida agli stolti: i virtuosi, quantunque non battezzati, non hanno comune il destino con voi, o felloni. Colorisce il secondo quadro allegorico, ed ecco il Limbo di questo Inferno-Terra. Dà un' altra occhiata, e vede che molti peccano per fragilità: egli nel suo cuore li compatisce, ma non tutti allo stesso grado: onde grida ai lussuriosi, che gli si offrono alla fantasia come tanti infelici trasportati da un vento impetuoso: resistete, o deboli che siete: questa vostra foga, cui vi date in preda, fa la vostra infelicità quassù, e laggiù farà la vostra miseria: pennelleggia la terza allegorica pittura: ed ecco il secondo cerchio di questo Inferno-Mondo. Crede poi vedere i golosi come tanti porci nel fango, intenti a pascersi di una vil terra variamente modificata, e con una tal fame canina che gli desta l'idea di Cerbero divoratore: fa la quarta allegorica pittura, e la mette innanzi a que' sensuali perchè si ravvisino: ed ecco il terzo cerchio di questo Inferno temporale. Gli avari gli si presentano quasi alle prese coi prodighi, non meno stolti di loro: li guarda come carponi sul suolo intenti a strascinar con isforzo un pesante minerale che forma la lor colpa e la lor pena, e ch'essi rendono spregevole come sassi che non hanno valore: lumeggia la quinta allegorica pittura che li rimprovera e li minaccia; ed ecco il quarto cerchio di questo Inferno terrestre. Guarda gl'iracondi e gli accidiosi, e gli sgrida anche più acerbamente: frenetici, dice agli uni, che vi dilaniate fra voi come tante belve feroci; esseri degradati, dice agli altri, che v'immergete volontariamente nell'abbiezione e nel loto; questa rabbia o questo avvilimento, che vi rendono in vita o perniciosi o spregevoli, questi stessi opposti vizj detestabili diverranno per voi interminabil tormento: ed ecco il sesto quadro e il quinto cerchio di questo nostro miserabile Inferno, dov'egli era e dove noi siamo, viaggiatori non sì ingegnosi, ma non meno sventurati. Par ch'egli dicesse a que' peccatori: ripiegate in voi lo sguardo: ed offriva, sì dicendo, un'immagine in loro medesimi delle loro pene future negli effetti presenti de' lor peccati; ed in loro, e non fuori di essi, ei trovava i rei, i testimonj, i giudici, gli esecutori, i castighi, i dannati, i demonj, e l'Inferno.

CAP. IX.

DEL BASSO INFERNO:
Cerchi interni alla Città di Dite.

Contemplati sulla Terra i colpevoli per incontinenza, ei si volse a ricercare i neri figli della malizia. Il centro d'ogni malizia era per esso l'ingratissima Firenze, ch'ei chiama *nido di malizia tanta* (Inf. xv.). Ed eccola agli occhi suoi divenuta Dite stessa, città di Lucifero, e regina dell'eterno pianto, con torri infocate, dinotanti il furore: ecco le tre funeste passioni di quella terra sconsolata cangiate ai suoi sguardi nelle tre Furie: i Neri son diventati demonj che gli chiudon le porte in faccia, e glie ne rifiutan l'ingresso. Ma pur egli spera nella sua nuova profession politica di rientrare a loro dispetto; e la sua speranza gli mostra un Messo del Cielo che con la verga dell'Imperial potere gli apre le negate porte, e fuga i maligni spiriti, e gli scorna e li minaccia. Qui comincia a contemplare questa orrenda terrestre Dite. In Firenze domina la gozzoviglia e la miscredenza; e quindi in Dite son gli Epicurei Fiorentini: e i primi che v'incontra son appunto due Fiorentini, Farinata e Cavalcanti, coi quali è il Cardinal degli Ubaldini, Fiorentino anch'esso, e Federico II. che per bizzarra predizione si disse in Firenze dover morire, e per più bizzarra interpretazione si disse in Firenze esser morto (Gio. Villani, lib. vi. cap. 42): e si badi esser questi i soli che, varcate appena le mura di Dite, o si veggono o son rammentati: e si noti che per dichiarar morti, o sia viziosi, i Fiorentini, all'entrar in Dite ei li trova entro le tombe; e si noti che ardenti son le tombe ove son chiusi coloro i cui *cuori* erano *accesi* dalle *tre faville*: e si noti ancora che, a mostrare esser Firenze divisa in Ghibellini e Guelfi, fa che i due Fiorentini, i quali dentro Dite al primo ingresso gli si mostrano, sieno appunto un Ghibellino ed un Guelfo; e per significare quanto i primi eran superiori ai secondi fa che il Guelfo stia in ginocchioni al piè del Ghibellino; e che questo ostenti imperturbabil fermezza, *come avesse in gran dispitto l' Inferno*, cioè Firenze per Guelfismo viziosa, mentre l' altro mostra avvilimento e pusillanimità. I varj suoi compatriotti, di cui il poeta richiese a Ciacco, son tutti dentro questa città del dolore. Filippo Argenti, Fiorentino spirito bizzarro, è tuffato nella palude degli odj che cinge quella città, figura forse dell' Arno insanguinato, che ha l' onde buje più che perse.* Rinier Pazzo, Fiorentino, è fra gli assassini di Dite; un Fiorentino che *fè giubetto a sè delle sue case* è fra i suicidi di Dite; per cui *la carità del natio loco* indusse il poeta ad usargli pietoso ufficio. Guido Guerra, nipote della bella Gualdrada, il Tegghiajo Aldobrandi, Jacopo Rusticucci, Guglielmo Borsiere, Francesco d'Accorso, Fiorentini tutti, son fra i sodomiti di Dite; e tra quelli è pure Andrea Mozzi, vescovo di Firenze, che *fu trasmutato d' Arno in Bacchiglione;* tra quelli è pure il suo Maestro Brunetto, che gli raccomanda di preservarsi dai costumi di quell' ingrato popolo maligno, gente *avara, invidiosa*, e *superba* (i tre vizj rammentati da Ciacco e dipinti nelle Furie) che tiene del monte e del macigno, la quale *gli si farà per suo ben far nemica*. Fra gli usurai di Dite trova un de' Gianfigliazzi, un degli Ubbriachi, un de' Bujamonti, nobili Fiorentini, con gli stemmi delle lor

* L' azione di Filippo Argenti, che distese ambe le mani per istrascinar Dante dentro l' acqua di Stige, vuol forse dinotare che i furiosi Fiorentini volevan immerger di nuovo nelle frenesie delle loro stizze il poeta; e Virgilio che repulsò quel furioso può significare che la sua filosofia prudentissima da quel pericolo lo salvò con respingere quell' attacco; e gli fè plauso per aver preso a dispetto que' malnati e tutt' i loro delirj. Io credo ancora che là dove Caronte dice a Dante che per andare a piaggia non dovea passar lì, ma altrove con *più lieve legno*, debba intendersi di Stige, figura dell' Arno, dov' ei passò poi sulla barca di Flegias, più lieve *di una saetta spinta dall' arco*. Noi spiegammo queste cose altrimenti; nè ci disdiciamo con ciò; poichè Dante ha nascosto sotto i suoi versi più sensi, come altrove più chiaramente osserveremo.

famiglie; ed uno di essi, che Fiorentino non è, dice, *Fra questi Fiorentin son Padovano*. Il Mosca, Fiorentino, Geri del Bello, Fiorentino, e consanguineo del poeta, son fra i seminatori di scandalo di questa orrenda città. Gianni Schicchi, Fiorentino, è tra i fraudolenti: Sassol Mascheroni, Bocca degli Abati, il Camicion de' Pazzi, Gianni de' Soldanieri, *Di cui segò Fiorenza la gorgiera*, cognitissimi traditori Fiorentini, sono anch'essi in questa capital di Lucifero. Cianfa Donati, Agnolo Brunelleschi, Puccio Sciancato, Buoso degli Abbati, Francesco Guercio Cavalcanti, cinque ladri fraudolenti di nobili famiglie Fiorentine, son giù nel fondo di questa città spaventevole; ed ei nel trovarveli griderà sdegnosamente:

> Godi, Firenze, poichè sei sì grande
>   Che per mare e per terra batti l'ali,
>   E per l'Inferno il tuo nome si spande:
> Fra gli ladron trovai cinque cotali
>   Tuoi cittadini onde mi vien vergogna,
>   E tu in grande onoranza non ne sali.

E fin dal principio a Firenze mirava, poichè lesse nell'entrata dell'Inferno per primo verso:

> Per me si va nella città dolente;

e *città dolente* chiamò Firenze pur nella Vita Nuova:

> Che non piangete quando voi passate
> Per lo suo mezzo la città dolente?

E ch'egli fin dall'istante primiero che prese la penna per comporre il poema avesse in vista Firenze, lo proverò per altra via in cui la storia mi farà lume.

Rammentiamoci che nel primo canto Virgilio dice a Dante ch'ei lo condurrà nell'Inferno, ove udrà le disperate strida dei dannati; e il poeta accettando l'invito lo prega di menarlo là, *sicchè veggia la Porta di San Pietro*, e coloro che son *cotanto mesti*, cioè i dannati. Furono divisi i pareri degli annotatori intorno ad una tal porta;

e chi vi vide la porta del Purgatorio, che ha lo stesso nome; e chi quella del Paradiso, di cui S. Pietro ha le chiavi: e qual in un modo e quale in un altro s'ingegnò di spiegare perchè venga prima nominata una tal porta, e poi si parli de' dannati, quando dovea essere il contrario, secondo la succession delle idee e l'ordine del poema. Ma pure Dante sapea che per veder coloro che son cotanto mesti gli era d'uopo passar prima per la porta di S. Pietro: ed ecco Gio. Villani che cel dice: " La città nuova di Firenze si cominciò a riedificare....e cominciossi della parte di levante alla PORTA DI SAN PIETRO....e poi oltre seguendo dietro alla badia di Firenze si ricongiungeano le mura alla PORTA DI SAN PIETRO. E di così picciolo cerchio e giro si rifece la città nostra con buone mura e grosse, e spesse le torri con quattro porte maestre, dette Porte San Pietro, e Porte del Duomo, e Porte San Pancrazio, e Porte Santa Maria"—lib. iii. cap. 2. E più sotto dice che su quella prima porta principale, detta di San Pietro, vi erano *le chiavi*. E si noti che la famiglia Alighieri ebbe *ab antiquo* la sua casa *quasi in sul canto di Porta San Pietro* (Leon. Aret. Vita di Dante); e che il poeta là era nato: " *Dante fu un orrevole e antico cittadino di Firenze, di Porta San Pietro*"—Gio. Villani, lib. ix. cap. 134. Onde il poeta pregò il suo Ghibellinismo di ricondurlo non solo a Firenze, ma a quella stessa casa dov'era nato.

Di tali ambigue espressioni allusive il poema ribrulica, e noi non poche ne traemmo dal bujo. Chi è fornito di acume di mente vede che quelle *spesse torri* di cui Firenze era cinta, cotanto dagli storici ripetutamente cantate, ci spiegano le torri, o sia *meschite*, della Città Infernale, e ci spiegheranno altro che troveremo in appresso, per cui in Dite ravviseremo sempre più Firenze, sino al termine dell'Inferno: ed oso dire che quanto rimane della prima Cantica ne sarà una continua pruova.

Che se, malgrado la quasi matematica evidenza con cui nel IX Canto e qui ho mostrato qual sia quella Dite, voglia sorgere taluno ad oppormi che, in mezzo a tanti Fiorentini che quella terra di Satanno contiene, altri moltissimi pur ve ne hanno che Fiorentini non sono, talchè quella in cui pretendo adombrata Firenze può essere egualmente l'Arabia perchè vi è Macometto, e la Grecia perchè vi sono Sinone e Capaneo, e così di altri paesi; io allora ho tanto da poter rispondere che il poeta sotto la figura di Macometto ha inteso adombrare gli scismi di Firenze, e sotto la persona di Sinone i tradimenti di Firenze, e così di Capaneo e di altri viziosi. Nè vogliasi ciò appellare mia fantasia, perchè Dante griderà ch' io non la sbaglio; e mostrerà una canzone diretta appunto alla sua misera patria; canzone che spira amore e disdegno insieme, nella quale ei chiama quella città, *superba, vile, disonorata, nemica di pace, piena di maligne radici e di vizj, priva delle sette virtù, specchio di parti, che a quelli che più l'amano più fa mal piglio*; per cui da sè discaccia *i leali Fabrizj:* e queste son le parole con cui licenzia quella canzone, or minaccevole, or supplice, e sempre affettuosa:

> Tu te n' andrai, canzone, ardita e fiera
> Dentro la terra mia ch' io dolgo e piango:
> Chè stentando viv' ella,
> E la divoran Capaneo, e Crasso,
> Aglauro, Simon Mago, e il falso Greco,
> E Macometto cieco,
> Che tien Giugurta e Faraone al passo.

Ed ecco Macometto, Sinone, e Capaneo divenuti Fiorentini pur essi, ed altri felloni insieme di altri paesi.* E si noti che ne' primi tre è riprodotta l'idea de' tre vizj detti da Ciacco, o sia delle tre Furie di Dite, poichè in Capaneo,

* A suo luogo mostreremo che, anzi che vizj di Firenze, celebri viziosi piuttosto deon ravvisarsi in questi ed altri o dannati, o demonj, che incontreremo. E di alcuni non ci sarà forse difficile il dir chi fossero.

che tra poco incontreremo, leggiam chiaro la *Superbia*, in Crasso l' *Avarizia*, e in Aglauro l' *Invidia*, che come tali appunto verran rammentati nel Purgatorio. Pare ch' egli abbia scritta quella canzone nella venuta di Arrigo, perchè insinua ivi a Firenze *di mutar guida alla sua nave, di rinunziare alle sue mal giuste leggi, e di seguir quelle di Giustiniano, sì che non sia più ribella alle virtù*.

In cosa di tanta novità mi piace piuttosto attirarmi la taccia di ridondante che di povero di ragione, onde non voglio tralasciare di rammentar quelle altre parole del poeta, dirette ad Arrigo medesimo, in cui, invocandolo contro Firenze contumace, chiama questa non più soggiorno di morti, come ha fatto nella Commedia, ma la stessa *morte crudele*, anzi quella medesima *scellerata Mirra che divenne al padre fuor del dritto amore amica*, la quale con sì neri colori è da lui dipinta nel suo Inferno. " Tu sei sagrato Re, (ei dice a quel nuovo Augusto,) acciocchè tu percuota il popolo d' Amalec...e forse tu non sai Firenze? Questa, *crudele morte* si chiama; questa è Mirra scellerata ed empia, la quale s' infiamma nel fuoco degli abbracciamenti del padre:" intendendo dire del Papa.

Che se finalmente vi è chi arditamente mi chieda che a solenni e rotonde note Dante gli dica, *Dite è Firenze*, Dante pur gliel dirà: ed oda come. Sappiamo che l' Inferno è nato dal primo peccato di Satanno, e sappiamo che questo Arcangelo rebelle è proprio alla punta della conica città, cosicchè è quasi il seme da cui si dischiuse e nacque quel maligno albero di tutt' i peccati, che altrove dicemmo. Or se io vi mostrerò che Dante ha scritte queste parole: *la mia città è una pianta la quale ha per radice quel superbo ed invidioso che pria si ribellò al suo fattore; pianta che produce e spande quel maledetto fiore* (cioè i fiorini) *per pascersi del quale le pecore e gli agni si son disviati;* non sarà lo stesso ch' epilogando in poche parole ciò che di Dite ha detto con le sue tre Furie, Superbia, Invidia, ed Avarizia, gridi sonoramente: *Dite è Firenze?* E bene ei così ha scritto; o sia (che torna allo stesso) così ha fatto dirsi da Folchetto di Marsiglia:

> La tua città che di colui è pianta
> Che pria volse le spalle al suo Fattore,
> E di cui fu l'invidia tanto pianta,
> Produce e spande il maledetto fiore
> Ch' ha disviate le pecore e gli agni.
>
> Parad. ix. v. 127, e segg.

Altro si chiede perche Dite sia Firenze? Se ciò non basta null' altro basterà: onde ci arrestiamo.*

Chiaro da quanto riflettemmo diviene che la *Selva* e l' *Inferno* sono in continuazione, anzi sono la stessa cosa, e non differiscono in altro se non in questo: la Selva è la Terra viziosa, prima che Dante divenisse Ghibellino e meditasse; l' Inferno è la Terra medesima, dopo che Dante si fè Ghibellino e meditò. Onde dalla Selva ov' è smarrito passar con Virgilio nell' Inferno, è lo stesso che passar dal vizioso Guelfismo a far meditazioni da saggio Ghibellino: e *il mezzo del cammin della vita* divide (per valermi della sua frase) l' uom precedente, o sia il Guelfo fra i vizj, dall' uom susseguente, o sia il Ghibellino in meditazione. *Valle* e *selva* chiamò la Terra corrotta, e *valle dolorosa*, e *valle buja* dirà l' Inferno; e *selvaggia via*, e *cammin selvaggio* egualmente lo chiama. E siccome il passar da uno stato all' altro non potea accader per salto, ma dovea portar seco di necessità una certa confusion d' idee, ed un ondeggiamento di spirito sui primi passi, così espresse il vacillare dell' animo suo nel secondo canto; e nel quarto

---

* La chiesa suol chiamarsi *vigna del Signore*, o pure *orto del Signore*; così *Firenze pianta di Lucifero* può anche intendersi: pianta che più produce frutti a Lucifero: senso meno forte, ma metafora non meno ingiuriosa.

disse che malgrado ogni sforzo ch' ei facesse nel *ficcar lo viso nella valle dolorosa, oscura, profonda, e nebulosa, ei non vi discernea veruna cosa.*

Che se vogliamo maggiormente convincerci non solo che la Selva e l' Inferno sieno la stessa cosa, ma che amendue sieno figura della Terra, anzi dell' Italia dal Guelfismo corrotta, rammentiamoci prima che *gran deserto* ei chiama la via del colle ch' è fuori dell' Inferno; e che questo vien da lui detto anche *carcere;** rammentiamoci che Cesare è figura d' Arrigo; e poi udiamo queste poche parole che traggo dalla lunga lettera che il poeta diresse ai popoli d' Italia nella venuta di quel nuovo eletto: " Noi vedremo l' aspettata allegrezza (ecco quello ch' era aspettato da Virgilio nel IX Canto) i quali lungamente dimoriamo nel *deserto.* Il leone del tribo di Giuda porse i misericordiosi orecchi, avendo pietà de' mugghi dello *universale carcere.* Rallegrati oggimai, Italia, perocchè il tuo sposo, ch' è letizia del secolo e gloria della plebe, il pietosissimo Arrigo, chiaro accrescitore e *Cesare,* ti libererà dalla *carcere de' malvagi*"...(ecco il messo del Cielo che arriva, " Cesare armato con gli occhi grifagni").

Giacchè dunque il messo del Cielo è figura di Arrigo (della qual cosa non può assolutamente più dubitarsi) annunziandosi che costui *scende l' erta, passando per li cerchi infernali,* questi non possono per conseguenza esser figura di altro se non delle regioni per le quali Arrigo passava; e quindi l' Inferno in generale sarà figura dell' Italia Guelfa; e perciò il poeta divise l' Inferno in *alto* e *basso,* facendo cominciare il secondo dalla Città di Dite, giusto perchè l' Italia si divide in *alta* e *bassa,* e la seconda principia appunto dalla Toscana.

* . . . . . . Se per questo cieco
Carcere vai. . . . . . C. X.

CAP. X.

SULLO STESSO ARGOMENTO.

Or poichè dunque l'Inferno altro non è che l'Italia Guelfa, ci è forza conchiudere che il capo di questo Inferno debba ricercarsi anche nell'Italia, e non altrove. In questa indagine " Non senza tema a dicer mi conduco;" poichè tale è l'allusione che ne risulterà che andrebbe seppellita nel più profondo silenzio, se il tacerla non portasse seco il rinunziare a ben intendere il Poema. Assai poco ne dirò, e quanto sol basti a mostrarci in parte la chiusa mente dell' autore: ma dai fuggitivi lampi che vibrerò si comprenderà di leggieri che non da scarsezza d'argomenti, ma da repugnanza di valermene, deriva il mio dirne poco: tanto più che mi fia necessità tornare sullo stesso punto anche altrove, malgrado che l'animo rifugga dal fissarvi lo sguardo.

Riflettemmo innanzi che nell' Imperador che lassù regna, alla cui legge Virgilio, o sia Dante stesso, era stato *ribellante*, egli ha voluto presentarci l'immagine del supremo dominator politico di quaggiù, il quale (com' ei si sforza dimostrare nel libro *de Monarchiá*) dovea regolar tutto il mondo, o *imperando* per rappresentanti, o *reggendo* di persona: il che dal primo terzetto del Paradiso è così significato, con parole adattabili ai due sensi:

> La gloria di colui che tutto muove
> Per l' universo penetra e risplende,
> In una parte più e meno altrove.

In fatti *Re dell' universo* chiama Dio nel poema, e *Monarcha Mundi* chiama l' Imperadore nel libro citato, dove così scrive: *Humana universitas ad ipsum principium universum, sive ad ejus Principem, qui Deus est, et Monarcha, simpliciter bene respondet per unum principium tantum, scilicet unicum principem....Cum coelum totum unico motore,* *qui Deus est, reguletur in omnibus suis partibus, motibus, et motoribus, humanum genus tunc optimè se habet, quando ab unico principe tanquam ab uno motore et unica lege, reguletur.**

E ch' egli nella divina Maestà eterna abbia inteso simboleggiare la imperial Potestà temporale chiaro si scorge ne' versi di una canzone in cui, scagliandosi contro i potenti Guelfi che le facean guerra, esclama:

> O falsi cavalier malvagi e rei,
> Nemici di costei
> Che al Prence delle stelle si assimiglia.

Ma sopra tutto, questo suo concetto appare in varj luoghi de' suoi Salmi Penitenziali, dove di Dio parlando fa allusione all' Imperadore. Nè sia chi creda irriverente o profana una tale allusione, poichè udiamo ogni dì ripetere che i Re sono immagini di Dio in Terra. Che se anche Dante avesse dato all' Imperadore il nome di Dio, sorgerebbe sempre in sua difesa la Bibbia, nella quale la parola *Dio* suona talvolta *Giudice* e *Re*. "Io ti ho stabilito *Dio* di Faraone," cioè *Giudice*, disse Jeova stesso a Mosè: " Gli *Dei* della Terra si son molto elevati," cioè i *Re*, si legge nell' Esodo; e così in cento altri luoghi che taccio. Nè intendo poi dire che in quella imitazione de' salmi Dante abbia parlato sempre ed assolutamente di Arrigo, ma bensì ch' egli abbia concertato talmente il suo discorso che può sovente riferirsi ed a quel dominatore, ed al Santo de' santi.

* Qui ci è dato comprendere perchè Beatrice disse a Virgilio nel canto secondo "Quando sarò dinanzi al Signor mio, Di te mi loderò sovente a lui." Che la Sapienza divina si lodi di Virgilio a Dio a che varrebbe? Virgilio è di coloro che *senza speme vivono in disio;* e niun bene sarebbe mai per ritrarre da questa lode. Ma che l' Imperadore mostrandosi soddisfatto de' servigj che il Ghibellinismo gli rendea, nel convertire a lui i ribelli Guelfi, sen compiacesse, e 'l tenesse caro, è cosa che tutti capiamo. I luoghi ne' quali il poeta sembra incongruente, o strano, sono appunto quelli in cui fa giocare l' equivoco: e siccome non gli è sempre riuscito d' includere i due sensi, così accade che l' apparente talvolta pare falso, mentre il nascosto è verissimo.

Per non esser lungo ne recherò un sol passo, tratto dal Salmo V, il quale sembra scritto poco prima che Arrigo giungesse; e nel quale lo sollecita ad andare a Roma (dove fu poi unto e incoronato nella basilica Lateranense) onde soccorrere ogni cittadino che onorava quella metropoli, cioè ogni virtuoso Ghibellino. Ecco il passaggio che ci darà un' idea del terzo stile (al di sotto del *tragico* e del *comico*) ch' ei chiama *elegiaco*, o *stilus miserorum*, vale a dire, il più popolare.

> Tu sei, Signor, la luce chiara e pura*
> La qual, levando su senza dimora,
> Farà la rocca di Sion sicura.
> Però ch' egli è venuto il tempo e l' ora
> Di ajutar quella gentil cittade
> Ch' ogni suo cittadino sempre onora.
> Ed è ragion che tu n' abbi pietade
> Però che le sue sante mura piacque†
> Alli tuoi servi pieni di bontade.
> Li quali udendo li sospiri, e l' acque,
> E li lamenti, e li guai della terra
> A perdonarle mai lor non dispiacque.‡
> Se tu li trai, Signor, da quella guerra,
> Tutte genti, Signor, te temeranno,
> E il santo nome tuo che il Ciel disserra.§
> E tutti li Signori esalteranno
> La tua potenza grande e la tua gloria,
> E tutt' i Re ti magnificheranno.
> Perocchè Dio in eterna memoria
> La santa Sion volle edificare,
> E là sarà veduto in la sua gloria;||

* *Lume del Cielo* chiamò Arrigo nel Sonetto che rapportammo nelle *Riflessioni sul C. IX.*

† *Le mura piacque....le mura fosse:* Dante urta spesso in queste benedette mura, e vi fa urtar la Grammatica che ne riportò due ferite.

‡ "Perdonate, perdonate oggimai, carissimi, che con meco avete ingiuria sofferta:" Dante ai Ghibellini.

§ Ei credea Arrigo dal Ciel mandato pel bene degli uomini (*messo del Cielo, lume del Cielo,*) onde dice che il Cielo disserra il suo nome.

|| Tal era la venerazione in che Dante tenea Roma che la disse pre-

E perchè guarda all' umile parlare
   De' suoi eletti servi, e non disprezza
   Li prieghi loro e 'l lor domandare.
Ma pur perchè la perfida durezza
   D' alcuni ingrati il mio parlar non stima
   A lor non lo scrivo io, ma a chi lo apprezza.
Un popolo miglior che quel di prima
   Sarà creato; e questo degnamente
   Lauderà Dio in basso, ed anche in cima.*
Però che dal luogo alto ed eminente
   Il Signor nostro ha riguardato in Terra,†
   E dal Ciel sceso è fra l' umana gente.‡
Per liberare dall' eterna guerra
   Quelli ch' eran legati, infermi, e morti,
   Ed obbligati a quel che il mondo atterra.§
Acciocchè liberati e fatti forti
   Potessero lodare il nome santo
   Nel regno degli eletti e suoi consorti;
Dove la gente e il popol tutto quanto
   Saranno insieme con li Re pietosi,
   E lì li serviran con dolce canto.
In questo mondo come virtuosi
   Risponderanno essi all' eterno Iddio,
   E poi saranno sempre gloriosi.

Rispondere in questo mondo all' eterno Dio, cioè a quello del Cielo, per mezzo di un buon governo politico-morale, e poi esser sempre gloriosi nell' altro: questo era il supremo voto di Dante, questo è lo scopo del suo poema.

Or se ci rammentiamo della grande corrispondenza che

parata dalla Provvidenza ad essere il centro d'una Monarchia universale: e scrisse nel Convito che anche le pietre di quella città eran degne di riverenza.

* *Dio in basso* è l' Imperadore; *Dio in cima* è quello del cielo; il figurato e 'l reale.

† Questo è l' Imperadore.

‡ Questo è Dio; se pur non è anche l' Imperadore; di che, altrove.

§ Quelli ch' eran *legati, infermi* e *morti* erano i Guelfi; *obbligati a quel che il mondo atterra*: chi sia costui già si travede: e chiaro apparirà più abbasso.

l' Alighieri ha posta fra le parti di questa Commedia; se ci rammentiamo come all' Imperador che lassù regna con celeste corte, che in tutte parti impera e quivi regge, e cui il Cielo è città, e l' Empireo è alto seggio, egli ha dato per contrapposto l' Imperador del doloroso regno con corte infernale, il quale impera in tutte parti dell' Abisso, ma regge in Dite sua città, in fondo a cui ha il basso seggio; se ci rammentiamo che questo Inferno per Dante altro non è se non la società disordinata dal vizioso governo antimperiale, non sarà difficile lo scorgere qual sia il capo supremo di questo suo allegorico Inferno. Ci piaccia esaminarlo meglio.

Il poeta scrivendo ad Arrigo così si esprime: " La sagacitade e la persecuzione dell' *antico e superbo nemico* il quale sempre e nascostamente aguata la posteritade umana....noi altri non volenti crudelmente spogliò." E qui non parla certo di Satanno, ma del capo de' Guelfi, *antico e superbo nemico* del Ghibellinismo, che avea crudelmente spogliati i Ghibellini *non volenti* riconoscerlo per capo loro.

Nel libro *de Monarchiâ* condannando la guerra che si faceva all' Impero, come mossa per suggestione maligna, così scrisse: *Nec tunc Deus arbiter esse credatur, sed* ILLE ANTIQUUS HOSTIS, *qui litigii fuerat persuasor*. E si sa qual fosse quell' *antiquus hostis* che inanimiva i popoli a far quella guerra.

Il poeta imbaldanzito dalla speranza del prossimo ajuto, ed incapace di più frenar sè stesso, così esclama in quel luogo stesso: *Inania meditati sunt in Romanum Principem qui zelatores fidei Christianæ se dicunt....defraudatio fit in Ecclesiarum proventibus, patrimonia ipsa quotidiè rapiuntur, et depauperatur Ecclesia, dum simulando justitiam executorem justitiæ non admittunt....Quid ad pastores tales? Quid si Ecclesiæ substantia diffluit, dum proprietates propin-*

quorum exaugeantur? Sed forsan melius est SALVATORIS NOSTRI *expectare succursum.* E qui neppur parla del divin Salvatore, ma di quello tutto umano da cui soccorso attendea.*

Tali equivoci da scaltrito erano il suo solito rifugio, coi quali andava sfogando in parte l'animo suo compresso, quando tremante ripetea fra sè medesimo:

> . . . . Conosco ben ch'io sono
> Là ov'io non posso difender mia vita;
> Chè gli spiriti miei son combattuti
> Da tal ch'io non ragiono.

Or premettiamo che nel latino di que' rozzi tempi eran soppressi tutt' i dittonghi: ed a conferma riporteremo il principio e 'l fine di quella sentenza, barbara in doppio senso, con cui Dante ed altri Bianchi eran da Firenze condannati ad esser bruciati vivi: e nella quale si leggono *curie nostre, predictorum, porte, hec,* ecc. ecc.

Nos Cante de Gabbriellibus Potestas Civitatis Florentie...

Lata, pronuntiata, et promulgata fuit dicta condempnationis summa per Cantem Potestatem predictum, in Consilio Civitatis Florentie, et sub anno Domini millesimo trecentesimo secundo,† inditione XV, tempore Domini Bonifatii PĀPE (sic) *octavi, die decimo mensis martii, presentibus testibus.*

E fin nella lettera latina da Dante diretta ad un religioso

---

* È così seminata di equivoche espressioni ogni pagina di Dante che s'io volessi farne pompa mi devierei, nella tanta abbondanza, dal corso del mio ragionamento. Ma pure omettendone cento noterò questa sola di una sua canzone, nella quale par che parli di Dio, di Beatrice, de' Beati, dell' Inferno, e de' Dannati, e pur così non è: ecco che dice quel suo Iddio di quella sua Beatrice a que' suoi Beati:

> Diletti miei, or sofferite in pace
> Che vostra speme sia quando mi piace,
> Là ov' è alcun che perder lei si attenta,
> E che dirà nell' Inferno ai malnati:
> Io vidi la speranza dei beati.

† Da questo monumento appare che l'esilio di Dante accadde nel 1302, e forse anche prima, e non già nel 1303, come dicemmo nella Vita: ma abbiam voluto seguire i più dei biografi, che ci han fatto adottare quella opinione. Sia comunque, ciò poco monta.

che lo sollecitava ad accettar l'offerta di ritornare a Firenze, sotto ben umilianti condizioni, si trovano *vestre littere, preconsiliata, philosophie, predicante, pecunie, cure, fame, Celo, Florentine civitatis*, ecc.*

Ricordiamo ancora una cosa che tutti sanno, cioè, che il *dativo* è quel caso che *dà*, aggiudica, attribuisce, come dal vocabolo stesso è significato; e che la cosa attribuita è spessissimo taciuta, perchè presente. Onde alla nota formola lapidaria,

DEO . OPTIMO . MAXIMO

dee sottintendersi dopo,

HOC MONUMENTUM EST DICATUM,

o altra simil frase: modo ellittico sì frequente e cognito che perdita di tempo sarebbe il voler con molti esempj stabilirlo come certo.

Or sol che ricordiamo che l'Avarizia è il vizio caratteristico che Dante attribuisce al capo de' Guelfi, sol che ricordiamo che l'avaro Giuda è nella bocca media di Satanno, che altro bisognerà perchè divengan chiare quelle sì aspre parole che han fatto tanto lambiccare il cervello ai dotti, quelle che il demonio dell'Avarizia (detto *gran nemico*, e *maledetto Lupo*, o sia Guelfo) gridò nel vedere entrare il Ghibellinismo con un Ghibellino in questo Inferno, che figura appunto l'Italia dal Guelfismo corrotta? Non altro bisognerà che premettere ancora che il capo de' Guelfi pretendeva ad un *principato supremo* su tutt' i dominatori della Terra, e fin sopra l'Imperadore; che i Ghibellini ad una tal pretenzion si opponeano;† e che *Aleppe* o *Aleph*‡ in Ebraico significa *Principe*;§ e quindi

---

* Vedi questi documenti per intero con altri ancora nel Vol. iv. della ediz. Rom. della Div. Com. MDCCCXV. pagg. 10. 40. 46, 47.

† Vedi il lib. iii. de Monarchiâ.

‡ Come da *Joseph* si è fatto *Giuseppe*, così Dante da *Aleph* ha fatto *Aleppe*.

§ Vedi il Lessico Ebraico.

PAPAE SATAN, PAPAE SATAN ALEPPE

significherà visibilmente,

Al Papa Satanno, al Papa Satanno Principe
questo impero è sacro:

cioè, a lui solo e non ad altri. Miscela di Latino e di Ebraico, con cui il Poeta ha voluto forse dinotare che il capo della chiesa Latina voleva arrogarsi una Teocrazia suprema, fin nel temporale e politico stato, come il capo della chiesa Ebraica. E rammentiamoci che all' imperiosa voce di Virgilio, il quale *seppe* che significavano quelle parole, avvenne il contrario di quel che l' avaro Pluto pretese, poichè egli umiliato *cadde a terra* innanzi a Virgilio.

E rammentiamoci ancora che là si disse: " Cominciò Pluto con la voce chioccia:" con quel *chioccia* volle il poeta dinotare il furore che si esprime raucamente con *enfiata labbia*; e con quel *cominciò* non solo indicar volle il turbamento del *gran nemico* all' aspetto dell' avversario, ma volle forse anche dire che la sua frase *cominciò* ma non finì: ond' è che al dativo di attribuzione manca il nominativo della cosa attribuita, e il participio che attribuisce.

Al tempo di Arrigo sedea Papa in Avignone Clemente V, che Dante credea traditor del suo Cesare per cui, accumulando su di esso tutta la stizza che da Bonifacio per morte deviava, lo chiamò *pastor senza legge*, e *di più laid' opra*, paragonandolo al pessimo Pontefice Ebreo, Giasone.* Era stato Clemente allor dipinto con tre vessilli sul dorso innanzi alla faccia, forse allusivi al triregno papale: *supra cujus dorsum tria sunt ante faciem ejus erecta* VEXILLA:† e Dante egualmente mette tre paja d' ali sul dorso di Satanno innanzi a ciascuna delle tre facce che gli dà; e sclama: VEXILLA *Regis prodeunt Inferni*.

* Inf. xix. dal v. 82, all' 87.
† Così Francesco Pipino nella sua Cronica, presso il Muratori, *Rerum Italicarum Scriptores*, tomo ix. pagina 752.

Ma tacciasi omai: e mi giova sperare che sorga alcun più acuto critico, che convincendo me di cattivo interprete assolva il nostro autore da tanta taccia. Null' altro aggiungerò, chè mi parrebbe di partecipare all' empietà di Rivet, rapportata da Bayle all' articolo *Dante*: e ad espiarne fin l' ombra mi unisco a coloro che in opposizione al poeta esacerbato, il quale scrivea *Papa Satanno*, sclamavano dal lato loro, *Papa Santo*.*

È ben certo altronde che s' egli ha voluto nel suo Inferno adombrare la Terra viziosa (il che diverrà sempre più sicuro in tutto il resto della prima cantica); se l' origine d' ogni corruzione era per lui il Guelfismo, ne nasce per conseguenza che il capo de' Guelfi esser dovea il capo del suo Inferno. E non è men certo che se nell' Imperador che lassù regna ha voluto simboleggiare quello ch' ei pretendea dover solo regnare quaggiù, nel grande avversario del primo dovea simboleggiare il grande avversario del secondo. Nella rabbia che l' animava, la quale si convertiva in disprezzo, ei chiamò Satanno, *verme reo che il mondo fora*; e ne' Salmi Penitenziali lo chiamò, *quel che il mondo atterra*; e sclamò a quel suo Dio terreno: " Difendimi, Signor, dallo gran vermo."

Ora possiam capire perchè Dite fosse pianta di Satanno. Chi si ricorda quanto Firenze Nera era al capo de' Guelfi devota, non troverà più oscura una frase che la dichiara pianta feconda di quel dato fiore, onde quel dato Satanno è da lui detto sì ingordo.

Rifletterò finalmente che ogni qual volta Dante fa sì chiuse allusioni dà a Virgilio epiteti significantissimi. Nell' osservare i due fuochi sulla torre di Stige, ei si volse a Virgilio, *mar di tutto il senno*, per domandargli che mai

---

* *PAPE SAN ALEPH: voces has congeminatas*, ecc. Questo è il primo verso del Canto VII. in Latino, voluto di Dante. Vedi vol. i. pag. 327, del Poema, giusta la lezione del Codice Bartoliniano; e vedi il *fac simile* del cod. Fontanini, che va innanzi al Vol. Udine 1823.

quelli indicassero; e nell'udir quelle tenebrose parole di Pluto, Virgilio, *savio gentil che tutto seppe*, gli disse per confortarlo, *non ti noccia la tua paura, chè per poter ch'egli abbia non potrà impedirti di scendere questa roccia:* e nel veder Satanno gli dirà: *questo è il loco Ove convien che di fortezza t'armi:* ma con tutto ciò la paura di Dante sarà sì forte che ne rimarrà mezzo fra vivo e morto.

CAP. XI.

APOLOGIA DI DANTE.

Siam lungi ben cento e cento miglia dall'approvare il poeta Ghibellino per questi segreti furori; ma pure a sua giustificazione possiam dire che il Satanno del suo Inferno non è già il capo della sua religione, ma bensì il capo del partito Guelfo: che questi due caratteri, i quali per fortuita coincidenza si trovano nella stessa persona riuniti, non eran da lui confusi. Pel primo ei si protesta altamente, e fin nel libro *de Monarchiâ*, di essere *pius in Ecclesiam, pius in Pastorem*, ma pel secondo da cui era immeritevolmente perseguitato, ei mal potè frenar la sua bile; e se tropp'oltre trascorse, a ciò lo spinse il molto affetto che portava all'Italia grama che, per quel capo appunto in tanti eterogenei e dissenzienti governi divisa, e in preda a tutto il disordine, era divenuta un vero Inferno: ed ei bramava di vederla Paradiso, come con le sue parole amorosissime nella sua vita dicemmo. Quel capo fu sempre il principale ostacolo il quale impedì che la patria comune risorgesse una volta a vita, a gloria, ad unità.

Dirò di più che il suo Dio allegorico, o il suo allegorico Satanno, non è alcun Imperadore, o alcun Papa in particolare; poichè molti Papi e molti Imperadori troveremo nel suo poema qua e là; e vedremo i luoghi assegnati fin a

Bonifacio e Clemente, e fin ad Arrigo; ma sono entrambi figure della politica potestà Imperiale, e della temporal potenza Papale, la quale ei credea un' alta usurpazione, cagion di vizj, di discordie, e di ruine.

Ottimo Cristiano dunque lo appelleremo, come la morale e il fine del suo poema ci prova, malgrado le sue irriverenti allusioni: e ad onta de' suoi troppo caldi trasporti, ci guarderemo dal tenerlo per cattivo cittadino. Egli era sdegnato e non irato contro la patria sua. E per questo motivo ei fè cadere la nascosta satira contro Firenze viziosa in quel cerchio stesso ove mise in azione la lunga e variata teoria etica della Mansuetudine che produce disdegno contro l' Iracondia e l' Accidia; ed invitò gl' intelletti sani a specolarvi intorno; quasi dir volesse: O voi che scoprendo un giorno le mie nascoste allusioni vorreste forse tacciarmi di malvagio Fiorentino, mirate qual dottrina si asconde sotto il velame de' miei versi che voi forse chiamerete acerbi e strani. È santissima Mansuetudine quella che facendomi vincere la vile Accidia mi anima contro la feroce Iracondia; è amor di patria e non odio; è pio zelo e non rabbia pazza.

Ei desiderava la guarigione della sua tanto inferma Firenze, che non trovando più posa cercava schermire il suo dolore con quei tanti mutamenti che l' accrescevano; egli ardeva di vederla cangiata da orrenda Dite in beato Eden. Che se, malgrado ciò, vi è chi voglia apporgli a grave colpa queste allegorie ingiuriose della prima cantica, lo segua al termine della seconda, e vedrà ch' egli le ha espiate con altre allegorie onorevoli: ma sventuratamente nè le prime nè le seconde furono mai comprese.

Scrivea verso gli ultimi anni di sua vita: " Amiamo tanto Fiorenza, che per averla amata patiamo ingiusto esilio....Oh misera! misera patria mia! Quanta pietà mi stringe per te, qual volta leggo, qual volta scrivo cosa che a reggimento civile abbia rispetto!" *Convito*. " Di tutt' i miseri m' incresce, ma di coloro ho maggior pietà i quali in esilio affliggendosi rivedono solamente in sogno le patrie loro"—*Volgare Eloquio*. Quel popolo d' Amalec ch' ei voleva percosso erano i perversi che a Firenze sua ed a lui medesimo tanto male arrecavano, quelli che accendevano le faci alle Furie per renderla città del fuoco; quelli che fatta l' aveano il vero emporio d' ogni vizio, se vogliam credere alla storia di altri Fiorentini: per cui il cantor della rettitudine si protesta con Can Grande ch' egli era *Florentinus natione, non moribus;* non rinegava la patria, no, ma ne abborriva i costumi. " Egli vitupera que' Fiorentini i quali per ambizione e fazione erano divenuti ingiusti, crudeli, ed avari. E come Sallustio vitupera in Roma l' ambizione, la lussuria, e la rapacità a' suoi tempi, così Dante flagella gli scellerati governatori, o piuttosto raptori del suo popolo: il che gli dobbiamo concedere, sì perchè narra cose vere, e sì ancora perchè, fatto ingiustamente esule dalla patria sua, merita scusa se alquanto per giusto sdegno eccede il modo"—*Landino*. " Egli solo, egli povero, dannato al fuoco, tenero padre, assai figliuoli, senza la donna sua, il suo patrimonio ridotto in pubblico: nè danno, nè onta avea mai fatto a Firenze: avea sotto Pisa e in Campaldino sudato per lei nelle armi; più nella toga: già il primo degli oratori, e l' ottimo de' magistrati: ed ora con questa mercede, che a uscio a uscio mendicava la vita; e scendeva e saliva per pane le scale altrui; e tutto per ira della patria!" *Perticari*.

Heu sortem indignam, et virtutibus invida saecla!
Haecque tot merces dotibus, exilium?

sclamava il Marullo, parlando di Dante e della sua patria sconoscente: di quella patria che non lasciò mai di perseguitarlo fino all' estremo fiato, e che dopo quasi tre lustri di doloroso esilio riconfermò contro lui il decreto dell' esilio istesso. Onde quando gli andava mancando ogni ajuto ei si volgea a Dio, padre delle misericordie, o si dirigea a quel suo coronato sostegno che solo gli rimanea in terra, e che la morte crudele al più bell' uopo gl' involò.

Dolorose sono le invocazioni ch' ei lor fa nella sua imitazione de' salmi penitenziali, in cui manifestamente appropria le parole di Davide a sè stesso: e tanta era la desolazione del tribolato che, lasciata quasi ogni arte poetica da banda, sostituì a quella ed umiltà ed unzione, piagnendo in quello ch' ei chiama stile de' miseri: eccone alcuni versi da' varj luoghi raccozzati.

> A te, Signor, ricorro lagrimando
>   Per la tentazion de' miei nemici
>   Che sempre mai mi van perseguitando.
> Percosso io sono come il fien ne' prati,
>   Perocchè li miei giorni e li miei anni
>   Come lo fummo presto son mancati.
> E tanto è stato grave il mio dolore
>   Che lungamente sospirando in vano
>   Ho quasi perso il natural vigore:
> Simile fatto sono al pelicano
>   *Che* dagli *usati* luoghi va lontano.
> Dallo profondo chiamo a te, Signore,
>   E pregoti che degniti esaudire
>   La voce afflitta dello mio clamore.
> Ahi! come l' ombra, quando il Sole è basso,
>   Si fa maggiore, e poi subito manca
>   Quando il Sole ritorna al primo passo,
> Così la vita mia ardita e franca
>   Ora è mancata; e come il secco fieno
>   È arsa, e consumata, e trista, e stanca.
> Ma tu, Signor, che mai non vieni meno,
>   Dimostrami lo tuo volto sereno.
> Vedi che l' alma mia in fuga è mossa
>   Per li nemici miei acerbi e duri
>   Sì ch' io ho perse con la carne l' ossa.
> E ciò vedendo gl' inimici stessi
>   Son confermati sopra me più forti,
>   E son multiplicati e fatti spessi.

E quelli ch' ai benefattor fan torti
 Mi vanno diffamando, sol perch' io
 Ho seguitato allora i tuoi conforti.
Deh, non m' abbandonare, o Signor mio,
 Però che sei Signor sì dolce e pio.
Signor, se tu fai questo, come spero,
 Io mostrerò all' umana nequizia
 La via di convertirsi a te, Dio vero.
Dal mio Signore allora detto fummi:
 Sì che io ti darò, uomo, intelletto
 Per cui conoscerai li beni summi.
Poi ti dimostrerò 'l cammin perfetto
 Per cui tu possi pervenire al regno
 Dove si vive senz' alcun difetto.'

Ne' quali ultimi versi è manifestissima l' allusione ch' ei fa al suo poema. Uomo non so se più grande o più infelice! Socrate mal conosciuto ed avvelenato dalla patria sua! Mancando fin del necessario sostentamento, a tal ridotto egli era che si lamentava di non poter lasciare alla posterità altre di quelle grandi idee con cui cercava di rendersi maggiormente il benefattore del suo secolo e dell' età avvenire: Onde scrivendo a Can Grande de' suoi alti divisamenti letterarj, esclama gemendo: *Urget me rei familiaris angustia, ut haec et alia utilia reipublicae derelinquere oporteat.*

Certo che s' altri dopo la vita mortale meritò mai guiderdone d' un costante buon volere, e di opera generosa sommamente proficua all' umanità, il quasi inspirato cantor del regno di Dio è risalito colà dove egli già ascese con la sua immaginazione. Onde se il suo grande ammiratore, " Quel Michel più che umano, Angel divino," scrisse di lui,

Che l' alte porte il Ciel non gli contese
 Cui la patria le sue negò di aprire,

io intendo ciò in senso più vero; nel senso che mi vien

dalla fede e non dal poema; nel senso stesso in cui l' affettuoso Bosone cantava: " credo che Dio

<blockquote>Dante abbia posto in glorioso scanno."</blockquote>

Nè altro mi giova credere di un *uomo predicante la giustizia* (com' ei di sè scrivea) con sì enorme ingiustizia trattato. Ma lasciam di compiangerlo, e torniamo ad ammirarlo.

CAP. XII.

DEL LINGUAGGIO ALLEGORICO DELLA DIVINA COMMEDIA.

Lungo sarebbe lo speculare a fondo intorno a questa materia: ed io che intendo trattare estesamente *dello Stile della Divina Commedia*, ne metterò per ora da canto tutta quella parte retorico-critica che ha di mira i pregi e i difetti, e mi restringerò a considerare in che consista tutto il segreto magistero pel quale Dante è giunto a nasconderci la sua mente.

Può sostenersi e provarsi che, malgrado tanta apparenza di complicazione, nulla vi ha di più semplice che la Commedia Dantesca. Se venisse ella spogliata di quella veste misteriosissima che la inviluppa, a tal forma si ridurrebbe che, sparito il poema, resterebbe il trattato, al quale potrebbe porsi per titolo: Sistema de' pensieri politico-morali, di Dante Alighieri. I canti verrebbero così a cangiarsi in tanti capitoli di un' opera meramente filosofico-teologica, e i tanti agenti che vi compajono, e vi si affaccendano, si ridurrebbero ad un solo. Poichè *Virgilio* è Dante filosofo Ghibellino; *Beatrice* è Dante Teologo speculativo: e non è da dubitarne punto, poichè Dante stesso parlando del suo intelletto ci lasciò scritto nella Vita Nuova: *Dico come questa potenza si riduce in* ATTO: *e prima come si riduce in* UOMO, *e poscia come si riduce in* DONNA.

Quel *ridursi in atto* è appunto il suo risolversi ad uscir dalla selva oscura, per salir sul colle illuminato dal sole: quel *ridursi in uomo* è l'incontrare e seguir Virgilio; quel *ridursi in donna* è l'incontrare e seguir Beatrice: vale a dire in sostanza queste tre operazioni dell'intelletto: 1. Riconoscer l'errore, e determinarsi a seguir la ragione: 2. Meditare sulle orrende conseguenze del vizio, tanto riguardo al tempo che all'eternità: 3. Meditare sui desiderabili effetti della virtù, rispetto sì a questa che all'altra vita. Che se vi ha chi voglia ancor dubitarne, glien lasciam per ora tutta la libertà, sicuri che a tal punto il menerremo altrove che, costretto dalla rincalzante forza di nuova analisi, gli fia assolutamente impossibile il non arrendersi. Coloro poi che il concedono (e parmi che senza molto sforzo concedersi possa) veggon che tutto è per tal mezzo cangiato in quel che dicemmo: poichè la voragine infernale diviene una serie di peccati in ordine crescente; i dannati sono esempj di uomini viziosi: i demonj e le pene, o vizj o effetti di essi. Sì variato dialogo in somma è un continuato monologo. Per esempio: Dante con Virgilio Duca, significa Dante che dal Ghibellinismo è guidato; Dante con Virgilio Signore, suona Dante che dal Ghibellinismo è dominato; Dante con Virgilio Maestro, è sinonimo di Dante che, fatto Ghibellino, meditando s'istruisce. E tutta quella macchina portentosa che ha fatto impazzire migliaja d'uomini divien la cosa più semplice che immaginar si possa. Se vorrem contentarci di un breve tratto, ecco ch'io ne porgo un esempio, e 'l trarrò da quel canto che ha più complicate allegorie di *selva, valle, monte, sole, fiere, Veltro, Virgilio*, ecc. cioè dal Canto Primo.

" Io Dante Alighieri, in quella età che vien creduta la metà della vita umana, mi trovai immerso più che mai fra i vizj e le turbolenze del mio secolo ignorante: e ciò non per mia colpa, ma perchè ogn'idea di rettitudine era quasi generalmente smarrita. Sento che spiacevole cosa è il parlare di un tempo sì inculto, procelloso, e de' suoi vizj tenace: sì amara cosa è che la morte stessa è poco più amara: ma pure potendo trarne utili lezioni, cercherò superare quel sentimento di ribrezzo che dal fissarvi il pensiero mi deriva. Io non so ben ridire come fra tanti orrori m'immergessi io medesimo, poichè vi entrai in una età in cui la mia ragione quasi dormiva. Giunto però a quel punto della mia vita in cui la luce della ragione più nell'uomo risplende, mi fu da quella mostrata la sublimità della virtù. Vi elevai la mente, e volli aspirarvi; ma malgrado questa mia risoluzione, le cattive abitudini già contratte mi facevan ricadere nel vizio, talchè assai lentamente alla virtù mi elevava. Impedimento anche più forte mi veniva dalla leggiera ed instabile mia patria, divisa in Bianchi e Neri, la quale mi era di continua occasione impellente a farmi immergere ne' vizj delle fazioni: e non vi era modo di evitar ciò. La ragione però mi rischiarava in un tempo che ricordava la creazione e la redenzione, tempo di accettazione e di perdono, anno del Giubbileo. Oltre a ciò, mi era cagione a bene sperare il partito Bianco, men vizioso e mio fautore, che allor prevaleva in Firenze; e il rinnovamento dell'anno e del secolo mi era d'augurio e d'invito a rinnovar la mia vita. Ma al più bello delle mie speranze, nuovo timore fu in me prodotto dalla smoderata ambizione della Corte Francese che invase Firenze; e più ancora dalla insaziabile avarizia della Curia Romana, ch'essendo fomento all'ire Guelfe, fè la sventura di molte genti. Questa più che altro mi tolse ogni coraggio, talchè quasi disperai di proseguir la riforma di mia vita, e di toccare la cima di quella virtù cui aspirava. Onde dopo aver fatto con animo sì volentieroso qualche acquisto in essa, perdendolo in un momento, me ne attristai in tutto l'animo mio, reso già privo di pace: poichè quella Guelfa avarissima Curia, perseguitandomi continuamente come Bianco, mi facea ricader ne' vizj, fra i quali la ragione si tace. Instrutto per trista esperienza della maligna natura del Guelfismo, mi venne nell' animo un pensiero di volgermi al partito opposto, che la ragione mi mostrò esser migliore: chiesi allora aita in tanti mali a quella Saggezza la quale è sostenitrice di un provvido Impero: Saggezza ch'era in me fioca per lungo silenzio, a cagione ch' era nato e cresciuto nella parte a lei contraria.* Ad essa dunque mi volsi in tanto periglio. Sua culla era allora la Lombardia, e Mantova, città munita, formava la sua principal forza e la speranza del suo risorgimento. Questa Filosofia che stabilisce dover la umana società esser regolata da un supremo capo per prevenirne i disordini, era surta troppo tardi in Roma; poichè dopo mille civili guerre nacque sotto Giulio e visse sotto Augusto, avanti che fosse fondata la Cristiana Religione; il che mostra che i Pontefici non hanno dritto alcuno sull' Impero, il quale era stato anche prima preparato da Enea, principe giusto che venne da Troja; e da cui Giulio discese, mandato dalla provvidenza a ristabilire nel Lazio l'avito dominio. Questa filosofia si fè allora in me sentire, e disse: Perchè torneresti tu ad immergerti fra le turbolenze e le noje del tuo vecchio partito, origine di tanti mali? Perchè non segui ad innalzare il tuo spirito a quella virtù cui aspiravi, principio e cagione di gioja perfetta? Io vergognandomi di aver riconosciuto sì tardi il mio errore, risolvei di seguirne i dettami. Ma riflettei che non avrei potuto divenir virtuoso ad un tratto; e che m'era d'uopo nel corso di lunga meditazione andar osservando quai sono gli effetti de' vizj. Senza ciò, quella mia persecutrice,

* Dinanzi agli occhi mi si fu offerto
Chi per lungo silenzio parea fioco.

Gli occhi per Dante son sempre l'intelligenza. Onde Virgilio che gli si fu offerto dinanzi agli occhi è lo stesso che il Ghibellinismo dalla sua intelligenza esaminato.

facendomi continua opposizione, mi avrebbe di nuovo e facilmente respinto ne' primi vizj, vera morte dell'anima: poichè l'insaziabile sua avarizia la mena sempre a nuovi tentativi, e a nuove alleanze coi potenti che divengono istrumenti de' suoi disegni. E le sue malvage pratiche saranno anche più, finchè la Provvidenza non mandi alcun illustre capitano che a lei faccia guerra e l'umilii. Secondo ogni apparenza, Can Grande della Scala dovrà esser costui: poichè un vaticinio l'addita per tale: egli solo potrà ritogliere l'usurpato Lazio all'avaro Sacerdozio, e renderlo all'Impero cui è dovuto. Onde io penso e discerno esser mio meglio il meditar prima sui vizj di questo mondo corrotto, e poi sul modo di purgarlo. Sin qui mi sarà scorta la mia nuova Filosofia politica che riguarda le cose terrene. Che se poi vorrò considerare quali sono le felici conseguenze di una ben retta società nell'ultimo suo eterno scopo, allora mi sarà di guida nel seguito della mia meditazione la Scienza delle divine cose. Per essa potrò contemplare quel supremo ed unico regolator del mondo che offre agli uomini un'immagine di quel capo supremo che dovrebbe tutti regolarli quaggiù; alla cui legge fui (pur troppo!) ribellante. Ma pur ribello non dee dirsi chi nella cecità del parteggiare non ben lo conobbe. Fatta questa risoluzione, mi preparai alla meditazione."

Ecco il nudo scheletro del primo canto: adornatelo ora secondo l'allegoria prescritte, e voi lo avrete come Dante lo presentò; e vedrete nascervi sotto gli occhi la selva, il colle, il sole, le fiere, il veltro, Virgilio, Beatrice, l'Inferno, il Purgatorio, e 'l Paradiso.

Lo stesso può farsi del Poema intiero, canto per canto; ma ci preservi Apollo da tanto attentato; e la critica si sente nell'obbligo di chiedergli perdono per averne solo mostrato il modo.

Ciò può darci insieme una idea molto plausibile del come si originasse tutta la mitologia. Un ingegnoso

Dante de' vecchi tempi, o molti forse che in diverse epoche si succedettero, la fecero sorgere nel modo stesso.

Dalla Selva passiamo ora all' Inferno; e dirigiamoci al Canto III. che ne offre l' entrata, per ponderarne alcune espressioni che sembrano poco o nulla adattarsi a questo nuovo modo d' interpretare; ma non oltrepassiamo quel termine, per non accumular più pagine che già troppe mi pajono.

L' Inferno dice: "Innanzi a me non fur cose create Se non eterne; ed io eterno duro." Ciò parrebbe poco convenire alla Terra: Ma secondo Dante, gli Angeli furono creati prima di essa, ed essa e i cieli sono eterni, come vedremo nel Paradiso: dunque la Terra eternamente dura.

Virgilio dice che i dannati "Hanno perduto il ben dell' intelletto:" ma questo è amfibologico; e può significare che gli uomini viziosi han perduta la ragione non seguendo la verità: "Il vero è il bene dell' intelletto"—*Convito*; *Bonum intellectus, haec autem est veritas*—S. Tom. E i vivi viziosi non ravvisano il vero delle cose, poichè il vizio deriva da falso giudizio.

" Diverse lingue, orribili favelle Risonavan per l' aere senza stelle," saranno due espressioni piane, quando si riflette alla diversità de' linguaggi de' partiti opposti; e quando ci rammentiamo che il Sole è il simbolo della ragione: or che dovrà dirsi dell' error di coloro cui neppur le stelle risplendeano? Questi sì ch' hanno perduto il ben dell' intelletto.

I poltroni son mischiati agli *Angeli che non furon ribelli nè fur fideli a Dio:* ma se Dio è il tipo dell' Imperadore, gli Angeli per conseguenza sono i Grandi della Terra: ed *Angeli* in fatti son chiamati nell' Apocalisse i capi delle chiese;[*] e perciò questi angeli neutrali eran que' principi

---

[*] Vedi tutto il cap. iii.

che non si eran dichiarati nè pro, nè contra del suo Arrigo. E per la stessa ragione i *cattivi spiacenti a Dio ed ai nemici suoi* son que' vili che spiacevano ad Arrigo ed ai Guelfi egualmente.

Le tante volte in cui si usa la voce *eterno*, o si rapporta alla terra nel senso indicato, o è un' espression iperbolica che suona *di lunga durata*. Così diciam talvolta a chi è molto lento nelle sue operazioni: *tu sei eterno nelle tue cose*. Ripetasi lo stesso di altre frasi.

Ma quantunque Dante sia stato in continua guardia di sè medesimo, per non lasciarsi sfuggire il suo segreto, pure in qualche luogo si tradì non volendo: sino al punto che il senso letterale è falso, e l'allegorico è vero; di che qualche esempio già notammo, cui aggiungerò quest'altro. Cavalcante gli dice: "se per questo cieco Carcere vai *per altezza d' ingegno*, Mio figlio ov' è, e perchè non è teco?" Or ciò secondo la lettera verrebbe a significare che chiunque ha altezza d'ingegno può viaggiar per l'Inferno; il che è falso: secondo l'allegoria indica che chiunque ha altezza d'ingegno può meditare sui disordini di una società viziosa; e nulla di più vero. Che se ad una tal dimanda Dante rispondesse: " Da me stesso non vegno; ma Virgilio per qui mi mena forse cui Guido vostro ebbe a disdegno;" lucidissimo allora diverrebbe il senso: poichè ciò direbbe che solo perchè la filosofia Ghibellina gli avea rischiarata la mente, egli era atto a quella meditazione; e che Guido, il quale era stato incerto a determinarvisi, malgrado che avesse eccelso intelletto, pure idoneo a ciò non era, poichè il pregiudizio gli annebbiava la ragione. L'esser menato da Virgilio a fare un viaggio nell'Inferno, e l'esservi menato per altezza d'ingegno, non può assolutamente significar altro. Chi ha mente elevata può meditare, ma non può scendere all'Inferno. Se alcuno scrivesse ai dì nostri che Beniamino Constant e Monsignor de Prad, perchè forniti di alto ingegno, furono accompagnati da Timoleone o da Trasibolo per visitar l'Inferno, e per vedere i morti, io non intenderei ciò alla lettera; ma tosto comprenderei che sia quel loro viaggio, che cosa quell' Inferno, che mai que' morti, e che quelle loro guide. E tanto più lo capirei se si aggiungesse che quegli estinti son tormentati dalle acque maligne che scorrono dalle ferite del tempo. Poichè allora ricordandomi del detto comune che "Peggiora il mondo e peggiorando invecchia," all' istante conchiuderei che quell' Inferno è un' epoca viziosa che tutti in sè accolse ed accumulò i perversi costumi delle precedenti generazioni corrotte, cosicchè essa divenne corrottissima, e trova il tormento nella sua stessa corruzione.

Dopo quanto abbiam detto divien chiaro che tutto il segreto del linguaggio allegorico di Dante consiste principalmente in ciò che costituisce la metafora, vale a dire nel sostituire continuamente il figurato al reale: altro ei dice ed altro intende: par che parli della vita di là, e parla intanto di questa di qua. Difficile è strappargli la chiave dalle mani, ma quando ciò riesca, il suo grande edificio cessa di esser laberinto. E colui giungerà a strappargliela che più saprà vedere le relazioni fra l' uno e l' altro linguaggio, e che illuminato dalla scienza, scortato dalla storia, e guidato fin dall' analisi delle parole, saprà meglio l' arte di sostituire il reale al figurato, onde ciò che sembra tutto eterno divenga tutto temporale. Ciò si faccia e il poema diverrà tale che cesserà di essere un terreno riserbato ai soli dotti, e malagevole ai dotti stessi; poichè diverrà campo aperto ad ogni qualunque umano intelletto; e si vedrà che si riduce a queste tre sole parole: VIZIO, EMENDA, e PREMIO: e tutto ciò rispetto all' uomo sulla terra.

CAP. XIII.

PARERE DI ALCUNI DOTTI SULL' ALLEGORIA DELLA DIVINA COMMEDIA.

Avea ben ragione il Gozzi di scrivere, rispondendo alle ridevoli censure del Bettinelli: " Vi sono stati di quelli che hanno detto che una parte di persone hanno il loro Purgatorio in questo mondo: il trovato di Dante sarà simile a questo..... Dante volle intendere de' mali e de' beni che hanno gli uomini sulla Terra, e non nel mondo di là.... Il censore biasima che quell' Inferno non sia Inferno, quel Purgatorio non sia Purgatorio, e quel Paradiso non sia Paradiso: e qui son io del suo parere. Allegoricamente quello è lo stato de' viziosi; di quelli che si emendano; e de' giusti sulla Terra." Ed in ciò il giudizio del Gozzi si uniforma a quello del Bottari che altrove rapportammo: e assai meglio di entrambi l'oracolo del Gravina così ne pronunziò sentenza: " Volle Dante che dalla dottrina teologica dei tre stati spirituali fosse significata ancora la scienza morale dei tre stati temporali. Poichè, secondo la sua specie e proporzione, la pena o il premio che avviene all' uomo dopo morte dalla Giustizia di Dio, avviene ancora per qualche parte anche in vita dal proprio vizio o dalla virtù. Onde simile insegnamento si dà dalla Filosofia nella vita temporale che ci porge la Teologia nella vita spirituale. Per lo che Dante nell' Inferno entrato, dopo conosciute le pene d' ogni vizio, passa nel Purgatorio ad osservare dei medesimi vizj il rimedio; donde poi, già purgato e mondo, poggia alla beatitudine eterna ed al Paradiso. Col qual corso misterioso ci ha voluto anche svelare il viaggio d' ogni anima in questa mortal vita, ove ciascun nascendo, entra nell' Inferno, cioè nelle tenebre del vizio, dal quale il nostro mondo è in temporale Inferno cangiato. Imperocchè siccome nell' Inferno è ad ogni vizio stabilita la sua pena, così nel mondo ogni vizioso porta entro la propria natura il suo supplicio; essendo la miseria e 'l travaglio dell' anime compagnia indivisibile ad ogni passione. Di tai pene il deforme aspetto, da Dante nel suo Inferno scoperto, spira timore e spavento; dal quale mosso l' animo può disporsi alla fuga de' vizj, e passare allo stato di purgazione ed emenda, che il poeta ci rappresenta nel Purgatorio; dove possiamo il rimedio trovare colle operazioni nuove, opposte alle antiche viziose. Coll' operazione opposta alla viziosa, possiamo l' abito della virtù felicemente acquistare: a questo abito di virtù succede la tranquillità, quando è congiunta alla cognizion di Dio, da Dante sotto il Paradiso figurata: poichè sorgendo noi alla contemplazione della infinità divina, svelliamo l' anima dai sensi, che ai vizj ed ai travagli loro ci legano."

CAP. XIV.

ULTIMO RISULTAMENTO DI QUESTA PRIMA DISAMINA.

Ecco quanto l' autorità e la ragione somministrano alla critica intorno al sistema allegorico di questa prima cantica. Io non ho voluto squarciare il velo da principio, sì perchè mi mancavano i necessarj dati che per via raccogliemmo, e sì perchè non dovea fin dal limitare togliere al Poema quel mirabile che dal concorso di enti soprannaturali deriva. Se altro avessi fatto, avrei tradita la mente del poeta che ha voluto tenere nella illusione chi legge; illusione con tanto studio da lui procurata, e che mal opra sarebbe stata il distruggere dalle prime mosse. E poi, prima d' indagare qui il senso allegorico generale, mi correva l'obbligo di esporre innanzi il parziale e 'l letterale; e Dante medesimo mel comandava con queste parole: "Se gli altri sensi dal litterale sono meno intesi, irrazionabile sarebbe procedere ad essi dimostrare, se prima lo litterale non fosse dimostrato. Prima la litterale sentenza, e appresso di quella l' allegoria, cioè l' ascosa verità"—*Convito*.

Or dopo tutto ciò, abbiamo il dritto di conchiudere che Dante abbia inteso dire di non esser disceso nell' Inferno con Virgilio, ma solo di esser rimasto a far politiche e morali considerazioni sulla Terra viziosa, ch' ei chiama Inferno? Eccomi all' ultimo risultamento di questo primo esame.

Quantunque i varj passaggi, e i diversi riflessi da me posti in veduta, sembrino favorire questo ch' io chiamerò finalmente MEZZO PARADOSSO, pure molti altri ne insorgono, i quali, a chi volesse ostinarsi a tener fermo in tale assunto, farebber guerra vigorosissima. Ed io, che ne sento tutta la forza, confesserò ingenuamente che ho cercato, in tutto questo esame, di tenere, secondo il vezzo Dantesco, nell' inganno il lettore; e l' ho fatto per determinargli il pensiero ad un solo oggetto, a quello cioè del senso figurato sotto il litterale così nascosto. Ma la mia mira fin dal principio fu di conchiudere che Dante nell' immaginare il suo Inferno, ove dice di esser disceso in compagnia di Virgilio, lo concertò di maniera che in quel mondo di morti vi fossero frequenti allusioni a questo nostro di vivi. Ma siccome notammo in più luoghi che spesso bisogna nelle sue immagini contentarci del solo senso allegorico, senza molto sofisticar sul letterale, così or diremo che infinite cose vi sono le quali han da prendersi alla pura lettera, e perdita di tempo e di senno sarebbe l' andarvi intorno specolando. Udiamo in ciò il suo avviso: *Circa sensum mysticum dupliciter errare contingit; aut quærendo ipsum ubi non est, aut accipiendo aliter quàm accipi debeat:* De Monarchiâ. In questo secondo modo, si è troppo finora errato riguardo alla sua Commedia; e nel primo, erreremmo noi stessi, se in tutto volessimo sognare allegorie. Letteralmente per certo, e non allegoricamente, vanno prese alcune cose; e come dette da spiriti nel regno de' morti, e non da vivi sulla Terra: tali sono principalmente i vaticinj fatti a lui dai dannati sulle sue future vicende, i quali vengono da tante circostanze caratterizzati che non possono interpretarsi come presentimenti dell'avvenire, o come calcoli di uomo prudente.

Dirò dunque, senza tema di fallare, che moltissimi passi, e la maggior parte ancora, di questo poema possono prendersi in due sensi, ma qualche volta vi è il solo allegorico, e non di rado il solo letterale. Il nostro autore, singolare nel suo genere, ha, come i bibblici scrittori, nascosta sovente sotto l'apparenza la sostanza; e ciò lo ha fatto non solo nel poema, ma in tutti gli altri suoi scritti, e fin nelle rime d'amore: onde così di esse scrivea: " Conciosiacosachè la vera intenzion mia fosse altra da quella che da fuori mostrano le canzioni predette, per allegorica esposizione quella intendo mostrare.... Intendo cioè mostrare la vera sentenza di quelle, che per alcuno vedere non si può s'io non la conto, perchè è nascosta sotto figura di allegoria: e questo non solamente darà diletto buono a udire, ma sottile ammaestramento e a così parlare, e a così intendere l'altrui scritture"—*Convito*. E nel dir ciò tenea forse in mira la sua Commedia; e procurava con questo avvertimento di mettere sulla strada il lettore, onde penetrasse ne' molti segreti che in quella nascose.

Or ciò ch'egli ha fatto ne' suoi versi erotici lo ha fatto assai più nel poema, in cui fa spessissimo correre di pari passo due intendimenti: e se altri per crederlo vi bramasse il suo autorevole suggello, ecco che io vel pongo solenne ed irrefragabile, con le parole stesse di quella sua lettera a Can Grande diretta; parole di tanto peso che toglieranno ogni replica al più ferreo scetticismo. Egli parla del suo poema in generale, e del suo Inferno in particolare, e dice:

Sciendum est quod istius operis non est simplex sensus; immo dici potest polisensuum, hoc est plurium sensuum.... Et quomodo isti sensus mystici variis appellantur nominibus, generaliter omnes decipi possunt.... His visis, manifestum est quod DUPLEX *oportet esse* SUBJECTUM, *circa quod currant alterni sensus. Et ideo videndum est de subjecto hujus operis prout ad literam accipitur, deinde de subjecto prout allegoricè sententiatur. Est ergo subjectum totius operis, literaliter tantùm accepti, status animarum post mortem simpliciter sumptus.....secundùm allegoricum sensum poeta agit de Inferno isto in quo peregrinando ut viatores mereri et demereri possumus..... Subjectum est homo prout merendo et demerendo, per arbitrii libertatem, Justitiæ præmiandi et puniendi obnoxius est.....Sed omissa subtili investigatione, dicendum est breviter quod finis totius et partis est removere viventes in hac vitâ de statu miseriæ et producere ad statum felicitatis..... Non ad speculandum, sed ad opus, inventum est totum et pars.*

Or dopo ciò, che altro resta a farsi da noi se non investigare qual sia il senso allegorico che sotto il litterale ha egli celato? Chi si propone di correre dopo di me il difficile aringo non perda mai di vista l'ultima dichiarazione dell'Alighieri, cioè, che del suo poema *finis totius et partis est removere viventes* IN HAC VITA *de statu miseriæ, et producere ad statum felicitatis;* e che *non ad speculandum, sed* AD OPUS, *inventum est totum et pars.*

Dalle quali parole possiam ritrarre che il fine del suo poema è precisamente lo stesso che quello del suo libro *de Monarchiâ*, il quale dai primi periodi così prende mossa: *Quædam sunt quæ nostræ potestati subjacentia non solùm speculari, sed operari possumus: et in iis non operatio propter speculationem, sed hæc propter illam assumitur; quoniam in tali operatione est finis. Cum ergo materia præsens politica sit, imo fons atque principium rectarum politiarum, et omne politicum nostræ potestati subjaceat, manifestum est quod materia præsens non ad speculationem per prius, sed ad operationem ordinatur.... Et quia potentia ista per unum hominem, seu per aliquam particularium communitatem, tota simul in actum reduci non potest, necesse est multitudinem esse in humano generi per quam quidem tota potentia hæc actuetur.... Unde solet dici quod intellectus speculativus extensione fit practicus; cujus finis est agere atque facere, quod dico propter agibilia quæ politicá prudentiá regulantur.... Satis igitur declaratum est, quod proprium opus humani generis, totaliter accepti, est actuare semper totam potentiam intellectus possibilis, per prius ad speculandum* (ecco la meditazion de' vizj della società, o sia l'Inferno), *et secundario propter hoc ad operandum* (ecco la riforma della società viziosa, o sia il Purgatorio) *per suam extensionem* (ecco la riunione de' governi dissentienti in uno ben ordinato sotto un sol capo, o sia il Paradiso.) Queste due opere, la poetica e la prosaica, par che mirino allo stesso scopo, a quello cioè di persuadere gli uomini, che il migliore, anzi il solo mezzo di rettificare i costumi si è quello di rettificare il governo.

Egli con quelle parole, cui queste fan perfetta consonanza, ha voluto fare un avvertimento a tutti quelli che avrebbero letto o esposto il suo poema di non arrestarsi alla lettera, ma di cercarne lo spirito; e il vero, non il chimerico; i fatti, e non le fantasie; di vedere quai sono le cagioni che rendono Inferno il mondo de' vivi; e, riconosciutele, adoperarsi a far che divenga Paradiso; *non ad speculandum, sed ad opus.* Egli in somma ha voluto esprimere questo discorso: Io ho detto di esser andato nell' Inferno, e di aver veduto demonj, dannati, e pene eterne; ma sappiate che in quell'Inferno ho cercato dipingere questa nostra terra in preda ai disordini, e di additarne la sorgente; in quella Dite ho adombrato la ingrata Firenze che mi chiuse le porte; in que' demonj, le passioni violente che ci tormentano; in que' dannati, i peccatori che ci circondano; in quelle pene, gli affanni che cagionano a sè stessi ed a noi. Indagate dunque, indagate il vero senso di questo mio Inferno, e scorgerete sì fine allusioni a questo nostro mondo infelice, ed a quello ch'è accaduto a me povero innocente perseguitato, che vi parrà proprio una pittura de' vostri e de' miei tempi, e di mie vicende, e di mia vita.

Ciò ha voluto egli dire con quella dichiarazion; ed io, prima ancor di leggerla, avea cercato di studiare i suoi tempi, le sue vicende, e la sua vita, le sue opere, per bene intendere il suo poema, e farlo intendere altrui.

Dico perciò e sostengo che quella dichiarazione è una solenne testimonianza, fatta da Dante stesso al cospetto di tutto il mondo, con la quale egli afferma che il mio modo d'interpretarlo è il solo e il vero. Chi non si è ancora arreso alle mie ragioni pieghi la fronte alla sua autorità.

CONCHIUSIONE.

Eccomi al termine del primo stadio delle mie interpretazioni intorno al sommo poema Italiano ed al più difficile del mondo: opera ammiranda, la quale sorta nel doppio influsso delle cognizioni antiche, onde l'autore era sì pieno, e delle dottrine allor vigenti, di cui potea egli chiamarsi l'epilogo, ha tutto quello che il *classico* ed il *romantico* poetare fornir potea; onde quasi segnacolo si rimane fra l'uno e l'altro; anzi quasi anello di concatenazione fra la letteratura vecchia e la nuova: poichè sembra che raccolto gran parte del buono delle generazioni che precedeano, e aggiuntovi tutto il migliore della generazione allor attuale, per un non mai veduto, innesto fosse consegnata alle generazioni che seguivano, come un deposito enciclopedico, palladio delle lettere, delle scienze, delle arti, della civiltà, e della morale pubblica. Onde non è maraviglia che tanti e tanti dottissimi uomini vi abbiano consumato intorno ben lunghe vigilie, e scritto centinaja di volumi; non è maraviglia che sia stato da tutte le colte nazioni fino ai dì nostri, ed ora più che mai sia con tanta cura studiato: e che io, seguendo il bell' esempio, mi vada sforzando di pesarne gli arcani sensi, i quali racchiudono più assai di quello che se'n' era dal mondo immaginato.

Se quel che ho detto finora non è stimato un sogno da infermo, parmi aver acquistato il dritto ad esser creduto se dirò, che quanto di più oscuro verrà in appresso, cesserà di parere oscuro; e che niuna delle tante cose non ben finora spiegate, niuna, ripeto, rimarrà più al bujo; e se pur qualcuna, essa non risguarderà le parti essenziali, ma le meramente accidentali e grammaticali. Tutto quello che non era stato ben compreso lo sarà per la prima volta; e gran parte di quello che si era creduto ben compreso verrà riconosciuto esserlo stato assai male. Farò vedere talvolta che ciò ch' era stimato puramente letterale è allegorico più che mai; e tutto il nono canto ne fa testimonianza. Tal altra farò scorgere che quello il quale per allegorico era tenuto è ben tale, ma tutt' affatto diversa allegoria che la comunemente ricevuta debba in esso ravvisarsi; e il primo canto ne offre un esempio. Tal altra finalmente mi verrà fatto di dimostrare che là dove si sognavano allegorie, il senso debba prendersi alla semplice lettera; e in più d'un canto ne ho già dato delle pruove.

Di più, additerò quale fu il libro su cui Dante si modellò nel concepire l' immagine del suo poema, e mostrerò com' ei felicemente lo imitò, e di gran lunga lo avanzò: oggetto che fè agitar tante erudite penne da varj anni, e che non mai, a mio vedere, è stato ben colpito.

Che se in altri si desti la curiosità di sapere per qual mezzo io sia giunto a penetrare in tai segreti, io pur lo appagherò, poichè mi propongo di far la storia delle mie scoperte, nella quale additerò i motivi che hanno indotto l' Alighieri a scrivere in modo sì misterioso, e quelli che nol fecero sinora ben deciferare.

Ma sopra tutto sarà mia assidua *sollecitudine* che il gran padre della moderna letteratura, sgombero alla fine di tutte le rincrescevoli spinosità di cui per altrui colpa divenne sì irto e pungente, compaja, per quanto è in me, in abito sì gentile e sì grave insieme da ammettere al suo consorzio gli spiriti più eleganti. Con tutto ciò confido che anche nella parte della lingua di nulla manchi; perchè sarà pur mia *cura* che abbia quanto gli altri gli avean dato di migliore, con la giunta di ciò che saprò dargli io stesso; nè scarsa ella sarà; ma il farò di modo che non ispaventi e non infastidisca gli animi di tai materie più schivi. In somma osserverò quel precetto di Quintiliano il quale ci comandò: *curam verborum esse volo, rerum sollicitudinem*; e di quel che in seguito farò, valga per saggio quel che sinora ho fatto.

Ma a dispetto di ogni studio da me posto in questo lavoro, sento che rimane un gran vacuo da riempire; ed è il far osservare il molto bello che nel poema s' incontra, e non passare senza avvertirlo quel che bello non e. Nell' intento di far comprendere il vero senso del mio difficilissimo classico, mi sarebbe ciò stato di gran deviamento dallo scopo principale. Già troppo voluminosa è la mole delle mie note per aggiungerne altre che a ciò mirassero. Altronde di gran periglio mi sarebbe stato il far tanto in un tempo in cui Dante ottiene un culto che giunge in taluno alla superstizione. Se ben però si bada, io non ho trascurato del tutto questo dovere, avendolo bastantemente riempito con le mie sostituzioni. Il mio sistema, come ha potuto osservarsi, è questo: serbare scrupolosamente tutte l'espressioni dell'autore che mi parvero giuste ed esatte; e quando tali non mi sembrarono, sostituir altre che tali ho stimato: il che significa che quelle dell'autore non mi contentarono affatto. Ma pure ciò poco mi sembra, e non fia che a questo solo io mi restringa; onde a luogo opportuno tratterò fondatamente, come ho promesso, *della lingua e dello stile di Dante;* e lì farò vedere quali ne sono i pregi e quali i difetti, e in che gli uni consistano, e da che sien gli altri derivati. E sebbene tal materia sia stata cotanto e sì dottamente da molti ventilata, pure non dispero di dir cose che abbiano gran novità e maggior importanza. Si dica quel che si vuole, coloro che amano proprietà di linguaggio troveranno che non sempre i modi di Dante son proprj. Ma prima che altri giunga a provar ciò, è d'uopo di ben intendere Dante. A questo dovere mi son per ora limitato; nel che fare mi son valuto di questo mezzo: ho esposto il bello, e l'ho spesso ammirato; e quel che non mi parve bello l'ho solo spiegato: e con ciò ho preparato il campo alla sana Critica.

Se il metodo che ho tenuto fosse ravvisato in qualche parte difettoso, ne attendo fraterno avviso da' letterarj giornali. E degli sbagli che ho forse presi, ove sia chi voglia farmene per cortesia avvertito, mi correggerò in qualche nota; e mi farò vanto di confessar l'errore, e di manifestare al mondo il nome del dotto correttore: nè grave mi fia il dire, ho sbagliato: poichè chi sa dirlo con sentito amor del vero, dice in sostanza: in questo momento son miglior di prima, perchè ho un error di meno. Forse che maturità di tempo e di riflessione potrebbe in me supplir per gran parte all' opra dell' altrui sagacia; ma io mi veggo nel caso di chi, dopo faticoso viaggio, trovandosi alquanto sordido e mal in arnese, e vivamente desideroso insieme di dare una buona nuova a personaggio ch'ei rispetta, piuttosto che perdere un istante a farsi lindo ed a scuotersi la polvere di dosso, gli si presenta così come si trova; nella speranza che il piacere della gradevole notizia gli farà condonare l'abito non abbastanza decoroso, e gl'imbratti che nel rapido cammino contrasse.

Un difetto da me stesso riconosciuto, ma che son ben lungi dal voler corregger per ora, è la soprabbondanza delle citazioni e delle pruove onde le mie scoperte vengono stabilite: difetto volontario, anzi procurato. Troppo colossale è l'errore che affronto, troppo le sue radici son profondate nello spirito de' lettori di Dante, e massime de' più dotti: onde con tutte le forze m'era d'uopo attaccarlo. E se non avessi presentita la sazietà e forse la nausea del leggitore, altro avrei seguito a dire, perchè molto altro a dir mi rimane. Il solo timore di far quasi un insulto all'intelligenza dei più mi costrinse ad arrestarmi. Una trista esperienza mi fè sentire la necessità di questo difetto, anzi dirò meglio, di questo eccesso: e quando paleserò i motivi che lo produssero, spero che mi verrà condonato.

Prometto in tanto di essere più breve in appresso; e pruova ne sia che i ventitrè canti, i quali rimangono della prima parte, saran tutti compresi nel secondo volume. Stabilite che ho le basi su cui il mio sistema d'interpretare si fonda, persuaso che ho il lettore della realtà degli oggetti da me riconosciuti, correrò più speditamente al mio scopo, seguito da amici di cui ho acquistata la fiducia, e non da diffidenti cui sia d'uopo tutto provare con lunghi raziocinj e molte autorità: dalla qual cosa mi è forse derivato un non so che di pedantesco il quale, lungi dall'essere di mio genio, è per me sì spiacevole che poco è più morte.

Italia mia, dolcissima Italia mia, per averti troppo amata io t' ho perduta; e forse....deh tolga l' augurio Iddio! Ma più superbo che dolente di un male per te sol sostenuto, a te solo io seguo a consegrare le mie vigilie: ed altro premio non ne attendo che la mia interna soddisfazione, la quale al sommo si accrescerebbe se tu vi aggiungessi un segno che non ti son discare. Sembra essere pietà del destino che quel doloroso bando, il quale per te vien sofferto, debba avere un qualche compenso; talchè se affligge il cuore, rischiari ancor l' intelletto. Un esilio angoscioso valse per avventura a più sublimare nel tuo Alighieri quell' anima eccelsa ch' era un bel dono del tuo cielo ridente: ed un esilio parimente affannoso ed immeritato vale ora ad aguzzar forse il mio poco ingegno sì che penetri in quanto ei lasciò scritto per tua istruzione e per sua gloria. E felici le mie fatiche, se per esse udrò ripetere con più ragione:

Gloria Musarum Dantes non cedit Homero,
Par quoque Virgilio; doctrinâ vincit utrumque.—*Verini.*

FINE DEL PRIMO VOLUME.

ERRATA. — CORRIGE.

Pagina.	Linea.	ERRATA.	CORRIGE.
vii.	24	discifrarne	diciferarne
xxxiii.	19	Segui il tuo corso	Vien dietro a me
lxix.	5	lasciandolo	lasciandola
22	17	rinferisca	riferisca
28	47	à assai male	è assai male
55	33	si paragone	si paragona
68	27	si vinta (testo)	sì vinta
79	5	Giustina (testo)	Giustizia
86	26	riffugire	rifuggire
137	5	cioè, riguardo	ciò, riguardo
144	38	come si fa	come fa
146	13	per essi	pur essi
156	3	mitigoloso	minuzioso
186	13	untame	untume
204	6	miscela	mescolamento
209	6	bisognante	bisognanti
212	26	ciotoli	ciottoli
215	2	la tacciono	la tacciano
219	17	del vento	dal vento
262	32	autor icontemporanei	autori contemporanei
272	21	vider per essi	vider pur essi
273	26	miscela	miscea
287	25	ritornavono	ritornarono
317	27	travai	travia

LONDRA:
DAI TORCHI DI C. ROWORTH, BELL YARD,
TEMPLE BAR.

LIST OF SUBSCRIBERS.

Acland, Sir Thomas, Bart. M.P.
Ainslie, Sir Robert, Bart.
Baillie, David, Esq.
Bankes, William John, Esq. M.P.
Barham, J. Esq.
Begnis, M. de, Berners Street.
Belgrave, Viscount, M.P.
Bellante, Abate, Malta.
Berry, Miss.
Blake, Miss.
Blunt, Mrs.
Bonar, J. Esq.
Brome, Reverend John.
Bromley, Rev. W. D.
Brougham, Henry, Esq. M.P.
Bulkeley, Dr. M.D.
Burdett, Sir Francis, Bart. M.P.
Butler, Miss, 50, Berkeley Square

Cadogan, Hon. Captain, R.N.
Caledon, Countess of.
Carleton, Hon. and Rev. R.
Carnac, J. R. Esq. R.N.
Cary, Reverend F. H. Chiswick.
Casolani, Signor Vincenzo, Cav. di S.M. e S.G.
Champemont, Comtesse A. M. de.
Christie, J. S. Esq.
Ciciloni, Signor, Malta.
Cimitile, Il Principe di.
Cleugh, Reverend John, Malta.
Clifford, Captain, R.N.
Coccia, Signor.
Coke, Thomas, Esq. M.P.
Colborne, N. Ridley, Esq. M.P.
Collingwood, G. N. Esq.
Copley, Mrs.
Corbett, T. G. Esq.
Cormack, H. Esq. Genoa.
Crakenthorpe, William, Esq.
Cunliffe, F. Esq.

Dalrymple, Lady, the Villetta, near Lymington.
Davenport, Miss.
Davenport, E. Esq.
Davy, The Lady.
Denham, Major.
Disraeli, J. Esq.
Dudley and Ward, Viscount.

Earle, Miss, Liverpool.
Ebrington, Viscount, M.P.
Eden, Miss.
Ellis, Charles R. Esq. M.P.

Erroll, Countess.
Essex, Earl.
Eynaud, Signor Paolo, Malta.
Fanshawe, Miss Catherine.
Fazakerley, J. N. Esq.
Fletcher, Henry, Esq. Malta.
Fortescue, Hon. G. Grosvenor Sq.
Fountaine, Mrs. } Narford
Fountaine, Miss } Hall,
Fountaine, Miss Eliz. } Norfolk.
Frere, Right Hon. J. H. Malta.
Frere, Miss.
Frere, Barth. Esq.
Frere, George, Esq.
Gamba, Signor, librajo, 6 copies, Leghorn.
Goldsmid, Isaac, Esq. Champion Hill, Camberwell.
Gordon, J. A. Esq. 29, Hill St.
Graham, Edward, Esq.
Grant, David, Esq. Malta.
Gravier, Signor, librajo, 6 copies, Genoa.
Grosvenor, Hon. R. M.P.
Gulston, Miss.
Gurney, Hudson, Esq. M.P.
Gurney, Miss, Keswick, Norfolk.

Hallam, Henry, Esq.
Hamilton, Terrick, Esq.
Hamilton, William, Esq.
Harley, Captain, R.N.
Hay, Captain, P. D. H. R.N.
Heber, R. Esq. M.P.
Herbert, Hon. and Rev. W.
Hervey, Hon. George.
Hibbert, Miss.
Hill, Reverend John.
Hinton, Edward, Esq. Naples.
Hirler, Signor Giovanni, 2 copies.
Hobhouse, J. C. Esq. M.P.
Holland, Dr. M.D.
Horton, R. Wilmot, Esq. M.P.
Horton, Miss.
Howard, Honourable Col.
Hughes, Wm. L. Esq. M.P.
Hunter, Jamieson, Esq. Malta.
Hutchinson, Hon. Mrs.

Innis, Miss.
Johnson, Chistopher, Esq.

Killerton, Park, Esq.
Knight, Miss.
Knight, Henry Galley, Esq.

LIST OF SUBSCRIBERS.

Lambton, G. J. Esq. M.P.
Lansdowne, Marquess of.
Lapira, Signor Vincenzo, Malta.
Lewis, Mrs. Frankland.
Lindsay, Lady Charlotte.
Littleton, Mrs. Portman Square.
—— Lock, Esq.
Locker, John, Esq. Malta.
Longman, J. Esq. Hampstead.
Longman, Miss, Hampstead.
Loyd, Wm. Esq. (of Aston.)
Loyd, W. Esq. (of Dongey.)
Luchesig, Signor G. Malta.
Lushington, Sir Henry, Bt. Naples.

Maltby, Mrs.
Mamo, Signor Vincenzo, Malta.
Mansfield, John, Esq.
Marchese, Il Conte, Malta.
Marconi, Signor.
Martucci, Signor Onorato,
Maxwell, John, Esq. M.P.
Meynell, Mrs.
Micalleff, Signor, Malta.
Minto, Earl of.
Monk, Sir Charles, Bart.
Montgomerie, Fred. Esq.
Moore, Vice-Admiral Sir Graham.
Moore, Lady, Brook Farm.
Morgan, Reverend John.
Morier, James, Esq.
Munro, H. Esq. R.N.
Murdoch, Thomas, Esq.
Murray, Archibald, Esq.
Murray, John, Esq.

Norfolk, the Duke of.
Northesk, the Countess of.

Oates, George, Esq. Naples.
Oldrey, Lieut. William, R.N.
Ord, Wm. Esq. M.P.
Orde, Sir John, Bart.
Orde, Lady.
Ouseley, Sir Gore.

Palgrave, Francis, Esq.
Pater, Thompson, Esq. Naples.
Peach, Nathaniel W. Esq.
Peach, Miss.
Peach, Miss Fanny.
Peers, Charles, Esq.
Peploe, S. Esq.
Perceval, Hon. E.
Petronj, Signor—12 *copies.*
Philips, G. Esq. M.P.
Philips, G. Jun. Esq. M.P.
Pistrucci, Signor Filippo.
Polidori, Signor.

Polidori, Miss Frances.
Portelli, Signor Michele, Malta.
Portman, E. Berkeley, Esq. M.P.
Pratt, Reverend Germyn.

Reeves, John, Esq.
Robarts, Col. M.P.
Robinson, Sir G. Bart. M.P.
Rogers, S. Esq.
Rose, William Stewart, Esq.
Rowlett, R. Esq. Malta.
Rucco, il Dottor.
Russell, Lord John, M.P.
Russell, Lord William, M.P.

Savii, Signor, Naples.
Schiassi, Signor.
Schomberg, Captain C. M. R.N.
Sciortini, Signor, Malta.
Scott, Sir Walter, Bart.
Scott, Miss.
Sharp, Richard, Esq.
Sinclair, John, Esq.
Silvertop, G. Esq.
Smith, Charles, Esq. Malta.
Smythe, Captain, R.N.
Sneyd, R. Esq.
Spencer, Captain Hon. R. R.N.
Stafford, Marquess.
Stanhope, Hon. Leicester.
Stillon, Signor, Malta.
Sussex, H.R.H. the Duke of.
Symonds, Captain J. R.N.

Tavistock, the Marquess of, M.P.
Tindal, N. C. Esq. M.P.
Thornton, W. Esq. Malta.
Tortell, Signor Francesco, Malta.
Tracy, C. Hanbury, Esq.

Vescovali, Signor Luigi.
Vestris, Signor.
Vyner, R. Esq.

Watson, Edward, Esq. Leghorn.
Whitby, Mrs. A. } Newlands.
Whitby, Miss,
Wilbraham, Roger, Esq.
Wilbraham, George, Esq.
Wilkinson, James, Esq. Malta.
Williams, George, Esq. Eltham.
Wilson, G. Smith, Esq.
Wilton, Earl of.
Winchester, Bishop of.
Wingfield, Mrs. George.
Wolley, Admiral.
Wolley, Mrs. Somerset Place.
Wright, Ichabod, Esq.

Young, Dr. M.D.

Lightning Source UK Ltd.
Milton Keynes UK
UKHW031853090222
398427UK00008B/506